# DEUTERO NOMY

A New Translation with
Introduction
and Commentary

**DEUTERONOMY**

# 신명기 III

김영욱

솔로몬

신명기 주해
**신명기 III**

2019년 11월 1일 초판 1쇄 인쇄
2019년 11월 9일 초판 1쇄 발행
지은이 | 김영욱
펴낸이 | 박영호
교정·교열 | 주종화 · 김태림
펴낸곳 | 도서출판 솔로몬

주소 | 서울시 동작구 사당로 170
전화 | 599-1482
팩스 | 592-2104
직영서점 | 596-5225

등록일 | 1990년 7월 31일
등록번호 | 제 16-24호



ISBN 978-89-8255-582-4 03230

필자를 교회 개척의 길로
인도해 주신 조현삼 목사님에게 감사의 마음을 담아
이 책을 헌정합니다.

## "본문으로 말하게 하라"

나는 이 주석을 쓰면서
항상 생각한 것이
"본문으로 말하게 하라"라는 명제이다.
주석자는 본문 아래에 서서
본문의 권위에 순종하며
그 의미를 잘 드러내야할 책임이 있을 뿐이지
본문 위에 서서
그 본문을 비평할 권한은 없는 것같다.

# 머리말

네덜란드에서 석사 과정을 할 때, 주해 논문 두 편을 써야 했습니다. 그때 출애굽기와 호세아 본문을 주석하면서 얼마나 행복했는지 모릅니다. 하나님의 말씀을 주해하는 큰 기쁨을 누렸습니다. 주해 논문을 쓰는 기간에 하루는 비가 세차게 왔습니다. 창문에 쏟아지는 비를 보면서 "하나님! 제가 이곳에 삼 년을 더 있게 해주십시오. 제가 이 주석하는 방법을 다 배우게 해주십시오." 하고 간절한 기도를 드렸습니다. 하나님께서 이 기도에 응답하셨습니다. 장학금을 주셔서 박사 과정 삼 년을 순적하게 마칠 수 있었습니다.

귀국해서 목회와 강의를 하는 동안에 그때의 기도가 계속 마음에 남아 있었습니다. 그 기도 응답 덕분에 이 주석을 완간할 수 있었습니다. 신명기 주석을 쓰기 시작한 지 19년 만입니다. 이 책을 쓸 수 있도록 건강과 지혜를 주신 하나님께 감사와 영광을 돌립니다.

그리고 언제나 기도와 사랑으로 저를 위해 기도해 주시는 은혜샘 교회 성도님들에게 깊은 감사를 드립니다. 또한 이 지면을 빌어서 조현삼 목사님과 서울광염 교회에 감사의 말씀을 드립니다. 조현삼 목사님은 필자를 영광스러운 교회 개척의 길로 인도해 주었습니다. 뿐만 아니라 이 주석 책을 쓰는데 위로와 격려를 해 주었습니다.

은혜샘 교회의 담임 목사로 매주 설교를 했습니다. 매주 설교를 하고 목회를 해보니 목회자의 심정을 이해할 수 있었습니다. 주석이 단지 신학적, 역사적, 문법적인 설명으로만 끝나서는 안 된다는 사실을 깨달았습니다. 주석은 목사님들이 하나님의 말씀을 잘 전할 수 있도록 실제적이고 실용적이어야 합니다. 그래서 이 책이 학문적이면서도 은혜가 있는 주석이 되도록 심혈을 기울였습니다. 아무쪼록 이 신명기 주석이 한국 교회를 말씀 위에 세우는 데 작은 기여를 했으면 하는 바람입니다.

이 책의 오자를 교정하고 조언을 해준 은혜샘 교회의 신은수 전도사와 최선종 전도사에게 그리고 히브리어 교정에 도움을 준 조희원 전도사에게 감사를 드립니다. 마지막으로 이 책을 저술하는 동안 필자를 잘 도와준 사랑하는 아내 한상애에게도 감사를 전합니다.

Soli Deo gloria

2019, 9, 23.

분당에서

정언正言 김영욱

## 차례

머리말 4
약어표 10

### 21장

1. 누가 죽였는지 알지 못하는 시체 처리 법(21:1-9) 22
2. 여자 포로와 결혼하는 법(21:10-14) 34
3. 장자 법(21:15-17) 40
4. 분순종하는 아들을 처형하는 법(21:18-21) 44
5. 나무 위에 달린 시체 처리 규정(21:22-23) 48

### 22장

1. 이웃의 잃어버린 가축(22:1-4) 59
2. 다양한 법령들(22:5-12) 64
3. 신부에 대한 고발(22:13-21) 71
4. 다양한 성적인 죄(22:22-30) 80

### 23장

1. 아도나이의 총회(23:1-8) 99
2. 군대의 거룩(23:9-14) 107
3. 도망친 종(23:15-16) 115
4. 신전 매춘(23:17-18) 118
5. 이자(23:19-20) 120
6. 서원(23:21-23) 122
7. 이웃의 포도원과 곡식밭(23:24-25) 125

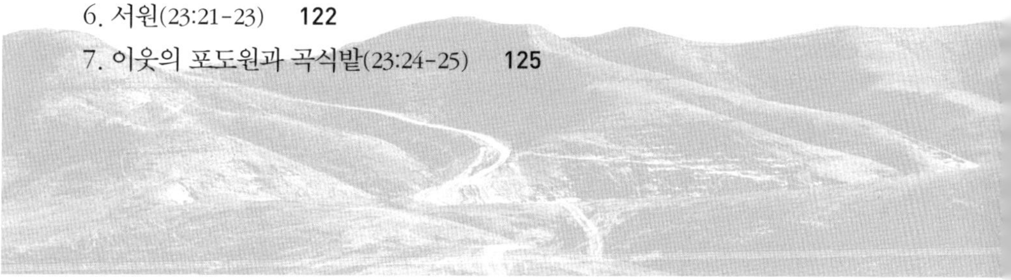

## 24장


1. 결혼(24:1-5) 135
2. 맷돌 담보와 납치(24:6-7) 144
3. 나병(24:8-9) 146
4. 담보(24:10-13) 149
5. 품꾼(24:14-15) 153
6. 각 사람의 죄와 고아의 재판(24:16-18) 156
7. 추수(24:19-22) 160


## 25장


1. 재판(25:1-3) 172
2. 일하는 소(25:4) 177
3. 계대법(25:5-10) 177
4. 남자 싸움에 끼어든 여성(25:11-12) 185
5. 공정한 상거래(25:13-16) 187
6. 아말렉을 진멸하라(25:17-19) 191


## 26장


1. 첫 열매(26:1-11) 210
2. 삼 년 십일조(26:12-15) 225
3. 아도나이와 이스라엘 상호 서약(16-19) 232

## 27장

1. 율법을 기록한 돌과 돌 제단(27:1-8) 247
2. 아도나이의 백성의 의무(신 27:9-10) 255
3. 그리심산의 복과 에발산의 저주(27:11-26) 258

## 28장

1. 복(28:1-14) 280
2.1 저주(28:15-19) 298
2.2 저주(28:20-44) 302
2.3 저주(28:45-57) 327
2.4 저주(28:58-68) 343

## 29장

1. 모압 언약의 서론(29:1-9) 367
2. 모압 언약 체결과 경고(29:10-21) 380
3. 모압 언약을 지키지 않은 결과(29:22-29) 397

## 30장

1. 회개와 회복(30:1-10) 419
2. 가까이 있는 말씀(30:11-14) 434
3. 생명을 선택하라(30:15-20) 438

## ● 31장


1. 모세에서 여호수아로(31:1-8) **456**

2. 칠 년마다 율법을 낭독하라(31:9-13) **469**

3. 증거의 노래를 가르치라(31:14-23) **476**

4. 율법 보관과 노래를 가르침(31:24-30) **495**


## ● 32장


1.1 이스라엘의 반역을 예고(32:1-6) **512**

1.2 과거에 하나님이 베푸신 복(32:7-14) **520**

1.3 이스라엘의 반역(32:15-19) **51**

1.4 아도나이의 구체적인 반응(32:20-25) **540**

1.5 아도나이께서 이스라엘을 파심(32:26-33) **548**

1.6 하나님의 복수와 조롱(32:34-38) **558**

1.7 하나님의 용서와 이스라엘의 회복(32:39-43) **565**

2. 모세의 당부(32:44-47) **577**

3. 느보산에 올라가라는 하나님의 명령(32:48-52) **578**

## ● 33장

1. 서론(33:1-5) 594
2. 르우벤(33:6) 601
3. 유다(33:7) 603
4. 레위(33:8-11) 606
5. 베냐민(33:12) 616
6. 요셉(33:13-17) 618
7. 스불론과 잇사갈(33:18-19) 625
8. 갓(33:20-21) 628
9. 단(33:22) 631
10. 납달리(33:23) 633
11. 아셀(33:24-25) 634
12. 결론(33:26-29) 637

## ● 34장

1. 모세가 가나안 땅을 바라봄(34:1-4) 654
2 모세의 죽음과 장사(34:5-9) 659
3. 모세에 대한 평가(34:10-12) 664

## 약어표

| | |
|---|---|
| AB | The Anchor Bible |
| ABD | The Anchor Bible Dictionary |
| ABR | Australian Biblical Review |
| ACEBT | Amsterdamse Cahiers voor Exegese en Bijbelse Theologie |
| ActOr | Acta Orientalia |
| Aharoni | Y. Aharoni, *The Land of the Bible*, London, 1962. |
| AJBI | Annual of the Japanese Biblical Institute |
| AJSL | American Journal of Semitic Languages and Literature |
| AJSR | Association for Jewish Studies Review |
| AJT | America Journal of Theology |
| AnBib | Analecta Biblica Investigationes Scientificae in Res Biblicas |
| ANET | Ancient Near Eastern Texts relating to the Old Testament |
| AOAT | Alter Orient und Altes Testament |
| ASTI | Annual of the Swedish Theological Institute |
| ASV | American Standard Version |
| ATD | Das Alte Testament Deutsch |
| AUSS | Andrews University Seminary Studies |
| BA | Biblical Archaeologist |
| BAR | Biblical Archaeology Review |
| BASOR | Bulletin of the American Schools of Oriental Research |
| BBR | Bulletin for Biblical Research |
| BDB | F. Brown S. R. Driver C. A. Briggs, A Hebrew and English Lexicon of the Old Testament, Oxford, 1953 |
| Bertholet | A. Bertholet, *Deuteronomium*, KHC, Leipzig, 1899. |
| BET | Beiträge zur biblischen Exegese und Theologie |
| Bib | Biblica |
| BibBh | Bible Bhashyam |
| BibInt | Biblical Interpretation |
| BKAT | Biblischer Kommentar Altes Testament |
| BHQ | Biblia Hebraica Quinta |
| BHS | Biblia Hebraica Stuttgartensia |

| | |
|---|---|
| BHT | Beiträge zur historischen Theologie |
| BK | Bibel und Kirche |
| BN | Biblische Notizen |
| BR | Biblical Research |
| BRev | Bible Review |
| BS | Bibliotheca Sacra |
| BSac | Bibliotheca Sacra |
| BSt | Biblische Studien |
| BT | The Bible Translator |
| BTB | Bible Theology Bulletin |
| Buber | M. Buber-F. Rosenzweig, *Das Fünf Büher der Weisung*, Darmstadt, 1984. |
| BZ | Biblische Zeitschrift |
| BZAW | Beihefte zur Zeitschrift für die alttestamentliche Wissenschaft |
| Calvin | J. Calvin, *Commentaries on the Four Last Books of Moses. Harmony of Exod.*, *Lev.*, *Deut.*, *Nume.*, I, II, III, IV, Grand Rapids. |
| CB OTS | Coniectanea Biblica Old Testament Series |
| CBQ | Catholic Biblical Quarterly |
| Christensen | D. L. Christensen, *Deuteronomy 1-11*, WBC, Texas, 1991, *Deuteronomy 1:1-21:9*, WBC, Nashville, 2001. |
| CJB | The Complete Jewish Bible |
| Colloq | Colloquium |
| ConsJud | Conservative Judaism |
| COT | Commentaar op het Oude Testament |
| CP | Classical Philology |
| CQR | Church Quarterly Review |
| Craigie | P. C. Craigie, *The Book of Deuteronomy*, NICOT, Grand Rapids, 1976. |
| CTJ | Calvin Theological Journal |
| CV | Communio Viatorum |
| de Vaux | R. de Vaux, *Ancient Israel. Its Life and Institutions*, London,1962. |
| DD | Dor le Dor |
| Dils | Dine Israel |
| Driver | S. R. Driver, *A Critical and Exegetical Commentary on Deuteronomy*, ICC, Edinburgh, 1978. |
| DSD | Dead Sea Discoveries |

| | |
|---|---|
| EHAT | Exegetisches Handbuch zum Alten Testament |
| Ehrlich | A. B. Ehrlich, *Randglossen zur Hebräischen Bibel Textkritisches, Sprachliches und Sachliches II. Deuteronomium*, Hildesheim, 1968. |
| EIN | Einheitsübrsetzung |
| ELB | Revidierte Elberfelder |
| ELO | Unrevidierte Elberfelder |
| EncBrit | Encylcopaedia Brittanica |
| EncJud | Encylcopaedia Judaica |
| ESV | English Standard Version |
| ET | Expository Times |
| ETL | Ephemerides Theologicae Lovanienses |
| EvQ | The Evangelical Quarterly |
| EvT | Evangelische Theologie |
| ExAud | Ex Auditu |
| FARG | Forschungen zur Anthropologie und Religionsgeschichte |
| FBJ | French Bible Jerusalem |
| Fox | E. Fox, *The Five Books of Moses*, London, 1995. |
| FRLANT | Forschungen zur Religion und Literatur des Alten und Neuen Testaments |
| FS | Festschrift |
| FZPhTh | Freiburger Zeitschrift für Philosophie und Theologie |
| Ges-B | W. Gesenius - F. Buhl, *Hebräisches und aramäisches Handwörterbuch ber das Alte Testament*, Leipzig, 1921[17] |
| Ges-K | W. Gesenius - E. Kautzsch, *Hebräische Grammatik*, Leipzig, 1909[28] |
| GThT | Gereformeerd Theologisch Tijdschrift |
| GTJ | Grace Theological Journal |
| HAL | W. Baumgartner et. al., *Hebräisches und aramäisches Lexikon zum Alten Testament*, Leiden, 1967-1996 |
| HAR | Hebrew Annual Review |
| HAT | Handbuch zum Alten Testament |
| HBT | Horizons in Biblical Theology |
| HCOT | Historical Commentary on the Old Testament |
| HK | Handkommentar zum Alten Testament |
| Hoffmann | D. Hoffmann, *Das Buch Deuteronomium*, Berlin, 1913. |

| | |
|---|---|
| Holwerda | B. Holwerda, *Exegese Oude Testament, Deuteronomium* I, II, Kampen, 1957, 1958. |
| HS | Hebrew Studies |
| HSAT | Die Heilige Schrift den Alten Testament |
| HSM | Harvard Semitic Monographs |
| HTR | Harvard Theological Review |
| HTS | Harvard Theological Studies |
| HUCA | Hebrew Union College Annual |
| IBS | Irish Biblical Studies |
| ICC | The International Critical Commentary |
| IDB | The Interpreter's Dictionary of the Bible |
| IDBSup | The Interpreter's Dictionary of the Bible Supplementary Volume |
| IEJ | Israel Exploration Journal |
| IKZ | Internationale Katholische Zeitschrift |
| ILR | Israel Law Review |
| Int | Interpretation |
| IOS | Israel Oriental Studies |
| JAJ | Journal of Ancient Judaism |
| JANESCU | The Journal of the Ancient Near Eastern Society of Columbia University |
| JAOS | Jounal of the American Oriental Society |
| JBL | Journal of Biblical Literature |
| JBQ | The Jewish Bible Quarterly |
| JBR | Journal of Bible and Religion |
| JBT | Jahrbüch für Biblische Theologie |
| JEOL | Jaarbericht van het Vooraziatisch-Egyptisch Genootschap Ex Oriente Lux |
| JES | Journal of Ecumenical Studies |
| JETS | Journal of the Evangelical Theological Society |
| JJS | Journal of Jewish Studies |
| JLA | Jewish Annual Law |
| JNES | Journal of Near Eastern Studies |
| JNSL | Journal of Northwest Semitic Languages |
| Joüon-M | P. Joüon - T. Muraoka, A Grammar of Biblical Hebrew, Roma, 1991. |

| | |
|---|---|
| Josephus | H. St. J. Thackeray - R. Marcus - L. H. Feldman, Josephus with an English Translation, London/Cambridge Mass. 1926-1965; Ant. = Antiquitates Judaicae |
| JPS | Jewish Publication Society OT |
| JQR | Jewish Quarterly Review |
| JSJ | Journal for the Study of Judaism in the Persian, Hellenistic and Roman Period |
| JSOT | Journal for the Study of the Old Testament |
| JSOTS | Journal for the Study of the Old Testament Supplement Series |
| JSS | Journal of Semitic Studies |
| JTS | Journal of Theological Studies |
| JTSoA | Journal of Theology for Southern Africa |
| Junker | H. Junker, *Das Buch Deuteronomium*, Bonn, 1933. |
| KAT | Kommentar zum Alten Testament |
| KD | Kerygma und Dogma |
| KEH | Kurzgefasstes exegetisches Handbuch zum Alten Testament |
| Keil-Delitzsch | C. F. Keil-F. Delitzsch, *The Pentateuch* III, Grand Rapids, 1983. |
| KHC | Küzer Hand-Commentar zum Alten Testament |
| KJV | King James Version |
| KV | Korte Verklaring |
| Labuschagne | C. J. Labuschagne, *Deuteronomium* $I^A$, $I^B$, II, III, POT, Nijkerk, 1987, 1987, 1990, 1997. |
| LEI | Leidse Vertaling |
| LUO | Luther Bibel |
| LUT | Revidierte Lutherbibel |
| Luther | Luther's Works, vol. 9, *Lectures on Deuteronomy*, J. Pelikan, ed., Saint Louis, 1960. |
| LUV | Lutherse Vertaling |
| NAB | The New American Bible |
| NAS | New American Standard Bible |
| NAU | New American Standard Bible 1995 |
| NBG | Nederlands Bijbelgenootschap |
| NEB | New English Bible |
| NedTTs | Nederlands theologisch tijdschrift |
| NET | New English Translation |
| NGTT | Nederduitse gereformeerde teologiese tydskrif |

| | |
|---|---|
| NThS | Nieuwe theologische Studien |
| NIB | New International Version (BR) |
| Nielsen | E. Nielsen, *Deuteronomium*, HAT, Tübingen, 1995. |
| NIV | New International Version (1984 US) |
| NJB | The New Jerusalem Bible |
| NJPS | New Jewish Publication Society of America |
| NKJ | New King James Version |
| NKZ | Neue kirchliche Zeitschrift |
| NICOT | The New International Commentary on the Old Testament |
| NovT | Novum Testamentum |
| NRS | New Revised Standard Bible |
| NTh | SNieuwe theologische Studien |
| NTT | Nederlands Theologisch Tijdschrift |
| OBO | Orbis biblicus et Orientalis |
| OLP | Orientalia Iovaniensia periodica |
| OrAnt | Oriens antiquus |
| OTL | Old Testament Library |
| OTE | Old Testament Essays |
| OTS | Oudtestamentische Studien |
| OTWSA | Die Ou Testamentiese Werkgemeenskap in Suid-Afrika |
| PAAJR | Proceedings of the American Academy of Jewish Research |
| PEGLMBS | Proceeding, Eastern Great Lakes and Midwest Biblical Society |
| PEQ | Palestine Exploration Quarterly |
| Perlitt | L. Perlitt, *Derteronomium*, BKAT V1, V2, V3, Neukirchen-Vluyn, 1990, 1991, 1994. |
| Phillips | A. Phillips, *Deuteronomy*, Cambridge, 1973. |
| Philo | F. H. Colson G. H. Whitaker, Philo with an English translation, London/Cambridge Mass. 1929-1962 |
| PIBA | Proceedings of the Irish Biblical Association |
| POT | De Prediking van het Oude Testament |
| PzB | Protokolle zur Bibel |
| 11Qtemple | The Temple Scroll. A Critical Edition with Extensive Reconstructions, edited by Elisha Qimron, Jerusalem, 1996 |
| RA | Revue d'assyriologie et d'archéologie orientale |
| RB | Revue Biblique |
| ResQ | Restoration Quarterly |

| | |
|---|---|
| RevExp | Review and Expositor |
| RevQ | Revue de Qumran |
| RGG | Religion in Geschichte und Gegenwart, third edition |
| RIDA | Revue internationale des droites de l'antiquité |
| Ridderbos | J. Ridderbos, *Deuteronomium* I, II, KV, Kampen, 1950, 1951. |
| RIMA | The Royal Inscriptions of Mesopotamia Assyrian Periods |
| RIMB | The Royal Inscriptions of Mesopotamia Babylonian Periods |
| RSV | Revised Standard Version |
| SBAB | Stuttgarter Biblische Aufsatzbände Altes Testament |
| SBLDS | Society of Biblical Literature Dissertation Series |
| SBLMS | Society of Biblical Literature Monograph Series |
| SBS | Stuttgarter Bibel Studien |
| SCL | Schlachter |
| SCH | German Schlachter Version |
| Schneider | D. Schneider, *Das fünfte Buch Mose*, Wuppertal, 1986. |
| SEA | Svensk Exegetisk Arsbok |
| Sem | Semitica |
| SJOT | Scandinavian Journal of the Old Testament |
| SJT | Scottish Journal of Theology |
| SLR | Stanford Law Review |
| ST | Studia theologica |
| Staerk | W. Staerk, *Das Deuteronomium*, Leipzig, 1894. |
| Steuernagel | C. Steuernagel, *Deuteronomium, Josua, Einleitung zum Hexateuch*, HK, Göttingen, 1900. |
| SVT | Supplements to Vetus Testamentum |
| SVV | Statenvertaling |
| TBT | The Bible Today |
| TCW | Tydskrif vir Christelike Wetenskap |
| TGl | Theologie und Glaube |
| THAT | Theologisches Handwörterbuch zum Alten Testament |
| ThB | Theologische Bücherei |
| THGD | J. W. Wevers, *Text History of the Greek Deuteronomy*, Göttingen, 1978. |
| ThLZ | Theologische Literaturzeitung |
| Thompson | J. A. Thompson, *Deuteronomy*, Leicester, 1974. |
| ThZ | Theologische Zeitschrift |

| | |
|---|---|
| Tigay | J. H. Tigay, *The JPS Torah Commentary Deuteronomy*, Philadelphia, 1996. |
| TNK | JPS Tanakh |
| TOB | French Traduction Oecumenique de la Bible |
| TP | Theologie und Philosopie |
| TQ | Theologische Quartalschrift |
| TRE | Theologische Realenzyklopädie |
| TUAT | Texte aus der Umwelt des Alten Testaments |
| TWAT | Theologisches Wörterbuch zum Alten Testament |
| TWNT | Theologisches Wörterbuch zum Neuen Testament |
| TynB | Tyndale Bulletin |
| TZ | Theologische Zeitschrift |
| UF | Ugarit - Forschungen |
| von Rad | G. von Rad, *Das fünfte Buch Mose Deuteronomium*, ATD, Göttingen, 1968. |
| VT | Vetus Testamentum |
| Waltke-O | B. K. Waltke and M. O'Connor, *An Introduction to Biblical Hebrew Syntax*, Indiana, 1990. |
| WBC | Word Biblical Commentary |
| Weinfeld | M. Weinfeld, *Deuteronomy 1-11*, AB, New York, 1991. |
| Wevers | J. W. Wevers, *Notes on the Greek Text of Deuteronomy*, Atlanta, 1995. |
| WMANT | Wissenschaftliche Monographien zum Alten und Neuen Testament |
| WO | Die Welt des Orients |
| WTJ | The Westminster Theological Journal |
| WuD | Wort und Dienst |
| YLT | Young's Literal Translation |
| ZABR | Zeitschrift für Altorientalische und Biblische Rechtgeschichte |
| ZAW | Zeitschrift für die alttestamentliche Wissenschaft |
| ZDMG | Zeitschrift der deutschen morgenländischen Gesellschaft |
| ZDPV | Zeitschrift des deutschen Palästina-Vereins |
| ZKT | Zeitschrift für katholische Theologie |
| ZThK | Zeitschrift für Theologie und Kirch |
| ZUR | Zürcher Bibel |

## 일러두기

- 이 책에서 사용된 신명기 본문은 필자가 히브리어를 직접 한글로 번역한 것이다.
- 한글 개역 개정은 이스라엘의 고유한 하나님의 이름인 4자음 문자 '아도나이'(יהוה)를 '여호와'로 음역했는데 이것은 바른 음역이 아니다. 또한 최근에 많은 학자들이 이 이름의 모음을 추측하여 '야웨' 혹은 '야훼'로 읽는데 이것 역시 확인된 것은 아니다. 따라서 이 책에서는 유대인들이 읽었던 전통을 따라 '아도나이'로 음역했다.
- 학자들의 견해를 참고했을 경우 이름을 밝혔다. 자주 사용된 이름은 이 책의 앞에 있는 약어표에 있는 신명기 주석의 해당 장 절이나 관련된 책을 의미한다. 또한 약어표에 나오지 않는 학자들의 이름은 각 항목마다 뒤에 수록한 참고 문헌에 있는 책이나 논문을 말한다.

# DEUTERONOMY 신명기 21장

A New Translation with
Introduction
and Commentary

**DEUTERONOMY**

# DEUTERONOMY

# 신명기 21장

Deuteronomy 21

### 내용/구조

이 장의 구조는 다섯 부분으로 나눌 수 있다. 마소라 사본은 단락을 시작할 때 히브리어는 접속사 '키'(כִּי)로 시작한다. 그리고 단락이 끝나는 곳에는 모두 세투마(ס)가 있다. 첫째, 누가 죽였는지 알지 못하는 시체가 발견되는 경우에 그 시체를 처리하는 방법에 대해서 말한다(1-9). 둘째, 전쟁을 통해 포로로 잡아 온 여인을 사랑하는 남자가 어떻게 그 여자와 결혼할 수 있는지, 그 방법을 설명한다(10-14). 셋째, 한 남자에게 두 명의 아내가 있는 경우를 말한다. 한 여인은 사랑을 받고 다른 여인은 미움을 받는데, 두 여인이 다 아들을 낳았다. 이때 미움을 받는 여인의 아들이 장자일 경우, 남자는 사랑하는 여인의 아들에게 장자의 몫을 주고 싶어 한다. 그러나 율법은 미움 받는 여인에게서 난 아들의 장자권을 인정하라고 말한다(15-17). 넷째, 부모의 말에 불순종하는 패역한 아들을 돌로 쳐 죽이라고 말한다(18-21). 다섯째, 나무 위에 매달려 죽은 시체를 처리하는 방법을 말한다. 밤새 나무 위에 시체를 두지 말고 그 날로 장사할 것을 말한다(22-23).

1. 누가 죽였는지 알지 못하는 시체 처리 법(21:1-9)

2. 여자 포로와 결혼하는 법(21:10-14)

3. 장자 법(21:15-17)

4. 불순종하는 아들을 처형하는 법(21:18-21)

5. 나무 위에 달린 시체 처리 규정(21:22-23)

## 1. 누가 죽였는지 알지 못하는 시체 처리 법(21:1-9)

이스라엘이 가나안 땅을 정복하고 정착하여 살 때, 누가 죽였는지 알 수 없는 시체를 발견했을 때, 그 시체를 어떻게 처리할 것인지를 말한다. 시체를 위한 속죄의식이다. 시체를 발견한 사람은 장로들과 재판관들에게 나아가서 이 사실을 알려야 한다. 장로들과 재판관들은 그 시체로부터 가장 가까이 있는 성에 이것을 알려야 한다. 그러면 그 성의 장로들은 멍에를 메어 보지 않은 암송아지 한 마리를 물이 흐르는 강으로 끌고 가서 목을 꺾어 죽인다. 그리고 그 성의 장로들은 목을 꺾은 암송아지 위에 그들의 손을 씻으며 "우리가 이 피를 흘리지 않았습니다. 우리는 무죄합니다. 이 피를 우리에게 돌리지 마십시오." 하고 제사장들 앞에서 말해야 한다. 이러면 그 피가 속죄될 것이다.

모세는 이스라엘은 의로운 백성이 아니라 오히려 목이 뻣뻣한 백성이라고 규정한다. 하나님의 말씀에 잘 순종하는 백성이 아니라 불순종하는 백성이다.

1-6절의 핵심 단어는 "알다"와 "의"이다. 이스라엘은 아낙 자손이 강하다는 사실을 잘 알고 있었다(2). 하지만 그들이 꼭 알아야 할 사실은 아도나이 하나님이 그들 앞서 가시는 삼키는 불이라는 것이다(3). 그리고 이스라엘은 아도나이께서 이스라엘의 "의" 때문에 가나안 땅을 주신 것이 아니라는 사실을 알아야 한다(6).

## 번역

1 만일 죽은 시체가 발견된다면,
아도나이 너의 하나님이 그것을 점령하도록 너에게 주시는 그 땅에서,
그 들에서 쓰러져 있는,
누가 그를 쳐 죽였는지 알지 못한다.
2 그리고 너의 장로들과 너의 재판관들은 나가야 한다,
그리고 그들은 그 죽은 시체의 주위에 있는 그 성들로 재야한다.
3 그리고 그 가까운 성이 그 죽은 시체에게 있을 것이다,
그리고 그 성의 장로들은 떼의 암송아지를 취할 것이다,
일을 해보지 않은, 멍에를 메지 않은.
4 그리고 그 성의 장로들은 그 암송아지를 물이 흐르는 강으로 데려갈 것이다,
그 안에서 경작되지 않고 파종되지 않은,
그리고 그들은 거기서 그 암송아지를 그 강에서 목을 꺾을 것이다.
5 그리고 레위의 자손 제사장들은 가까이 가야한다,
너의 하나님 아도나이께서 그를 섬기도록 그들 가운데서 선택했기 때문이다,
그리고 아도나이의 이름으로 축복하도록,
그리고 그들의 입 위에 모든 논쟁과 모든 폭행이 있을 것이다.
6 그리고 그 성의 모든 장로들은 그 죽은 시체에 가까이 갈 것이며,
그들은 그들의 손들을 그 강에서 목이 꺾인 그 암송아지 위에서 씻을 것이다.
7 그리고 그들은 대답해야 한다, 그리고 그들은 말해야 한다,
"우리의 손들은 이 피를 흘리지 않았습니다,
그리고 우리의 눈들은 보지 못했습니다."
8 "당신이 구속하신 이스라엘, 당신의 백성을 위하여 사하소서, 아도나이여,
그리고 당신은 깨끗한 피를 당신의 백성 이스라엘 가운데에 두지 마소서,"
그리고 그 피가 그들을 위하여 사해질 것이다.
9 그리고 너는, 너는 너 가운데서 그 깨끗한 피를 제거할 것이다,
왜냐하면 너는 아도나이의 눈에 옳은 것을 행해야하기 때문이다.

**주해**

1 만일 죽은 시체가[1)] 발견된다면,

아도나이 너의 하나님이 그것을 점령하도록[2)] 너에게 주시는 그 땅에서,

그 들에서 쓰러져 있는,

누가 그를 쳐 죽였는지 알지 못한다.[3)]

**본문 비교**

1) 칠십인 경은 τραυματίας "부상당한, 상한"으로 번역하는 데 반하여 아퀼라와 심마쿠스는 ἀνηρήμενος "살해당한"으로 읽는다(탈굼 네오피티는 "살해당한" 그러나 탈굼 옹켈로스는 "죽은 시체").
2) 칠십인 경은 히브리어의 칼 부정사의 접미사 "그것을"을 생략하여 번역했다(κληρονομῆσαι).
3) 몇 몇 히브리어 필사본, 칠십인 경 시리아 역과 벌게이트는 접속사 "그리고"를 가지고 있다.

위의 번역을 다시 이해하기 쉽게 해보면 "만일 아도나이 너의 하나님이 그것을 점령하도록 너에게 주시는 그 땅에서, 그 들에서 쓰러져 있는, 누가 그를 쳐 죽였는지 알지 못하는 죽은 시체가 발견된다면,"이다.

접속사 "만일 ~면"(כִּי)은 '~ 때'로도 번역할 수 있다. 1절은 전제절로 "만일 죽은 시체가 발견된다면" 또는 "발견 될 때"이다. "만일 ~면"이라는 표현은 어떤 상황을 가정하고 있다. "죽은 시체"는 어떤 뾰족한 기구로 뚫린 자를 의미한다. 칼 같은 것으로 베인 자나 구멍이 뚫려서 죽은 사람이다. 여기서 이 죽은 사람이 스스로 죽은 사람의 시체인지, 어떤 사고로 베여서 죽은 것인지 아니면 다른 사람에 의하여 타살된 시체인지를 알 수 없다. 하지만 뒤에 나오는 "그는 누가 그를 쳐 죽였는지 알지 못한다."라는 표현을 생각해 보면 타살한 시체일 가능성이 높다.

"아도나이 너의 하나님이 그것을 점령하도록 너에게 주시는 그 땅에

서"는 가나안 땅이 이스라엘에게 주시는 하나님의 선물이라는 것을 말한다. "그것을 점령하도록"에서 "그것을"은 여성 단수로 앞에 나오는 "땅"을 받는다. "점령하도록"은 '상속받도록,' '물려받도록'의 뜻도 있다.

"그 들에서 쓰러져 있는"(נפל)은 칼 분사로 '쓰러져 있는 죽은 시체'를 수식한다(탈굼 프쉬도 요나단은 물 위에 더 있지 않고 나무에 달리지 않은 시체 그리고 돌무더기로 장사되지 못한 시체라고 더 자세한 설명을 덧붙이고 있지만 히브리어 본문은 더 자세한 설명이 없다). "그 들에서"는 앞에 나오는 "그 땅에서"를 더 구체적으로 말한다. 하지만 이것은 자세한 지명을 말하는 것이 아니라 살인 사건이 일어날 수 있는 들판을 뜻한다. 이런 살인 사건은 하나님이 주시는 약속의 땅 어느 곳에서도 발생할 가능성이 있다.

"누가 그를 쳐 죽였는지 알지 못한다."는 맨 앞에 나오는 히브리어 접속사 '만일 ~면' 또는 '~때'에 연결되어 '누가 죽였는지를 알지 못하는 시체를 발견했다면' 또는 '발견했을 때'를 말한다. 여기서 "그를"은 죽은 사람을 뜻한다. 누가 죽였는지를 알 수 없는 살인 사건으로 해결하기 어려운 사건이 발생한 것이다.

2 그리고[1] 너의 장로들과[2] 너의 재판관들은[3] 나가야 한다,
그리고 그들은 그 죽은 시체의 주위에 있는 그 성들로[4] 재야한다.

**본문 비교**

1) 칠십인 경은 "그리고"가 없다.
2) 탈굼 네오피티와 프쉬도 요나단은 "너의 지혜로운 사람들"로 읽는다. 탈굼 프쉬도 요나단은 여기에 "두 명" 그리고 "세 명의 재판관들"이라고 해설을 덧붙인다(*Sifre Deut*. 221 역시 "너의 장로들"을 두 명으로 해석한다).
3) 칠십인 경은 "너의"가 없이 "장로와 재판관들"로 읽는다(Rahlfs의

편집은 ἡ γερουσία σου καὶ οἱ κριταί σου "너의 장로와 너의 재판관들" 이다). 여기서 "장로"는 단수이지만 '장로의 회'를 의미하여 복수 취급을 한다(오리겐의 헥사플라는 다른 사본들이 "너의 재판관들"을 "너의 최고 재판관들"로 읽는다고 지적한다). 사마리아 오경은 "너의 관리들과 너의 재판관들"로 읽는다. 개역 개정은 "너희의 장로들과 재판장들"로 이인칭 복수로 번역했다.

4) 마소라의 전치사 엘(אל)을 사마리아 오경은 알(על)로 읽는다

"그리고"는 '그때'를 의미한다. 시체가 발견되었을 때, 해야 할 후속조치를 말한다. 처음 시체를 발견한 사람이 이 사실을 그가 속한 성의 장로들이나 재판관들에게 알렸을 것이다. 그러면 그 성의 장로들과 재판관들은 이 사실을 조사하러 "나가야 한다."

"그 성들로 재야한다."는 '그 성들을 향하여,' '그 성들 쪽으로' 거리를 재야 한다는 것이다(탈굼 프쉬도 요나단은 네 방향으로 재야한다고 해설한다. 개역 개정 역시 "사방에 있는 성읍"으로 번역한다). 이것은 다음 구절을 읽어보면 그 시체가 있는 곳에서 가장 가까운 성을 찾기 위한 행동이다.

3 그리고 그 가까운 성이 그 죽은 시체에게 있을 것이다,
그리고 그 성의 장로들은 떼의[1] 암송아지를 취할 것이다,
일을 해보지 않은, 멍에를 메지 않은.

**본문 비교**

1) 칠십인 경은 전치사를 넣어서 ἐκ βοῶν "소들로부터" 라고 번역한다

재판관들과 장로들이 죽은 시체에서 가장 가까운 성을 재서 그 성의 장로들이 취해할 태도를 설명한다. "그 가까운 성"은 '가장 가까운 성'

을 의미한다(Waltke-O, 269). 장로들은 가축 떼에서 암송아지를 취해야 한다(탈굼 프쉬도 요나단은 일 년 된 암송아지라고 설명한다. *Sifre Deut.* 221은 아직 일 년이 되지 않은 암송아지로 말한다. 하지만 본문은 이런 설명이 없다). 이것은 "일을 해보지 않은, 멍에를 메지 않은 암송아지를" 말한다(Joüon-M, § 128 *ba*).

4 그리고 그 성의 장로들은 그 암송아지를 물이 흐르는 강[1]으로 데려갈 것이다,
그 안에서 경작되지 않고 파종되지 않은,
그리고 그들은 거기서 그 암송아지를 그 강에서 목을 꺾을 것이다.[2]

**본문 비교**

1) 칠십인 경은 φάραγγα τραχεῖαν "거친 골짜기, 바위투성이인 협곡"으로 번역한다.
2) 칠십인 경은 마소라의 "꺾을 것이다"를 νευροκοπήσουσιν "힘줄을 잘라 불구로 만들다"로 번역한다(오리겐의 헥사플라는 이 차이를 지적한다). 탈굼 프쉬도 요나단은 도끼로 죽을 정도로 쳐야한다고 설명한다(*Sifre Deut.* 22는 도살업자의 손도끼라고 더 구체적으로 말한다).

그 성의 장로들은 취한 암송아지를 "물이 흐르는 강"으로 데려가서 잡아야 한다. "강"은 와디로써 우기 때에는 물이 흐르지만 건기 때에는 물이 흐르지 않는 거친 골짜기이다(본문 비교 1) 참고). "강"은 "그 안에서 경작되지 않고 파종되지 않은 물이 흐르는 강"이다. 그 강에서 장로들은 "그 암송아지"의 목을 꺾어야 한다.

5 그리고 레위의 자손 제사장들은 가까이 가야 한다,
너의[1] 하나님 아도나이께서 그를 섬기도록[2] 그들 가운데서 선택했기 때문이다,

그리고 아도나이의[3] 이름으로[4] 축복하도록,

그리고 그들의 입 위에[5] 모든 논쟁과 모든 폭행이[6] 있을 것이다.

**본문 비교**

1) 칠십인 경은 "너의"를 생략한다(Rahlfs 편집은 "너의"가 있다).
2) 사마리아 오경은 "그를" 생략하여 번역한다. 칠십인 경은 παρεστηκέναι(아퀼라는 λειτουργεῖν) αὐτῷ "그 곁에 서기 위하여"로 읽는다.
3) 칠십인 경과 벌게이트는 ἐπὶ τῷ ὀνόματι αὐτοῦ "그의 이름 위에"(아퀼라와 심마쿠스는 "주의 이름으로")이다(오리겐의 헥사플라는 이 차이를 지적한다).
4) 탈굼 네오피티는 "거룩한 이름"이다.
5) 탈굼 옹켈로스는 "그들의 말들로" 그리고 탈굼 네오피티는 "그들의 입의 말로"이다.
6) 탈굼 옹켈로스와 탈굼 프쉬도 요나단은 "나병, 문둥병" 그리고 탈굼 네오피티는 "상처, 부상"으로 읽는다.

"그리고"는 '그때'를 의미한다. 레위 자손의 제사장들도 죽은 시체의 처리에 참여해야 한다. 시체가 발견된 장소로 가까이 가야하는 이유를 "너의 하나님 아도나이께서 그를 섬기도록 그들 가운데서 선택했기 때문이다."로 설명한다. 두 개의 부정사가 하나님이 제사장을 선택한 목적을 설명한다. 첫째는 "그를 섬기도록"으로 '아도나이를 섬기기 위하여'이다. 뒤이어 둘째는 "축복하도록"이 나온다. 즉 이스라엘 백성을 '아도나이의 이름으로 축복하기 위하여' 하나님께서 제사장들을 선택하셨다.

제사장들은 재판관의 역할을 동시에 수행한다. 그래서 "그들의 입 위에 모든 논쟁과 모든 폭행이 있을 것이다" 하고 말한다. 법정 소송과 분쟁을 판결해야 할 의무가 있다는 것을 보여준다. 이들은 아도나이의 율법을 따라서 모든 사건들을 판결(결정)해 주어야 하며 그 소송 사건들을 해결해야 할 책임이 있다(신명기 16:18~20; 17:8~13). "폭행"은 또한 "전염병"의 뜻도 있다. 아람어 성경들은 이것을 "나병"으로 해석한다(본문 비교 6) 참고). 제사장은 나병의 유무를 진찰해야 하며 나병환자를 격리해야 하고 나병이 완쾌했는지를 확인해 주어야 하기 때문이다(레 13-14장).

6 그리고 그 성의 모든 장로들은 그 죽은 시체에 가까이 갈 것이며,
그들은 그들의 손들을[1] 그 강에서 목이 꺾인[2] 그 암송아지[3] 위에서 씻을 것이다.

**본문 비교**

1) 칠십인 경은 "그들의"를 생략하고 "손들을"로 읽는다.
2) 4절의 본문 비교 2)를 참고하라.
3) 쿰란 사본(11QT[a])과 칠십인 경은 여기에 "머리"를 넣어준다.

"그 성의 모든 장로들"은 그 죽은 시체에게서 가장 가까운 성에 있는 책임을 맡은 자들이다. 이들은 성의 대표로서 그 죽은 시체를 처리해야 하는데, 그들의 무죄를 증명해야 한다. 이 죽은 시체에 대한 어떤 행위도 하지 않았다는 것을 보여주는 것이다. 그 증거로 그들의 손을 목이 꺾인 암송아지 위에서 씻어야 한다. 이 죽은 시체의 피에 대하여 죄가 없다는 것을 선언하는 것이다.

7 그리고 그들은 대답해야 한다, 그리고 그들은 말해야 한다,
"우리의 손들은 이 피를 흘리지 않았습니다,[1]
그리고 우리의 눈들은 보지 못했습니다."

**본문 비교**

1) 마소라 사본의 케티브는 칼 완료 3인칭 여성 단수(שפכה)이지만(시리아 역 역시 단수) 케레는 칼 완료 3인칭 복수(שפכו)이다(Joüon-M, § 150 *b*). 사마리아 오경, 쿰란 사본(4QDeut[f]), 칠십인경, 벌게이트, 탈굼 역들은 복수이다.

"그들은" 6절의 "그 성의 모든 장로들"을 의미한다. 장로들은 죽은 시체에 대한 증언을 해야 한다. '우리가 이 사람을 죽이지 않았습니다. 그리고 우리는 이 사람이 죽는 것을 보지 못했습니다.' 하고 말해야 한다. 죽은 사람의 피에 대하여 깨끗하다는 것을 증언하는 것이다. 장로들의 증언은 제사장들이 있는 상태에서 하는 것이다. 자신들은 이 죽음과 아무런 상관이 없다는 무죄 선언과 같은 것이다.

8 [1)]당신이 구속하신 이스라엘,[2)] 당신의 백성을 위하여 사하소서, 아도나이여, 그리고 당신은 깨끗한 피를[3)] 당신의 백성 이스라엘 가운데에 두지 마소서,[4)] 그리고 그 피가 그들을 위하여 사해질 것이다.

**본문 비교**

1) 탈굼 옹켈로스, 네오피티, 프쉬도 요나단은 여기에 "제사장들은 말할 것이다"를 덧붙여서 제사장들이 이 말을 한 것으로 해석한다.
2) 일부 칠십인 경 사본들(A F M V)은 "당신이 이집트의 땅에서(ἐκ γῆς Αἰγύπτου) 구속하신 이스라엘"이다(Rahlfs 편집).
3) 탈굼 옹켈로스와 탈굼 프쉬도 요나단은 "깨끗한(무죄한) 피의 죄를"로 그리고 탈굼 네오피티는 "깨끗한(무죄한) 피를 흘린 죄를"로 이해한다.
4) 마소라 사본의 "깨끗한 피를 두지 마소서"를 칠십인 경은 ἵνα μὴ γένηται αἷμα ἀναίτιον "무죄한 피가 있지 않기 위하여"로 번역한

다(오리겐의 헥사플라도 이 차이를 지적한다).

이 말은 제사장들이 하는 기도이다. 제사장 역시 이 의식에 참여하고 있다(5절). 히브리어 어순은 "사하소서"(כפר)가 맨 첫 단어로 나온다. 피엘 명령형으로 '용서하소서,' '덮으소서,' '속죄하소서'의 뜻이다. "당신이 구속하신 당신의 백성 이스라엘을 위하여 사하소서, 아도나이여" 하고 번역할 수 있다. "구속하신"(פדה)은 '몸값을 지불하다'는 뜻이다.

"깨끗한 피를"은 '무죄한 피'로 '당신은 무죄한 피의 죄를 당신의 백성 이스라엘 가운데 두지 마십시오,' 하는 뜻이다. "그리고 그 피가 그들을 위하여 사해질 것이다."는 제사장들이 이렇게 기도를 하면, '그러면 그 피가 그들을 위하여 속죄될 것이다'라는 의미이다(개역 개정은 "무죄한 피를 주의 백성 이스라엘 중에 머물러 두지 마옵소서 하면 그 피 흘린 죄가 사함을 받으리니"하고 번역한다). "사해질 것이다"(כפר)는 피엘의 재귀형을 위한 니트파엘(히트파엘에 눈[נ]이 첨가된 형태) 와우 연속법 완료형이다(Joüon – M, 59 *f*).

9 그리고 너는, 너는 너[1] 가운데서 그 깨끗한 피[2]를 제거할 것이다,[3]
왜냐하면 너는 아도나이의[4] 눈에[5] 옳은 것을[6] 행해야하기 때문이다.[7]

**본문 비교**

1) 칠십인 경은 복수 "너희"이다.
2) 마소라, 쿰란 사본(1QDeut^b), 사마리아 오경과 칠십인 경은 "그 피"인 데 반하여 쿰란 사본(4QDeut^f)은 정관사가 없는 "피"이다. 탈굼 옹켈로스와 탈굼 프쉬도 요나단은 "깨끗한 피를 흘린 사람"이다.
3) 일부 칠십인 경 사본들(N Θ L O Min)은 여기에 καὶ εὖ σοι ἔσται "그것이 너에게 잘 될 것이다"를 덧붙인다(오리겐의 헥사플라도 이 것을 지적하고 있다).

4) 쿰란 사본(11QT[a]), 칠십인 경과 시리아 역은 "너의 하나님 주님의"(κυρίου τοῦ θεοῦ σου)이다.
5) 탈굼 옹켈로스, 네오피티, 프쉬도 요나단은 "앞에"로 읽는다.
6) 칠십인 경은 "선하고 즐거운 것" τὸ ἀρεστὸν καὶ τὸ καλὸν으로 번역한다(Rahlfs의 편집은 단어의 순서가 바뀐 τὸ καλὸν καὶ τὸ ἀρεστὸν이다). 쿰란 사본(11QT[a])은 "옳은 것과 선한 것" 그리고 탈굼 네오피티는 "옳고 적합한 것"으로 번역한다.
7) 마소라 사본은 여기에 세투마(ס)를 두어 단락을 나누고 있다.

"그리고"는 문맥상 '그리하여,' '그래서'의 뜻을 갖는다. 시체의 가장 가까운 성의 장로들의 무죄 선언과 제사장들의 속죄 기도를 통하여 이스라엘 가운데 무죄한 피를 제거하는 것이다. 2인칭 단수 "너는"이 나와서 강조하고 있다. 이것은 일반적으로 이스라엘 사람을 의미한다. "그 깨끗한 피"는 '무죄한 피'이다. 이런 의식을 행함으로 이스라엘 가운데서 무죄한 피를 흘린 죄를 치워버리는 것이다.

"왜냐하면"은 이스라엘 백성이 죽은 시체의 원인을 알 수 없을 때, 이렇게 시체 처리를 해야 하는 이유를 설명한다. 이런 방법이 "아도나이의 눈에" 즉 아도나이 보시기에 "옳은" 행동이기 때문이다. "아도나의 눈"이라는 표현에서 우리가 알 수 있듯이 하나님은 이스라엘의 모든 땅을 다 보고 계실 뿐만 아니라 사람들의 모든 행동도 감찰하고 계신다는 것이다(참고. 신 11:12).

## 2. 여자 포로와 결혼하는 법(21:10-14)

이스라엘은 가나안 땅 밖에 사는 민족과 전쟁을 할 때에는 남자들은 죽이고 여자와 아이들을 포로로 잡아 올 수 있었다(신 20:10-15). 한 이스라엘 남성이 포로로 잡아 온 여성 중에서 마음에 드는 여성을 아내로 삼고자 할 때, 이 남성이 취해야 할 행동을 설명하고 있다.

**번역**

10 네가 너의 적들과 전쟁하기 위하여 나갈 것이고
너의 하나님 아도나이께서 너의 손에 그를 주시고
네가 그것의 포로를 사로잡을 때에,
11 그리고 네가 그 포로 가운데서 한 아름다운 외모의 여성을 볼 것이다.
그리고 네가 그녀를 사랑하고 네가 너를 위하여 아내로 취할 것이다.
12 그리고 너는 그녀를 너의 집안으로 데려 올 것이다.
그리고 그녀는 그녀의 머리를 밀 것이며 그녀는 그녀의 손톱을 깎을 것이다.
13 그리고 그녀는 그녀의 위로부터 그녀의 포로의 옷을 벗을 것이다.
그리고 그녀는 너의 집에 거주하고 한 달 동안 그녀의 부모를 위하여 울 것이다.
그리고 그 후에 너는 그녀에게 들어가고 그녀와 결혼할 것이다.
그리고 그녀는 너에게 아내가 될 것이다.
14 그리고 이것이 있을 것이다. 만일 네가 그녀를 기뻐하지 않으면,
그리고 너는 그녀를 그녀의 소원대로 보낼 것이다.
그리고 너는 그녀를 결코 돈으로 팔 수 없다.
너는 그녀를 거칠게 다룰 수 없다. 네가 그녀를 낮추었기 때문에.

**주해**

10 네가 너의 적들[1]과 전쟁하기 위하여 나갈 것이고
너의 하나님 아도나이께서 너의 손에[2] 그를[3] 주시고
네가 그것의 포로를[4] 사로잡을 때에,

**본문 비교**

1) 히브리어 필사본($V^{Ken\ 69}$)은 단수 "너의 적"이다.

2) 칠십인 경은 τὰς χεῖράς σου "너의 손들"로 복수이다(탈굼 옹켈로스와 탈굼 네오피티도 복수).
3) 탈굼 옹켈로스, 네오피티, 프쉬도 요나단은 복수 "그들"이다.
4) 칠십인 경은 τὴν προνομὴν αὐτῶν "그들의 전리품을"이다.

히브리어는 접속사 '~할 때,' '만일 ~면'(כִּי)으로 시작하여 이 절이 전제절임을 말한다. 이스라엘이 전쟁하러 나가는 상황을 전제하고 있다. 이스라엘이 전쟁에 나가서 승리하여 포로(칠십인 경은 "전리품")를 사로잡을 때를 말한다. "너의 손에"는 '너의 능력 안에'이고 "그를"은 앞에 나오는 "너의 적들"을 말한다(Ges-K, § 135 *p*). 하나님께서 "너의 적들"을 "포로"로 주신다. 전쟁에서 승리를 주실 때를 가정한다. 승리를 주시는 분은 "너의 하나님 아도나이"이다.

이스라엘이 전쟁하는 방법은 두 가지이다(참고 신명기 20장). 먼저 가나안 땅에 속한 민족들과 전쟁을 할 때에는 다 죽이는 헤렘 전쟁을 수행해야 한다. 혹시 살아남은 자들이 이스라엘 백성을 유혹하여 아도나이를 떠나 다른 신을 섬기지 못하게 하기 위함이다. 둘째는 약속의 땅 밖에 거주하는 사람들과 전쟁할 때에는 먼저 화평할 수 있다. 평화 조약을 맺고 조공을 받으면 된다. 그러나 적군이 전쟁을 원하면 전쟁을 할 수 있다. 이때에는 남자들을 다 죽이고 여자와 아이들을 사로잡아 올 수 있다. 이 구절은 두 번째 전쟁 방법에 속한 상황을 전제하고 있다. "포로"는 여자들과 아이들을 의미한다.

11 그리고 네가 그 포로 가운데서[1] 한 아름다운 외모의 여성을 볼 것이다,
그리고 네가 그녀를 사랑하고 네가 너를 위하여 아내로 취할 것이다.

**본문 비교**

1) 사마리아 오경은 "그것의 포로 가운데서"이고 칠십인 경은 "그 전

리폼 가운데서"이다.

11절 역시 10절의 전제절에 속한다. 이스라엘의 한 남성이 포로로 잡아온 한 여성을 보고 사랑하는 상황을 전제하고 있다. 10절의 접속사 '~할 때,' '만일 ~면'(כי)과 관련해서 해석해 보면 다음과 같다. '네가 포로 가운데서 한 아름다운 외모의 여성을 보고 네가 그녀를 사랑하고 네가 너를 위하여 아내로 취하고자 할 때(또는 취하고자 한다면).' "아내로 취할 것이다"는 이스라엘 한 남성이 포로로 잡아 온 한 이방 여인을 취할 수 있다는 사실을 보여주고 있다. 이때 포로로 잡혀 온 여성이 어느 나라인지, 어느 민족인지를 말하고 있지는 않다.

12 그리고 너는 그녀를 너의 집안으로 데려 올 것이다,
그리고 그녀는[1] 그녀의 머리를 밀 것이며 그녀는[2] 그녀의 손톱을 깎을 것이다.[3]

**본문 비교**

1) 쿰란 사본(11QT$^{a}$)과 칠십인 경은 "네가"이다.
2) 쿰란 사본(11QT$^{a}$)과 칠십인 경은 "네가"이다.
3) 탈굼 옹켈로스는 손톱을 자라게 둘 것으로 해석한다.

10-11은 전제절이며 12-14은 귀결절이다. 한 이스라엘 남성이 포로로 잡아 온 여성을 사랑하여 아내로 맞이할 경우에 해야 할 행동을 말한다. 우선 그녀를 집으로 데려와야 한다. 그리고 그녀는 머리와 손톱을 깎아야 한다.

13 그리고 그녀는[1] 그녀의 위로부터 그녀의 포로의 옷을[2] 벗을 것이다,
그리고 그녀는 너의 집에 거주하고 한 달 동안 그녀의 부모를[3] 위하여 울 것이다,

그리고 그 후에 너는 그녀에게 들어가고 그녀와 결혼할 것이다,[4)]

그리고 [5)]그녀는 너에게 아내가 될 것이다.

**본문 비교**

1) 쿰란 사본(11QT[a])과 칠십인 경은 "네가"이다.
2) 마소라는 단수 "옷"인 데 반하여 쿰란 사본(11QT[a]), 칠십인 경, 시리아 역과 탈굼 네오피티는 복수 "옷들"이다.
3) 칠십인 경은 "그녀의"를 생략하고 τὸν πατέρα καὶ τὴν μητέρα "부모를"이다.
4) 칠십인 경은 "동거하다," "살다"로 번역한다.
5) 탈굼 옹켈로스는 "너는 그녀의 남편이 되고"가 있다.

12절에 이어서 포로로 잡혀 온 여성이 해야 할 일들을 설명하고 있다. 머리와 손톱을 깎고 포로의 옷을 벗어야 한다. "포로의 옷"은 몸을 감싸고 있는 가운 같은 것을 의미한다. 그 후에 여성은 남성의 집에 살면서 한 달 동안 부모를 위하여 울어야 한다. "그녀의 부모"는 '그녀의 아버지와 그녀의 어머니'이다. "그 후에"는 '그렇게 한 후에'로 이런 의식을 치른 후에 그 남성은 포로로 잡아 온 여성과 결혼할 수 있다. 아람어 성경 탈굼 프쉬도 요나단은 여기에 흥미로운 주석을 첨가한다. 그녀가 임신했는지를 알기 위하여 세 달을 기다린 후에 그녀와 결혼할 것을 말한다. 하지만 히브리어 본문은 이런 설명이 없다.

14 그리고 이것이 있을 것이다, 만일 네가 그녀를 기뻐하지 않으면,

그리고 너는 그녀를 그녀의 소원대로[1)] 보낼 것이다,[2)]

그리고 너는 그녀를 결코 돈으로 팔 수 없다,[3)]

너는 그녀를 거칠게 다룰 수 없다,[4)] 네가 그녀를 낮추었기 때문에.[5)]

**본문 비교**

1) 칠십인 경은 ἐλευθέραν "자유롭게"로 번역한다.
2) 탈굼 프쉬도 요나단은 이혼 증서를 줘서 보낼 것을 말한다(*Sifre Deut*. 225 역시).
3) 마소라 사본은 "너는 그녀를 팔 수 없다"인 데 반하여 칠십인 경은 πράσει οὐ πραθήσεται "그녀는 결코 팔릴 수 없다"로 미래 수동태로 읽는다.
4) 탈굼 역들, 옹켈로스, 네오피티, 프쉬도 요나단은 "거래할 수 없다"로 읽는다. 칠십인 경은 "너는 그녀에 대한 믿음을 깨뜨릴 수 없다"로 그리고 벌게이트는 "너는 힘으로 억압할 수 없다"로 이해한다.
5) 탈굼 네오피티는 "네가 그녀에게 너의 힘을 주었기 때문에"로 읽는다. 마소라 사본은 여기에 세투마(ס)를 두어 단락을 나누고 있다.

"이것이 있을 것이다"는 '이 일이 발생할 것이다'로 포로의 여성을 데려온 남성이 그 여성을 더 이상 좋아하지 않을 경우에 발생할 일을 말하고 있다. "만일 네가 그녀를 기뻐하지 않으면"은 남성이 그녀와 결혼한 후에 더 이상 그녀를 즐거워하지 않는 경우이다. 더 이상 결혼 생활을 원하지 않는 상황을 가정하고 있다.

"그리고"는 '그때' 남성이 여성에게 해야 할 일들을 말한다. "너는 그녀를 그녀의 소원대로 보낼 것이다"는 그녀의 '의사를 따라' 혹은 '마음을 따라' 내보낼 것을 말한다. 즉 그녀의 요구대로 자유를 주라는 것이다(위 본문 비교 1)의 칠십인 경 참고).

"너는 그녀를 결코 돈으로 팔 수 없다"는 부정사 절대형 용법으로 강조하고 있다. 절대 '너는 그녀를 팔아서는 안 된다'(Waltke-O, 583)로 거래의 대상이 될 수 없다는 것을 말한다. 즉 노예로 팔지 말 것을 말하고 있다.

"너는 그녀를 거칠게 다룰 수 없다"는 '포학하게(가혹하게) 대우할 수 없다'는 것이다. 이 단어의 히트파엘 형태는 두 번밖에(21:14; 24:7) 나오지 않기 때문에 단어의 뜻을 알기 어려운 면이 있다(위의 본문 비교의 고대 역본들의 번역을 참고하라). "네가 그녀를 낮추었기 때문에"는 남성이 그 여자를 노예로 팔 수 없는 이유를 설명하고 있다. "낮추었기 때문에"는 '괴롭혔기 때문에,' '피해를 입혔기 때문에'로 그녀를 아내로 맞아 성관계를 했기 때문이다. 개역 개정은 "욕보였은즉"으로 적절하게 번역하고 있다. 결혼을 하고 그녀를 내보내는 것은 그 여성을 불명예스럽게 하는 것이다.

## 3. 장자 법(21:15-17)

장자의 상속 권리를 설명한다. 한 남자에게 두 아내가 있다. 한 명은 사랑을 받고 다른 한 명은 미움을 받는다. 두 명의 아내들이 아들들을 낳았다. 그런데 미움을 받는 여인의 아들이 장남이고 사랑을 받는 여인의 아들이 차남이다. 남자는 유산을 상속할 때에 사랑하는 여인의 아들에게 더 많은 재산을 물려주고 싶어서 그 아들을 장자로 세울 수 있다. 하지만 법은 그것을 금지한다. 비록 미움을 받는 여인의 아들이라도 그 아들에게 장자의 신분과 권리를 인정하라고 명령한다.

### 번역

15 두 여인이 한 남자에게 있을 때,
한 여인은 사랑을 받고 한 여인은 미움을 받고,
그 사랑받는 자와 그 미움 받는 자가 그에게 아들들을 낳고,
그 장자가 그 미움 받는 자에게 있다,
16 그리고 이것이 있을 것이다,
그가 그에게 있는 것을 그의 아들들에게 유업으로 주는 날에,

그는 그 사랑받는 자의 아들을 장자로 할 수 없다,

그 미움 받는 자의 아들, 그 장자를 대신하여.

17 그러나 그는 그 미움 받는 자의 아들 그 장자를 인정해야 한다,

그에게서 발견된 모든 것 중에서 두 몫을 그에게 주기를,

왜냐하면 그는 그의 기력의 시작이며 그에게 그 장자의 권리가 있기 때문이다.

**주해**

15 두 여인이 한 남자에게 있을 때,

한[1] 여인은 사랑을 받고 한[1] 여인은 미움을 받고,

그 사랑받는 자와 그 미움 받는 자가 그에게 아들들을[2] 낳고,

그 장자가 그 미움 받는 자에게 있다,

**본문 비교**

1) 마소라 사본은 정관사가 있는 데 반하여 히브리어 필사본($V^{Ken\ 69}$)과 사마리아 오경은 정관사가 없다. 칠십인 경은 *μία αὐτῶν* "그들의 하나" 즉 "그들 가운데 하나"로 읽는다.
2) 칠십인 경은 "아들들을"을 생략한다(오리겐의 헥사플라는 이것이 빠졌음을 지적한다).

히브리어는 문장 초두에 접속사 '~할 때,' '만일 ~면'(כִּי)으로 시작하여 이 절이 전제절임을 말한다. 히브리어는 접속사 '키'(כִּי)가 한 번만 나오기 때문에 "한 남자에게 있을 때" 또는 "있다면" 하고 번역할 수 있다. 한 남자가 두 명의 아내를 두고 있는 상황을 전제하고 있다. "한 여인은 사랑을 받고 한 여인은 미움을 받고"에서 "한 여인"은 첫 번째를 그리고 "한 여인"은 두 번째를 의미한다(Joüon-M, § 142 *m*). 한 여인은 사랑을 받는 데 반하여 다른 여인은 미움을 받는 상황이다. 미움을 받는 여인은 무시당하고 사랑을 받지 못하고 있다.

마치 야곱의 두 아내, 레아와 라헬을 연상하게 한다. 창세기에서 처음에 레아는 아들들을 잘 낳는 데 반하여(창 29:31-35) 라헬은 아들을 낳지 못했다. 그래서 라헬이 야곱과 말싸움을 했다(창 30:1-2). 그러나 여기서는 두 여인이 모두 아들을 낳았다. 그런데 문제는 그 미움을 받는 여인이 낳은 아들이 첫째 아들이라는 것이다. 이것이 문제를 야기하고 있다.

16 그리고 이것이 있을 것이다
그가 그에게 있는 것을 그의 아들들에게[1] 유업으로 주는[2] 날에,
그는 그 사랑받는 자의 아들을 장자로 할 수 없다,
그 미움 받는 자의 아들, 그 장자를 대신하여.

**본문 비교**

1) 칠십인 경은 "그의"를 생략한다(랄프 편집은 αὐτοῦ "그의"가 있다).
2) 칠십인 경은 서로 다른 단어를 사용한다. 베버 편집은 κατακληρονομῇ인 데 반하여 랄프 편집은 κατακληροδοτῇ이다.

"이것이 있을 것이다"는 '이것이 발생할 것이다'로 기업을 나눌 때에 장자의 권리에 대한 일이 일어날 것을 말한다. "그가"는 두 여인을 아내로 맞이한 남자를 뜻하며 "그에게 있는 것"은 집안의 남자에게 있는 소유 재산을 말한다. "유업으로 주는 날에"는 아버지가 아들들에게 재산을 상속하는 날, 기업을 물려주는 날이다.

남자는 당연히 사랑하는 여인의 아들에게 많은 재산을 물려주고 싶어 할 것이다. 그러나 문제는 사랑하는 여인의 아들은 차남이라는 것이다. 그래서 남자는 사랑하는 여인의 아들을 장자로 세울 수 있다. 그러나 율법은 그렇게 하지 말라는 것이다. 비록 여인이 미움을 받을지라도 그녀가 낳은 아들에게 장자의 권리를 인정하라고 한다. "대신하여"는 미움 받는 여인의 아들 장자를 '무시하지' 말라는 것이다. 또는 미움 받는 여

인의 아들보다 '우선하지'(선호하지) 말라는 것이다.

남자의 감정보다는 공평하게 정의를 행할 것을 말한다. 즉 더 사랑하는 아내를 향한 남편의 마음을 절제하고 하나님의 법을 따라, 질서대로 행하라고 한다.

17 그러나 그는 그 미움 받는 자의 아들 그 장자를 인정해야 한다,
그에게서 발견된 모든 것 중에서 두 몫을 그에게 주기를,
왜냐하면 그는 그의 기력의 시작[1)]이며[2)] 그에게 그 장자의 권리가 있기 때문이다.[3)]

**본문 비교**

1) 칠십인 경은 *ἀρχὴ τέκνων αὐτοῦ* "그의 자녀들의 시작"으로 번역한다(심마쿠스는 "그의 힘의 시작").
2) "이며"는 번역상 넣어준 표현이다(아래 주석의 문자적인 번역 참고). 히브리어 필사본($V^{ken\ 69}$), 사마리아 오경, 칠십인 경, 벌게이트, 시리아 역은 여기에 접속사 "그리고"가 있다.
3) 마소라 사본은 여기에 세투마(ס)를 두어 단락을 나누고 있다.

"그러나"는 접속사 '키'(כִּי)이다. 이것은 앞의 16절과 관련하여 번역했다. "그러나 그는 그 미움 받는 자의 아들 그 장자를, 그에게서 발견된 모든 것 중에서 두 몫을 그에게 주기를, 인정해야 한다."

"그는" 두 여인의 남편을 의미한다. "그 미움 받는 자의 아들 그 장자를"은 '그 미움 받는 자의 아들을 장자로' 즉 장자의 신분을 인정해야 한다는 의미이다. "인정해야 한다"는 미움 받는 여인의 아들의 자격을 장자로 받아들여서 권리를 주어야 한다는 것이다. 장자는 두 몫을 갖는다. 그렇다면 두 번째 아들은 삼분의 일을 소유할 수 있다. 미움 받는 여인의 아들이 장자로 인정받는 것은 "두 몫을" 받는 것이다. 아버지는 두 몫을

줌으로써 그 미움 받는 여인의 아들을 장자로 받아들여야 한다.

장자가 두 몫을 받는 경우를 우리는 요셉의 아들들에게서 볼 수 있다. 야곱은 요셉의 두 아들을 입양한다. 야곱은 요셉의 두 아들 므낫세와 에브라임을 르우벤과 시므온처럼 내 것이라고 말한다(창 48:5). 그래서 이스라엘의 12지파가 땅을 분배받을 때에 요셉의 이름이 빠지고 므낫세와 에브라임이 들어간 것이다. 왜냐하면 르우벤은 장자이지만 아버지의 침상에 올라갔기 때문에 장자의 권리가 요셉의 아들들에게 넘어간 것이다(대상 5:1).

"왜냐하면"은 미움 받는 여인의 아들을 장자로 받아들여야 하는 이유를 설명한다. "왜냐하면 그는 그의 기력의 시작이며 그에게 그 장자의 권리가 있기 때문이다." 이 문장은 동사가 없는 명사 문장이다. 문자적인 번역은 '왜냐하면 그는 그의 기력의 시작, 그에게 그 장자의 권리가' 이다. 여기에 동사를 넣어서 번역한 것이다. 히브리어는 동사가 없어도 넣어 줄 수 있다. "기력"은 '힘,' '활력,' '정력'으로 여기서는 생식력을 뜻한다. "그에게 그 장자의 권리가"는 '그에게 그 장자의 권리가 속했다,' 또는 '그에게 그 장자의 권리가 있다'는 의미이다..

## 4. 분순종하는 아들을 처형하는 법(21:18-21)

이스라엘 사회에 반항하는 아들이 나올 수 있다. 부모가 아무리 교훈을 해도 순종하지 않고 폭음을 하며 방탕한 행동을 하는 아들이다. 반사회적 인물이다. 이런 아들을 둔 부모는 그 성의 장로들에게 가서 아들의 행실을 보고한다. 그 후에 그 성의 남자들이 돌로 이 아들을 쳐 죽인다. 부모에게 거역하는 자를 이스라엘 사회에서 제거하는 것이다.

## 번역

18 한 사람에게 완고하고 불순종하는 아들이 있어,
그의 아버지의 목소리나 그의 어머니의 목소리를 듣지 않고,
그들이 그를 교훈해도 그가 그들에게 듣지 않을 때.
19 그리고 그의 아버지와 그의 어머니는 그를 붙잡을 것이다,
그리고 그들은 그를 그의 성의 장로들에게 그리고 그의 장소의 문에 데려갈 것이다.
20 그리고 그들은 그의 성의 장로들에게 말할 것이다,
우리의 이 아들은 완고하고 불순종한다,
우리의 목소리를 듣지 않는다, 많이 먹고 술 취한 자이다.
21 그리고 그의 성의 모든 남자들은 돌들로 그를 쳐야 하고 그는 죽어야 한다,
그리고 너는 너의 가운데에서 그 악을 제거할 것이다,
그리고 모든 이스라엘은 듣고 두려워할 것이다.

## 주해

18 한 사람에게 완고하고 불순종하는[1] 아들이 있어,
그의 아버지의 목소리나 그의 어머니의 목소리를 듣지[2] 않고,
그들이 그를 교훈해도 그가 그들에게 듣지[2] 않을 때.

## 본문 비교

1) 칠십인 경은 ἀπειθὴς καὶ ἐρεθιστὴς "불순종하고 반항적인"이다 (탈굼 옹켈로스는 "비뚤어지고 반역적인").
2) 히브리어는 같은 단어를 쓰는 데 반하여 칠십인 경은 다른 단어들 (ὑπακούων "순종하지," εἰσακούῃ "듣다")로 번역한다.

히브리어는 접속사 '키'(כִּי) '~때,' '만일 ~면'으로 시작하여 어떤 상황을 전제하고 있는 조건절이다. "한 사람에게"는 '어떤 사람에게'이다.

"완고하고"는 칼 분사형으로 '고집스러운,' '완강한,' '반역하는'이며 "불순종하는" 역시 칼 분사형으로 '다루기 힘든,' '반항하는,' '불량한'이다. 부모가 다루기 힘든 반항하는(비뚤어진) 아들이다. 이런 아들은 부모의 목소리를 듣지 않는다. 즉 불순종한다. 부모의 꾸짖는 말에 주의를 기울이지 않는 아들이다. 자기 생각이 강한 아들로 고집이 세다.

"교훈해도"는 '바로잡다,' '징계하다,' '훈계하다'의 뜻이다. "그들이"는 부모를 그리고 "그"는 아들을 의미한다. 부모가 불순종하는 아들을 교훈해도(벌해도) 그 아들이 듣지 않는 상황을 가정하고 있다. 부모가 아들을 가르쳐도 아들이 부모의 말을 받아들이지 않는다.

19 그리고 그의 아버지와 그의 어머니는 그를 붙잡을 것이다.[1]
그리고 그들은 그를 그의 성의 장로들에게[2] 그리고 그의 장소의 문에[3] 데려갈 것이다.

**본문 비교**

1) 마소라 사본은 3인칭 남성 복수 "그들이(그의 아버지와 그의 어머니) 붙잡을 것이다"인 데 반하여 사마리아 오경과 탈굼 사마리아 오경은 3인칭 남성 단수 "그가 붙잡을 것이다"이다.
2) 칠십인 경은 τὴν γερουσίαν τῆς πόλεως αὐτοῦ "그의 성의 장로회"이다. 탈굼 네오피티와 탈굼 프쉬도 요나단은 "지혜로운 사람들"이다.
3) 탈굼 프쉬도 요나단은 "그들의 지역 안에 있는 법원의 문"으로 해석한다.

조건절(18절)의 귀결절(19-20절)로써 부모가 반항하는 아들을 어떻게 다룰 것인지 구체적인 방법을 설명한다. 아들을 붙잡고 장로들에게 데려가라고 한다. "장소의 문"은 성문을 의미한다. 성문은 일반적으로 성의 문제를 판결하는 재판 장소로 사용되었다(본문 비교 3) 참고). 장로들이 성문에 모여서 문제를 듣고 판결하였다(룻 4:1-12. 참고, 삼하 15:2-6).

20 그리고 그들은 그의 성의 장로들에게[1] 말할 것이다,
우리의 이 아들은 완고하고 불순종한다,
우리의 목소리를 듣지 않는다, 많이 먹고 술 취한 자이다.[3]

**본문 비교**

1) 칠십인 경은 τοῖς ἀνδράσιν τῆς πόλεως αὐτῶν "그들의 성의 사람들에게"이다. 사마리아 오경은 "그의 성의 사람들에게"이다. 하지만 아퀼라는 마소라 사본과 같다. 오리겐의 헥사플라는 이 차이를 지적하고 있다.
2) 히브리어는 분사인 데 반하여 칠십인 경은 두 단어 모두 동사로 "그는 불순종하고 그는 화나게(격분하게) 한다" ἀπειθεῖ καὶ ἐρεθίζει 이다. 아퀼라 역시 동사로 "그는 반항하고 반역한다"이다.
3) 탈굼 옹켈로스, 탈굼 네오피티, 탈굼 프쉬도 요나단은 고기를 많이 먹고 포도주에 취한 술꾼이라고 설명한다.

부모는 아들을 데리고 성의 장로들에게 가서 아들의 행위를 고발한다. "우리의 이 아들"은 '우리의 아들에 관하여는'이다(Waltke-O, 132). "완고하고 불순종한다"는 18절의 단어와 같다. 두 단어 모두 칼 분사형이다. 개역 개정은 "완악하고 패역하여"로 번역했다. 부모의 말을 받아들이지 않는 불순종하며 아도나이의 신앙을 떠나 반역하는 아들이다. "많이 먹고 술 취한 자" 역시 두 단어 모두 칼 분사형이다. "많이 먹고"는 대식가, 폭식가이다. 개역 개정은 "방탕하며 술에 잠긴 자"로 번역했다.

21 그리고 그의 성의 모든[1] 남자들은 돌들로 그를 쳐야 하고 그는 죽어야 한다,
그리고 너는 너의[2] 가운데에서 그 악을[3] 제거할 것이다,
그리고 모든 이스라엘은[4] 듣고 두려워할 것이다.[5]

**본문 비교**

1) 칠십인 경과 벌게이트는 "모든"을 생략한다. 오리겐의 헥사플라는 별표로 이것을 지적하며 "모든"을 넣어준다.
2) 칠십인 경, 벌게이트 그리고 시리아 역은 2인칭 복수 "너희"이다.
3) 탈굼 옹켈로스와 탈굼 네오피티는 "행악자"로 읽는다.
4) 칠십인 경은 히브리어의 "모든 이스라엘"을 οἱ ἐπίλοιποι "남은 자들"로 번역한다. 하지만 아퀼라는 "모든 이스라엘"이다.
5) 마소라 사본은 여기에 세투마(ס)를 두어 단락을 나누고 있다.

"그리고"는 '그때'로 패역한 아들의 행위에 대한 부모의 증언을 들은 후에 그 성의 사람들이 취해야 할 행동을 말한다. 분순종하는 아들을 돌로 쳐 죽이라고 한다. 부모의 말을 듣지 않고 술에 취해 있는 사람을 가리켜 "그 악"이라고 규정한다. 불순종하는 아들을 돌로 쳐 죽인 것이 이스라엘 사회에 퍼지면 듣는 사람들이 두려워할 것이다. 이 사건이 이스라엘 사회에 경종이 될 것이다.

## 5. 나무 위에 달린 시체 처리 규정(21:22-23)

사형 판결을 받고 나무 위에 매달려 죽은 시체에 대한 처리 방법을 말하고 있다. 시체를 밤새도록 나무 위에 매달아 놓지 말고 당일에 매장할 것을 말한다. 나무에 달려 죽은 자는 하나님께 저주를 받은 자이다. 그 시체를 밤새 매달아 놓으면 그 땅이 부정해지기 때문이다.

### 번역

22 그리고 어떤 사람에게 죽음의 판결의 죄가 있으면, 그리고 그는 죽어야 한다,
그리고 네가 그를 나무 위에 매달았을 것이다.
23 너는 그의 시체를 그 나무 위에 밤새 두지 말 것이다,
그러나 너는 그 날에 그를 반드시 장사지내야 한다,
왜냐하면 매달린 자는 하나님의 저주이기 때문이다,
그리고 너는 너의 땅을 더럽히지 말 것이다,
너의 하나님 아도나이께서 너에게 기업으로 주신.

### 주해

22 그리고[1] 어떤 사람에게 죽음의 판결의 죄가 있으면, 그리고 그는 죽어야 한다,
그리고 네가[2] 그를 나무 위에 매달을 것이다.[3]

### 본문 비교

1) 히브리어 필사본($V^{ken\ 1}$), 사마리아 오경과 벌게이트는 "그리고"를 생략한다.
2) 쿰란 사본(11QT[a])과 칠십인 경은 2인칭 복수 "너희"이다.
3) 탈굼 프쉬도 요나단은 돌로 친 후에 나무에 매달으라고 설명한다.

히브리어는 접속사 '키'(כי) '~때,' '만일 ~면'으로 시작하여 한 상황을 가정하고 있는 조건절이다. '어떤 사람에게 죽음의 판결의 죄가 있으면 그는 죽어야 하고 네가 그를 나무 위에 매달았을 때'를 말한다. "죽음의 판결의 죄"는 사형에 합당한 죄로 사형에 처하기에 중대한 죄를 지은 것이다. 이런 사람은 죽여야 한다. 사형 방법은 구체적으로 나오지 않았다. 사람을 죽인 후에 나무에 매달아 놓는지 아니면 살아 있는 사람을 나무에 매달아 놓는지(교수형)에 대한 명확한 설명은 없다(본문 비교 3)을 참고).

23 너는 그의 시체를 그 나무 위에 밤새 두지 말 것이다,[1]

그러나 너는[2] 그 날에 그를 반드시 장사지내야 한다,

왜냐하면 매달린 자는[3] 하나님의 저주이기 때문이다,

그리고 너는[4] 너의 땅을[5] 더럽히지 말 것이다,

너의 하나님 아도나이께서 너에게 기업으로 주신.[6]

**본문 비교**

1) 칠십인 경은 *οὐκ ἐπικοιμηθήσεται τὸ σῶμα αὐτοῦ ἐπὶ τοῦ ξύλου* "그의 시체는 밤새도록 그 나무 위에 두어서는 안 된다"이다.
2) 칠십인 경과 시리아 역은 2인칭 복수 "너희"이다.
3) 탈굼 네오피티와 칠십인 경은 "모든"이 덧붙여져서 *πᾶς κρεμάμενος* "매달린 모든 자"이다. 오리겐의 헥사플라는 이 차이를 지적하고 있다.
4) 칠십인 경은 2인칭 복수 "너희"이다.
5) 쿰란 사본(11QT[a])과 칠십인 경은 "그 땅을"이다.
6) 마소라 사본은 여기에 세투마(ס)를 두어 단락을 나누고 있다.

귀결절로써 나무에 달려 있는 시체를 처리할 것을 말한다. 나무에 달려 죽은 시체는 밤새도록 그대로 방치하지 말라고 한다. "그를 반드시 장사지내야 한다"는 부정사 절대형 용법으로 "반드시" 또는 '꼭,' '확실히' 장사지내야 한다는 사실을 강조하고 있다. "그를"은 죽은 시체를 말한다.

"왜냐하면"은 나무에 매달린 시체를 당일에 장사지내야 하는 이유를 설명한다. "매달린 자는"은 '나무 위에 매달려 죽은 자'를 의미한다. 나무 위에 매달려 죽은 자는 하나님의 저주를 받은 자이다. 이 구절이 신약의 예수에게 자주 적용된다. 예수는 십자가 나무 위에 매달려 죽었기 때문이다. 이래서 유대인들이 예수를 메시아로 믿지 않는 것이다. 하지

만 사도 바울은 예수께서 우리를 위하여 나무 위에 달려 죽었다고 말한다. 율법의 저주를 우리 대신 당하신 것이다(갈 3:13). 예수는 나무 위에 달려 죽었지만 하나님이 그를 다시 살리셨다(행 10:39-40; 13:29-30).

"그리고 너는 너의 땅을 더럽히지 말 것이다, 너의 하나님 아도나이께서 너에게 기업으로 주신." 관계 대명사로 이어지는 문장으로 '그리고 너는 너의 하나님 아도나이께서 너에게 기업으로 주신 너의 땅을 더럽히지 말 것이다'이다. '더럽히지 말라' 또는 '부정하게 하지 말라'로도 번역할 수 있다. 밤새도록 시체를 나무 위에 매달아 놓는 것은 하나님이 주신 땅을 더럽히는 행위이다. 이래서 유대인들은 예수의 시체를 나무 위에 두지 않으려고 빌라도에게 다리를 꺾어 시체를 치워달라고 했다(요 19:31).

### 참고 문헌


Alt, A, "Zur hit *'ammer*," *VT* 2 (1952), 153-159.

Anderson, B. A. "The Inversion of the Birth Order and the Title of the Firstborn," *VT* 60 (2010), 655-58.

Avioz, M. "The Law of the Rebellious Son(Deut 21:18-21) according to Josephus," *ZAR* 22 (2016), 177-184.

Aviv, D. M. "Teaching 'the Stubborn and Rebellious Son': Orthophagy, Adolescence and Jewish Education," *Shofar* 24 (4, 2006), 110-29.

Bechmann, U. "Die kriegsgefangene Frau (Dtn 21,10-14)," *BK* 60 (2005), 200-204.

Bellefontaine, E. "Deuteronomy 21:18-21: Reviewing the Case of the Rebellious Son," *JSOT* 13 (1979), 13-31.

Callaway, P. R. "Deut 21:18-21: Proverbial Wisdom and Law," *JBL* 103 (1984), 341-352.

Carmichael, C. M. "A Ceremonial Crux: Removing a Man's Sandals as a

Female Gesture of Contempt, *JBL* 96 (1977), 321-336.

-----------, "Uncovering a Major Source of Masaic Law: The Evidence of Deut. 21:15-22:5," *JBL* 101 (1982), 505-520.

Carroll, R. P. "Rebellion and Dissent in Ancient Israelite Society," *ZAW* 89 (1977), 176-204.

Cohen, S. J. D. "Conversion to Judaism in Historical Perspective: From Bibical Israel to Postbiblical Judaism," *Conservative Judaism* 36 (1982-83), 31-45.

David, M. "Hit 'ammer," *VT* 1 (1951), 219-221.

Driver, G. R. "Deuteronomy 21 3," *VT* 2 (1952), 356.

Finkelstein, J. J. "The Goring Ox," *Temple Law Quarterly* 46 (1973), 276.

Fleishman, J. "Legal Innovation in Deuteronomy xxi 18-20," *VT* 53 (2003), 311-27.

Frymer-Kensky, T. "Pollution, Purification and Purgation in Biblical Israel," in *The Word of the Lord Shall Go Forth*, Winona Lake, 1983, 399-414.

Gelb, I. J. "Prisoners of War in Early Mesopotamia," *JNES* 32 (1973), 70-98.

Goodnick, B. "She Shall Mourn," *JBQ* 32 (2004), 198-201.

Hagedorn, A. C. "Guarding the Parents' Honour - Deuteronomy 21.18-21," *JSOT* 88 (2000), 101-121.

Henninger, J. "Zum Erstgeborenenrecht bei den Semiten," In *Festschrift Werner Caskel zum siebzigsten Geburtslag*, Leiden, 1968, 162-183.

Lewis, T. J. *Cults of the Dead in Ancient Israel and Ugarit*, Harvard Semitic Monographs 39, Atlanta, 1989, 48-51.

Lieu, J. M. "Reading in Canon and Community: Deuteronomy 21.22-23, A Test Case for Dialogue," in M. D. Carroll R. et. al., *The Bible in Human Society*, *JSOTS* 200, Sheffield, 1995, 317-334.

Mendelsohn, I. "On the Preferential Status of the Eldest Son," *BASOR* 156 (1959), 38-40.

Milgrom, J. "Firstborn," *IDBSup*. 337-338.

Niditch, S. "Beautiful Theories: Approaching Deut 21:2-9 as Ritual Performance and Narrative Medium," *Sibyls, Scriptures and Scrolls*, Leiden, 2016, 958-972.

Reeder, C. A. "Deuteronomy 21.10-14 and/as Wartime Rape," *JSOT* 43 (2017), 313-336.

Tigay, J. H. "Conversion and Marriage," in *Deuteronomy*, Philadelphia, 1996, 479-480.

Unnik, W. C. van. "Der Fluch des Gekreuzigten: Deut 21, 23 in der Deutung Justinus des Märtyrers," In *Theologia Crucis, Signum Crucis*, Tübingen, 1979, 483-499.

Watson, P. "A Note on the Double Portion of Deut 21, 17 and 2 Ki 2, 9," *ResQ* 8 (1965), 70-75.

Wells, B. "The Hated Wife in Deuteronomic Law," *VT* 60 (2010), 131-46.

Wilcox, M. "'Upon the Tree' - Deut 21:22-23 in the New Testament," *JBL* 96 (1977), 85-99.

Yaron, R. "On Divorce in Old Testament Times," *RIDA* 4 (1957), 117-128.

# DEUTERO NOMY 신명기 22장

A New Translation with
Introduction
and Commentary

**DEUTERONOMY**

# DEUTERONOMY

# 신명기 22장

Deuteronomy 22

**내용/구조**

이 장은 다양한 법규들을 말하고 있다. 특이한 것은 첫째, 히브리어 부정어 '로'(לֹא ~않다)가 문장 처음에 나와서 부정 명령을 주는 구절들이 많다(1, 4, 5, 9, 10, 11, 30). 둘째, 접속사 '키'(כִּי ~때, 만일 ~면)이 문장 처음에 나와서 어떤 상황들을 가정하는 구절들도 많다(6, 8, 13, 22, 23, 27, 28). 셋째, 접속사 '임'(אִם 만일 ~면)이 문장 처음에 나오는 문장들도 있다(2, 20, 25).

먼저 길을 잃은 이웃의 소나 양과 같은 가축을 본 사람은 못 본 척하지 말라고 권면한다. 그 가축을 이웃에게 돌려줄 것을 말한다. 그뿐만 아니라 길에서 넘어진 이웃의 가축을 본 사람은 그 가축 주인을 도와주어야 한다. 이것은 비단 가축에게만 해당되는 것이 아니라 이웃의 잃어버린 모든 물건에게 해당된다(1-4).

그 다음에는 아주 다양한 법규들이 나온다. 여자와 남자는 서로 의복을 바꿔 입을 수 없다(5). 길을 가다가 새 둥지를 본 사람은 어미 새와 새끼를 함께 취할 수 없다. 새끼나 알은 취할 수 있지만 어미 새는 놓아주어야 한다(6-7). 어떤 사람이 집을 지을 때에는 지붕에 난간을 만들어서 사람이 추락하는 것을 방지해야 한다(8). 연이어서 세 개의 부정 명령이 나오는데, 포도원에 두 종류의 씨를 섞어 뿌리지 말라는 것(9), 소와 나귀로 함께 쟁기질을 하지 말라는 것(10) 그리고 양 털과 배 실로 섞어 짠 옷을 입지 말라는 것(11)이 나온다. 마지막으로 겉옷의 네 귀에 술을 만들라는 명령이 나온다(12).

순결에 관한 법규들이 나오는데, 먼저 결혼한 신랑이 신부의 동정을 의심할 때, 그 의심을 해결할 수 있는 규정이 나온다. 신랑은 신부의 순결에 의심이 들면 성문의 장로들에게 가서 재판을 받을 수 있다. 이때 신부의 부모가 신부의 순결을 증명하면 신랑에게 벌이 주어진다(13-19). 그러나 만일 신랑의 말이 사실로 판명이 나면 신부는 돌로 맞아 죽는다(20-21).

연이어서 다양한 성범죄가 나온다. 어떤 남자가 유부녀와 성관계를 가지면 둘 다 죽이라고 한다(22). 약혼한 여자가 성안에서 성폭행을 당했을 때와 들에서 성폭행을 당했을 때에 처리하는 규정이 나오고(23-27) 어떤 남자가 처녀와 동침한 것을 발견하면 그 둘을 결혼시킬 것을 말하고(28-29) 마지막으로 아버지의 아내와 결혼하지 말 것을 말한다(30).

특별히 신부에 대한 고발(13-21)과 다양한 성적인 죄(22-30)를 말하는 부분에서 "소녀"라는 단어가 계속 나오는 것이 특이하다(15, 16, 19, 20, 21, 23, 24, 25, 26, 27, 28, 29). 여기서 우리는 소녀의 처녀성에 대한 문제를 크게 다루고 있다는 사실을 알 수 있다(13-21). 남자가 소녀와 어떤 상황에서 성관계를 했느냐에 따라서 처벌 규정을 다르게 하고 있다(22-30).

이 장은 다음과 같이 네 부분으로 나눌 수 있다.

1. 이웃의 잃어버린 가축(22:1-4)
2. 다양한 법령들(22:5-12)
3. 신부에 대한 고발(22:13-21)

4. 다양한 성적인 죄(22:22-30)

## 1. 이웃의 잃어버린 가축(22:1-4)

어떤 사람이 이웃의 잃어버린 가축을 발견했을 때, 취해야 할 행동을 말한다. 1-3절은 잃어버린 가축에 대해서 그리고 3절은 이웃의 잃어버린 다른 물건들에 대해서 말하는 데 반하여 4절은 이웃의 넘어진 가축에 대해서 말한다. 여기서 "너의 형제"라는 표현이 6번 나오는데, 이는 같은 이스라엘 백성을 의미한다. 이웃 또는 동료가 가축을 잃어버렸을 때, 같은 형제로서 못 본 척하지 말라는 것이다. 잃어버린 가축을 발견한 사람은 그 짐승을 의도적으로 무시해서는 안 된다. "자신을 숨기지 못할 것이다."는 표현도 3번이나 나와서 잃어버린 가축을 발견한 사람이 해야 할 행동을 강조한다.

### 번역

1 너는 길을 잃은 너의 형제의 소 또는 그의 양을 보고,
그것들로부터 너는 자신을 숨기지 못할 것이다,
반드시 너는 그것들을 너의 형제에게로 돌아가게 해야 한다.
2 그리고 만일 너의 형제가 너에게 가까이 있지 않고 네가 그를 모른다면,
그리고 너는 그것을 너의 집 안으로 모을 것이고
그것이 너와 함께 있을 것이다, 너의 형제가 그것을 찾기까지,
그리고 너는 그것을 그에게 돌려주어야 한다.
3 그리고 너는 그렇게 그의 나귀에게 행할 것이다,
그리고 너는 그렇게 그의 겉옷에게 행할 것이다,
그리고 너는 그렇게 너의 형제의 잃어버린 모든 것에게 행할 것이다,
그가 그로부터 잃어버리고 네가 그것을 발견한,

너는 너 자신을 숨길 수 없을 것이다.

4 너는 그 길에 넘어진 너의 형제의 나귀를 또는 그의 소를 보고
너는 그것들로부터 자신을 숨길 수 없다,
너는 반드시 그것과 함께 일으켜 세워야 한다.

## 주해

1 너는 길을 잃은[1] 너의 형제의 소 또는 그의 양을[2] 보고,
그것들로부터 너는 자신을 숨기지 못할 것이다.[3]
반드시 너는 그것들을 너의 형제에게로 돌아가게 해야 한다.[4]

## 본문 비교

1) "길을 잃은"은 니팔 분사로서 '밀어 떼밀다' 또는 '밀어 헤치다'의 뜻이다. 무리로부터 강제로 떨어진 소나 양을 뜻한다. 칠십인 경은 이것을 "길에서 잘못 인도된" *πλανώμενα ἐν τῇ ὁδῷ*으로 번역한다(오리겐의 헥사플라는 이 차이를 지적한다).

2) 사마리아 오경은 여기에 **או את כל בהמתו** "또는 그의 가축을" 그리고 쿰란 사본(11QT[a])은 **או את המורו** "또는 그의 나귀를"을 덧붙인다.

3) 칠십인 경은 "못 본체 하지 못할 것이다," "간과하지 못할 것이다" *ὑπερίδῃς*로 읽는다. 탈굼 네오피티와 탈굼 프쉬도 요나단도 "너의 시선을 돌리지 못할 것이다"로 해석한다. 즉 모른 척하지 말라는 것이다.

4) 랄프(Rahlfs) 편집의 칠십인 경은 *αὐτά ἀποστροφῇ ἀποστρέψεις αὐτὰ τῷ ἀδελφῷ σου καὶ ἀποδώσεις αὐτῷ*인 데 반하여 베버(Wevers) 편집은 더 짧은 *αὐτά ἀποστροφῇ ἀποστρέψεις αὐτὰ τῷ ἀδελφῷ σου*이다.

무리로부터 떨어진 소나 양을 보았을 때 취해야 할 행동을 말한다. "너"는 모세의 율법을 듣는 일반적인 이스라엘 사람을 의미한다. "길을 잃은"은 어떤 상황에서 이 소나 양이 무리로부터 벗어났는지, 주인으로부터 멀어졌는지 나오지 않는다. "너의 형제"는 '너의 동료' 또는 '너의 이웃'을 뜻한다. 같은 동네에 사는 이스라엘 백성이다.

"그것들로부터"는 '길을 잃은 소나 양으로부터'이다. 이 길을 잃은 소나 양을 본 사람은 못 본 척해서는 안 된다. "자신을 숨기지 못할 것이다"는 스스로 시선을 돌려 모르는 척하는 것이다. 의식적으로 외면하는 행동, 무시하는 행동, 무관심한 또는 냉담한 행동을 하지 말라고 한다(참고 Joüon-M, § 168 *t*).

"반드시"는 부정사 절대형 용법으로 '정녕,' '꼭' 해야 할 행동을 뜻한다. "너의 형제에게로"는 양이나 소를 잃어버린 주인으로 동료, 이웃을 의미한다. "돌아가게 해야 한다"는 길 잃은 짐승을 주인에게 돌려보내야 한다는 것이다. 주인이 그 짐승을 찾아올 때까지 보관하고 있으라는 것이다

2 그리고 만일 너의 형제가 너에게[1] 가까이 있지 않고 네가 그를 모른다면,
그리고 너는 그것을 너의 집 안으로 모을 것이고
그것이 너와 함께 있을 것이다, 너의 형제가 그것을[2] 찾기까지,
그리고 너는 그것을 그에게 돌려주어야 한다.

**본문 비교**

1) 칠십인 경은 ὁ ἀδελφός σου πρὸς σὲ인 데 반하여 일부 사본들(A F M V)은 단어순서가 다른 πρὸς σὲ ὁ ἀδελφός σου이다.
2) 사마리아 오경은 여기에 "너와 함께 있는 것으로부터"를 덧붙인다.

"그리고 만일 ~면"(ואם)은 '그러나 만일 ~면'으로 읽을 수 있다. 길 잃

은 소나 양의 주인이 멀리 있는 경우 또는 짐승을 발견한 사람이 그 짐승의 주인이 누구인지를 모르는 경우를 가정하고 있다. "그를"은 짐승의 주인을 뜻한다.

"그리고 너는 그것을 너의 집 안으로 모을 것이고"에서 "그리고"는 '그때'로 길 잃은 짐승의 주인이 멀리 있거나 주인이 누구인지를 모를 경우, 짐승을 발견한 사람은 그 짐승을 집 안으로 들여와서 보관하고 있어야 한다.

"그리고 너는 그것을 그에게 돌려주어야 한다." 짐승이 주인이 잃어버린 소나 양을 찾아왔을 때, 보관하고 있던 사람은 그 짐승을 주인에게 돌려주어야 한다.

3 그리고[1)] 너는 그렇게 그의 나귀에게 행할 것이다,
그리고 너는 그렇게 그의 겉옷에게 행할 것이다,
그리고 너는 그렇게 너의 형제의 잃어버린 모든 것에게 행할 것이다,
그가 그로부터 잃어버리고 네가 그것을 발견한,
너는 너 자신을 숨길 수 없을 것이다.[2)]

**본문 비교**

1) 일부 히브리어 필사본(V[ken 18, 80, 150]), 사마리아 오경, 칠십인 경, 시리아 역 그리고 벌게이트는 "그리고"를 생략한다.
2) 칠십인 경은 *οὐ δυνήσῃ ὑπεριδεῖν* "너는 못 본체하지 못할 것이다," "간과하지 못할 것이다"로 읽는다(1절 본문 비교 3) 참고). 탈굼 프쉬도 요나단은 잃어버린 것을 발견한 사람은 그것을 숨길 권리가 없다고 부연 설명하고 있다. 마소라 사본은 여기에 세투마(ס)를 두어 단락을 나누고 있다.

"그렇게"가 세 번이나 나와서 위 구절에서 이스라엘 사람이 잃어버

린 소나 양에게 행한 것과 같이 나귀, 겉옷과 같이 잃어버린 모든 것에게도 똑같이 행하라는 명령이 주어진다. 이웃이 잃어버린 재산에 대하여 행할 의무이다.

"그리고 너는 그렇게 너의 형제의 잃어버린 모든 것에게 행할 것이다, 그가 그로부터 잃어버리고 네가 그것을 발견한." 이 문장은 관계 대명사로 연결하여 번역하면 "그리고 너는 그렇게 그가 그로부터 잃어버리고 네가 그것을 발견한 너의 형제의 잃어버린 모든 것에게 행할 것이다."이다.

"너는 너 자신을 숨길 수 없을 것이다."는 못 본 척 하는 것, 무관심 하는 것, 무시하는 행동을 하지 말라는 의미이다. 다른 사람의 일에 관여하지 않으려는 사람의 본성에 반대하는 명령이다.

4 너는 그 길에 넘어진[1] 너의 형제의 나귀를 또는 그의 소를[2] 보고
너는 그것들로부터 자신을 숨길 수 없다,[3]
너는 반드시 그것과 함께 일으켜 세워야 한다.[4]

**본문 비교**

1) 칠십인 경은 "넘어진"이 분사 복수(히브리어 역시 복수)인 데 반하여 테오도치온과 심마쿠스는 분사 단수이다(오리겐의 헥사플라는 이 차이를 지적한다).
2) 일부 히브리어 필사본(V$^{\text{ken 107}}$)과 사마리아 오경은 여기에 히브리어 목적격 "את"를 넣어준다. 사마리아 오경은 여기에 "또는 그의 모든 가축을"을 덧붙인다.
3) 칠십인 경은 "못 본체하지 못할 것이다," "간과하지 못할 것이다" ὑπερίδῃς로 읽는다. 탈굼 프쉬도 요나단도 "너의 눈을 감지 못할 것이다"로 해석한다. 즉 모른 척하지 말라는 것이다.
4) 마소라 사본은 여기에 세투마(ס)를 두어 단락을 나누고 있다.

1절에서는 길을 잃은 소나 양이 나왔는데, 여기서는 길에 넘어진 나귀나 소가 나온다. 길에 넘어져 있는 이웃의 가축을 보고 못 본 척하지 말고 도와줄 것을 명령한다. "너는 반드시 그것과 함께 일으켜 세워야 한다." 히필 부정사 절대형 용법으로 넘어진 가축을 '꼭,' '정녕' 도와주어야 할 것을 강조하고 있다.

## 2. 다양한 법령들(22:5-12)

이 본문은 다양한 법령들을 말한다. 먼저 남자와 여자의 옷을 바꿔 입지 말 것을 명령한다(5). 그 후에 어떤 사람이 새와 알들을 함께 발견하면 새 어미는 놓아주고 알들을 취할 수 있다(6-7). 그리고 어떤 사람이 집을 건축할 때, 지붕에 난간을 만들어서 다른 사람이 떨어지지 않도록 해야 한다(8). 포도원에 두 종류의 씨를 뿌리지 말 것(9), 소와 나귀로 쟁기질을 하지 말 것(10), 털과 아마로 함께 짠 옷을 입지 말 것(11)을 말하고 마지막으로 입는 옷의 네 귀에 술을 만들라고 한다(11).

**번역**

5 남자의 옷이 여자 위에 있을 수 없다,
그리고 남자는 여자의 옷을 입을 수 없다,
왜냐하면 이 모든 행위는 너의 하나님 아도나이의 혐오이기 때문이다.
6 만일 새의 둥지가 너의 앞에 만나면, 그 길에, 모든 나무에 또는 땅 위에,
새끼들 또는 알들, 그리고 그 어미가 그 새끼들 위에 또는 그 알들 위에 누운 것을,
너는 그 새끼들과 함께 그 어미를 취할 수 없다.
7 너는 반드시 그 어미를 보내주어야 한다,
그리고 너는 그 새끼들을 너에게 취할 수 있다,

이것이 너에게 잘 되고 네가 날들을 길게 하기 위하여.

8 네가 새 집을 건축할 때, 너는 너의 지붕에 난간을 만들어야 한다,

그리고 너는 너의 집에 피를 두어서는 안 된다, 그 떨어진 자가 그것에서 떨어졌을 때.

9 너는 너의 포도원에 두 종류를 뿌리지 말아야 한다,

전 소산, 네가 뿌린 씨와 그 포도원의 생산이 구별되지 않도록.

10 너는 소와 나귀로 함께 쟁기질을 할 수 없다.

11 너는 털과 아마로 섞어 짠 것을 입을 수 없다.

12 너는 너에게 네가 그것으로 덮는 너의 옷의 네 귀 위에 술들을 만들 것이다.

### 주해

5 남자의 옷이 여자 위에 있을 수 없다,

그리고 남자는 여자의 옷을 입을 수 없다,

왜냐하면 이 모든 행위는 너의 하나님 아도나이의 혐오이기 때문이다.[1)]

### 본문 비교

1) 마소라 사본은 여기에 페투카(פ)를 두어 단락을 나누고 있다.

이성의 옷을 입는 행위를 금지하고 있다. "남자의 옷"은 '남자의 의복,' '남자의 장식구'를 의미한다. 탈굼 프쉬도 요나단은 여자는 술이 달린 남자의 옷이나 성구함을 입어서는 안 된다고 부연 설명한다. 여성은 남성이 사용하는 의복이나 장식품을 사용하지 말라는 것이다. 시프레 신명기 역시 여자는 남자처럼 옷을 입고 남자들 가운데로 가지 말라고 말한다(*Sifre Deut.* 236). "여자의 옷"은 여성의 몸을 휘감는 망토 같은 옷을 뜻한다. 탈굼 프쉬도 요나단은 남자는 여자처럼 보이기 위해서 겨드랑이 털이나 음모 또는 수염을 깎아서는 안 된다고 부연 설명한다. 시프레 신명기는 남자는 여자의 화려한 옷이나 보석으로 장식하고 여자들에

게 가지 말라고 한다(*Sifre Deut*. 236).

접속사 "왜냐하면"이 이러한 행위를 금지하는 이유를 설명하고 있다. "이 모든 행위"는 이러한 일을 행하는 모든 사람을 의미하는데, 남자가 여자의 옷을 입는 행위 또는 여자가 남자의 옷을 입는 행위를 말한다. "너의 하나님 아도나이의 혐오"는 '너의 하나님 아도나이께 혐오스러운 것'을 뜻한다(자세한 설명은 신명기 7장 25절의 주해를 참고). "혐오"는 '혐오스러운 것,' '지겨운 것,' '몹시 싫은 것'이다.

6 만일 새의 둥지가 너의 앞에 만나면,[1] 그 길에, 모든 나무에 또는 땅 위에,
새끼들 또는 알들, 그리고 그 어미가 그 새끼들 위에 또는 그 알들 위에 누운 것을,
너는 그 새끼들과 함께 그 어미를 취할 수 없다.

**본문 비교**

1) 칠십인 경은 *ἐὰν δὲ συναντήσῃς νοσσιᾷ ὀρνέων* "그러나 만일 네가 새들의 새끼들을 만나면"으로 번역한다.

히브리어 접속사 '키'(כי)는 "만일 ~면," "~때"로 어떤 상황을 가정하고 있다. 어떤 사람이 길을 가다가 새의 둥지를 발견하는 상황이다. 새 둥지가 길이나 나무 위에 있는데, 그 안에 새끼들과 알들이 있는 경우이다. "누운 것을"은 어미가 알이나 새끼들을 품고 있는 중이다. 이때 새 둥지를 발견한 사람은 어미와 새끼들을 함께 취할 수 없다.

7 너는 반드시 그 어미를 보내주어야 한다,
그리고 너는 그 새끼들을 너에게 취할 수 있다,
이것이 너에게 잘 되고 네가 날들을 길게 하기 위하여.[1]

**본문 비교**

1) 마소라 사본은 여기에 세투마(ס)를 두어 단락을 나누고 있다..

새 둥지를 발견한 사람이 취해야 할 행동을 설명한다. 어미 새와 알들 또는 새끼들이 함께 있을 때, 어미를 놓아주고 새끼들을 취하라고 한다. 어미는 다시 알들을 낳을 수 있기 때문이다. 어미를 놓아주는 것은 새들을 보존할 뿐만 아니라 사람도 다시 알을 제공받을 수 있는 기회가 주어지기 때문이다.

이 명령을 지킬 때, 이스라엘 백성은 가나안 땅에서 번영할 수 있다. "이것이 너에게 잘 되고"는 '잘 될 것이다,' '좋을 것이다'로 성공을 의미한다(신 4:40; 5:16, 29; 6:3, 18; 12:25, 28. 참고 *THGD*, 94). "네가 날들을 길게 하기 위하여"는 개인적으로는 장수를 그리고 국가적으로는 번영을 의미한다(신 4:40; 5:16, 33; 6:2; 11:9, 21; 17:20; 25:15; 30:18; 32:27, 47. 참고 *THGD*, 94).

8 네가 새 집을 건축할 때, 너는 너의 지붕에 난간을 만들어야 한다,
그리고 너는 너의 집에 피를 두어서는 안 된다.[1] 그 떨어진 자가 그것에서 떨어졌을 때.[2]

**본문 비교**

1) 칠십인 경은 *οὐ ποιήσεις φόνον ἐν τῇ οἰκίᾳ σου* "너는 너의 집 안에서 살인을 해서는 안 된다"로 번역한다. 탈굼 옹켈로스는 "너는 너의 집에 죽음의 판결의 책임을 가져와서는 안 된다"로 해석한다.
2) 마소라 사본은 여기에 세투마(ס)를 두어 단락을 나누고 있다.

히브리어 접속사 '키'(כי "~때"로 번역)가 두 번 나오는 문장으로 한 상황을 가정하고 있다. 이스라엘 사람이 새 집을 지을 때, 지붕에 난간을

만들어야 한다. “난간”은 ‘울타리’로 평평한 지붕으로부터 떨어지는 것을 보호하는 기능을 한다. 난간을 만들라는 명령을 보면 그 당시의 집의 지붕은 평평했다는 것을 알 수 있다.

“피”는 지붕에서 떨어져 죽은 어떤 사람의 피를 뜻한다(참고 Joüon-M, § 155 *d*). 칠십인 경은 이것을 살인으로 이해했다(본문 비교 1) 참고). “그것에서”는 ‘그것으로부터’로 지붕을 뜻한다. 평평한 지붕에 난간이나 울타리가 없어서 만일 사람이 떨어지면 그 집 주인이 법적 책임을 져야한다.

9 너는 너의 포도원에 두 종류를[1] 뿌리지 말아야 한다,
전 소산,[2] 네가 뿌린 씨와 그 포도원의 생산이 구별되지[3] 않도록.[4]

**본문 비교**

1) 칠십인 경은 διάφορον “다양한,” “다른”으로 번역한다.
2) 칠십인 경과 벌게이트는 여기에 접속사 “그리고”를 넣어준다.
3) 마소라는 תקדש칼 형인 데 반하여 사마리아 오경은 תקדיש히필 형이다. 탈굼 옹켈로스는 “더럽히지,” 탈굼 네오피티는 “파괴되지” 그리고 탈굼 프쉬도 요나단은 “불태워지지”로 번역한다.
4) 마소라 사본은 여기에 세투마(ס)를 두어 단락을 나누고 있다.

포도원에 두 종류의 씨를 뿌리지 말라고 명령한다(참고 레 19:19). 두 종류는 씨를 섞어 뿌리는 것으로 포도원에 다양한 씨를 뿌리는 행위를 금지한다. 구체적으로 포도밭에 품종이 다른 포도나무들을 심는 행위, 다른 곡물을 심는 행위 또는 다른 과일나무를 심는 행위를 말한다.

이러한 명령을 하는 이유는 תקדש “구별되지 않도록,” “거룩하게 되지 않도록”이다. 여기서 “구별되다,” “거룩하게 되다”는 어떤 의미인지 명확하지 않다. 그래서 이 구절에 대한 해석이 분분하다. 이것은

위의 아람어 번역에서도 볼 수 있을 뿐만 아니라 영어 성경의 다양한 번역에서도 알 수 있다: "defiled"(NAS, NIB, NIV, NKJ), "used"(TNK), "separated"(YLT), "forfeited"(ASV, ESV). 아람어 성경들은 이 단어를 모두 부정적으로 해석한다. 두 종류의 씨를 섞어 뿌린 포도원의 소산은 다 부정하게 되어 파괴되거나 불태워진다는 것이다. 이러한 해석은 유대인 주석에도 나타난다(Tigay). 크레이기는 포도원의 소산이 거룩하게 된다는 것은 하나님의 성소에 드려져야 한다는 것이라고 말하면서 이것은 이집트 사람들의 습관에 대한 반감이라고 주장한다(Craigie). 라부샤흐네는 크레이기의 해석에 반대하면서 이것은 포도원 소산의 부적절한 사용을 방지하는 것이라고 말한다(Labuschagne).

"구별되지 않도록"은 일반적인 사용에 적합하지 않은 것으로 성소에 바쳐질 수 있다는 것이다. 개역 개정은 "포도원의 소산을 다 빼앗길까 하노라"로 번역했다. 즉 포도원의 소산을 주인이 사용하지 못하고 성소에 거룩하게 구별되어 바쳐진다는 것이다. 주인의 입장에서는 한 해 동안 농사지은 포도원의 열매를 몰수당하는 것이다.

10 너는 소와 나귀로 함께 쟁기질을 할 수 없다.[1)]

**본문 비교**

1) 마소라 사본은 여기에 세투마(ס)를 두어 단락을 나누고 있다.

밭을 갈 때, 나귀와 소로 함께 쟁기질을 하지 말라고 명령한다. 왜 이런 명령을 주는지는 명확하지 않다. 소와 나귀의 힘이 똑같지 않기 때문이라는 해석이 있는가 하면(Tigay) 신명기의 음식법(14:1-8)에 근거하여 소는 깨끗한 짐승이지만 나귀는 부정한 짐승이라고 말하기도 한다(Craigie). 하지만 음식법은 먹을 수 있는 짐승과 먹지 못하는 짐승에 관한 것이고 여기서는 사람이 쟁기질을 할 때, 두 짐승을 같이 일을 시키지 말라는 것이다. 이 법은 위의 두 종류의 씨를 섞어 뿌리지 말라는 것(9)과 아래의 양 털과 베 실로 섞어 짠 옷을 입지 말라는 법과 관련이 있는 것 같다(11).

11 너는 털과 아마로 섞어 짠 것을[1] 입을 수 없다.[2]

**본문 비교**

1) 칠십인 경은 "섞어 짠 것"을 κίβδηλον "불순물을 섞은," "위조의," "가짜의"로 번역한다(오리겐의 헥사플라는 이 차이를 지적한다). 아퀼라는 αντιδιακειμενον "다른 종류의"로 번역한다.
2) 마소라 사본은 여기에 세투마(ס)를 두어 단락을 나누고 있다.

털은 양 털이나 염소 털을 말하고 아마는 아마 섬유 또는 리넨을 의미한다. 털은 동물에서 나온 것이고 아마는 식물에서 가져온 것이다. "섞어 짠 것"은 이 두 종류를 섞어서 짠 옷을 뜻한다. 이 법은 위의 포도원에 두 종류의 씨를 섞어 뿌리지 말라는 법(9)과 소와 나귀로 함께 쟁기질을 하지 말라는 법(10)과 관련이 있다. 이 세 절의 문장은 모두 부정어 '로'(לֹא ~않다)로 시작한다.

12 너는 너에게 네가 그것으로 덮는 너의 옷의 네 귀 위에 술들을 만들 것이다.[1]

**본문 비교**

1) 마소라 사본은 여기에 세투마(ס)를 두어 단락을 나누고 있다.

입는 겉옷의 네 모퉁이에 술을 만들 것을 말한다. "너에게"는 '너를 위하여'로도 번역할 수 있다. "귀"는 옷의 맨 끝을 말한다. "덮는"은 히트파엘(재귀) 형으로 '너 자신을 덮는'이다. 가난한 사람들은 밤에 잘 때,

이 겉옷을 덮고 잤다. "옷"은 몸을 감쌀 수 있는 망토 같은 옷을 말한다. "술"은 실을 꼬아 만든 끈 또는 줄이다.

## 3. 신부에 대한 고발(22:13-21)

결혼한 신혼부부 사이에 동정에 관한 문제가 발생한다. 신랑이 신부의 처녀성을 의심하여 고발한다. 남자는 신혼 첫날밤을 보내고 난 후에 신부가 처녀가 아니라고 말한다. 이때 신부의 부모는 딸의 순결을 증명할 수 있는 옷을 가지고 그 성의 장로들에게 가서 보여주어야 한다. 신랑이 신부를 아무 근거 없이 고발했을 때에 장로들은 남자에게 벌을 내린다. 벌금형을 선언하며 그 여자와 이혼할 수 없다(13-19).

그러나 만일 딸의 부모가 딸의 처녀성을 입증하지 못하면, 남자의 말이 사실로 드러나면 그 소녀는 형벌을 받는다. 그 성의 사람들이 그 소녀에게 돌을 던져 죽여야 한다. 그 소녀는 창녀 짓을 해서 악을 행했기 때문이다(20-21).

### 번역

13 남자가 여자를 취하고 그가 그녀에게 들어가고 그가 그녀를 미워하면,
14 그리고 그가 그녀에게 말거리들을 두고
그가 그녀에게 악한 이름을 주고
그가 말한다, 내가 이 여자를 취했다 그리고 내가 그녀에게 가까이했다,
그러나 내가 그녀에게서 처녀성을 발견하지 못했다.
15 그리고 그 소녀의 아버지와 그녀의 어머니는 취할 것이고
그들이 그 소녀의 처녀성을 그 성의 장로들에게, 그 성문으로 가지고 가야 한다.
16 그리고 그 소녀의 아버지는 그 장로들에게 말할 것이다,
내가 나의 딸을 이 남자에게 아내로 주었다, 그러나 그가 그녀를 미워했다.

17 그리고 보라 그가 말거리들을 두었다,
말하기를, 내가 당신의 딸에게서 처녀성을 발견하지 못했다,
그러나 이것들이 나의 딸의 처녀성이다,
그리고 그들은 그 성의 장로들 앞에서 그 옷을 펼 것이다.
18 그리고 그 성의 장로들이 그 남자를 잡을 것이다,
그리고 그들이 그를 징계할 것이다.
19 그리고 그들은 그에게 은 백 개를 부과할 것이다,
그리고 그들은 그 소녀의 아버지에게 줄 것이다,
왜냐하면 그가 나쁜 이름을 이스라엘의 처녀 위에 가져왔기 때문이다,
그리고 그녀는 그에게 아내로 있을 것이다,
그는 그의 모든 날들에 그녀를 보낼 수 없다.
20 그러나 만일 이 일이 사실이며 그 소녀에게서 처녀성이 발견되지 않으면,
21 그리고 그들은 그녀의 아버지의 집 문에서 그 소녀를 끌어내야 한다,
그리고 그녀의 성 사람들은 돌들로 그녀를 쳐야하고 그녀는 죽어야 한다,
왜냐하면 그녀가 그녀의 아버지 집에서 창녀 짓을 하여 이스라엘 중에서 어리석게 행했기 때문이다,
그리고 너는 너 가운데서 그 악을 제거해야 한다.

### 주해

13 1)남자가 여자를 취하고 그가 그녀에게 들어가고 그가 그녀를 미워하면,

### 본문 비교

1) 히브리어는 접속사 '키'(כִּי) "~때," "만일 ~하면"으로 시작하는 데 반하여 칠십인 경은 ἐὰν δέ "그러나 만일 ~면"으로 읽는다.

접속사 '키'(כִּי)는 "~때," "만일 ~하면"으로 번역하여 한 상황을 가정하는 전제절이다. 어떤 남자가 한 여자와 결혼하여 일어날 수 있는 상황

을 가정한다. "남자"는 '한 남자' 또는 '어떤 남자'이며 "여자" 역시 '한 여자' 또는 '어떤 여자'를 뜻한다. "취하고"는 여기서 '결혼하다'라는 의미이다. 한 남자가 결혼을 해서 "그녀에게 들어가고"는 그녀와 성관계를 갖고 혹은 잠자리를 한 후에 마음이 변하여 신부를 미워하는 연속적인 상황을 가정하고 있다(참고 Joüon-M, § 118 *d*). 남자가 결혼을 하고 난 후에 변심한 상황이다.

14 그리고 그가 그녀에게 말거리들을[1] 두고
그가 그녀에게 악한 이름을 주고
그가 말한다, 내가 이 여자를 취했다 그리고 내가 그녀에게 가까이했다,
그러나 내가 그녀에게서 처녀성을 발견하지 못했다.

**본문 비교**

1) 칠십인 경은 "가식적인 말들" 또는 "거짓된 말들" προφασιστικοὺς λόγους로 번역한다. 아퀼라는 "비뚤어진 말들," "악의적인 말들" εναλλακτικα ρηματα로 읽는다. 오리겐의 헥사플라는 이 차이를 지적하고 있다

"말거리들"(עלילת דברים)은 문자적으로는 "말들의 행위들"로 "어떤 죄 있는 행위들"이다(Joüon-M, § 129 *f*). 이것은 또한 '고의적인' 또는 '악의적인 말들'로 비방거리 또는 음모를 의미한다. 근거 없는 비방 또는 모략이다. "악한 이름을 주고"는 '악한 이름을 가져오는 것'으로 '헐뜯다,' '명예를 훼손하다,' '중상하다'의 뜻이다. 남자가 신부에게 누명을 씌어 고소하는 것이다. 남자가 아내에게서 부끄러운 행동을 발견했다는 것이다. 그래서 남자가 아내를 고발한다. 아주 고의적이고 의도적인 고발이다.

"그가 말한다"는 남자가 아내를 고발하는 말이다. 14절 역시 13절과

같이 전제절로써 '그가 말할 때' 또는 '그가 말한다면'으로 앞 절과 연이어서 상황을 가정하고 있다. 뒤에 나오는 말들은 이제 고발하는 남자의 말이다.

"그가 말한다, 내가 이 여자를 취했다 그리고 내가 그녀에게 가까이 했다."는 남자가 여자와 결혼을 해서 성관계를 가졌다는 의미이다. "그러나 내가 그녀에게서 처녀성을 발견하지 못했다."는 남자가 여자를 고발하는 이유를 설명한다. "처녀성"(문법상 복수 "처녀성들"로 나오지만 단수로 번역했다)은 '처녀의 증거,' '동정'의 뜻으로 성적인 순결 또는 성적 무경험을 뜻한다.

15 그리고 그 소녀의[1] 아버지와 그녀의 어머니는[2] 취할 것이고,
그들이 그 소녀의[1] 처녀성을[3] 그 성의 장로들에게,[4] 그 성문으로 가지고 가야 한다.

**본문 비교**

1) "그 소녀"의 마소라 본문(케티브)은 הנער인 데 반하여 마소라 케레와 사마리아 오경과 쿰란 사본(4QDeut[f])은 הנערה이다.
2) 칠십인 경은 "그녀의"를 생략한다.
3) 탈굼 프쉬도 요나단은 여기에 שושיפא "옷"을 덧붙인다(17절을 보라). 이 옷은 아마도 결혼 첫날밤에 부부가 깔고 잤던 침대 시트의 역할을 했을 것이다.
4) 칠십인 경은 "그 성의"를 생략하고 πρὸς τὴν γερουσίαν "그 장로회"라고 읽는다. 오리겐의 헥사플라는 이것을 지적하며 마소라 사본과 같이하기 위하여 της πολεως "그 성의"를 넣어준다.

"그리고"는 '그때'를 의미한다. 결혼한 딸의 부모의 반응이 나오고 있다. "그 소녀"는 "그 소녀의 아버지와 그녀의 어머니"의 딸로서 결혼한

처녀이다. "취할 것이고"는 뒤에 나오는 "그 소녀의 처녀성을" 가지고 가는 것이다. 즉 그 소녀의 처녀성을 입증할 수 있는 증거물을 취하는 것이다. 이것을 보면 부모가 결혼한 소녀의 처녀성을 입증할 물건을 보관하고 있다(본문 비교 3)를 참고). 여기서 어머니를 언급한 것을 보면 아마도 딸의 처녀성을 입증할 증거를 어머니가 보관하고 있었을 것이다. 이 증거는 17절에 자세하게 나타난다. "그 성의 장로들에게"는 이 사건의 시시비비를 가려줄 수 있는 재판관들이다. "그 성문으로"는 일반적으로 성의 재판 사건들은 성문에서 이루어졌기 때문에 그 처녀의 부모들이 증거물을 가지고 성문으로 간 것이다.

16 그리고 그 소녀의[1] 아버지는 그 장로들에게 말할 것이다,
내가 나의 딸을[2] 이 남자에게 아내로 주었다,[3] 그러나 그가 그녀를 미워했다.

**본문 비교**

1) "그 소녀"의 마소라 본문(케티브)은 הנער인 데 반하여 마소라 케레와 사마리아 오경은 הנערה이다.
2) 칠십인 경은 τὴν θυγατέρα μου ταύτην "나의 이 딸을"이다.
3) 탈굼 프쉬도 요나단은 여기에 더 자세하게 "그가 그녀와 잔 후에"를 덧붙인다.

신부의 아버지와 어머니는 딸의 처녀성을 증명할 증거를 가지고 성문의 장로들에게 간다. 그리고 아버지가 딸을 위해 변호한다. 먼저 아버지는 딸의 결혼을 이야기한다. 그리고 그 남편이 자신의 딸을 미워했다고 증언한다. 아버지의 변호는 17절에서도 이어진다.

17 그리고 보라[1] 그가[2] 말거리들을 두었다,
말하기를, 내가 당신의 딸에게서 처녀성을 발견하지 못했다,

그러나 이것들이 나의 딸의 처녀성이다,

그리고 그들은[3] 그 성의 장로들 앞에서 그 옷을 펼 것이다.

**본문 비교**

1) 칠십인 경은 마소라 사본의 "그리고 보라"를 νῦν "이제"로 읽는다.
2) 마소라 필사본들(V[ken 69, 80, 103, 109]), 쿰란 사본(11QT[a]), 칠십인 경, 탈굼 네오피티, 시리아 역, 벌게이트는 "그녀에게"를 덧붙인다.
3) 사마리아 오경은 פרש "그가 펼 것이다"이다.

신부의 아버지는 남편의 부당한 고발을 말한 후에 증거를 제시한다. "말거리들"은 위의 14절의 설명을 보라. 아버지는 사위의 부당한 고발을 말한다. "말하기를, 내가 당신의 딸에게서 처녀성을 발견하지 못했다."는 남편의 근거 없는 말이다. 그리고 아버지는 딸의 처녀성을 증명할 "옷"을 장로들 앞에서 펼친다. 이 옷은 몸을 휘감을 수 있는 옷으로 15절에서 언급했듯이 부부가 첫날밤에 깔았던 것으로 침대 시트 역할을 한 옷이다. 부부가 성관계를 할 때에 처녀막이 파열되어 나왔던 피가 묻어 있던 옷일 것이다.

18 그리고 그 성의 장로들이[1] 그 남자를[2] 잡을 것이다,

그리고 그들이 그를 징계할 것이다.

**본문 비교**

1) 칠십인 경은 단수 ἡ γερουσία τῆς πόλεως "그 성의 장로회"로 읽는다. 랄프(Rahlfs) 편집은 "그 성의 장로회"가 단수이기 때문에 동사의 인칭도 λήμψεται 단수인 데 반하여 베버(Wevers) 편집은 λήμψονται 복수이다.
2) 마소라 사본은 정관사가 붙은 האיש "그 남자"이지만 사마리아 오

경은 여기에 대명사 הַהוּא를 덧붙인다. 쿰란 사본(11QT[a]), 칠십인경 그리고 시리아 역도 사마리아 오경과 같다.

그 성의 장로들은 신부의 아버지의 변호와 증거를 받아들여 무고한 고발을 한 남편을 벌한다. 신부에게 억울한 누명을 씌운 신랑은 징계를 받는다. "징계할" יסר는 피엘 형으로 '훈계하다,' '징계하다,' '교정하다,'의 뜻이다. 여기서 그 성의 장로들이 그 남자를 어떻게 징계하는지, 어떻게 벌을 주는지 자세하게 나오지 않는다. 아람어 성경들은 이 단어를 "매로 때리다," "태형을 내리다"로 설명한다. 개역 개정은 "잡아 때리고"로 번역한다.

19 그리고 그들은 그에게 은 백 개를[1)] 부과할 것이다,
그리고 그들은 그 소녀의 아버지에게 줄 것이다,
왜냐하면 그가 나쁜 이름을 이스라엘의 처녀 위에 가져왔기 때문이다,
그리고 그녀는 그에게 아내로 있을 것이다,
그는 그의 모든 날들에 그녀를 보낼 수 없다.[2)]

**본문 비교**

1) 칠십인 경은 ἑκατὸν σίκλους "백 세겔"로 읽는다. 오리겐의 헥사플라는 이 차이를 지적한다. 아람어 성경들(탈굼 옹켈로스, 탈굼 네오피티, 탈굼 프쉬도 요나단)은 "은 백 개의 주화"로 해석한다.
2) 마소라 사본은 לְשַׁלְּחָהּ인 데 반하여 사마리아 오경은 שלחה이다. 아람어 성경들은 그 남자의 생애 동안 이혼할 수 없다고 설명한다. 마소라 사본은 여기에 세투마(ס)를 두어 단락을 나누고 있다.

18절~19절은 그 남자에게 주어지는 벌이다. "그들은"은 그 성의 장로들이다. 장로들이 신부에게 누명을 씌운 남자에게 판결을 내린다. "부과

할 것이다"는 벌금형을 말하는데, 은 백 개를 신부의 아버지에게 주어야 한다. "은"은 돈을 의미한다. 칠십인 경은 이것을 세겔로 번역한다. 개역개정 역시 "은 일백 세겔"로 번역한다.

그 남자에게 벌금형을 내리는 이유를 설명한다. "왜냐하면 그가 나쁜 이름을 이스라엘의 처녀 위에 가져왔기 때문이다." 신랑이 근거 없는 고발로 인하여 신부의 명예를 더럽혔기 때문에 벌금형을 받는다.

벌금형과 더불어서 그 남자는 그녀와 결혼 생활을 지속해야 할 것 - "그녀는 그에게 아내로 있을 것이다." 그리고 그녀와 이혼 할 수 없다는 것 - "그는 그의 모든 날들에 그녀를 보낼 수 없다."을 명확하게 한다.

20 그러나 만일 이[1] 일이 사실이며[2] 그 소녀에게서[3] 처녀성이 발견되지 않으면,

**본문 비교**

1) 사마리아 오경과 히브리어 필사본(V^ken 9^)은 **הזה** "이"를 생략한다.
2) 마소라 사본은 "그리고"가 없는 데 반하여 칠십인 경, 시리아 역과 벌게이트는 여기에 "그리고"가 있다.
3) "그 소녀에게서"의 마소라 본문(케티브)는 **לנער** 인 데 반하여 마소라 케레와 사마리아 오경은 **לנערה**이다.

접속사 "그러나"는 앞 절들의 반대 상황을 인도한다. "이 일"은 '이 말'로도 읽을 수 있다. "사실이며"는 "만일 ~이면"과 관련하여 읽으면 '진리이면,' '참이면'으로 남편의 고발이 근거가 있다는 것을 가정한다. 남편의 고소가 사실이어서 "그 소녀에게서 처녀성이 발견되지 않으면"은 신부의 부모가 신혼 첫날밤에 깔고 잤던 옷을 증거로 제시하지 못했다는 것이다. 즉 부부가 첫날밤에 성관계를 가질 때에 신부가 피를 흘렸다는 증거가 없는 것이다.

21 그리고 그들은 그녀의 아버지의 집 문에서[1] 그 소녀를[2] 끌어내야 한다.
그리고 그녀의 성 사람들은[3] 돌들로 그녀를 쳐야하고 그녀는 죽어야 한다.
왜냐하면 그녀가 그녀의 아버지 집에서 창녀 짓을 하여[4] 이스라엘 중에서 어
리석게 행했기 때문이다.
그리고 너는 너 가운데서 그 악을[5] 제거해야 한다.[6]

**본문 비교**

1) 칠십인 경은 ἐπὶ τὰς θύρας τοῦ πατρὸς αὐτῆς "그녀의 아버지의 문에서"로 읽는다. 오리겐의 헥사플라는 이 차이를 지적한다. 하지만 랄프(Rahlfs) 편집은 마소라와 같이 ἐπὶ τὰς θύρας οἴκου πατρὸς αὐτῆς이다.
2) "그 소녀"의 마소라 본문(케티브)는 הנער인 데 반하여 마소라 케레와 사마리아 오경은 הנערה이다.
3) 많은 히브리어 필사본들($V^{ken\ 69,\ 107}$)은 여기에 "모든"을 덧붙여 "모든 그녀의 성 사람들"로 읽는다.
4) 마소라 사본은 לזנות בית인 데 반하여 사마리아 오경은 להזנות את בית이다.
5) 아람어 성경들(옹켈로스, 네오피티, 프쉬도 요나단)은 행악자, 악을 행하는 사람으로 해석한다.
6) 마소라 사본은 여기에 세투마(ס)를 두어 단락을 나누고 있다.

20절의 가정에 대한 결과를 설명한다. 신랑의 고발이 진실로 밝혀지면 그 신부에게 형벌을 가하라는 것이다. "그들은" 그 성의 장로들을 의미한다. 그리고 형벌은 그 성의 사람들이 집행하는데, 돌로 신부를 쳐 죽이는 것이다. 접속사 "왜냐하면"은 그 신부가 죽어야 하는 이유를 설명한다. 그녀가 아버지의 집에서 창녀 짓을 했기 때문이다. 결혼하기 전에 불법적인 성관계를 한 것이다. 이것을 어리석은 행동으로 규정한다. "어

리석게"는 무의미한, 분별없는 행동을 한 것이다. 이런 불법적인 성관계는 이스라엘 내에서 제거해야 할 "악"이라고 설명한다.

## 4. 다양한 성적인 죄(22:22-30)

다양한 성범죄를 금하고 있다. 첫째, 유부녀와 성관계를 맺은 사람은 죽이라고 한다. 이때 남자와 여자 둘 다 죽여야 한다(22). 둘째, 어떤 남자가 성 안에서 약혼한 여자와 성관계를 가졌을 때에, 그 여자가 소리를 지르지 않았을 경우, 둘 다 죽이라고 명령한다(23-24). 셋째, 그러나 만일 어떤 남자가 들에서 약혼한 여자를 성폭행했을 경우에는 여자는 살려주고 남자만 죽이라고 한다. 여자가 소리를 질러도 도와줄 사람이 없는 장소에서 일어난 일이기 때문이다(25-27). 넷째, 이번에는 어떤 남자가 약혼하지 않은 여자를 강간했을 경우를 말한다. 이때에 남자는 그 처녀의 아버지에게 은 오십을 주고 그 여자와 결혼해서 아내로 삼아야 한다(28-29). 다섯째, 남자는 아버지의 아내와 결혼하지 말 것을 말한다(30).

### 번역

22 남편과 결혼한 여자와 함께 누운 남자가 발견되면,
그리고 그들은 죽어야 한다, 그들 둘 역시, 그 여자와 함께 누운 그 남자와 그 여자,
그리고 너는 이스라엘 중에서 그 악을 제거해야 한다.
23 만일 소녀인 처녀가 남자와 약혼하고
어떤 남자가 그 성에서 그녀를 발견하고 그녀와 함께 누우면,
24 그리고 너희는 그들 둘을 그 성의 문으로 데리고 나와야 한다,
그리고 너희는 그들을 돌들로 쳐야 한다, 그리고 그들은 죽어야 한다,
그 소녀를, 그녀는 그 성안에서 소리를 지르지 않았기 때문에,

그리고 그 남자를, 그는 그의 이웃의 여자를 욕보였기 때문에,
그리고 너는 너 가운데에서 그 악을 제거해야 한다.
25 그리고 만일 그 남자가 그 들에서 그 약혼한 소녀를 발견하고,
그 남자가 그녀를 붙잡고 그녀와 함께 누웠으면,
그리고 그녀와 함께 누운 그 남자만 죽어야 한다.
26 그리고 너는 그 소녀에게 어떤 일도 행하지 말아야 한다,
그 소녀에게 죽음의 죄가 없다,
왜냐하면 남자가 그의 이웃에 대하여 일어나고
그가 그를, 영혼을, 죽인 것과 같기 때문이다.
이 일이 그와 같다.
27 그가 그 들에서 그녀를 만났기 때문에,
그 약혼한 소녀가 소리를 질렀어도 그녀를 위한 구원자가 없었다.
28 남자가 소녀, 약혼하지 않은 처녀를 발견하고
그가 그녀를 붙잡고 그녀와 함께 눕고 그들이 발견될 때,
29 그리고 그녀와 함께 누운 그 남자는 그 소녀의 아버지에게 은 오십을 주어야
한다,
그리고 그에게 그녀는 아내가 되어야 한다, 그가 그녀를 욕보였기 때문에,
그는 그녀를 보낼 수 없다, 그의 모든 날들에.
30 남자는 그의 아버지의 여자를 취할 수 없다,
그리고 그는 그의 아버지의 옷자락을 벗길 수 없다.

## 주해

22 [1]남편과 결혼한 여자와 함께 누운 남자가 발견되면, ,
그리고 그들은 죽어야 한다, 그들 둘 역시,[2] 그 여자와 함께 누운 그 남자와 그 여자,[3]
그리고 너는 이스라엘 중에서 그 악을[4] 제거해야 한다.[5]

**본문 비교**

1) 히브리어는 접속사 '키'(כי) "~때," "만일 ~하면"으로 시작하는 데 반하여 칠십인 경은 ἐὰν δὲ "그러나 만일 ~면"으로 시작한다.
2) 칠십인 경은 ἀποκτενεῖτε ἀμφοτέρους "너희는 둘을 죽여야 한다"로 번역한다. 아퀼라와 심마쿠스는 "둘은 죽어야 한다"이다.
3) 탈굼 프쉬도 요나단은 그 여자가 임신했을지라도 지체하지 않고 죽여야 한다고 덧붙여 해설한다.
4) 탈굼 옹켈로스, 탈굼 네오피티, 탈굼 프쉬도 요나단은 "행악자"로 번역한다.
5) 마소라 사본은 여기에 세투마(ס)를 두어 단락을 나누고 있다.

히브리어는 접속사 '키'(כי) '~때,' '만일 ~면'으로 시작하여 한 상황을 가정하고 있다. "함께 누운"은 성관계를 하고 있는 것을 뜻한다. 결혼한 유부녀와 성관계를 한 어떤 남자를 발견했을 때 취해야 할 행동을 말한다. "그리고"는 '그때'를 뜻한다. "그들은" 뒤이어 나오는 구절이 잘 설명하고 있다. 성관계를 가진 두 사람, 남자와 결혼한 여자이다. 두 번째 "그리고"는 '그래서'의 의미이다. "악"은 불법적인 성관계를 말한다. 결혼한 유부녀와 성관계를 갖는 것은 악으로 규정되며 그 처벌은 죽음이다. 이 말씀에 따르면 헷 사람 우리아의 아내였던 밧세바와 성관계를 가진 다윗은 죽어야 한다(삼하 12:7). 그러나 다윗이 죽지 않은 것은 그가 나단 선지자의 책망을 들었을 때에 회개했기 때문이다(삼하 12:13).

23 만일[1] 소녀인[2] 처녀가 남자와 약혼하고
어떤 남자가 그 성에서 그녀를 발견하고 그녀와 함께 누우면,

**본문 비교**

1) 칠십인 경은 ἐὰν δὲ "그러나 만일 ~면"으로 시작한다.

2) "소녀"의 마소라 본문(케티브)는 **נער**인 데 반하여 마소라 케레와 사마리아 오경은 **נערה**이다.

22절과 같이 히브리어는 접속사 '키'(**כי** '~때,' '만일 ~면')로 시작하여 한 상황을 가정하는 전제절이다. "소녀인 처녀"에서 "인"은 번역상 넣어 준 것이며 두 개의 여성 명사로 동격으로 "소녀, 처녀"(**נער בתולה**)이다 (Ges-K, § 131 *b*). 문맥에서 약혼한 처녀를 뜻한다. 이 처녀에게 어떤 남자가 다가와서 성관계를 갖자고 유혹을 하여 동침을 한 경우를 가정한다. "함께 누우면"은 같이 잠을 잔 상태로 성관계를 가진 것이다.

24 그리고[1)] 너희는 그들 둘을 그[2)] 성의 문으로 데리고 나와야 한다,
그리고 너희는 그들을 돌들로 쳐야 한다, 그리고 그들은 죽어야 한다,
그 소녀를,[3)] 그녀는 그 성안에서 소리를 지르지 않았기 때문에,[4)]
그리고 그 남자를, 그는 그의 이웃의 여자를 욕보였기 때문에,[4)]
그리고 너는 너 가운데에서 그 악을[5)] 제거해야 한다.[6)]

**본문 비교**

1) 칠십인 경은 "그리고"를 생략한다.
2) 칠십인 경은 *αὐτῶν* "그들의"로 읽는다. 칠십인 경의 다른 사본들 (V Byz)은 εκεινης이다.
3) "그 소녀"의 마소라 본문(케티브)는 **הנער**인 데 반하여 마소라 케레, 쿰란 사본(11QT[a])와 사마리아 오경은 **הנערה**이다.
4) 칠십인 경은 히브리어의 **על־דבר אשר**를 *ὅτι*로 단순하게 번역한다. 오리겐의 헥사플라는 이것을 지적하면서 히브리어와 같이 *ἐπὶ λόγου ὅτι*로 번역한다.
5) 탈굼 옹켈로스, 탈굼 네오피티, 탈굼 프쉬도 요나단은 "행악자"로 해석한다.

6) 마소라 사본은 여기에 세투마(ס)를 두어 단락을 나누고 있다.

23절은 전제절이며 24절은 귀결절이다. "그리고"는 '그때'의 의미로 약혼한 처녀와 성관계를 가진 남자를 발견했을 때에 취해야 할 행동을 말한다. "그 성의 문"은 그들이 사는 성의 문이다. 고대 이스라엘에서는 성문에서 재판이 이루어졌기 때문에 이곳으로 데려간다. "데리고 나와야 한다."는 두 남녀의 재판과 처벌을 위해서 성문으로 끌고 가야 한다는 것이다. 두 남녀는 돌로 쳐 죽임을 당해야 한다. 여자를 죽여야 하는 이유는 그녀가 성안에 있으면서도 소리를 지르지 않았기 때문이다. 즉 다른 사람의 도움을 요청하지 않았다는 것이다. 이것은 남자의 유혹에 여자가 성관계를 가질 의도가 있었다는 것으로 볼 수 있기 때문이다.

두 개의 "때문에"가 나오는데, 이는 문자적으로 '일 위에'(עַל־דְּבַר)로 '그 사실 때문에'(Joüon-M, §170 *b*)의 뜻이다. 소녀가 죽어야 할 이유는 '그녀가 소리를 지르지 않은 일 위에'이다. 여기에 해당되는 사람은 밧세바이다. 밧세바는 예루살렘 성안에 있었다. 다윗이 밧세바를 불러서 동침을 할 때에 그녀는 소리를 지르지 않았다. 아무런 반대 의사를 표현하지 않은 것이다(삼하 11:4). 밧세바와 반대되는 여인은 다말이다. 암논이 다말을 욕보이려고 할 때 그녀는 명확하게 자신의 의사를 밝혔다(삼하 13:11-16). 이 구절에 따르면 밧세바는 유죄이고 다말은 무죄이다. 두 번째 "때문에"는 남자가 죽어야 할 이유로 '그는 그의 이웃의 여자를 욕보인 일 위에'이다. 여기서 '욕보이다'는 성관계를 통하여 남자가 여자를 '괴롭히다,' '낮추다'의 뜻이다. "그의 이웃의 여자"는 약혼한 관계이기 때문에 '그의 이웃의 아내'로도 읽을 수 있다.

25 그리고 만일 그 남자가 그 들에서 그 약혼한 소녀를[1)] 발견하고,
그 남자가 그녀를 붙잡고 그녀와 함께 누웠으면,
그리고 그녀와 함께 누운 그 남자만 죽어야 한다.[2)]

**본문 비교**

1) "그 소녀"의 마소라 본문(케티브)는 הנער인 데 반하여 마소라 케레과 사마리아 오경은 הנערה이다.
2) 칠십인 경은 히브리어의 "그 남자가 그녀를 붙잡고 그녀와 함께 누웠으면"을 βιασάμενος κοιμηθῇ μετ' αὐτῆς "그가 강제로 그녀와 함께 누웠으면"으로 짧게 해석한다. 오리겐의 헥사플라는 이것을 지적하면서 히브리어 본문과 같이 βιασάμενος 뒤에 별표로 αὐτὴν ὁ ἄνθρωπος를 넣어준다.
3) 칠십인 경은 ἀποκτενεῖτε τὸν ἄνθρωπον "너희는 그 남자를 죽여야 한다"로 번역한다.

위의 23-24절과 유사한 사건인 것 같지만 장소가 다르다는 것에 주목해야 한다. 23-24절은 성 안에서 일어난 사건이지만 여기서는 "그 들"에서 일어난 사건을 다룬다. "그리고 만일 ~면"은 "그러나 만일 ~면"의 뜻으로(칠십인 경은 이렇게 해석한다) 또 다른 상황을 가정하고 있다. "붙잡고"는 히필 형으로 힘으로 붙잡는 것이다. 남자가 힘으로 여자를 제압하여 성폭행을 한 상황이다. 이 점이 23-24절의 상황과 다르다. 성 안에서 이런 일이 일어났을 때에는 소리를 질러야 하는데, 23-24절의 여성은 소리를 지르지 않음으로 성관계에 암묵적 동의를 한 것이다. 두 번째 "그리고"는 '그때에'의 뜻이다. "그 남자만"은 '그 남자 홀로'이다. 여자는 살리고 남자만 죽이는 것이다. 여자를 살리는 이유는 다음 구절들에서 나온다.

26 그리고 너는[1] 그 소녀에게[2] 어떤 일도[3] 행하지 말아야 한다,
그 소녀에게[2] 죽음의 죄가[4] 없다,
왜냐하면 남자가 그의 이웃에 대하여 일어나고
그가 그를, 영혼을,[5] 죽인 것과 같기 때문이다.

이 일이 그와 같다.

**본문 비교**

1) 칠십인 경은 *ποιήσετε* "너희는"으로 복수이다. 오리겐의 헥사플라도 이 점을 지적한다.
2) "그 소녀에게"의 마소라 본문(케티브)는 לנער인 데 반하여 마소라 케레와 사마리아 오경은 לנערה이다.
3) 탈굼 네오피티와 탈굼 프쉬도 요나단은 ביש "악"으로 해석한다.
4) 탈굼 옹켈로스, 탈굼 네오피티, 탈굼 프쉬도 요나단은 דין דקטולין "죽음의 판결"로 해석한다.
5) 칠십인 경은 *αὐτοῦ ψυχήν* "그의 영혼을"로 번역한다.

"그리고"는 '그러나'로 해석하면 앞 절과 대조를 이루어 뜻이 더 살아난다. 남자는 죽이고 여자는 살려주기 때문이다. "그 소녀에게"는 들에서 성폭행을 당한 여성을 뜻한다. "어떤 일도"는 성폭행을 당한 여성에게 어떤 책임을 물을 수 없다는 것이다. 그녀는 무죄이다. "죽음의 죄가 없다"는 그녀를 죽일만한 어떠한 잘못도 없다는 의미이다. "왜냐하면"은 그 소녀를 죽일 수 없는 이유를 설명한다. "그의 이웃에 대하여"는 '그의 이웃에 대항하여'로 공격하기 위하여 일어난 것이다. "이 일이 그와 같다"는 남자가 여자를 성폭행한 사건은 남자가 다른 이웃을 쳐 죽인 살인 사건과 같다는 뜻이다. 성폭행의 범죄를 매우 심각하게 여기고 있다. 전적으로 남자의 잘못이지 여자의 잘못이 아니라는 것이다.

27 그가 그 들에서 그녀를 만났기 때문에,

그 약혼한 소녀가[1] 소리를 질렀어도 그녀를 위한 구원자가 없었다.[2]

**본문 비교**

1) "그 소녀"의 마소라 본문(케티브)는 הנער인 데 반하여 마소라 케레, 쿰란 사본(11QT[a])와 사마리아 오경은 הנערה이다.
2) 마소라 사본은 여기에 세투마(ס)를 두어 단락을 나누고 있다.

히브리어는 접속사 "~ 때문에" '키'(כי)로 시작하여 그 소녀에게 왜 아무런 책임을 물을 수 없는지를 설명한다. 남자가 사람이 아무도 없는 들에서 여자를 성폭행했기 때문에 여자가 소리를 질러도 도와줄 사람이 아무도 없었기 때문이다. "소리를 질렀어도"는 '소리를 질렀다 그러나 그녀를 위한 구원자가 없었다.'라는 의미이다.

28 [1)]남자가 소녀,[2)] 약혼하지 않은 처녀를 발견하고
그가 그녀를 붙잡고 그녀와 함께 눕고[3)] 그들이[4)] 발견될 때,

**본문 비교**

1) 칠십인 경은 ἐὰν δέ "그러나 만일 ~면"으로 시작한다.
2) "소녀"의 마소라 본문(케티브)는 נער인 데 반하여 마소라 케레, 쿰란 사본(11QT[a])과 사마리아 오경은 נערה이다.
3) 칠십인 경은 히브리어의 "그가 그녀를 붙잡고 그녀와 함께 눕고"를 βιασάμενος κοιμηθῇ μετ' αὐτῆς "강제로 그가 그녀와 함께 누웠다"로 짧게 번역한다.
4) 칠십인 경은 3인칭 단수 εὑρεθῇ "그가"이다. 쿰란 사본(11QT[a])도 단수이다.

히브리어는 '키'(כי) '~때,' '만일 ~면'으로 시작하여 어떤 상황을 가정한다. 어떤 남자가 약혼하지 않은 어떤 여자를 만나서 강제로 성관계를 가진 상황을 가정한다. 25-27절에는 약혼한 처녀가 나오는 반면 여

기서는 약혼하지 않은 처녀이다. "소녀, 약혼하지 않은 처녀"는 두 개의 여성 명사(נער בתולה)가 동격으로 나오는데(Ges-K, § 131 *b*), 처녀는 관계 대명사에 의해 "약혼하지 않은 처녀"라는 설명을 하고 있다.

"그가 그녀를 붙잡고"는 강제로 붙잡은 것이다(본문 비교 3)을 보라). "그녀와 함께 눕고"는 힘으로 여자를 제압하고 성관계를 가진 것이다. 성폭행을 저지른 상황이다. "그들이 발견될 때"는 성폭행의 현장을 들킨 것을 의미한다.

29 그리고[1] 그녀와 함께 누운 그 남자는 그 소녀의[2] 아버지에게 은 오십을[3] 주어야 한다,
그리고 그에게 그녀는 아내가 되어야 한다, 그가 그녀를 욕보였기 때문에,
그는 그녀를 보낼 수 없다, 그의[4] 모든 날들에.[5]

**본문 비교**

1) 칠십인 경은 "그리고"를 생략한다.
2) "그 소녀"의 마소라 본문(케티브)는 הנער인 데 반하여 마소라 케레, 쿰란 사본(11QT[a])와 사마리아 오경은 הנערה이다.
3) 칠십인 경은 "은 오십 드라크마" πεντήκοντα δίδραχμα ἀργυρίου로 번역한다. 여기서 "드라크마"는 은 주화로써 유대인이 성전 세로 냈던 반 세겔에 해당한다. 아람어 성경들(탈굼 옹켈로스, 탈굼 네오피티, 탈굼 프쉬도 요나단)은 "은 오십 개의 주화" חמשין סלעין דכסף로 해석한다.
4) 칠십인 경은 "그의"를 생략한다.
5) 마소라 사본은 여기에 세투마(ס)를 두어 단락을 나누고 있다.

28절은 조건절이고 29절은 귀결절이다. "그리고"는 '그때'를 의미한다. 처녀와 강제로 성관계를 맺은 남성에게 두 가지의 벌이 주어진다.

첫째는 벌금형으로 은 오십 개를 처녀의 아버지에게 주어야 한다. 둘째는 그 남자는 그 여자를 아내로 삼아야 한다. "그가 그녀를 욕보였기 때문"이다. 여기서 '욕보이다'는 '낮추다,' '괴롭히다'의 뜻으로 남자가 그 처녀를 강제로 성관계를 통하여 괴롭힘으로 그녀의 신분을 하찮게 만든 것이다. 그리고 그 남자의 일생 동안 그녀를 내보낼 수 없다. 즉 이혼할 수 없다.

30 남자는 그의 아버지의 여자를 취할 수 없다,
그리고 그는 그의 아버지의 옷자락을 벗길 수 없다.[1)]

**본문 비교**

1) 칠십인 경은 *οὐκ ἀποκαλύψει συγκάλυμμα τοῦ πατρὸς αὐτοῦ* "그의 아버지의 덮개를 드러낼 수 없다"로 번역한다. 탈굼 네오피티는 "그의 아버지의 벌거벗은 무릎을 드러낼 수 없다"고 해석한다. 마소라 사본은 여기에 세투마(ס)를 두어 단락을 나누고 있다.

개역 개정은 22장 30절이지만 히브리어 본문은 23장 1절이다. "아버지의 여자"는 '아버지의 아내'로도 번역할 수 있다. 이것을 아버지의 전 아내로(TNK, Tigay), 과부가 된 계모로(Wevers), 또는 계모로(Craigie) 해석하기도 하지만 본문은 이것 역시 확실하게 말하지 않는다. 남자의 친어머니가 아닌 것은 확실하다. 레위기는 아버지의 아내와 성관계를 갖지 말 것을 명확하게 한다(레 18:8; 20:11). "취할 수 없다"는 '결혼할 수 없다'로 해석할 수 있다.

"아버지의 옷자락"은 아버지의 신체를 덮고 있는 옷을 의미한다. "벗길 수 없다"는 드러낼 수 없다는 뜻이다. 아버지의 옷을 벗겨서 아버지의 하체를 드러내는 것을 금지한다. 아버지의 벌거벗음 또는 수치를 폭로하지 말라는 것이다.

## 참고 문헌


Ademiluka, S. O. "The Prohibition of Cross-Dressing in Deuteronomy 22:5 as a Basis for the Controversy among Churches in Nigeria on Female Wearing of Trousers," *OTE* 26 (2013), 9-19.

Amran, D. W. *The Jewish Law of Divorce according to Bible and Talmud*, New York, 1969, 1-31.

Berlin, A. "Sex and the Single Girl in Deuteronomy 22," in *Mishneh Todah*, Winona, 2009, 95-112.

Boecker, H. J. "Du sollst dem Ochsen, der da drischt, das Maul nicht verbinden: Überlegungen zur Wertung der Natur im Alten Testament," in *FS F. Lang*, 1978, 72-89.

Braulik, G. "Die dekalogische Redaktion der deuteronomischen Gesetze Ihre Abhaengigkeit von Levitikus 19 am Beispiel von Deuteronomium 22,1-12; 24,10-22 und 25,13-16," in *Bundesdokument und Gesetz*, Freiburg, 1996, 1-26.

Burrows, M. "Levirate Narriage in Israel," *JBL* 59 (1940), 23-33.

Canaan, T. "The Palestinian Arab House," *JPOS* 13 (1933), 41-42.

Carmichael, C. M. "Forbidden Mixtures in Deuteronomy XXII 9-11 and Leviticus XIX 19," *VT* 45 (1995), 433-448.

Daube, D. "Direct and Indirect Causation in Biblical Law," *VT* 11 (1961), 283-294.

David, M. "Overspel volgens Deuteronomium 22, 22ss," *JEOL* 8 (1942), 650-654.

Epstein, L. M. *Sex Laws and Customs in Judaism*, New York, 1948, 64-67.

Fensham, F. C. "Liability in Case of Negligence in the Old Testament Covenant Code and Ancient Legal Traditions," in *Acta Juridica 1976: FS B. Beinart*, Cape Town, 1978, 283-294.

Fleishman, J. "Spreading th Cloth in Deuteronomy 22:17b. Conclusive Evidence or the Beginning of the Evidential Procedure?" *ZAR* 18

(2012), 295-308.
-----------, "The Delinquent Daughter and Legal Innovation in Deuteronomy xxii 20-21," *VT* 58 (2008), 191-210.
Fox, N. S. "Gender Transformation and Transgression: Contextualizing the Prohibition of Cross-Dressing in Deuteronomy 22:5," *Mishneh Todah*, Winona, 2009, 49-71.
Good, E. M. "Capital Punishment and Its Alternatives in Ancient Near Eastern Law," *SLR* 19 (1967), 960.
Greenberg, M. "More Reflections on Biblical Criminal Law," in *Studies in Bible*, Jerusalem, 1986, 1-4.
Heger, P. "The Seducer and the Rapist: Divergent Qumranic and Rabbinic Interpretations of Deut 22:28-29," *JAJ* 6(2015), 232-252.
Hiebert, R. J. V. "Deuteronomy 22:28-29 and Its Premishnaic Interpretations," *CBQ* 56 (1994), 203-220.
Hoffner, H. A. "Some Contributions of Hittitology to Old Testament Study," *TynBul* 20 (1969), 48-51.
-----------, "Symbols for Masculinity and Femininity," *JBL* 85 (1966), 326-334.
Houtman, C. "Another Look at Forbidden Mixtures," *VT* 34 (1984), 226-228.
Johnston, R. M. "The Least of the Commandments: Deuteronomy 22:6-7 in Rabbinic Judaism and Early Christianity," *AUSS* 20 (1982), 205-215.
Lambdin, T. O. "Egyptian Loan Words in the Old Testament," *JAOS* 73 (1953), 145-155.
Lipinski, E. "The Wife's Right to Divorce in the Light of an Ancient Near Eastern Tradition," *JLA* 4 (1981), 9-27.
Lipton, D. "Legal Analogy in Deuteronomy and Fratricide in the Field," *Studies on the Text and Versions of the Hebrew Bible*, Leiden, 2012, 21-38.
Locher, C. "Deuteronomium 22, 13-21 vom Prozessprotokoll zum Ka-

suistischen Gesetz," in *Das Deuteronomium*, Leuven, 1985, 298-303.

MacDonald, J. "The Status and Role of the Na'ar in Israelite Society," *JNES* 35 (1976), 147-170.

Morgenstern, M. "Geben und Zurückgeben. Halachische Erörterungen im Talmud zur Pflicht der Rückgabe gefundenen Eigentums nach Dtn 22, 1-3," *JBT* 27 (2012), 425-437.

Malul, M. "What Is the Nature of the Crime of the Delinquent Daughter in Deuteronomy 22:13-21? A Rejoinder to J. Fleishman's Suggestion," *VT* 59 (2009), 446-59.

Nielsen, E. "You Shall Not Muzzle an Ox While It Is Treading out the Corn, Dt. 25.4," in *Law, History and Tradition*, 1983, 94-105.

Noonan, J. T. "The Muzzled Ox," *JQR* 70 (1979), 172-175.

Otto, E. "Zur Stellung der Frau in den aeltesten Rechtstexten des Alten Testaments (Ex 20, 14; 22,15f) - wider die hermeneutische Naivitaet im Umgang mit dem Alten Testament," in *Kontinuum und Proprium*, Wiesbaden, 1996, 30-48.

-----------, "Das Eherecht im Mittelassyrischen Kodex und im Deuteronomium," *Kontinuum und Proprium*,Wiesbaden, 1996, 172-191.

Peacock, H. F. "Deut 22, 7," *BT* 27 (1976), 246-247.

Phillips, A. "Another Look at Adultery," *JSOT* 20 (1981), 3-25.

Reeder, C. A. "Wives and Daughters: Women, Sex, and Violence in Biblical Tradition," *ExAud* 28 (2012), 122-141.

Ringgren, H. "The Marriage Motif in Israelite Religion," in *Ancient Israelite Religion*, FS. F. M. Cross, Philadelphia, 1987, 421-428.

Roemer, W. H. PH. "Randbemerkungen zur Travestie von Deut. 22,5," in *Travels in the Word of the Old Testament*, FS. M. A. Beek, Assen, 1974, 217-222.

Rothenbusch, R. "Die eherechtlichen Reschtssätze in Dtn 22,13-29 im Kontext der altorientalischen Rechtsgeschichte," in *Das Deuteronomium*, Leuven, 1985, 153-212.

Rothstein, D. "Deuteronomy 22:21 in the Ancient Versions: Textual and Legal Considerations," *ZAR* 21(2015), 253-274.

Segal, E. "Justice, Mercy and a Bird's Nest," *JJS* 42 (1991), 176-195.

Stager, L. "The Archaeology of the Family in Ancient Israel," *BASOR* 260 (1985), 12-15.

Strauss, P. J. "Die Huwelik: Perspektiewe uit drie Skrifedeeltes," *TCW*, Spesiale Uitgawe 2, 2009, 49-62.

Stuhlman, L. "Sex and Familial Crimes in the D Code: A Witness to Mores in Transition," *JSOT* 53 (1992), 58-60.

Tigay, J. "Examination of the Accused Bride in 4Q159: Forensic Medicine at Qumran," in *Comparative Studies in Honor of Yohanan Muffs*, JANESCU 22 (1993), 129-134.

Vedeler, H. T. "Reconstructing Meaning in Deuteronomy 22:5: Gender, Society and Trasvestitism in Ancient Israel and the Ancient Near East," *JBL* 127 (2008), 459-76.

Westbrook, R. "Adultery in Ancient Near Eastern Law," *RB* 97 (1990), 542-580.

Ziskind, J. R. "The Treatment of Women in Deuteronomy: Moral Absolutism and Practicality, Part 1," *CBQ* 27 (1999), 152-58.

-----------, "The Treatment of Women in Deuteronomy: Moral Absolutism and Practicality, Part 1," *CBQ* 27 (1999), 231-37.

# DEUTERO NOMY 신명기 23장

A New Translation with
Introduction
and Commentary

**DEUTERONOMY**

# D E U T E R O N O M Y

# 신명기 23장

Deuteronomy 23

**내용/구조**

이 장은 다양한 법규들을 가지고 있다. 먼저 아도나이의 총회에 들어 올 수 없는 사람들을 언급한다. 남성 생식기가 상한 사람, 사생아, 암몬 사람과 모압 사람은 아도나이의 총회에 들어 올 수 없다. 에돔 사람과 이집트 사람 역시 아도나이의 총회에 들어올 수 없다. 하지만 이들의 삼 대 후의 자손들은 들어올 수 있다(1-8). 둘째, 전쟁에 참여한 군인은 정결을 유지해야 한다. 밤에 잘 때, 자기도 모르게 설정한 사람은 부정해진다. 진영 밖으로 나가서 목욕을 하고나서 해가 진 후에 진영으로 들어올 수 있다. 그리고 군대의 진영에 변소를 둘 수 없다. 변소는 진영에서 좀 떨어진 곳에 설치해야 한다. 군인들은 삽으로 땅을 파고 대변을 본 후에 흙으로 덮어서 정결을 유지해야 한다. 이러한 규례를 두는 이유는 하나님께서 이스라엘의 진영에 함께 하시기 때문이다. 그래서 이스라엘의 군대는 거룩해야 한다. 이 거룩을 유지하지 못하면 아도나이께서 이스라엘을 떠나시기 때문이다(9-14). 셋째, 도망친 종을 다루고 있다. 이스라엘 종이 주인의 학대를 피하여 도망쳐 나온 경우, 그를 다시 주인에게 돌려보내지 말고 그가 원하는 성에서 같이 살 것을 허락해 주어야 한다(15-16).

넷째, 이스라엘 백성 가운데 남자나 여자나 이방 신전에서 매춘을 하는 사람은 있을 수 없다. 이들이 번 돈을 성전에 드릴 수 없다. 아도나이께서 싫어하시는 더러운 돈이기 때문이다(17-18). 다섯째, 이스라엘 사람은 같은 동포에게 이자를 받을 목적으로 돈이나 그 무엇을 빌려줄 수 없다. 같은 형제에게는 이자를 받을 수 없다. 하지만 이방인들에게는 이자를 받을 수 있다. 이 명령을 잘 준수할 때, 이스라엘은 가나안 땅에서 복을 받을 것이다(19-20). 여섯째, 어떤 사람이 아도나이께 서원한 것이 있다면 그는 그 서원을 이행해야 한다. 서원을 지키지 않는 것은 아도나이께 죄이다(21-23). 일곱째, 이웃의 포도원이나 곡식밭에 들어간 사람은 마음대로 포도를 따먹거나 곡식을 손으로 딸 수 있다. 하지만 그릇에 담아 나오거나 낫으로 곡식을 벨 수는 없다(24-25).

이 장의 구조는 다음과 같이 나눌 수 있다.

1. 아도나이의 총회(23:1-8)
2. 군대의 거룩(23:9-14)
3. 도망친 종(23:15-16)
4. 신전 매춘(23:17-18)
5. 이자(23:19-20)
6. 서원(23:21-23)
7. 이웃의 포도원과 곡식밭(23:24-25)

이 장은 히브리어로 총 26절이다(개역 개정은 25절. 개역 성경의 22장 30절은 히브리어 성경의 23장 1절이기 때문). 이 가운데 히브리어 문장이 부정어 '로' **לֹא** '~않다'로 시작하는 구절이 1, 2, 3, 4, 7, 8, 16, 18, 19, 20절이나 된다(6절은 **וְלֹא**). 그 다음에 히브리어 접속사 '키' **כִּי** '~때,' '만일 ~면'으로 시작하는 문장은 10, 11, 15, 22, 25, 26절이다(23절은 **וְכִי**).

## 1. 아도나이의 총회(23:1-8)

이 본문은 "아도나이의 총회에 들어오지 못한다."는 표현이 5번이 나오고 "아도나이의 총회에 들어올 수 있다."는 1번이 나와서 누가 이스라엘 공동체에 들어오고 누가 들어올 수 없는지를 설명한다. 총회에 들어오지 못하는 자는 남성의 성 기관에 손상을 입은 자(1), 사생아(2), 암몬과 모압 사람이며(3) 총회에 들어올 수 있는 자는 에돔 사람과 이집트 사람의 삼 대 후손이다(8). 사생아와 암몬과 모압 사람의 십 대 후손까지도 총회에 들어올 수 없다. 특별히 암몬과 모압 후손이 총회에 들어올 수 없는 이유가 주어지며 이들은 영원히 들어올 자격을 상실한다.

**번역**

1 뭉개져서 상한 자나 성기가 베인 자는 아도나이의 총회에 들어오지 못한다.
2 사생아는 아도나이의 총회에 들어오지 못한다,
더욱이 그의 십 대도 아도나이의 총회에 들어오지 못한다.
3 암몬 사람과 모압 사람은 아도나이의 총회에 들어오지 못한다,
그들의 십 대도 아도나이의 총회에 들어오지 못한다, 영원히.
4 그들이 너희를 빵과 물로 만나지 않았던 일 때문에,
너희가 이집트에서 나왔을 때, 길에서,
그리고 그가 너를 대항하여 발람을 고용했던 일 (때문에),
아람나하라임 브돌의 브올의 아들, 너를 저주하기 위하여.
5 그러나 너의 하나님 아도나이는 발람에게 듣기를 원하지 않았다,
그리고 너의 하나님 아도나이는 너를 위하여 그 저주를 축복으로 변하게 하셨다,
왜냐하면 너의 하나님 아도나이는 너를 사랑하셨기 때문이다.
6 너는 너의 모든 날들에 그들의 평안과 그들의 좋음을 영구히 구하지 말아야 한다.
7 너는 에돔 사람을 혐오하지 말아야 한다,
왜냐하면 그는 너의 형제이기 때문이다,

너는 이집트 사람을 혐오하지 말아야 한다,
왜냐하면 너는 그의 땅에서 나그네였기 때문이다.
8 그들에게 태어나는 아들들, 그들의 삼 대는 아도나이의 총회에 들어올 수 있다.

**주해**

1 뭉개져서 상한 자나 성기가 베인 자는 아도나이의 총회에 들어오지 못한다.[1)]

**본문 비교**

1) 마소라 사본은 세투마(ס)를 두어 문단을 나누고 있다.

"뭉개져서 상한 자"는 고환이 으깨져서 상한 자를 말하고 "성기가 베인 자"는 성기가 잘려나간 자를 뜻한다. "총회"는 '회중,' '집회'를 의미한다. "아도나이의 총회"는 '아도나이의 회중'으로써 이스라엘의 공동체를 말한다. "들어오지 못한다."는 이스라엘 공동체의 회원 자격을 상실한 것이다. 고환과 성기는 남성의 중요한 생식 기관이다. 이 기관이 상한 자는 자녀를 낳을 수 없다. 자녀를 낳을 수 없다는 것은 자연스럽게 아브라함에게 하신 하나님의 약속, 네 후손을 하늘의 별과 같이 바닷가의 모래와 같이 많게 하리라는 약속에서 배제될 수밖에 없다. 탈굼 프쉬도 요나단은 주의 백성의 공동체에서 적당한 아내를 취하는 것이 허용되지 않는다고 해설하고 있다.

2 사생아는[1)] 아도나이의 총회에 들어오지 못한다,
더욱이 그의 십 대도 아도나이의 총회에 들어오지 못한다.[2)3)]

**본문 비교**

1) 칠십인 경은 "매춘부로부터" ἐκ πόρνης로 즉 창녀의 자식으로 번역한다. 아퀼라와 심마쿠스는 μαμζήρ로 히브리어 단어를 소리 나

는 대로 음역했다. 오리겐의 헥사플라는 이것을 지적한다.

2) 칠십인 경은 "더욱이 그의 십 대도 아도나이의 총회에 들어오지 못한다."를 생략한다. 오리겐의 헥사플라는 히브리어를 같게 하기 위하여 별표로 *και εις δεκατην γενεαν ουκ εισελευσεται εις εκκλησιαν κυριου*를 넣어주고 있다.

3) 마소라 사본은 세투마(ס)를 두어 문단을 나누고 있다.

"사생아"(ממזר)는 혼인 관계가 아닌 사이에서 태어난 자식을 의미한다. "사생아"는 또한 '근친상간의 자식'으로도 해석할 수 있다. 합법적인 결혼 관계로 태어나지 않은 자식은 이스라엘 공동체에 들어올 수 없다. "더욱이"는 '또한'으로도 번역할 수 있다. "그의 십 대도"는 '그에게 속한 십 대'의 뜻이다. "아도나이의 총회에 들어오지 못한다."는 1-2절에서 세 번이나 계속 나오고 있다.

3 암몬 사람과 모압 사람은 아도나이의 총회에 들어오지 못한다,
그들의 십 대도[1] 아도나이의 총회에 들어오지 못한다, 영원히.

**본문 비교**

1) 칠십인 경은 "십 대도"를 "십 대까지" *ἕως δεκάτης γενεᾶς*로 더 정확하게 번역한다.

"그들의 십 대"는 '그들에게 속한 … 십 대는'이다. 암몬 사람과 모압 사람은 영원히 아도나이의 공동체에 들어올 수 없다. 하지만 이 명령은 좀 의아하다. 왜냐하면 암몬과 모압은 아브라함의 조카 롯의 아들들이기 때문이다. 하지만 더 자세히 살펴보면 왜 이들이 이스라엘 공동체에 들어올 수 없는지를 알 수 있다. 롯은 아브라함을 따라 가나안 땅으로 왔지만 롯은 후에 아브라함과 결별했다. 롯은 아브라함을 떠나 소돔에

거주했다. 소돔은 성적으로 타락한 도시였다. 하나님이 그 성을 심판하실 때에 극적으로 롯은 두 딸과 함께 구원을 받았다. 롯의 두 딸은 결혼할 남자가 없다고 하면서 아버지에게 포도주를 먹이고 동침했다. 그래서 태어난 첫째 딸의 아들이 모압이고 둘째 딸의 아들이 암몬이다(창 19장). 이 두 딸들의 행위는 신명기 22장 30절(히브리어는 23장 1절)의 아버지의 하체를 드러내지 말라는 계명을 어긴 것이다. 모압과 암몬은 사생자는 아도나이의 총회에 들어올 수 없다는 계명(신명기 23장 2절)과도 관련이 있다. 결국 이 암몬과 모압 사람은 아도나이의 총회에 들어올 수 없다는 계명은 위의 두 구절과도 다 상관이 있다.

이 계명에 예외가 되는 인물이 모압 여인 룻이다. 룻은 시어머니 나오미를 따라 가나안 땅으로 들어왔다. 그녀는 시어머니를 섬기며 시어머니의 하나님을 자신의 하나님으로 받아들였다. 결국 그녀는 유대 지파의 보아스와 결혼하였고 다윗의 할아버지인 오벳을 낳았다(룻 4:18-22). 그녀는 믿음으로 이스라엘 공동체에 들어왔다.

4 그들이 너희를 빵과 물로 만나지 않았던 일 때문에,
너희가 이집트에서[1] 나왔을 때, 길에서,
그리고 그가[2] 너를 대항하여 발람을 고용했던 일 (때문에),
아람나하라임[3] 브돌의[4] 브올의 아들,[5] 너를 저주하기 위하여.

**본문 비교**

1) 탈굼 네오피티는 "구속되어"를 덧붙인다.
2) 칠십인 경은 복수 "그들이"이다.
3) 칠십인 경은 "메소포타미아" ἐκ τῆς Μεσοποταμίας로 번역한다(아퀼라는 απο Φαθωρ Συριας ποταμων로 번역한다). 칠십인 경의 민수기 22:5절은 "그의 백성의 아들들의 땅의 강 위에 있는 파둘라, 브올의 아들 발람" Βαλααμ υἱὸν Βεωρ Φαθουρα ὅ ἐστιν ἐπὶ τοῦ

ποταμοῦ γῆς υἱῶν λαοῦ αὐτοῦ로 나온다. 탈굼 옹켈로스는 "유프라테스 위의 아람" ארם דעל פרת으로 번역한다(탈굼 프쉬도 요나단 역시). 벌게이트는 *de Mesopotamia Syriae*로 번역한다.

4) 마소라 사본은 "브돌의" 또는 "브돌로부터" מפתור인 데 반하여 사마리아 오경은 전치사가 없이 "브돌" פתרה이다.

5) 탈굼 네오피티와 탈굼 프쉬도 요나단은 "꿈들의" חלמיא 즉 '꿈들의 해석자'라는 설명을 덧붙인다. 탈굼 프쉬도 요나단은 "발람, 유프라테스 위에 있는 아람의 땅에 지어진 꿈들의 브돌의 브올의 아들"로 나온다.

암몬과 모압 사람들이 아도나이의 총회에 들어올 수 없는 이유를 설명한다. 첫 번째 이유는 암몬과 모압 사람들은 이스라엘이 출애굽을 하여 가나안 땅으로 향할 때, 이스라엘을 환대하지 않았다. 암몬의 태도는 구체적으로 나오지 않지만 이스라엘에 대하여 경계를 굳게 했다(민 21:24). 이래서 신명기는 "그들이 너희를 빵과 물로 만나지 않았던 일 때문에"로 말한다. 여기서 "때문에"(Joüon-M, §170 *b*)는 관계 대명사로 연결되어 על דבר אשר '~ 던 일 위에' 즉 '그 일로 인하여,' '그 사실 때문에'이다(Ges-K, § 130 $c^1$). "만나지 않았던 일"은 이스라엘이 광야 여행을 할 때, 모압과 암몬이 이스라엘에게 물과 빵을 가지고 만나지 않은 것 즉 음식을 제공하지 않은 일을 말한다. 두 번째 이유는 모압 왕이 발람 선지자를 초청한 것이다. "그가 너를 대항하여 발람을 고용했던 일 (때문에)." "그가"는 민수기 22-24장을 읽어보면 모압 왕을 의미한다. 모압 왕이 이스라엘을 대적하기 위하여 발람을 고용한 것이다. 여기서 "때문에"는 '그리고 관계대명사' ואשר만 나오고 '일 위에' על דבר는 나오지 않지만 문맥상 넣어준 것이다. 모압 왕이 발람 선지자를 고용한 것은 맨 마지막에 나오는 부정사구 "너를 저주하기 위하여"가 잘 설명하고 있다.

"아람 나하라임" ארם נהרים은 '강들의 아람'으로 '두 강들의 아람'이다. 탈굼 역들은 유프라테스 강 위에 있는 곳으로 그리고 칠십인 경과 벌게이트는 메소포타미아로 말한다. 개역 개정 역시 메소포타미아로 번역했다(본문 비교 3) 참고). 발람에 대해서는 민수기 22-24장을 읽어보라.

5 그러나 너의 하나님 아도나이는 발람에게 듣기를 원하지 않았다,
그리고 너의 하나님 아도나이는 너를 위하여[1] 그 저주를[2] 축복으로[2] 변하게 하셨다,
왜냐하면 너의 하나님 아도나이는 너를 사랑하셨기 때문이다.

**본문 비교**

1) 칠십인 경, 벌게이트, 시리아 역은 "너를 위하여"를 생략한다. 오리겐의 헥사플라는 이것을 지적하며 별표로 σοι를 넣어줄 것을 제안한다.
2) 칠십인 경은 "저주들"로 복수이며 "축복"은 단수이다. 탈굼 프쉬도 요나단은 "그의 입의 저주들"로 복수이며 "축복들"도 복수이다. 탈굼 옹켈로스는 "저주들"과 "축복들"로 복수이다.

"원하지 않았다"는 '동의하지 않았다,' '응하지 않았다,' '받아들이지 않았다'의 뜻이다. 하나님이 발람의 저주를 듣기 원하지 않았다. 그리고 하나님은 이스라엘을 위하여 발람의 저주를 축복으로 바꾸셨다. 모압 왕 발락은 이스라엘의 행진에 두려움과 번민이 있었다. 그래서 브돌의 발람 선지자를 초청하여 이스라엘을 저주하기 원했다(민 22:6). 발람 선지자 역시 모압 왕 발락이 이스라엘을 저주하기 위하여 자신을 초청했다고 말했다(민 23:7). 하지만 하나님은 발람에게 이스라엘을 저주하지 말라고 하시며 그들은 복을 받은 자들이라고 하셨다(민 22:12). 더 나아가 하나님은 나귀를 통하여 발람에게 경고하시며 발람에게 하나님께서 이르는 말만 하라고 하셨다(민 22:35). 실제 발람 선지자는 네 차례에 걸쳐

서 이스라엘에 대하여 예언했는데, 그는 이스라엘을 저주하지 않고 축복했다(민 23-24장). "왜냐하면"은 하나님께서 발람 선지자에게 이스라엘을 축복할 것을 명령한 이유를 설명한다. 하나님이 이스라엘을 사랑하셨기 때문이다(참고 신 7:13).

6 너는 너의 모든 날들에 그들의[1] 평안과 그들의[1] 좋음을[2] 영구히 구하지 말아야 한다.[3][4]

**본문 비교**

1) 칠십인 경은 "그들에게"로 번역한다.
2) 탈굼 네오피티는 "번영"으로 해석한다.
3) 칠십인 경은 "너는 그들에게 평화롭게 그리고 그들에게 이롭게 말하지 말아야 한다" *οὐ προσαγορεύσεις εἰρηνικὰ αὐτοῖς καὶ συμφέροντα αὐτοῖς*로 번역한다. 오리겐의 헥사플라는 이 차이를 지적하고 있다. 아퀼라는 히브리어를 문자적으로 *ουκ εκζητησεις ειρηνην αυτων και αγαθοσυνην αυτων* 번역한다.
4) 마소라 사본은 세투마(ס)를 두어 문단을 나누고 있다.

"그들의 평안과 그들의 좋음"은 모압과 암몬 사람들의 안녕과 혜택을 의미한다. "구하지 말아야 한다"는 '구하지 말라'는 의미이다. 모압과 암몬 사람들의 평안과 안녕 그리고 유익과 번영에 관심을 갖지 말라는 것이다.

7 너는 에돔 사람을[1] 혐오하지 말아야 한다,
왜냐하면 그는 너의 형제이기 때문이다,[2]
[3]너는 이집트 사람을[1] 혐오하지 말아야 한다,
왜냐하면 너는 그의 땅에서 나그네였기 때문이다.

**본문 비교**

1) 탈굼 프쉬도 요나단은 개종자인 에돔 사람과 이집트 사람이라고 설명한다.
2) 마소라 사본은 세투마(ס)를 두어 문단을 나누고 있다.
3) 사마리아 오경과 시리아 역은 "그리고"로 시작한다.

모압과 암몬 사람에 대해서는 적대적이었던 것에 비하면 에돔 사람과 이집트 사람에게는 상대적으로 호의적이다. 에돔은 에서의 다른 이름으로 에돔 사람은 야곱의 형 에서의 후손이다(2:4 주석 참고). 칠십인 경은 에서의 후손인 이두매인으로 Ἰδουμαῖον 번역한다. "혐오하다"는 '몹시 싫어하는 것,' '질색하는 것'을 뜻한다. 즉 이들을 경멸하지 말라는 의미이다. "왜냐하면"이 에돔 사람을 증오하지 말아야 하는 이유를 설명한다. 에돔 사람은 이스라엘의 형제이기 때문이다(2:4). 모압과 암몬에 비하면 에돔은 야곱의 형 에서의 자손이니 이스라엘에게 더 가까운 친척이다.

에돔 사람과 같이 이집트 사람을 혐오하지 말라고 한다. 그 이유는 이스라엘이 이집트 땅에서 나그네로 있었기 때문이다.

8 그들에게 태어나는[1] 아들들, 그들의 삼 대는[2] 아도나이의 총회에 들어올 수 있다.[3]

**본문 비교**

1) 칠십인 경은 히브리어의 관계 대명사 אשׁר를 '만일 ~하면' ἐὰν으로 번역했다. 오리겐의 헥사플라도 이 차이를 지적한다.
2) 칠십인 경은 히브리어의 3인칭 단수 "그"를 복수 "그들"로 번역했다.
3) 마소라 사본은 세투마(ס)를 두어 문단을 나누고 있다.

번역하기가 어려운 문장이다. 히브리어 악센트 아트나흐는 삼 대로 끊어 읽을 것을 제안하기 때문에 다시 "그들에게 태어나는 아들들 삼 대에, 그는 그들을 위해 아도나이의 총회에 들어올 수 있다"로 번역할 수 있다. 여기서 "그들에게"와 "그들을 위해"는 להם으로 같은 단어이다. 대부분의 영어나 독일어 번역본들은 두 번째 "그들을 위해"를 번역하지 않는다(ASV, ESV, KJV, NAS, NIB, NIV, NJB, NKJ, TNK, EIN, LUO). 이것은 칠십인 경에도 나타난다. "만일 아들들이 그들에게 태어난다면, 삼 대에 그들은 주의 총회에 들어올 수 있다." υἱοὶ ἐὰν γενηθῶσιν αὐτοῖς γενεὰ τρίτη εἰσελεύσονται εἰς ἐκκλησίαν κυρίου. 필자의 번역은 동사 칼 미완료 3인칭 남성 단수 '그는 들어올 것이다' יבא의 주어를 "삼 대"로 본 것이다. 그리고 "그들을 위해" להם는 '그들의'로 번역한 것이다.

에돔 사람과 이집트 사람의 후손 삼 대는 아도나이의 총회에 들어올 자격이 있다. 이것은 모압과 암몬 사람은 영원히 들어올 수 없다는 규정과 대조를 이룬다.

## 2. 군대의 거룩(23:9-14)

전쟁에 나간 군인들은 성결해야 할 의무가 있다. 그래서 군인들에게 "너는 모든 악한 일들로부터 주의해야 한다."는 명령을 준다(9). 여기서 "모든 악한 일"은 첫째, 밤에 잘 때 의도하지 않게 몽설하는 것을 말한다. 이런 군인들은 진 밖으로 나가서 몸을 씻고 해가 진 후에 들어올 수 있다(10-11). 둘째, 모든 군인들은 진 밖으로 나가서 소변과 대변을 해결해야 한다. 도구를 가지고 땅을 파고 대변을 본 후에 흙으로 잘 덮어서 부정함을 면해야 한다(12-13). 왜 이런 명령들을 주느냐 하면, 이스라엘의 하나님께서 야영 중에 있는 이스라엘 군대와 함께 하시기 때문이다(14).

## 번역

9 네가 너의 원수들에 대항하여 진에 나아갈 때,
그때 너는 모든 악한 일로부터 주의해야 한다.
10 너 가운데 밤의 사고로부터 깨끗하지 않은 사람이 있으면,
그때 그는 진 바깥으로 나갈 것이요, 그는 그 진 가운데로 들어오지 못할 것이다.
11 그리고 이것이 있을 것이다, 저녁이 될 때에,
그는 물로 씻을 것이고 해가 질 때, 그는 그 진 가운데로 들어올 것이다.
12 그리고 손은 너에게 그 진 바깥에 있을 것이다,
그리고 너는 바깥 거기로 나갈 것이다.
13 그리고 너에게 너의 도구 위에 말뚝이 있을 것이다,
그리고 이것이 있을 것이다, 네가 바깥에 앉을 때에,
그리고 너는 그것으로 팔 것이고
너는 돌아서고 너는 너의 대변을 덮을 것이다.
14 왜냐하면 너의 하나님 아도나이는 너의 진 가운데 걸어가시기 때문이다,
너를 구원하기 위하여 그리고 너의 적들을 너의 앞에 주기 위하여,
그리고 너의 진들은 거룩해야 한다,
그리고 그가 너 가운데서 벗은 것을 보고
너를 따르는 데서 돌아서지 않을 것이다.

## 주해

9 1)네가 너의 원수들에 대항하여 진에 나아갈 때,
그때 너는 모든 악한 일로부터2) 주의해야 한다.

## 본문 비교

1) 히브리어는 접속사 '키'(כִּי '~때, 만일 ~면')로 시작하는 데 반하여 칠십인 경은 "그러나 만일 ~면" ἐὰν δὲ으로 시작한다.
2) 탈굼 프쉬도 요나단은 "모든 악한 일"이 무엇인지 "우상숭배, 근친

상간 그리고 무죄한 피를 흘리는 것"으로 설명한다. 하지만 이는 본문의 설명과 맞지 않는 자의적인 해석이다.

9-14절은 전쟁을 하러 나간 군인들이 지켜야 할 정결 의식이다. 히브리어는 접속사 '키'(כִּי '~때, 만일 ~면')로 시작하는 전제절이다. 이스라엘이 전쟁에 나가는 상황을 가정한다. "원수들"은 '적군들'을 그리고 "진"은 군대의 야영지, 임시 주둔지를 말한다.

"그때"는 '그리고'로 귀결절을 인도한다. "주의해야 한다"는 니팔형으로 자신을 '지켜야 한다,' '조심해야 한다.'이다. "모든 악한 일"은 전쟁에 참여한 군인이 피해야 할 일, 주의해야 할 일이다. 이것은 뒤이어 나오는 구절들에서 자세하게 설명하는데, 성적으로 순결해야 할 것을 말한다.

10 너 가운데 밤의 사고로부터[1)] 깨끗하지 않은 사람이 있으면,
그때 그는 진 바깥으로 나갈 것이요,[2)] 그는 그 진 가운데로 들어오지 못할 것이다.

**본문 비교**

1) 칠십인 경은 "그의 밤의 흐름(또는 유출)으로부터" ἐκ ῥύσεως αὐτοῦ νυκτός로 번역한다. 아퀼라는 "사고로부터" εκ συναντισματος이다. 오리겐의 헥사플라는 이 차이를 지적한다. 이것은 성인 남성이 밤에 잘 때, 자기도 모르는 사이에 정액을 사정하는 것을 뜻한다.
2) 히브리어는 "그리고"가 없는 문장인 데 반하여 히브리어 필사본들, 70인경 사본들, 시리아 역과 벌게이트는 "그리고"가 있다.

9절과 같이 전제절과 귀결절로 구성되어 있다. 히브리어는 접속사 '키'(כִּי '~때, 만일 ~면')로 시작한다. "밤의 사고"는 개역 개정이 번역하듯이 "몽설"을 뜻한다(본문 비교 1)을 참고). "깨끗하지 않은 사람"은 정결

하지 않은 '어떤 사람'으로 밤에 잘 때 사정함으로 오염되어 부정한 사람이다.

"그때"는 '그리고'로 귀결절을 인도한다. 밤에 몽설한 사람은 진 밖으로 나가서 들어올 수 없다. 부정함을 깨끗이 씻은 후에 다시 진영으로 들어올 수 있다(11절).

11 [1]그리고 이것이 있을 것이다, 저녁이 될 때에,
그는 물로[2] 씻을 것이고 해가 질 때, 그는 그 진 가운데로[3] 들어올 것이다.

**본문 비교**

1) 사마리아 오경은 마소라 사본과 다른데, "그러나 만일 그가 그의 몸을 물로 씻고 그 해가 지고 그런 후에 그는 그 진에 들어올 수 있을 것이다."로 번역할 수 있다.
   마소라: **וְהָיָה לִפְנוֹת־עֶרֶב יִרְחַץ בַּמָּיִם וּכְבֹא הַשֶּׁמֶשׁ יָבֹא אֶל־תּוֹךְ הַמַּחֲנֶה**.
   사마리아 오경: **כי אם רחץ בשרו במים ובא השמש ואחרי כן יבוא אל המחנה**.
2) 칠십인 경은 "그의 몸을" *τὸ σῶμα αὐτοῦ*을 덧붙인다(사마리아 오경도).
3) 마소라는 전치사와 명사인 "가운데로" **אל תוך**인 데 반하여 한 히브리어 필사본, 사마리아 오경과 벌게이트는 명사 "가운데"(**תוך**)가 없다. 칠십인 경도 명사 없이 전치사 "안으로" **εἰς**이다.
4) 탈굼 네오피티와 탈굼 프쉬도 요나단은 이 구절이 없어서 여백에 히브리와 같이 덧붙여 놓았다. 하지만 탈굼 옹켈로스는 이 구절이 있다.

"그리고 이것이 있을 것이다"는 밤에 잘 때 몽설을 한 군인에게 일어

날 일을 설명한다. 두 개의 칼 부정사가 나와서 시간을 표현한다(Ges-K, § 114 $f^1$). "저녁이 될 때에"는 땅거미가 질 때, 어둑해져 갈 때를 말하고 "해가 질 때"는 해가 진 후 즉 어두울 때를 의미한다. 밤에 몽설을 한 군인은 부정하기 때문에 해가 저물어 갈 때 물로 몸을 씻고 해가 진 후에 다시 진영에 들어갈 수 있다.

12 그리고 손은[1] 너에게 그 진 바깥에 있을 것이다,[2]
그리고 너는 바깥[3] 거기로 나갈 것이다.

**본문 비교**

1) 칠십인 경, 탈굼 옹케로스, 탈굼 네오피티, 탈굼 프쉬도 요나단, 벌게이트는 "장소"로 번역한다(*Sifre Deut*. 256-257 역시).
2) 마소라 사본은 칼 미완료 3인칭 여성 단수 תהיה인 데 반하여 사마리아 오경은 칼 미완료 3인칭 남성 단수 יהיה이다
3) 마소라 사본은 "바깥" חוץ인 데 반하여 사마리아 오경은 "그 바깥으로" החוצה이다.

"손"은 여기서 지정된 장소(NIB, NIV) 또는 준비된 장소로(참고 민 2:17; 삼상 15:12. 더 자세한 설명은 Tigay의 387페이지의 각주 53의 설명을 보라) 변소를 의미한다(개역 개정은 "변소"로 번역했다). 대변과 소변을 해결할 수 있는 장소를 진영 바깥에 두라고 명령한다. "너는 바깥 거기로 나갈 것이다."는 대변과 소변을 보기 위하여 진 바깥으로 나가라는 것이다.

13 그리고 너에게 너의 도구[1] 위에 말뚝이[2] 있을 것이다,
그리고 이것이 있을 것이다, 네가 바깥에[3] 앉을 때에,
그리고 너는 그것으로 팔 것이고

너는 돌아서고 너는 너의 대변을[4] 덮을 것이다.

**본문 비교**

1) 칠십인 경은 "너의 허리띠" τῆς ζώνης σου이다(벌게이트 역시). "너의 허리띠"는 히브리어로 אזרך이다. 이는 마소라 사본의 אזנך과 유사하여 마소라의 개정을 요구하기도 한다. 하지만 이 단어는 여기서 한 번 나오는 단어이기 때문에 의미를 확증할 수는 없다(Wevers). 탈굼 옹켈로스, 탈굼 네오피티, 탈굼 프쉬도 요나단은 이것을 "전쟁 무기"로 이해한다.
2) 탈굼 옹켈로스, 탈굼 네오피티, 탈굼 프쉬도 요나단은 이것을 "작은 삽"이나 "노"같이 생긴 것으로 해석한다.
3) 마소라 사본은 "바깥" חוץ인 데 반하여 쿰란 사본(4QPaleoDeutr)과 사마리아 오경은 "그 바깥으로" החוצה이다. 벌게이트는 이것을 생략한다.
4) 칠십인 경은 "꼴사나움" 또는 "우아하지 않음" τὴν ἀσχημοσύνην σου으로 번역한다. 하지만 아퀼라는 "너의 똥" το εξελθον σου 문자적으로 번역하고 테오도치온과 심마쿠스는 유사한 의미인 "너의 오물" τον ρυπον σου으로 번역한다. 오리겐의 헥사플라는 이 차이를 지적한다. 그리고 칠십인 경은 여기에 히브리어 마소라 사본에는 없는 ἐν αὐτῷ를 덧붙인다. 오리겐의 헥사플라는 별표로 이것이 첨가되었다고 지적한다.

"너의 도구"는 여기에 한 번 나오는 단어이기 때문에 이해하기 어렵다. 어떤 장비, 용품을 의미한다(본문 비교 1)참고). 개역 개정은 "네 기구에"로 번역했다. "말뚝"은 땅에 구멍을 팔 수 있는 막대기이다. 개역 개정이 번역했듯이 현대적인 의미로 "작은 삽"으로 이해할 수 있다. "네가 바깥에 앉을 때에"는 대변을 보기 위해 앉는 것이다(개역 개정은 "대변을 볼 때에"이다). "그것으로"는 위에 나오는 "말뚝"을 의미한다. "팔 것이고"는 "말뚝"의 사용 용도를 설명해 준다. 땅에 구멍을 파서 대변을 덮는 용도로 사용한다.

14 왜냐하면 너의 하나님 아도나이는[1] 너의 진 가운데 걸어가시기 때문이다,
너를 구원하기 위하여 그리고 너의 적들을 너의 앞에 주기 위하여,[2]
그리고 너의 진들은 거룩해야 한다,
그리고 그가 너 가운데서 벗은 것을[3] 보고

**본문 비교**

1) 탈굼 옹켈로스, 탈굼 프쉬도 요나단은 여기에 '신적 위엄,' '신의 현현'을 뜻하는 "세키나" שכינתיה를 덧붙인다. 탈굼 네오피티는 "세키나의 영광"이다.
2) 칠십인 경은 "너의 적을 너의 앞에 넘겨주기 위하여" *παραδοῦναι τὸν ἐχθρόν σου πρὸ προσώπου σου*이다. 하지만 아퀼라는 *τοῦ δοῦναι ἐχθρόυς σου εἰς προσώπον σου*이고 심마쿠스는 *δοῦναι τὸν ἐχθρόν σου εμπροσθεν σου*이고 테오도치온은 *τοῦ δοῦναι ἐχθρόυς σου κατα προσώπον σου*로 동사와 명사의 단수와 복수 그리고 전치사가 다르다. 오리겐의 헥사플라는 이 차이를 지적하고 있다.
3) 칠십인 경은 "꼴사나움" 또는 "우아하지 않음" *ἀσχημοσύνη*으로 번역한다. 탈굼 옹켈로스는 "모욕적인 것," "불쾌한 것" 그리고 탈굼 네오피티는 "외설적인 것"으로 이해한다.
4) 마소라 사본은 세투마(ס)를 두어 문단을 나누고 있다.

"왜냐하면"은 먼저는 이스라엘이 왜 진영 밖에 변소를 두어야 하는지 (12-13절)를 설명하고 더 넓게는 밤에 자다가 몽설한 군인이 진영 밖에

나가서 몸을 씻고 들어와야 하는지(9-11절)를 말해준다. 전쟁 중에 있는 이스라엘의 진영이 왜 깨끗해야 하는지, 정결해야 하는 이유를 말하는데, "너의 하나님 아도나이는 너의 진 가운데 걸어가시기 때문이다." 하나님께서 야영 중에 있는 이스라엘 군대와 동행하기 때문이다. 이것은 아도나이께서 임재하시는 언약궤가 전투에 이스라엘과 함께 하는 것을 말한다. 이러한 경우는 블레셋과의 전투에서 홉니와 비느하스가 언약궤를 가지고 들어 왔고(삼상 4:1-11) 우리아가 다윗에게 한 말에서도 알 수 있다(삼하 11:11).

아도나이께서 전쟁 중에 있는 이스라엘과 함께하시는 목적을 두 개의 부정사구가 잘 설명한다. 첫째는 "너를 구원하기 위하여"로 하나님께 이스라엘을 보호하시며 인도하신다. 두 번째는 "너의 적들을 너의 앞에 주기 위하여"로 하나님이 적들을 이스라엘의 세력 밑에 넘겨주시는 것이다.

"그리고 너의 진들은 거룩해야 한다"에서 "그리고"는 '그러므로'의 뜻이다(개역 개정은 "그러므로 네 진영을 거룩하게 하라"로 번역했다). 아도나이께서 이스라엘의 군대와 함께 하시기 때문에 이스라엘은 거룩해야 한다. "거룩"은 구별되어야 하는 것을 말하는데, 전쟁 중에 있는 이스라엘의 군인들은 성적으로 순결해야(10-11절) 할 뿐만 아니라 부정한 것으로부터(12-13절) 자신을 정결하게 지켜야 할 의무가 있다. 이래서 다윗이 놉의 아히멜렉 제사장에게 가서 떡을 요구했을 때에, 아히멜렉은 일반 떡은 없고 하나님께 드렸다가 안식일에 물려낸 거룩한 떡을 주면서 다윗과 함께 한 자들이 여인에게 가까이하지 않았는지를 물었던 것이다(삼상 21:4-5). 또한 다윗이 밧세바와 부정을 덮기 위하여 밧세바의 남편 우리아에게 군사 휴가를 주었을 때, 우리아는 전쟁 중에 있었기 때문에 성적인 순결을 지키기 위하여 아내인 밧세바에게 가지 않았던 것이다(삼하 11:11).

"그리고 그가 너 가운데서 벗은 것을 보고 너를 따르는 데서 돌아서지 않을 것이다."는 '그리하여 그가 너 가운데서 벗은 것을 보고 그가 너를 따르는 데서 돌아서지 않도록 하라'는 의미이다(개역 개정은 "그리하면 네게서 불결한 것을 보시지 않으므로 너를 떠나지 아니하시리라"로 번역했다). "벗은 것"(ערות דבר)은 '어떤 부적절한 것'(Joüon-M, § 129 *f*)으로 문맥상 대변을 보기 위하여 벗은 '부정한 것'을 뜻한다(본문 비교 3)을 참고). 개역 개정은 "불결한 것"으로 번역한다. "돌아서지 않을 것이다"는 '떠나지 않도록' 하라는 의미이다. 다음 유대인의 성경은 문자적인 번역은 아니지만 본문을 이해하는 데 도움이 된다. 필자의 번역과 비교해 보라. Since the LORD your God moves about in your camp to protect you and to deliver your enemies to you, let your camp be holy; let Him not find anything unseemly among you and turn away from you(TNK).

## 3. 도망친 종(23:15-16)

도망쳐 나온 종을 대하는 태도를 말한다. 15절은 부정적 명령으로 도망쳐 나온 종을 주인에게 돌려보내지 말라는 것이고 16절은 긍정적 명령으로 도망쳐 나온 종과 함께 살 것을 말한다.

### 번역

15 너는 종을 그의 주인에게로 돌려보내지 말아야 한다,
그가 그의 주인으로부터 너에게 도망쳐 왔을 때.
16 그는 너와 함께 너 가운데에서 거할 것이다,
그가 선택하는 그 장소에서, 너의 성문들의 하나 가운데서,
그에게 좋은 곳에서, 너는 그를 억압할 수 없다.

**주해**

15 너는 종을[1] 그의[2] 주인에게로 돌려보내지 말아야 한다,
그가 그의 주인으로부터 너에게 도망쳐 왔을[3] 때.

**본문 비교**

1) 탈굼 옹켈로스는 "민족들의 종" עבד עממין으로 즉 이방인들의 종으로 해석한다. 탈굼 프쉬도 요나단은 "손으로 할례 받지 않은 자" ערלאה ביד 즉 이방인으로 해석한다. 이 종이 이스라엘인인지 아니면 이방인인지에 대한 논란들이 있지만(B. Grossfeld, *The Targum Onqelos to Deuteronomy Translated, with Apparatus, and Notes*, 69. 각주 11) 본문은 아무런 설명을 하지 않는다.
2) 칠십인 경은 "그의"를 생략한다. 랄프(Rahlfs) 편집은 "그의"를 갖고 있다.
3) 칠십인 경은 "그가 자신을 너에게 더할 것이다" προστέθειταί σοι로 번역한다.

여기서 "종"이 이방인의 종이 이스라엘 사람에게 도망쳐 온 것을 의미하는지, 탈굼 프쉬도 요나단은 무할례자가 우상 숭배자의 손을 피해 나와서 이스라엘로 피난처를 찾아온 것으로 해석하지만, 이방인의 종이 이방인에게서 도망 나온 것인지, 아니면 이스라엘 사람인 종이 이스라엘 사람 주인에게서 도망 나온 것인지, 이스라엘 사람인 종이 이방인의 주인에게서 도망 나온 것인지에 대한 논란이 있지만(본문 비교 1) 참고) 본문은 자세한 설명이 없다. 아마도 이 종은 히브리 사람을 의미하는 것 같다. 왜냐하면 신명기 15장 12~18절에서 히브리 남, 녀 종들에 대한 규례가 있기 때문이다. 하나님께서 이스라엘 사람들에게 기업을 주셔서 모두가 경제적 독립을 이루며 평등하게 살기를 바라시지만 신명기는 자연적 재해로 인하여 이스라엘 사회에서 노예가 생길 가능성

을 배제하지 않는다.

"돌려보내지 말아야 한다,"는 '돌려보내지 말라'는 뜻이다. "때"는 관계 대명사 אשר이다. 이 관계 대명사를 앞의 "종"과 연결하여 다음과 같이 "너는 그가 그의 주인으로부터 너에게 도망쳐 온 종을 그의 주인에게로 돌려보내지 말아야 한다,"로 번역할 수 있다. "너에게 도망쳐 왔을 때"는 너에게 피난처를 찾아온 것이다.

16 그는 너와 함께 너 가운데에서 거할 것이다,[1)]
그가 선택하는 그 장소에서,[2)] 너의 성문들의 하나[3)] 가운데서,[4)]
그에게 좋은 곳에서, 너는 그를 억압할 수 없다.[5)]

**본문 비교**

1) 칠십인 경은 "너와 함께 그가 거할 것이다, 너희 안에서 그가 거할 것이다" μετὰ σοῦ κατοικήσει ἐν ὑμῖν κατοικήσει로 κατοικήσει가 반복해서 나오고 "너희"는 복수이다. 오리겐의 헥사플라는 이것을 지적한다. 벌게이트와 시리아 역은 "너 가운데에서"를 생략한다.
2) 칠십인 경은 "모든 장소에서" ἐν παντὶ τόπῳ이다. 오리겐의 헥사플라는 이것이 덧붙여졌음을 별표로 지적한다.
3) 마소라 사본은 באחד인 데(남성) 반하여 사마리아 오경은 באחת으로(여성) 끝의 철자가 다르지만 뜻은 같다.
4) 칠십인 경은 "너의 성문들의 하나 가운데서"를 생략한다. 오리겐의 헥사플라는 이것을 별표로 εν μια των φυλων를 넣어준다.
5) 마소라 사본은 세투마(ס)를 두어 문단을 나누고 있다.

"거할 것이다"는 '살 것이다'로 도망쳐 온 종은 이스라엘 가운데서 같이 살 수 있다. "그가 선택하는 그 장소에서"는 종이 선택하는 장소이다.

도망쳐 나온 종은 그가 살고 싶은 성을 선택할 수 있는 자유가 있다. 이 자유는 이제 주인의 구속과 압제로부터 벗어난 자유이다. "그에게 좋은 곳에서"는 도망쳐 나온 종이 살기에 적합하다고 선택한 장소이다. "너는 그를 억압할 수 없다"는 '압제할 수 없다,' '탄압할 수 없다,'를 의미한다. 이 표현을 보면 이 종이 주인의 억압을 피해서 나왔다는 것을 알 수 있다.

### 4. 신전 매춘(23:17–18)

이스라엘 백성 가운데서 이방 신전에서 매춘을 하는 사람을 금지한다. 이 일에는 남자와 여자 모두 해당된다. 그리고 하나님은 이들이 일을 해서 얻은 수익을 성전에 가져오지 말라고 하신다. 이 더러운 돈은 하나님께 혐오스러운 것이기 때문이다.

**번역**

17 이스라엘의 딸들로부터 신전 창녀가 있을 수 없다,
그리고 이스라엘의 아들들로부터 신전 남창이 있을 수 없다.
18 너는 창녀의 수입과 개의 소득을 가져올 수 없다,
어떤 서원을 위하여, 너의 하나님 아도나이의 집에,
왜냐하면 그들 둘 역시 너의 하나님 아도나이의 혐오이기 때문이다.

**주해**

17 이스라엘의 딸들로부터 신전 창녀가 있을 수 없다,
그리고 이스라엘의 아들들로부터 신전 남창이 있을 수 없다.[1]

**본문 비교**

1) 칠십인 경은 이 구절을 이중으로 번역했다. *οὐκ ἔσται πόρνη ἀπὸ*

θυγατέρων Ισραηλ καὶ οὐκ ἔσται πορνεύων ἀπὸ υἱῶν Ισραηλ οὐκ ἔσται τελεσφόρος ἀπὸ θυγατέρων Ισραηλ καὶ οὐκ ἔσται τελισκόμενος ἀπὸ υἱῶν Ισραηλ. "매춘부" πόρνη를 다시 "제의 매춘부" τελεσφόρος로 그리고 "간음자" πορνεύων를 다시 "제의 간음자" τελισκόμενος로 번역했다. 앞의 단어들이 일반적인 매춘을 의미한다면 뒤의 단어들은 이방 종교와 관련되어 간음을 하는 남자와 여자를 뜻한다. 오리겐의 헥사플라는 칠십인 경의 이중 번역을 지적한다.

부정적인 금지 명령이 주어진다. "신전 창녀" קדשה는 이방 신을 섬기는 성소에서 매춘을 하는 여성을 의미한다. "이스라엘 딸들로부터 신전 창녀"가 나올 수 없다는 말은 이스라엘은 "거룩한 백성"이기 때문이다(신 7:6). 마찬가지로 "이스라엘의 아들들로부터 신전 남창이" 나올 수 없다. "신전 남창" 역시 이방 성소에서 매춘을 하는 남성이다. 이스라엘은 아도나이와 언약을 맺은 "거룩한 민족"이기 때문이다(출 19:6).

18 너는 창녀의 수입과 개의 소득을 가져올 수 없다,
어떤 서원을 위하여, 너의 하나님 아도나이의 집에,
왜냐하면 그들 둘 역시 너의 하나님 아도나이의 혐오이기 때문이다.

"창녀의 수입"은 '창녀의 수익,' '창녀의 임금'이다. 개역 개정이 번역했듯이 '창기가 번 돈'으로 '창녀의 화대'를 뜻한다. "개의 소득"은 구체적으로 무엇을 의미하는지 명확하지 않지만 17절과 관련하여 문맥상으로는 '남창의 소득,' '남창의 삯'을 말한다(NIB, NIV, Craigie, Thompson, Tigay, von Rad, Wevers). 더러운 돈을 성전에 가져오지 말라는 것이다. "어떤 서원을 위하여"는 '어떤 서약 또는 맹세를 이루기 위하여'라는 뜻이다.

"왜냐하면"은 왜 "창녀의 수입과 개의 소득"을 성전에 가져오지 말라는 이유를 설명한다. 이러한 돈들을 하나님께서 매우 싫어하시기 때문이다. "혐오"는 신명기 7장 25절의 설명을 참고하라.

## 5. 이자(23:19–20)

이스라엘 사람은 같은 동포에게 이자를 받기 위하여 돈을 빌려줄 수 없다. 하지만 이방인에게는 가능하다. 이 명령을 잘 지킬 때, 이스라엘은 가나안 땅에서 복을 받을 것이다.

**번역**

19 너는 너의 형제에게 은의 이자를 위해 빌려줄 수 없다,
음식의 이자, 그가 빌려주는 모든 것의 이자.
20 너는 이방인에게 빌려줄 수 있지만 너는 너의 형제에게 빌려줄 수 없다,
너의 하나님 아도나이께서 너의 손의 모든 일에 복을 주기 위하여,
네가 그것을 점령하기 위해 거기로 들어가는 그 땅 위에서.

**주해**

19 너는 너의 형제에게 은의 이자를 위해 빌려줄 수 없다,
[1]음식의 이자, [1]그가 빌려주는[2] 모든 것의 이자.

**본문 비교**

1) 칠십인 경, 벌게이트, 시리아 역은 "그리고"를 넣어준다.
2) 칠십인 경은 "네가 빌려주는"이고 벌게이트는 "그가 빌려주는"을 생략한다.

이자를 받지 말라는 명령이다(참고 출 22:25). "너의 형제에게"는 이스라엘 사람을 의미한다. "은의 이자"는 '돈의 이자'로도 번역할 수 있다. "은의 이자를 위해"에서 "위해"는 문맥상 넣어준 것이다. "빌려줄 수 없다"는 이자를 부과할 수 없다는 것이다. 이웃 즉 같은 이스라엘 사람에게 빌려주는 모든 돈, 음식 그리고 물건에 대하여 이자를 받지 말라고 한다.

> 20 너는 이방인에게 빌려줄 수 있지만 너는 너의 형제에게 빌려줄 수 없다,
> 너의 하나님 아도나이께서 너의 손의 모든 일에[1] 복을 주기 위하여,
> 네가 그것을 점령하기 위해 거기로 들어가는 그 땅 위에서.[2]

**본문 비교**

1) 사마리아 오경은 "너의 손들의 모든 일에"이며 칠십인 경은 "너의 모든 일들에"이다.
2) 마소라 사본은 세투마(ס)를 두어 문단을 나누고 있다.

첫 구절을 히브리어 어순대로 번역해 보면 그 대조가 선명하다. "이방인에게 너는 빌려줄 수 있다 그러나 너의 형제에게 너는 빌려줄 수 없다"이다. "이방인에게"는 '외국인에게'로 이스라엘 사람이 아닌 사람들이다. "너의 형제에게"는 '이스라엘 사람에게'를 말한다. 이방인에게는 이자를 위하여 돈을 빌려줄 수 있지만 이스라엘 사람에게는 이자를 위하여 돈을 빌려줄 수 없다.

왜 이런 명령이 주어지는지를 불변화 접속사 "~ 위하여" למען가 잘 설명해 주고 있다. 이 명령을 지킬 때에 하나님께서 "너의 손의 모든 일에 복을 주"실 것이다. 이스라엘이 손으로 하는 모든 일이 번창할 것을 말한다.

"네가 그것을 점령하기 위해 거기로 들어가는 그 땅 위에서"는 하나님의 복이 어디에서 이루어질 것인지를 잘 보여준다. "점령하기 위해"

는 '정복하기 위해,' '차지하기 위해'이다. "그 땅 위에서"는 가나안 땅을 의미한다. 하나님의 명령을 잘 지킬 때에 가나안 땅에서 이스라엘은 복을 받을 것이다. 율법과 가나안 땅이 밀접하게 연결되어 있음을 여기서 알 수 있다. 이스라엘은 가나안 땅에서 율법을 준수해야 한다.

## 6. 서원(23:21-23)

아도나이 앞에서 서원한 것을 지킬 것을 명령한다. 서원한 것을 이행하지 않으면 죄가 된다고 규정한다. 율법은 맹세한 것을 성취하라고 말하는 데 반하여 예수는 산상설교에서 도무지 맹세하지 말라고 말씀하셨다(마 5:33-37). 신약 시대에는 서원 즉 맹세를 인정하지 않는다.

### 번역

21 만일 네가 너의 하나님 아도나이께 서원하였으면,
너는 그것을 갚기를 지체할 수 없다,
왜냐하면 너의 하나님 아도나이는 너로부터 그것을 반드시 찾을 것이고,
이것이 너에게 죄가 될 것이기 때문이다.
22 그러나 네가 서원하기를 멈추었다면,
이것이 너에게 죄가 되지 않을 것이다.
23 너의 입술의 나온 것을 너는 지켜야 한다 그리고 너는 행해야 한다,
네가 너의 하나님 아도나이께 서원한 대로, 너는 너의 입으로 말한 자원 예물을.

### 주해

21 만일[1] 네가 너의 하나님 아도나이께 서원하였으면,
너는 그것을 갚기를 지체할 수 없다,
왜냐하면 너의 하나님 아도나이는 너로부터 그것을 반드시 찾을 것이고,

이것이 너에게 죄가 될 것이기 때문이다.

**본문 비교**

1) 칠십인 경은 "그러나 만일 ~면" ἐὰν δὲ으로 시작한다(시리아 역은 "그리고 만일 ~면").

21-23절은 서원을 다룬다. 히브리어는 접속사 '키'(כִּי '~때, 만일 ~면')로 시작하는 전제절이다. "서원"은 '맹세,' '서약'이다. 어떤 사람이 하나님께 서원한 것을 말한다. "너는 그것을 갚기를 지체할 수 없다."에서 "갚기를"은 서원한 것을 '이루는 것' 즉 실행하는 것을 의미한다. 탈굼 프쉬도 요나단은 세 절기의 때에 이행해야 한다고 설명한다. "지체할 수 없다"는 '미룰 수 없다,' '연기할 수 없다'이다.

"왜냐하면"은 하나님께 서약한 것을 왜 갚아야 하는지 그 이유를 설명한다. 그 설명은 두 가지이다. 첫째, "너의 하나님 아도나이는 너로부터 그것을 반드시 찾을 것이"기 때문이다. "너로부터"는 서원한 사람을 뜻한다. "반드시 찾을 것이다"는 강조하는 부정사 절대용법으로 '꼭 찾을 것이다,' '정녕 요구할 것이다'이다. 둘째, "이것이 너에게 죄가 될 것이기 때문이다." 여기서 "이것이"는 문맥상 '갚지 않은 것,' '갚지 않으면'이란 뜻이다. "너에게"는 서원한 사람을 말한다. "죄"는 아도나이께 서원한 것을 실행하지 않음으로 인한 죄책감 또는 책임이 발생할 것을 뜻한다.

22 그러나 네가 서원하기를 멈추었다면,

이것이 너에게 죄가 되지 않을 것이다.

**본문 비교**

1) 칠십인 경의 조건문의 번역은 부정어를 사용하였기 때문에 히브

리어와 뉘앙스가 다르다(오리겐의 헥사플라는 이점을 지적한다). "그러나 만일 네가 서원하기를 원하지 않았다면, 이것이 너에게 죄가 되지 않을 것이다" ἐὰν δὲ μὴ θέλῃς εὔξασθαι οὐκ ἔστιν ἐν σοὶ ἁμαρτία. 서원은 강제적인 요소가 없는 것으로 서원하는 자의 마음에 원함이 있어야 한다는 것을 말한다.

조건절 "그러나 네가 서원하기를 멈추었다면"과 귀결절 "이것이 너에게 죄가 되지 않을 것이다."로 구성되어 있다. "멈추었다면"은 '그만두었다면,' '삼갔다면'으로 서원하지 않은 것을 뜻한다. "너에게"는 서원한 사람을 말한다. "죄가 되지 않을 것이다"는 무죄로 죄책감을 발생시키지 않는다는 의미이다.

23 너의 입술의 나온 것을 너는 지켜야 한다 그리고 너는 행해야 한다,
네가 너의 하나님[1] 아도나이께[2] 서원한 대로, 너는 너의 입으로 말한 자원 예물을.[3][4]

**본문 비교**

1) 사마리아 오경은 "너의 하나님"을 생략한다.
2) 탈굼 옹켈로스는 "아도나이 앞에서"로 번역한다.
3) 칠십인 경은 "선물" δόμα로 이해한다. 오리겐의 헥사플라는 이 차이를 지적한다. 탈굼 프쉬도 요나단은 "속죄제, 속건제, 화제, 거룩한 예물"이라고 더 구체적으로 설명한다. 하지만 마소라 사본은 자원하여 드리는 예물을 말한다.
4) 마소라 사본은 세투마(ס)를 두어 문단을 나누고 있다.

"너의 입술의 나온 것"은 '입을 통해서 나온 말'로 서원한 것을 뜻한다. 개역 개정은 "네 입으로 말한 것"으로 번역했다. "너는 지켜야 한다

그리고 너는 행해야 한다."는 "너는 주의 깊게 행해야 한다"(Joüon-M, § 119 *b*)로 서원을 이루어야 또는 실행해야 할 것을 강조한다. "서원한 대로"는 '서원한 것처럼,' '서원한 것같이'이다. 하나님께 서약한 그대로 행하라는 것이다. "너의 입으로 말한"은 입으로 약속한 것을 말한다. "자원 예물"은 자유의지로 드리는 예물, 자원해서 드리는 예물이다.

## 7. 이웃의 포도원과 곡식밭(23:24-25)

다른 사람의 포도원이나 곡식밭에 들어갔을 때에 취할 수 있는 행동을 설명한다. 이웃의 포도원이나 곡식밭에 들어가서 따 먹을 수 있지만 포도나 곡식을 가지고 나올 수 없다. 배고픈 사람에 대하여 긍휼을 베풀 것을 말하는 아주 인간적인 명령이다. 24절과 25절에 각각 조건절과 귀결절이 나온다.

### 번역

24 네가 너의 이웃의 포도원에 들어갔을 때, 그때 너는 포도들을 먹을 수 있다,
너의 영혼대로, 너의 만족, 그러나 너는 너의 그릇에 줄 수 없다.
25 네가 너의 이웃의 곡식밭에 들어갔을 때, 그때 너는 너의 손으로 이삭을 딸 수 있다,
그러나 너는 너의 이웃의 곡식 위에 낫을 휘두를 수 없다.

### 주해

24 네가 너의 이웃의 포도원에 들어갔을 때,[1] 그때 너는 포도들을 먹을 수 있다,
너의 영혼대로, 너의 만족,[2] 그러나 너는 너의[3] 그릇에 줄 수 없다.[4]

**본문 비교**

1) 칠십인 경은 "그러나 만일 ~면" ἐὰν δὲ으로 시작한다. 탈굼 옹켈로스, 탈굼 네오피티, 탈굼 프쉬도 요나단은 다들 일하러 들어갈 때라고 설명한다.
2) 히브리어는 명사에 대명사 접미사가 붙은 "너의 만족"인 데 반하여 헬라어는 부정사로 "만족하도록" ἐμπλησθῆναι이다.
3) 칠십인 경은 "너의"를 생략한다. 칠십인 경은 24절과 25절을 바꾸어 배치하고 있다.
4) 마소라 사본은 세투마(ס)를 두어 문단을 나누고 있다.

히브리어는 접속사 '키'(כִּי '~때, 만일 ~면')로 시작하여 조건절 "네가 너의 이웃의 포도원에 들어갔을 때"이다. 여기서 "네가" 왜 포도원에 들어가는지에 대한 설명은 나오지 않는다. 일을 하러 들어간 것인지 아니면 배가 고파서 지나가는 길에 들어간 것인지(참고 마 12:1) 알 수 없다. "그때"는 '그리고'로 귀결절을 인도한다. "너는 포도들을 먹을 수 있다"는 돈을 지불하지 않고 먹는 것이다. 만일 포도원에 일하는 노동자라면 노동의 대가로 먹는 것이지만 지나가는 행인이라면 배고픈 사람에 대하여 긍휼을 베풀라는 인간적인 명령이다. "너의 영혼대로"는 '너의 원하는 만큼,' '너의 바라는 대로'이다. 개역 개정은 "마음대로"로 번역했다. 즉 네가 원하는 대로 먹을 수 있다는 것이다. "너의 만족"은 '너의 풍부'로 전치사는 없지만 넣어서 해석하면 '네가 만족할 때까지,' '네가 배부를 때까지'이다. 개역 개정은 "배불리 먹어도 되느니라"로 번역했다. "그러나 너는 너의 그릇에 줄 수 없다." "줄 수 없다"는 '둘 수 없다' 즉 '담을 수 없다'이다. 이웃의 포도원에 들어가 먹고 싶은 만큼 먹어도 되지만 그릇에 담아서 나올 수는 없다. 그릇에 담아 나오는 것은 도둑질이기 때문이다.

25 네가 너의 이웃의 곡식밭에 들어갔을 때,[1)] 그때 너는 너의 손으로[2)] 이삭을 딸

수 있다.
그러나 너는 너의 이웃의 곡식 위에 낫을 휘두를 수 없다.[3)]

## 본문 비교

1) 칠십인 경은 "그러나 만일 ~면" ἐὰν δὲ으로 시작한다. 탈굼 옹켈로스, 탈굼 네오피티, 탈굼 프쉬도 요나단은 다들 일하러 들어갈 때라고 설명한다.
2) 히브리어 필사본(V[ken 80]), 칠십인 경은 복수 "너의 손들"이다.
3) 마소라 사본은 세투마(ס)를 두어 문단을 나누고 있다.

히브리어는 접속사 '키'(כִּי '~때, 만일 ~면')로 시작하여 조건절 "네가 너의 이웃의 곡식밭에 들어갔을 때"이다. 여기서 "곡식밭"에서 "밭"은 넣어준 표현이며 밑의 "곡식," '서 있는 곡식' קמת과 같은 단어이다. 위의 24절과 같이 왜 이웃의 곡식밭에 들어갔는지에 대한 설명은 나오지 않는다(24절의 설명을 참고).

"그때"는 '그리고'로 결과절을 인도한다. 다른 사람의 밭에 들어간 사람에게 손으로 곡식을 따는 것을 허용한다(참고 마 12:1). "그러나 너는 너의 이웃의 곡식 위에 낫을 휘두를 수 없다." "휘두를 수 없다"는 '댈 수 없다'로 낫을 사용하는 것은 엄연한 추수를 의미한다.

## 참고 문헌

Barlett, J. R. "The Brotherhood of Edom," *JSOT* 4 (1977), 2-27.
-----------, "The Land of Seir and the Brotherhood of Edom," *JTS* 20 (1969), 1-20.
-----------, "The Moabites and Edomites," in *People of Old Testament Times*, Oxford, 1973, 229-58.

Carmichael, C. M. "A New View of the Origin of the Deuteronomic Code," *VT* 19 (1969), 287-288.

Coats, G. W. "Balaam: Sinner or Saint?" *BR* 17 (1973), 1-9.

Cohen, S. "Conversion to Judaism in Historical Perspective: From Biblical Israel to Postbiblical Judaism," *ConsJud* 36 (1982-83), 31-45.

Finkelstein, J. J. "Mesopotamia," *JNES* 21 (1962), 73-92.

Frankel, D. "The Deuteronomic Portrayal of Balaam," *VT* 46 (1996), 30-42.

Gamoran, H. "The Biblical Law against Loans on Interest," *JNES* 30 (1971), 127-34.

Goodfriend, E. A. "Could keleb in Deuteronomy 23;19 Actually Refer to a Canine?," in *Pomegranates Golden Bells*, Indiana, 1995, 381-397.

Gordis, R. "Primitive Democracy in Ancient Israel," in *Poets, Prophets and Sages*, Indiana, 1971, 45-60.

Greenberg, M. "Mankind, Israel and the Nations in the Hebraic Heritage," in *No Man Is Alien: Essays on the Unity of Mankind*, Leiden, 1971, 15-40.

-----------, "On the Refinement of the Conception of Prayer in Hebrew Scriptures, *AJSR* 1 (1976), 78-81.

Hillers, D. R. "A Note on Some Treaty Terminology in the Old Testament," *BASOR* 176 (1964), 46-47.

Hossfeld, F. L. "Volk Gottes als Versammlung," in *Unterwegs zur Kirche – Alttestamentliche Konzeptionen*, Freiburg, 1987, 123-142.

Hulst, A. R. "Het Woord Kahal in Deuteronomium," *NThS* 22 (1939), 159-166.

-----------, "Der Name Israel im Deuteronium," *OTS* 9 (1951), 65-106.

Issler, K, "Lending and Interest in the OT: Examining Three Interpretations to Explain the Deuteronomy 23:19-20 Distinction in light of the Historical Usury Debate," *JETS* 59 (2016), 761-789.

Kellermann, U. "Erwägungen zum deuteronomischen Gemeindegesetz Dt 23, 2-9," *BN* 2 (1977), 33-47.

Klein, H. "Die Aufname Fremde in die Gemeinde des Alten und des Neuen Bundes," *Theologische Beiträge* 12 (1981), 21-35.

Kritzinger, J. D. W. *Qehal Jahwe: Wat dit es en wie daaraan mag behoort*, Kampen, 1957.

Lipinski, E. "Nesek and Tarbit in the Light of Epigraphic Evidence," *OLP* 10 (1979), 133-141.

Margalith, O. "Keleb: Homonym or Metaphor?" *VT* 33 (1983), 491-94.

Milgrom, J. "Religious Conversion and the Revolt Model for the Formation of lsrael," *JBL* 101 (1982), 169-76.

-----------, *Studies in Cultic Theology and Terminology*, Leien, 1983, 1-17.

Miller, P. D. "Israel as Host to Strangers," in *Today's Immigrants and Refugees: A Christian Understanding*, Washington, 1988, 1-19.

Moran, W. L. "A Note on the Treaty Terminology of the Sefire Stelas," *JNES* 22 (1963), 173-76.

Mowinckel, S. "Zu Dt 23, 2-9," *ActOr* 1 (1923), 81-104.

Neufeld, E. "The Prohibitions Against Loans at Interest in Ancient Hebrew Laws," *HUCA* 26 (1955), 355-412.

Stein, S. "The Laws on Interest in the Old Testament," *JTS* 4 (1953), 161-70.

Sumner, W. A. "Israel's Encounters with Edom, Moab, Ammon, Sihon and Og according to the Deuteronomist," *VT* 18 (1968), 216-228.

Thomas, D. W. "KELEBH 'Dog': Its Origin and Some Usages of It in the Old Testament," *VT* 10 (1960), 410-27.

Toorn, K, van der. "Female Prostitution in Payment of Vows in Ancient Israel," *JBL* 108 (1989), 193-205.

Vasholz, R. I. "A Legal 'Brief' in Deuteronomy 23:15-16," *Presbyterion* 16 (1990), 127.

Weinfeld, M. "Congregation," *EncJud* 5: 893-96.

Wiseman, D. J. "Is It Peace? - Covenant and Diplomacy," *VT* 32 (1982), 311-326.

Zehnder, M. “Anstösse aus Dtn 23,2-9 zur Frage nach dem Umgang mit Fremden,” *Freiburger Zeitschrift für Philosophie und Theologie* 52 (2005), 300-314.

# DEUTERO NOMY 신명기 24장

A New Translation with
Introduction
and Commentary

**DEUTERONOMY**

# DEUTERONOMY

# 신명기 24장

Deuteronomy 24

**내용/구조**

이 장은 다양한 법들을 가지고 있는데, 가장 많은 지면을 차지하는 것은 결혼이다. 이 결혼은 이혼과 재혼을 포함한다. 이혼은 남편이 전적인 주도권을 가지고 있다. 남편이 아내의 "벗은 것"을 보고 그녀와 이혼할 수 있다. 이혼할 때, "이혼 증서"를 써서 그녀에게 주어야 한다. 이것은 이혼한 여성을 보호하기 위한 방법이다. 이혼한 여성은 다른 남성과 자유롭게 결혼할 권리가 있다. 이 두 번째 결혼에서도 여성이 남편에게 이혼을 당하거나 혹은 남편이 사망한 경우에 이 여성은 이전 남편과 다시 재혼할 수 없다. 결혼한 새신랑은 군대 복무 의무와 모든 일에서 면제된다(1-5).

그 외에는 다양한 법들이 나온다. 주로 가난한 자들, 사회에서 소외된 자들, 채무자, 품꾼, 나그네, 고아와 과부를 보호하기 위한 법들이다. 어떤 사람이 돈을 빌려주고 그 돈의 안전을 위하여 담보를 잡을 경우에, 담보를 잡는 구체적인 방법들을 말한다. 무엇보다도 담보로 맷돌을 잡지 말 것과 이스라엘 사람을 납치하여 종으로 팔지 말 것을 명령한다(6-7). 그 후에 악성 피부병인 나병에 관해서는 레위 사람 제사장이 명령한 대로 잘 지킬 것을 권면한다(8-9). 그 다음에 다시 담보에 관한 명령이 나온다. 채권자는 담보를 잡을 때, 그의 집에 마음대로 들어갈 수 없고 채무자가 집에서 담보를 가지고 나오도록 밖에서 기다려야 한다. 그리고 담보로 겉옷을 잡았을 경우에는 밤이 되기 전에 그 옷을 돌려주어야 한다(10-13). 그리고 품꾼의 삯은 당일에 지급할 것을 명령한다. 만일 그 날 임금이 지급되지 않아서 고용인이 하나님께 부르짖으면, 이것은 고용주에게 죄가 될 것이다(14-15). 그 후에 죄에 대한 각 개인의 책임을 말한다. 죄는 다른 사람이 대신 담당할 수 없을 뿐만 아니라 집단이 그 죄를 함께 담당할 수도 없다. 각 사람은 자신의 죄에 대한 책임을 져야 한다. 죄에 관하여는 철저하게 개인주의이다. 여기서 다시 한 번 과부의 옷을 담보를 잡지 말라는 명령이 주어진다(16-18). 마지막으로 이스라엘은 추수를 할 때 가난한 자들, 나그네와 고아와 과부를 위하여 곡식과 과일을 다 거두지 말고 조금 남겨 놓아야 한다(19-22).

새로운 법들이 시작할 때, 히브리어 접속사 '키'(כִּי) '~때,' '만일 ~면'이 나와서 조건절로써 어떤 상황을 설명한다(1, 5, 7, 10, 19, 20, 21). 또는 부정사 '로'(לֹא) '~않다'로 시작하기도 한다(6, 14, 16, 17).

이 장은 구조를 나누기 어렵지만 내용으로 나누어 본다면 다음과 같다.

1. 결혼(24:1-5)
2. 맷돌 담보와 납치(24:6-7)
3. 나병(24:8-9)
4. 담보(24:10-13)
5. 품꾼(24:14-15)
6. 각 사람의 죄와 고아의 재판(24:16-18)
7. 추수(24:19-22)

위의 다양한 법들은 사회의 공동체성을 유지하기 위한 것들이다. 특별히 이 모든 법들이 아도나이 하나님과 밀접한 관련이 있다는 사실에 주목해야 한다. 이것은 이스라엘의 법들이 단순히 사회 윤리적인 법들로만 끝나는 것이 아니라 이스라엘과 아도나이 하나님 사이에 맺은 언약에 기초한다는 것을 보여준다. 법의 기원이 아도나이 하나님께 있다는 사실을 말한다.

이혼한 여인은 재혼을 했다가 다시 이혼을 했을 경우 전 남편과 다시 합할 수 없다. 왜냐하면 하나님이 이것을 혐오하시기 때문이다(4). 나병 역시 하나님과 관련이 있다. 특별히 광야 여행 중에 하나님이 미리암에게 행하신 일을 기억해서 이스라엘은 나병에 관한 제사장의 가르침을 잘 따라야 한다(9). 겉옷을 담보로 잡았을 경우 해가 지기 전에 돌려주어야 한다. 가난한 사람을 돌보는 이러한 행위는 여호와 앞에서 의가 된다(13). 가난한 품꾼의 삯을 당일에 지급하지 않았을 경우, 노동자가 하나님께 기도하면 고용주는 하나님께 죄를 지은 것이다(15). 이스라엘이 나그네와 고아의 재판을 공정하게 해야 하는 이유는 하나님이 이스라엘을 이집트에서 구원하셨기 때문이다(18). 곡식을 추수할 때에 곡식 단을 남겨 놓는 행위는 하나님께 복을 받는 근거가 된다(19). 올리브와 포도를 수확할 때에도 나그네와 고아와 과부를 위하여 조금 남겨 놓아야 한다. 이러한 행동을 해야 하는 이유는 이스라엘이 이집트에서 노예로 있었고 아도나이께서 이스라엘을 구원하셨기 때문이다(18, 22).

## 1. 결혼(24:1–5)

이 단락은 1-4절과 5절 둘로 나눌 수 있다. 결혼한 부부에게 일어날 수 있는 일을 가정한다. 남편이 아내를 좋아하지 않는다. 그가 아내의 "벗은 것"을 발견했기 때문이다. 남자는 이 "벗은 것"을 결정할 수 있는 권한이 있다. 그래서 남자가 아내와 이혼을 결심하고 이혼 증서를 써 주고 아내를 집에서 내보낼 수 있다. 이렇게 이혼당한 여성은 다른 남자와 재혼할 수 있다. 그리고 이런 일이 다시 발생할 수 있는데, 두 번째 남편이 이혼 증서를 써주거나 아니면 두 번째 남편이 죽었을 때, 이렇게 두 번째 이혼을 당한 여성은 이전 남편과 다시 결합할 수 없다. 이들이 다시 재혼하는 것은 하나님께 혐오스러운 일이기 때문이며 하나님이 주신 기업의 땅을 더럽히는 행위이기 때문이다(1-4).

새로 결혼한 남성은 군 복무 의무에서 제외된다. 그 기간은 일 년 동안이다. 군 복무뿐만 아니라 다른 일에서도 제외되어 아내를 즐거워할 수 있다(5).

### 번역

1 남자가 여자를 취하고 그녀와 결혼 했을 때, 그리고 이것이 일어날 것이다,
만일 그녀가 그의 눈에 은혜를 발견하지 못했다면,
그가 그녀에게 벗은 것을 발견했기 때문에,
그때 그는 그녀에게 이혼 증서를 써 줄 것이다,
그리고 그는 그녀의 손에 줄 것이고 그녀를 그의 집으로부터 보낼 것이다.
2 그리고 그녀는 그의 집에서 나갈 것이다,
그리고 그녀는 가고 다른 남자에게 속할 수 있다.
3 그리고 그 나중 남자가 그녀를 미워하고
그가 그녀에게 이혼 증서를 써 줄 것이다,
그리고 그가 그녀의 손에 줄 것이고 그녀를 그의 집에서 보낼 것이다,
또는 그가 그에게 그녀를 아내로 취하였던 그 나중 남자가 죽었다면.
4 그녀를 내보냈던 첫 남편은 돌이켜 그녀를 취할 수 없다,
그에게 아내로 있게 하기 위하여, 그녀가 더럽혀진 후에,
왜냐하면 그것은 아도나이 앞에서 혐오이기 때문이다,
그리고 너는 너의 하나님 아도나이께서 너에게 기업으로 주신 그 땅을 죄짓게

할 수 없다.

5 남자가 여자를 새로 취하였을 때, 그는 그 군대에 나갈 수 없고,
그는 그 위에 모든 일을 맡을 수 없다,
그는 그의 집에서 일 년 동안 자유할 것이다,
그리고 그는 그가 취한 그의 아내를 즐거워할 것이다.

## 주해

1 1)남자가 여자를 취하고2) 그녀와 결혼 했을 때, 그리고 이것이 일어날 것이다,
만일 그녀가 그의 눈에 은혜를 발견하지 못했다면,
그가 그녀에게 벗은 것을3) 발견했기 때문에,
그때 그는 그녀에게 이혼 증서를4) 써 줄 것이다,
그리고 그는 그녀의 손에5) 줄 것이고 그녀를 그의 집으로부터 보낼 것이다.

## 본문 비교

1) 칠십인 경은 마소라 사본에는 없는 접속사 "그러나"를 가지고 "그러나 만일 ~면" ἐὰν δέ로 시작한다.
2) 사마리아 오경은 "그리고 그는 그녀에게 들어갈 것이다" **ובא אליה**를 덧붙인다.
3) 칠십인 경은 "부적절한 것," "꼴사나운 것" ἄσχημον πρᾶγμα, 탈굼 옹켈로스와 탈굼 프쉬도 요나단은 "범죄한 것," "불쾌한 것" **עבירת פיתגם** 그리고 탈굼 네오피티는 "노출이 심한 것" **עריה דמלה**으로 해석한다.
4) 아람어 번역들은 단어가 다 다르다. 탈굼 옹켈로스는 "해고 또는 면직 문서" **גט פיטורין**, 탈굼 네오피티는 "이혼 증서" **אגרת שיבו־קין**, 탈굼 프쉬도 요나단은 "추방 문서" **ספר תירוכין**이다. 탈굼 프쉬도 요나단은 "추방 문서"를 법정 앞에서 써주라고 한다.
5) 히브리어는 단수인 데 반하여 칠십인 경은 복수이다.

히브리어는 '키'(כִּי) '~때,' '만일 ~면'으로 시작하여 조건절이다. "남자가 여자를 취하고"는 '어떤 남자가 어떤 여자를 취하고'이다. "그녀와 결혼 했을 때"는 결혼해서 함께 동거하는 것이다. "그리고 이것이 일어날 것이다,"는 '그때 이것이 발생할 것이다'로 결혼 생활 중에 발생할 수 있는 일을 말한다.

"만일 그녀가 그의 눈에 은혜를 발견하지 못했다면"은 '그녀가 그의 눈에 호의를 발견하지 못했다면'으로 '그녀가 그를 기쁘게 하지 못한 것'(NJB, TNK) 또는 '그녀가 그를 불쾌하게 한 것'(BBE, NIB, NIV)을 의미한다. 남편이 왜 아내를 사랑하지 않는지에 대한 이유는 "그가 그녀에게 벗은 것을 발견했기 때문에"로 나온다. 여기서 "벗은 것"이 무엇을 의미하는지 명확하지 않다. "벗은 것"이란 단어는 23장 14절에서 대변을 보기 위해 "벗은 것"으로 나왔다(23:14 주석 참고). 여기서는 결혼한 부부사이의 상황으로 뉘앙스가 다르다. 성적으로 "벗은 것"을 생각해서 부적절한 성관계를 생각할 수 있지만 이런 성관계는 사형에 해당하는 죄이기 때문에(신 22:22) 여기서는 맞지 않는 것 같다(Wevers). "벗은 것"은 수치스러운 일로써 여인이 자신의 성기를 노출하는 것으로, 어떤 행위를 통해서 이런 행동을 했는지는 모르지만 다른 사람들이 그 여인의 외음부를 보도록 노출했다고 해석하는 학자도 있다(Christensen). 크리스텐센 같이 구체적으로 말하지는 않지만 비슷하게 여성스럽지 않은 행동으로 야한 노출로 생각하는 사람도 있다(Thompson). 이와 비슷하게 단어 "벗은"의 뜻이 공개적으로 음란한 노출에 해당하지만 여기서는 남편이 참을 수 없는 어떤 행위를 말한다고 생각하는 학자도 있다(Tigay). 이런 견해와는 동떨어진 해석도 있다. 이것은 육체적인 결핍으로 자녀를 낳지 못하는 것을 의미할 수 있다고 제안한다(Craigie). 이 외에도 율법을 어긴 것 또는 유대인의 관습을 어기는 것이라는 해석도 있다(참고 Driver). 비록 이런 해석들이 아람어 성경 번역(탈굼 옹켈로스와 프쉬도 요나단)에 근거하고 있지만 이것은 본문과 거리가 먼 것 같다.

"벗은 것"은 '결핍한 것,' '부적절한 것,' '창피한 것,' '수치스러운 것'으로 번역할 수 있다(개역 개정은 "수치 되는 일"). 이것이 무엇을 의미하는지 이 본문에서는 명확하지 않다. 한 가지 분명한 것은 이런 "벗은 것"으로 인하여 남편이 아내에게 이혼을 요구할 수 있다는 사실이다. 이것이 무엇을 의미하는지에 대해서 본문이 명확하지 않기 때문에, 남편에 의해 다양한 이혼 사유가 나올 수 있다. 이래서 신약 시대에 유대인들이 예수께 나와서 "사람이 어떤 이유가 있으면 그 아내를 버리는 것이 옳으니이까"(마 19:3) 하고 질문한 것이다. 이 질문에 대하여 예수는 하나님께서 남자와 여자를 만드시고 결혼 제도를 창설하셨기 때문에, 결혼한 사람은, 하나님이 짝지어 주셨기 때문에, 이혼할 수 없다고 하신다. 그러자 유대인들은 그럼 왜 모세는 이혼 증서를 써 주고 이혼하라고 했느냐 하고 다시 묻는다. 이에 대해 예수는 "음행한 이유 외에 아내를 버리고 다른 데 장가드는 자는 간음함이니라" 하고 명확하게 선언하신다(마 19:4-9). 여기서 예수는 신명기의 "벗은 것"을 "음행"으로 새롭게 분명하게 해석해 주신다(마 5:31-32). 예수는 모세의 율법을 새롭게 해석하는 입법자이다.

남편은 아내의 "벗은 것"을 규정할 수 있는 권한이 있다. 그래서 남편은 아내와 이혼 절차를 진행할 수 있는데, 세 단계로 나눠진다. 첫째, "그때 그는 그녀에게 이혼 증서를 써 줄 것이다." 아내와 이혼하는 것을 문서화한다. 증서를 써주는 것은 이혼한 여성을 보호하기 위한 장치이다. 다른 남자를 만나도 음행이 아니라는 것을 이 문서가 증명할 수 있다. 둘째, "그리고 그는 그녀의 손에 줄 것이고" 남편은 아내에게 공식적인 문서를 제공한다. 이혼 증서가 있는 여성은 남편으로부터 자유롭다. 다시 새로운 남자를 만나 결혼할 수 있기 때문이다. 셋째, "그녀를 그의 집으로부터 보낼 것이다." 남편은 아내를 그의 집으로부터 내보낼 수 있다. 실질적인 결혼 생활이 끝난 것이다.

2 그리고 그녀는 그의 집에서 나갈 것이다,[1)]

그리고 그녀는 가고 다른 남자에게 속할 수 있다.

**본문 비교**

1) 쿰란 사본(4QDeut[a])과 칠십인 경은 "그리고 그녀는 그의 집에서 나갈 것이다."를 생략한다. 오리겐의 헥사플라는 이 빠진 것을 지적하며 앞에 *και εξελθη εκ της οικιας αυτου*를 넣어준다.

이혼당한 여성이 취할 수 있는 행동을 설명한다. "그의 집에서"는 '그의 집으로부터'로 이제 이 여성은 이혼한 남편의 제재를 더 이상 받지 않는다. 남편의 구속에서 벗어난 그녀는 이제 자유롭게 "다른 남자에게 속할 수 있다." 즉 다른 남자의 아내가 될 수 있다. 재혼할 권리가 있다.

3 그리고 그 나중 남자가 그녀를 미워하고

그가 그녀에게 이혼 증서를 써 줄 것이다,

그리고 그가 그녀의 손에[1)] 줄 것이고 그녀를 그의 집에서 보낼 것이다,

또는 그가 그에게 그녀를 아내로 취하였던 그 나중 남자가[2)] 죽었다면.[3)]

**본문 비교**

1) 칠십인 경은 복수 "손들"이다.
2) 마소라 사본은 "그 남자"인 데 반하여 사마리아 오경은 "그녀의 남편"이다.
3) 벌게이트는 "그가 그에게 그녀를 아내로 취하였던 그 나중"을 생략하여 "그 남자가 죽었다면"이다.

이혼을 당한 여인은 자유롭게 다시 결혼할 수 있다. 그런데 재혼한 남편도 그녀를 미워하는 상황이 발생한다. "그 나중 남자"는 '그 다음 남

자'로 이혼을 당한 여인의 두 번째 남편이다. "그녀를 미워하고"는 '그녀를 미워하면'이라는 뜻이다. 여기서는 남편이 왜 그 여인을 미워하는지에 대한 구체적인 설명(1절에서는 "벗은 것"이라는 설명이 나온 데 반하여)이 없다. 두 번째 남편 역시 이혼의 절차를 세 단계로 진행한다. 첫째, "그가 그녀에게 이혼 증서를 써 줄 것이다," 둘째, "그가 그녀의 손에 줄 것이고" 셋째, "그녀를 그의 집에서 보낼 것이다." 위의 2절과 이혼 진행 절차가 같다.

"또는"은 새로운 상황을 인도하고 있다. "그가 그에게 그녀를 아내로 취하였던 그 나중 남자가 죽었다면"은 남편이 죽었을 경우를 가정한다. 이때 여자는 더 이상 남편의 구속을 받지 않는다(롬 7:2-3).

> 4 그녀를 내보냈던 첫 남편은[1] 돌이켜 그녀를 취할 수 없다,
> 그에게 아내로 있게 하기 위하여,[2] 그녀가 더럽혀진 후에,[3]
> 왜냐하면 그것은 아도나이[4] 앞에서 혐오이기 때문이다,
> 그리고 너는 너의[5] 하나님 아도나이께서 너에게[5] 기업으로 주신 그 땅을 죄짓게 할 수 없다.[6][7]

**본문 비교**

1) 칠십인 경은 "첫 남자" ὁ ἀνὴρ ὁ πρότερος로 나온다.
2) 칠십인 경은 히브리어의 칼 부정사 להיות를 생략하여 번역한다. 오리겐의 헥사플라는 이것을 지적하여 του ειναι를 넣어준다.
3) 탈굼 네오피티는 "다른 남자에 의해"를 덧붙인다.
4) 칠십인 경은 "너의 하나님" τοῦ θεοῦ σου를 덧붙인다.
5) 칠십인 경의 일부 사본들(A F M V)은 "너희의 하나님" ὁ θεὸς ὑμῶν이며 "너희에게" ὑμῖν이다.
6) 칠십인 경은 "너희는 더럽힐 수 없다" οὐ μιανεῖτε로 번역한다.
7) 마소라 사본은 여기에 "세투마"(ס)를 두어 단락을 나누고 있다.

3절의 조건에 대한 결과를 설명한다. "그녀를 내보냈던 첫 남편은 돌이켜 그녀를 취할 수 없다." 이혼한 여성이 다른 남자와 재혼한 후에 재혼한 남편이 미워해서 다시 이혼했거나 또는 재혼한 남편이 죽어서 혼자가 되었을 때, 첫 남편이 그녀를 다시 취할 수 없다고 선언한다. "돌이켜"는 '다시'라는 뜻이며 "취할 수 없다"는 '재혼할 수 없다'라는 의미이다. 첫 남편이 전 아내에 대한 마음이 변하여 다시 결합하려는 것이다.

"그에게 아내로 있게 하기 위하여,"는 '그에게 아내가 되게 하기 위하여'로 첫 남편이 전 아내를 다시 취하는 목적을 말한다. "그녀가 더럽혀진 후에"는 전 아내가 다른 남자의 아내가 되었다가 다시 이혼을 당했거나 아니면 두 번째 남편이 죽어서 혼자가 된 상태를 설명한다. 이 여인은 부정해졌다고 규정한다. 개역 개정은 "몸을 더럽혔은즉"이라고 구체적으로 "몸을" 넣어주었다.

"왜냐하면"은 첫 남자가 왜 다시 전 아내와 결합할 수 없는지를 설명한다. "그것은 아도나이 앞에서 혐오이기 때문이다." "혐오"는 '혐오스러운 것,' '몹시 싫은 것'이다(개역 개정은 "가증한 것"). 하나님께서 싫어하시기 때문에 재혼할 수 없다. 그리고 이러한 행위는 "그 땅을 죄짓게" 하는 것이기 때문이다. 흥미롭게도 결혼과 이혼 그리고 재결합이 가나안 땅과 관련이 있다. 사람들의 무절제한 결혼과 이혼이 가나안 땅을 죄짓게 한다. 약속의 땅은 하나님이 이스라엘에게 주신 기업의 땅으로 하나님의 관심이 있는 땅이기 때문에, 이 땅에 사는 이스라엘은 도덕적으로 순결해야 할 의무가 있다(레 18장 참고).

5 [1]남자가 여자를 새로[2] 취하였을 때, 그는 그 군대에[3] 나갈 수 없고,
그는 그 위에 모든[4] 일을 맡을 수 없다,
그는 그의 집에서 일 년 동안 자유할 것이다,
그리고 그는 그가 취한 그의 아내를 즐거워할 것이다.[5]

**본문 비교**

1) 칠십인 경은 "그러나 만일 ~면" ἐὰν δέ으로 시작한다.
2) 칠십인 경은 "최근에" προσφάτως로 번역한다(아퀼라는 "새" καινην이다). 오리겐의 헥사플라는 이 차이를 지적한다.
3) 칠십인 경은 "전쟁" τὸν πόλεμον이다.
4) 마소라 사본은 לכל인 데 반하여 쿰란 사본(4QDeut[a]), 일부 필사본들(V[ken 18, 129, 181]), 칠십인경, 탈굼 네오피티, 탈굼 프쉬도 요나단은 전치사가 없는 כל이다.
5) 마소라 사본은 여기에 "세투마"(ס)를 두어 단락을 나누고 있다.

히브리어는 접속사 '키'(כי) '~때,' '만일 ~면'으로 시작하여 조건절이다. "남자가 여자를 새로 취하였을 때"는 한 남자가 한 여자와 결혼한 것을 가정한다. "그는 그 군대에 나갈 수 없고"는 귀결절이다. 새로 결혼한 남자는 군 복무 의무에서 면제받을 수 있다. 즉 전쟁에 나갈 의무가 없다는 것이다. 이것은 신명기 20장의 전쟁 법에서도 볼 수 있다. 전쟁에 참여한 군인 가운데 약혼을 하고 정식으로 결혼하지 않는 남자는 집으로 돌아갈 수 있다(신 20:7).

"그는 그 위에 모든 일을 맡을 수 없다."에서 "모든 일"은 '어떤 일도'의 뜻이다. 새로 결혼한 사람은 그 어떤 일도 맡을 수 없다. 그리고 "그는 그의 집에서 일 년 동안 자유 할 것이다." 군대에 나가지 않고 그 대신 집에서 일 년 동안 놀 수 있다. 그에게는 새로운 일, 아내와 함께 기쁘게 지내는 일이 있기 때문이다. "그리고 그는 그가 취한 그의 아내를 즐거워할 것이다."

## 2. 맷돌 담보와 납치(24:6–7)

돈을 빌려주고 담보로 맷돌을 잡는 행위를 금지한다. 맷돌은 빵을 만들어 먹어야 하는 생계수단이기 때문이다(6). 그리고 사람을 납치한 납치범에 대한 처형 규정을 설명한다(7).

**번역**

6 그는 맷돌 그리고 위짝을 담보로 잡을 수 없다,
왜냐하면 그것은 영혼을 담보로 잡는 것이기 때문이다.
7 그의 형제들로부터, 이스라엘의 아들들로부터 영혼을 도둑질한 사람이 발견되고
그가 그를 학대하고 그를 팔았을 때,
그때 그 도둑은 죽여야 하고 너는 너 가운데에서 그 악을 제거해야 한다.

**주해**

6 그는[1)] 맷돌 그리고 위짝을 담보로 잡을 수 없다,
왜냐하면 그것은 영혼을 담보로 잡는 것이기 때문이다.[2)]

**본문 비교**

1) 칠십인 경은 주어가 2인칭 단수 "너" ἐνεχυράσεις이다.
2) 마소라 히브리어 사본은 여기에 "세투마"(ס)를 두어 단락을 나누고 있다.

"그"는 저당을 잡는 사람 즉 돈을 빌려주고 담보로 물건을 잡는 사람이다. "맷돌"은 밀을 갈 수 있는 돌로 위짝과 아래짝 둘 다를 의미하고 "위짝"은 맷돌의 위짝, 한 짝만을 뜻한다. "위짝"을 담보로 잡으면 맷돌을 사용할 수 없다. 맷돌을 담보로 잡는 것은 빌려준 돈을 안전하게 돌려받기 위해서이다. 이렇게 맷돌을 담보로 잡지 말라는 이유는 매일 음

식을 제공하기 위해 밀을 갈아 빵을 만들어야 하기 때문이다. 맷돌은 생계수단이다.

"왜냐하면"이 맷돌을 담보로 잡을 수 없는 이유를 설명한다. "영혼"은 '생명'을 뜻한다. 맷돌은 저당 잡히면 빵을 만들어 먹을 수 없다. 빵을 먹지 못하면 생명을 유지할 수 없기 때문에 "그것은 영혼을 담보로 잡는 것"이라고 설명한다.

7 [1]그의 형제들로부터, 이스라엘의 아들들로부터 영혼을 도둑질한 사람이 발견되고[2]
그가 그를 학대하고 그를[3] 팔았을 때,
그때 그 도둑은 죽여야 하고 너는 너[4] 가운데에서 그 악을[5] 제거해야 한다..

**본문 비교**

1) 마소라 사본은 '키'(כִּי)로 시작하는 데 반하여 칠십인 경은 "그러나 만일 ~면" ἐὰν δὲ로 시작한다.
2) 칠십인 경은 '취했으면,' '잡혔으면' ἁλῷ로 번역한다.
3) 칠십인 경은 "그를"을 생략한다.
4) 칠십인 경과 시리아 역은 복수 "너희"이다.
5) 탈굼 옹켈로스, 탈굼 네오피티, 탈굼 프쉬도 요나단은 "행악자"이다.

히브리어는 '키'(כִּי) '~때,' '만일 ~면'으로 시작하는 전제절이다. "영혼을 도둑질한 사람"은 '사람을 납치한 어떤 사람'을 뜻한다. "도둑질한"은 훔친 것으로 납치한 것이다. "사람"은 납치범 또는 유괴범이다. "그의 형제들로부터"는 더 구체적으로 "이스라엘의 아들들로부터"이다. "이스라엘의 아들들로부터"는 이방인이 아니라 같은 이스라엘 사람을 납치한 것을 설명한다. "발견되고"는 '발견될 때,' '발견되면'의 의미이다.

"그가 그를 학대하고 그를 팔았을 때"는 납치범이 납치한 사람을 종으로 다루거나 돈을 받고 판 상황을 말한다(Joüon-M, § 175 *b*).

"그때"는 '그리고'로 귀결절을 인도한다. "그 도둑"은 납치범을 말한다. "죽여야 하고"는 사람을 납치하거나 유괴한 사람은 사형에 처해야 한다는 것을 말한다. "너 가운데에서"는 이스라엘 가운데서이다. "그 악"은 사람을 납치하거나 유괴한 죄를 뜻한다. "그 악을 제거해야 한다"는 앞에서 계속 나왔다(신 17:7, 12; 19:19; 21:21; 22:21, 22, 24).

## 3. 나병(24:8–9)

나병 즉 한센병에 대한 규례를 말한다. 나병에 관하여는 제사장들이 이스라엘 백성에게 가르친 것을 잘 지켜야 한다. 이것은 모세가 제사장들에게 명령한 것이다. 나병에 관하여 역사적인 사건인 미리암에게 있었던 일을 예로 들고 있다..

**번역**

8 주의하라 나병의 발생을, 잘 지키도록 그리고 행하도록,
레위 사람 제사장들이 너희에게 가르친 모든 것을 따라,
내가 그들에게 명령한 대로, 너희는 행하여 지켜야 한다.
9 너의 하나님 아도나이께서 미리암에게 행하신 일을 기억하라,
너희가 이집트에서 나올 때, 그 길에서.

**주해**

8 주의하라[1] 나병의 발생을, 잘 지키도록 그리고[2] 행하도록,
레위 사람 제사장들이 너희에게 가르친 모든[3] 것을 따라,
내가 그들에게[4] 명령한 대로, 너희는 행하여 지켜야 한다.[5]

**본문 비교**

1) 칠십인 경은 "너 자신을" σεαυτῷ를 넣어준다. 히브리어 "주의하라"가 니팔 명령형이기 때문이다.
2) 일부 필사본(V[ken 9]), 사마리아 오경, 칠십인 경은 "그리고"를 생략한다.
3) 사마리아 오경과 칠십인 경은 "율법"을 넣어주어 "모든 율법"이고 시리아 역은 "모든"을 생략하여 "율법"이다.
4) 칠십인 경은 "너희에게" ὑμῖν이다.
5) 마소라 사본은 여기에 "세투마"(ס)를 두어 단락을 나누고 있다.

악성 피부병인 나병에 관한 계명이 주어진다. "주의하라"는 니팔 명령형으로 '너는 자신을 주의하라'는 의미이다. "주의하라"는 '조심하라,' '삼가라'이며 "나병의 발생"은 '나병의 발발,' '나병의 전염' 또는 '악성 피부병의 전염'이다. 두 개의 부정사 "잘 지키도록 그리고 행하도록"은 앞에 나오는 명령형 "주의하라"와 관련하여 '잘 지켜 행하도록 주의하라'는 뜻이다. 여기서 "잘 지키도록"은 "레위 사람 제사장들이 너희에게 가르친 모든 것을 따라" 정확하게 또는 성실하게, 근면하게 지키라는 의미이다. 제사장들은 나병에 관한 진찰과 진단을 할 수 있다. 더 나아가 나병의 처치 방법을 명령하고 나병 환자의 완치를 선언할 수 있다(레 13-14장). "내가 그들에게 명령한 대로"는 모세가 레위 사람 제사장들에게 명령한 것을 뜻한다.

9 [1)]너의[2)] 하나님 아도나이께서 미리암에게 행하신 일을 기억하라,[3)]
너희가 이집트에서 나올 때, 그 길에서.[4)]

**본문 비교**

1) 탈굼 네오피티는 여기에 "나의 백성, 이스라엘 아들들아" עמי בני

ישראל를 갖고 있다.

2) 칠십인 경은 "너의"를 생략하여 "주 하나님께서" κύριος ὁ θεός이다. 랄프(Rahlfs) 편집은 κύριος ὁ θεός σου이다.

3) 히브리어는 칼 부정사인 데 반하여 칠십인 경은 명령형 μνήσθητι이다.

4) 마소라 사본은 여기에 "세투마"(ס)를 두어 단락을 나누고 있다.

히브리어는 칼 부정사 "기억하라" זכור가 문장 처음에 나와 강조한다. 부정사는 명령형으로 번역할 수 있어서 대부분의 현대 번역본들은 다 명령형으로 번역한다(LEI, LUV, NBG, SVV, ASV, BBE, ESV, KJV, NAS, NIB, NIV, NJB, NKJ, TNK, YLT, EIN, ELB, LUO, SCH. 개역 개정은 "기억할지니라"). 나병과 관련해서 하나님께서 미리암에게 행하신 일을 기억하라고 하신다. 미리암은 모세의 누이이다.

"너희가 이집트에서 나올 때, 그 길에서"는 미리암에게 일어난 사건이 일어난 시간과 장소를 설명한다. 모세가 구스 여인을 취하였을 때, 미리암과 아론이 모세를 비방했다(민 12:1). 히브리어는 "미리암이 말했다 그리고 아론이"로 나온다. 미리암이 모세를 주도적으로 비방한 것이다(*Sifre Deut*. 269도 미리암만이 말했다고 설명한다. 탈굼 프숴도 요나단은 모세에게 있지도 않은 일로 미리암이 모세를 의심했다고 말한다). 미리암이 모세를 비방한 내용은 "여호와께서 모세와만 말씀하셨느냐 우리와도 말씀하지 아니하셨느냐"이다(민 12:2). 미리암이 모세의 권위에 도전한 것이다. 미리암도 선지자이기 때문이다(출 15;20). 하나님이 이집트 군인들을 홍해에 수장시키셨을 때에 미리암이 주도적으로 모든 여인들과 함께 춤을 추며 아도나이를 찬양했다(출 15:20-21). 미리암의 비방을 하나님이 들으시고 그들을 장막으로 부르셨다. 그리고 하나님이 일반 선지자와 모세와의 차이를 말씀해 주셨다. "너희 중에 선지자가 있으면 나 여호와가 환상으로 나를 그에게 알리기도 하고 꿈으로 그와 말하기도 하거니와 내 종 모세와는 그렇지 아니하니 그는 내 온 집에 충성함이라 그와는 내가 대면하여 명백히 말하고 은밀한 말로 하지 아니하며 그는 또 여호와의 형상을 보거늘 너희가 어찌하여 내 종 모세 비방하기를 두려워하지 아니하느냐"(민 12:6-8) 하시며 진노하셨다. 일반 선지자는 환상과 꿈으로 하나님의 계시를 받지만 모세는 하나님과 대면하여 계시를 받는 종이다. 하나님이 말씀하시는 데 있어서 일반 선지자와 모세와 차이가 있다. 즉 계시 수납 방법이 다르다. 하나님이 이렇게 일반 선지자와 모세와의 권위의 차이를 말씀하시는 이유는 미리암이 하나님이 "우리와도 말씀"하셨다고 주장했기 때문이다. 하나님은 모세의 권위를 옹호해 주신다. 하나님의 진노로 인하여 미리암에게 나병이 발생했다. 모세가 하나님께 기도하여 미리암이 이레 동안 진영 밖에 있다가 나병에서 회복되었다. 이 일로 인하여 이스라엘의 행진이 지연되었다.

## 4. 담보(24:10-13)

채무자를 보호하기 위한 법이다. 어떤 사람이 동료 이스라엘 사람에게 돈을 빌려줄 때, 그 돈의 안전한 반환을 위하여 담보를 잡을 수 있다. 담보를 잡을 때, 채권자가 취해야 할 행동을 설명한다. 채권자는 담보를 취하려고 채무자의 집에 함부로 들어갈 수 없다(10-11). 만일 그 담보가 겉옷이면 해가 질 때, 채권자는 그 옷을 채무자에게 돌려주어야 한다(12-13).

### 번역

10 네가 너의 이웃에게 어떤 것을 빌려줄 때,
너는 그의 집에 그의 담보를 저당잡기 위하여 들어갈 수 없다.
11 너는 밖에 서 있을 것이다 그리고 네가 그에게 빌려주는 그 사람,

그가 너에게 그 담보를 밖으로 가져올 것이다.

12 그러나 만일 그가 가난한 사람이면 너는 그의 담보와 함께 누울 수 없다.

13 너는 반드시 그에게 그 담보를 돌려주어야 한다, 그 해가 질 때,
그가 그의 겉옷 안에 누울 것이고 그가 너를 축복할 것이다,
그리고 그것이 너에게 너의 하나님 아도나이 앞에서 의가 될 것이다.

**주해**

10 네가 너의 이웃에게 어떤 것을 빌려줄 때,[1]
너는 그의 집에 그의 담보를 저당잡기 위하여 들어갈 수 없다.

**본문 비교**

1) 마소라 사본은 תשה인 데 반하여 사마리아 오경은 תשא이다. 원형이 נשׂא이기 때문에 의미에는 변화가 없다. 칠십인 경의 번역은 다르다. "만일 너의 형제에게 빚이 있다면, 어떤 빚이든지" *ἐὰν ὀφείλημα ᾖ ἐν τῷ πλησίον σου ὀφείλημα ὁτιοῦν*이다. 오리겐은 헥사플라에서 이 차이를 지적한다.

히브리어는 '키'(כי) '~때,' '만일 ~면'으로 시작하는 전제절이다. "너의 이웃"은 같은 이스라엘 형제를 뜻하고 "어떤 것"은 '어떤 종류의 대출'로 돈을 꾸어주는 것을 의미한다. 이웃에게 돈을 빌려주는 상황을 전제한다.

"너는 그의 집에 그의 담보를 저당잡기 위하여 들어갈 수 없다."는 귀결절로 돈을 빌려주는 사람이 해서는 안 되는 행동을 설명한다. "너"는 채권자를 그리고 "그의 집에"는 채무자의 집을 말한다. 빌려준 돈의 안전을 위하여 채권자가 채무자의 집에 들어가 함부로 담보물을 가져 나올 수 없다.

11 너는 밖에[1)] 서 있을 것이다 그리고 네가 그에게 빌려주는[2)] 그 사람,[3)]
그가 너에게 그 담보를 밖으로 가져올 것이다.[4)]

**본문 비교**

1) 탈굼 프쉬도 요나단은 "거리"로 말한다.
2) 마소라 사본은 **נשה**인 데 반하여 사마리아 오경은 **נשא**이다. 원형이 **נשׁא**이기 때문에 의미에는 변화가 없다.
3) 칠십인 경은 "너의 빚이 그에게 있는 그 사람" ὁ ἄνθρωπος οὗ τὸ δάνειόν σού ἐστιν ἐν αὐτῷ으로 번역한다. 빚이 어디에 있는지를 명확하게 한다.
4) 마소라 사본은 **יוציא**인 데 반하여 쿰란 사본(1QDeut[b]), 사마리아 오경, 벌게이트, 시리아 역은 **יוצא**이다. 의미에는 변화가 없다.

10절의 귀결절의 연속이다. "너"는 채권자로 채무자의 집에 함부로 들어갈 수 없다. 담보물을 취할 때, 밖에 서 있어야 한다. "그에게 빌려주는 그 사람"은 채무자로 돈을 빌리는 사람이다. "그가 너에게 그 담보를 밖으로 가져올 것이다."에서 "그"는 채무자이며 "너"는 채권자이다. "담보"는 담보물로써 빌려준 돈을 안전하게 되돌려 줄 것이라는 것을 확신시키기 위해서 채무자가 채권자에게 주는 어떤 물건이다. 채무자가 채권자에게 자기 집에 있는 담보물을 밖으로 가지고 나와서 주라는 것이다.

12 그러나 만일 그가 가난한 사람이면 너는 그의 담보와 함께 누울 수 없다.

"그러나"는 '그리고'이다. 앞의 10-11절과 대조를 위해서 "그러나"로 번역하는 것이 낫다(칠십인 경도 "그러나" δὲ이다). 조건절은 "만일 그가 가난한 사람이면"이며 귀결절은 "너는 그의 담보와 함께 누울 수 없다."이다. "그의 담보"는 가난한 사람의 겉옷을 의미한다. 이는 동사를 보면 알 수 있다. "누울 수 없다"는 '잘 수 없다'이기 때문이다. 다음 13절을 보면 더 명확해진다. 가난한 사람들의 겉옷은 잘 때, 이불의 역할을 했다. 겉옷을 담보물로 잡혔기 때문에 가난한 사람은 잘 때, 덮고 잘 것이 없다.

13 너는 반드시 그에게 그 담보를[1] 돌려주어야 한다, 그 해가 질 때,
그가 그의 겉옷 안에 누울 것이고 그가 너를 축복할 것이다,[2]
그리고 그것이 너에게 너의 하나님 아도나이 앞에서 의가[3] 될 것이다.[4]

**본문 비교**

1) 칠십인 경, 시리아 역, 탈굼 네오피티는 "그의 담보"이며 벌게이트는 이를 생략한다.
2) 탈굼 네오피티는 "기도할 것이다"이다.
3) 칠십인 경은 "자비" ἐλεημοσύνη로 번역하고 탈굼 옹켈로스, 탈굼 네오피티, 탈굼 프쉬도 요나단은 "장점" זכו으로 번역한다.
4) 마소라 사본은 여기에 "세투마"(ס)를 두어 단락을 나누고 있다.

저녁이 되면 채권자는 채무자에게 담보를 돌려주어야 한다. "그 담보"는 여기서 "겉옷"이다. 이 옷은 몸을 감쌀 수 있는 긴 옷으로 가난한 사람들은 잘 때, 이불 대용으로 사용한다. "반드시 돌려주어야 한다"는 부정사 절대형 용법으로, 강조하는 것으로 "꼭," "확실히" 돌려주라는 것이다.

채권자가 겉옷을 돌려줄 때, 일어나는 일을 설명한다. "그가 그의 겉옷 안에 누울 것이고 그가 너를 축복할 것이다." 여기서 "그"는 채무자이다. 채무자는 "그의 겉옷"과 함께 잠자리에 누울 수 있다. 그는 "너를" 즉 채권자에게 감사한 마음으로 "축복할 것이다." 이러한 일이 "너에게"는 이 율법을 듣는 이스라엘 사람을 의미하지만 이 문맥에서는 이런 일을 구

체적으로 행한 채권자에게 "의가" 될 것이다. 여기서 "의"는 담보를 돌려준 옳은 행위에 근거해서 나온 "의"다(신 6:25 주해 참고).

## 5. 품꾼(24:14-15)

노동자를 보호하라는 명령이다. 가난한 노동자를 학대하지 말고 당일에 노동자의 품삯을 지불하라고 한다. 고용인은 품삯을 바라고 일을 하기 때문이다. 만일 당일에 임금이 지불되지 않으면 노동자는 이것을 하나님께 아뢴다. 그러면 이 일이 고용주에게 죄가 된다.

### 번역

14 너는 일꾼을, 가난한 자 그리고 어려운 자, 학대하지 말아야 한다,
너의 형제로부터 또는 너의 성문들 안에, 너의 땅 안에 있는 너의 체류자로부터.
15 너는 그의 날에 그의 임금을 줄 것이고 그 해가 그의 위에 돌아와서는 안 된다,
왜냐하면 그는 가난하고 그가 그의 영혼을 그것에게 들 것이기 때문이다,
그리고 그가 아도나이께 너에 대항하여 부르짖어서는 안 된다,
그러면 그것이 너에게 죄가 될 것이다.

### 주해

14 너는 일꾼을,[1)] 가난한 자 그리고 어려운 자,[2)] 학대하지 말아야 한다,[3)]
너의 형제로부터 또는 너의 성문들 안에, 너의 땅 안에[4)] 있는 너의 체류자로부터.[5)]

### 본문 비교

1) 마소라 사본과 사마리아 오경은 "일꾼" שכיר인 데 반하여 쿰란 사본(1QDeut[b]), 칠십인 경, 탈굼 네오피티, 탈굼 프쉬도 요나단, 시리

아 역, 벌게이트는 "임금" שכר이다.

2) 칠십인 경의 번역은 "가난하고 어려운 자의 임금을" μισθὸν πένητος καὶ ἐνδεοῦς이다.

3) 칠십인 경은 "너는 임금을 부당하게 보류할(공제할) 수 없다" οὐκ ἀπαδικήσεις μισθὸν으로 번역한다. 칠십인 경의 다른 사본들(A F M V)은 "너는 임금을 속여 빼앗을 수 없다" οὐκ ἀποστερήσεις μισθὸν이며 아퀼라, 심마쿠스, 테오도치온은 "너는 임금을 학대할 수 없다" οὐ συνκοφαντήσεις μισθωτὸν이다. 오리겐의 헥사플라는 이 차이를 지적한다.

4) 칠십인 경과 시리아 역은 "너의 땅 안에"를 생략한다.

5) 칠십인 경은 "개종자들" τῶν προσηλύτων이다.

"너"는 일반적인 이스라엘 사람으로 여기서는 "일꾼"을 고용한 사람을 뜻한다. "일꾼"은 '품꾼,' '노동자'로 보수를 위해 고용된 사람을 뜻한다. "가난한 자 그리고 어려운 자"는 "일꾼"에 대한 구체적인 설명이다. "학대하지 말아야 한다"는 '억압(탄압)하지 말라'는 뜻이다(칠십인 경의 번역을 위해서 위의 본문 비교 2), 3)을 보라).

"너의 형제로부터"는 같은 이스라엘 사람의 일꾼을 말한다. "너의 체류자로부터"는 '너의 나그네로부터'로 이스라엘 내에 거주하는 이방인이다. 같은 이스라엘 사람이건 나그네이건 간에 일꾼으로 고용된 사람들은 가난하고 어려운 사람들이다. 이들을 학대하지 말라는 것은 거칠게 다루지 말라는 의미와 더불어 이들의 임금을 속여 빼앗지 말라는 것이다. 가난한 사람의 인권과 권리를 보호해주라는 의미이다.

15 너는 그의 날에[1] 그의 임금을 줄 것이고[2] 그 해가 그의 위에 돌아와서는 안 된다.
왜냐하면 그는 가난하고 그가 그의 영혼을[3] 그것에게 들 것이기 때문이다.
그리고 그가 아도나이께 너에 대항하여 부르짖어서는 안 된다.

그러면 그것이 너에게 죄가 될 것이다.[4)]

**본문 비교**

1) 칠십인 경은 "즉시," "그 날에" αὐθημερὸν로 번역한다. 아퀼라는 히브리어를 문자적으로 εν ημερα αυτου로 번역한다. 오리겐의 헥사플라는 이 차이를 지적한다.
2) 칠십인 경은 "그리고"를 생략한다.
3) 칠십인 경은 "소망," "희망" ἐλπίδα로 번역한다.
4) 마소라 사본은 여기에 "세투마"(ס)를 두어 단락을 나누고 있다.

"너"는 율법을 듣는 일반적인 이스라엘 사람을 뜻하지만 여기서는 "일꾼"을 고용한 고용주를 의미한다. "그의 날에"는 '당일,' '그 날'의 의미로 "일꾼"이 노동을 한 그 날이다. "그의 임금"은 노동자가 일을 한 그 날의 삯이다. 율법은 고용주에게 노동자의 품삯을 당일에 지급하라고 명령한다(마 20:8). "그 해가 그의 위에 돌아와서는 안 된다"는 노동자는 해가 뜰 때부터 일을 시작하여 해가 질 때에 일을 마치기 때문에 이런 표현을 사용한다. 해가 지기 전에 임금을 지급하라는 것이다(개역 개정은 "해 진 후까지 미루지 말라"로 번역).

접속사 "왜냐하면"이 왜 노동자에게 임금을 해가 지기 전에 지급해야 하는지를 설명한다. "그는 가난하고 그가 그의 영혼을 그것에게 들 것이기 때문이다." "그"는 일꾼을 뜻한다. "그의 영혼을 그것에게 들 것"은 '그의 생명을 임금에게 들 것' 또는 '그의 바람을 임금에게 들 것'을 뜻한다(개역 개정은 "그 품삯을 간절히 바람이라"이다). 노동자의 마음이 품삯에게로 향하는 또는 바라는 것이다. 일일 노동자는 가난하여 쓸 돈이 없다. 그래서 그 품삯이 당일에 지급되기를 바란다.

"그가 아도나이께 너에 대항하여 부르짖어서는 안 된다."는 노동자가 임금 때문에 아도나이께 부르짖게 하지 말라는 의미이다(개역 개정은 "그가 너를 여호와께 호소하지 않게 하라"로 번역한다). 고용인이 고용주에게 갖고 있는 불평, 불만을 아도나이께 말하게 하지 말라는 것이다. "그러면"은 '그리고'(개역 개정은 "그렇지 않으면"으로 번역)의 뜻으로 그런 일이 벌어지면, 고용주가 당일에 임금을 지급하지 않아서 노동자가 하나님께 부르짖는 일이 발생하면 "그것이 너에게 죄가 될 것이다." "너에게"는 고용주이다.

## 6. 각 사람의 죄와 고아의 재판(24:16-18)

사람은 부자지간이라고 해도 다른 사람의 죄를 대신하여 죽임을 당할 수 없다. 아버지는 아들을 대신할 수 없고 아들은 아버지를 대신할 수 없다. 각 사람은 자신의 죄를 담당해야 한다(16). 그리고 이스라엘은 사회의 약자들, 나그네와 고아의 재판을 왜곡할 수 없고 과부의 옷을 저당 잡을 수 없다(17). 이스라엘이 이러한 명령을 지켜야 하는 이유는 하나님께서 그들을 출애굽시켜 구원하셨기 때문이다(18).

16 아버지들은 아들들 때문에 죽임을 당할 수 없다,
그리고 아들들은 아버지들 때문에 죽임을 당할 수 없다,
각 사람, 그들은 그의 죄로 죽임을 당해야 한다.
17 너는 체류자, 고아의 재판을 구부릴 수 없다,
그리고 너는 과부의 옷을 저당 잡을 수 없다.
18 그리고 너는 기억해야 한다, 네가 이집트에서 종이었으며
너의 하나님 아도나이께서 거기로부터 너를 구원하셨던 것을,
그러므로 내가 너에게 이 일을 행하도록 명령한다.

**주해**

16 아버지들은 아들들[1] 때문에 죽임을 당할 수 없다,[2]

그리고 아들들은 아버지들[1][3] 때문에 죽임을 당할 수 없다,[4]

각 사람, 그들은[5] 그의 죄로 죽임을 당해야 한다.[6]

**본문 비교**

1) 탈굼 옹켈로스는 여기에 "입" 즉 "아들들(아버지들)의 증언"을 그리고 탈굼 테오피티와 탈굼 프쉬도 요나단은 "죄들" 즉 "아들들(아버지들)의 죄들"을 넣어준다.
2) 마소라 사본은 사역 수동(호팔)형 לא־יומתו인 데 반하여 쿰란 사본은 לא־ימות이며 칠십인 경은 중간태 οὐκ ἀποθανοῦνται이다(시리아 역 역시).
3) 사마리아 오경은 정관사가 붙어 "그 아버지들"이다.
4) 마소라 사본은 사역 수동(호팔)형 לא־יומתו인 데 반하여 칠십인 경은 중간태 οὐκ ἀποθανοῦνται이다(시리아 역 역시). 벌게이트는 이것을 생략한다.
5) 사마리아 오경, 칠십인 경, 시리아 역, 벌게이트는 단수 "그"이다.
6) 마소라 사본은 여기에 "세투마"(ס)를 두어 단락을 나누고 있다.

각 사람은 자기 죄로 인하여 죽어야 한다고 선언한다. 아버지가 아들 대신해서 죽을 수 없다는 것이다. "때문에"는 '위하여,' '인하여'이다. "죽임을 당할 수 없다,"는 '죽임에 처해질 수 없다'이다. 이 선언은 반대로도 적용된다. "아들들은 아버지들 때문에 죽임을 당할 수 없다." 각 사람은 자기 죄에 대한 책임을 져야 한다. 그래서 "각 사람, 그들은 그의 죄로 죽임을 당해야 한다." 죄 문제는 철저하게 개인적이다. 대리 처형이나 연대 처형을 할 수 없다.

이 법을 잘 실천한 왕은 유다의 아마샤이다. 아마샤가 왕이 되었을 때,

그의 부왕을 죽인 신하들을 죽였다. 하지만 아마샤는 그 자녀들까지 죽이지는 않았다. 아마샤는 신명기의 이 말씀을 지키기 위함이었다(왕하 14:5-6). 유다의 마지막 시대와 포로 시대에 "아버지가 신 포도를 먹었으므로 아들들의 이가 시다"(렘 31:29) 하는 속담이 유행이었다. 아버지들이 지은 죄를 자식들이 당한다는 의미이다. 하지만 예레미야 선지자는 이 속담이 다시는 사용되지 않을 것을 선포한다. 신 포도를 먹는 사람의 이가 시다고 할 것이라고 선언한다. 즉 각 사람은 자기 죄로 인하여 심판을 받아 죽는다는 것이다(렘 31:30). 에스겔 선지자도 이것을 명확하게 선포했다(겔 18:3-4).

17 너는 체류자,[1)] 고아의[2)] 재판을 구부릴 수 없다,
그리고 너는 과부의 옷을 저당 잡을 수 없다.

**본문 비교**

1) 일부 히브리어 필사본(V[ken 17, 181]), 칠십인 경, 탈굼 네오피티, 탈굼 프쉬도 요나단, 시리아 역, 벌게이트는 접속사 "그리고"를 갖고 있다.
2) 칠십인 경은 "개종자 그리고 고아 그리고 과부" προσηλύτου καὶ ὀρφανοῦ καὶ χήρας이다.

사회적 약자를 보호하는 법이다. "너"는 이 율법을 듣는 일반적인 이스라엘 사람을 의미한다. "체류자"는 '나그네'로 잠시 이스라엘에 머무는 사람이며 "고아"는 아버지가 없는 사람이다. "과부"는 남편이 없는 여인이다. 체류자, 고아 그리고 과부는 이스라엘 법정에서 보호자가 없는 사회적인 약자들이다. "구부릴 수 없다"는 '뒤집을 수 없다,' '왜곡할 수 없다,'로 재판에서 나그네와 고아의 권리를 침해하는 행위를 금지한다. 나그네와 고아의 재판을 공정하게 하라는 것이다(참고 신 16:18-20).

"너는 과부의 옷을 저당 잡을 수 없다."는 위의 12-13절보다 더 강한

명령이다. 과부에게 돈을 빌려줄 때, 담보로 옷을 잡는 행위를 금지한다.

18 그리고 너는 기억해야 한다, 네가 이집트에서[1] 종이었으며
너의 하나님 아도나이께서 거기로부터[2] 너를 구원하셨던 것을,
그러므로 내가 너에게 이 일을 행하도록 명령한다.[3]

**본문 비교**

1) 칠십인 경과 탈굼 프쉬도 요나단은 "이집트의 땅"이다.
2) 사마리아 오경은 "거기로부터"를 생략한다.
3) 마소라 사본은 여기에 "세투마"(ס)를 두어 단락을 나누고 있다.

신명기 15장 15절과 몇 단어만 빼놓고 거의 똑같은 구절이다. 다음 번역과 비교해 보라.

"그리고 너는 기억해야 한다 네가 이집트의 땅에서 종이었으며,
아도나이 너의 하나님이 너를 구원하셨다는 것을,
그러므로 내가 너에게 오늘 이 말씀을 명령한다."

15장 15절에서는 "이집트의 땅에서"이고 "거기로부터"와 "행하도록"이 없고 "오늘"이 있다. 자세한 주석은 신명기 15장 15절을 참고하라. "내가 너에게"는 모세가 이스라엘에게 말하는 것이며 "이 일"은 '이 말씀'으로도 번역이 가능하다. 이 구절은 다시 24장 22절에서도 반복되고 있다.

## 7. 추수(24:19-22)

이스라엘이 가나안 땅에 들어가서 곡식을 심고 추수할 때에 지켜야 할 법규를 설명한다. 곡식과 올리브와 포도를 수확할 때, 가난하고 소외된 자들을 위하여 약간의 먹을 것을 남겨 놓으라고 명령한다. 가난한 자는 체류자, 고아와 과부이다. 특별히 "이것은 체류자에게, 고아에게 그리고 과부에게 있을 것이다."는 세 번이나 반복되어 나와서 강조하고 있다(19, 20, 21). 위의 17절에서는 나그네와 고아를 위하여 사법 정의를 실행할 것과 과부를 위하여 경제적 호의를 베풀 것을 말한 반면 여기서는 나그네와 고아와 과부를 위하여 경제적 호의를 베풀 것을 명령한다. 이스라엘이 이 명령을 잘 지킬 때에 하나님이 복을 주신다. 또한 이스라엘은 과거를 잊지 말아야 하는데, 그들이 이집트에서 나그네로 있었던 시절을 기억해야 한다.

### 번역

19 네가 너의 밭에서 너의 곡식을 추수하고 네가 그 밭에서 한 단을 잊어버렸을 때,
너는 그것을 취하려고 돌아갈 수 없다,
이것은 체류자에게, 고아에게 그리고 과부에게 있을 것이다.
너의 하나님 아도나이께서 너의 손들의 모든 일에 너를 축복하기 위하여.
20 네가 너의 올리브 나무를 털어 낼 때,
너는 너의 뒤의 가지로 가지 말 것이다,
이것은 체류자에게, 고아에게 그리고 과부에게 있을 것이다.
21 네가 너의 포도밭의 포도를 딸 때,
너는 너의 뒤의 것을 모으지 못한다,
이것은 체류자에게, 고아에게 그리고 과부에게 있을 것이다.
22 그리고 너는 네가 이집트의 땅에서 노예이었던 것을 기억해야 한다,
그러므로 내가 너에게 이 일을 행하도록 명령한다.

**주해**

19 [1]네가 너의 밭에서 너의[2] 곡식을 추수하고 네가 그 밭에서[3] 한 단을 잊어버렸을 때,
너는 그것을 취하려고 돌아갈 수 없다,
이것은 [4]체류자에게,[5] [6]고아에게 그리고 과부에게 있을 것이다.
너의 하나님 아도나이께서 너의 손들의[7] 모든 일에[8] 너를 축복하기 위하여.

**본문 비교**

1) 칠십인 경은 "그러나 만일 ~면" ἐὰν δὲ으로 시작한다. 오리겐의 헥사플라는 이 차이를 지적한다.
2) 칠십인 경은 "너의"를 생략한다.
3) 칠십인 경은 "너의"를 덧붙여서 "너의 밭에서" ἐν τῷ ἀγρῷ σου이다. 오리겐의 헥사플라는 이 차이를 지적한다.
4) 칠십인 경의 대다수 사본들은 여기에 "가난한 자에게" τῷ πτωχῷ를 덧붙인다. 랄프(Rahlfs) 편집은 이것을 갖고 있는 데 반하여 베버(Wevers) 편집은 생략한다.
5) 칠십인 경과 탈굼 옹켈로스, 탈굼 네오피티와 탈굼 프쉬도 요나단는 "개종자"이다.
6) 칠십인 경, 시리아 역, 벌게이트는 "그리고"가 있다.
7) 마소라 사본은 ידיך인 데 반하여 일부 필사본($V^{\text{ken 9}}$)은 ידך이다.
8) 칠십인 경은 복수 "일들"이다.

히브리어는 접속사 '키'(כי) '~때,' '만일 ~면'으로 시작하는 전제절이다. 추수할 때를 가정하고 있다. "네가"는 이 법을 듣는 일반적인 이스라엘 사람을 의미한다. 어떤 사람이 곡식을 수확할 때, 밭에서 "한 단"을 가져오기를 잊어버렸다. 여기서는 "잊어버린" 것으로 나오는 데 반하여 레위기는 "밭 모퉁이까지 다 거두지 말고 네 떨어진 이삭도 줍지 말며"

로 나온다(레 19:9). 레위기는 이스라엘 사람들이 추수 때에 가난한 사람들을 위하여 지켜야 할 의무 사항으로 명령한다(레 19:10). 보아스는 모압 여인 룻을 위하여 이 법을 잘 준행했다(룻 2:8-16). "한 단"은 '한 묶음,' '한 곡식단'이다(개역 개정은 "한 뭇"). 이때 이것을 가져오려고 돌아가지 말라고 명령한다. 이것은 가난한 자들의 몫이기 때문이다(칠십인 경은 여기에 "가난한 자"라고 넣어준다. 본문 비교 4)와 레 19:10 참고). 가난한 자들은 "체류자" 잠시 이스라엘에 머무는 '나그네'와 아버지가 없는 "고아"와 남편이 없는 "과부"이다. 위에서는 이들의 법정 권리를 빼앗지 말라는 명령이 주어진 반면(24:17) 여기서는 경제적인 호의를 베풀라고 명령한다. 이스라엘 사람들은 하나님께서 "너의 손들의 모든 일에 너를 축복하기 위하여" 이 명령을 잘 준수해야 한다. 이 명령을 지킬 때에 "너의 하나님 아도나이"께서 갚아주신다.

20 [1]네가 너의 올리브 나무를 털어 낼 때,
너는 너의 뒤의 가지로 가지 말 것이다,[2]
이것은[3] 체류자에게,[4] [5]고아에게 그리고 과부에게 있을 것이다.[6][7]

**본문 비교**

1) 칠십인 경은 "그러나 만일 ~면" ἐὰν δὲ로 시작한다.
2) 탈굼 네오피티는 "너희는 먹지 못할 것이다" לא תיכלון로 번역한다.
3) 일부 칠십인 경 사본들(*f t n*)은 여기에 "가난한 자에게" τῷ πτωχῷ를 덧붙인다.
4) 칠십인 경은 "개종자에게" τῷ προσηλύτῳ이다.
5) 히브리어 필사본($V^{\text{ken 80, 109, 170}}$), 칠십인 경과 시리아 역은 "그리고"를 가지고 있다.
6) 칠십인 경은 여기에 καὶ μνησθήσῃ ὅτι οἰκέτης ἦσθα ἐν γῇ Αἰγύπτῳ διὰ τοῦτο ἐγώ σοι ἐντέλλομαι ποιεῖν τὸ ῥῆμα τοῦτο

를 덧붙인다. 오리겐의 헥사플라는 이것이 덧붙여졌음을 지적한 다. 이것은 22절과 똑같다. 하지만 일부 사본들은(O Byz) 이것을 생략한다.

7) 마소라 사본은 여기에 "세투마"(ס)를 두어 단락을 나누고 있다.

히브리어는 접속사 '키'(כי) '~때,' '만일 ~면'으로 시작하는 전제절이다. 올리브 나무를 추수할 때를 전제하고 있다. "털어 낼 때"는 '때리다,' '치다'로 올리브 나무에서 올리브를 수확하는 것을 말한다. "너는 너의 뒤의 가지로 가지 말 것이다."는 귀결절로 추수 후에 뒤에 남아 있는 가지를 조사하러 다시 가지 말라는 의미이다. 추수하고 남은 것들은 "체류자에게, 고아에게 그리고 과부에게" 주어져야 한다. "체류자"는 나그네를 뜻한다. 나그네, 고아와 과부는 가난한 자들로서 사회적인 약자이다.

21 1)네가 너의 포도밭의 포도를 딸 때,
너는 너의 뒤의 것을 모으지 못한다,
이것은2) 체류자에게, 3)고아에게 그리고 과부에게 있을 것이다.

**본문 비교**

1) 칠십인 경은 "그러나 만일 ~면" ἐὰν δὲ로 시작한다.
2) 일부 칠십인 경 사본들(*f t n*)은 여기에 "가난한 자에게" τῷ πτωχῷ를 덧붙인다.
3) 칠십인 경과 시리아 역은 "그리고"를 가지고 있다.

히브리어는 접속사 '키'(כי) '~때,' '만일 ~면'으로 시작하는 전제절이다. "딸 때"는 포도를 '추수할 때,' '수확할 때'를 의미한다. 포도를 추수할 때, 지켜야 할 규례이다(참고 레 19:10). "너는 너의 뒤의 것을 모으지 못한다."는 뒤에 남겨진 것을 수확하러 다시 가지 말라는 의미이다.

추수 뒤에 남은 것들은 "체류자에게, 고아에게 그리고 과부에게" 줄 것을 명령한다.

22 그리고 너는 네가 이집트의 땅에서[1] 노예이었던 것을 기억해야 한다,
그러므로 내가 너에게 이 일을 행하도록[2] 명령한다.[3]

**본문 비교**

1) 시리아 역과 벌게이트는 "이집트에서"이다.
2) 사마리아 오경은 "행하도록"을 생략한다.
3) 마소라 사본은 여기에 "세투마"(ס)를 두어 단락을 나누고 있다.

18절과 거의 유사한 문장이다. 22절을 18절과 비교해 보라.

"그리고 너는 기억해야 한다, 네가 이집트에서 종이었으며
너의 하나님 아도나이께서 거기로부터 너를 구원하셨던 것을,
그러므로 내가 너에게 이 일을 행하도록 명령한다."

18절과 비교해 보면 22절에는 "땅"을 가지고 있고 "너의 하나님 아도나이께서 거기로부터 너를 구원하셨던 것을" 생략한다. 그 외에는 똑같다. 22절은 문맥상 이스라엘이 곡식과 올리브와 포도를 수확할 때, 왜 가난한 자들에게 열매를 남겨 놓아야 하는지를 설명한다. 이스라엘 역시 이집트 땅에서 체류자 즉 나그네로 있었기 때문이다. 그 후에 요셉이 죽고 나서 이스라엘은 나그네보다 더 못한 신분 "노예"의 상태로 전락했었다. 이것을 기억하고 이스라엘 사회의 가난한 자들인 나그네, 고아와 과부에게 먹을 것을 남겨 놓으라고 한다.

"그러므로"는 이 문단의 결론을 인도한다. "내가 너에게"는 모세가 이스라엘에게 명령하는 것이다. "행하도록"은 '지키도록,' '준수하도록'이

다. 모세가 이스라엘에게 명령하는 법규를 지킬 것을 말한다. 모세는 어떤 법철학이나 추상적인 법이론을 말하는 것이 아니라 실제 삶에서 이스라엘이 지켜야 할 법을 말하고 있다. 사회적 약자를 배려하는 법이다.

## 참고 문헌


Amran, D. W. *The Jewish Law of Divorce according to Bible and Talmud*, New York, 1969, 1-31.

Anderson, G. *A Time to Mourn, a Time to Dance*, Pennsylvania, 1991, 27-37, 55-57.

Berman, J. "Law Code as Story Line: Deuteronomy 24:16-25:10 and LH 1-5 as Narrative Templates in Biblical and Mesopotamian Tradition," *JNSL* 39 (2, 2013), 1-17.

Brewerm D. I. "Deuteronomy 24:1-4 and the Origin of the Jewish Divorce Certificate," *JJS* 49 (1998), 230-43.

Braulikk, G. "Die Enstehung der Rechtfertigungslehre in den Bearbeitungsschichten des Buches Deuteronomium," *TP* 64 (1989), 321-33.

Callaway, P. R. "Duet 21:18-21: Proverbial Wisdom and Law," *JBL* 103 (1984), 341-52.

Caplice, R. "An Apotropation against Fungus," *JNES* 33 (1974), 345-49.

Dahood, M. "Eblaite and Biblical Hebrew," *CBQ* 44 (1982), 1-24.

Daube, D. "The Culture of Deuteronomy," *Orita* 3 (1969), 40-43.

Davidson, R. "Divorce and Remarriage in the Old Testament: A Fresh Look at Deuteronomy 24:1-4," *JATS* 10 (1999), 2-22.

Fensham, F. C. "Widow, Orphan and the Poor in Ancient Near Eastern Legal and Wisdom Literature," *JNES* 21 (1962), 129-39.

----------, "Aspects of Family Law in the Covenant Code in Light of Ancient Near Eastern Parallels," *Dils* 1 (1969), v-xix.

Finkelstein, J. J. "Cutting the sissiktu in Divorce Proceedings," *WO* 8

(1976), 236-40.

Friedman, M. "Divorce upon the Wife's Demand as Reflected in Manuscripts from the Cairo Geniza," *JLA* 4 (1981), 103-27.

----------, "Termination of the Marriage upon the Wife's Request: A Palestinian Ketubba Stipulation," *PAAJR* 37 (1969), 29-55.

Friedman, S. "The Case of the Woman with Two Husbands in Talmudic and Near Eastern Law," *ILR* 15 (1980), 530-58.

Gammie, J. G. "The Theology of Retribution in the Book of Deuteronomy," *CBQ* 32 (1970), 1-12.

Gane, R. "Old Testament Principles Relating to Divorce and Remarriage," *JATS* 12 (2, 2001), 35-61.

Greengus, S. "A Textbook Case of Adultery in Ancient Mesopotamia," *HUCA* 40-41 (1969-70), 33-44.

Gurewicz, S. "Divorce in Jewish Law," *ResIndicatae* 7 (1956), 357-62.

Hobbes, T. R. "Jeremiah 3, 1-5 and Deuteronomy 24, 1-4," *ZAW* 86 (1974), 23-29.

Hulse, E. V. "The Nature of Biblical Leprosy and the Use of Alternative Medical Terms Translations of the Bible," *PEQ* 107 (1975), 87-105.

Kinnier-Wilson, J. "Leprosy in Ancient Mesopotamia," *RA* 60 (1966), 47-58.

Laney, J. C. "Deuteronomy 24:1-4 and the Issue of Divorce," *Bibliotheca Sacra* 149 (1992), 3-15.

Lipinski, E. "The Wife's Right to Divorce in the Light of an Ancient Near Eastern Tradition," *JLA* 4 (1981), 9-27.

----------, "Sale, Transfer and Delivery in Ancient Semitic Terminology," in *Gesellschaft und Kultur in alten Vorderasien*, Berlin, 1982, 173-85.

Lowe, J. "Comments on the History of Leprosy," *Leprosy Review* 18 (1947), 54-64.

Meier, S. "House Fungus: Mesopotamia and Israel," *RB* 96 (1989), 184-92.

Mauch, T. M. "Sojourner," *IDB* 4:397-99.

Muntingh, L. M. "Die Begrip 'Ger' in die Ou Testament," *NGTT* 3 91962), 534-58.

Nembach, U. "Ehescheidung nach alttestamentlichem und jüduschem Recht," *TZ* 26 (1970), 161-71.

Neudecker, R. "Das "Ehescheidungsgesetz" von Dtn 24,1-4 nach altjuedischer Auslegung. Ein Beitrag zum Verstaendnis der neutestamentlichen Aussagen zur Ehescheidung," *Bib* 75 (1994), 350-387.

Neufeld, E. "Inalienability of Mobile and Immobile Pledges in the Laws of the Bible," *RIDA* 9 (1962), 33-44.

Otto, E. "Das Verbot der Wiederherstellung einer geschiedenen Ehe: Deuteronomium 24, 1-4 im Kontext des israelitische und judäischen Eherechts," *UF* 24, 301-310.

Phillips, A. "Another Example of Family Law," *VT* 30 (1980), 240-45.

----------, "Another Look at Adultery," *JSOT* 20 (1981), 3-25.

Pilch, J. J. "Biblical Leprosy and Body Symbolism," *BTB* 11 (1981), 108-13.

Rabinowitz, J. J. "Marriage Contracts in Ancient Egypt in the Light of Jewish Sources," *HTR* 46 (1953), 91-97.

Richardson, H. N. "Mill, Millstone," *IDB* 3:380-81.

Scacewater, T. "Divorce and Remarriage in Deuteronomy 24:1-4," *JSEOT* 1 (2012), 63-79.

Scaria, K. J. "Social Justice in the Old Testament," *BibBh* 4 (1978), 163-92.

Scharbert, J. "Ehe und Eheschliessung in der Rechtssprache des Pentateuch und beim Chronisten," in *Studien zum Pentateuch*, FS. W. Kornfeld, Wien, 1977, 213-225.

Stager, L. "The Archaeology of the Family in Ancient Israel," *BASOR* 260 (1985), 12-15.

Toeg, A. "Does Deuteronomy 24:1-4 Incorporate a General Law on Divorce?" *Dils* 2 (1970), v-xxiv.

Toorn, K. van der. "Mill, Millstone," *ABD* 4:831-32.

Volgger, D. "Dtn 24,1-4 – Ein Verbot von Wiederverheiratung?" *BN* 92 (1998), 85-96.

Warren, A. "Did Moses Permit Divorce? Modal weqatal as Key to New Testament Readings of Deuteronomy 24:1-4," *TynB* 49 (1998), 39-56.

Westbrook, R. "The Prohibition on Restoration of Marriage in Deuteronomy 24:1-4," in *Studies in Bible*, Jerusalem, 1986, 399-403.

Wilkinson, J. "Leprosy and Leviticus: A Problem of Semantics and Translation," *SJT* 31 (1978), 153-66.

Yaron, R. "Biblical Law: Prolegomena," in *Jewish Law in History and the Modern World*, Leiden, 1980, 27-44.

----------, "On Divorce in Old Testament Times," *RIDA* 4 (1957), 117-28.

----------, "The Restoration of Marriage," *JJS* 17 91966), 1-11.

Zakovitch, Y. "The Woman's Rights in the Biblical Law of Divorce," *JLA* 4 (1981), 28-46.

# DEUTERONOMY 신명기 25장

A New Translation with
Introduction
and Commentary

**DEUTERONOMY**

# D E U T E R O N O M Y

# 신명기 25장

Deuteronomy 25

## 내용/구조

이 장은 다양한 법들을 말하고 있다. 먼저 공정한 재판을 말한다. 의인과 악인을 정확하게 구별하여 처벌해야 한다. 신명기는 계속 사법 정의를 강조하고 있다(신 1:16-17; 16:18-20; 17:8-13). 여기서는 특별히 태형에 해당하는 자를 사십 대 이상을 때리지 말 것을 명령한다(1-3). 그 후에 일하는 소에 망을 씌우지 말 것을 권하고(4) 그 다음에 계대법을 말하고 있다(5-10). 계대법이 여기서 가장 많은 지면을 차지하고 있어(6절) 그 중요성을 강조하고 있다. 다음에 남자들의 싸움에 끼어든 여성을 처벌하는 규정을 설명한다. 남편을 구하려고 상대방 남자의 생식기를 잡는 이상한 행동을 한 여인을 처벌하라고 명령한다(11-12). 그 후에 공정한 상거래를 위하여 무게가 같은 저울추와 같은 양을 담을 수 있는 에바를 둘 것을 권면한다(13-16). 공정한 상거래를 위한 명령은 처음에 나오는 사법 정의를 추구하라는 명령(1-3)과 병행을 이룬다. 마지막으로 아말렉을 진멸하라는 명령이 나온다. 이러한 명령이 주어지는 이유는 아말렉이 이스라엘이 출애굽할 때에 뒤에 처진 사람들을 공격했기 때문이다(17-19).

이 장의 구조를 주제별로 나누어 보면 다음과 같이 나눌 수 있다.

1. 재판(25:1-3)
2. 일하는 소(25:4)
3. 계대법(25:5-10)
4. 남자 싸움에 끼어든 여성(25:11-12)
5. 공정한 상거래(25:13-16)
6. 아말렉을 진멸하라(25:17-19)

## 1. 재판(25:1-3)

태형에 해당하는 소송 사건을 설명한다. 사람들 사이에 법정 소송이 생겨서 재판이 벌어질 때, 재판관은 두 사람 가운데 의인과 악인을 명확하게 판결해야 한다. 태형에 합당하면 사십 대까지 때릴 수 있다고 규정한다. 사십 대를 넘어서 때리면 같은 형제에게 치욕을 주는 것이기 때문에 금하고 있다(1-3).

### 번역

1 사람들 사이에 논쟁이 생기고 그들이 그 재판에 나아왔을 때,
그때 그들은 그들을 재판할 것이다,
그리고 그들은 그 의인을 의롭다고 할 것이다,
그러나 그들은 그 악인을 정죄할 것이다.
2 그리고 이것이 있을 것이다, 만일 그 악인이 매를 맞을 만한 아들이면,
그때 그 재판관은 그를 엎드리게 할 것이고 그가 그를 때릴 것이다,
그 앞에서, 그의 악행의 충분한 대로, 숫자로.
3 그가 그를 사십까지 칠 수 있다, 그는 더할 수 없다,

그가 이것들 위에 많은 때림으로 치기를 더하고

너의 형제가 너의 눈에 치욕을 당하지 않도록.

**주해**

1 [1]사람들 사이에 논쟁이 생기고 그들이 그 재판에[2] 나아왔을 때,

그때 그들은 그들을[3] 재판할 것이다,

그리고 그들은 그 의인을 의롭다고 할 것이다,

그러나 그들은 그 악인을[4] 정죄할 것이다.

**본문 비교**

1) 마소라는 '키'(כי) '~때,' '만일 ~면'인 데 반하여 칠십인 경은 "그러나 만일 ~면" ἐὰν δὲ로 시작한다.
2) 탈굼 네오피티는 "재판관들 앞에"를 덧붙인다.
3) 칠십인 경은 "그들을" 생략한다. 오리겐의 헥사플라는 이것을 지적하고 αυτους를 넣어준다.
4) 칠십인 경은 "그 악인"을 "신을 경외하지 않는," "경건하지 않는" τοῦ ἀσεβοῦς로 번역한다. 여기서 "사악한"의 뜻이 나온다.

"사람들 사이에 논쟁이 생기고 그들이 그 재판에 나아왔을 때,"는 히브리어 '키'(כי)로 시작하는 조건절이다. "논쟁"은 '다툼,' '분쟁'으로 법정 싸움이 일어난 것이다. "그때 그들은 그들을 재판할 것이다"는 귀결절로서 "그때"는 '그리고'이며 "그들"은 재판관들이며 "그들을"은 다툼 중에 있는 사람들이다. 여기서 재판관들이 누구인지 명확하지 않지만 각 성은 재판관들이 있었다(신 16:18). 그리고 일반적으로 장로들도 사건을 맡아서 해결했다(25:7). 살인 사건의 경우 장로와 재판관 그리고 레위 사람 제사장이 함께 처리했다(신 21:1-5). 각 성에서 판결하기 어려운 사건들은 하나님께서 선택하신 장소로 올라가서 재판을 받았다. 그곳에는

제사장과 재판장이 있었다(신 17:8-9). 왕정이 들어선 후에 최고 재판장은 왕이었다(왕상 3:16-28).

"그리고 그들은 그 의인을 의롭다고 할 것이다, 그러나 그들은 그 악인을 정죄할 것이다."에서 "그들은" 재판관이다. 재판관이 다툼이 일어나 법정에 나온 사람들에게 구체적인 결정을 내리는 것이다. "그 의인"은 죄가 없는 사람이며 "그 악인"은 죄가 있는 사람이다. 죄가 없는 사람에게는 무죄 판결을 그리고 죄가 있는 사람에게는 유죄 판결을 선언해야 한다. 정확하고 공정한 판결이 사회 정의를 세운다. 사법 정의가 이뤄져야 사회는 평안하다.

2 그리고 이것이 있을 것이다, 만일 그 악인이[1] 매를 맞을 만한 아들이면,[2]
그때 그 재판관은 그를 엎드리게 할 것이고[3] 그가 그를 때릴 것이다,
그 앞에서,[4] 그의 악행의 충분한 대로,[5] 숫자로.

**본문 비교**

1) 칠십인 경은 "그 악인"을 "신을 경외하지 않는," "경건하지 않은" ὁ ἀσεβής로 번역한다(랄프 편집은 ὁ ἀσεβῶν). 여기서 "사악한"의 뜻이 나온다.
2) 칠십인 경은 "아들"을 생략한다.
3) 칠십인 경은 "너는 그를 그 재판관들 앞에 앉힐 것이다," καθιεῖς αὐτὸν ἔναντι τῶν κριτῶν으로 번역한다. 아퀼라는 히브리어와 같이 문자적으로 번역한다(πτωματίσει). 오리겐의 헥사플라는 이 차이를 지적한다.
4) 칠십인 경은 "그들 앞에서"이다.
5) 칠십인 경은 "그의 불경함을 따라" κατὰ τὴν ἀσέβειαν αὐτου로 번역한다.

"그리고 이것이 있을 것이다,"는 악인에게 유죄 판결이 내려지고 나서 일어날 일을 말한다. "만일 그 악인이 매를 맞을 만한 아들이면,"은 조건절로 유죄 판결이 내려진 사람에게 태형이 합당하다고 말한다. "매를 맞을 만한 아들"은 '매를 맞기에 합당한,' '매를 맞아야 마땅한'의 뜻이다((Ges-K, § 128 *v*; Waltke-O, 601). 태형을 집행하는 절차는 "그때 그 재판관은 그를 엎드리게 할 것이고 그가 그를 때릴 것이다,"이다. "그때"는 '그리고'로 판결이 내려진 때를 말한다. "그가 그를"은 재판관이 유죄 판결을 받은 악인을 뜻한다. "그의 악행의 충분한 대로"는 '그의 악행의 합당한 대로'이다. 악인이 저지른 범죄에 따라 "숫자"를 정해서 때리는 것이다. "숫자"는 악인이 행한 범죄를 근거로 정해진다. 무거운 죄를 범했을 경우에는 숫자가 많을 것이고 가벼운 죄를 저질렀을 때에는 상대적으로 숫자가 적을 것이다.

3 [1]그가[2] 그를 사십까지 칠 수 있다, 그는[3] 더할 수 없다,
[4]그가[5] 이것들 위에 많은 때림으로[6] 치기를 더하고
너의 형제가 너의 눈에 치욕을 당하지 않도록.[7]

**본문 비교**

1) 칠십인 경은 히브리어에 있는 끝 단어 "숫자" ἀριθμῷ를 3절 첫 단어에 두었다. 하지만 랄프(Rahlfs) 편집은 2절 끝에 두었다.
2) 칠십인 경과 시리아 역은 3인칭 복수 "그들은 때릴(채찍질할) 것이다" μαστιγώσουσιν이다. 벌게이트는 이 동사를 생략한다.
3) 칠십인 경, 시리아 역, 벌게이트는 3인칭 복수이다.
4) 히브리어의 "그가 이것들 위에 많은 때림으로 치기를 더하고 너의 형제가 너의 눈에 치욕을 당하지 않도록"과 칠십인 경의 번역은 다르다. "그러나 만일 그들이 이 많은 때림들을 넘어서 그를 때린다(채찍질한다)면, 너의 형제가 너 앞에서 수치를 당할 것이다."

ἐὰν δὲ προσθῶσιν μαστιγῶσαι αὐτὸν ὑπὲρ ταύτας τὰς πληγὰς πλείους ἀσχημονήσει ὁ ἀδελφός σου ἐναντίον σου. 칠십인 경은 히브리어의 '펜'(פֶּן) '~하지 않도록'을 "그러나 만일 ~면"으로 전제절과 귀결절로 나누어 번역했다.

5) 칠십인 경과 시리아 역은 3인칭 복수이다.

6) 탈굼 프쉬도 요나단은 한 대를 감한 서른아홉 대를 넘어 때릴 수 없다고 구체적으로 설명한다.

7) 마소라 사본은 여기에 '세투마'(ס)를 두어 단락을 나누고 있다.

"그가 그를 사십까지 칠 수 있다."는 재판관이 악인을 때릴 수 있는 한도를 말한다. "사십까지"에서 전치사 "까지"는 히브리어에 없으나 문맥상 넣어주었다. 탈굼 프쉬도 요나단은 서른아홉 대라고 설명한다(본문 비교 6)을 참고). 사도 바울은 유대인들에게 사십에서 하나 감한 매를 다섯 번이나 맞았다고 말한다(고후 11:24). "그는 더할 수 없다."는 사십 대를 넘어서 때릴 수 없다는 것이다. "이것들 위에 많은 때림으로"는 법이 허용한 사십 대를 넘어간 것을 뜻한다. "때림으로"에서 전치사 "으로" 역시 히브리어에는 없으나 문맥상 넣어주었다. "때림"은 '치기'로 태형을 말한다.

히브리어에서는 '펜'(פֶּן) '~하지 않도록'이 두 개의 동사를 지배하여 '그가 이것들 위에 많은 때림으로 치기를 더하지 않도록 그리고 너의 형제가 너의 눈에 치욕을 당하지 않도록'이지만 첫째 문장이 뒤 문장에 종속되는 것으로 번역하는 것이 더 낫다(Ges-K, § 150 $m^2$). "치욕을 당하지 않도록"은 '경히 여겨지지 않도록,' '불명예스럽지 않도록,' '망신을 당하지 않도록'이다. 사십 대를 넘어서 때리면 "너의 형제" 즉 같은 이스라엘 사람이 치욕을 당하는 것이다

## 2. 일하는 소(25:4)

일하는 소에게 입마개를 하지 말라는 명령이다. 탈곡하는 도중에 소는 곡식을 먹을 수 있다.

**번역과 주해**

4 너는 그것의[1] 타작하는 동안에 소에[2] 망을 씌울 수 없다.[3]

**본문 비교**

1) 칠십인 경은 "그것의"를 생략한다.

2) 탈굼 옹켈로스와 탈굼 프쉬도 요나단은 "입에"를 덧붙인다.

3) 마소라 사본은 여기에 '세투마'(ס)를 넣어 단락을 나눈다.

"그것의"는 소를 의미하며 "타작하는 동안에"는 곡식을 '탈곡하는 중에,' '밟는 중에'이다. 소가 일을 하는 동안에 소의 입에 망을 씌우지 말라는 것이다. "망"은 '입마개'이다. 소는 일하는 동안에 탈곡하는 곡식을 먹을 수 있다. 사도 바울은 이 율법을 사용하여 복음을 전하는 사역자는 사례를 받을 권리가 있다고 말한다(고전 9:9; 딤전 5:18).

## 3. 계대법(25:5–10)

이 법은 형제들 사이에 결혼을 하고 자녀가 없이 죽은 형제가 생기는 경우를 가정한다. 이때 남은 형제들 가운데 한 사람이 남겨진 여성과 결혼을 하여 아들을 낳아주어 죽은 형제의 이름을 잇게 해주어야 한다. 이 법은 죽은 형제의 기업을 가족의 울타리 안에 두려고 하는 목적이 있다.

그리고 남겨진 여인을 보호하는 목적도 포함한다. 하지만 이 법은 강제적이 아니다. 죽은 남자의 형제에게 이 의무를 거부할 권리가 있다. 하지만 그는 이것을 거부하려면, 장로들 앞에서 공개적으로 거부 의사를 밝혀야 하고 그 성에게 공개적인 망신을 당해야 한다.

이 법을 계대법이라고 부르는데, 계대법은 고대 이스라엘에서 전해 내려온 풍습이다. 유다의 아들 엘과 오난과 셀라에서 그 예를 볼 수 있다(창 38장). 그리고 룻에게서도 이 법의 넓은 적용을 볼 수 있다(룻기). 유다의 아들의 경우에서 볼 수 있듯이 이 풍습은 조상 때부터 전해 내려오다가 율법의 한 계명으로 자리를 잡았다.

## 번역

5 형제들이 함께 살고 그들 중에 하나가 죽고 그에게 아들이 없을 때,
그 죽은 자의 아내는 밖에서 낯선 남자에게 있을 수 없다,
그녀의 남편의 형제는 그녀 위에 들어갈 것이다,
그리고 그는 그녀를 그에게 아내로 취하고 그는 그녀에게 의무를 다할 것이다.
6 그리고 그녀가 낳은 첫째가 있을 것이다,
그는 그 죽은 그의 형제의 이름 위에 설 것이다,
그리고 그의 이름이 이스라엘 중에서 지워지지 않을 것이다.
7 그러나 만일 그 남자가 그의 형제의 아내를 취하기를 기뻐하지 않는다면,
그때 그의 형제의 아내는 그 성문으로 그 장로들에게 갈 것이다,
그리고 그녀는 말할 것이다,
나의 남편의 형제는 그의 형제에게 이스라엘 중에서 이름을 세우기를 거절한다,
그는 나의 남편의 형제의 의무를 행하기를 원하지 않는다.
8 그리고 그의 성의 장로들은 그를 부를 것이고 그들은 그에게 말할 것이다,
그때 그는 서고 말할 것이다, 나는 그녀를 취하기를 기뻐하지 않는다.
9 그리고 그의 형제의 아내는 그에게 그 장로들 앞에서 가까이 갈 것이다,,

그리고 그녀는 그의 발 위로부터 그의 신발을 벗길 것이다,

그리고 그녀는 그의 얼굴에 침을 뱉을 것이고 그녀는 대답하여 말할 것이다,

이와 같이 이것이 그의 형제의 집을 세우지 않는 사람에게 행해질 것이다.

10 그리고 그의 이름은 이스라엘 중에서 그 신발 벗긴 자의 집이라 불릴 것이다.

## 주해

5 [1]형제들이 함께 살고 그들 중에 하나가 죽고 그에게 아들이[2] 없을 때,

그 죽은 자의 아내는 밖에서 낯선 남자에게[3] 있을 수 없다,

그녀의 남편의 형제는 그녀 위에[4] 들어갈 것이다,

그리고 그는 그녀를 그에게 아내로 취하고 그는 그녀에게 의무를 다할 것이다.[5]

## 본문 비교

1) 마소라는 '키'(כי) '~때,' '만일 ~면'인 데 반하여 칠십인 경은 "그러나 만일 ~면" ἐὰν δὲ로 시작한다.
2) 칠십인 경은 "씨," "후손" σπέρμα로 번역한다. 오리겐의 헥사플라는 이 차이를 지적한다.
3) 칠십인 경은 "가까이 있지 않는 남자에게" ἀνδρὶ μὴ ἐγγίζοντι이다. 오리겐의 헥사플라는 이 차이를 지적한다. 탈굼 옹켈로스는 "다른 남자에게" לגבר אוחרן이다.
4) 마소라의 전치사는 עליה인 데 반하여 사마리아 오경은 전치사가 אליה이다.
5) 칠십인 경은 "그는 그녀와 살 것이다" συνοικήσει αὐτῇ로 번역한다.

5-10절은 계대법(levirate marriage), 다른 번역으로 "수혼"이라고 하는데, 고대 근동의 앗시리아와 헷 족속에게도 이런 제도가 있었다. 히브리어는 접속사 '키'(כי) '~때,' '만일 ~면'으로 시작하는 전제절이다. "형제들이 함께 살고 그들 중에 하나가 죽고 그에게 아들이 없을 때." "형

제들"은 같은 아버지에게서 태어난 자들을 말한다. 탈굼 프쉬도 요나단은 더 구체적으로 같은 아버지에게 태어나 같은 기업을 물려받은 자들이라고 설명한다. 형제들 가운데 한 사람이 결혼하여 아들이 없이 죽었을 경우를 말한다. 이 구절에 잘 맞는 예는 유다의 첫째 아들 엘이 해당된다. 둘째는 오난이며 셋째는 셀라이다. 엘은 다말과 결혼하였지만 아들이 없이 죽었다(창 38:1-7).

"그 죽은 자의 아내는 밖에서 낯선 남자에게 있을 수 없다."는 귀결절이다. "그 죽은 자의 아내"는 '그 죽은 형제의 아내'를 말한다. "밖에서"는 '거리에서'의 뜻이 있지만 여기서는 '가족 밖에서'로 '가족에게 속하지 않는'이라는 의미이다. "낯선 남자"는 가족이 아닌 남자를 뜻한다. "있을 수 없다"는 '속할 수 없다'로 다른 남자와 결혼할 수 없다는 의미이다. "그녀의 남편의 형제"는 죽은 사람의 형제를 뜻한다. "그녀 위에 들어갈 것이다."는 죽은 사람의 형제는 죽은 형제의 아내와 성적인 관계를 가질 것을 말한다. 이것은 결혼을 전제로 하는데, 다음 구절에 더 명확하게 설명한다. "그리고 그는 그녀를 그에게 아내로 취하고 그는 그녀에게 의무를 다할 것이다." 죽은 사람의 형제는 죽은 사람의 아내와 결혼을 하고 성적인 의무를 다해야 한다. 유다의 첫째 아들 엘이 죽자 유다는 둘째 아들 오난에게 형의 아내였던 다말에게 들어가서 형제의 의무를 다 하라고 명령한다(창 38:8).

6 그리고 그녀가 낳은 첫째가[1)] 있을 것이다,
그는 그 죽은 그의 형제의[2)] 이름 위에 설 것이다,
그리고 그의 이름이 이스라엘 중에서 지워지지 않을 것이다.

**본문 비교**

1) 사마리아 오경은 여기에 분명하게 "아들"을 넣어 "첫째 아들" הבן הבכור이다. 칠십인 경은 "자식," "아이" *τὸ παιδίον*이다. 아퀼라는

마소라와 같이 τὸ πρωτότοκον으로 번역한다.

2) 칠십인 경은 "그의 형제"를 생략한다. 오리겐의 헥사플라는 "그의 형제" του αδελφου αυτου를 넣어준다.

"그녀"는 죽은 남자의 아내이다. 죽은 남자의 아내가 죽은 남편의 형제와 결혼을 해서 아들을 낳은 것이다. "첫째"는 '첫째 아이' 또는 '첫째 아들'이다. "그"는 태어난 아이를 뜻한다. "그 죽은 그의 형제의 이름 위에"는 죽은 남편의 이름을 잇는 것이다. 형이 죽었을 경우 동생은 형수와 결혼을 해서 아들을 낳아 형의 이름을 잇게 해주어야 한다. 이것은 기업을 물려받는 것과 밀접한 관련이 있다. 죽은 사람에게 할당된 기업의 땅을 태어난 아이에게 물려주는 것이다. 그래서 탈굼 프쉬도 요나단은 그녀가 낳은 첫째 아들이 기업의 자리를 취할 것이라고 설명한다. "그의 이름이 이스라엘 중에서 지워지지 않을 것이다."는 "그의 이름"은 죽은 사람의 이름을 그리고 "이스라엘 중에서"는 '이스라엘로부터'이다. 동생은 죽은 형의 이름을 이스라엘 내에서 끊어지지 않도록 해야 할 의무가 있다.

7 그러나 만일 그 남자가 그의 형제의 아내를 취하기를 기뻐하지 않는다면,
그때 그의 형제의 아내는[1] 그 성문으로 그 장로들에게 갈 것이다,
그리고 그녀는 말할 것이다,
나의 남편의 형제는 그의 형제에게 이스라엘 중에서 이름을[2] 세우기를 거절한다,[3]
그는 나의 남편의 형제의 의무를 행하기를 원하지 않는다.[4]

**본문 비교**

1) 칠십인 경은 "그의 형제의"를 생략한다. 오리겐의 헥사플라는 τοῦ ἀδελφοῦ αὐτοῦ를 넣어준다.

2) 칠십인 경은 마소라의 "그의 형제에게 이름을"를 "그의 형제의 이름을" τὸ ὄνομα τοῦ ἀδελφοῦ αὐτοῦ로 번역한다. 오리겐의 헥사플라는 이것을 지적한다.
3) 탈굼 옹켈로스는 "원하지 않는다" לא צבי로 읽는다.
4) 칠십인 경은 "나의 남편의 형제는 원하지 않았다" οὐκ ἠθέλησεν ὁ ἀδελφὸς τοῦ ἀνδρός μου로 번역한다.

형제는 죽은 형제의 이름을 이스라엘 가운데 잇게 해주어야 할 의무가 있다. 그러나 이것을 원하지 않는 사람도 있다. 이 구절에서 세 개의 동사가 이러한 상황을 보여준다. "기뻐하지 않는다," "거절한다," "원하지 않는다."

조건문 "그러나 만일 그 남자가 그의 형제의 아내를 취하기를 기뻐하지 않는다면"은 이러한 상황을 가정한다. 형제는 죽은 형제의 아내와 결혼하는 것을 원하지 않는다. 죽은 형제의 아내가 마음에 들지 않는 것인지 아니면 죽은 형제의 아내가 낳는 아들이 자기 아들이 되지 않는 것을 원하지 않는지는 나오지 않는다. 유다의 둘째 아들 오난의 경우에는 죽은 형의 아내가 낳는 아들이 자기의 아들이 되지 않을 것을 생각하여 고의적인 피임을 하였다(창 38:9).

"그때"는 '그리고'로 형제가 죽은 형제의 아내와 결혼하기를 거절하는 때를 말한다. "그 성문으로 그 장로들에게 갈 것이다"는 죽은 형제의 아내는 이러한 가정 문제를 그 성의 장로들에게 알리러 가야 한다. 성문에서 장로들이 이러한 문제를 판결해 주었기 때문이다.

죽은 남편의 아내는 장로들에게 가서 이 사정을 말해야 한다. "그의 형제에게"는 '그의 형제를 위하여'이다. "이름을"은 죽은 남편의 이름을 그리고 "세우기를"은 계속 이어가는 것을 의미한다.

"그는 나의 남편의 형제의 의무를 행하기를 원하지 않는다." 죽은 남자의 형제는 남겨진 아내와 결혼하여 아들을 낳아주어야 할 의무가 있는데, 이를 실행하지 또는 성취하지 않는 것이다. 여기서 "나의 남편의 형제의 의무를"은, יַבְּמִי은 יבם의 피엘 부정사에 일인칭 대명사 접미사가 붙은 형태는 필자와 같이 번역할 수도 있고(KJV, NKJ, YLT) 또는 "그는 나에게 남편의 형제의 의무를 행하기를 원하지 않는다"로도 번역할 수 있다(LEI, LUV, NBG, SVV, ASV, ESV, NIB, NIV, EIN, ELB, LUO, SCH, Ges-K, § 115 *c*). 유대인 번역은 아예 대명사 접미사를 번역하지 않았다: "he will not perform the duty of a levir"(TNK).

8 그리고 그의 성의 장로들은 그를 부를 것이고 그들은 그에게 말할 것이다,
그때 그는 서고 말할 것이다, 나는 그녀를 취하기를 기뻐하지 않는다.

죽은 남자의 아내가 가정의 문제를 성의 장로들에게 가서 말했다. "그리고"는 '그때'이다. "그를 부를 것이고 그들은 그에게 말할 것"은 장로회에서 죽은 남자의 형제를 소환하여 그의 의사를 묻는 절차를 진행한다. "그때 그는 서고 말할 것이다." 죽은 남자의 형제는 자신의 의견을 명확하게 장로들 앞에서 서서 공개적으로 밝혀야 한다. "나는 그녀를 취하기를 기뻐하지 않는다."는 결혼하기를 원하지 않는다는 의미이다. 7절의 세 동사 "기뻐하지 않는다," "거절한다," "원하지 않는다."의 의미가 무엇인지를 구체적으로 설명하는 것이다.

9 그리고 그의 형제의 아내는 그에게[1)] 그 장로들 앞에서 가까이 갈 것이다,
그리고 그녀는 그의 발 위로부터[2)] 그의 신발을 벗길 것이다,
그리고 그녀는 그의 얼굴에 침을 뱉을 것이고 그녀는 대답하여 말할 것이다,
이와 같이 이것이 그의 형제의 집을 세우지 않는 사람에게 행해질 것이다.

**본문 비교**

1) 칠십인 경은 "그에게"를 생략한다.

2) 칠십인 경은 "그의 발로부터 하나를"이다. 오리겐의 헥사플라는 이것이 덧붙여졌음을 지적한다.

죽은 남자의 형제가 자신의 의견 즉 그 여인과 결혼하지 않겠다는 것을 밝힌 후에 공개적인 포기 의식이 행해진다. 먼저 "그의 형제의 아내는 그에게 그 장로들 앞에서 가까이 갈 것이다." 그 여인은 장로들이 보는 데에서 공개적으로 행동해야 한다. 둘째는 "그녀는 그의 발 위로부터 그의 신발을 벗길 것이다." 여기서 "신발"은 샌들을 의미한다. 칠십인 경은 신발 가운데 하나를 벗기는 것이라고 설명하고 탈굼 프쉬도 요나단은 오른쪽 신발이라는 설명을 덧붙인다. 이러한 행위는 룻기에서 볼 수 있다. 보아스가 룻의 더 가까운 친척에게 기업을 무를 것을 요구하자 그 사람은 기업 무를 권리를 포기하고 보아스에게 양보한다. 그 기업 무를 자는 장로들이 보는 데서 양보하면서 신발을 벗어 보아스에게 주었다(룻 4:7-9). 셋째는 "그녀는 그의 얼굴에 침을 뱉을 것"이다. 이것은 조롱과 창피를 주는 것의 표시이다. 마지막으로 그녀의 말이 공개적으로 선언된다. "그녀는 대답하여 말할 것이다, 이와 같이 이것이 그의 형제의 집을 세우지 않는 사람에게 행해질 것이다."

10 그리고[1] 그의 이름은 이스라엘 중에서 그 신발 벗긴 자의 집이라[2] 불릴 것이다.[3]

**본문 비교**

1) 탈굼 프쉬도 요나단은 여기에 "거기에 서 있는 모든 사람들이 그에게 선언할 것"이라고 설명한다.
2) 탈굼 네오피티는 "계대법을 무시한 자"라는 설명을 덧붙인다.
3) 마소라 사본은 여기에 세투마(ס)를 두어 단락을 나누고 있다.

죽은 남자의 형제는 죽은 남자의 아내와 결혼을 거부할 권리가 있다. 하지만 공개적인 굴욕을 당해야 한다. 그 거부의 결과를 설명한다. "그의 이름"은 죽은 남자의 형제를 뜻한다. "그 신발 벗긴 자의 집"은 계대법을 거부한 형제가 짊어져야 할 별칭 또는 별명이다. 비웃음과 조롱이 담긴 별칭이다.

## 4. 남자 싸움에 끼어든 여성(25:11–12)

두 남자가 싸울 때에 자기 남편을 구원하기 위해 천박하고 야한 행동을 한, 맞는 남편을 구하기 위해 때리는 남자의 생식기를 잡은, 여인에 대한 처벌을 설명한다.

### 번역

11 사람들이, 한 사람과 그의 형제, 함께 싸우고
한 사람의 아내가 그를 치는 자의 손으로부터 그의 남편을 구하기 위하여 다가가고
그녀가 그녀의 손을 내밀고 그녀가 그의 은밀한 곳을 움켜잡을 때,
12 그리고 너는 그녀의 손을 찍어버릴 것이다, 너의 눈이 불쌍히 여기지 말 것이다.

### 주해

11 [1]사람들이, 한 사람과 그의 형제,[2] 함께 싸우고
한 사람의 아내가 그를 치는 자의 손으로부터 그의 남편을 구하기 위하여 다가가고
그녀가 그녀의[3] 손을 내밀고 그녀가 그의 은밀한 곳을[4] 움켜잡을 때,

**본문 비교**

1) 마소라는 '키'(כִּי) '~때,' '만일 ~면'인 데 반하여 칠십인 경은 "그러나 만일 ~면" ἐὰν δὲ로 시작한다.
2) 칠십인 경은 더 명확하게 "사람이 그의 형제와 함께" ἄνθρωπος μετὰ τοῦ ἀδελφοῦ αὐτοῦ로 번역한다.
3) 칠십인 경은 "그의"를 생략한다. 그러나 오리겐의 헥사플라는 이것을 넣어준다.
4) 사마리아 오경은 "그의 살을"(בבשׂרו)이다.

히브리어는 '키'(כִּי) '~때,' '만일 ~면'로 시작하여 한 상황을 가정하는 조건절이다. 11절이 조건절이고 12절이 귀결절이다. "사람들"은 '남자들'이다. "한 사람과 그의 형제"는 "사람들"이 누구인지 더 구체적으로 말한다. '어떤 사람과 그의 동료 또는 이웃'이 싸우는 상황을 가정한다. 무슨 일로 싸움이 일어났는지에 대한 설명은 없다.

"한 사람의 아내"는 두 남자의 싸움에 끼어드는 여인으로 두 남자 가운데 한 사람의 아내이다. 이 여인이 두 남자의 싸움에 끼어드는 이유는 다음 구절이 설명한다. 자기 남편이 싸움에서 지고 있기 때문이다. "한 사람의 아내가 그를 치는 자의 손으로부터 그의 남편을 구하기 위하여 다가가고." 여기서 "그를 치는 자의 손"은 여인의 남편을 때리는 사람의 손을 뜻한다. 여인의 남편이 맞고 있는 상황이다. 여인이 자기의 남편을 싸움에서 구하기 위하여, 지금 맞고 있기 때문에, 다른 남자에게 다가선다.

"그녀가 그녀의 손을 내밀고 그녀가 그의 은밀한 곳을 움켜잡을 때." 싸움에 끼어든 여인이 남편을 구원하기 위하여 한 행동을 설명한다. "그의 은밀한 곳"은 '그의 부끄러운 곳'으로 상대 남자의 생식기나 고환을 의미한다. "움켜잡을"은 세게 잡는 것을 뜻한다.

12 그리고[1] 너는 그녀의 손을 찍어버릴 것이다, 너의 눈이[2] 불쌍히 여기지 말 것이다.[3]

**본문 비교**

1) 칠십인 경은 "그리고"를 생략한다.
2) 칠십인 경, 시리아 역, 벌게이트는 여기에 "그녀를"을 덧붙인다. 개역 개정은 "그를"을 덧붙였다.
3) 마소라 사본은 여기에 세투마(ס)를 두어 단락을 나누고 있다.

12절은 11절에 대한 결과를 설명한다. "그리고"는 '그때'이다. "너"는 일반적인 이스라엘 사람을 지칭하는데, 여기서는 자기 남편을 때리는 사람으로부터 구원하기 위하여 때리는 남자의 생식기를 잡은 음탕한 행위를 한 여자(11)를 징벌하는 사람을 의미한다. "찍어버릴 것이다"는 '잘라낼 것이다,' '끊어낼 것이다'이다. 천박하고 음탕한 행동을 한 여인에 대한 징벌이 아주 심각하다. 그녀를 불쌍히 여기지 말고 그녀의 손을 자르라고 명령하기 때문이다.

## 5. 공정한 상거래(25:13-16)

공정한 상거래를 위하여 무게가 같은 돌과 똑같은 계량 기구를 사용할 것을 권한다. 물건을 사고 팔 때에 적게 주고 많이 받기 위하여 공평하지 않은 저울추와 에바를 사용하는 것을 하나님께서 혐오하신다. 정확하고 딱 맞는 돌과 에바를 사용할 때, 이스라엘은 하나님이 주신 가나안 땅에서 번영할 수 있다.

### 번역

13 이것이 너에게 너의 주머니에 있을 수 없다, 돌과 돌, 큰 것과 작은 것.

14 이것이 너에게 너의 집에 있을 수 없다, 에바와 에바, 큰 것과 작은 것.

15 완전하고 의로운 돌이 너에게 있을 것이다,
완전하고 의로운 에바가 너에게 있을 것이다,
너의 날들이 아도나이 너의 하나님이 너에게 주신 그 땅 위에서 길게 하기 위하여.

16 왜냐하면 이것들을 행하는 모든 자는 아도나이 너의 하나님의 혐오이기 때문이다.
부당하게 행하는 모든 자..

### 주해

13 이것이 너에게 너의 주머니에 있을 수 없다, 돌과 돌,[1] 큰 것과[2] 작은 것.[3)4)]

### 본문 비교

1) 칠십인 경은 "무게와 무게" σπάθμιον καὶ σπάθμιον으로 번역한다. 오리겐은 이것을 지적하고 있다. 하지만 아퀼라는 히브리어와 같이 "돌과 돌" λίθος καὶ λίθος이다.
2) 칠십인 경은 "그리고"가 아니라 "또는" ἢ이다.
3) 탈굼 네오피티는 받기 위해서는 큰 무게 그리고 주기 위해서는 작은 무게라고 구체적으로 설명한다.
4) 마소라 사본은 여기에 세투마(ס)를 두어 단락을 나누고 있다.

공정한 상거래를 위하여 같은 무게의 돌을 사용할 것을 권면한다. "돌과 돌"은 '두 개의 다른 무게들'(Ges-k, § 123*f*; Waltke-O, 233)로 무게를 재는 돌로써 교체 가능한 돌을 의미한다(참고 잠 20:10). 즉 다른 사람을 속이기 위해 두 개의 돌의 무게가 서로 다른 것이다(Waltke-O, 116).

탈굼 프쉬도 요나단은 사기 위해서는 큰 것을 그리고 팔기 위해서는 작은 것을 두는 것이라고 구체적으로 설명한다. 개역 개정은 "두 종류의 저울추 곧"으로 의역한다. 이 돌이 어떤 돌인지를 "큰 것과 작은 것"으로 설명하고 있다.

14 이것이 너에게 너의 집에 있을 수 없다, 에바와 에바,[1] 큰 것과[2] 작은 것.[3]

**본문 비교**

1) 칠십인 경은 "계량과 계량"(measure and measure) μέτρον καὶ μέτρον으로 번역한다. 오리겐의 헥사플라는 이것을 지적한다. 아퀼라는 문자적으로 ηφα και ηφα로 번역한다.
2) 칠십인 경은 "그리고"가 아니라 "또는" ἤ이다.
3) 탈굼 네오피티는 받기 위해서는 큰 에바 그리고 주기 위해서는 작은 에바라고 구체적으로 설명한다.

13절과 병행을 이루는 절이다. 공정한 상거래를 위하여 곡물을 되는 기구 에바를 같은 크기로 둘 것을 말한다. 즉 다른 사람을 속이기 위해 대체 가능한 두 종류의 에바를 두지 말라는 것이다(개역 개정은 "두 종류의 되"로 번역). 탈굼 프쉬도 요나단은 장사를 할 때 팔기 위해서는 작은 에바를 그리고 사기 위해서는 큰 에바를 두는 것이라고 자세하게 설명한다.

에바는 밀이나 보리 또는 고운 가루 같은 곡물의 양을 재는 기구이다(출 16:36; 레 5:11; 6:20; 민 5:15; 28:5; 겔 45:13; 46:14). 에바의 크기는 명확하지 않다. 시기마다 다르게 나타난다. 약 22리터에서 45리터 사이의 크기인데 대략 22리터로 말한다(de Vaux, 199. R. Fuller, "איפה" in *New International Dictionary of Old Testament Theology and Exegesis I*, 382-388).

15 완전하고 의로운[1] 돌이 너에게 있을 것이다,[2]
완전하고 의로운 에바가 너에게 있을 것이다,
너의 날들이 아도나이 너의 하나님이 너에게[3] 주신 그 땅 위에서 길게 하기 위하여.

**본문 비교**

1) 칠십인 경은 "진실하고 의로운" ἀληθινὸν καὶ δίκαιον이다.
2) 칠십인 경은 "그리고"를 갖고 있다.
3) 칠십인 경은 여기에 "기업으로" ἐν κλήρῳ를 덧붙인다. 오리겐의 헥사플라는 이것이 덧붙여졌음을 지적한다.

"완전한"(שלמה)은 여기서 "정확한"(NIB, NIV), "완전히 정직한"(TNK)의 뜻을 그리고 "의로운"(צדק)은 "정당한," "공정한"(NKJ, YLT)의 뜻이다. "완전하고 의로운"은 '정직하고 공정한,' '정확하고 딱 맞는'의 의미로 사용되었다. 정확하고 공정한 상거래를 위하여 무게와 양에 딱 맞는 돌과 에바를 사용하라는 것이다. "있을 것이다"는 '있어야 한다.'는 뜻이다.

이스라엘이 왜 정확하고 딱 맞는 돌과 에바를 사용해야 하는지를 "~하기 위하여"(למען)가 잘 보여주고 있다. "너의 날들이 아도나이 너의 하나님이 너에게 주신 그 땅 위에서 길게 하기 위하여"(참고 신 5:16; 6:2). 하나님이 주신 기업의 땅에서 이스라엘이 개인적으로는 장수하기 위하여 그리고 국가적으로 번영하기 위하여 공정한 상거래를 해야 한다. 약속의 땅에서 이스라엘이 하나님의 법을 잘 지킬 때, 장수와 번영을 약속하고 있다.

16 왜냐하면 이것들을 행하는 모든 자는 아도나이 너의 하나님의[1] 혐오이기 때문이다.
부당하게 행하는 모든 자.[3]

**본문 비교**

1) 히브리어 필사본들(Vken 9, 80, 111, 150, 177, 199), 칠십인 경, 벌게이트는 "너의 하나님"을 생략한다. 그러나 랄프(Rahlfs)의 칠십인 경 편집은 "너의 하나님께" τῷ θεῷ σου를 갖고 있다.
2) 탈굼 네오피티는 "혐오스럽고 악한 것" סני ומרחק이라고 말한다.
3) 마소라 사본은 여기에 페투카(פ)를 두어 단락을 나누고 있다.

접속사 "왜냐하면"은 이스라엘이 왜 공정한 돌과 에바를 사용해야 하는지를 설명한다. "이것들을 행하는 모든 자"는 큰 돌과 작은 돌 그리고 큰 에바와 작은 에바를 사용하는 자를 뜻한다. 즉 다른 사람을 속이는 자들이다. 상거래에 사기를 행하는 것이다. "혐오"는 '가증한 것,' '혐오스러운 것'이다. 아도나이는 공정한 저울추와 에바를 사용하는 사람들을 가증히 여기시기 때문이다. "부당하게 행하는"는 '부정직하게 행하는,' '불의를 행하는'이다. "부당하게 행하는 모든 자"는 "이것들을 행하는 모든 자"를 구체적으로 설명한다.

## 6. 아말렉을 진멸하라(25:17–19)

아말렉을 진멸하라는 명령이 주어진다. 이스라엘이 출애굽을 할 때에, 아말렉은 이스라엘 가운데 약해서 행진을 따라오지 못하고 뒤에 처져 있는 낙오자들을 공격했기 때문이다. 이스라엘은 이 사건을 잊지 말고 기억해야 한다. 이스라엘이 가나안 땅을 정복하고 쉼을 얻었을 때, 아말렉을 쳐서 그 이름을 제거해야 한다.

**번역**

[17] 아말렉이 너에게 행한 것을 기억하라,

그 길에서 너희가 이집트에서 나올 때.

18 그가 너를 그 길에서 만났을 때,

그리고 그가 너를, 네 뒤에 그 흩어진 모든 자를 쳤다,

그리고 너는 약하고 지쳐 있었다,

그리고 그는 하나님을 두려워하지 않았다.

19 그리고 이것이 있을 것이다, 너의 하나님 아도나이께서 쉼을 주실 때,

너에게 너의 모든 대적들로부터,

아도나이 너의 하나님이 그것을 점령하도록 너에게 기업으로 주시는 그 땅 주위로부터,

너는 그 하늘 아래로부터 아말렉의 기억을 지워버릴 것이다, 너는 잊지 말 것이다.

**주해**

17 아말렉이 너에게 행한 것을 기억하라,

그 길에서 너희가[1] 이집트에서[2] 나올 때.

**본문 비교**

1) 탈굼 네오피티는 여기에 "나의 백성, 이스라엘의 아들들아" **עמי בני ישראל**를 갖고 있다.
2) 칠십인 경은 단수 "너"이다. 오리겐의 헥사플라는 이 차이를 지적한다.
3) 일부 칠십인 경 사본들(B 848)은 "이집트의 땅에서" *εκ γης Αιγυπτου*이다.

히브리어 어순은 "기억하라" **זכור**가 먼저 나온다. 형태는 칼 부정사이지만 명령형으로 번역할 수 있다. 칠십인 경은 "너는 기억하라" *μνήσθητι*로 과거 수동태 명령형으로 나온다. "너에게"는 이스라엘을

의미한다. 아말렉이 이스라엘에게 출애굽 때에 한 일을 기억하라는 것은 출애굽기 17장 8절부터 16절에 나오는 사건을 의미한다. 여호수아가 군대를 이끌고 아말렉과 싸우는 동안에 모세는 산꼭대기에서 기도한다. 모세가 피곤하여 손을 내리면 아말렉이 이기고 모세가 손을 다시 들면 이스라엘이 이겼다. 이리하여 아론과 훌이 모세의 팔이 내려오지 않도록 옆에서 팔을 붙들어 주었다. 여호수아가 아말렉을 쳐서 이김으로 전쟁이 끝났다. 이때 하나님께서 "내가 아말렉을 없이하여 천하에서 기억도 못하게 하리라" 하셨다(출 17:14).

18 그가 너를 그 길에서 만났을 때,
그리고 그가 너를, 네 뒤에 그 흩어진 모든[1)] 자를[2)] 쳤다,
그리고 너는 약하고 지쳐 있었다,
그리고 그는 하나님을[3)] 두려워하지 않았다.

**본문 비교**

1) 칠십인 경과 벌게이트는 "모든"을 생략한다. 오리겐의 헥사플라는 이것을 지적하며 "모든" *παντας*를 넣어준다.
2) 칠십인 경은 "너의 후방을, 너의 뒤의 지친 자들을" *σου τὴν οὐραγίαν τοὺς κοπιῶντας ὀπίσω σου*로 번역한다. 아퀼라는 칠십인 경의 "지친 자들을" *τοὺς κοπιῶντας*를 "떨어진 자들을" *τοὺς ἀπορρέοντας*로 번역한다. 탈굼 프쉬도 요나단은 이 낙오자들을 말씀에서 벗어나서 우상을 숭배한 단 지파 사람들이라고 설명한다. 하지만 이것은 번역자의 해설일 뿐이지 본문은 이 낙오자들이 누구인지 구체적인 설명이 없다.
3) 칠십인 경의 한 사본(A)은 "주님을"로 그리고 시리아 역은 "너의 하나님 아도나이를"로 읽는다.

이 구절은 히브리어 관계 대명사 아쉐르 אשר로 시작한다. 이 관계 대명사가 이끄는 절을 목적절로 해석할 수 있다. 17절과 연결하여 "기억하라 아말렉이 너에게 행한 것을 … 그가 너를 그 길에서 만났던 것을"(YLT) 하고 읽을 수 있다. 또는 칠십인 경의 번역을 따라서 "어떻게" πῶς로 해석할 수 있다. "기억하라 … 어떻게 그가 너를 그 길에서 만났는지를"(LEI, LUV, NBG, SVV, ASV, ESV, KJV, NAS, NKJ, EIN, ELB, SCH). 또는 필자처럼 "~때"로 읽을 수 있다(NIB, NIV).

"그가 너를 그 길에서 만났을 때"는 아말렉이 이스라엘을 길에서 만난 것을 의미한다. 이는 아말렉의 침입으로 인하여 갑작스럽게 맞닥뜨린 것이다. "그리고 그가 너를, 네 뒤에 그 흩어진 모든 자를 쳤다." "그리고"는 '그때'를 말한다. 아말렉이 이스라엘의 후미를 친 것이다. "흩어진 모든 자"는 후방에 쳐진 자들, 뒤에서 따라오는 자들로 대열에서 낙오된 자들을 의미한다. "그리고 너는 약하고 지쳐 있었다." 이스라엘이 긴 여행으로 인하여 피곤하고 지친 상태를 설명한다. "그리고 그는 하나님을 두려워하지 않았다."는 아말렉이 이스라엘의 뒤처진 자들을 칠 수 있었던 이유를 설명한다. 아말렉은 하나님을 경외하지 않았기 때문에 이스라엘을 약탈하는 것을 두려워하지 않았다.

19 그리고 이것이 있을 것이다, 너의 하나님 아도나이께서 쉼을 주실 때,
너에게 너의 모든 대적들로부터,
아도나이 너의 하나님이 그것을[1] 점령하도록 너에게 기업으로 주시는 그 땅 주위로부터,[2]
너는 그 하늘 아래로부터 아말렉의 기억을[3] 지워버릴 것이다,[4] 너는 잊지 말 것이다.[5]

**본문 비교**

1) 칠십인 경은 "그것을"을 생략한다.

2) 칠십인 경은 "너의 주위"이다.
3) 칠십인 경은 "이름"이다.
4) 칠십인 경과 시리아 역은 "그리고"를 덧붙인다. 탈굼 네오피티는 "나의 백성 이스라엘의 아들들아"를 넣어준다.
5) 탈굼 네오피티는 "주의하여 너는 잊지 말 것이다"이다. 마소라 사본은 여기에 페투카(פ)를 두어 단락을 나누고 있다.

"그리고 이것이 있을 것이다."에서 "그리고"는 '그러므로'의 뜻을 갖는다. 하나님께서 쉼을 주실 때, 발생할 일을 말한다. "쉼"은 '휴식'을 의미한다. 여기서 "쉼"을 주시는 분이 "너의 하나님 아도나이"라는 것에 주목해야 한다. 아도나이께서 이스라엘에게 "기업으로… 그 땅"을 주실 뿐만 아니라 "쉼"도 주신다. 물론 이 "쉼"은 가나안 땅에서의 휴식으로 가나안 땅 정복을 마친 후라는 것을 두 개의 전치사구 "너의 모든 대적들로부터"와 "그 땅 주위로부터"가 잘 보여준다.

이스라엘이 가나안 정복을 마치고 쉼을 얻었을 때에 해야 할 일이 있다. 그것은 아말렉을 진멸하는 일이다. "너는 그 하늘 아래로부터 아말렉의 기억을 지워버릴 것이다." 여기서 "기억"은 칠십인 경이 말하듯이 "이름"으로 이해하는 것이 좋다(참고 출 17:14). 이름이 사라지면 그 존재도 사라지기 때문이다. 하지만 바빌로니아 탈무드는 이 "기억"을 "남자들"로 이해해서 아말렉의 남자들을 제거할 것으로 해석한다(Waltke-O, 26). "지우다"는 '제거하다,' '없애다'의 뜻이다. "너는 잊지 말 것이다."는 '잊지 말라'는 명령으로도 이해할 수 있다. 이 명령을 기억하고 있으라는 뜻으로 이 명령을 무시하지 말라는 것이다.

## 참고 문헌


Abramsky, S. "Amalekites," *EncJud* 2:787-91.

Ahroni, R. "The Levirate and Human Rights," in *Jewish Law and Current Legal Problems*, Jerusalem, 1984, 67-76.

Ahroni, Y. "A 40 Shekel Weight with a Hieratic Numeral," *BASOR* 201 (1971), 35-36.

Allgeier, A. "Dt. 25, 1-3 im Manchester-Papyrus(PRG 458)," *Bib* 19(1938), 1-18.

Belkin, S. "Levirate and Agnate Marriage in Rabbinic and Cognate Literature," *JQR* 60 (1970), 275-329.

Benjamin Kilchör, "Levirate Marriage in Deuteronomy 25:5-10 and Its Precursors in Leviticus and Numbers: A Test Case for the Relationship between P/H and D." *CBQ* 77 (2015), 429-440.

Berman, J. "Law Code as Story Line: Deuteronomy 24:16-25:10 and LH 1-5 as Narrative Templates in Biblical and Mesopotamian Tradition," *JNSL* 39 (2, 2013), 1-17.

Bloch-Smith, E. "The Cult of the Dead in Judah: Interpreting the Material Remains," *JBL* 111 (1992), 213-214.

Braulik, G. "Some Remarks on the Deuteronomic Conception of Freedom and Peace," in *The Theology of Deuteronomy*, TX, 1994, 87-98.

Brichto, H. C. "Kin, Land, Cult and Afterlife – A Biblical Complex," *HUCA* 44 (1973), 1-54.

Burrows, M. "The Ancient Oriental Background of Hebrew Levirate Marriage," *BASOR* 77 (1940), 2-15.

-----------, "Levirate Marriage in Israel," *JBL* 59 (1940), 23-33.

Carmichael, C. "A Ceremonial Crux: Removing a Man's Sandal as a Female Gesture of Contempt," *JBL* 96 (1977), 321-36.

-----------, "Forbidden Mixtures," *VT* 32 (1982), 395-415.

Coats, G. W. "Moses Versus Amalek: Aetiology and Legend in Exodus 17:8-16," in *Congress Volume, Edinburgh 1974*, VTSup 28, Leiden,

1975, 29-41.

Cohn, H. H. "Flogging," *EncJud* 6: 1348-49.

Cortez, M. "The Law on Violent Intervention: Deuteronomy 25:11-12 Revisited," *JSOT* 30 (2006), 431-47.

Davies, E. W. "Inheritance Rights and the Hebrew Levirate Marriage," *VT* 31 (1981), 138-44.

Donner, H. "Adoption oder Legitimation?" *OrAnt* 8 (1969), 87-119.

Dringer, D. "The Early Hebrew Weights Found at Lachish," *PEQ* (1942-43), 85-86.

Eslinger, L. "More Drafting Techniques in Deuteronomic Laws," *VT* 34 (1984), 221-26.

-----------, "The Case of an Immodest Lady Wrestler in Deuteronomy xxv 11-12," *VT* 31 (1981), 269-81.

Fensham, F. C. "Widow, Orphan and the Poor in Ancient Near Eastern Legal and Wisdom Literature," *JNES* 21 (1962), 129-39.

Hofbauer, J. "Zu den Textfamilien der Septuaginta im Deuteronomium zu Dt 25, 1-3 nach PRG 458," *ZKT* 62 (1938), 385-89.

Hoffner, H. A. "Some Contributions of Hittitology to Old Testament Study," *TynBul* 20 (1969), 27-55.

Kaiser, W. C. "The Current Crisis in Exegesis and the Apostolic Use of Deuteronomy 25:4 in 1 Corinthians 9:8-10," *JETS* 21 (1978), 3-18.

Kerkhof, V. "An Inscribed Weight from Shechem," *BASOR* 184 (1966), 20-21.

Koschaker, P. "Zum Levirat nach hethitischem Recht," *RHA* 2.10 (1933), 77-89.

Kruger, P. A. "The Removal of the Sandal in Deuteronomy XXV 9: "A Rite of Passage"?" *VT* 46 (1996), 534-539.

Loader, J. A. "Of Barley, Bulls, Land and Levirate," in *Studies in Deuteronomy*, 123-138.

Manor, D. W. "A Brief History of Levirate Marriage as It Relates to the Bible," *ResQ* 27 (1984), 129-42.

Matlock, M. D. "Disobeying or Obeying the First Part of the Tenth Commandment: Alternative Meaning from Deuteronomy 25:5-10," *PEGLMBS* 21 (2001), 91-103.

-----------, "Obeying the First Part of the Tenth Commandment: Applications from the Levirate Marriage Law," *JSOT* 31 (2007), 295-310.

Nielsen, E. "You Shall not Muzzle an Ox while it is treading out the Corn, Dt. 25,4," in *Law, History and Tradition*, København, 1983, 94-105.

Niditch, S. "The Wrong Woman Righted: An Analysis of Genesis 38," *HTR* 72 (1979), 143-49.

Noonan, J. T. "The Muzzled Ox," *JQR* 70 (1979), 172-75.

Novick, T. "Amaleq's Victims (הנחשלים) in Dtn 25,18," *ZAW* 119 (2007), 611-15.

Phillips, A. "Another Example of Family Law," *VT* 30 (1980), 240-45.

Robinson, B. P. "Israel and Amalek: The Context of Exodus 17.8-16," *JSOT* 32 (1985), 15-22.

Roscher, W. H. "Die Zahl 40 im Glauben, Brauch und Schrifttum der Semiten," *Abhandlungen der philologisch-historische Klasse der Königlich sächsischen Gesellschaft der Wissenschaften* 27 (1909), 93-138.

Roth, E. "Does the Tora Punish Impudence? A Note to Dt 25, 11s," in *Etudes Orientales a la memoire de Paul Hirschler*, Budapest, 1950, 116-21.

Sarna, N. "The Battle with the Amalekites," in *Exploring Exodus: The Heritage of biblical Israel*, New York, 1986, 120-26.

Schuil, A. *Amalek: Onderzoek naar oorsprong en ontwikkeling van Amaleks rol in het Oude Testament*, Zoetermeer, 1997.

Scott, R. B. Y, "The NSP Weights from Judah," *BASOR* 200 (1970), 62-66.

Sellers, O. R. "Balances," *IDB* 1:342-43.

Stern, E. "Weights and Measures," *EncJud* 16:376-88.

Waldman, N. M. "The Sin of Amalek in Bible and Midrash," *DD* 11 (1982-83), 77-81.

Walsh, J. T. "You Shall Cut off Her ... Palm? A Rexamination of Deuteronomy 25:11-12," *JSS* 49 (2004), 47-58.

Westbrook, R. "The Law of the Biblical Levirate," *RIDA* 24 (1977), 65-87.

Wilson, P. E. "Deuteronomy XXV 11-12 - One for the Books," *VT* 47 (1997), 220-235.

Yaron, R. "The Goring Ox in Near Eastern Laws," *ILR* 1 (1966), 396-406.

# DEUTERONOMY 신명기 26장

A New Translation with
Introduction
and Commentary

DEUTERONOMY

# D E U T E R O N O M Y

# 신명기 26장

Deuteronomy 26

**내용/구조**

이 장은 두 개의 의식이 나온다. 하나는 가나안 땅에 들어가서 얻은 첫 소산의 열매를 하나님이 선택한 장소에 가져가서 드리고 신앙을 고백하는 것이다(1-11). 다른 하나는 삼 년 십일조를 드리고 나서 하나님의 명령을 다 지켜 행했다고 고백하며 하나님의 복을 간구한다(12-15). 첫 번째 의식에서는 신앙고백이 중요한 역할을 하고 두 번째 의식에서는 하나님의 명령대로 행했다는 고백과 함께 하나님께 복을 간구하는 것에서 차이가 난다.

먼저 이스라엘이 가나안 땅을 차지하고 살 것을 전제한다. 그때 이스라엘은 가나안 땅을 경작하여 얻은 소산의 첫 열매를 하나님께 가져가야 한다. 이스라엘은 하나님이 선택하신 중앙 성소에서 첫 열매를 드리며 이스라엘이 가나안 땅에 오기까지의 역사를 고백한다. 여기서 우리는 이스라엘의 신앙이 가나안 땅과 밀접한 관련이 있다는 사실을 확인할 수 있다. 그리고 이 신앙고백은 하나님이 조상들에게 주기로 약속하신 땅에 도착하기까지의 역사, 족장사, 이집트 이주사, 출애굽, 가나안 땅 정복을 말한다. 이 신앙 고백에서 출애굽 사건과 가나안 땅 정착이 강조되어 있다. 이 신앙고백과 함께 토지 소산의 만물을 드린 후에 예배자는 레위인과 나그네와 함께 즐거워한다(1-11).

이어서 삼 년 십일조에 대한 명령이 나온다. 삼 년 십일조는 성 안의 레위 사람들과 가난한 사람들, 나그네, 고아와 과부에게 주어 먹게 해야 한다. 이 명령을 잘 지킨 후에 하나님께 복을 달라고 간구한다(12-15).

세 번째는 언약 공식이 나온다. 이스라엘은 아도나이를 오늘 그의 하나님으로 선언해야 한다. 마찬가지로 아도나이 역시 이스라엘을 그의 백성으로 선언해야 한다. 하나님과 이스라엘은 언약의 파트너로서 상호 언약 관계에 들어가는 것이다(16-19). 신명기의 구조 분석에서 12-26장이 중앙의 핵심 법전이다. 그런데 이 법전의 마지막 26장의 끝에서 언약 공식이 나오는 것이 흥미롭다. 이것은 많은 학자들이 인정하듯이 신명기가 언약 문서라는 것을 보여준다. 12-26장이 언약 규정인 것을 26장의 마지막 본문에서 언약 공식이 나옴으로 말해주고 있다.

신명기 26장은 다음과 같이 세 부분으로 나눌 수 있다.

1. 첫 열매(26:1-11)
2. 삼 년 십일조(26:12-15)
3. 아도나이와 이스라엘 상호 서약(26:16-19)

### 신앙고백 또는 구속사

신명기 26장에는 폰 라드에 의해 작은 역사적 신앙고백 또는 구속사로 불리워진 본문이 나온다(29:5-9). 그는 전승 비평 방법을 사용하여 이 신앙고백에서 현재의 육경 형태로 성장했다고 말한다. 그에 따르면, 이 본문에는 구원사의 주요 사항들이 나타나는데, 불분명한 조상 시대, 이집트에서의 학대, 아도나이에 의한 해방, 약속의 땅으로의 인도가 나온다. 그런데 이 본문에는 시내산 사건이 빠져 있다는 사실을 지적한다. 폰 라드는 이러한 형태의 고백문은 신명기 6장 20-24절에서도 볼 수 있는

데, 여기서도 역시 시내산 사건이 누락되었다고 말한다. 그는 이러한 구속사 본문을 여호수아 24장 2-13절에서도 발견한다. 그리고 여기서도 시내산 사건이 생략되어 있다고 언급한다. 폰 라드가 제시하는 다른 본문들은 시편 136편 그리고 출애굽기 15장 4-16절을 말한다. 이 본문들에서도 시내산 사건이 누락되었다고 설명한다.

폰 라드는 이러한 구속사에 시내산 사건이 들어간 것은 후대의 변형에서 발견할 수 있다고 말하는데, 그가 발견한 본문은 느헤미야 9장 13-14절이다. 그에 따르면 규범적인 구속사 도식에는 시내산 사건이 누락되어 독자적으로 전승되어 오다가 후대에 편입되었다는 것이다. 즉 규범적인 구속사 도식에는 족장 역사, 출애굽 역사 그리고 가나안 땅 정복의 역사가 나오고 시내산 사건은 다른 전승으로 독립적으로 내려왔다는 것이다(G. von Rad, "Das formgeschichtliche Problem des Hexatuech" in *Gesammelte studien zum Alten Testamen*t, Chr. Kaiser Verlag, München, 1961, 9-20).

폰 라드의 이러한 연구는 후에 그의 육경 신학과 구약 신학을 형성하는 기틀이 되었다. 그의 이러한 연구는 자신뿐만 아니라 구약학계에도 큰 영향을 미쳤다.

하지만 그의 연구는 연구 방법론이 갖고 있는 한계가 있다는 사실이 명확하다. 그가 사용한 전승 비평 연구방법은 현대의 학자들에게 받아들여지지 않고 있다. 연구 방법론은 이제 문학적인 접근으로 이동했기 때문이다. 연구 방법론의 변화로 인하여 그의 전승 비평 연구는 빛을 잃었다. 폰 라드가 "작은 역사적 신앙고백"으로 부른 신명기 26장 5-9절은 1-11절 안에 있기 때문에 더 넓은 문맥에서 이 본문을 생각해 봐야 한다. 29장 1-11절이 한 단락으로 끊어지는 것은 마소라 본문 자체가 증거한다. 마소라 사본은 26장 1절 앞에는 "페투카"(פ)가 있고 11절 끝에는 "세투마"(ס)가 있어서 단락을 나눈다. 따라서 우리는 이 본문을 한 단락으로 끊어야 한다. 그리고 26장 1절 역시 "베하야 키"(והיה כי) "그리고 이것이 있을 것이다, ~ 때"로 시작하는 조건절로 이스라엘이 가나안 땅에 들어가서 정착하고 살 때를 가정하고 있다. 이스라엘이 가나안 땅을 정복하고 살 때, 땅을 경작하여 얻은 소산의 첫 것을 아도나이께서 선택한 장소로 가져가라고 명령한다. 이 명령에 따라 첫 열매를 가져온 예배자는 신앙을 고백하는데, 그들의 역사를 말한다. 폰 라드가 말하는 구속사는 이러한 문맥에서 나오고 있다.

방법론적인 문제만 아니라 폰 라드가 제시하는 본문들에도 문제가 있다. 이미 신명기 4장에서 하나님의 큰 일을 말할 때, 신명기는 하나님의 큰 일로써 출애굽 사건과 시내산 사건을 함께 말하고 있다(4:32-35). 이미 신명기 내에서부터 출애굽 사건과 시내산 사건이 함께 나온다는 사실이다. 여기에 시편을 언급할 수 있다. 폰 라드가 시편 78편에서 시내산 사건이 거리가 멀다고 말했는데, 이것은 폰 라드가 자신의 주장을 하기 위해 시편 78편을 주의 깊게 보지 않았기 때문이다. 혹은 일부러 무시했는지도 모른다. 시편 78편에는 이미 이스라엘의 구속사에 조상들에게서 전해 내려온 "율법"(1), "증거"와 "법도"(5), "계명"(7), "언약"과 "율법"(10), "언약"(37), "명령"(56)이 녹아내려 있다는 사실이다. 이 용어들은 시내산에서 받은 언약과 율법을 설명하는 단어인 동시에 신명기에서 자주 사용되는 토라 유사 동의어들이다(참고 김영욱, "토라 시편," 『기혼의 시냇가에 심긴 나무처럼』, 서울: 솔로몬, 2016, 295). 여기에 시편 81편도 언급할 수 있다. 이 시편에는 출애굽 사건(5-6절)과 시내산 사건을 보여주는 십계명의 서론과 우상숭배 금지 계명인 1-2계명(9-10)이 함께 나타난다는 사실이다.

위의 같은 근거로 우리는 구속사 본문(신 26:5-9)을 신명기 26장 1-11절을 함께 읽을 수 있다. 이렇게 접근할 때 이 본문은 이스라엘 사람들이 예배를 드릴 때에 어떤 신앙 고백을 했는지를 살펴볼 수 있다. 이스라엘 사람들은 하나님 앞에서 즉 하나님이 임재 해 계신 중앙 성소에 나아가 예배를 드릴 때, 그들의 역사를 고백한다는 사실이다. 이것은 구약의 성도들이 하나님 앞에서 그들의 신앙을 고백한 내용을 보여준다. 신약 시대의 성도들은 하나님께 나아와 "사도 신경"을 고백한다. 사도 신경에는 창조주 하나님, 예수 그리스도의 탄생, 고난, 죽음, 부활, 승천과 재림, 성령, 성도의 교통과 부활이 나온다. 사도 신경은 예수 그리스도에 관한 내용이 핵심을 이루고 있다. 그렇다면 구약의 성도들은 어떤 신앙고백을 했는지 묻지 않을 수 없다. 여기에 대한 답변이 바로 신명기 26장 1-11절이다. 구약 시대의 성도들은 가나안 땅의 첫 열매를 가지고 가서 그들의 역사를 고백했다. 가장 먼저 하나님이 조상들에게 주시기로 약속한 땅에 왔다는 사실을 말했다(26:3). 이것은 하나님의 약속이 역사 속에서 성취되었다는 것을 인정하는 것이다. 그 후에 예배자는 그들의 역사를 짧게 고백한다. 그런데 이 역사에는 이스라엘이 가나안 땅, 약속의 땅으로 오기까지의 역사 즉 족장 역사, 이집트 이주 역사, 이집트 탈출 그리고 가나안 땅 정착의 역사가 담겨 있다. 더 흥미로운 사실은 이 짧은 역사는 창세기부터 여호수아까지의 역사를 함축적으로 담고 있다는 사실이다.

이 신앙고백에는 두 가지 사실이 강조되어 있다. 첫째는 땅에 대한 약속이 성취되었다는 사실이다. 위에서 언급했듯이 예배자는 "내가 오늘 당신의 하나님 아도나이께 고하나이다, 내가 아도나이께서 우리의 조상들에게 우리를 위하여 주기로 맹세하신 그 땅에 왔다는 것을." 하고 말한다(26:3). 이 고백에는 지금 예배자는 하나님께서 "우리의 조상들" 즉 아브라함, 이삭 그리고 야곱에게 주기로 약속했던 땅에 도착했다는 사실을 선언하고 있다. 하나님의 약속대로 이스라엘이 가나안 땅을 차지했다는 것이다. 그 후에 예배자는 다시 이 땅에 오기까지의 역사를, 족장 역사, 이집트 이주 역사, 출애굽, 가나안 땅 정착을 짧게 고백한다(26:5-9). 이 고백에서 둘째 강조점이 나온다. 이스라엘이 이집트의 학대로 인하여 고통을 받고 있었는데 하나님이 구원해 주셨다는 내용이다. 출애굽에 관한 내용이 구속사의 5절 가운데 무려 3절이나 차지하고 있다. 이스라엘의 신앙고백에 있어서 출애굽이 절대적인 위치를 차지한다. 여기서 알 수 있는 사실은 이스라엘의 신앙은 약속과 성취에 근거를 둔 출애굽과 가나안 땅 정복 위에 서 있다는 것이다. 이 두 사건이 구약 시대의 성도들의 믿음의 핵심이다. 신약 시대의 성도들이 예수 그리스도의 십자가와 부활을 믿고 있듯이 구약 시대의 성도들은 하나님의 약속에 근거한 출애굽과 가나안 땅 정착을 믿은 것이다. 구약 시대의 성도들은 역사 속에서 이루어진 하나님의 약속을 믿었다. 그 약속은 특별히 가나안 땅과 밀접한 관련이 있다.

신명기 26장에서 나오는 신앙고백은 이스라엘의 역사를 짧게 요약해서 말하고 있는 구속사이다. 그런데 이 구속사는 예배자의 관점에서 고백하는 내용이다. 신명기 26장과 관련하여 우리는 창세기 15장을 언급할 수 있다. 창세기 15장은 하나님이 아브라함에게 약속한 내용이 나온다. 두 부분으로 나눌 수 있는데, 첫째는 후손에 대한 약속이고(15:1-6) 둘째는 땅에 대한 약속이다(15:7-21). 우리의 주제와 관련하여 두 번째 부분이 중요하다.

하나님은 아브라함에게 가나안 땅을 주시는 분이라고 자신을 소개하신다(15:7). 그러자 아브라함은 이 땅을 어떻게 상속받느냐고 질문한다(15:8). 하나님은 아브라함의 질문을 받고 삼 년 된 짐승들을 갈라놓으라고 하신다. 그리고 아브라함의 후손들이 가나안 땅을 차지하게 될 역사를 간략하게 말씀하신다(창 15:13-16). 이 짧은 구절들 속에 이스라엘이 가나안 땅을 정복하게 될 역사가 나온다. 아브라함 후손이 이방에서 나그네가 될 것, 그들이 사백 년 동안 아브라함 후손을 학대할 것, 하나님이 그 나라를 징벌하심으로 이스라엘이 그 나라에서 나올 것, 아브라함의 후손은 사대 만에 가나안 땅으로 돌아올 것이 나온다. 여기서도 출애굽이 강조되어 있다. 이 짧은 역사에서 하나님은 아브라함에게 이스라엘이 가나안 땅을 차지하게 될 역사를 예언적으로 말씀하신다. 하나님은 아브라함에게 가나안 땅을 주시겠다는 그의 약속이 역사 속에서 이루어질 것을 알려주신 것이다. 이 예언적 역사에 창세기부터 여호수아까지의 역사가 요약되어 나온다. 이스라엘의 역사는 가나안 땅을 향해 나아갈 것을 보여준다. 하나님의 약속이 역사 속에서 성취될 날이 올 것을 예고한다. 하나님은 이렇게 이스라엘의 미래 역사를 말씀하신 후에 아브라함과 언약을 맺는다. 쪼갠 고기 사이로 신적인 불이 지나간다. 흥미롭게도 신적 불만 지나가고 아브라함은 지나가지 않았다는 사실이다. 하나님 편에서 아브라함에게 땅과 후손을 주겠다고 일방적인 약속을 했기 때문에 하나님이 그 약속을 지켜야 할 의무와 책임이 있다. 그래서 신적인 불이 쪼갠 고기 사이를 지나가고 아브라함과 언약을 맺는다. 그리고 하나님은 약속의 땅의 경계를 말씀해 주신다(15:18-21).

창세기 15장과 신명기 26장은 모두 이스라엘의 역사를 간략하게 말한다. 창세기 15장은 이스라엘이 가나안 땅을 차지하게 될 역사를 함축적으로 말한다. 하나님의 약속이 성취될 역사를 미리 보여준다. 이 역사는 예언적으로 선포된다. 여기에 반하여 신명기 26장은 땅에 대한 하나님의 약속이 성취되었다는 것을 가정한다(이스라엘이 아직 가나안 땅을 정복하지 않은 상태에서 26장의 명령이 주어졌기 때문이다). 이스라엘이 가나안 땅을 차지하고 살 때, 그 땅을 경작하여 얻은 소산의 첫 것을 가지고 중앙 성소로 나아갈 것을 명령한다. 중앙 성소에서 하나님께 첫 열매를 드리고 하나님의 약속이 성취되었다는 사실을 고백하라고 하신다. 그 후에 예배자는 하나님의 약속이 이스라엘 역사 속에서 성취된 과정을 짧게 신앙 고백한다. 창세기 15장과 신명기 26장 두 본문 모두 땅에 대한 하나님의 약속을 말한다. 창세기 15장은 예언적으로 그리고 신명기 26장은 신앙 고백적으로 말한다. 땅과 출애굽이 그들의 신앙의 근간이며 핵심 내용이다.

## 1. 첫 열매(26:1-11)

이스라엘이 가나안 땅에 들어가서 정착하고 토지를 경작해서 농산물을 수확하는 상황을 가정하고 있다. 농산물을 수확하고 나면 그 첫 열매를 아도나이께서 선택한 장소로 가지고 가서 그를 경배해야 한다. 아도나이께서 선택하신 장소 즉 중앙 성소에 첫 열매를 가지고 간 예배자는 그때 직무를 수행하는 제사장에게 아도나이께서 조상들에게 주기로 약속하신 땅에 왔다는 것을 먼저 고백한다(3). 즉 하나님의 약속이 역사 속에서 성취되었다는 사실을 인정하는 것이다.

그 후에 예배자는 첫 열매가 담겨 있는 바구니를 아도나이의 제단 앞에 놓고 신앙을 고백한다. 이 신앙고백에서 이스라엘의 역사가 짧은 형태로 나오는데, 이스라엘의 족장 역사, 이스라엘의 이집트 이주 역사, 이집트의 학대와 출애굽 역사 그리고 가나안 땅 정착 역사로 구성되어 있다(5-9).

예배자는 아도나이 앞에서 이렇게 역사를 신앙 고백한 후에 첫 열매를 가져왔다는 것을 말하고 엎드려 경배한다. 그리고 예배자는 레위 사람과 나그네와 함께 기뻐한다(10-11).

### 번역

1 그리고 이것이 있을 것이다,
네가 아도나이 너의 하나님이 너에게 기업으로 주시는 그 땅에 들어가고
네가 그것을 점령하고 네가 그 안에서 살 때,
2 그리고 너는 그 땅의 모든 열매의 첫 것으로부터 취할 것이다,
아도나이 너의 하나님이 너에게 주시는 너의 땅으로부터 네가 가져오는,
그리고 너는 그 바구니 안에 둘 것이다, 그리고 너는 걸어갈 것이다,
아도나이 너의 하나님이 그의 이름을 거기에 두기 위하여 선택하시는 그 장소로.
3 그리고 너는 그 날들에 있는 그 제사장에게 갈 것이다,

그리고 너는 그에게 말할 것이다, 내가 오늘 당신의 하나님 아도나이께 고하나이다,
내가 아도나이께서 우리의 조상들에게 우리를 위하여 주기로 맹세하신 그 땅에 왔다는 것을.
4 그리고 그 제사장은 너의 손으로부터 그 바구니를 취할 것이다,
그리고 그는 그것을 너의 하나님 아도나이의 제단 앞에 놓을 것이다.
5 그리고 너는 대답할 것이며 너의 하나님 아도나이 앞에서 말할 것이다,
나의 아버지는 망해가는 아람 사람이다. 그리고 그가 이집트로 내려갔다.
그리고 그가 거기서 소수의 남자들과 여행했다.
그리고 거기서 그는 큰, 강하고 많은 민족이 되었다.
6 그러나 이집트 사람이 우리에게 악하게 했고 그들이 우리를 괴롭혔다,
그리고 그들이 우리 위에 어려운 노동을 두었다.
7 그리고 우리가 우리의 조상들의 하나님 아도나이께 부르짖었다,
그리고 아도나이께서 우리의 목소리를 들으셨다,
그리고 그가 우리의 고통과 우리의 괴로움과 우리의 억압을 보셨다.
8 그리고 아도나이께서 이집트로부터 우리를 데리고 나왔다,
강한 손으로 그리고 편 팔로 그리고 큰 두려움으로,
그리고 징조들로 그리고 기적들로.
9 그리고 그가 우리를 이 장소로 오게 하셨다,
그리고 그가 우리에게 이 땅을 주셨다, 젖과 꿀이 흐르는 땅.
10 그리고 이제 보라 내가 가져왔다, 아도나이여 당신이 나에게 주신 그 땅의 열매의 첫 것을,
그리고 너는 그것을 너의 하나님 아도나이 앞에 둘 것이다,
그리고 너는 너의 하나님 아도나이 앞에서 엎드릴 것이다.
11 그리고 너는 그 모든 좋은 것으로 즐거워할 것이다,
너의 하나님 아도나이께서 너에게 그리고 너의 집에게 주신,
너와 레위 사람과 너의 가운데 있는 나그네와.

**주해**

[1] 그리고 이것이 있을 것이다,
네가 아도나이 너의 하나님이 너에게 기업으로 주시는 그 땅에 들어가고
네가 그것을 점령하고 네가 그 안에서 살 때,

히브리어는 "그리고 이것이 있을 것이다 ~ 때" והיה כי로 시작하여 1절이 조건절이다. 이스라엘이 가나안 땅을 정복하고 살 때, 일어날 일을 설명한다. "네가"는 이스라엘을 의미한다. 이스라엘이 "그 땅" 즉 가나안 땅에 들어갈 때를 전제하고 있다. 여기서 "그 땅"은 다시 "아도나이 너의 하나님이 너에게 주시는 그 땅"으로 나온다. 하나님이 이스라엘에게 선물로 주시는 땅이다(땅에 관해서는 신명기 1권, 68-73을 보라). 하나님은 계속 아브라함과 이삭과 야곱에게 나타나셔서 가나안 땅을 후손에게 주실 것을 약속하셨다(창 12:1-3, 7; 15:7-21; 26:2-4; 28:13). 지금 출애굽 후세대에게 율법을 다시 설명하고 있는 모세는 이러한 약속을 기정사실화 하고 있다. 가나안 땅은 하나님이 선물로 "주시는" 땅이지만 또한 이스라엘이 "점령"해야 할 땅이다. 하나님의 약속은 자동적으로 이루어지지 않고 이스라엘이 구체적으로 정복 전쟁에 나서야 할 땅이다. 하나님의 약속은 이스라엘의 순종을 요구하고 있다(참고 히 4:2, 6). 이스라엘이 그 땅을 정복하고 그 곳에서 정착하고 살 때에 일어날 일을 설명한다.

[2] 그리고 너는 그 땅의 모든[1)] 열매의 첫 것으로부터 취할 것이다,
아도나이 너의 하나님이 너에게 주시는 너의 땅으로부터 네가 가져오는,[2)]
그리고 너는 그 바구니 안에 둘 것이다, 그리고 너는 걸어갈 것이다,
아도나이 너의 하나님이 그의 이름을[3)] 거기에 두기 위하여 선택하시는[4)] 그 장소로.

**본문 비교**

1) 일부 히브리어 필사본(V[ken 80, 109]), 사마리아 오경, 칠십인 경은 "모든"을 생략한다. 오리겐의 헥사플라는 "모든"을 넣어준다.
2) 칠십인 경의 번역은 더 단순하다. "그리고 너는 너의 하나님 주님께서 너에게 주시는 그 땅의 열매들의 첫 것으로부터 취할 것이다" *καὶ λήμψῃ ἀπὸ τῆς ἀπαρχῆς τῶν καρπῶν τῆς γῆς σου ἧς κύριος ὁ θεός σου δίδωσίν σοι*이다. 칠십인 경은 히브리어의 "너의 땅으로부터 네가 가져오는"을 생략한다. 오리겐의 헥사플라는 이것이 빠져 있음을 지적한다.
3) 탈굼 옹켈로스와 탈굼 프쉬도 요나단은 신적 임재 또는 신성의 장엄함을 뜻하는 "세키나"(שכינתיה) 그리고 탈굼 네오피티는 "세키나의 영광"으로 번역한다.
4) 마소라 사본은 미완료형(יבחר)인 데 반하여 사마리아 오경은 완료형(בחר)이다. 칠십인 경은 가정법 과거 중간태(ἐκλέξηται)이다.

1절은 조건절이며 2절부터가 귀결절이다. "그리고"는 '그때'로 이스라엘이 가나안 땅에 정착하고 살면서 농사를 짓고 그 수확물의 첫 것을 가져온 때를 말한다. 관계 대명사로 연결되어 있는 절을 다시 번역해 보면 "그리고 너는 아도나이 너의 하나님이 너에게 주시는 너의 땅으로부터 네가 가져오는 그 땅의 모든 열매의 첫 것으로부터 취할 것이다," 이다. 여기서 "너의 땅"(ארצך)과 "그 땅"(האדמה)의 히브리어는 다르지만 의미는 같다.

"그 땅의 모든 열매의 첫 것"은 이스라엘이 가나안 땅에서 농사를 짓고 처음 추수한 것을 말한다. 이것을 하나님께 가져가서 예배를 드려야 한다. 이 열매를 가져가야 하는 이유는 "아도나이 너의 하나님이 너에게 주시는 너의 땅으로부터" 취했기 때문이다. 하나님이 땅이 없는 민족 이스라엘에게 땅을 주셨기 때문이다. 지금 모세의 설교를 듣고 있는 출애굽 후세대는 땅이 없는 민족이다. 하지만 그들은 요단강을 건너 하나님이 그들에게 주시기로 약속한 땅을 정복하려고 한다. 그들은 땅을 소유한 민족이 될 때를 가정해서 이 법을 말하고 있다.

이스라엘은 그 땅의 첫 소산물을 바구니에 담아가지고 하나님이 선택하시는 장소로 가야 한다. "선택하시는"은 '그가 선택하실 것이다'로 미완료형이다. "그 장소"는 하나님이 약속의 땅에서 선택하실 한 장소로 중앙성소라고 부른다(신명기 2권, 194-200을 참고하라). 모세는 하나님께서 가나안 땅에서 선택하실 한 장소에 대해서 강조하고 있지만 그 장소가 어디인지 구체적인 지명을 밝히지는 않는다. 하나님께서 그 장소를 선택하시는 목적은 "그의 이름을 거기에 두기 위하여"이다.

3 그리고 너는 그 날들에 있는 그 제사장에게 갈 것이다,
그리고 너는 그에게[1] 말할 것이다, 내가 오늘 당신의 하나님 아도나이께[2] 고하나이다,
내가 아도나이께서 우리의 조상들에게 우리를 위하여 주기로 맹세하신 그 땅에 왔다는 것을.

**본문 비교**

1) 탈굼 네오피티와 탈굼 프쉬도 요나단은 "대제사장"이다.
2) 칠십인 경은 "나의 하나님 주님께"(κυρίῳ τῷ θεῷ μου)이다. 칠십인 경을 따라서 번역하는 성경들(LEI, NAS, NAU, NJB)이 있다.

2절에 이어 계속 귀결절이다. "너는"은 이스라엘 사람이지만 더 구체적으로 첫 소산의 만물을 가지고 중앙 성소에 간 예배자를 뜻한다. "그 날들에 있는"은 '그 시대' 또는 '그 당시'를 의미한다. "그 제사장"은 중앙 성소에 있는 제사장으로 그때 직무를 행하고 있는 제사장이다.

"너는 그에게 말할 것이다"는 예배자가 제사장에게 말하는 것이다.

"오늘"은 예배자가 토지 소산의 맏물을 가지고 간 시점을 의미한다. 신명기 서론에서 말했듯이 "오늘"이라는 표현이 많이 나온다(신명기 1권, 63-67 참고하라). 이 "오늘"은 이스라엘이 가나안 땅에 들어가 정착하고 살 때 즉 미래를 의미하지만 지금 모세의 설교 속에서 현재화되어 나오고 있다. "고하나이다"는 '선언하다'(Joüon-M, §112 *f*), '말하다,' '고백하다'의 뜻이 있다.

예배자가 제사장에게 고백하는 내용은 신앙고백적인 성격을 띠고 있다. "내가 아도나이께서 우리의 조상들에게 우리를 위하여 주기로 맹세하신 그 땅에 왔다"고 말하기 때문이다. 이 고백에서 알 수 있는 것은 하나님의 약속이 역사 속에서 성취되었다는 사실이다. 지금 예배자는 하나님의 약속의 성취를 고백한다.

"맹세하신 그 땅"은 관계 대명사에 의해 나오는데, "맹세하신"은 니팔 완료 3인칭 단수로 '그가 맹세하셨던 그 땅'이다. 이 표현은 신명기에 자주 나온다. "맹세하신 그 땅"(הארץ אשר נשבע)은 신명기에 1:8; 6:10, 23; 8:1; 10:11; 26:3; 31:7, 21, 23; 34:4에 나오고 "맹세하신 그 좋은 땅"은 1:35; 6:18 그리고 "맹세하신 그 땅"(האדמה)은 7:13; 11:9, 21; 28:11; 30:20; 31:20에 나온다. 예배자는 지금 "우리의 조상들에게 우리를 위하여 주기로 맹세하신 그 땅"이라고 말한다. "우리를 위하여"는 '우리에게'로도 번역할 수 있다. 조상들에게 하신 하나님의 약속이 현재화 되어 가나안 땅을 정복하고 정착하여 살고 있는 사람들에게 적용되고 있다.

4 그리고 그 제사장은 너의 손으로부터[1)] 그 바구니를[2)] 취할 것이다,
그리고 그는 그것을 너의 하나님 아도나이의 제단 앞에 놓을 것이다.

**본문 비교**

1) 칠십인 경은 "너의 손들"이다.

2) 탈굼 프쉬도 요나단은 "첫 열매의 바구니"이다.

"그 제사장"은 예배자가 찾아간 때에 직무를 행하고 있는 제사장이다. "너의 손으로부터"는 '예배자의 손으로부터'를 의미한다. "그 바구니"는 2절에서 말했듯이 가나안 땅을 정복하고 정착하고 사는 이스라엘 사람이 그 땅을 경작하여 농사를 지은 것의 첫 열매를 바구니에 담아서 가져온 것이다. 제사장은 이 바구니를 받아서 아도나이의 제단 앞에 놓는다. 땅을 주신 아도나이께 예물을 드리는 것이다.

5 그리고 너는 대답할 것이며 너의 하나님 아도나이 앞에서 말할 것이다,
나의 아버지는 망해가는[1] 아람 사람이다. 그리고 그가 이집트로 내려갔다.
그리고 그가 거기서 소수의 남자들과 여행했다.
그리고 거기서 그는 큰, 강하고 많은 민족이[2] 되었다.

**본문 비교**

1) 칠십인 경은 "그가 던져버렸다" ἀπέβαλεν으로 번역한다. 즉 "나의 아버지는 아람(시리아)를 던져버렸다" Συρίαν ἀπέβαλεν ὁ πατήρ μου이다. 아람을 포기한 것이다. 오리겐의 헥사플라는 이 차이를 지적한다. 시리아 역은 "나의 아버지는 아람으로 인도되었다"이며 벌게이트는 "아람 사람이 나의 아버지를 학대했다"이다. 아람어 성경들은 여기서 한 걸음 더 나아가 이 구절을 다음과 같이 주해한다. 탈굼 옹켈로스는 "아람 사람 라반이 나의 아버지를 멸망시키려고 찾았다"이고 탈굼 네오피티는 "아람 사람 라반이 처음부터 나의 아버지 야곱을 멸망시키려고 찾았다 그러나 당신이 그를 그의 손으로부터 구원했다"이며 탈굼 프쉬도 요나단은 "우리의 아버지 야곱은 처음에 아람 나하림으로 내려갔고 라반이 그를 멸망시키려고 찾았으나 주의 말씀이 그를 그의 손으로부터 구원했다"이다. 아람어 성경들은 "아람 사람"을 야곱의 외삼촌 라반으로 해석한다. 하지만 본문은 예배자가 "나의 아버지는" 하고 말한다는

사실이다. 여기서 예배자는 이스라엘 사람이다.

2) 칠십인 경은 "크고 무수한, 많고 큰 민족" ἔθνος μέγα καὶ πλῆθος πολὺ καὶ μέγα으로 번역한다. 오리겐의 헥사플라는 καὶ πλῆθος가 덧붙여졌음을 지적한다.

"너는 대답할 것이며"는 앞의 3절에 이어서 첫 소산을 가져온 예배자가 계속 말하는 것을 의미한다. 5-9절은 예배자가 아도나이 앞에서 고백하는 내용이다. "나의 아버지는 망해가는 아람 사람이다"의 히브리어는 이해하기가 어렵다. 첫째 "나의 아버지" 즉 '나의 조상'이 누구인가 하는 것이다. 이집트로 내려간 사람은 야곱이지만 그는 아람 사람은 아니다. 그럼에도 불구하고 야곱은 형 에서의 위협을 피해 아람에서 외삼촌 라반의 집에 오랜 세월 동안 있었고 아람 여인들인 레아와 라헬을 아내로 맞이했기 때문에 야곱으로 해석할 수 있다. 두번째, 히브리어 "망해가는"은 **אבד**의 칼 분사 남성 단수로 이 동사의 뜻이 '소멸하다,' '멸망하다,' '말라 죽다'이기 때문에 해석이 어렵다. 그래서 이 단어(또는 절)에 대한 해석이 다양하다(위의 본문 비교를 참고하라). 현대 번역들은 "망해가는 아람 사람"(YLT), "아람에서 온 유목민"(CJB), "방랑하는 아람 사람"(ESV, NAS, NAU, NJB, ELB, NBG), "도피하는 아람 사람"(TNK), "고향을 잃은(유랑인) 아람 사람"(EIN), "길을 잃은 아람 사람"(LEI, ZUR)으로 나온다. 개역 개정은 "방랑하는 아람 사람"이다. 주석자들도 다양한 번역을 하고 있는데, "병든 아람 사람"(Craigie), "죽어가는 아람 사람" 즉 길을 잃고 방랑하는 아람 사람으로(Driver), "도피하는 아람 사람"(Tigay), "방랑하는 아람 사람"(Christensen, von Rad), "죽어가는 아람 사람"(Thompson)이다.

이 단어가 동물에게 사용되었을 때에는 "길을 잃은," "방랑하는"의 뜻을 갖는다(시 119:176; 렘 50:6; 겔 34:4, 16. Driver, 289). 따라서 이 단어를 야곱에게 적용해 보면 '방랑하는(유리하는) 아람 사람'이다. 그렇지만 이 단어의 원래 의미를 살려서 해석해 보면 '망해가는 또는 죽어가는 아람 사람'이다. 왜냐하면 "그가 이집트로 내려갔다"가 설명해 주듯이 야곱은 기근으로 인하여 먹을 것이 없어서 요셉의 초청을 받아 이집트로 내려갔기 때문이다(창 45-46장). 여기서 예배자는 아도나이 앞에서 이스라엘의 역사를 고백하는데, 족장 역사와 이집트 이주 역사를 말한다.

"그가 거기서 소수의 남자들과 여행했다."는 야곱이 이집트에서 머문 것을 뜻한다. "소수의 남자들"은 '소수의 사람들'로 야곱이 이끌고 내려간 야곱 집안의 사람들을 의미한다. 모두 70명이 이집트로 내려갔다(창 46:27. 신약의 사도행전 7장 14절은 75명으로 말하는데, 이는 칠십인 경을 인용했기 때문이다. 마소라 사본은 70명이고 칠십인 경은 75명이다. 5명의 차이는 요셉의 두 아들 므낫세와 에브라임의 아들들 때문이다. 므낫세의 아들 마길과 마길의 아들 갈라드 그리고 에브라임의 아들 수탈람과 탐 그리고 수탈람의 아들 에돔을 계수했기 때문이다). 이들이 거기서 번성했다. "거기서 그는 큰, 강하고 많은 민족이 되었다."는 야곱의 집안 사람들이 숫자적으로 많아진 것을 의미한다(출 1:7, 9, 20). 하지만 이스라엘 숫자가 많아진 것은 새로운 문제를 야기했다. 이집트의 바로 왕이 이스라엘을 두려워하여 그들을 노예로 삼았기 때문이다.

6 그러나 이집트 사람이 우리에게 악하게 했고 그들이 우리를 괴롭혔다,
그리고 그들이 우리 위에 어려운 노동을 두었다.

등위 접속사 '그리고'를 "그러나"로 번역하면, 5절의 이스라엘의 번성이 새로운 문제를 가져온 것을 잘 보여준다. 이집트 사람들이 야곱의 집안사람들을 어떻게 대우했는지를 세 개의 동사들이 잘 드러내 준다. 첫 번째, "우리에게 악하게 했고"는 '우리를 거칠게 다루었다,' '우리에게 악을 행했다'로써 이집트 사람들이 이스라엘 사람들을 잘못 다룬 것을 말한다. 두 번째, "그들이 우리를 괴롭혔다"는 '그들이 우리를 낮추었

다'이다. 무거운 노동으로 이집트 사람들이 이스라엘 사람들을 괴롭히고 학대한 것이다. 세 번째, "그들이 우리 위에 어려운 노동을 두었다"는 이집트 사람들이 이스라엘 사람들에게 무거운 노동 또는 어려운 일을 부과한 것이다. 이 세 동사가 이집트 사람들이 이스라엘 사람들을 노예로 부려먹고 학대한 것을 나타낸다. 실제 이집트 사람들은 이스라엘 사람들을 성을 짓는데, 비돔과 라암셋을 건축하는 데 동원하여 일을 시켰다(출 1:11). 이집트 사람들은 성 건축을 위해 이스라엘 사람들 위에 공사 감독관을 두어서 감독했다. 이스라엘 사람들은 성 건축을 위해 혹독한 일을 하였는데, 흙일과 벽돌 만드는 일과 농사의 여러가지 힘든 일들을 했다(출 1:14).

7 그리고 우리가 우리의 조상들의 하나님 아도나이께 부르짖었다,
그리고 아도나이께서 우리의 목소리를 들으셨다,[1]
그리고 그가 우리의 고통과[2] 우리의 괴로움과 우리의 억압을 보셨다.[3]

**본문 비교**

1) 탈굼 옹켈로스는 "우리의 기도를 받으셨다"이고 탈굼 네오피티는 "우리의 기도의 소리가 아도나이께 들려졌다"이고 탈굼 프쉬도 요나단은 "아도나이께서 우리의 기도를 들으셨다"이다.
2) 칠십인 경은 "굴욕," "수치" *ταπείνωσι*로 번역한다. 아퀼라는 "가난," "부족" *πενία*이다. 오리겐의 헥사플라는 이 차이를 지적한다.
3) 탈굼 옹켈로스, 탈굼 네오피티, 탈굼 프쉬도 요나단은 우리의 고통과 우리의 괴로움과 우리의 억압이 그에게 "드러났다" 또는 "나타났다"로 이해한다.

"그리고"는 '그래서'의 뜻이다. 이집트 사람들이 이스라엘 사람들에

게 무거운 노동을 시킨 결과로 이스라엘 사람들이 아도나이께 부르짖은 것이다. "부르짖었다"라는 동사에 이스라엘의 간절함이 나온다. 그들은 그들을 구원해 주실 하나님께 간절하게 기도한 것이다. "우리의 조상들의 하나님 아도나이께"는 이스라엘 사람들이 기도한 신은 새로운 신이나 이스라엘 주변의 이방신이 아니라 이스라엘 조상들, 특별히 아브라함과 이삭과 야곱이 섬겼던 하나님이다.

"그리고 아도나이께서 우리의 목소리를 들으셨다."는 이스라엘의 기도에 대한 결과로써 하나님의 응답이다. "우리의 목소리"는 위에서 동사 "부르짖었다"와 잘 어울린다. 하나님께서 이스라엘의 기도를 들으시고 그들의 고통과 압제를 주목하신다. "그가 우리의 고통과 우리의 괴로움과 우리의 억압을 보셨다." 여기서 세 개의 명사 "고통," "괴로움," "억압"은 모두 유사 동의어들이다. 이스라엘이 당한 학대를 보여준다. 6절에서 말한 세 개의 동사 "악하게 했다," "괴롭혔다," "두었다"와 평행을 이루면서 이집트 사람들이 이스라엘 사람들 위에 "어려운 노동을 두었다"는 것이 무엇인지를 설명하는 명사들이다. 무거운 노동과 일이 이스라엘을 무겁게 짓누르고 있었고 이스라엘은 이 노동으로 인하여 괴로움을 당하고 있다(참고 출 3:7).

아도나이의 반응을 보여주는 두 개의 동사 "들으셨다"와 "보셨다"가 인상적이다. 하나님이 살아 계셔서 우리의 기도를 들으신다는 것을 보여준다. 하나님은 이스라엘의 괴로움과 고통을 보시고 그들의 부르짖음을 들으셨다. 그래서 하나님께서 이스라엘을 구원하시려고 역사 속으로 내려오셨다(출 3:8). 하나님은 역사 속에서 하나님의 백성에게 말씀하실 뿐만 아니라 그들을 구원하시려고 행동하신다.

8 그리고 아도나이께서[1)] 이집트로부터 우리를 데리고 나왔다,
[2)]강한 손으로 그리고 편 팔로[3)] 그리고 큰 두려움으로,[4)]
그리고 징조들로 그리고 기적들로.

**본문 비교**

1) 탈굼 네오피티는 여기에 "우리를 구속하셨다"를 덧붙인다.
2) 칠십인 경은 여기에 "그가 큰 힘으로" αὐτὸς ἐν ἰσχύι μεγάλῃ를 덧붙인다. 오리겐의 헥사플라는 이것이 덧붙여졌음을 지적한다.
3) 칠십인 경의 일부 사본들(A F M)은 "그의 높은 팔로" ἐν βραχίονι αὐτοῦ τῷ ὑψηλῷ 이다.
4) 탈굼 옹켈로스와 탈굼 프쉬도 요나단은 단수 "큰 광경으로" בחזונא רבא이며(탈굼 네오피티는 복수) 칠십인 경은 복수 "큰 광경들로" ἐν ὁράμασιν μεγάλοις이다.

아도나이께서 이스라엘의 부르짖음을 들으시고 그들의 고통을 보셨다. "그리고"는 '그때'로 아도나이께서 보이신 반응을 설명한다. "이집트로부터"는 이스라엘이 어디서 구원을 받았는지를 말한다. "데리고 나왔다"는 יצא '데려오다,' '나오다'의 히필(사역 능동)로 하나님이 이스라엘을 이집트에서 데리고 나온 행동 즉 구원을 표현한다. 이 동사의 주어가 "아도나이께서"라는 것에 주목해야 한다. 하나님께서 역사 속에 들어오셔서 행동하신 것이다(참고 신 6:21; 16:1). 이스라엘은 이집트에서 있을 때, 고통과 괴로움과 억압을 당하고 있었다(26:7). 하나님이 그곳에서 이스라엘을 나오게 하신 것이다. 하나님이 힘든 일을 하고 있었던 이스라엘에게 자유와 해방을 주셨다.

아도나이께서 이스라엘을 구원하신 방법을 5개의 전치사 구들이 잘 보여주고 있다(칠십인 경은 6개의 전치사 구들이다. 위의 본문 비교 2)를 참고). 이 5개의 전치사 구들은 모두 수단과 방법을 표현하는 전치사 '베' ב '~으로'로 인도되고 있다. 이 5개의 단어들은 각자 뜻이 다르지만 여기서는 모두 하나님의 구원 행위 즉 이스라엘을 이집트에서 데리고 나온 행동을 설명하는 유사 동의어로 사용되고 있다. "강한 손"은 하나님의 능력을 상징적으로 보여주는 표현으로 출애굽을 설명할 때 많이 사용되었다(출 3:19; 6:1; 13:9; 32:11; 신 4:34; 5:15; 6:21; 7:8; 9:26; 시 136:12; 렘 32:21; 단 9:15; 참고 겔 20:33, 34). "편 팔" 역시 하나님의 능력을 상징적으로 보여준다(출 6:6; 신 4:34; 5:15; 왕하 17:36; 시 136:12; 렘 32:21; 참고 겔 20:33, 34). "큰 두려움으로"는 '큰 무서움으로' 또는 '큰 공포로'의 뜻이다(참고 신 34:12). 아람어 성경들과 칠십인 경은 "광경들," "모습들"로 번역했다(위 본문 비교 4)를 참고). "징조"와 "기적"은 '표징'과 '이적'으로도 번역할 수 있다(개역 개정은 "이적과 기사"). 하나님이 이스라엘을 데리고 나오기 위해서 바로 왕과 이집트에게 행하셨던 10재앙과 홍해 바다의 기적을 의미한다. 이 단어들은 출애굽 사건 때에 많이 사용되었다(출 7:3; 신 4:34; 6:22; 7:19; 29:3; 34:11). "징조"와 "기적"은 사람들의 눈에 보이게 나타났다. 그래서 이스라엘 사람들과 이집트 사람들이 아도나이를 두려워하였다.

9 그리고 그가 우리를 이 장소로[1] 오게 하셨다,
그리고 그가 우리에게 이 땅을 주셨다, 젖과 꿀이 흐르는 땅.[2]

**본문 비교**

1) 탈굼 네오피티는 "이 땅"(ארעא הדין)이다.
2) 탈굼 옹켈로스는 "젖과 꿀을 생산하는 땅," 탈굼 네오피티는 "우유같이 깨끗하고 꿀과 같이 맛있는 좋은 과일들을 생산하는 땅" 그리고 탈굼 프쉬도 요나단은 "우유같이 풍부하고 꿀같이 단 과일들의 땅"로 해석한다.

계속 하나님이 하신 구원의 행동을 말한다. 아도나이께서 이스라엘을 이집트에서 구원하신 후에 가나안 땅으로 데려왔다. "그리고"는 '그 후'의 의미이다. "그가 오게 하셨다"의 히브리어는 히필형(사역 능동)으로 하나님께서 하신 행동을 말하는데, '그가 인도했다,' '그가 데려왔다'의 뜻이다. "우리를 이 장소로"는 이스라엘을 가나안 땅으로 인도하신 것이다. 가나안 땅은 이스라엘의 여행 목적지이다. 하나님께서 이스라엘의 조상들, 아브라함과 이삭과 야곱에게 주시기로 약속한 땅이다. 이스라엘은 이집트에서 나온 후에 이 약속의 땅을 향하여 나아갔다.

"그가 우리에게 이 땅을 주셨다"는 아도나이께서 이스라엘에게 가나안 땅을 주신 것을 말한다. "땅"에 대해서는 신명기 1권 68-73을 보라. "이 땅"이 어떤 땅인지를 "젖과 꿀이 흐르는 땅"이라는 표현이 더 자세하게 설명하고 있다(신명기 1권, 405-406을 보라). 신명기는 가나안 땅을 묘사할 때 계속 "젖과 꿀이 흐르는 땅"이라고 설명한다(신 6:3; 11:9; 26:9, 15; 27:3; 31:20). 이 땅에 대해서는 신명기 8장 7-10과 11장 10-12에 잘 나온다.

10 그리고 이제 보라 내가[1] 가져왔다, 아도나이여 당신이 나에게 주신 그 땅의[2]
열매의[3] 첫 것을,
그리고 너는[4] 그것을 너의[4] 하나님 아도나이 앞에 둘 것이다,
그리고 너는 너의 하나님 아도나이 앞에서 엎드릴 것이다.

**본문 비교**

1) 탈굼 네오피티는 복수 "우리가"이다.
2) 칠십인 경은 "젖과 꿀을 흐르게 하는 땅을" γῆν ῥέουσαν γάλα καὶ μέλι를 덧붙인다. 오리겐의 헥사플라는 이것이 덧붙여졌음을 지적하고 있다.
3) 탈굼 네오피티는 "모든 열매의"이다.
4) 탈굼 네오피티는 복수 "너희"이다.

"그리고"는 문맥상 '그러므로' 또는 '그런 이유로'의 뜻이다. 아도나이께서 우리에게 땅을 주셨기 때문에 이제 이 토지 소산의 만물을 가져

왔다는 것이다. "이제 보라 내가 가져왔다"는 위의 2절과 관련이 있다. "내가"는 토지 소산의 만물을 담은 바구니를 가져온 예배자를 의미한다. 예배자가 와서 아도나이의 제단 앞에 바구니를 놓고 고백하는 것이다. 예배자는 먼저 이스라엘의 하나님을 "아도나이여" 하고 부른다. 그리고 하나님이 이스라엘에게 가나안 땅을 주셨다는 것을 말하며 그 땅에서 나온 첫 열매를 가져왔다고 말한다.

예배자는 신앙고백을 한 후에 하나님을 예배한다. 예배하는 행위는 첫째, "너는 그것을 너의 하나님 아도나이 앞에 둘 것이다," 둘째, "그리고 너는 너의 하나님 아도나이 앞에서 엎드릴 것이다."이다. "엎드릴 것이다"는 '경배할 것이다,' '예배할 것이다'의 의미이다. 가나안 땅을 주시겠다는 약속을 지키신 하나님을 경외하는 것이다.

11 그리고 너는 그 모든 좋은 것으로 즐거워할 것이다,
너의 하나님 아도나이께서 너에게 그리고 너의 집에게[1] 주신,
너와[2] 레위 사람과 너의 가운데 있는 나그네와.[3][4]

**본문 비교**

1) 탈굼 네오피티은 "너희의 집들 사람들에게," 탈굼 프쉬도 요나단은 "너희의 집 사람들에게" 그리고 탈굼 옹켈로스는 "너의 집 사람들에게"이다.
2) 칠십인 경은 "너"를 생략한다. 오리겐의 헥사플라는 "너"가 빠졌음을 지적한다.
3) 칠십인 경은 "개종자" προσήλυτος이다.
4) 마소라 사본은 11절 끝에 "세투마"(ס)를 두어 단락을 나눈다.

"그리고"는 문맥상 '그 후에,' '그 다음에'의 의미이다. 첫 소산을 드린 후에, 아도나이께 경배하고 난 후에 어떻게 할 것인지를 설명한다. "너"

는 여기서 예배자이다. "그 모든 좋은 것으로"는 하나님께서 예배자에게 주신 모든 것이다. 또는 "그 모든 좋은 것 안에서"로도 번역할 수 있다(Waltke-O, 198). "모든 좋은 것"이라는 표현에서 알 수 있듯이 하나님께서 예배자의 농사에 복을 주셨음을 볼 수 있다. 개역 개정은 "모든 복으로" 하고 의역했다. "즐거워할 것이다"는 예배자가 하나님이 주신 모든 좋은 것 즉 일 년 농사의 풍년을 기뻐하는 것이다. 위의 번역은 다시 "그리고 너는 너의 하나님 아도나이께서 너에게 그리고 너의 집에게 주신 그 모든 좋은 것으로 즐거워할 것이다"로 읽을 수 있다.

하나님이 주신 모든 좋은 것 때문에 예배자는 기뻐할 수 있다. 이 기쁨에 "너와 레위 사람과 너의 가운데 있는 나그네"도 참여할 수 있다. 히브리어에는 없지만 여기에 "함께"를 넣어주면 뜻이 더 명확해진다. "그리고 너는 너의 하나님 아도나이께서 너에게 그리고 너의 집에게 주신 그 모든 좋은 것으로, 너와 레위 사람과 너의 가운데 있는 나그네와 (함께) 즐거워할 것이다." 개역 개정은 "함께"를 넣어주었다.

## 2. 삼 년 십일조(26:12-15)

삼 년마다 드리는 십일조를 설명한다. 이것은 매년 드리는 십일조와 성격이 다르다(참고 14:22-29). 삼 년 십일조를 성 안의 레위 사람, 나그네, 고아와 과부에게 주어 배불리 먹게 해야 한다. 이 십일조를 부정하게 사용하지 않았다는 것을 고백한 후에 하나님께 복을 달라고 간구한다.

### 번역

12 네가 삼 년에, 그 십일조의 해, 너의 모든 소산의 십일조를 드리기를 마쳤을 때,
그때 너는 레위인에게, 체류객에게, 고아에게 그리고 과부에게 줄 것이다,
그리고 그들은 너의 문들에서 먹을 것이고 만족할 것이다.

13 그리고 너는 너의 하나님 아도나이 앞에서 말해야 한다,
내가 그 집에서 그 거룩한 것을 치웠다.
그리고 또한 내가 레위인에게 그리고 나그네에게, 고아에게 그리고 과부에게 주었다,
당신이 나에게 명령하신 당신의 모든 명령을 따라,
내가 당신의 명령들을 어기지 않았다. 그리고 내가 잊지 않았다.
14 내가 애곡할 때 그것을 먹지 않았고 내가 부정할 때 그것을 치우지 않았다,
그리고 내가 그것을 죽은 자에게 주지 않았다,
내가 나의 하나님 아도나이의 음성을 들었다,
내가 당신이 나에게 명령하신 모든 것을 따라 행했다.
15 당신의 거룩한 처소에서, 하늘에서 내려보소서,
그리고 축복하소서 당신의 백성을, 이스라엘을 그리고 당신이 우리에게 주신 그 땅을,
당신이 우리의 조상들에게 맹세하신 대로, 젖과 꿀이 흐르는 땅.

## 주해

12 [1]네가 삼 년에, 그 십일조의 해,[2] 너의[3] 모든 소산의 십일조를 드리기를 마쳤을 때,
그때 너는 레위인에게,[4][5] 체류객에게,[5] 고아에게 그리고 과부에게[6] 줄 것이다,
그리고 그들은 너의 문들에서 먹을 것이고 만족할 것이다.

## 본문 비교

1) 히브리어는 "~때," "만일 ~면" כִּי인 데 반하여 칠십인 경은 "그러나 만일 ~면" ἐὰν δὲ로 시작한다.
2) 칠십인 경은 "두 번째 십일조를" τὸ δεύτερον ἐπιδέκατον이다. 탈굼 네오피티는 "가난한 자를 위한 십일조의 해"이며(*Sifre Deut*. 292 역시 "가난한 자의 십일조") 탈굼 프쉬도 요나단은 "면제 년의

삼 년에"이다.

3) 일부 칠십인 경 사본(Rahlfs 편집)은 "너의 땅의" τῆς γῆς σου이다.

4) 탈굼 네오피티와 탈굼 프쉬도 요나단은 "첫 번째 십일조를 레위 인에게" 줄 것으로 해석한다.

5) 일부 히브리어 필사본들, 칠십인 경, 시리아 역과 벌게이트는 "그리고"를 넣어준다.

6) 탈굼 네오피티는 "가난한 자의 십일조를" 그리고 탈굼 프쉬도 요나단은 "두 번째 십일조, 가난한 자의 십일조를" 체류객, 고아와 과부에게 줄 것으로 말한다.

히브리어는 "~때," "만일 ~면" כִּי로 시작하여 한 상황을 전제하고 있다. 삼 년 십일조를 다 드렸을 때의 상황을 말한다. "마쳤을 때"는 '끝냈을 때'이다(개역 개정은 "마친 후에"로 번역한다). 이것은 신명기 14장 28-29절과 관련이 있다. 신명기 14장 22-27절은 매 년 십일조를 말하고 28-29절은 매 삼 년 십일조를 말한다(자세한 설명은 14장의 주석을 참고하라).

"삼 년에, 그 십일조의 해"는 삼 년 십일조를 의미한다. 그러나 칠십인 경과 탈굼 네오피티와 프쉬도 요나단은 이것을 두번째 십일조로 해석한다(위 본문 비교 2)를 참고). 특히 탈굼 네오피티와 프쉬도 요나단은 이것을 가난한 자의 십일조로 더 명확하게 설명한다. 즉 매 삼 년이 되면 두 번의 십일조를 드려야 한다는 것이다. 그래서 첫 번째 십일조는 레위인에게 드리고 두 번째 십일조는 가난한 사람들을 위하여 드려야 한다고 해석한다. 유대인 Rashi도 두 개의 다른 십일조로 해석한다(Wevers, 408. 각주 22를 보라). 하지만 이 해석은 본문과 맞지 않다. 히브리어는 그 "삼 년"이 어떤 해인지를 더 자세하게 "그 십일조의 해"로 설명하고 있다. 신명기 14장 28절도 "삼 년 끝에 너는 그 해의 너의 소산물의 모든 십일조를 가져와야 한다"로 말하고 있을 뿐이다. 여기서는 두 번째 십일조에 대한 개념이 나타나지 않는다.

매 삼 년의 십일조는 가난한 사람들을 위하여 사용하라고 명령한다. 여기서 가난한 사람들은 "체류객" 즉 '나그네"와 "고아"와 "과부"이다. 특이하게 "레위인"도 여기에 포함된다. 이 레위인들은 중앙 성소에 있는 레위인들이 아니라 각 성에 퍼져 살아가는 레위인들이다. "너의 문들"이 이것을 잘 보여준다. 매 삼 년 십일조를 가난한 사람들을 위하여 사용하라는 것은 이스라엘 사회의 소외 계층을 돌보라는 것이다. 이것은 가난한 사람들을 위하여 추수 때에 곡식을 남겨 둘 것과 과일들을 남겨 두라는 명령(신 24:19-21)보다 가난한 사람들을 돌보라는 더 확실하고 구체적인 율법이다. 가난한 사람들을 위하여 삼 년 십일조를 사용할 것을 명령하기 때문이다.

13 그리고 너는 너의 하나님 아도나이 앞에서 말해야 한다,
내가[1] 그 집에서[2] 그 거룩한 것을[3] 치웠다.
그리고 또한 내가[1] 레위인에게 그리고[4] 나그네에게,[5] 고아에게 그리고 과부에게 주었다,[6]
당신이 나에게 명령하신 당신의 모든 명령을[7] 따라,
내가[1] 당신의 명령들을[8] 어기지 않았다. 그리고 내가[1] 잊지 않았다.

**본문 비교**

1) "탈굼 네오피티는 "우리가"이다.
2) 칠십인 경과 벌게이트는 "나의 집"이고 탈굼 네오피티는 "우리의 집"이다.
3) 마소라 사본은 단수인 데 반하여 칠십인 경은 복수 "거룩한 것들"이다.
4) 일부 히브리어 필사본들과 사마리아 오경은 "그리고"를 생략한다.
5) 일부 히브리어 필사본들, 칠십인 경, 시리아 역 그리고 벌게이트는

"그리고"가 있다.

6) 탈굼 프쉬도 요나단은 첫 번째 십일조를 레위인에게 그리고 두 번째 십일조(탈굼 네오피티는 가난한 자의 십일조)를 나그네와 고아와 과부에게 주었다고 말하고 너는 세 번째 십일조를 하나님 앞에 가져와서 먹었다고 말한다.

7) 히브리어 필사본(V[ken 69]), 사마리아 오경, 칠십인 경 그리고 시리아역은 복수 "명령들"이다.

8) 칠십인 경은 단수 "당신의 명령"이다.

"그리고"는 '그때'로 삼 년 십일조를 드렸을 때를 말한다. "너"는 삼 년 십일조를 드린 일반적인 이스라엘 사람을 뜻한다. 삼 년 십일조를 드리고 나서 하나님 앞에서 다음과 같이 말할 것을 명령한다. "내가 그 집에서 거룩한 것을 치웠다"는 삼 년 십일조를 드린 사람이 하는 말로써 "그 집에서"는 '나의 집에서'를 그리고 "거룩한 것"은 삼 년 십일조를 의미한다. "치웠다"는 '제거했다'로 내 집에서 삼 년 십일조를 제거한 것으로 '드렸다,' 또는 '정리했다,' 또는 '구별했다' 또는 '옮겼다'의 뜻으로 이해할 수 있다. 삼 년 십일조는 레위 사람, 나그네 즉 체류객, 고아와 과부를 위해서 사용한다. 삼 년 십일조를 드린 사람은 "당신이 나에게 명령하신 당신의 모든 명령을 따라" 행했다는 것을 강조한다. 하나님의 명령에 순종했다는 것을 긍정적으로 말한 후에 "내가 당신의 명령들을 어기지 않았다 그리고 내가 잊지 않았다"고 말한다. 아도나이의 명령에서 벗어나지 않았고 아도나이의 명령을 무시하지 않았다는 것이다.

14 [1]내가 애곡할 때[2] 그것을 먹지 않았고[3] 내가 부정할 때 그것을 치우지 않았다,
그리고[3] 내가 그것을 죽은 자에게 주지 않았다,[4]
내가 나의 하나님 아도나이의 음성을 들었다,
내가 당신이 나에게 명령하신 모든 것을[5] 따라 행했다.

**본문 비교**

1) 칠십인 경과 시리아 역은 "그리고"로 시작한다.
2) 칠십인 경은 "나의 고통의 때에" ἐν ὀδύνῃ μου로 읽는다. 오리겐의 헥사플라는 이 차이를 지적한다.
3) 칠십인 경은 "그리고"를 생략한다.
4) 탈굼 네오피티와 탈굼 프쉬도 요나단은 죽은 사람의 수의나 관을 준비하는 데 사용하도록 주지 않았다고 해석한다.
5) 칠십인 경은 "모든"을 생략한다. 베버(Wevers) 편집은 καθότι인 데 반하여 랄프(Rahlfs) 편집은 καθὰ이다. 오리겐의 헥사플라는 히브리어와 같게 하기 위하여 πάντα를 넣어준다.

삼 년 십일조를 드리는 사람은 그 십일조를 잘못 사용하지 않았다고 부정어 '로'(לא) '~않다'를 세 번 사용하여 고백한다. "내가 애곡할 때 그것을 먹지 않았고" 십일조를 드리는 사람이 비탄에 처해 있을 때 "그것을" 문자적으로 '그것으로부터' 먹지 않았다고 말한다. 즉 잘못 사용하지 않았다는 것이다. "내가 부정할 때 그것을 치우지 않았다"는 삼 년 십일조를 드리는 사람이 의식적으로 부정한 동안에 십일조를 드리지 않았다고 말한다. "내가 그것을 죽은 자에게 주지 않았다"는 죽은 사람의 장례 비용으로 사용한 것인지(탈굼과 같이 관이나 수의를 위한 비용인지) 아니면 죽은 사람을 위한 장례 음식으로 사용한 것인지 명확하지 않다. 여기서 "애곡할 때"와 "부정할 때" 그리고 "죽은 자"는 다 관련이 있다. 사람이 죽으면 애곡을 할 뿐만 아니라 죽은 자를 장례 지내는 동안 의식적으로 부정하기 때문이다.

상반절은 삼 년 십일조를 부정하게 사용하지 않았다는 것을 명확하게 말하는 반면에 하반절은 삼 년 십일조를 하나님의 명령을 따라 드렸다고 강조한다. 상반절과 하반절에 등위 접속사 "그러나"가 없지만 넣어주면 그 의미가 잘 통한다. "(그러나) 내가 나의 하나님 아도나이의 음성을 들었다,"와 같은 의미이다. "나의 하나님 아도나이의 음성을 들었다"는 것은 순종했다는 것이다. 아도나이의 음성을 들은 것이 무엇인지를 다음 구절이 더 명확하게 설명한다. "내가 당신이 나에게 명령하신 모든 것을 따라 행했다"이다. 아도나이의 명령이 기준이다. 그 기준을 따라 생활했다는 것을 선언하고 있다.

15 당신의 거룩한 처소에서, 하늘에서 내려 보소서,[1]
그리고 축복하소서 당신의 백성을, 이스라엘을 그리고 당신이 우리에게[2] 주신 그 땅을,
당신이 우리의 조상들에게 맹세하신 대로, 젖과 꿀이 흐르는 땅.[3]

**본문 비교**

1) 마소라 사본은 **השקיפה**인 데 반하여 사마리아 오경은 **השקף**이다. 뜻은 변함이 없다.
2) 칠십인 경은 "그들에게"이다.
3) 마소라 사본은 여기에 세투마(ס)를 두어 단락을 나누고 있다.

히브리어는 히필 명령형 **השקיפה**"내려 보소서"가 먼저 나와서 하나의 기도문같다. "처소"는 '거주,' '주택,' '집'이란 뜻이다. 두 개의 전치사구 "당신의 거룩한 처소에서, 하늘에서"는 하나님의 거룩한 처소가 어디에 있는지를 잘 보여준다. 하나님은 그의 이름을 이 땅에 두기 위하여, 약속의 땅에서 한 장소를 선택하셨지만(신 12:5) 그의 거처는 하늘에 있다. 이것은 솔로몬이 하나님의 이름을 위한 성전을 예루살렘에 지었지만 하나님의 처소는 하늘에 있다고 말하는 기도에서도 볼 수 있다(왕상 8:29-30, 32, 34, 36, 39, 43, 45, 49).

삼 년 십일조를 드린 사람은 하늘에 계신 하나님께 복을 달라고 기도한다. "축복하소서"는 피엘 명령형이다. 세 개의 목적격이 나온다. "당

신의 백성을, 이스라엘을 그리고 당신이 우리에게 주신 그 땅을." 여기서 "당신의 백성"이 누구인지 다음에 나오는 "이스라엘"이 잘 보여준다. 이스라엘은 하나님이 많은 백성들 가운데서 선택한 하나님의 백성이다. 그리고 하나님이 이스라엘에게 주신 땅을 축복해 달라고 간구한다. 이 땅은 하나님이 이스라엘 조상들에게 맹세하신 "젖과 꿀이 흐르는 땅"이다(위의 9절의 설명을 참고하라).

## 3. 아도나이와 이스라엘 상호 서약(16–19)

이스라엘은 오늘 아도나이를 그의 하나님으로 선언해야 한다. 그리고 아도나이 역시 이스라엘을 그의 보배로운 백성으로 선언해야 한다. 서로 언약 관계에 들어가는 것이다. 이스라엘은 아도나이를 그의 하나님으로 인정하고 아도나이는 이스라엘을 그의 백성으로 인정하는 것이다. 17절과 18~19절은 서로 대조를 이룬다.

### 번역

16 이 날 너의 하나님 아도나이께서 너에게 명령하신다,
이 법규들과 법령들을 행하도록,
그리고 너는 지켜야 하고 너는 행해야 한다 그것들을,
온 너의 마음으로 그리고 온 너의 영혼으로.
17 너는 오늘 아도나이를 너의 하나님인 것을 말해야 한다,
그리고 그의 길들에 걷는 것을
그리고 그의 법규들과 그의 명령들과 그의 법령들을 지키는 것을,
그리고 그의 목소리를 듣는 것을.
18 그리고 아도나이께서 오늘 너를 그의 보배로운 백성인 것을 말해야 한다,
그가 너에게 말씀한 것을 따라,

그리고 그의 모든 계명들을 지키는 것을,

19 그리고 너에게 그가 만드신 모든 민족들 위에 뛰어남을 주신 것을,

찬송으로 그리고 이름으로 그리고 아름다움으로,

그리고 그가 말씀하신 대로 너를 너의 하나님 아도나이의 거룩한 백성이 되게 한 것을.

**주해**

16 이 날[1] 너의 하나님 아도나이께서 너에게 명령하신다,

이[2] 법규들과 법령들을 행하도록,

그리고 너는[3] 지켜야 하고 너는[3] 행해야 한다 그것들을,

온 너의[4] 마음으로 그리고 온 너의[4] 영혼으로.

**본문 비교**

1) 칠십인 경은 전치사를 넣어서 "이 날에" ἐν τῇ ἡμέρᾳ ταύτῃ로 읽는다.
2) 칠십인 경은 "모든" πάντα를 넣어주었다. 오리겐의 헥사플라는 이것이 첨가되었음을 지적한다.
3) 칠십인 경, 탈굼 네오피티, 탈굼 프쉬도 요나단은 복수 "너희"이다.
4) 칠십인 경, 탈굼 네오피티, 탈굼 프쉬도 요나단은 복수 "너희의"이다.

"이 날"은 '오늘'로도 번역할 수 있다. 모세가 아도나이의 법을 설교하고 있는 시점이다(신명기 1권 서론의 "9. 오늘"을 참고하라). 하나님께서 왜 명령하시는 지를 칼 부정사 "행하도록"이 잘 보여준다. 다시 번역해 보면 "이 날 너의 하나님 아도나이께서 너에게 이 법규들과 법령들을 행하도록 명령하신다."이다. "법규들과 법령들"에 대해서는 신명기 4:1의 주석을 보라(신명기 1권, 261-262). "너의 하나님"이 "너에게" 즉 이

스라엘에게 명령하신다.

아도나이는 명령하시고 이스라엘은 그것을 지켜야 한다. "너는 지켜야 하고 너는 행해야 한다 그것들을." 이것을 명령으로 "주의 깊게(신실하게) 준수하라"(NIB, NIV, TNK) 하고 번역하기도 한다. 개역 개정도 "지켜 행하라"로 번역했다. "그것들을"은 "법규들과 법령들"을 의미한다. 하나님의 법을 지키는 방법은 두 개의 전치사구가 말해준다. "온 너의 마음으로 그리고 온 너의 영혼으로"이다. 개역 개역은 이것을 문자적으로 번역하지 않고 "너는 마음을 다하고 뜻을 다하여" 하고 의역했다. "온"은 '모든'의 뜻이다.

17 너는 오늘 아도나이를[1] 너의 하나님인 것을 말해야 한다,[2]
그리고 그의 길들에 걷는 것을,
그리고 그의 법규들과[3] 그의 명령들과[4] 그의 법령들을[5] 지키는 것을,
그리고 그의 목소리를[6] 듣는 것을.

**본문 비교**

1) 칠십인 경은 "하나님을" τὸν θεὸν으로 번역한다.
2) 칠십인 경은 "네가 선택했다," "네가 취했다" εἵλου로 번역한다. 오리겐의 헥사플라는 이 차이점을 지적한다. 탈굼 옹켈로스와 탈굼 프쉬도 요나단도 "선택했다" חטב 로 번역한다.
3) 칠십인 경은 "그의"를 생략한다. 오리겐의 헥사플라는 이 생략을 지적한다.
4) 칠십인 경은 "그의 명령들을"을 생략한다. 오리겐의 헥사플라는 "그의 명령들을" 넣어줄 것을 제안한다.
5) 사마리아 오경은 "그의 법령들을" 생략한다.
6) 탈굼 옹켈로스와 탈굼 프쉬도 요나단은 "그의 말씀" 그리고 탈굼 네오피티는 "그의 말씀의 소리"이다.

동사 "말해야 한다" האמרת는 אמר의 히필형(사역 능동)으로 번역하기가 까다로워서 다양한 번역이 나왔다. "말해야 한다"(ELB, ELO, LUO, SCH, SCL, SVV), "인정해야 한다"(ASV, KJV, JPS), "선언해야 한다"(ESV, LEI, NAS, NAU, NIB, NIV, ZUR), "받아들여야 한다"(NAB), "단언해야 한다"(TNK). 개역 개정은 "인정하고"로 번역했다. 여기서 이 단어는 선언이나 인정의 의미를 갖는다. "너는 오늘 아도나이를 너의 하나님인 것을 말해야 한다"는 '너는 오늘 아도나이를 너의 하나님으로 인정해야 한다 또는 선언해야 한다'의 뜻이다.

이 구절에는 또한 4개의 칼 부정사구가 나온다. "너의 하나님인 것을," "걷는 것을," "지키는 것을," 그리고 "듣는 것을"이다. 이 4개의 부정사구들은 서로 그 뜻을 보완하며 확장해가고 있다. "그의 길들에 걷는 것을"은 '네가 아도나이의 길들에 걷는 것'을 뜻한다. "아도나이의 길"은 아도나이의 말씀을 따라 행하는 것 또는 살아가는 것을 말한다. 더 구체적으로 말하면 "그의 법규들과 그의 명령들과 그의 법령들을 지키는 것"을 의미한다. 이것은 다시 "그의 목소리를 듣는 것" 즉 하나님의 말씀을 듣는 것으로 말할 수 있을 것이다.

이스라엘은 오늘 아도나이를 자신의 하나님으로 인정 또는 선언해야 하는데, 하나님으로 인정하는 방법은 그의 길로 가는 것이다. 즉 하나님의 율법을 지키며 그의 목소리에 순종하는 삶을 의미한다. 이스라엘은 오늘 모세를 통하여 선포되는 하나님의 말씀을 따라 살아갈 때, 하나님을 자신의 하나님으로 인정하는 것이다. 하나님을 자신의 하나님이라고 말하는 것은 삶으로써 하나님을 자신의 하나님으로 보여주어야 한다.

18 그리고 아도나이께서 오늘 너를 그의 보배로운 백성인[1] 것을 말해야 한다,[2]
그가 너에게[3] 말씀한 것을 따라,
그리고 그의 모든 계명들을 지키는 것을,

**본문 비교**

1) 탈굼 옹켈로스와 탈굼 네오피티는 "사랑하는 백성" 그리고 탈굼 프쉬도 요나단은 "독특한 백성"으로 해석한다.
2) 칠십인 경은 "그가 선택했다," "그가 취했다" εἵλατό로 번역한다. 탈굼 옹켈로스와 탈굼 프쉬도 요나단도 "선택했다" חטב로 번역한다. 탈굼 프쉬도 요나단은 이스라엘을 세상에서 독특한 선택으로 선택했다고 설명한다.
3) 칠십인 경은 "너에게"를 생략한다. 하지만 랄프(Rahlfs) 편집은 σοι가 있다.

17절은 이스라엘이 선언해야 했던 반면에 18절은 이제 아도나이께서 선언하신다. "말해야 한다"는 위 17절과 같은 단어로 히필형이 사용되었다(설명은 17절을 보라). "아도나이께서 너를 그의 보배로운 백성인 것을" 선언해야 한다. 이스라엘은 "그의 보배로운 백성으로" 인정하는 것, 선언하는 것이다. "보배로운 백성"은 특별한 소유를 말한다(신 7:6과 14:2의 설명을 보라).

이 구절은 다시 "아도나이께서 오늘 너를 그가 너에게 말씀한 것을 따라 그의 보배로운 백성인 것을 말해야 한다"로 번역할 수 있다. "그가 너에게 말씀한 것을 따라"는 '그가 너에게 말씀하신 대로'이다. 즉 하나님께서 이스라엘에게 약속하신 것을 따라 하나님이 이스라엘을 그의 보배로운 백성으로 인정하는 것이다.

17절과 같이 18~19절에서도 4개의 칼 부정사가 나온다. 18절에서 2개 "백성인 것을," "지키는 것을" 그리고 2개는 19절에 나온다. 아도나이는 "너를 그의 보배로운 백성인 것을" 그리고 "그의 모든 계명들을 지키는 것을" 말해야 한다. "그의 모든 계명들을 지키는 것을"은 '너는 그의 모든 계명들을 지켜야 한다'는 의미이다. 즉 아도나이는 이스라엘이 그의 모든 계명들을 지켜야 한다는 것을 선언해야 한다.

19 그리고 너에게 그가 만드신[1] 모든 민족들 위에 뛰어남을 주신 것을,
찬송으로 그리고[2] 이름으로 그리고 아름다움으로,[3]
그리고 그가 말씀하신 대로[4] 너를 너의 하나님 아도나이의 거룩한 백성이 되게 한 것을.[5]

**본문 비교**

1) 탈굼 네오피티는 "그가 창조하신" **די ברא**로 번역한다. 칠십인 경은 "그가 너에게 행하신 것 같이" *ὡς ἐποίησέν σε*로 번역한다. 이 번역은 마소라와 다르다. 마소라 사본은 관계 대명사로 인도되는 동사 '그가 만드셨다'가 '모든 민족들'을 수식하여 **כל הגוים אשר עשה** "그가 만드신 모든 민족들"로 번역하는 데 반하여 칠십인 경은 "그가 너에게 행하신 것 같이"는 뒤에 나오는 "명성과 자랑과 영광" *ὀνομαστὸν καὶ καύχημα καὶ δόξαστόν*을 수식한다.
2) 일부 히브리어 필사본들과 사마리아 오경은 "그리고"를 생략한다.
3) 칠십인 경은 "명성과 자랑과 영광" *ὀνομαστὸν καὶ καύχημα καὶ δόξαστόν*으로 번역한다. 탈굼 네오피티는 "영광과 찬양과 위엄"으로 번역한다.
4) 쿰란 사본(4QDeut[c])은 여기에 "너에게" **לך**를 갖고 있다(시리아 역역시).
5) 마소라 사본은 여기에 세투마(ס)를 두어 단락을 나누고 있다.

18절에 이어 이 구절에서도 칼 부정사가 두 개 "주신 것을"과 "되게 한 것을"이 나와 18절의 "말해야 한다"에 걸린다. 아도나이께서 이스라엘에게 모든 민족들 위에 "뛰어남"을 주셨다. "뛰어남"은 '높음'으로 하나님이 이스라엘의 신분과 지위를 높이신 것을 말한다. 이것은 하나님이 이스라엘을 선택하신 결과이다. 이 세상의 모든 민족들 가운데서 하나님이 이스라엘을 선택하심으로 이스라엘은 하나님의 보배로운 백성

이 된 것이다(18절, 참고 신 7:6). 이 "뛰어남"은 "찬송과 이름과 아름다움"으로 나타난다. "찬송"은 '찬양,' '칭송'을 그리고 "이름"은 뛰어난 '명성'으로 유명한 것을 그리고 "아름다움"은 '영광'을 의미한다. 이스라엘은 하나님의 백성이라는 지위와 신분에 걸맞는 칭송과 명성과 영광을 누리는 것이다.

"그가 말씀하신 대로"는 '그가 약속하신 대로,' '그가 말한 것과 같이'의 뜻이다. 하나님의 말씀이 이루어졌다는 것을 강조한다. "그가 말씀"한 것은 "너를 너의 하나님 아도나이의 거룩한 백성이 되게 한 것"이다. 이것은 하나님과 이스라엘 사이에 맺은 시내산 언약의 내용을 반영한다. 이스라엘이 하나님이 제안한 언약을 잘 지킬 때에, 하나님은 이스라엘에게 "거룩한 민족"과 "제사장 나라"가 될 것을 약속했다(출 19:6).

## 참고 문헌


김영욱, "토라 시편," 『기혼의 시냇가에 심긴 나무처럼』, 솔로몬, 2016.

Altmann, P. "Feast, Famine, and History: The Festival Meal Topos and Deuteronomy 26,1-15," *ZAW* 124(2012), 555-567.

Anderson, L. "Sermon Basket of Memories (Dt. 26:5-11)," in *Reclaiming the Imagination*, Missouri, 2009, 170-76.

Beek, M. A. "Das Problem des Aramaeischen Stammvaters (Deut. xxvi 5)," *OTS* 8 (1950), 193-212.

Bartlett, J. R. "The Brotherhood of Edom," *JSOT* 4 (1977), 2-27.

Braulik, G. "Wie aus Erzählung ein Bekenntnis wird: das Credo Israels – Eine Kurzformel des Glaubens," *Entschluss* 38 (1983), 15-26.

Brekelmans, C. H. W. "Het Historische Credo van Israel," *Tijdschrift voor Theologie* 3 (1963), 1-11.

Buber, M. "The Prayer of the First Fruits," in *On the Bible*, New York, 1968, 122-30.

Buck, H. M. "Story and Celebration," in *Scripture in History and Theology*, Pittsburgh, 1977, 357-72.

Christensen, R. L. "Deuteronomy 26:1-11," *Int* 49 (1995), 59-62.

Cody, O.S.B. A. "Little Historical Creed or Little Historical Anamnesis," *CBQ* 68 (2006), 1-10.

Daniels, D. R. "The Creed of Deuteronomy XXVI Revisited," in *Studies in the Pentateuch*, SVT XLI, Leiden, 1990, 231-242.

Day, A. W. "Eating Before the Lord: A Theology of Food According to Deuteronomy," *JETS* 57 (2014), 85-97.

Durham, J. I. "Credo, Ancient Israelite," *IDBSup*, 197-199.

Fuhs, H. F. "Aus der Befreiung leben. Erwaegungen zum geschichtlichen Credo in Dtn 26,1-11," in *Schrift und Tradition*, FS. J. Ernst, Paderborn, 1996, 3-18.

Gertz, J. C. "Die Stellung des kleinen geschichtlichen Credos in der Redaktionsgeschichte von Deuteronomium und Pentateuch," *Liebe und Gebot: Studien zum Deuteronomium*, Göttingen, 2000, 30-45.

Gross, W. "Syntaktische Erscheinungen am Anfang althebräischer Erzählungen: Hintergrund und Vordergrund," in *Congress Volume*, Vienna, 1980, Leiden, 1981, 131-45.

Haag, H. "Offenbaren in der hebräischen Bible," in *Das Buch des Bundes: Aufsätze zur Bibel und ihrer Welt*, Patmos, 1980, 73-78.

Hammershaimb, E. "History and Cult in the Old Testament," in *Near Eastern Studies*, 1971, 269-82.

Harner, P. B. "Exodus, Sinai and Hittite Prologues," *JBL* 85 (1966), 233-36.

Hyatt, J. P. "Were There an Ancient Historical Credo in Israel and an Independent Sinai Tradition?" in *Translating and Understanding the Old Testament*, Nashville, 1970, 152-70.

Huffmon, H. B. "The Exodus, Sinai and the Credo," *CBQ* 27 (1965), 101-113.

Janzen, J. G. "The "Wandering Aramean" Reconsidered," *VT* 44 (1994),

357-375.

Janowski, B. “Vergegenwärtigung und Wiederholung. Anmerkungen zu G. von Rad's Konzept der ‘Heilsgeschichte’,” in *Heil und Geschichte*, Göttingen, 2010, 37-61.

Lohfink, N. “Zum “kleinen geschichtlichen Credo” Dtn 26, 5-9,” *ThuPh* 46 (1971), 19-39.

-----------, “Dt 26, 17-19 und die “Bundesformel”,” *ZKTh* 91 (1969), 517-553.

-----------, "Dtn 26, 5-9: Ein Beispiel altisraelitischer Geschichtstheologie," in *Studien zum Deuteronomium und zur deuteronomistischen Literatur* I, Stuttgart, 1990, 291-303.

Luckenbill, D. D. “The Wandering Aramean,” *AJSL* 36 (1919/20), 244-45.

McCarthy, D. J. “What was Israel's Historical Creed?” in *Institution and Narrative*, Rome, 1985, 312-319.

Mclaren, B. “Continuing the Conversation: Response to Anderson,” in *Reclaiming the Imagination*, Missouri, 2009, 177-78.

Michel, A. “Wenn nützen Glaubensbekenntnisse? Eine Reflexion auf das heilsgeschichtliche Credo in Deuteronomiun 26,” *TQ* 185 (2005), 38-51.

-----------, “Deuteronomium 26,16-19, ein ewiger Bund,” in *Für immer verbündet*, Stuttgart, 2007, 141-49.

Millard, A. R. “A Wandering Aramean,” *JNES* 39 (1980), 153-55.

Moriarty, F. L. “My Father Was a Wandering Aramean,” *TBT* 1 (1962), 97-108.

Steiner, R. C. "The "Aramean" of Deuteronomy 26:5: Peshat and Derash," in *Tehillah le-Moshe*, FS. M. Greenberg, Indiana, 1997, 127-138.

Thompson, J. A. “The Cultic Credo and the Sinai Tradition,” *Reformed Theological Review* 27 (1968), 53-64.

von Rad, G. “Das formgeschichtliche Problem des Hexatuech” in *Gesa-*

*mmelte studien zum Alten Testament*, München, 1961, 9-20.

Vriezen, Th. C. "The Credo in the Old Testament," in *Studies on the Psalms*, Potchefstroom, 1963, 5-17.

Weippert M. "Fragen des israelitischen Geschichtsbewußtseins," *VT* 23 (1973), 414-42.

Wilson, I. "Central Sanctuary or Local Settlement? The Location of the Triennial Declaration (Dtn 26,13-15)," *ZAW* 120 (2008), 323-40.

Zakovitch, Y. "My Father Was a Wandering Arnmean (Deuteronomy 26:5) or Edom Served My Father?" in *Mishneh Todah*, Winona Lake, 2009, 133-37.

-----------, "Some Remnants of Ancient Laws in the Deuteronomic Code," *ILR* 9 (1974), 346-51.

# DEUTERONOMY 신명기 27장

A New Translation with
Introduction
and Commentary

**DEUTERONOMY**

# DEUTERONOMY

# 신명기 27장

Deuteronomy 27

**내용/구조**

12-26장의 핵심 법전들이 끝나고 이제 27장은 새로운 주제를 말하는데, 라부샤흐네(Labuschagne)의 구조 분석에 따르면 이 장은 모압 언약(27-29장)에 속한다(신명기 1권 26페이지를 참고하라). 27장에서 에발산과 그리심산이 등장하는데 이 산들은 이미 신명기 11장 26-32절에서 나왔다. 모세는 이미 11장에서 그리심산에서의 복과 에발산에서의 저주를 선포할 것을 명령했다. 그리고 12-26장의 신명기의 핵심 법전이 나오고 다시 이 장에서 그리심산과 에발산에서의 복과 저주의 선포가 나온다. 마치 샌드위치와 같은 구조로 그리심산과 에발산 본문이 신명기의 핵심 법전을 감싸고 있다. 11장과 비교해 보면 27장은 복과 저주를 더 자세하게 말하고 있으며 특히 저주 본문을 12개로 더 확대하여 나온다. 더 나아가 이 장은 28장과도 긴밀하게 연결되어 있다. 28장은 1-14절이 복에 대해서 그리고 15-68절이 저주에 대해서 말하고 있다.

모세는 이스라엘이 요단을 건너간 후에 에발산에서 큰 돌들을 세우고 그 돌들에 석회를 바르고 율법의 말씀들을 분명하게 기록할 것을 명령한다. 그리고 에발산에서 번제와 화목제를 드리라고 말한다(1-8). 그 후에 모세는 이스라엘이 아도나이의 백성이 되었기 때문에 율법의 말씀들을 지켜야 한다고 권한다(9-10). 그리고 그리심산에 여섯 지파가 서고 에발산에 여섯 지파가 서서 복과 저주를 선포할 것을 말한다. 그 후에 특이하게 열 두 저주들이 나오고 있다(11-26). 특별히 세 번째 부분에서 그리심산에서 복을 그리고 에발산에서 저주를 말할 것을 당부한 후에(11-14) 열 두 저주들이 나오고 있다(15-26). 그런데 이 열 두 저주들은 28장과 관련해서 보면 28장 1-14절은 복 그리고 15-68절은 저주이다. 이것 역시 저주 – 복 - 저주로 샌드위치 구조이다. 저주가 양쪽에서 복을 감싸고 있는 구조이다. 모압 언약의 본문에서 구조와 내용적으로 저주가 더 강조되어 있는 것이 특이하다.

이 장의 모든 내용은 이스라엘이 가나안 땅에 들어가면, 에발산에서 행하라는 명령으로 구성되어 있다. 우리는 다음과 같이 세 부분으로 이 장을 나눌 수 있을 것이다.

1. 율법을 기록한 돌과 돌 제단(27:1-8).
2. 아도나이의 백성의 의무(신 27:9-10).
3. 그리심산의 복과 에발산의 저주(27:11-26)

### 여호수아의 율법 선포

이스라엘은 여호수아의 지도 하에 요단을 건너 가나안 땅에 진격한다. 여리고 성을 성공적으로 정복하고 아이 성의 정복 때에 처음에는 실패했지만 후에 성공하고 이스라엘은 모세가 명령한 대로 그리심산과 에발산으로 나아간다. 모세가 명령한 것을 실행하는 것이다(신 11:26-32; 27:11-26). 모세는 복과 저주를 이스라엘 앞에 두었다. 이스라엘이 법에 순종하면 복을 받을 것이고 법에 순종하지 않으면 저주를 받을 것이다. 이것은 또한 가나안 땅에 들어가서 의식 가운데 엄숙하게 선언되어야 한다. 여호수아는 이스라엘의 모든 회중, 여자들, 아이들과 거류민들 앞에서 그리심산에서 축복을 그리고 에발산에서 저주를 선언한다(수 8:30-35).

그리심산은 약 880m로 세겜의 남쪽에 있고 에발산은 약 940m로 세겜의 북쪽에 있다. 두 산 사이에 세겜이 위치해 있다. 아브라함이 가나안 땅에 처음 들어왔던 곳이 바로 세겜이며 그곳에서 하나님이 이 땅을 네 자손에게 주리라고 약속하셨다(창 12:6-7).

그리심산과 에발산에서의 축복과 저주 선언은 여리고 성과 아이 성의 함락 후에 주어졌다. 여리고 성에서의 순종과 성공 그리고 아이 성에서의 불순종과 실패를 경험한 후에 그리심산과 에발산에서 율법이 낭독되었다는 것은 의미심장한 일이다(수 8:30-35). 가나안 땅 정복은 율법에 순종할 때 가능하다. 또한 가나안 땅에서는 아도나이의 율법이 실행되어야 한다. 가나안 땅은 언약의 장소로써 언약의 실행을 요구한다. 이제 아도나이의 법이 가나안 땅에서 효력을 발휘할 것이다.

특별히 이스라엘은 율법의 복과 저주를 낭독했다. 흥미로운 사실은 율법에서 복보다는 저주가 더 많은 내용을 담고 있다(신 27:11-26; 28:1-68). 저주 가운데는 이스라엘이 여호와의 말씀에 불순종할 때 가나안 땅에서 멸망당하고 쫓겨나갈 것이 예언되어 있다. 이스라엘이 이제 가나안 땅에서 복과 저주를 선언했다. 이스라엘의 미래 역사가 번영으로 나아갈지 아니면 멸망으로 나아갈지는 언약을 지키는 것 즉, 율법 순종에 달려 있다(이 부분은 필자의 『대망의 책』, 서울:솔로몬, 1017, 195-196에서 가져와 약간 수정한 것이다).

## 1. 율법을 기록한 돌과 돌 제단(27:1-8)

이 본문에는 먼저 모세가 백성에게 명령하는 말씀에 순종할 것을 말한다(1). 그리고 흥미롭게 두 종류의 돌들이 나온다. 첫째는 석회를 바른 큰 돌들이다. 이스라엘이 요단을 건넌 후에 에발산에 큰 돌들을 세우고 그 위에 석회를 발라야 한다. 그리고 그 위에 율법의 모든 말씀들을 기록해야 한다(2-4, 8). 율법의 말씀을 기억하고 지켜야하기 때문이다. 두번째 돌은 다듬지 않은 돌들이다. 자연적인 돌들로 제단을 쌓고 그 위에 번제를 드리고 화목제를 드리고 먹고 즐거워하라고 명령한다(5-7).

**번역**

1 그리고 모세가 명령했다 그리고 이스라엘 장로들이 그 백성에게 말하기를,
내가 오늘 너희에게 명령하는 모든 계명을 지켜라.
2 그리고 이것이 그 날에 있을 것이다,
너희는 요단을 건너 아도나이 너의 하나님이 너에게 주시는 그 땅에 갈 것이다,
그리고 너는 너를 위하여 큰 돌들을 세울 것이다,
그리고 너는 석회로 그것들을 바를 것이다.
3 그리고 너는 그것들 위에 이 율법의 모든 말씀들을 기록해야 한다, 네가 건너 갈 때,
네가 너의 하나님 아도나이께서 너에게 주시는 그 땅에 들어가기 위하여,
젖과 꿀이 흐르는 땅, 너의 조상들의 하나님 아도나이께서 너에게 말씀하신 대로.
4 그리고 이것이 있을 것이다 너희가 요단을 건넜을 때,
너희는 내가 오늘 너희에게 명령하는 이 돌들을 에발산에 세울 것이다,
그리고 너는 석회로 그것들을 바를 것이다.
5 그리고 너는 거기서 너의 하나님 아도나이께 한 단을 쌓을 것이다,
돌들의 한 단, 너는 그것들 위에 철을 휘두르지 말 것이다.
6 너는 완전한 돌들로 너의 하나님 아도나이의 제단을 쌓을 것이다,
그리고 너는 그 위에 너의 하나님 아도나이를 위하여 번제들을 드릴 것이다.
7 그리고 너는 화목제를 드리고 너는 거기서 먹을 것이다,
그리고 너는 너의 하나님 아도나이 앞에서 즐거워할 것이다.
8 그리고 너는 그 돌들 위에 이 율법의 모든 말씀들을 매우 명확하게 기록할 것이다

**주해**

[1] 그리고 모세가 명령했다 그리고 이스라엘 장로들이 그 백성에게[1)] 말하기를,

내가 오늘 너희에게 명령하는 모든 계명을[2)] 지켜라.[3)]

**본문 비교**

1) 칠십인 경은 "그 백성에게"를 생략한다. 오리겐의 헥사플라는 τω λαω를 넣어준다.
2) 쿰란 사본(4QDeut[c])는 "이" הזאת를(단수) 넣어준다. 칠십인 경은 "이 계명들을" τὰς ἐντολὰς ταύτας로 복수이다.
3) 마소라 사본은 부정사 שמר인 데 반하여 사마리아 오경은 완료형 שמרו이다. 칠십인 경은 명령형 복수 φυλάσσεσθε πάσας τὰς ἐντολὰς이다. 오리겐의 헥사플라는 이 차이를 지적하고 있다. 아퀼라는 단수 φυλάσσε συν πᾶσαν τὴν ἐντολήν이고 심마쿠스는 φυλάσσε πᾶσαν τὴν ἐντολήν이고 테오도치온은 φυλάσσου τὴν πᾶσαν ἐντολήν이다.

"그리고"는 '그때'의 의미이다. 특이하게 여기서는 "모세와 이스라엘 장로들"이 함께 말하는 것으로 나온다. 모세가 말하고 이스라엘 장로들이 함께한 것이다. 왜냐하면 다음 구절에 명령하는 주체가 "내가" 즉 모세로 나오기 때문이다. "그 백성"은 이스라엘로 출애굽 후세대를 말한다. "내가 오늘 너희에게 명령하는"은 모세가 출애굽 후세대에게 율법을 선언하는 시간을 말한다. "계명"은 '명령'의 뜻이다. "지켜라" 또는 '준수하라'는 칼 부정사이지만 명령형으로 번역할 수 있다.

[2] 그리고 이것이 그 날에 있을 것이다,

너희는 요단을 건너 아도나이 너의[1)] 하나님이 너에게[1)] 주시는[2)] 그 땅에 갈 것이다,

그리고 너는[1] 너를[1] 위하여 큰 돌들을[3] 세울 것이다,

그리고 너는[1] 석회로 그것들을 바를 것이다.

**본문 비교**

1) 탈굼 네오피티는 2인칭 복수 "너희"이다.
2) 마소라 사본은 칼 분사 נתן인 데 반하여 칠십인 경은 동사 "그가 너에게 주었다" δίδωσίν σοι이다. 오리겐의 헥사플라는 이 차이를 지적한다. 아퀼라는 "기업으로"을 덧붙인다.
3) 일부 칠십인 경 사본들(Byz)은 "두 개"의 돌로 제한한다.

이 구절은 조건절과 귀결절로 나뉠 수 있다. 조건절 "그리고 이것이 그 날에 있을 것이다, 너희는 요단을 건너 아도나이 너의 하나님이 너에게 주시는 그 땅에 갈 것이다"를 다시 번역해 보면 "그리고 이것이 있을 것이다, 너희는 요단을 건너 아도나이 너의 하나님이 너에게 주시는 그 땅으로 가는 그 날에"이다. 이 번역은 관계 대명사를 연결해서 번역한 것이다. 귀결절은 "그리고"로 시작하여 "그리고 너는 너를 위하여 큰 돌들을 세울 것이다 그리고 너는 석회로 그것들을 바를 것이다."이다.

조건절은 "그리고 이것이 있을 것이다, 그 날에"로 시작한다. "그 날에"는 관계 대명사로 인도되는 "너희는 요단을 건너 아도나이 너의 하나님이 너에게 주시는 그 땅에 가는 그 날에"이다. 이 구절은 출애굽 후세대가 처한 상황을 잘 설명하고 있다. 지금 출애굽 후세대는 요단을 건너가려고 모압 땅에서 준비하고 있다. 그들의 목표는 요단을 건너 가나안 땅 즉 "아도나이 너의 하나님이 너에게 주시는 그 땅"으로 들어가는 것이다.

귀결절은 "그리고"로 시작하는데, 출애굽 후세대가 가나안 땅에 들어가는 날에 해야 할 일들을 말한다. 첫째는 "너는 너를 위하여 큰 돌들을" 세워야 한다. 둘째는 "너는 석회로 그것들을" 칠해야 한다. "석회"는 '석고' 또는 '회반죽'으로 흰색 도료이다.

3 그리고 너는 그것들 위에[1] 이 율법의 모든 말씀들을 기록해야 한다, 네가 건너
갈 때,[2]
네가[3] 너의[4] 하나님 아도나이께서 너에게 주시는 그 땅에 들어가기 위하여,[5]
젖과 꿀이 흐르는 땅, 너의 조상들의 하나님 아도나이께서 너에게 말씀하신 대로.

**본문 비교**

1) 칠십인 경은 "그 돌들 위에" ἐπὶ τῶν λίθων이다.
2) 칠십인 경은 복수 "너희"이며 "요단"을 덧붙여 "너희가 요단을 건너자 마자," ὡς ἂν διαβῆτε τὸν Ἰορδάνην이다.
3) 칠십인 경은 복수 "너희"이다. 탈굼 네오피티는 이 구절에 나오는 단수 "너"를 모두 복수형으로 읽는다.
4) 칠십인 경은 "너의 조상들의" τῶν πατέρων σου를 덧붙인다.
5) 칠십인 경은 히브리어의 "~위하여"를 "~때" ἡνίκα ἐὰν으로 번역한다.

3절 역시 2절 하반절과 같이 귀결절이다. 출애굽 후세대가 가나안 땅에 들어가서 해야 할 행동 세 번째를 말한다(첫째와 둘째는 2절 하반절을 보라). 셋째는 "너는 그것들 위에 이 율법의 모든 말씀들을 기록"하는 것이다. "그것들 위에"는 석회를 바른 '돌들 위에'를 말한다. "이 율법"(התורה הזאת)은 지금 모세가 말하는 율법을 뜻한다("이 율법"에 대한 설명은 신 1:5의 설명을 참고하라). "모든 말씀들"은 "이 율법"에 있는 모든 법 규정들을 의미한다. "기록해야 한다"는 칼 완료 바브 연속이지만 명령으로 번역하기도 한다(CJB, LUO, NAB, NAS, NAU, NIB, NIV, NJB, TNK, YLT). 개역 개정 역시 "기록하라"로 번역했다. "네가 건너갈 때"는 출애굽 세대가 요단을 건너 가나안 땅에 들어갔을 때를 뜻한다.

이스라엘이 가나안 땅에 들어갔을 때에 돌 위에 이 율법의 말씀들을 기록해야 하는 목적을 "~위하여"가 설명하고 있다. 다시 이 구절을 정

리해 보면 "네가 너의 하나님 아도나이께서 너에게 주시는 그 땅, 젖과 꿀이 흐르는 땅에 너의 조상들의 하나님 아도나이께서 너에게 말씀하신 대로 들어가기 위하여"이다. "네가 너의 하나님 아도나이께서 너에게 주시는 그 땅에 들어가기 위하여"는 이스라엘이 단순히 가나안 땅에 들어가는 것뿐만 아니라 그 땅을 완전히 정복하는 것을 의미한다. 하나님이 이스라엘에게 주시는 "그 땅"이 어떤 곳인지를 "젖과 꿀이 흐르는 땅"이 설명하고 있다(신 6:3의 주해를 참고하라). 이 땅은 이미 "아도나이께서 너에게 말씀하신" 곳이다. "말씀하신 대로"는 '말씀하신 것과 같이' 또는 '약속하신 대로'로 아도나이께서 그 땅을 주시기로 약속하신 것이다.

4 그리고 이것이 있을 것이다 너희가 요단을 건넜을 때,
너희는 내가 오늘 너희에게[1] 명령하는 이 돌들을 에발산에[2] 세울 것이다,
그리고 너는[3] 석회로 그것들을 바를 것이다.

**본문 비교**

1) 일부 칠십인 경 사본들(A B F M V)은 "너에게" σοι이다.
2) 사마리아 오경은 "그리심산에" בהר גריזים 이다. 칠십인 경은 "에발산"의 발음이 Γαιβαλ이다.
3) 탈굼 네오피티는 복수 "너희"이다.

2절의 내용이 반복해서 나타난다. 이스라엘이 요단을 건너 가나안 땅에 들어갈 때 해야 할 일이다. 모세가 이스라엘에게 명령하는 돌들을 에발산에 세울 것을 말한다. 돌들을 세워야 할 장소가 에발산으로 더 구체적으로 나온다(신 11:29의 주석을 참고하라). 그리고 석회로 바를 것을 명령한다. 에발산이 먼저 나오는 것이 흥미롭다. 왜냐하면 그리심산에서는 복이 그리고 에발산에서는 저주가 선언되었기 때문이다.

5 그리고 너는[1] 거기서 너의[1] 하나님 아도나이께[2] 한 단을 쌓을 것이다,
돌들의 한 단, 너는[1] 그것들 위에 철을 휘두르지 말 것이다.

**본문 비교**

1) 탈굼 네오피티는 복수 "너희"이다.
2) 탈굼 옹켈로스, 탈굼 네오피티, 탈굼 프쉬도 요나단은 전치사 "앞에" קדם 이다.

"거기서"는 에발산을 의미하며 이스라엘이 돌들을 세운 후에 계속해야 할 일을 설명한다. "아도나이께" 즉 '아도나이를 위하여' "한 단을 쌓을 것"이다. 여기서 "한 단"은 번제단을 말한다. 이 단은 다시 "돌들의 한 단"으로 설명한다. 이것은 4절의 석회를 발라 세운 돌들과 구별된다. "그것들 위에"는 돌들로 쌓은 단 위에 철 기구를 대지 말라고 명령한다. "휘두르다"는 '앞 뒤로 움직이다'로 철 기구를 사용하여 돌 단을 만들지 말라는 것 즉 철 연장으로 돌들을 다듬거나 깎아서 쌓지 말라는 것이다. 철 연장을 사용하지 말라는 이유는 철 연장으로 다듬은 돌을 사용하여 제단을 쌓으면 부정해지기 때문이다(출 20:25). 그래서 솔로몬은 성전을 지을 때에 성전 밖에서 돌을 다듬어 가져왔고 성전 안에서 철 연장 소리가 나지 않게 했다(왕상 6:7).

6 너는 완전한 돌들로[1] 너의 하나님 아도나이의[2] 제단을 쌓을 것이다,
그리고 너는 그 위에 너의 하나님 아도나이를 위하여[3] 번제들을 드릴 것이다.

**본문 비교**

1) 탈굼 네오피티는 "귀중한, 완전한, 흠이 없는 돌들"이다.
2) 칠십인 경은 "너의 하나님 아도나이께" κυρίῳ τῷ θεῷ σου이다.
3) 탈굼 옹켈로스, 탈굼 네오피티, 탈굼 프쉬도 요나단은 "앞에"이다.

"완전한 돌들"은 '온전한 돌들'로 다듬지 않은 돌, 자연 상태의 돌로 제단을 만들 것을 뜻한다. 이 돌들로 아도나이의 제단을 쌓는데, 이는 번제를 위한 것이다. 번제는 번제물, 양, 소, 염소 그리고 비둘기를 다 태워 드리는 제사를 말한다.

7 그리고 너는[1] 화목제를[2] 드리고 너는 거기서 먹을 것이다,[3]
그리고 너는 너의 하나님 아도나이 앞에서 즐거워할 것이다.

**본문 비교**

1) 칠십인 경의 랄프(Rahlfs) 편집은 "거기서" ἐκεῖ를 여기에 가지고 있다.
2) 칠십인 경은 "구원의 제사" θυσίαν σωτηρίου로 번역한다. 탈굼 역들(옹켈로스, 네오피티, 프쉬도 요나단)은 "거룩한 것들의 희생제사" ניכסת קודשין이다.
3) 칠십인 경은 "먹고 만족할 것이다" φάγῃ καὶ ἐμπλησθήσῃ로 "만족할 것이다"를 첨가한다.

6절에서 돌 단을 쌓고 그 위에 번제를 드리고 계속해서 화목제를 드릴 것을 명령한다. 화목제는 하나님께 일부 고기를 드린 후에 제사장에게 고기를 주고 제사를 드리는 사람들이 나눠 먹었다. 교제를 위한 제사이다. 뒤에도 나오지만 제사를 드리는 사람이 먹고 즐거워하기 때문이다. "거기서"는 화목제를 드리는 에발산을 의미한다.

8 그리고 너는 그 돌들 위에 이 율법의 모든 말씀들을[1] 매우 명확하게 기록할 것이다.[2][3]

**본문 비교**

1) 칠십인 경은 "말씀들"을 생략한다.
2) 탈굼 네오피티와 탈굼 프쉬도 요나단은 한 언어로 읽고 칠십 언어들로 번역되어야 한다는 다소 엉뚱한 주석을 덧붙여 놓았다.
3) 마소라 사본은 "세투마"(ס)를 두어 단락을 나누고 있다.

"그 돌들"은 제단을 쌓은 돌들을(5-6절) 의미하는 것이 아니라 석회를 바른 돌들을 말한다(2-4절). 3절에서 이미 이 돌들 위에 말씀을 기록할 것을 "너는 그것들 위에 이 율법의 모든 말씀들을 기록해야 한다."라고 말했다. 여기서는 이것을 더 명확하게 기록할 것을 말한다. "기록할 것이다"는 '쓸 것이다,' '새길 것이다'의 뜻이다. "매우 명확하게"는 '매우 선명하게,' '분명하게 잘'이다(개역 개정은 "분명하고 정확하게").

## 2. 아도나이의 백성의 의무(신 27:9-10)

모세와 장로들은 이스라엘 백성에게 요단을 건너 에발산에 가서 돌들을 세우고 석회를 바르고 그 위에 율법을 잘 기록할 것을 명령했다(27:2-4, 8). 그 후에 모세와 제사장들이 이스라엘의 신분을 다시 환기시킨다. 이스라엘은 언약을 체결함으로 아도나이의 백성이 되었다. 그렇기 때문에 아도나이의 음성을 듣고 순종해야 한다. 아도나이의 음성은 그의 명령들과 법규들로 표현되었다(27:9-10). 아도나이께서 이스라엘의 왕이시기 때문에 그가 법을 제정 선포한 것이다.

**번역**

9 그리고 모세가 말했다 그리고 레위 사람 제사장들이 모든 이스라엘에게 말하기를,

잠잠하라 그리고 들으라 이스라엘아, 이 날 너는 너의 하나님 아도나이의 백
성이 되었다.
10 그러므로 너는 너의 하나님 아도나이의 음성을 들어야 한다,
그리고 너는 그의 명령들을 그리고 그의 법규들을 행해야 한다,
내가 오늘 너에게 명령하는.

**주해**

9 그리고 모세가 말했다 그리고 레위 사람[1] 제사장들이 모든 이스라엘에게 말하
기를,
잠잠하라[2] 그리고 들으라 이스라엘아, 이 날 너는 너의 하나님 아도나이의 백
성이[3] 되었다.

**본문 비교**

1) 히브리어 필사본($V^{ken\ 1}$), 헬라어 사본들(A Byz) 그리고 시리아 역은 "그리고"를 넣어서 "제사장들과 레위 사람"으로 읽는다.
2) 아퀼라, 탈굼 옹켈로스, 탈굼 네오피티, 탈굼 프쉬도 요나단은 "귀 기울이라," "주의를 기울이라"로 번역한다.
3) 사마리아 오경은 "거룩한"을 넣어준다.

1절에서는 "모세와 이스라엘 장로들"이 명령한 반면에 9절에서는 "모세와 레위 사람 제사장들"이 말한다. 모세와 레위 사람 제사장들이 "모든 이스라엘에게" 말하고 있다. "잠잠하라"는 '조용히 하라'이며 "들으라"는 '귀 기울이라'의 뜻이다.

모세와 제사장들은 이스라엘 백성의 신분을 다시 확인하고 있다. "이 날 너는 너의 하나님 아도나이의 백성이 되었다." "이 날"은 '오늘'로 모세가 출애굽 후세대 사람들에게 율법을 선포하는 시점이다. "너의 하나님 아도나이의 백성"은 "너의 하나님 아도나이께 속한 백성"이다. "되었

다"는 니팔 완료 2인칭이다. 이는 이스라엘이 하나님과 언약 관계에 들어감으로 아도나이께 속한 백성이 된 것이다. 물론 이것은 하나님께서 이스라엘을 이집트에서 구원하신 행동이 먼저 있었다는 것을 기억해야 한다. 하나님이 이스라엘을 이집트에서 출애굽 시킴으로 하나님의 백성으로 선택하신 것이다(신 4:37; 7:6-8; 10:15; 14:2).

10 그러므로 너는 너의 하나님 아도나이의 음성을 들어야 한다,
그리고 너는 그의 명령들을[1)2)] 그리고 그의 법규들을 행해야 한다,[3)]
내가 오늘 너에게 명령하는.

**본문 비교**

1) 마소라 사본의 본문(케티브)은 단수 מצותו로 나오지만 마소라 케레, 사마리아 오경, 히브리어 필사본들, 시리아 역, 탈굼 옹켈로스, 탈굼 네오피티, 탈굼 프쉬도 요나단은 복수 "그의 명령들" מצותיו이다. 이 단어는 소마소라(Mp)에 따르면 신명기에 세 번(7:9; 8:2; 27:10) 나오는데, 세 번 모두 케티브에서 "요드"가 생략되어 나와서 케레에서 수정하고 있다.
2) 칠십인 경은 여기에 "모든" πάσας를 덧붙인다.
3) 마소라 사본은 "세투마"(ס)를 두어 단락을 나누고 있다.

"그러므로"는 '그리고'이다(개역 개정은 "그런즉"). 앞 절과 관련하여 결론을 말한다. 이스라엘이 하나님의 백성이 되었으므로 또는 되었기 때문에 이스라엘은 하나님의 법을 지켜야 한다는 것이다. 하나님이 이스라엘의 왕이시기 때문에 당연히 그의 백성인 이스라엘은 그의 음성을 들어야 한다. 율법을 지키는 것은 하나님 백성의 신분을 유지하는 것이다. "너"는 이스라엘을 의미한다. "너의 하나님 아도나이의 음성"은 더 구체적으로 "그의 명령들"과 "그의 법규들"로 나온다. "아도나이의 음

성"은 '아도나이의 목소리'로 시내산에 임하신 하나님께서 직접 불가운데서 말씀하신 것을 생각나게 한다(신 4:12; 5:22). "들어야 한다"는 주의 깊게 듣고 순종해야 한다는 의미가 담겨 있다. 그래서 다음 절에 "행해야 한다"가 나온다.

"그의 명령들"은 '그의 계명들'로 "그의 법규들"과 율법을 설명하는 유사 동의어로 나온다. "그의 법규들"은 모세가 오늘 이스라엘에게 명령하는 율법을 의미한다. 관계 대명사 절을 연결해서 번역하면 "그리고 너는 내가 오늘 너에게 명령하는 그의 명령들을 그리고 그의 법규들을 행해야 한다."이다. "들어야 한다"와 "행해야 한다"가 병렬로 나와서 하나님의 명령을 듣고 지켜야 한다는 것을 강조한다. 하나님의 백성이 행해야 할 의무이다(26:16-19; 27:9).

## 3. 그리심산의 복과 에발산의 저주(27:11-26)

모세는 이스라엘에게 에발산에서 큰 돌들 위에 석회를 바르고 그 위에 율법의 말씀을 기록하라고 명령했다. 더 나아가 모세는 이제 그리심산에서 복을 그리고 에발산에서 저주를 선언할 것을 명령한다. 이스라엘은 복과 저주를 선언하기 위해 여섯 지파는 그리심산에 그리고 여섯 지파는 에발산에 선다. 그 후에 레위 사람들이 큰 소리로 백성에게 열두 개의 저주들을 말한다. 이때 백성들은 각 저주마다 "아멘"으로 화답해야 한다.

### 번역

11 그리고 모세가 그 백성에게 그 날에 명령했다, 말하기를.

12 이들은 그 백성을 축복하기 위하여 그리심산에 설 것이다, 너희가 요단을 건널 때에,

시므온과 레위와 유다와 잇사갈과 요셉과 베냐민은.
13 그리고 이들은 저주를 위해 에발산에 설 것이다,
르우벤, 갓과 아셀과 스불론, 단과 납달리는.
14 그리고 레위 사람들은 대답할 것이고 말할 것이다,
모든 이스라엘 사람에게 큰 소리로.
15 우상이나 조각상을 만드는 그 사람은 저주를 받을 것이다,
아도나이의 혐오, 장인의 손의 일, 그리고 은밀히 세우는 사람,
그리고 그 모든 백성은 대답하고 말할 것이다. "아멘."
16 그의 아버지나 그의 어머니에게 치욕을 주는 자는 저주를 받을 것이다,
그리고 그 모든 백성은 말할 것이다, "아멘."
17 그의 이웃의 경계표를 옮기는 자는 저주를 받을 것이다,
그리고 그 모든 백성은 말할 것이다, "아멘."
18 그 길에서 맹인에게 잘못 가게 하는 자는 저주를 받을 것이다,
그리고 그 모든 백성은 말할 것이다. "아멘."
19 나그네, 고아와 과부의 재판을 구부리는 자는 저주를 받을 것이다,
그리고 그 모든 백성은 말할 것이다, "아멘."
20 그의 아버지의 여자와 함께 눕는 자는 저주를 받을 것이다,
왜냐하면 그가 그의 아버지의 옷자락을 벗겼기 때문이다.
그리고 모든 백성은 말할 것이다. "아멘."
21 모든 짐승과 함께 눕는 자는 저주를 받을 것이다,
그리고 모든 백성은 말할 것이다. "아멘."
22 그의 누이와 함께, 그의 아버지의 딸 또는 그의 어머니의 딸, 눕는 자는 저주
를 받을 것이다,
그리고 모든 백성은 말할 것이다. "아멘."
23 그의 장모와 함께 눕는 자는 저주를 받을 것이다,
그리고 모든 백성은 말할 것이다. "아멘."
24 그의 이웃을 은밀히 치는 자는 저주를 받을 것이다,

그리고 모든 백성은 말할 것이다. "아멘."
25 무죄한 피의 영혼을 치기 위하여 뇌물을 취하는 자는 저주를 받을 것이다,
그리고 모든 백성은 말할 것이다. "아멘."
26 그것들을 행하여 이 율법의 말씀들을 세우지 않는 자는 저주를 받을 것이다,
그리고 모든 백성은 말할 것이다. "아멘."

**주해**

11 그리고 모세가 그 백성에게 그 날에 명령했다, 말하기를.

1절에서도 모세와 장로들이 함께 말한 것으로 나오지만 실제 모세가 주로 말한다(1). 여기서도 마찬가지로 모세와 제사장들이 말하는 것으로 나오지만(9) 실제 모세가 주로 말한다(11). "그 날에"는 모세가 율법을 설명한 시점이다. 모세의 말은 12-13절에 나온다.

12 이들은 그 백성을 축복하기 위하여 그리심산에 설 것이다, 너희가 요단을 건널 때에,
시므온과[1)] 레위와[2)] 유다와[3)] 잇사갈과[4)] 요셉과 베냐민은.

**본문 비교**

1) 칠십인 경과 벌게이트는 "그리고"를 생략한다.
2) 사마리아 오경, 칠십인 경과 벌게이트는 "그리고"를 생략한다.
3) 칠십인 경과 벌게이트는 "그리고"를 생략한다.
4) 사마리아 오경, 칠십인 경과 벌게이트는 "그리고"를 생략한다.

"이들은"은 다음에 따라오는 여섯 지파들을 의미한다. 이들은 "축복하기 위하여" 그리심산에 서야한다. 그리심산은 세겜을 가운데 두고 에발산의 맞은 편에 있다. 그리심산은 2890피트(881미터)이고 에발산은

3083피트(940미터)로 에발산이 더 높다(신 11:29 주석 참고). "너희가 요단을 건널 때에"는 문맥상 '너희가 요단을 건넌 후에'이다.

그리심산에 서야 할 지파들은 시므온, 레위 유다와 잇사갈은 레아의 아들들이다. 시므온과 레위는 둘째와 셋째로 다말의 성폭행 사건 때, 세겜 사람들을 죽이는 데 앞장섰다. 이 일로 아버지 야곱과 사이가 벌어졌다(창 34장). 유다는 넷째로 요셉이 이집트의 총리로 있을 때, 요셉이 그의 동생 베냐민을 데려오라고 했을 때, 아버지를 설득해서 데려갔고 요셉이 은잔 사건을 벌여 동생 베냐민을 곁에 두려고 할 때, 요셉을 설득한 사람이다(창 43-44장). 잇사갈은 레아의 다섯째 아들로 첫째 르우벤이 들에서 합환채를 어머니 레아에게 갖다 주었을 때, 동생 라헬이 언니 레아에게 합환채를 요구했다. 이 거래로 레아가 야곱과 동침했는데, 이때 태어난 아들이다(창 30:14-18). 요셉과 베냐민은 야곱의 둘째 아내 라헬의 아들들로 열한째와 열둘째이다. 요셉은 잘 알다시피 형들의 시기로 이집트로 종으로 팔려 가서 그곳에서 총리가 되었다. 후에 가나안 땅에 기근이 들었을 때에 야곱의 온 가족을 살린 인물이다.

13 그리고 이들은 저주를 위해 에발산에 설 것이다,
르우벤, 갓과 아셀과[1] 스불론, 단과 납달리는.

**본문 비교**

1) 칠십인 경과 벌게이트는 "그리고"를 생략한다.

"이들은" 뒤따르는 여섯 지파들을 의미한다. 이 지파들은 저주를 위하여 에발산에 선다. 르우벤은 레아와 야곱의 첫아들이다. 갓과 아셀은 레아가 유다를 낳고 잠시 출산을 멈춘 사이에 레아가 그녀의 종 실바를 야곱의 아내로 주었고 그녀가 낳은 아들들이다(창 30:10-13). 라헬이 언니 레아가 네 명의 아들들을 낳는 것을 보고 자신은 아들을 낳지 못하자 자신의 여종 빌하를 야곱의 아내로 주었다. 빌하가 낳은 아들들이 단과 납달리이다(창 30:4-8). 스불론은 레아가 낳은 여섯 번째 아들이다(창 30:19-20).

14 그리고 레위 사람들은 대답할 것이고 말할 것이다,
모든 이스라엘 사람에게 큰 소리로.

1절과 11절에서는 모세가 주도적으로 말한 반면 이제 레위 사람들이 말한다. 여기서 레위 사람들은 9절의 레위 제사장들을 의미한다. 이들이 이제 큰 소리로 말해야 한다.

15 우상이나 상을 만드는 그[1] 사람은 저주를 받을 것이다,
아도나이의 혐오, 장인의 손의 일, 그리고 은밀히 [2]세우는 사람,
그리고 그 모든 백성은 대답하고 말할 것이다. "아멘."[3][4][5]

**본문 비교**

1) 일부 칠십인 경 사본들(B 848 Byz z+)은 정관사 "그" ὁ를 생략한다(Rahlfs 편집은 생략).
2) 일부 칠십인 경 사본들(A B F M V)은 "그것을" αὐτὸ를 넣어준다(Rahlfs 편집은 첨가).
3) 칠십인 경은 *γίνομαι*의 기원법 과거 중간태 "그렇게 되기를 바란다" *γένοιτο*로 번역한다(이하 12 저주 모두). 오리겐의 헥사플라는 이것을 지적한다. 심마쿠스와 테오도치온은 "아멘"으로 번역한다.
4) 탈굼 네오피티와 탈굼 프쉬도 요나단은 이 구절을 자세하게 해설한다. 여섯 지파는 그리심산으로 그리고 여섯 지파는 에발산으로 올라가고 언약 궤와 제사장은 그 중간에 선다. 축복하는 사람들은 그 얼굴을 그리심산으로 돌려서 우상을 만들지 않는 사람은 복이

있다고 말한다. 그리고 저주하는 사람들은 그들의 얼굴을 에발산으로 향하여 우상을 만드는 사람은 저주를 받는다고 말한다. 흥미로운 해석이지만 아쉽게도 본문은 구체적인 설명을 하지 않는다.

5) 마소라 사본은 "세투마"(ס)를 두어 단락을 나누고 있다.

여기서부터 12개의 저주가 나온다. 가장 먼저 우상을 제조하는 사람들에게 저주가 선언된다. 십계명의 제 일 계명과 제 이 계명이 우상 제조와 숭배 금지라는 것을 생각해 보면(신 5:7-9) 이 저주는 십계명의 일, 이 계명을 어기는 자들에게 저주를 하는 것이다.

히브리어는 "저주를 받을 것이다" **ארור**가 먼저 나온다. 12 저주 모두 이 단어 **ארור**, 칼 수동 분사가 먼저 나온다. 히브리어 어순대로 번역을 해보면 "저주를 받을 것이다 그 사람은"이다. "우상"은 '새긴 우상'을 뜻한다(신 5:8). 나무나 돌에 새기거나 깎아 만든 것이며 금속을 녹여 만든 주조물까지 포함하기도 한다. "상"은 금송아지와 같은 '녹여 만든 상'이나 '조각상'을 의미한다(신 9:12, 16).

"우상이나 상"은 "아도나이의 혐오" 즉 '아도나이께 가증한 것'이다. 아도나이께서 싫어하시고 증오하시는 것이다. 다시 이 "우상과 상"은 "장인의 손의 일"이다. 우상은 기술자가 손으로 한 일의 결과이다. 우상은 사람이 만든 수공예품에 불과하다(참고 사 44:9-20). 이런 우상을 만들어서 세우는 사람에게 저주가 임한다. "은밀히"는 다른 사람들이 알지 못하도록 비밀스럽게 우상을 만들어 세우는 것이다.

"그리고"는 '그러면'의 뜻이다. 레위 사람들이 이렇게 저주를 선언하면 모든 백성들은 "아멘"하고 말해야 한다. "아멘"은 '진실로,' '정말로'의 뜻으로 이 저주를 들은 백성들이 그 말의 합법성, 정당성 또는 유효성을 받아들이는 것이다. 그 말이 사실임을 인정함과 동시에 그 말대로 이루어지기를 바라는 것이다.

16 그의 아버지나 그의 어머니에게 치욕을 주는 자는 저주를 받을 것이다,
그리고 그 모든 백성은 말할 것이다,[1] "아멘."[2]

**본문 비교**

1) 마소라 사본은 3인칭 단수인 데 반하여 칠십인 경과 사마리아 오경은 3인칭 복수이다.
2) 마소라 사본은 "세투마"(ס)를 두어 단락을 나누고 있다.

"치욕을 주는 자"는 '모욕을 주는 자,' '업신여기는 자'이다(개역 개정은 "경홀히 여기는 자"). 이것은 부모를 낮게 또는 가볍게 평가하는 사람으로 부모에게 수치 또는 망신을 주는 것이다. 이 계명 역시 십계명의 제 오 계명 "너의 아버지와 너의 어머니를 공경하라, 너의 하나님 아도나이께서 너에게 명령하셨던 대로, 너의 날들이 연장되도록 그리고 이것이 너에게 잘 되도록, 아도나이 너의 하나님이 너에게 주신 땅 위에서"(신 5:16)과 밀접한 관련이 있다. 부모를 잘 공경하는 사람은 복을 받는다. 그러나 부모를 업신여기는 사람 즉 부모에게 불순종하는 사람은 저주를 받는다. 이 구절에서는 15절의 "대답할 것이다"가 나오지 않는다.

17 그의[1] 이웃의 경계표를[2] 옮기는 자는 저주를 받을 것이다,
그리고 그 모든 백성은 말할 것이다,[3] "아멘."[4]

**본문 비교**

1) 칠십인 경은 "그의"를 생략한다. 오리겐의 헥사플라는 이것을 넣어준다.
2) 마소라 사본은 단수인 데 반하여 칠십인 경은 복수 ὅρια이다.
3) 마소라 사본은 3인칭 단수인 데 반하여 칠십인 경과 사마리아 오경은 3인칭 복수이다.

4) 마소라 사본은 "세투마"(ס)를 두어 단락을 나누고 있다.

"그의 이웃"은 '그의 동료'로 같은 이스라엘 사람을 뜻한다. "경계표"는 경계를 나타내는 표이다. 이스라엘은 각 지파별로 기업의 땅을 받았다. 다시 지파에 속한 가정들이 그들의 몫을 받았다. 따라서 각 가정의 기업의 영역을 나타내는 표가 있었을 것이다. 이것을 옮기는 자는 저주를 받을 것을 선언한다(신 19:14). 이래서 이스라엘의 아합왕이 나봇에게 포도원을 다른 땅으로 바꾸거나 팔 것을 제안했을 때에 나봇은 내 조상의 유업을 주는 것은 아도나이께서 나에게 금한 것이라고 대답하며 아합왕의 제안을 거절했다(왕상 21:3). 아합왕은 이스라엘 사람이라 이러한 전통을 잘 알고 있었다. 그래서 어떻게 해보지 못하고 끙끙거리며 앓아 누운 것이다. 하지만 아합의 아내 이세벨은 이방 여인이라 이러한 이스라엘의 신앙 전통에 대한 선이해가 없었다. 그녀는 왕의 권한을 사용하지 않는 아합을 비난한다(왕상 21:7). 그녀는 아합에게 나봇의 포도원을 빼앗아 줄 것을 말하고 거짓 증인들을 세워서 나봇을 죽이고 포도원을 차지하여 아합에게 주었다(왕상 21장).

기업의 땅의 경계표를 옮기지 말라는 말씀과 관련하여 솔로몬의 행동을 생각해 볼 필요가 있다. 솔로몬은 성전과 왕궁을 건축하기 위하여 두로 왕 히람에게 백향목과 금을 제공받았다. 이에 대한 대가로 솔로몬이 갈릴리 땅에 속한 성 이십 개를 주었다. 그러나 히람은 이 땅이 마음에 들지 않아서 이 땅을 "가불" כָּבוּל이라고 불렀다(왕상 9:13). 그런데 이 단어는 묘한 뉘앙스를 준다. 왜냐하면 "경계표"가 히브리어로 "게불" גְּבוּל이기 때문이다. 열왕기 저자는 말장난(Word Play)으로 기업의 땅을 이방인에게 넘겨준 솔로몬왕을 비판하고 있다. 갈릴리는 납달리 지파에 속한 지역이었다(수 20:7). 솔로몬은 12 저주 가운데 세 번째 저주를 어긴 것이다.

18 그 길에서 맹인에게 잘못 가게 하는 자는 저주를 받을 것이다.
그리고 그 모든 백성은 말할 것이다.[1] "아멘."[2]

**본문 비교**

1) 마소라 사본은 3인칭 단수인 데 반하여 칠십인 경과 사마리아 오경은 3인칭 복수이다.
2) 마소라 사본은 "세투마"(ס)를 두어 단락을 나누고 있다.

"잘못 가게 하는 자"는 '길을 잃게 하는 자,' '잘못된 방향으로 인도하는 자'이다. 정해진 길에서 또는 가야 할 길에서 벗어나게 하는 자이다. 앞을 보지 못하는 맹인을 잘못된 방향으로 가게 하는 사람은 자비가 없는 자이다. 이런 자에게 저주를 선포하고 백성은 "아멘"으로 화답해야 한다.

19 나그네,[1] [2]고아와 과부의 재판을 구부리는 자는 저주를 받을 것이다.
그리고 그 모든 백성은 말할 것이다.[3] "아멘."[4]

**본문 비교**

1) 칠십인 경, 탈굼 옹켈로스와 탈굼 네오피티는 "개종자"이다.
2) 칠십인 경과 시리아 역은 "그리고"가 있다.
3) 마소라 사본은 3인칭 단수인 데 반하여 칠십인 경과 사마리아 오경은 3인칭 복수이다.
4) 마소라 사본은 "세투마"(ס)를 두어 단락을 나누고 있다.

이 구절은 신명기 24장 17절의 말씀을 어기는 것이다(자세한 설명은 24:17 주해 참고). "나그네"는 '체류객'으로 이스라엘 내에 머무는 이방인을 말한다. "고아"는 아버지가 없는 아이이며 "과부"는 남편이 없는 여인이다. 둘 다 법정 후견이 없기 때문에 "고아"와 "과부"의 재판을 왜곡하는 자들이 나올 수 있다. "재판"은 '정의'를 의미하기도 하지만 여기서는 더 구체적으로 "고아"와 "과부"의 권리를 뜻한다. 이들의 법정 권리를 빼앗으려 하는 자들이다. "구부리는 자"는 '왜곡시키는 자,' '전복하는 자'이다. 고아와 과부에 관한 재판을 뒤집어서 이들의 경제적 권리를 빼앗으려는 자는 저주를 받을 것이다.

20 그의 아버지의 여자와 함께 눕는 자는 저주를 받을 것이다,
왜냐하면 그가 그의 아버지의 옷자락을[1] 벗겼기 때문이다.
그리고 모든 백성은 말할 것이다.[2] "아멘."[3]

**본문 비교**

1) 탈굼 네오피티는 "벌거벗음" **ערייתה**으로 "벌거벗음을 드러냈기(폭로했기) 때문이다"로 번역한다.
2) 마소라 사본은 3인칭 단수인 데 반하여 칠십인 경과 사마리아 오경은 3인칭 복수이다.
3) 마소라 사본은 "세투마"(ס)를 두어 단락을 나누고 있다.

20-24절은 성에 관한 말씀이다. 이 본문은 십계명의 제 칠 계명 "간음하지 말라"와 밀접한 관련이 있다. 네 절에 모두 "~와 함께 눕는 자" **שכב עם**가 나오고 있다. "그의 아버지의 여자"는 '그의 아버지의 아내'로 아버지의 아내와 눕는 남자의 친어머니가 아니라 아마도 새어머니 즉 계모를 뜻할 것이다. "눕는 자"는 성관계를 위해서 눕는 사람을 말한다. 이는 신명기 22장 30절의 말씀을 어긴 것이다(자세한 설명은 22:30 주석 참고). 이 말씀은 야곱의 큰아들 르우벤을 생각나게 한다. 르우벤은 아버지의 첩 빌하와 동침했다(창 35:22).

"왜냐하면"은 저주를 받는 이유를 설명한다. "아버지의 옷자락"은 아

버지의 신체를 덮고 있는 옷을 의미한다. 아버지의 신체를 덮고 있는 옷을 벗겨서 수치를 드러낸 것이다. 아버지의 벌거벗음을 드러낸 행위, 즉 아버지의 침대를 모욕한 것이다.

21 모든 짐승과 함께 눕는 자는 저주를 받을 것이다,
그리고 모든 백성은 말할 것이다.[1] "아멘."[2]

**본문 비교**

1) 마소라 사본은 3인칭 단수인 데 반하여 칠십인 경과 사마리아 오경은 3인칭 복수이다.
2) 마소라 사본은 "세투마"(ס)를 두어 단락을 나누고 있다.

수간을 하는 자에게 저주를 선언한다. 수간은 하나님의 형상대로 창조함을 받은 인간을 모욕하는 행위이기 때문이다. "모든 짐승"은 또한 '어떤 짐승'이다. "눕는 자"는 성관계를 위해서 짐승과 눕는 사람을 말한다. 짐승과 성관계는 문란한 것으로 금지되었다(레 18:23). 남자나 여자는 어떤 짐승과도 성관계를 갖지 말아야 한다. 짐승과 성관계를 갖는 자는 사형에 처해져야 하기 때문이다(출 22:19; 레 20:15-16).

22 그의 누이와 함께, 그의 아버지의 딸 또는 그의 어머니의 딸,[1] 눕는 자는 저주를 받을 것이다,
그리고 모든 백성은 말할 것이다.[2] "아멘."[3]

**본문 비교**

1) 칠십인 경은 "아버지에게서 온 또는 그의 어머니에게서 온 누이" ἀδελφῆς ἐκ πατρὸς ἢ ἐκ μητρὸς αὐτοῦ로 번역한다.
2) 마소라 사본은 3인칭 단수인 데 반하여 칠십인 경과 사마리아 오

경은 3인칭 복수이다.

3) 마소라 사본은 "세투마"(ס)를 두어 단락을 나누고 있다.

여자 형제와 성관계를 갖는 사람에게 저주가 선언된다(참고 레 18:9; 20:17). "그의 누이"는 여자 형제 즉 누나나 여동생을 뜻한다. "그의 누이"가 누구인지를 "그의 아버지의 딸 또는 그의 어머니의 딸"이 더 자세하게 설명한다. 즉 한 쪽 부모만 같은 누이이다. "눕는 자"는 성관계를 위해서 눕는 사람을 말한다.

23 그의 장모와[1] 함께 눕는 자는 저주를 받을 것이다,
그리고 모든 백성은 말할 것이다.[2] "아멘."[3)4)]

**본문 비교**

1) 아퀼라는 "며느리" νύμφης로 번역한다(참고 레 20:12). 오리겐의 헥사플라는 일부 칠십인 경 사본의 "며느리" νύμφης를 "장모" πενθερᾶς로 고칠 것을 제안한다.
2) 마소라 사본은 3인칭 단수인 데 반하여 칠십인 경과 사마리아 오경은 3인칭 복수이다.
3) 마소라 사본은 "세투마"(ס)를 두어 단락을 나누고 있다.
4) 일부 칠십인 경 사본(*B b f n*)은 "그의 아내의 자매와 함께 눕는 자는 저주를 받을 것이다, 그리고 모든 백성은 말할 것이다, 그렇게 되기를." ἐπικατάρατος ὁ κοιμώμενος μετὰ ἀδελφῆς γυναικὸς αὐτοῦ καὶ ἐροῦσιν πᾶς ὁ λαός γένοιτο를 덧붙인다. 다른 칠십인 경 사본(*n*)은 고모나 이모와 성관계를 갖는 자에게 저주를 선언하는 본문을 덧붙이기도 한다.

장모와 성관계를 갖는 사람에게 저주를 선언한다. 레위기는 이런 사

람을 화형에 처할 것을 명령한다(레 20:14). 칠십인 경 사본들은 여기에 "아내의 자매" 즉 처제나 처형 그리고 "고모나 이모"와의 성관계를 금하는 본문을 덧붙이기도 한다(위의 본문 비교 4)를 참고). 레위기는 친족과의 성관계를 엄격하게 금지하고 있다(레 18:6-18 참고).

24 그의 이웃을 은밀히 치는 자는[1] 저주를 받을 것이다,
그리고 모든 백성은 말할 것이다.[2] "아멘."[3]

**본문 비교**

1) 칠십인 경은 "동료를 속임수로 치는 자" ὁ τύπτων τὸν πλησίον δόλῳ로 번역한다. 오리겐의 헥사플라는 마소라 사본과 같게 하기 위하여 "그의" αὐτοῦ를 넣어준다. Rahlfs의 편집은 "그의"가 있다.
2) 마소라 사본은 3인칭 단수인 데 반하여 칠십인 경과 사마리아 오경은 3인칭 복수이다.
3) 마소라 사본은 "세투마"(ס)를 두어 단락을 나누고 있다.

이웃을 쳐 죽이는 사람에게 저주가 선언된다. 이 말씀은 십계명의 제육 계명 "살인하지 말라"와 밀접한 관련이 있다. "그의 이웃"은 '그의 동료,' '그의 친구'로 같은 이스라엘 사람을 뜻한다. "은밀히"는 '비밀히'이다. "치는 자"는 쳐서 죽이려는 자이다. 그의 이웃이 알지 못하도록 매복하여 있다가 쳐 죽이는 것이나 또는 암살하는 것을 뜻한다.

25 무죄한 피의 영혼을 치기 위하여[1] 뇌물을[2] 취하는 자는 저주를 받을 것이다,
그리고 모든 백성은 말할 것이다.[3] "아멘."[4]

**본문 비교**

1) 탈굼 옹켈로스, 탈굼 네오피티, 탈굼 프쉬도 요나단은 "죽이기 위

하여" למקטל 이다.

2) 칠십인 경은 복수 "선물들" δῶρα이다.

3) 마소라 사본은 3인칭 단수인 데 반하여 칠십인 경과 사마리아 오경은 3인칭 복수이다.

4) 마소라 사본은 "세투마"(ס)를 두어 단락을 나누고 있다.

이 말씀 역시 십계명의 제 육 계명인 "살인하지 말라"와 관련이 있다. "무죄한 피"는 '깨끗한 피,' '아무 잘못이 없는 피'이다. "영혼"은 '사람'으로 여기서 무죄한 사람을 뜻한다. "치기 위하여"는 쳐 죽이려는 것으로 살인의 목적을 가지고 "뇌물" 즉 '선물'을 받는 자이다. 돈을 받고 살인을 해주는 암살자가 해당될 것이다. 이런 사람에게 저주가 선언된다.

26 그것들을 행하여[1] 이 율법의 [2]말씀들을 세우지 않는 자는[3] 저주를 받을 것이다. 그리고 모든 백성은 말할 것이다.[4] "아멘."[5][6]

**본문 비교**

1) 마소라 사본은 לעשות אותם인 데 반하여 사마리아 오경은 לעשותם이다. 뜻은 차이가 없다.

2) 일부 히브리어 필사본들(V$^{\text{ken 84, 538, 581, 651}}$), 사마리아 오경과 칠십인 경은 여기에 "모든"을 넣어준다.

3) 칠십인 경은 여기에 "모든 사람" πᾶς ἄνθρωπος을 덧붙인다(시리아 역 역시). 탈굼 네오피티는 "사람" גברה을 덧붙인다. 칠십인 경을 번역해 보면 "이 율법의 모든 말씀들에 거하지 않는 모든 사람은" πᾶς ἄνθρωπος ὅστις οὐκ ἐμμενεῖ ἐν πᾶσιν τοῖς λόγοις τοῦ νόμου τούτου이다. 오리겐의 헥사플라는 이 차이를 지적하고 있다. 아퀼라는 "이 율법의 말씀들을 세우지 않는 자는"이다.

4) 마소라 사본은 3인칭 단수인 데 반하여 칠십인 경과 사마리아 오

경은 3인칭 복수이다.

5) 마소라 사본은 "페투카"(פ)를 두어 단락을 나누고 있다.

6) 탈굼 프쉬도 요나단은 이 구절을 주해해서 설명하고 있다. 열 두 지파들이 복과 저주를 차례로 말하는데, 복을 말할 때는 그들의 얼굴을 그리심산으로 향하고 이 율법을 지키는 사람에게 복이 있다고 하고 저주를 말할 때는 그들의 얼굴을 에발산으로 향하고 이 율법을 지키지 않는 사람에게 저주가 있다고 말해야 한다.

열 두 저주의 마지막 저주로 결론 역할을 한다. "그것들을 행하여"는 '이 율법의 말씀들을 행하여 또는 지켜서'이다. "이 율법의 말씀들"은 열 두 저주만 아니라 에발산에 세운 큰 돌들 위에 명확하게 기록한 율법의 모든 말씀들도 포함한다(27:3, 8). "세우지 않는 자"는 이 율법의 모든 말씀을 지키지 않는 사람, 성취하지 않는 사람을 의미한다. 그리심산과 에발산에서 복과 저주를 듣는 이스라엘은 율법의 말씀을 인정할 뿐만 아니라 그 말씀을 지켜야 한다.

## 참고문헌

Anbar, M. "The Story about the Building of an Altar on Mount Ebal," in *Das Deuteronomium. Entstehung, Gestalt und Botschaft*, Leuven, 1985, 304-309.

Barker, P. A. "The Theology of Deuteronomy 27," *TynB* 49 (1998), 277-303.

Bellefontaine, E. "The Curses of Deuteronomy 27: Their Relationship to the Prohibitives," in *A Song of Power and the Power of Song*, Indiana, 1993, 256-268.

Block, D. "What Do These Stones Mean? The Riddle of Deuteronomy

27," *JETS* 56 (2013), 17-41.

Bowman, J. "The Samaritans and the Book of Deuteronomy," *GOST* 17 (1957-58), 9-18.

Broyde, M. J. and Weiner, S. S. "A Mathematical Analysis of the Division of the Tribes and the Role of the Levites in Grizim and Aval in Deuteronomy 27," *Tradition* 27 (1992), 48-57.

Cohen, J. M. "When Did We Become a Nation," JBQ 31 (2003), 260-62.

Daube, D. "The Culture of Deuteronomy," *Orita* 3 (1969), 27-52.

Fabry, H. J. "Noch ein Dekalog! Die Thora des lebendigen Gottes in ihrer Wirkungsgeschichte: Ein Versuch zu Dueteronomium 27," in *Im Gesprach mit dem dreinen Gott: Elemente einer trinitarischen Theologie*, Dusseldorf, 1985, 75-96.

Good, E. M. "Capital Punishment and Its Alternatives in Ancient Near Eastern Law," *SLR* 19 (1967), 947-77.

Hill, A. E. "The Ebal Ceremony as Hebrew Land Grant?" *JETS* 31 (1988), 399-406.

Jacob ben Aaron, "Mount Gerizim the One True Sanctuary," *BSac* 64 (1907), 489-518.

Jericke, D. "Der Berg Garizim in Deuteronomium," *ZAW* 124 (2012), 213-228.

Levine, B. A. *In the Presence of the Lord*, Leiden, 1974, 3-52, 118-22.

Lewy, I. "The Puzzle of Dt. xxvii: Blessings Announced, but Curses Noted," *VT* 12 (1962), 207-211.

MacDonald, J. "Samaritans," *EncJud* 14:726-58.

Machlin, M. *Joshua's Altar: The Dig at Mount Ebal*, New York, 1991.

Müller, R. "The Altar on Mount Gerizim (Deuteronomy 27:1-8)," *Centres and Peripheries*, Tübingen, 2016, 197-214.

Nielsen, E. "Historical Perspectives and Geographical Horizons: On the Question of North-Israelite Elements in Deuteronomy," in *Law, History and Tradition*, Copenhagen, 1983, 82-92.

Nihan, C. "The Torah between Samaria and Judah: Shechm and Gerizim in Deuteronomy and Joshua," *The Pentateuch as Torah*, Winona, 2007, 187-223.

Noort, E. "The Tradition of Ebal and Gerizim: Theological Positions in the Book of Joshua," in *Deuteronomy and Deuteronomic Literature*, Leuven, 1997, 161-180.

Olyan, S. M. "Why an Altar of Unfinished Stones? Some Thoughts on Ex 20,25 and Dtn 27,5-6," *ZAW* 108 (1996), 161-171.

Phillips, A. "Uncovering the Fahter's Skirt," *VT* 30 (1980), 38-43.

Richter, S. L. "The Place of the Name in Deuteronomy," *VT* 57 (2007), 234-66.

Schulz, H. "Die Flucreihe Dtn 27," in *Das Todesrecht im Alten Testament*, BZAW 114, Berlin 1969, 61-71.

Seebass, H. "Erwägungen zum altisraelitischen System der zwölf Stämme," *ZAW* 90 (1978), 196-220.

-----------, "Garizim und Ebal als Symbol von Segen und Fluch," *Bib* 63 (1982), 22-31.

Shanks, H. "Two Israelite Cult Sites Now Questioned," *BARev* 14.1 (1988), 48-52.

Weinfeld, M. "Traces of Assyrian Treaty Formulae in Deuteronomy," *Bib* 41 (1960), 417-27.

-----------, "The Origin of the Apodictic Law: An Overlooked Source," *VT* 23 (1973), 63-75.

Wirght, G. R. H. "Shechem and League Shrines," *VT* 21 (1971), 572-603.

Zertal, A. "A Cultic Center with a Burnt-Offering Altar from Early Iron Age I Period at Mount Ebal," in *Wünschet Jerusalem Frieden*, Frankfurt, 1988, 137-54.

-----------, "Has Joshua's Altar Been Found on Mount Ebal?" *BARev* 11.1 (1985), 26-43.

# DEUTERO NOMY 신명기 28장

A New Translation with
Introduction
and Commentary

**DEUTERONOMY**

# DEUTERONOMY

# 신명기 28장

D e u t e r o n o m y 28

## 내용/구조

신명기 28장은 아주 단순하게 두 부분, 1-14절은 복 그리고 15-68절은 저주로 나눌 수 있다. 먼저 복은 이스라엘이 아도나이의 말씀에 순종할 때 받는다. 복은 다양하게 나타나는데, 모든 민족들보다 뛰어남(1), 성과 들에서 하는 일의 복(3), 많은 후손과 풍성한 소출과 가축의 번성의 복(4), 먹을 것이 풍성한 광주리와 반죽 그릇의 복(5), 들어오고 나갈 때의 복(6), 전쟁에서 승리(7), 땅의 풍성한 소출(8), 거룩한 백성이 됨(9), 땅의 모든 민족들이 두려워함(10), 많은 후손과 풍성한 소출과 가축의 번성(11), 땅에 비를 주심(12), 머리가 되게 하심(13)으로 표현되었다. 유대인 학자 티가이는 이스라엘이 순종할 때 받는 복을 다음 도표로 설명한다(Tigay, 490. 이 분석은 로페에서 시작되었다. A. Rofe, *Mavo' le-sefer Devarim*, Jerusalem: Akademon, 1988. 23). 하지만 이 분석은 본문의 1-2절과 9-10절이 빠져 있다. 그리고 6절이 군사적인 승리를 말하는 것인지는 의문이다. 그럼에도 불구하고 이스라엘이 토라에 순종할 때 받는 복을 일목요연하게 보여준다.

A. 경제적 성공(v. 3a).

B. 땅의 비옥함(v. 3b).

C. 인간과 짐승의 번성(v. 4).

D. 풍부한 음식(v. 5).

E. 군사적 승리(v. 6).

E′. 군사적 승리(v. 7).

D′. 풍부한 음식(v. 8).

C′. 인간과 짐승의 번성(v. 11).

B′. 땅의 비옥함(v. 12a).

A′. 경제적 성공(v. 12b-13).

복은 인간 삶에 총체적으로 나타난다. 자손이 번성하고 가축이 많아지며 땅의 소산이 풍성해져서 먹을 것이 풍부하다. 이스라엘은 전쟁에서도 승리를 거둔다. 하나님이 이 모든 복을 주신다. 이스라엘은 하나님의 거룩한 백성이 되며 많은 백성들 위에 뛰어난 위치를 차지한다. 한 마디로 요약하면 모든 것이 평화롭다.

위의 분석에서 눈에 뛰는 것은 군사적 승리이다. 이스라엘이 전쟁에서 승리하는 것이 중앙을 차지하고 있다. 이러한 분석은 의미가 있다. 전쟁에서 승리해야 모든 것이 평화롭기 때문이다. 전쟁에서 지면 모든 것을 잃는다. 전쟁에서 승리하는 복은 그대로 저주에서 반대로 나타난다. 저주는 이스라엘이 전쟁에서 패배하여 외적에게 억압을 당하고 약속의 땅에서 쫓겨나서 다른 나라로 포로로 잡혀가는 것으로 나타난다(복에 관한 부분은 김영욱 "토라와 샬롬 - 신명기를 중심으로," 『신학지남』, 320 (2014), 128-130에서 가져와서 약간 수정한 것이다).

이 장은 복과 저주로 단순하게 두 부분으로 나눌 수 있지만 문제는 저주 본문이 확연하게 길다는 사실이다. 복은 14절인 데 반하여 저주는 54

절이나 된다. 저주는 이스라엘이 토라의 말씀에 불순종할 때 임한다. 저주 역시 다양하게 나오는데 가장 큰 강조점은 이스라엘이 전쟁에 져서 가나안 땅에서 쫓겨날 것을 강조한다. 저주 본문을 더 자세하게 나누면 4부분으로 나눌 수 있다. 1) 복이 그대로 변해서 저주로 나오는 본문이 15-19절이다. 2) 각종 질병과 땅의 적은 소출 그리고 전쟁에서의 패배로 인한 압제와 억압을 다룬 본문은 20-44절에 나온다. 3) 적의 침입으로 인하여 식량이 부족하여 인육을 섭취할 것을 말하는 본문이 45-57절에 나온다. 4) 율법의 모든 질병이 임하고 이스라엘이 가나안 땅에서 쫓겨나 다른 나라로 포로로 잡혀갈 것이 58-68절에 나온다.

저주는 다음과 같은 특징이 있다. 이스라엘이 전쟁에서 지는 것을 강조한다. 이스라엘이 적군 앞에서 패하여 일곱 길로 도망간다. 많은 시체가 들짐승의 먹이가 되며 다른 나라의 포로로 잡혀간다(25-26). 이스라엘은 전쟁에 져서 다른 나라의 압제를 받고 자녀들. 가축과 곡식을 빼앗긴다. 이스라엘은 자유를 상실하고 다른 나라의 통치를 받는다(31-33).

저주는 더 구체적으로 외적이 침입할 것을 상세하게 말한다(신 28:49-50). 멀리서 온 적군은 이스라엘의 목에 멍에를 메우고 끌고 가며 곡식과 열매를 남기지 않는다. 적군은 이스라엘이 신뢰하는 모든 성벽을 다 허물어 버리고 성을 포위한다. 그 결과 이스라엘은 양식이 부족하여 자기 자녀를 먹는 비극을 겪는다(51-57).

결국 이스라엘은 가나안 땅에서 추방을 당하여 외국으로 끌려간다. 외국에서 이스라엘은 우상을 숭배하며 쉼을 얻지 못한다(신 28:65). 이 구절에서 "평안"은 히브리어 샬롬이 아니라 '쉬다'의 의미이다. 비록 히브리어 단어는 다르지만 이스라엘은 언약의 저주로 인하여 평화를 누리지 못한다. 이스라엘은 외국에서 평안을 찾지 못하고 정신적인 괴로움을 당한다. 한 마디로 표현하면 샬롬이 없다(엔샬롬).

저주는 강조점을 점차 확실하게 한다. 저주의 확장 세 번째 부분과 네 번째 부분은 논리적인 발전이 있다. 외적의 침입으로 이스라엘이 고통을 당하다가 포로로 잡혀갈 것을 말한다. 이스라엘은 전쟁에서 질 것이다(저주의 특징은 김영욱 "토라와 샬롬 – 신명기를 중심으로," 『신학지남』 320 (2014), 133-134에서 가져와서 약간 수정한 것이다).

복과 저주는 대조 평행을 이루어 나타난다. 먼저 1-2절은 15절과 평행을 이루어 나타나며 구조는 유사하지만 똑같지는 않다. 계속 이어서 3절은 16절, 5절은 17절, 4절은 18절, 6절은 19절에 나타난다.

그리고 나머지 구절들은 저주 본문 가운데 흩어져서 나타난다. 7절은 25절과 대조를 이루지만 25절이 더 확장되어 나온다. 문자적인 평행은 아니지만 13절(a)은 44절(b)와 대조를 보이며 13절(b)은 43절과 의미상 대조를 이룬다.

## 1. 복(1–14)

1-2절은 복의 서론과 같은 역할을 한다. 1절과 2절은 조건절과 귀결절로 구성되어 있는데 마치 샌드위치 구조를 보는 것 같다. "네가 듣는다면"이 A와 A'에 나타나서 복의 내용을 감싸고 있다("네가 듣는다면"은 13절에도 다시 나온다).

A 만일 네가 너의 하나님 아도나이의 음성을 잘 듣는다면(אם שמע תשמע 1a).

B 아도나이 너의 하나님이 너에게 뛰어남을 주실 것이다(1c).

B′ 이 모든 복들이 너에게 올 것이고 미칠 것이다(2a).

A′ 네가 너의 하나님 아도나이의 음성을 듣는다면(כי תשמע 2b).

이스라엘이 아도나이의 음성에 순종할 때 이 모든 복들(2)이 임하는데,

이 모든 복들은 3-13절에 더 구체적으로 드러난다. 그런데 여기서 흥미로운 사실은 이런 조건절이 9절과 13절에도 다시 나타난다는 사실이다. 마치 중간, 중간에 이 조건절들이 나와서, 이 조건을 충족할 때, 이 모든 복들이 임한다는 사실을 확인시켜 주는 것이다. 그리고 "네가 듣는다면"이 1절과 13절에 나와서 모든 복들을 감싸고 있다.

9 만일 네가 너의 하나님 아도나이의 명령들을 지키고
네가 그의 길들로 걸어간다면(כִּי).

13 만일 네가 너의 하나님 아도나이의 계명들을 듣는다면(כִּי)

이스라엘이 아도나이의 음성에 순종할 때 즉 토라에 복종할 때 큰 복을 받을 것이다. 이 복들 가운데 가장 중요한 것은 복은 이스라엘이 아도나이의 "거룩한 백성"으로 세움을 받는 것이다(9).

**번역**

1 그리고 이것이 있을 것이다, 만일 네가 너의 하나님 아도나이의 음성을 잘 듣는다면,
내가 오늘 너에게 명령하는 그의 모든 계명들을 지켜 행하여,
그러면 아도나이 너의 하나님이 너에게 뛰어남을 주실 것이다,
그 땅의 모든 민족들 위에.
2 그리고 이 모든 복들이 너에게 올 것이고 너에게 미칠 것이다,
네가 너의 하나님 아도나이의 음성을 듣는다면.
3 너는 그 성에서 복을 받을 것이고 너는 그 밭에서 복을 받을 것이다.
4 너의 태의 열매와 너의 땅의 열매와 너의 가축의 열매가 복을 받을 것이다,
너의 소들의 새끼와 너의 양의 새끼들.
5 너의 바구니와 너의 그릇이 복을 받을 것이다.

6 너는 너의 들어올 때에 복을 받을 것이고 너는 너의 나갈 때에 복을 받을 것이다.
7 아도나이께서 너를 대항하여 일어나는 너의 대적들을 주실 것이다,
너 앞에서 패배를 당할 것이다,
그들이 한 길로 너를 대항하여 나올 것이다,
그러나 그들이 너 앞에서 일곱 길로 도망갈 것이다.
8 아도나이는 너에게 그 복을 명령하실 것이다,
너의 창고들에, 너의 손의 취하는 모든 것에,
그리고 그가 너에게 복을 주실 것이다,
너의 하나님 아도나이께서 너에게 주시는 그 땅에서.
9 아도나이께서 그를 위하여 너를 거룩한 백성으로 세울 것이다,
그가 너에게 맹세한 대로,
만일 네가 너의 하나님 아도나이의 명령들을 지키고
네가 그의 길들로 걸어간다면.
10 그리고 그 땅의 모든 백성들이 볼 것이다,
아도나이의 이름이 네 위에 불리는 것을,
그리고 그들이 너를 두려워할 것이다.
11 그리고 아도나이께서 너에게 좋은 것을 많게 할 것이다,
너의 태의 열매를 그리고 너의 가축의 열매를 그리고 너의 땅의 열매를,
아도나이께서 너의 조상들에게 너에게 주기로 맹세하신 그 땅 위에서.
12 아도나이께서 너를 위하여 그의 좋은 창고를, 하늘을 여실 것이다,
그의 때에 너의 땅의 비를 주기 위하여,
그리고 너의 손의 모든 일에게 복을 주기 위하여,
그리고 너는 많은 백성들에게 빌려줄 것이다,
그러나 너는 빌리지 않을 것이다.
13 그리고 아도나이는 너를 머리로 주실 것이다 그러나 꼬리로 않는다,
그리고 너는 확실히 위에 있을 것이다 그러나 너는 아래에 있지 않을 것이다,
만일 네가 너의 하나님 아도나이의 계명들을 듣는다면,

내가 너에게 오늘 명령하는, 지키기 위해 그리고 행하기 위해.

14 그리고 너는 모든 말씀들로부터 치우치지 말아야 한다,
내가 너희에게 오늘 명령하는, 좌로나 우로,
다른 신들을 따라 걷기 위하여, 그들을 섬기기 위하여.

**주해**

1 그리고 이것이 있을 것이다,[1] 만일 네가[2] 너의[2] 하나님 아도나이의 음성을 잘 듣는다면,
내가 오늘 너에게 명령하는 그의 모든 계명들을 지켜 행하여,[3]
그러면 아도나이 너의 하나님이 너에게 뛰어남을[4] 주실 것이다,
그 땅의 모든 민족들 위에

**본문 비교**

1) 일부 칠십인 경 사본들은 여기에 "너희가 요단을 건너 너희의 하나님 주님께서 너희에게 주신 땅으로 들어갔을 때," ὡς ἂν διαβῆτε τὸν Ιορδάνην εἰς τὴν γῆν ἣν κύριος ὁ θεὸς ὑμῶν δίδωσιν ὑμῖν을 덧붙인다. 베버(Wevers) 편집에는 이 구절이 없는 데 반하여 랄프(Rahlfs) 편집에는 이 구절이 있다. 하지만 오리겐의 헥사플라는 이것이 덧붙여졌음을 지적한다.
2) 칠십인 경의 베버(Wevers) 편집은 단수인 데 반하여 랄프(Rahlfs) 편집은 복수이다. 탈굼 테오피티는 모두 복수로 나온다.
3) 마소라 사본은 두 개의 칼 부정사가 접속사 없이 연달아 나오는 데 לשמר לעשות반하여 사마리아 오경은 접속사 "그리고" לשמר ולעשות가 있다. 칠십인 경도 "그리고" φυλάσσειν καὶ ποιεῖν을 가지고 있다.
4) 탈굼 네오피티는 "뛰어남과 고귀함을"이다.

이 구절은 조건절과 귀결절로 구성되어 있다. 다시 번역해 보면, 조건절은 "만일 네가 너의 하나님 아도나이의 음성을, 내가 오늘 너에게 명령하는 그의 모든 계명들을 지켜 행하여 잘 듣는다면" 이고 귀결절은 "그러면 아도나이 너의 하나님이 너에게 그 땅의 모든 민족들 위에 뛰어남을 주실 것이다"이다.

"그리고 이것이 있을 것이다"는 '이것이 발생할 것이다' 또는 '이것이 생길 것이다, 만일 ~면'이다(신 8:19; 11:13; 21:14; 25:2). "이것이 있을 것이다"는 뒤에 나오는 귀결절에서 더 자세하게 말한다. "만일 네가 잘 듣는다면"은 부정사 강조 용법으로(Joüon-M, § 123 *g*) '만일 네가 부지런히(힘써서, 주의 깊게, 신실하게) 듣는다면'이고 "듣는다면" 역시 "순종한다면'의 뜻이다. '듣는' 구체적인 방법은 "지켜 행하여"이다. 율법을 지킴으로 이스라엘이 아도나이의 음성을 듣고 있다는 사실을 즉 순종한다는 것을 보여주어야 한다. 여기서 "네가"는 이스라엘 사람을 의미한다. "너의 하나님 아도나이의 음성"이 무엇인지를 "내가 오늘 너에게 명령하는 그의 모든 계명들"이 설명하고 있다. 아도나이의 음성이 계명으로 명문화되었다. 모세가 출애굽 후세대에게 설명하고 있는 "계명들"은 '명령들'로 율법의 말씀을 의미한다.

귀결절은 "그러면" 즉 '그리고'로 시작한다. 이스라엘이 하나님의 음성에 잘 순종할 때, 하나님이 "너에게 뛰어남을" 주신다. "뛰어남"은 '높음'이다. 이 '높음'은 "그 땅의 모든 민족들 위에" 높아지는 것이다. 즉 모든 민족들보다 뛰어나게 될 것이다. 하나님이 이 세상의 모든 백성들보다 이스라엘을 뛰어나게 하실 것이다. 이 뛰어남은 다방면에 경제, 군사, 지혜, 신분, 자손, 가나안 땅에 나타난다.

여기서 우리가 눈 여겨 봐야할 점은 이스라엘이 한 나라로서 경제와 군사가 강할 때, 다른 모든 나라들보다 뛰어나는 것이 아니라 아도나이의 명령에 순종할 때, 다른 나라들보다 우위를 점할 수 있다는 사실이다. 왕의 법에서도 왕이 경제와 군사적인 면에 신경을 써야 하는 것이 아니라 토라에 순종하는 데에 신경을 써야 한다고 말했다(신 17:14-20). 하나님이 주신 율법에 순종할 때, 이스라엘은 다른 나라들보다 모든 면에서 뛰어나게 되는 것이다.

[2] 그리고 이 모든 복들이 너에게 올 것이고 너에게 미칠 것이다,
네가 너의 하나님 아도나이의 음성을 듣는다면.

귀결절과 조건절로 구성되어 있는데 히브리어 어순은 귀결절이 "그리고 이 모든 복들이 너에게 올 것이고 너에게 미칠 것이다," 먼저 나오고 조건절이 "네가 너의 하나님 아도나이의 음성을 듣는다면," 뒤에 나온다. "이 모든 복들"은 이스라엘이 아도나이의 음성에 순종할 때 임할 것으로서 3-13절의 내용들이다. "미칠 것이다"는 '임할 것이다,' '닥칠 것이다'로 복들이 이스라엘과 함께 할 것 즉 동반할 것을 보여준다. 흥미로운 사실은 복이 이스라엘에게 오고 미친다는 사실이다. 이스라엘이 복을 따라가는 것이 아니라 복이 이스라엘을 따라온다. 성도들이 성공을 추구하는 삶을 사는 것이 아니라 하나님의 말씀에 순종하는 삶을 살 때, 성공이 성도들을 따라오는 것이다. 하나님이 복을 주신다는 사실을 기억해야 한다.

[3] 너는 그 성에서 복을 받을 것이고 너는 그 밭에서 복을 받을 것이다.

2절의 "이 모든 복들"이 무엇인지를 더 구체적으로 설명한다. 이 구절은 또한 2절의 조건절의 "네가 너의 하나님 아도나이의 음성을 듣는다면," 귀결절이다. "너"는 아도나이의 음성에 순종하는 사람이다. 그 사람이 잘 순종한 결과로 그 사람이 사는 성과 일터인 밭에서 복을 받을 것이다. "복을 받을 것이다"는 수동 분사로써 "너"는 복을 받는 것이다. 아도나이께서 복을 주심으로 이스라엘이 복을 받는 것이다. 순종하는 사

람은 안과 밖에서 다 복을 받는다.

4 너의 태의 열매와[1] 너의 땅의 열매와 너의 가축의 열매가[2] 복을 받을 것이다,
너의 소들의 새끼와[3] 너의 양의[3] 새끼들.

**본문 비교**

1) 칠십인 경은 "후손들" *τὰ ἔκγονα*로 번역한다. 오리겐의 헥사플라는 이 차이를 지적한다. 아퀼라는 "열매" *καρπός*로 번역한다.
2) 칠십인 경과 탈굼 프쉬도 요나단은 "너의 가축의 열매"를 생략한다. 오리겐의 헥사플라는 이것을 지적하며 *καὶ καρπός κτηνῶν σου*를 넣어줄 것을 제안한다.
3) 칠십인 경은 다 복수로 번역한다.

"너의 태의 열매"는 자녀들로 후손의 번성을 의미한다. 현대인들은 자녀들을 적게 낳으려고 하지만 고대 사회에서는 다산이 복이었다. 과학기술이 발달하지 않았던 고대 사회에서는 모든 일을 사람들의 손으로 해야 했다. 따라서 많은 자녀들은 군사력이며 경제력이었다. "너의 땅의 열매"는 땅을 경작해서 얻는 수확물들 또는 추수한 농산물들을 뜻한다. "너의 가축의 열매"가 무엇인지는 다음의 "너의 소들의 새끼와 너의 양의 새끼들"이 설명하고 있다. "양"은 작은 짐승, 양이나 염소를 의미하는데, 여기서는 양으로 번역하는 것이 낫다(칠십인 경은 "양"으로 번역). 가축의 번성을 뜻한다.

5 너의 바구니와 너의 그릇이[1] 복을 받을 것이다.

**본문 비교**

1) 칠십인 경은 "너의 창고들과 너의 생산량" *αἱ ἀποθῆκαί σου καὶ*

τὰ ἐγκαταλείμματά σου로 번역한다. 탈굼 네오피티는 "너희의 첫 열매의 바구니와 너희의 빵 묶음의 오븐" 그리고 탈굼 프쉬도 요나단은 "너희의 첫번째 열매들의 바구니들과 너희의 반죽 그릇의 첫번째 빵 덩어리들"로 설명한다.

"너의 바구니"는 농산물을 담을 수 있는 용기를 의미한다(신 26:2, 4). "너의 그릇"은 반죽을 담을 수 있는 그릇이다. 바구니와 그릇이 복을 받을 것이라는 것은 풍성한 수확으로 인하여 그릇에 담을 것이 있다는 뜻이다. 즉 하나님이 농사가 잘 되게 하는 복을 주시는 것이다. 이래서 칠십인 경은 창고와 생산량이 복을 받을 것이라고 했다.

6 너는 너의 들어올 때에 복을 받을 것이고 너는 너의 나갈 때에 복을 받을 것이다.[1)]

**본문 비교**

1) 아람어 성경들은 들어오고 나가는 것에 대하여 더 자세한 설명을 한다. 탈굼 네오피티는 학교에 들어가고 회당에서 나오는 것을 말하고 탈굼 프쉬도 요나단은 학교에 들어가고 사업차 나오는 것으로 해석한다. 하지만 탈굼 옹켈로스는 마소라 사본과 같이 번역하고 있다.

들어오고 나가는 것이 어디로 들어가고 어디에서 나가는 것인지가 명확하지 않다(위 본문 비교를 참고). 아마도 집에 들어가고 나가는 것이 아닐까 하는 생각이 든다. 일을 마치고 집에 들어가고 일을 하러 집을 나가는 것을 의미할 것이다. 하나님의 명령에 순종하는 사람들이 하는 모든 일들이 다 복을 받을 것이라는 뜻이다.

7 아도나이께서[1] 너를 대항하여 일어나는[2] 너의 대적들을 주실 것이다,
너 앞에서 패배를 당할 것이다,
그들이 한 길로[3] 너를 대항하여 나올 것이다,
그러나 그들이 너 앞에서[4] 일곱 길로 도망갈 것이다.

**본문 비교**

1) 쿰란 사본(4QDeut[c])과 칠십인 경은 "너의 하나님"을 덧붙인다.
2) 탈굼 네오피티는 "너를 해하기 위하여"를 그리고 탈굼 프쉬도 요나단은 "악을 행하기 위하여"를 덧붙인다.
3) 탈굼 네오피티는 "전쟁하기 위하여"이고 탈굼 프쉬도 요나단은 "한 길로 싸우기 위하여"를 덧붙인다.
4) 칠십인 경은 "~로부터" ἀπο이다.

이 구절은 비록 "복을 받을 것이다"는 표현은 나오지 않지만(대신 "주실 것이다"가 나온다) 아도나이의 명령에 순종하는 이스라엘이 전쟁에서 받는 복을 말한다. "너를 대항하여 일어나는"은 '너를 대적하여 서는'으로 번역할 수 있다. 이스라엘을 대적하기 위하여 일어나는 것이다. 군대를 소집하여 전선에 나오는 것을 말한다. "너의 대적들"은 이스라엘을 치러 오는 적군들이다. "주실 것이다"는 '넘겨 주실 것이다'로 이스라엘이 전쟁에서 승리할 수 있도록 해주시는 것을 말한다. 하나님께서 적군들을 이스라엘의 수중에 즉 통제 아래에 넘겨주시는 것이다.

"패배를 당할 것이다"는 '침을 당할 것이다'로 "너의 대적들이" 패배를 당하는 것이다. 하나님이 이스라엘의 대적들을 이스라엘에게 넘겨 주심으로 일어나는 현상이다. 적들이 전쟁에서 이스라엘에게 패배할 것이다.

적들의 패배는 더 구체적으로 표현되었다. "그들이 한 길로 너를 대항하여 나올 것이다"는 적들이 이스라엘을 대적하여 한 길로 행진해 온 것

을 의미한다. "그러나"는 '그리고'이다. 여기서는 반대로 번역해주는 것이 더 효과적이다. 적들이 한 길로 행진해 왔지만 "그들이 너 앞에서 일곱 길로 도망갈 것이다." 적들이 패배해서 산산이 흩어질 것을 말한다. "한 길"과 "일곱 길"이 대조를 이룬다. 하나님이 대적들을 이스라엘에게 주실 때 일어날 현상이다.

8 아도나이는 너에게 그 복을 명령하실 것이다,[1]
너의 창고들에,[2] 너의 손의[3] 취하는 모든 것에,
그리고 그가 너에게 복을 주실 것이다,[4]
너의 하나님 아도나이께서 너에게 주시는 그 땅에서.

**본문 비교**

1) 마소라 사본은 יצו인 데 반하여 사마리아 오경은 יצוה이다. 의미에는 차이가 없다. 칠십인 경은 "주님께서 보내실 것이다" *ἀποστείλαι κύριος*이다.
2) 마소라 사본은 복수 באסמיך인 데 반하여 사마리아 오경은 단수 באסימך이다.
3) 사마리아 오경과 벌게이트는 "손들"이다. 탈굼 네오피티와 탈굼 프쉬도 요나단은 "너희의 손들"이다.
4) 칠십인 경은 "그리고 그가 너에게 복을 주실 것이다"를 생략한다.

명사 "복" 앞에 정관사가 붙어서 "그 복"으로 나오는 것이 특이하다. 이것은 이스라엘이 아도나이의 명령에 순종할 때 아도나이께서 주시는 복을 의미한다(1-2). 아도나이께서 그 복을 명령하신다. 이것은 복을 보내시는 것을 의미한다(칠십인 경 번역. 본문 비교 1)을 참고). 아도나이의 명령에 순종하는 이스라엘을 위하여 복을 정하신 것이다.

"너의 창고들에, 너의 손의 취하는 모든 것에"는 전치사구들로 "너의

창고들 안에, 너의 손의 취하는 모든 것 안에"이다. 하나님이 복을 주심으로 창고가 가득 차게 될 것이며 아도나이의 율법에 순종하는 사람이 손으로 하는 모든 일이 잘 될 것을 의미한다. 이것은 아도나이께서 복을 명하심으로 인한 결과이다.

더 나아가 아도나이께서 "그 땅에서" 즉 '그 땅 안에' 복을 주실 것이다. 아도나이는 이스라엘에게 가나안 땅을 주시기로 약속하셨다. 그 약속의 땅 안에 사는 이스라엘이 아도나이의 율법에 순종할 때, 하나님께서 그 땅에 복을 주실 것이다. 땅과 아도나이의 법에 순종하는 것이 밀접한 관련이 있다. 신명기는 이 사상을 계속 말하고 있다(신명기 1권, 73페이지의 "10.3 땅과 하나님의 법"을 참고하라).

9 아도나이께서[1)] 그를 위하여 너를 거룩한 백성으로 세울 것이다,
그가 너에게[2)] 맹세한 대로,
만일 네가 너의 하나님 아도나이의 명령들을 지키고[3)]
네가 그의 길들로[4)] 걸어간다면.

**본문 비교**

1) 일부 칠십인 경 사본들(A F M)은 여기에 "너의 하나님" ὁ θεός σου를 덧붙인다. 랄프(Rahlfs) 편집은 이것을 갖고 있다.
2) 칠십인 경은 "너의 조상들에게" τοῖς πατράσιν σου를 덧붙인다. 오리겐의 헥사플라는 이것이 덧붙여졌음을 지적한다.
3) 칠십인 경은 "음성에 순종한(듣는)다면" εἰσακούσῃς τῆς φωνῆς이다. 오리겐의 헥사플라는 이 차이를 지적한면서 "계명들을 지킨다면"으로 고칠 것을 제안한다(Byz 사본들은 이렇게 되어있다).
4) 탈굼 옹켈로스, 탈굼 네오피티, 탈굼 프쉬도 요나단은 여기에 "그 앞에서 바른 길들"로 설명한다.

귀결절 "아도나이께서 그를 위하여 너를 거룩한 백성으로 세울 것이다, 그가 너에게 맹세한 대로" 와 조건절 "만일 네가 너의 하나님 아도나이의 명령들을 지키고 네가 그의 길들로 걸어간다면,"이 나오고 있다.

"그를 위하여"는 '그에게,' '그 자신을 위하여'의 뜻이다. "너를"은 이스라엘을 말하며 "거룩한 백성"은 '성별된 백성'이다(참고 신 7:6; 14:2; 26:19). "세울 것이다"는 문자적으로 '일으킬 것이다'이지만 이것은 하나님께서 이스라엘을 거룩한 백성으로 확증 또는 확인하는 것을 뜻한다. "그가 너에게 맹세한 대로"는 하나님께서 이스라엘에게 '약속한 대로,' '말씀하신 대로'이다. 하나님이 약속하신 것이 이루어질 것을 말한다.

"만일~면"(כִּי)은 '~때'로도 번역할 수 있지만 여기서는 "~면"으로 번역하는 것이 더 좋다. 개역 개정은 '왜냐하면 ~때문이다'인 "이는"으로 번역했지만 문맥이 부자연스럽다. 접속사 "만일 ~면"은 조건절을 인도한다. 이스라엘이 하나님께 속한 거룩한 백성이 되기 위한 조건들이다. 첫째는 "네가 너의 하나님 아도나이의 명령(또는 계명)들을 지키고"이며 둘째는 "네가 그의 길들로 걸어가는" 것이다. 여기서 "그의 길들"은 앞에서 말하는 "아도나이의 명령들을 지키는" 것으로 말씀에 순종하는 삶이다. 이 조건들이 충족될 때 이스라엘은 하나님께 거룩한 백성으로 인정을 받을 것이다. 이스라엘은 아도나이와 언약을 맺음으로 거룩한 백성이 되었다(신 26:19). 이제 그 거룩한 백성이라는 신분을 유지하는 방법은 아도나이의 명령을 따라 살아가는 것이다.

10 그리고 그 땅의 모든 백성들이 볼 것이다,
아도나이의 이름이 네 위에 불리는 것을,
그리고 그들이 너를 두려워할 것이다.

이 구절은 다시 "그리고 그 땅의 모든 백성들이 아도나이의 이름이 네 위에 불리는 것을 볼 것이다 그리고 그들이 너를 두려워할 것이다."로 번역할 수 있다. "그 땅의 모든 백성들"은 이스라엘 주변의 세상 백성들을 말한다. 이들이 "아도나이의 이름이 네 위에 불리는 것"을 볼 것이다. "네 위에"는 '이스라엘 위에'로 이스라엘이 아도나이의 이름으로 언급되는 것은 이스라엘이 아도나이의 백성이기 때문이다. 이스라엘은 이제 아도나이와 언약을 맺은 아도나이의 백성으로 알려지며 아도나이의 이름과 같이 불리울 것이다. 세상의 백성들이 "너를" 즉 이스라엘을 두려워하는데, 왜냐하면 "아도나이의 이름이 네 위에" 있기 때문이다. 세상 사람들이 이스라엘을 두려워하는 것이 아니라 아도나이의 이름 때문에 이스라엘을 두려워하는 것이다.

11 그리고 아도나이께서[1] 너에게 좋은 것을 많게 할 것이다,
너의 태의 열매를 그리고 너의 가축의 열매를 그리고 너의 땅의 열매를,[2]
아도나이께서 너의 조상들에게 너에게 주기로 맹세하신 그 땅 위에서.

**본문 비교**

1) 칠십인 경은 "너의 하나님" ὁ θεός σου를 덧붙인다. 오리겐의 헥사플라는 이것이 덧붙여졌음을 지적한다.
2) 칠십인 경 랄프(Rahlfs)의 편집은 순서가 바뀌어 "너의 땅의 열매를 그리고 너의 가축의 열매를"로 나온다.

아도나이의 명령을 지키는 이스라엘에게 주어지는 복을 말한다. "좋은 것"이 무엇인지는 다음 구절에서 설명하고 있다(개역 개정은 "복"으로 번역). 첫째, "너의 태의 열매"는 많은 후손을 의미한다. 많은 자녀들을 낳게 될 것이다. 둘째, "너의 가축의 열매"는 이스라엘이 목축하는 가축들, 소와 양과 염소의 새끼들이 많아질 것을 의미한다. 목축이 잘 되는 것이다. 셋째, "너의 땅의 열매"는 이스라엘이 가나안 땅에서 농사짓는 모든 것의 수확을 뜻한다. 즉 곡식과 과일의 풍성한 소출을 말한다. 하

나님께서 이 모든 복을 주시는데, 이것들은 하나님이 주시기로 약속한 땅 가나안에서 이루어질 것이다. 경제적, 물질적인 복이 임하는 것이다. 가나안 땅에서 받는 복은 위에서 언급했듯이 이스라엘이 가나안 땅에서 아도나이의 계명을 지킬 때 받을 수 있다(28:1-2, 9).

12 아도나이께서 너를 위하여 그의 좋은 창고를, 하늘을 여실 것이다,
그의 때에 너의 땅의 비를[1] 주기 위하여,
그리고[2] 너의 손의[3] 모든 일에게 복을 주기 위하여,
그리고 너는 많은 백성들에게 빌려줄 것이다,
그러나 너는 빌리지 않을 것이다.[4]

**본문 비교**

1) 마소라 사본은 목적격 불변사 את가 없는 반면에 사마리아 오경은 가지고 있다. 탈굼 프쉬도 요나단은 더 구체적으로 이른 비와 늦은 비를 언급하고 있다(이른 비와 늦은 비에 대해서는 신명기 11:14의 주석을 참고하라).
2) 히브리어 필사본($V^{ken\ 9}$), 칠십인 경과 벌게이트는 "그리고"를 생략한다.
3) 히브리어 필사본 ($V^{ken\ 29}$), 사마리아 오경, 칠십인 경, 벌게이트와 시리아 역은 "너의 손들"이다. 탈굼 네오피티와 탈굼 프쉬도 요나단은 "너희의 손들"이다.
4) 칠십인 경은 여기에 "그리고 너는 많은 민족들을 지배할 것이나 그들은 너를 지배하지 못할 것이다" *καὶ ἄρξεις σὺ ἐθνῶν πολλῶν σοῦ δὲ οὐκ ἄρξουσιν*을 덧붙인다(참고 신 15:6). 오리겐의 헥사플라는 이것이 덧붙여졌음을 지적한다.

11절에서 하나님은 이스라엘에게 땅의 복을 주실 것을 말씀하셨다.

이 구절에서는 하나님이 그 땅에 어떻게 복을 주시는지 더 구체적으로 설명한다. 아도나이는 하늘의 비를 주심으로 가나안 땅의 소출을 축복하신다.

"너를 위하여"는 '너에게'로 아도나이의 계명을 잘 지키는 이스라엘을 의미한다. "그의 좋은 창고"와 "하늘"이 동격을 이룬다. 아도나이께서 하늘의 좋은 창고를 여시는데, 이는 비를 주기 위함이다. 동사 "여실 것이다"는 두 개의 부정사구를 지배한다. 첫째는 "그의 때에 너의 땅에 비를 주기 위하여"이다. "그의 때에"는 농사와 목축을 하기에 적절한 때이다. 비는 적절한 때에 적당한 양이 와야 농사와 목축이 잘 된다. 이스라엘에서 내리는 이른 비(10월부터 12월 사이에 내리는 비)와 늦은 비(3-4월에 내리는 비)를 말한다(참고 신 11:14). 아도나이께서 하늘을 여시는 목적을 잘 설명한다. 비를 주셔서 땅의 곡식과 과일들이 잘 자라게 하시는 것이다. 또한 목초가 잘 자람으로 목축이 잘 되게 해주시는 것이다. 둘째는 "너의 손의 모든 일들에 복을 주기 위하여"이다. 하나님은 하늘에서 비를 주실 뿐만 아니라 이스라엘이 하는 모든 일들을 잘 되게 해 주신다.

"그리고"는 '그리하여,' '그러므로'의 뜻으로 하나님이 복을 주신 결과를 말한다. "너는 많은 백성들에게 빌려줄 것이다 그러나 너는 빌리지 않을 것이다." 이스라엘은 주위의 다른 국가들에게 빌려주는 위치에 있다. 즉 돈을 꾸어 주는 것이다. 하지만 그들은 주위의 국가들로부터 돈을 꾸지 않는다(참고 신 15:6). 하나님이 주시는 복으로 인하여 이스라엘이 부자 나라가 될 것을 말하고 있다.

13 그리고[1] 아도나이는[2] 너를 머리로 주실 것이다 그러나 꼬리로 않는다,[3]
그리고 너는 확실히 위에 있을 것이다 그러나 너는 아래에 있지 않을 것이다,
만일 네가 너의 하나님 아도나이의 계명들을 듣는다면,
내가 너에게 오늘 명령하는, 지키기 위해 그리고 행하기 위해.

**본문 비교**

1) 칠십인 경, 벌게이트와 시리아 역은 "그리고"를 생략한다.
2) 칠십인 경은 "너의 하나님" ὁ θεός σου을 덧붙인다. 오리겐의 헥사플라는 이것이 덧붙여졌음을 지적한다.
3) 탈굼 옹켈로스는 "주께서 너를 강하게 하시고 약하게 하지 않으실 것이다," 탈굼 네오피티는 "주께서 너희를 왕으로 세우시나 서민으로 세우지 않으실 것이다" 그리고 탈굼 프쉬도 요나단은 "주의 말씀이 너희를 왕으로 세우시나 서민으로 세우지 않으실 것이다"로 해석한다.

이 구절은 귀결절 "그리고 아도나이는 너를 머리로 주실 것이다 그러나 꼬리로 않는다, 그리고 너는 확실히 위에 있을 것이다 그러나 너는 아래에 있지 않을 것이다,"와 조건절 "만일 네가 너의 하나님 아도나이의, 내가 너에게 오늘 명령하는, 계명들을, 지키기 위해 그리고 행하기 위해, 듣는다면,"으로 구성되어 있다(ESV, JPS, KJV, NAB, NAS, NAU, NIB, NIV, NJB, TNK). 개역 개정은 이 구절을 다음 구절과 연결하여 조건절로 보고 있다. "오직 너는 내가 오늘 네게 명령하는 네 하나님 여호와의 명령을 듣고 지켜 행하며 내가 오늘 너희에게 명령하는 그 말씀을 떠나 좌로나 우로나 치우치지 아니하고 다른 신을 따라 섬기지 아니하면 이와 같으리라." 개역 개정은 "오직"과 "이와 같으리라"를 넣어주었다.

하지만 중간에 있는 접속사 '키'(כִּי)는 '~때'로도 번역할 수 있다. "그리고 아도나이는 너를 머리로 주실 것이다 그러나 꼬리로 않는다, 그리고 너는 확실히 위에 있을 것이다 그러나 너는 아래에 있지 않을 것이다, 네가 너의 하나님 아도나이의 내가 너에게 오늘 명령하는 계명들을, 지키기 위해 그리고 행하기 위해, 들을 때."(LEI, NBG, SVV).

또한 이 접속사는 "왜냐하면 ~이기 때문이다"(כִּי)로도 번역할 수 있다. "그리고 아도나이는 너를 머리로 주실 것이다 그러나 꼬리로 않는다, 그리고 너는 확실히 위에 있을 것이다 그러나 너는 아래에 있지 않을 것이다, 왜냐하면 네가 너의 하나님 아도나이의, 내가 너에게 오늘 명령하는 계명들을 지키기 위해 그리고 행하기 위해, 듣기 때문이다"(LUV, YLT).

위 세 가지 번역가운데 필자는 "만일 ~면"으로 번역했다. 이유는 첫째, 28장 1절과 2절과 잘 어울리기 때문이다. 둘째, 칠십인 경은 "만일 ~면" ἐάν으로 번역했기 때문이다.

상반절에는 생략이 있다. "아도나이는 너를 머리로 주실 것이다 그러나 (아도나이는 너를) 꼬리로 (주지) 않는다." "머리"와 "꼬리"가 대조를 이룬다. 하나님은 이스라엘을 "꼬리" 즉 낮은 위치가 아니라 "머리" 즉 뛰어난 위치에 두실 것을 약속하신다. 다음 구절 역시 대조를 이루는데, "너는 확실히 위에 있을 것이다 그러나 너는 아래에 있지 않을 것이다" 이다. 여기서도 "위에"와 "아래에"가 대조를 이루고 있다. 이스라엘이 다스림을 받는 위치, 복종하는 위치에 있는 것이 아니라 다스리는 위치, 인도하는 위치에 있을 것을 말한다.

조건절은 관계 대명사로 연결되어 "만일 네가 너의 하나님 아도나이의, 내가 너에게 오늘 명령하는, 계명들을 듣는다면"이다. "듣는다면"은 '순종한다면'의 의미가 있다. "내가 너에게"는 모세가 이스라엘 즉 출애굽 후세대에게 말하는 것이다. 이스라엘이 아도나이의 계명들을 들어야 하는 목적은 두 개의 부정사 구 "지키기 위해 그리고 행하기 위해"에 잘 나타난다.

이스라엘이 이렇게 다른 백성들에 비해 높은 위치를 차지할 수 있는 때는 조건을 충족시키는 때이다. 즉 이스라엘이 아도나이의 명령에 순종할 때이다. 이스라엘이 탁월한 위치에 올라갈 수 있는 방법은 경제적 부나 군사적인 부강함에 있는 것이 아니라 하나님의 음성을 잘 듣고 순종하는 것이다.

14 그리고[1] 너는 모든 말씀들로부터 치우치지 말아야 한다,
내가 너희에게[2)3)] 오늘 명령하는, 좌로나 우로,
다른 신들을 따라 걷기 위하여, 그들을 섬기기 위하여.[4)]

**본문 비교**

1) 칠십인 경은 "그리고"를 생략한다.
2) 쿰란 사본(4QDeut[c]), 사마리아 오경, 칠십인 경과 시리아 역은 2인칭 단수 "너에게"이다.
3) 벌게이트는 "너희에게"을 생략한다.
4) 마소라 사본은 "세투마"(ס)를 두어 단락을 나누고 있다.

1-14절은 복을 말하는 단락이다. 이 단락의 마지막 절은 강하게 "너는 모든 말씀들로부터 치우치지 말아야 한다"로 경고하고 있다. "치우치지 말아야 한다"는 '벗어나지 말아야 한다'이다. 이스라엘이 벗어나지 말아야 할 기준은 "말씀들"이다. 관계 대명사를 연결해서 번역해 보면 "내가 너희에게 오늘 명령하는 모든 말씀들"이다. 모세가 출애굽 후세대에게 선포하고 있는 말씀에서 벗어나지 말 것을 명령한다. 기차는 철로를 따라 움직인다. 만일 기차가 철로에서 벗어난다면 기차는 망가지고 승객들은 다칠 것이다. 이와 같이 이스라엘이 하나님의 말씀에서 좌로나 우로 벗어난다면 하나님의 심판이 임할 것이다. 이스라엘이 말씀에서 벗어나는 것은 우상숭배이다. 모세는 십계명의 제 일, 이 계명에서 우상을 제조하여 숭배하지 말 것을 말하고 있다. 동사 "치우치지 말아야 한다"는 두 개의 부정사 구들을 "다른 신들을 따라 걷기 위하여, 그들을 섬기기 위하여"를 지배한다. 즉 이스라엘은 "다른 신들을 따라 걷기 위하여, 그들을 섬기기 위하여 너는 내가 너희에게 오늘 명령하는 모든 말씀들로부터 좌로나 우로 치우치지 말아야 한다."

## 2.1 저주(15–19)

저주는 위에서 말했듯이 너무 길게 나오기 때문에 네 부분(15-19, 20-44, 45-57, 58-68)으로 나눠서 다루고자 한다. 먼저 복과 평행을 이루는 저주 본문을 살펴보면 다음과 같다.

| | |
|---|---|
| 조건과 약속 | 1-2절 ≠ 15절 |
| 성과 들의 복과 저주 | 3절 ≠ 16절 |
| 바구니와 그릇의 복과 저주 | 5절 ≠ 17절 |
| 태의 열매와 땅의 열매의 복과 저주 | 4절 ≠ 18절 |
| 들어올 때와 나갈 때의 복과 저주 | 6절 ≠ 19절. |

### 번역

15 그리고 이것이 있을 것이다, 만일 네가 너의 하나님 아도나이의 음성을 듣지 않는다면,
내가 오늘 너에게 명령하는 그의 모든 법규들과 그의 계명들을 지켜 행하여,
그러면 이 모든 저주들이 너에게 올 것이고 너에게 미칠 것이다,
16 너는 그 성에서 저주를 받을 것이고 너는 그 밭에서 저주를 받을 것이다.
17 너의 바구니와 너의 그릇이 저주를 받을 것이다.
18 너의 태의 열매와 너의 땅의 열매가 저주를 받을 것이다,
너의 소들의 새끼와 너의 양의 새끼들.
19 너는 너의 들어올 때에 저주를 받을 것이고 너는 너의 나갈 때에 저주를 받을 것이다.

### 주해

15 그리고 이것이 있을 것이다, 만일 네가[1)] 너의 하나님 아도나이의 음성을 듣지 않는다면,

내가 오늘 너에게 명령하는 그의 모든 법규들과[2] 그의 계명들을 지켜[3] 행하여,[4]
그러면 이 모든 저주들이 너에게 올 것이고 너에게 미칠 것이다.[5]

**본문 비교**

1) 쿰란 사본(4QpaleoDeut$^{r}$), 탈굼 네오피티와 탈굼 프쉬도 요나단은 복수 "너희"이다.
2) 칠십인 경은 "그의 법규들"을 생략한다(일부 사본들 t는 이것을 넣어 준다). 오리겐의 헥사플라는 이것이 빠졌음을 지적한다.
3) 마소라 사본은 "그리고"가 없이 두 개의 부정사 구가 연달아 나오는데 반하여 칠십인 경, 시리아 역과 벌게이트는 "그리고"를 넣어 준다.
4) 사마리아 오경은 "모든 ~을 행하여"를 생략한다.
5) 칠십인 경의 일부 사본들(O Byz)은 "발견할 것이다"이다.

저주를 말하는 이 구절은 복을 말하는 1-2절과 평행을 이루며 구조가 유사하다. 15절에는 부정사 "잘"이 나오지 않고 부정어 "~않다"가 있고 "그의 법규들"이 첨가되었다. 1절의 "그러면 아도나이 너의 하나님이 너에게 뛰어남을 주실 것이다, 그 땅의 모든 민족들 위에."는 나오지 않는다. 1절에 이어 한 번 더 나오는 2절의 "네가 너의 하나님 아도나이의 음성을 듣는다면"은 15절에 나오지 않는다. 15절의 주석은 1-2절을 참고하고 다음 구절들을 비교해 보라.

15 그리고 이것이 있을 것이다, 만일 네가 너의 하나님 아도나이의 음성을 듣지 않는다면,
내가 오늘 너에게 명령하는 그의 모든 법규들과 그의 계명들을 지켜 행하여,
그러면 이 모든 저주들이 너에게 올 것이고 너에게 미칠 것이다.

1 그리고 이것이 있을 것이다, 만일 네가 너의 하나님 아도나이의 음성을 잘 듣는다면,
내가 오늘 너에게 명령하는 그의 모든 계명들을 지켜 행하여,
그러면 아도나이 너의 하나님이 너에게 뛰어남을 주실 것이다,
그 땅의 모든 민족들 위에.
2 그리고 이 모든 복들이 너에게 올 것이고 너에게 미칠 것이다,
네가 너의 하나님 아도나이의 음성을 듣는다면.

"그리고 이것이 있을 것이다"는 '이것이 발생할 것이다 ~때,' 또는 '이것이 일어날 것이다, 만일 ~면'이다. 조건이 충족될 때 일어날 일이 있다는 것이다. 15절 역시 조건절 "만일 네가 너의 하나님 아도나이의 음성을 듣지 않는다면, 내가 오늘 너에게 명령하는 그의 모든 법규들과 그의 계명들을 지켜 행하여"와 귀결절 "그러면 이 모든 저주들이 너에게 올 것이고 너에게 미칠 것이다"로 구성되어 있다.

일반적으로 신명기에서 "법규들"은 "법령들"과 유사 동의어로 짝을 이루어 나온다(4:1, 5, 8, 14, 44; 5:1, 31; 6:1, 20; 8:11; 11:32; 12:1; 26:16, 17; 30:16). 이 단어들은 율법의 구체적인 조항들을 설명하는 단어들이다(자세한 설명은 4:1의 주석을 참고). 여기서는 "법규들"과 "계명들"이 짝을 이루어 나온다(28:15, 45; 30:10, 16). "아도나이의 음성"은 더 구체적으로 "그의 법규들과 그의 계명들"로 나타난다. "이 모든 저주들"은 16절부터 68절에서 아주 상세하게 나오고 있다.

16 너는 그 성에서 저주를 받을 것이고 너는 그 밭에서 저주를 받을 것이다.
3 너는 그 성에서 복을 받을 것이고 너는 그 밭에서 복을 받을 것이다.

아도나이의 음성을 듣지 않는 이스라엘에게 닥칠 "이 모든 저주들"이 무엇인지를 구체적으로 설명한다. 먼저 이 구절은 3절과 평행을 이루며

대조를 보이고 있다. 16절을 다음 3절과 비교해 보라. "복"이 "저주"로 변한 것을 볼 수 있을 것이다. 아도나이의 법규들에 불순종하는 이스라엘에게 성과 밭에서 저주가 임할 것이다. 밭은 일터이다. 이스라엘이 하는 일들이 저주를 받을 것을 말한다.

17 너의 바구니와 너의 그릇이 저주를 받을 것이다.
5 너의 바구니와 너의 그릇이 복을 받을 것이다.

이 구절 역시 5절의 복과 평행을 이룬다. 복이 저주로 바뀐 것이다. 다음 5절과 비교해 보라. 16절에서 밭에서 저주를 받을 것이라고 했는데, 그 저주는 그대로 바구니와 그릇에 나타난다. 바구니와 그릇에 담을 밭의 열매가 없는 것이다.

18 너의 태의 열매와 너의 땅의 열매가 저주를 받을 것이다,
[1]너의 소들의 새끼와 너의 양의 새끼들.
4 너의 태의 열매와 너의 땅의 열매와 너의 가축의 열매가 복을 받을 것이다,
너의 소들의 새끼와 너의 양의 새끼들.

**본문 비교**

1) 사마리아 오경은 "그리고 너의 가축의 열매" **ופרי בהמתך**를 덧붙였다.

"저주를 받을 것이다"가 앞 뒤로 다 걸린다. 시편에 나오는 추축양식과 유사하다. "너의 태의 열매와 너의 땅의 열매가 저주를 받을 것이다" 그리고 "저주를 받을 것이다 너의 소들의 새끼와 너의 양의 새끼들(이)"로 읽을 수 있다.

이 구절 역시 4절과 평행을 이룬다. 차이가 있다면 복이 저주로 바뀐

것과 "너의 가축의 열매"가 생략된 것이다. 다음 4절과 비교해 보라. 아도나이의 음성에 불순종할 때 후손들이 적을 것이며 땅의 수확이 줄어들 것이다. 더 나아가 목축도 영향을 받아 가축의 새끼들이 번성하지 못할 것이다. 경제적인 불황이 찾아올 것이다.

19 너는 너의 들어올 때에 저주를 받을 것이고 너는 너의 나갈 때에 저주를 받을 것이다.[1]

6 너는 너의 들어올 때에 복을 받을 것이고 너는 너의 나갈 때에 복을 받을 것이다.

**본문 비교**

1) 쿰란 사본(4QpaleoDeut$^{r}$)은 이 구절을 생략한다.

이 구절 역시 6절과 대조 평행을 이룬다. 다음 6절과 비교해 보라. 6절의 주석도 참고하라.

## 2.2 저주(20-44)

저주는 크게 세 가지이다. 각종 질병, 전쟁의 패배와 억압 그리고 기근과 땅의 적은 소산물이다. 아래의 분석에서 강조는 전쟁에 관한 부분에 있다. 이스라엘은 전쟁에서 져서 다른 나라의 압제와 억압을 받을 뿐만이 아니라 이스라엘과 왕이 포로로 사로잡혀 갈 것도 예고한다. 언약의 저주는 가나안 땅에서 이스라엘에 왕정이 세워질 것과 포로로 잡혀갈 것을 이미 기정사실화 하고 있는 것이 특이하다.

a. 전염병과 각종 질병(20-22절).

b. 기근(23-24절).

c. 전쟁의 패배(25-26절).

a. 각종 질병(27-29a절).

c. 외적의 억압과 학대(29b-34절).

a. 종기(35절).

c. 이스라엘과 왕의 포로(36-37절).

b. 땅의 적은 소산물(38-42절).

d. 결론: 이스라엘이 다른 민족보다 낮아짐(43-44절).

(이 부분은 김영욱 "토라와 샬롬-신명기를 중심으로," 『신학지남』 320 (2014), 131에서 가져온 것이다).

**번역**

20 아도나이께서 너에게 그 저주를, 그 혼동을 그리고 그 책망을 보낼 것이다,
네가 행하는 네 손의 모든 일에,
네가 몰살될 때까지 그리고 네가 속히 망할 때까지,
네가 나를 버린 너의 악한 행동 때문에.
21 아도나이께서 너에게 그 전염병을 들러붙게 하실 것이다,
그가 너를 그 땅 위에로부터 끝내기까지,
네가 거기로 그것을 점령하기 위해 들어가는.
22 아도나이께서 너를 치실 것이다, 그 폐결핵으로,
그리고 그 열병으로 그리고 그 염증으로 그리고 그 혹서로 그리고 그 칼로
그리고 그 병충해로 그리고 그 곰팡이로,
그리고 그것들이 너를 추격할 것이다, 네가 망할 때까지.
23 너의 머리 위에 있는 너의 하늘들은 놋이 될 것이다,
그리고 너의 아래에 있는 그 땅은 철이.
24 아도나이께서 너의 땅에 비를 주실 것이다, 가루와 먼지,
하늘들로부터 그것이 너 위에 내려올 것이다, 네가 몰살될 때까지.
25 아도나이께서 너의 적들 앞에서 너에게 패배를 주실 것이다,

네가 한 길로 그에게 나갈 것이다,
그러나 네가 그 앞에서 일곱 길로 도망갈 것이다,
그리고 너는 그 땅의 모든 나라들에게 공포가 될 것이다.
26 그리고 너의 시체는 먹이가 될 것이다,
하늘의 모든 새에게 그리고 땅의 짐승에게,
그러나 쫓아줄 자가 없을 것이다.
27 아도나이께서 너를 이집트의 종기로 그리고 치질로 치실 것이다,
그리고 피부병으로 그리고 가려움으로,
네가 치료할 수 없는.
28 아도나이께서 너를 치실 것이다,
미침으로 그리고 눈 멂으로 그리고 마음의 혼란으로.
29 그리고 너는 그 맹인이 그 어둠 가운데서 더듬는 것 같이 그 정오에 더듬을 것
이다,
그리고 너는 너의 길들을 형통하게 하지 못할 것이다,
그리고 너는 참으로 압제 당하고 탈취당할 것이다, 모든 날들에,
그러나 구원자가 없을 것이다.
30 네가 여자와 약혼했으나 다른 남자가 그녀와 누울 것이다,
네가 집을 지었으나 네가 거기에 살지 못할 것이다,
네가 포도원을 만들었으나 너는 그것을 더럽히지 못할 것이다.
31 너의 소가 너의 눈 앞에서 도살되어도 너는 그것을 먹지 못할 것이다,
너의 나귀가 너 앞에서 강탈되어도 그것이 너에게 돌아오지 않을 것이다,
너의 양이 너의 대적들에게 빼앗겨도 너에게 구원자가 없을 것이다.
32 너의 아들들과 너의 딸들이 다른 백성에게 빼앗길 것이다,
그리고 너의 눈들이 보고 하루 종일 그들을 갈망할 것이다,
그러나 너의 손에 능력이 없을 것이다.
33 너의 토지의 열매와 너의 모든 소산을 네가 알지 못하는 백성이 먹을 것이다,
너는 단지 모든 날들에 억압받을 것이고 으스러질 것이다.

34 그리고 네가 보는 네 눈들의 광경으로 너는 미칠 것이다.
35 아도나이께서 너를 악한 종기로 치실 것이다,
네가 고칠 수 없는 다리들 위에 그리고 무릎들 위에,
너의 발바닥으로부터 그리고 너의 정수리까지.
36 아도나이께서 너를 그리고 네가 네 위에 세운 너의 왕을 가게 하실 것이다,
너와 너의 조상들이 알지 못하는 민족에게,
그리고 너는 거기서 다른 신들을, 나무와 돌을, 섬길 것이다.
37 그리고 너는 놀람, 비유와 조롱거리가 될 것이다,
아도나이께서 거기로 너를 쫓아 보내실 모든 백성들에게.
38 네가 많은 씨를 그 밭에 뿌릴 것이다,
그러나 너는 적게 거둘 것이다,
왜냐하면 그 메뚜기가 그것을 먹을 것이기 때문이다.
39 네가 포도원들을 만들 것이다 그리고 네가 일할 것이다,
그러나 너는 포도주를 마시지 못할 것이다 그리고 너는 모으지 못할 것이다,
왜냐하면 그 벌레가 그것을 먹을 것이기 때문이다.
40 올리브 나무들이 너의 모든 영토 안에 너에게 있을 것이다,
그러나 너는 기름을 바르지 못할 것이다,
왜냐하면 너의 올리브가 떨어질 것이기 때문이다.
41 네가 아들들과 딸들을 낳을 것이다,
그러나 그들이 너에게 있지 않을 것이다,
왜냐하면 그들이 그 포로로 갈 것이기 때문이다.
42 너의 모든 나무와 너의 토지의 열매를 곤충이 점령할 것이다.
43 너의 가운데 있는 그 나그네는 너 위로, 더 높이, 더 높이 올라갈 것이다,
그러나 너는 아래로, 아래로 내려 갈 것이다.
44 그는, 그는 너에게 빌려줄 것이다 그러나 너는, 너는 그에게 빌려주지 못할 것이다,
그는, 그는 머리로 있을 것이다 그러나 너는, 너는 꼬리로 있을 것이다.

### 주해

20 아도나이께서 너에게 그 저주를,[1] [2]그 혼동을[3] 그리고 그 책망을[4] 보낼 것이다,
네가 행하는 네 손의[5] 모든 일에,
네가 몰살될 때까지[6] 그리고 네가 속히 망할 때까지,[7]
네가 나를[8] 버린 너의 악한 행동 때문에.

### 본문 비교

1) 마소라 사본은 המארה "그 저주"인 데 반하여 사마리아 오경은 다른 단어 המרה "그 쓰라림" 또는 "그 쓴"이며 칠십인 경은 ἔνδειαν "부족, 결핍"이다(아퀼라, 심마쿠스, 테오도치온 역시 단어는 다르지만 의미는 비슷하다). 오리겐의 헥사플라는 이 차이를 지적한다. 탈굼 프쉬도 요나단은 더 자세하게 "너의 부를 저주하기 위하여"를 덧붙여 해석한다.
2) 사마리아 오경, 칠십인 경, 아퀼라, 심마쿠스, 테오도치온, 벌게이트, 시리아 역은 "그리고"가 있다.
3) 칠십인 경과 테오도치온은 "굶주림," "기근" ἐκλιμίαν(오리겐의 헥사플라는 이 차이를 지적한다), 아퀼라는 "불치의 상처" 또는 "암의 아픔" 그리고 심마쿠스는 "분노"로 번역한다. 탈굼 프쉬도 요나단은 "너의 평화를 교란하기 위하여"를 덧붙여 해석한다.
4) 칠십인 경은 "멸망" ἐκλιμίαν으로 번역한다.
5) 사마리아 오경은 복수 "너의 손들"이다.
6) 사마리아 오경, 칠십인 경, 벌게이트, 시리아 역은 "그가 너를 몰살시킬 때까지"이다.
7) 사마리아 오경, 칠십인 경, 벌게이트, 시리아 역은 "그가 너를 속히 멸망시킬 때까지"이다.
8) 탈굼 옹켈로스와 탈굼 프쉬도 요나단은 "나의 두려움"을 그리고 탈굼 네오피티는 "나의 법의 교훈을"이다.

저주가 확장되어 나오는데, 아도나이의 저주가 누구에게, 언제까지 그리고 왜 임하는지를 설명한다. "너에게"는 '너 위에' 또는 '너를 대항하여'라는 의미이다. "너에게"는 다시 "네가 행하는 네 손의 모든 일에"로 더 자세하게 나온다. 아도나이의 말씀에 불순종하는 이스라엘 사람들이 하는 모든 일들에 저주가 임할 것이다. "저주"는 '재앙,' '재난'을, "혼동"은 '혼란,' '공황'을 그리고 "책망"은 '비난,' '꾸짖음'을 뜻한다.

"네가 몰살될 때까지 그리고 네가 속히 망할 때까지"는 아도나이께서 이스라엘에게 내리시는 저주가 언제까지 임할 것인지를 보여준다. '네가 파괴될 때까지 그리고 네가 빨리 멸망할 때까지'이다. 하나님의 저주가 얼마나 강하게 임하는지, 얼마나 지속적으로 임할 것인지, 얼마나 신속하게 임할 것인지를 드러낸다. 이스라엘이 완전히 멸망할 때까지 하나님이 이스라엘을 대적하실 것을 표현한다.

"네가 나를 버린 너의 악한 행동 때문에"는 하나님이 왜 이스라엘을 멸망시키는 지를 설명한다. 이스라엘이 아도나이를 버렸기 때문이다. 여기서 '버리다'는 '뒤에 남겨두다,' '포기하다'이다. 이것은 문맥상 아도나이의 명령을 지키지 않았다는 것 또는 아도나이의 음성을 듣지 않았다는 것을 의미한다(15절).

21 아도나이께서 너에게 그 전염병을[1] 들러붙게 하실 것이다,
그가 너를 그 땅 위에로부터 끝내기까지,
네가 거기로 그것을 점령하기 위해 들어가는.

**본문 비교**

1) 칠십인 경은 "죽음" θάνατον으로 번역한다.

저주의 확장이 계속 이어지고 있다. 아도나이께서 전염병을 이스라엘에게 보내실 것이다. "너에게"는 '너 위에,' '너에 대항하여'의 뜻이다. "

전염병"은 '악성 전염병,' '역병,' '페스트'를 말한다(월트키는 "질병"으로 번역한다. Waltke-O, 246). "끝내기까지"는 '몰살할 때까지,' '멸하실 때까지'로 하나님이 이스라엘을 전멸시킬 것을 뜻한다. "그 땅 위에로부터"는 이스라엘이 점령할 가나안 땅을 말한다. "그가 너를 그 땅 위에로부터 끝내기까지 네가 거기로 그것을 점령하기 위해 들어가는."은 관계대명사를 연결하여 번역해 보면 "그가 너를 네가 거기로 그것을 점령하기 위해 들어가는 그 땅 위에로부터 끝내기까지"이다.

이스라엘은 지금 가나안 땅을 점령하려고 요단을 건너려고 한다. 요단을 건너 그 땅을 차지하기도 전에 그 땅 위에서 멸망할 것을 예고하고 있다. 모세는 이스라엘이 가나안 땅에 들어가기도 전에 그 땅에서의 종말을 예언한다. 아도나이의 명령에 불순종할 때, 이스라엘의 미래는 멸망으로 신속하고 빠르게 그리고 확실하게 나아간다. 이스라엘의 미래는 불확실하며 부정적으로 그려지고 있다.

22 아도나이께서 너를 치실 것이다, 그 폐결핵으로,[1]
그리고 그 열병으로 그리고 그 염증으로[2] 그리고 그 혹서로[3] 그리고 그 칼로[4]
그리고 그 병충해로 그리고 그 곰팡이로,[5]
그리고 그것들이 너를 추격할 것이다, 네가 망할 때까지.

**본문 비교**

1) 칠십인 경은 "고통," "당황" ἀπορίᾳ로 읽는다.
2) 칠십인 경은 "추위," "떨림" ῥίγει로 번역한다.
3) 칠십인 경은 "흥분," "과민증" ἐρεθισμῷ로 번역한다. 오리겐의 헥사플라는 이 차이를 지적한다. 테오도치온과 심마쿠스는 "몹시 뜨거운"으로 읽는다.
4) 칠십인 경은 "살인" φόνῳ로 그리고 벌게이트는 "뜨거움" *et aestu*로 읽는다.

5) 아퀼라는 "황달"로 그리고 심마쿠스는 식물에 생기는 "녹병"으로 번역한다.

아도나이께서 불순종하는 이스라엘에게 주시는 저주가 계속 이어지고 있다. 저주는 모두 일곱 개로 나타나는데, 세 개, 폐결핵, 열병, 염증은 질병이며 혹서는 자연적인 재해이며 칼은 전쟁을 말하며 나머지 두 개 병충해와 곰팡이는 곡식에 나타나는 자연재해이다. "폐결핵"은 '폐병'을, "혹서"는 '극한 더위'를 그리고 "병충해"와 "곰팡이"는 곡식에 나타나는 병을 말한다.

하나님의 저주가 다양한 방법에서 온다. 질병과 자연 재해 그리고 전쟁으로 임한다. 이 저주는 확실하게 드러나는데, 이스라엘이 망할 때까지 임한다. "그것들이 너를 추격할 것이다, 네가 망할 때까지." 저주들이 이스라엘을 따라온다. "추격할 것이다"는 '뒤쫓을 것이다'이다.

23 너의 머리 위에 있는 너의 하늘들은[1] 놋이 될 것이다,
그리고 너의 아래에 있는 그 땅은 철이.

**본문 비교**

1) 칠십인 경은 "너에게 그 하늘"이며 탈굼 옹켈로스, 탈굼 네오피티, 탈굼 프쉬도 요나단, 시리아 역, 벌게이트는 "하늘들"이다.

이 구절은 위의 22절과 관련이 있다. 또한 생략이 있어서 다음과 같이 "너의 머리 위에 있는 너의 하늘들은 놋이 될 것이다, 그리고 너의 아래에 있는 그 땅은 철이 (될 것이다)."로 읽을 수 있다. "너의 머리 위에 있는 너의 하늘들"은 이스라엘이 살아갈 가나안 땅의 하늘을 말한다. "놋이 될 것이다"는 놋과 같이 단단해서 하늘에서 비가 오지 않을 것을 뜻한다. 아람어 성경들, 탈굼 옹켈로스, 탈굼 네오피티 그리고 탈굼 프쉬

도 요나단은 하나같이 이렇게 주해하고 있다. "너의 아래에 있는 그 땅" 역시 이스라엘이 살 가나안 땅을 의미한다. 땅이 저주를 받아서 철과 같이 단단해서 곡식이나 과일을 생산할 수 없게 될 것이다. 아람어 성경들은 이렇게 주해한다.

24 아도나이께서 너의 땅에 비를 주실 것이다, 가루와 먼지,
하늘들로부터 그것이 너 위에 내려올 것이다, 네가 몰살될 때까지.[1)2)]

**본문 비교**

1) 칠십인 경은 마소라 사본과 끊는 것이 다르고 마소라 사본에 없는 구가 있다. 오리겐의 헥사플라는 "그것이 너를 파괴할 때까지"가 덧붙여졌음을 지적한다. 칠십인 경은 번역해 보면 다음과 같다.
   주님께서 너의 땅에 비를 먼지로 주실 것이다, δῴη κύριος τὸν ὑετὸν τῇ γῇ σου κονιορτόν.
   그리고 하늘로부터 먼지가 너 위에 내릴 것이다, καὶ χοῦς ἐκ τοῦ οὐρανοῦ καταβήσεται ἐπὶ σέ.
   그것이 너를 뿌리 뽑을 때까지 그리고 그것이 너를 파괴할 때까지. ἕως ἂν ἐκτρίψῃ σε καὶ ἕως ἂν ἀπολέσῃ σε.
2) 사마리아 오경과 시리아 역은 "그가 너를 몰살시킬 때까지"이다.

마소라 사본은 먼지에 악센트 아트나흐가 있어서 필자의 번역과 같이 끊고 있다. 먼저 상반절 "아도나이께서 너의 땅에 비를 주실 것이다, 가루와 먼지"는 다음과 같이 "아도나이께서 너의 땅에 비를 가루와 먼지로 주실 것이다."로 이해할 수 있다. 개역 개정은 "여호와께서 비 대신에 티끌과 모래를 네 땅에 내리시리니"로 의역한다.

이 구절은 위의 23절과 관련이 있다. 하늘에서 비를 내려 주시는 데, 비를 가루와 먼지로 주신다. 이래서 땅은 농산물을 낼 수가 없다. 곡식과

과일 만이 아니라 짐승들도 목초가 없어서 다 죽을 수밖에 없다. 하늘에서 비와 이슬이 내려야 하는데, 가루와 먼지가 내린다. 재앙이다. "하늘들로부터 그것이 너 위에 내려올 것이다."는 아도나이께서 이스라엘에게 가루와 먼지를 주실 것을 한번 더 말한다. "네가 몰살될 때까지."는 하늘에서 가루와 먼지가 내리는 기간을 뜻한다(20절 참고). 이스라엘이 망할 때까지 지속적으로 올 것이다. 우리가 주목해야 할 사실은 재앙은 이스라엘이 망할 때까지 정해져 있다는 것이다.

25 아도나이께서 너의 적들[1] 앞에서 너에게 패배를[2] 주실 것이다,
네가 한 길로 그에게[3] 나갈 것이다,
그러나 네가 그 앞에서 일곱 길로 도망갈 것이다,
그리고 너는 그 땅의 모든 나라들에게 공포가[4] 될 것이다.[5]
7 아도나이께서 너를 대항하여 일어나는 너의 대적들을 주실 것이다,
너 앞에서 패배를 당할 것이다,
그들이 한 길로 너를 대항하여 나올 것이다,
그러나 그들이 너 앞에서 일곱 길로 도망갈 것이다.

**본문 비교**

1) 탈굼 옹켈로스는 단수 "적"이다.
2) 칠십인 경은 "살육," "대량 학살" ἐπικοπὴν으로 번역한다.
3) 칠십인 경은 "그들에게"로 복수이다.
4) 탈굼 네오피티와 탈굼 프쉬도 요나단은 "혐오"로 번역한다.
5) 칠십인 경은 "너는 그 땅의 모든 나라들 가운데로 흩어질 것이다" ἔσῃ ἐν διασπορᾷ ἐν πάσαις ταῖς βασιλείαις τῆς γῆς로 읽는다. 즉 "디아스포라"가 될 것을 말한다.

여기서 "패배"는 נגף 의 니팔 분사로 '타격을 당한,' '침을 당한,' '습

격 당한'의 뜻이다. 아도나이께서 이스라엘을 적들에게 넘겨 주심으로 이스라엘이 공격을 당하여 패배할 것이다. 이스라엘이 적들에 대항하여 한 길로 행진하여 나가지만 전쟁에 져서 일곱 길로 도망갈 것이다. "그러나"가 반전을 보여준다. "네가 한 길로 그에게 나갈 것이다 그러나 네가 그 앞에서 일곱 길로 도망갈 것이다." 전쟁에 출전할 때는 같이 나가지만 전쟁에 져서 뿔뿔이 흩어질 것을 보여준다.

"그리고"는 '그래서'로 전쟁에서 패배한 결과를 말한다. 이스라엘이 모든 나라들에게 "공포" 즉 '두려움'이 될 것이다. 칠십인 경은 전쟁의 패배로 인하여 이스라엘이 다 흩어질 것을 말한다. 세계 모든 나라에 디아스포라가 될 것을 예고한다. 개역 개정은 칠십인 경을 따라 "네가 또 땅의 모든 나라 중에 흩어지고"로 번역했다.

22절의 "칼"에 해당하는 저주이다. 이스라엘이 전쟁에 나가서 패배하게 될 것을 선언한다. 이 구절은 7절과 대조를 이룬다. 7절에서는 이스라엘을 공격하는 적들이 패배를 당하지만 여기서는 이스라엘이 패배를 당한다. 7절과 이 구절을 비교해 보라.

26 그리고 너의 시체는1) 먹이가 될 것이다,
하늘의 모든2) 새에게1) 그리고 땅의 짐승에게,1)
그러나 쫓아줄 자가 없을 것이다.3)

**본문 비교**

1) 칠십인 경은 모두 복수를 사용한다.
2) 히브리어 필사본(V^ken 69^), 사마리아 오경, 칠십인 경 그리고 시리아역은 "모든"을 생략한다. 오리겐의 헥사플라는 "모든"이 생략되었다는 것을 지적한다.
3) 탈굼 프쉬도 요나단은 "너희의 시체로부터 그것들을"을 덧붙인다.

26절은 25절과 이어진다. 이스라엘이 전쟁에서 패배한 결과로 이스라엘 군인들의 시체들이 장사되지 못하고 땅에 그대로 방치되어 있는 상황을 가정한다. 시체가 장사되지 못하고(조상들의 무덤에 들어가지 못하고) 방치되어 있는 것은 저주를 받은 것이다. 그 결과 하늘의 새들과 땅의 짐승들의 먹이가 된다. 하지만 짐승들과 새들을 쫓아줄 사람이 없다.

27 아도나이께서 너를 이집트의 종기로 그리고 치질로[1)2)] 치실 것이다,
그리고 피부병으로 그리고 가려움으로,
네가 치료할 수 없는.

**본문 비교**

1) 마소라의 "이집트의 종기로 그리고 치질로"를 칠십인 경은 "자리에서의 이집트의 상처로" ἐν ἕλκει Αἰγυπτίῳ ἐν ταῖς ἕδραις로 읽는다. 이것은 앉을 때에 쓰라린 것을 말한다. 즉 치질이다. 오리겐의 헥사플라는 이 차이를 지적한다.
2) 마소라 사본의 케티브(사마리아 오경 역시)는 בעפלים "종양"인 데 반하여 케레(일부 필사본들, 시리아 역 역시)는 בטחרים "치질"이다.

아도나이께서 불순종하는 이스라엘을 질병으로 치신다(22절 참고). 여기서 네 개의 질병들이 나온다. "이집트의 종기"(ASV, CJB, ESV, JPS, NAB, NAS, NAU, NIB, NIV, )는 다양하게 "부스럼"(KJV), "염증"(TNK), "궤양"(JTE, NJB, YLT)으로 번역한다. "치질"은 위의 본문 비교의 1)과 2)를 참고하라. "피부병"은 '가려움'이다. 칠십인 경은 "거친(극심한) 가려움"(ψώρᾳ ἀγρίᾳ)으로 번역한다. "가려움"은 발진성 질병이다.

"네가 치료할 수 없는"은 '네가 고칠 수 없는'으로 관계 대명사로 인도되어 "아도나이께서 너를 치실 것이다, 네가 치료할 수 없는 이집트의 종기로 그리고 치질로 그리고 피부병으로 그리고 가려움으로"라는 의

미이다. 현대는 의학이 발달하여 이러한 질병들을 저주로 생각하지 않겠지만 의학이 발달하지 않았던 과거에 이러한 질병들은 고칠 수 없는 재앙이다.

[28] 아도나이께서 너를 치실 것이다,
미침으로 그리고 눈 멂으로 그리고 마음의 혼란으로.

"아도나이께서 너를 치실 것이다"가 계속 나오고 있다. 22절에서는 아도나이께서 3개의 질병으로 그리고 27절에서는 4개의 질병으로 치실 것을 말씀하셨다. 여기서는 3개의 질병으로 불순종하는 이스라엘을 치신다. 첫째는 "미침"으로 즉 정신병이다. 둘째는 눈이 보이지 않는 실명이다. 셋째 "마음의 혼란"은 '마음의 혼동,' '당황 또는 당혹'을 뜻한다. 정신이 이상해지는 병이다.

[29] 그리고 너는 그 맹인이 그 어둠 가운데서 더듬는 것 같이 그 정오에 더듬을 것이다,
그리고 너는[1] 너의 길들을[2)3)] 형통하게 하지 못할 것이다,
그리고 너는 참으로[4] 압제 당하고 탈취당할 것이다, 모든 날들에,
그러나 구원자가[5] 없을 것이다.

**본문 비교**

1) 칠십인 경은 주어가 3인칭 단수 "그가 너의 길들을 형통하게 하지 못할 것이다" οὐκ εὐοδώσει τὰς ὁδούς σου이다.
2) 사마리아 오경은 목적격 את을 생략한다.
3) 일부 필사본들(Vken 9), 사마리아 오경, 시리아 역은 단수 "너의 길"이다.
4) 마소라 사본은 אך인 데 반하여 사마리아 오경은 "오직" רק이다.

칠십인 경은 "그때에" τότε이며 벌게이트는 이것을 생략한다.

5) 칠십인 경, 벌게이트 그리고 시리아 역은 여기에 "너에게"를 덧붙인다. 오리겐의 헥사플라는 칠십인 경에 "너에게"가 덧붙여졌음을 지적한다.

아도나이께서 불순종하는 이스라엘을 치심으로 발생하는 결과를 설명한다. "너"는 불순종하는 이스라엘 사람이다. "그 정오에 더듬을 것이다"(Waltke-O, 629)는 밝은 대낮에 갈 길을 찾지 못하고 헤매고 있는 것이 특이하다. 이것은 28절의 "눈 멂"과 관련이 있다. 하나님께서 이스라엘을 치심으로 이스라엘 사람들이 맹인과 같이 바른 길을 찾지 못하고 헤매고 있다. 맹인은 어둠 가운데서 더듬고 있고 이스라엘은 정오 가운데 더듬고 있다. "어둠"과 "정오"가 대조를 이룬다.

"너는 너의 길들을 형통하게 하지 못할 것이다." 이스라엘은 자기의 길을 계획한다. 하지만 그 계획대로 이루어지지 않는다. "형통하게"는 '번성하게'로 이스라엘은 형통과 번영을 계획하지만 현실은 그렇게 나아가지 않는다. 압제와 노략이 그들을 기다리고 있다. "그리고 너는 참으로 압제 당하고 탈취당할 것이다, 모든 날들에"에서 "참으로"는 단언적이다. 이스라엘의 미래가 부정적일 것을 증언하는 것이다. 이스라엘이 당하는 압제와 노략이 일회적으로 끝나는 것이 아니라 "모든 날들에" 즉 항상 있을 것을 말한다. 더 비참한 것은 이스라엘이 이렇게 재앙가운데 있지만 "그러나 구원자가 없을 것이다."라는 사실이다. 이스라엘을 도와줄 자가 없다. 이스라엘이 가나안 땅에서 아도나이의 명령에 불순종할 때, 그들의 미래는 암울하다. 정오가 어둠으로 변한다.

30 네가 여자와 약혼했으나[1] 다른 남자가 그녀와 누울 것이다,[2]
네가 집을 지었으나 네가 거기에 살지 못할 것이다,
네가 포도원을 만들었으나 너는 그것을 더럽히지 못할 것이다.[3]

**본문 비교**

1) 칠십인 경은 "네가 취할 것이다" λήμψῃ로 번역한다. 오리겐의 헥사플라는 이 차이를 지적한다.
2) 마소라 사본의 케티브는 "그가 그녀를 강간할 것이다" ישגלנה인데 반하여 케레는 "그가 그녀와 누울 것이다" ישכבנה이다. 사마리아 오경은 "그가 그녀와 함께 누울 것이다" ישכב עמה이다. 칠십인 경은 "그가 소유할 것이다" ἕξει로 번역한다. 오리겐의 헥사플라는 이 차이를 지적한다. 아퀼라는 마소라를 문자적으로 번역한다.
3) 칠십인 경은 "네가 그것을 추수하지 못할 것이다" οὐ τρυγήσεις αὐτόν으로 번역한다. 개역 개정은 "그 열매를 따지 못할 것이며"로 번역하는데, 칠십인 경의 번역을 따른 것으로 보인다. 오리겐의 헥사플라는 이 차이를 지적한다. 탈굼 옹켈로스와 탈굼 프쉬도 요나단은 "일반적으로(세속적으로) 사용하지 못할 것이다,", 탈굼 네오피티는 "구속하지 못할 것이다"로 번역한다.

이 구절은 29절과 관련하여, 아도나이의 명령에 불순종하는 이스라엘은 외적에 의해 압제와 탈취를 당하는 것이 나온다. 첫째, "네가 여자와 약혼했으나 다른 남자가 그녀와 누울 것이다." 여기서 "다른 남자"는 불순종하는 이스라엘을 압제하며 탈취하는 남자이다(29절). 이스라엘이 전쟁에 져서 여자들과 아이들이 포로로 잡혀가는 것이다(참고 삿 5:30). 둘째, "네가 집을 지었으나 네가 거기에 살지 못할 것이다." 외적의 침입에 의하여 자기 집에서 살지 못한다. 이러한 일은 사사 시대에 있었다(삿 6:2). 셋째, "네가 포도원을 만들었으나 너는 그것을 더럽히지 못할 것이다." 여기서 "더럽히지 못할 것이다"가 해석하기 어렵다. 동사 חלל은 '더럽히다,' '오염시키다,' '세속적이다'의 뜻이다. 여기서 피엘(강조) 미완료로 나온다. 포도나무를 심은 사람은 3년 동안 그 열매를 먹지 못한다. 4년째 추수한 열매는 아도나이께 드려야 하고 5년째 열매를 먹을 수 있다. 세속적으로 즉 일반적으로 사용할 수 있다(레 19:23-25). 이것이 더럽히는 것 또는 세속적으로 사용하는 것 또는 일반적으로 사용하는 것이다. 여기서 포도나무를 심은 사람은 4년을 기다리고 5년째 열매를 따서 먹지 못하는 것이다. 왜냐하면 외적에게 탈취를 당하기 때문이다(이 단어에 대한 자세한 설명은 신 20:6을 참고하라).

31 너의 소가 너의 눈 앞에서 도살되어도 너는 그것을 먹지 못할 것이다,
너의 나귀가 너 앞에서 강탈되어도 그것이 너에게 돌아오지 않을 것이다,
너의 양이 너의 대적들에게 빼앗겨도 너에게 구원자가 없을 것이다.

30절에 이어 외적의 강탈이 이어진다. 이스라엘의 가축이 약탈당할 미래의 상황을 말한다. 이 구절은 세 개의 수동 분사 "도살되어도," "강탈되어도," "빼앗겨도"가 나온다(Joüon-M, § 121*e*). 이것을 다시 번역해 보면 다음과 같다.

"너의 소가 너의 눈 앞에서 도살될 것이다 그리고(또는 그러나) 너는 그것을 먹지 못할 것이다,
너의 나귀가 너 앞에서 강탈될 것이다 그리고(또는 그러나) 그것이 너에게 돌아오지 않을 것이다, 너의 양이 너의 대적들에게 빼앗길 것이다 그리고(또는 그러나) 너에게 구원자가 없을 것이다."

이스라엘 사람들이 고기를 먹으려고 소를 잡았으나 먹지 못한다. 외적이 빼앗아 가기 때문이다. 이스라엘 사람들이 나귀를 강탈당해도 그 나귀를 다시 찾아올 수 없다. 외적이 더 강하기 때문이다. 이스라엘 사람들이 양을 빼앗겨도 이것을 다시 찾아올 수 있도록 도와줄 사람이 없다. "너에게 구원자가 없을 것이다"는 '너를 위하여 도와줄 자가 없을 것이다'이다.

32 너의[1] 아들들과 너의[1)2)] 딸들이 다른 백성에게 빼앗길 것이다,
그리고 너의[1] 눈들이 보고 하루 종일[3] 그들을 갈망할 것이다,[4]
그러나 너의[1] 손에 능력이 없을 것이다.

**본문 비교**

1) 탈굼 네오피티는 복수 "너희"이다.
2) 히브리어 필사본(V[ken 9])과 칠십인 경은 "너의"를 생략한다. 그러나 랄프(Rahlfs) 편집에는 "너의"가 있다.
3) 칠십인 경은 "하루 종일"을 생략한다. 그러나 오리겐의 헥사플라는 이것을 넣어줄 것을 제안한다.
4) 칠십인 경은 "너의 눈들이 그들을 흐릿하게 볼 것이다" οἱ ὀφθαλμοί σου βλέψονται σφακελίζοντες εἰς αὐτά로 번역한다.

31절에서는 가축들이 약탈을 당했지만 32절에서는 자녀들이 포로로 사로잡혀 간다. "다른 백성"은 31절의 "너의 대적들"로 이스라엘을 침략한 이방인들이다. 외적이 이스라엘의 자녀들을 사로잡아 간다. 이스라엘이 사로잡혀 간 자녀들을 그리워하게 된다. "하루 종일"은 '온 종일'로 '계속,' '끊임없이'이다. "갈망할 것이다"는 형용사 '흐릿한,' '희미한'인데 여기서 동사 '~이다'를 넣어서 '약해질 것이다,' '갈망할 것이다'로 해석한 것이다. "능력"은 '힘'으로 사로잡혀 간 자녀들을 구원할 능력이 이스라엘에게 없다는 것이다.

33 너의 토지의 열매와[1] 너의 모든 소산을 네가 알지 못하는 백성이 먹을 것이다,
너는 단지[2] 모든 날들에 억압받을 것이고 으스러질 것이다.

**본문 비교**

1) 칠십인 경은 "지불금," "임차료" τὰ ἐκφόρια로 번역한다. 이스라

엘이 외적에게 점령을 당하여 땅의 사용료 즉 세금을 낸다는 의미이다. 오리겐의 헥사플라는 이 차이를 지적한다. 아퀼라는 마소라와 같이 "열매" καρπόν으로 번역한다.

2) 칠십인 경은 "단지"를 생략한다. 오리겐의 헥사플라는 이것을 지적하고 τοτε를 넣어준다.

이스라엘을 지배하는 대적들은 가나안 땅의 소산물을 착취한다. "토지의 열매와 너의 모든 소산"은 이스라엘이 경작하여 얻은 그 땅의 수확물을 말한다. 이스라엘이 수고하여 추수를 하였지만 그들은 그 열매를 먹지 못하고 대적들이 그것을 먹는다. 이스라엘은 노동하여 수고만 하고 그 결실을 맛보지 못한다. "단지"(Waltke-O, 669)는 "모든 날들에"에 비추어보면 '계속,' '끊임없이'라는 의미이다. 이스라엘이 계속 착취를 당할 것이다. "억압받을 것이고 으스러질 것이다"는 두 개의 칼 수동분사로 '압제 당할 것이고 짓밟혀 질 것이다'라는 뜻이다.

34 그리고 네가 보는 네 눈들의 광경으로 너는 미칠 것이다.

"그리고"는 '그러므로,' '그래서'로 위의 구절들의 결과를 말한다. 외적의 압제와 약탈로 인해서 이스라엘이 처한 상태를 보여준다. "광경"은 이스라엘이 목격하는 '모습'이다. 아도나이께서 불순종하는 이스라엘을 치심으로 인하여 각종 병들이 창궐하고 외적의 침입으로 항상 압제와 노략을 당하고 약혼을 하였으나 다른 남자에게 약혼녀를 빼앗기고 수고하여 얻은 농산물을 다른 백성이 먹는다. 이런 광경을 보는 이스라엘 사람들은 점점 미쳐갈 것이다.

35 아도나이께서 너를 악한 종기로 치실 것이다,
네가 고칠 수 없는 다리들 위에 그리고 무릎들 위에,

너의 발바닥으로부터 그리고 너의 정수리까지.

"아도나이께서 너를 치실 것이다"가 계속 나오고 있다(22, 27, 28). 여기서는 "악한 종기" 즉 '악성 종기'로 치신다(개역 개정은 "심한 종기"). "다리들" 다음에는 관계 대명사 절인 "네가 고칠 수 없는"이 나온다. 이것은 '네가 치료할 수 없는'으로 아도나이께서 치신 결과를 보여준다(Ges-K § 166 *b*). 악성 종기는 "다리들 위에 그리고 무릎들 위에" 즉 무릎 아래와 위에 주로 다리에 발발한다. 하지만 다리에만 제한되지는 않고 "발바닥으로부터 정수리까지" 날 것이다. 이것은 발끝에서부터 머리 위의 정수리까지 악성 종기가 발할 것을 보여준다. 아도나이께서 내리시는 저주는 온 몸에 발한다.

36 아도나이께서 너를 그리고 네가 네 위에 세운 너의 왕을[1] 가게 하실 것이다,[2]
너와 너의 조상들이 알지 못하는 민족에게,
그리고 너는 거기서 다른 신들을,[3] 나무와 돌을,[4] 섬길 것이다.

**본문 비교**

1) 칠십인 경은 "통치자들" τοὺς ἄρχοντάς로 복수이다.
2) 탈굼 네오피티는 "추방할 것이다," "유배 보낼 것이다"이다.
3) 탈굼 옹켈로스와 탈굼 프쉬도 요나단은 "우상 숭배자들을"이다. 즉 이스라엘이 우상을 섬기는 것이 아니라 우상을 섬기는 우상 숭배자들을 섬기는 것이다.
4) 칠십인 경은 "나무들과 돌들" ξύλοις καὶ λίθοις로 복수이다.

이 구절은 이스라엘에 왕정이 세워질 것을 전제하고 있다. 왕의 법에 따르면 이스라엘은 왕을 세우려는 생각이 들 때 왕을 세울 수 있다(신 17:14-20). 즉 왕정은 필수 사항이 아니라 선택 사항이었다. 그렇지만 여기서는 이스라엘이 인간 왕을 세울 것으로 보고 있다. "네가 네 위에 세운 너의 왕"이 이 사실을 잘 보여준다. 이스라엘에 왕정이 세워지지만 왕정이 망해서 다른 나라로 포로로 잡혀갈 것이다. "가게 하실 것이다"는 히필 형으로 '보내실 것이다'로 가나안 땅에서 추방당하는 것을 말한다. 아도나이께서 이스라엘 왕정에 저주를 내리심으로 왕이 다른 나라로 쫓겨가는 것이다. 신명기의 저주는 이스라엘의 왕정이 망할 것을 예고하고 있다.

"너와 너의 조상들이 알지 못하는 민족에게"는 이스라엘의 왕정이 망해서 포로로 잡혀 갈 나라를 의미한다. 열왕기 하를 읽어보면 북 왕국 이스라엘은 앗수르에 의해 망해서 잡혀갔고(왕하 17장) 남 왕국 유다는 바벨론에 의해 망해서 포로로 잡혀갔다(왕하 25장).

"거기서"는 이스라엘이 포로로 사로잡혀간 나라를 의미한다. "다른 신들"은 이스라엘을 포로로 잡아온 나라들이 섬기는 신들이다. 이 "다른 신들"은 "나무와 돌"로 만든 신들이다(개역 개정은 "목석으로 만든 다른 신들"로 번역한다). 이스라엘은 살아 계신 하나님 즉 불 가운데서 말씀하신 하나님(신 4:10-12, 15)을 버리고 나무나 돌로 만든 다른 신들을 섬길 것이다. 이스라엘 역사 속에서 실제 이스라엘은 우상숭배로 나라가 망했다(왕하 17:7-18). 모세는 이스라엘이 다른 신을 섬기면 나라가 망해서 포로로 사로잡혀 갈 것을 이미 예고했었다(신 4:25-31).

37 그리고 너는[1)] 놀람,[2)3)] 비유와 조롱거리가[4)] 될 것이다,
아도나이께서 거기로 너를 쫓아 보내실[5)] 모든 백성들에게.

**본문 비교**

1) 칠십인 경은 "거기서" ἐκει를 넣어준다. 오리겐의 헥사플라는 이것이 덧붙여졌음을 지적한다.

2) 마소라 사본은 שמה인 데 반하여 사마리아 오경은 שם이다. 의미

상의 차이는 없다. 칠십인 경은 "수수께끼" αἰνίγματι로 그리고 탈굼 네오피티는 "황폐" ודצ로 번역한다.

3) 사마리아 오경, 칠십인 경, 시리아 역은 "그리고"가 있다.

4) 칠십인 경은 "이야깃거리" διηγήματι이다.

5) 탈굼 네오피티는 "추방 보내실," "유배 보내실"이다.

아도나이께서 불순종하는 이스라엘을 다른 나라로 포로로 잡혀가게 하신 결과를 말한다. 이스라엘은 포로지에서 놀람과 비유와 조롱거리의 본보기가 될 것이다. "놀람"은 '소스라침,' '경악,' '대경실색'이며 "비유"는 '속담'이며 "조롱거리"는 '본보기,' '웃음거리'이다. 이스라엘은 이방 민족들의 조롱의 대상과 대화의 주제가 될 것이다. "거기로"는 36절의 "너와 너의 조상들이 알지 못하는 민족"이 사는 지역을 말한다. "너를 쫓아 보내실"의 주어가 "아도나이"인 것에 주목해야 한다. 이스라엘에게 저주와 재앙을 내리시는 분이 아도나이이다. 열왕기에서 북 왕국 이스라엘은 앗수르에게 그리고 남 왕국 유다는 바벨론에게 망한다. 앗수르와 바벨론이 이스라엘과 유다보다 더 강한 것이 아니라, 앗수르와 바벨론의 신이 이스라엘의 하나님 아도나이보다 더 강해서가 아니라 아도나이께서 범죄한 이스라엘과 유다를 심판하기 위하여 그들에게 넘기셨기 때문에 이스라엘과 유다가 망한 것이다. 이 점에 우리는 주의해야 한다.

38 네가 많은 씨를 그 밭에 뿌릴 것이다,
그러나 너는 적게 거둘 것이다,
왜냐하면 그 메뚜기가 그것을[1] 먹을 것이기 때문이다.

**본문 비교**

1) 칠십인 경은 복수 "그것들을" αὐτὰ이다.

저주는 농업에도 나타난다. 이스라엘 사람들이 풍성한 수확을 바라보면 많은 씨를 뿌린다. 하지만 "적게 거둘 것이다" 즉 뿌린 것에 비해 너무 작은 양을 수확할 것이다(참고 사 5:10). "많은"과 "적게" 그리고 "뿌릴 것이다"와 "거둘 것이다"가 서로 대조를 이룬다. 접속사 "왜냐하면"이 그 이유를 밝혀준다. 메뚜기가 그 식물을 다 먹어 치우기 때문에 수확이 적은 것이다.

39 네가 포도원들을[1] 만들 것이다 그리고 네가 일할 것이다,
그러나 너는 포도주를 마시지 못할 것이다 그리고 너는 모으지 못할 것이다,[2]
왜냐하면 그 벌레가 그것을[3] 먹을 것이기 때문이다.

**본문 비교**

1) 칠십인 경은 단수 "포도원" ἀμπελῶνα이다.
2) 칠십인 경은 "너는 그것으로부터 즐기지 못할 것이다" οὐδὲ εὐφρανθήσῃ ἐξ αὐτοῦ로 번역한다. 오리겐의 헥사플라는 이 차이를 말하고 "그것으로부터"가 덧붙여졌다고 지적한다.
3) 칠십인 경은 복수 "그것들을" αὐτὰ이다.

농업에 대한 저주가 이어지고 있다. 이스라엘이 포도원들을 만들어 포도나무들을 심고 재배할 것이다. 하지만 포도주를 마시지 못한다. 포도주가 없다는 것은 기쁨이 사라진다는 의미이다(위 본문 비교 2)를 보라). "모으지 못할 것이다"는 '저장하지 못할 것이다'이다. 접속사 "왜냐하면"이 그 이유를 설명하고 있다. "벌레가" 포도나무를 집어삼킬 것이기 때문이다.

40 올리브 나무들이 너의 모든 영토 안에 너에게 있을 것이다,
그러나 너는 기름을 바르지 못할 것이다,

왜냐하면 너의 올리브가 떨어질 것이기 때문이다.

38절부터 계속 농업에 대한 저주가 이어진다. 39절에서 포도에 대해서 말하더니 이 구절에서는 올리브에 대해서 언급한다. "영토"는 '경계'로 하나님이 이스라엘에게 기업으로 주신 가나안 땅의 영토를 의미한다. 이스라엘이 땅에 올리브 과수원을 만들지만 그 열매를 추수하지 못한다. "그러나"가 인상적이다. "기름"은 당연히 올리브 기름을 말한다. 접속사 "왜냐하면"이 이스라엘이 기름을 바르지 못하는 이유를 설명한다. "너의 올리브가 떨어질 것"은 올리브 열매들이 덜 익은 채로 떨어지는 것을 뜻한다. 그 결과 추수할 올리브 열매들이 없고 짤 기름도 없게 된다.

41 네가 아들들과 딸들을 낳을 것이다,
그러나 그들이 너에게 있지 않을 것이다,
왜냐하면 그들이 그 포로로 갈 것이기 때문이다.

이스라엘이 자녀들을 낳을 것이다. 하지만 그들은 부모와 함께 있을 수가 없다. 접속사 "왜냐하면"이 그 이유를 설명한다. 이스라엘이 낳은 자녀들이 다 외국으로 포로로 잡혀 갈 것이기 때문이다. 38절부터 41절까지 계속 접속사 "왜냐하면 ~때문이다"가 나오고 있다.

18절의 저주 "너의 태의 열매와 너의 땅의 열매가 저주를 받을 것이다"에서 "태의 열매"와 "땅의 열매"가 평행을 이루어 나타났다(4절 참고). 그런데 흥미롭게도 이 문맥에서 계속 땅의 열매들(38-40, 42절) 사이에 자녀들이(41절) 나오고 있다.

42 너의 모든 나무와[1] 너의 토지의 열매를[1] 곤충이 점령할 것이다.[2][3]

**본문 비교**

1) 칠십인 경은 복수 "나무들" 그리고 "열매들"이다.
2) 탈굼 네오피티와 탈굼 프쉬도 요나단은 "파괴할 것이다" יציצי이다.
3) 칠십인 경은 "병충해가 파괴할 것이다" ἐξαναλώσει ἡ ἐρυσίβη로 번역한다.

"곤충"은 윙윙거리는 날개 달린 곤충(NAB)을 의미한다. 현대 역본들은 "메뚜기"(ASV, JPS, KJV, YLT, 개역 개정), "메뚜기 떼"(NIB, NIV), "귀뚜라미"(ESV, NAS, NAU, TNK), "작은 벌레 또는 곤충"(CJB, NJB)으로 다양하게 번역한다.

"점령할 것이다"는 '차지할 것이다'로 메뚜기 같은 곤충들이 먹을 것을 의미한다. 그런데 이 동사 ירשׁ는 흥미롭게도 이스라엘이 가나안 땅을 정복할 때 주로 사용한 단어이다(신 4:1, 5, 14, 22, 26, 47). 이스라엘이 가나안 땅을 차지하여 기업으로 물려받았지만 이스라엘이 아도나이의 명령에 불순종하면 저주를 받아서 곤충들이 그 땅을 차지할 것이다.

43 너의 가운데 있는 그 나그네는[1] 너 위로, 더 높이, 더 높이 올라갈 것이다,
그러나 너는 아래로, 아래로 내려 갈 것이다.
13b 그리고 너는 확실히 위에 있을 것이다 그러나 너는 아래에 있지 않을 것이다.

**본문 비교**

1) 칠십인 경은 "개종자"이며 탈굼 옹켈로스와 탈굼 프쉬도 요나단은 "무할례자 이방인"이다.

"나그네"는 잠시 머무는 체류자 즉 이방인을 의미한다. "나그네"와 "너"가 대조를 이룬다. 이스라엘 가운데 거주하는 이방인은 이스라엘 사람보다 "더 높이, 더 높이" 즉 '위로, 위로' 올라가지만(Ges-K § 133 *k*)

이스라엘은 "아래로, 아래로" 즉 '더 낮게, 더 낮게' 내려간다. 신분이 역전되고 있다. 주객이 전도된 것이다.

이 저주는 13절의 복과 대조를 이룬다. 문자적인 평행은 나타나지 않지만 의미상 대조를 보인다. 위의 구절과 비교해 보라.

44 그는, 그는 너에게 빌려줄 것이다 그러나 너는, 너는 그에게 빌려주지 못할 것이다,
그는, 그는 머리로 있을 것이다 그러나 너는, 너는 꼬리로 있을 것이다.[1)]
13a 그리고 아도나이는 너를 머리로 주실 것이다 그러나 꼬리로 않는다.

**본문 비교**

1) 탈굼 옹켈로스는 "그는 강해질 것이나 너는 약해질 것이다," 탈굼 네오피티는 "그들은 왕들이 될 것이나 너희는 서민이 될 것이다" 그리고 탈굼 프쉬도 요나단은 "그는 통치자가 될 것이나 너희는 서민이 될 것이다"로 해석한다.

43절에 이어서 이방인과 이스라엘 사람들 사이의 관계를 말한다. 이스라엘이 저주를 받아서 이스라엘 내에 거주하는 이방인과 신분이 역전된다. 이 구절은 인칭 대명사 "그" הוא와 "너" אתה를 사용하여 확실하게 대조를 보여준다.

이방인과 이스라엘 사이에 경제적인 지위가 역전된다. 이방인은 이스라엘에게 꾸어 주지만 이스라엘은 이방인에게 꾸어 주지 못한다. 이방인은 경제적으로 부유하지만 이스라엘은 가난하게 될 것이다. 이로 인하여 이방인과 이스라엘 사이의 신분도 바뀌게 된다. 이방인은 머리가 되는 데 반하여 이스라엘은 꼬리가 된다. 이방인이 상위 신분을 유지하지만 이스라엘은 빈민 계층으로 떨어진다. 이 구절(44b)은 13a와 대조를 이룬다. 위의 구절과 비교해 보라.

## 2.3 저주(45-57)

저주의 확장된 세 번째 부분(45-57절)은 외적의 침입으로 인하여 성이 포위됨을 설명한다. 외적의 침입이 핵심을 차지하고 있다. 먼저 저주는 이스라엘을 추격하여 멸망시킬 것을 말하며 이것은 후손들에게 영원한 교훈이 될 것이다. 이 후에 나오는 구절들은 전쟁으로 인한 식량 부족을 말한다. 이스라엘이 풍족할 때에 여호와를 섬기지 않는다. 이로 인하여 외적의 침입을 당하여 모든 것이 부족해진다. 외적이 성을 포위하여 식량이 부족해져서 인육을 먹게 되는 일들이 발생할 것을 예고한다. 연약한 남자와 여자가 인육을 먹을 것을 길게 서술하고 있다.

a. 서론: 불순종으로 인한 저주(45-46절).

b. 적군을 섬김(47-48절).

c. 적군의 침입(49-50절).

b'. 적군이 곡식과 가축을 탈취 그리고 포위(51-52절).

a'. 결론: 식량 부족. 연약한 남자의 인육 섭취(53-55절).

연약한 여자의 인육 섭취(56-57절).

(이 부분은 김영욱 "토라와 샬롬-신명기를 중심으로,"『신학지남』320 (2014), 131-132에서 가져온 것이다).

### 번역

45 그리고 이 모든 저주들이 너에게 올 것이다,
그리고 그것들이 너를 추격할 것이고 그것들이 너에게 미칠 것이다, 네가 몰살될 때까지,
왜냐하면 네가 너의 하나님 아도나이의 음성을 듣지 않았기 때문이다,
그가 너에게 명령한 그의 법령들과 그의 계명들을 행하여.
46 그리고 그것들은 너에게 징조와 기적이 그리고 너의 후손에게 될 것이다, 영

원히.
47 네가 너의 하나님 아도나이를 섬기지 않음으로 인하여,
기쁨으로 그리고 마음의 좋음으로,
모든 것이 많음으로부터.
48 네가 아도나이께서 너에게 그를 보내실 너의 적들을 섬길 것이다,
굶주림 가운데 그리고 목마름 가운데 그리고 벌거벗은 가운데 그리고 모든 것
의 부족 가운데,
그리고 그가 너의 목에 철 멍에를 주실 것이다,
그가 너를 멸망시킬 때까지.
49 아도나이께서 너 위에 먼 곳에서, 그 땅 끝에서 한 민족을 데려 오실 것이다,
그 독수리가 빨리 나는 것과 같이,
네가 그의 언어를 듣지 못하던 한 민족.
50 얼굴이 사나운 민족,
노인에게 얼굴을 들지 않고 소년에게 호의를 주지 않는.
51 그리고 그가 너의 가축의 열매를 그리고 너의 땅의 열매를 먹을 것이다, 네가
몰살될 때까지,
그가 너에게 남겨 놓지 않을 것이다, 곡식을, 새 포도주를 그리고 새 기름을,
너의 소떼들의 새끼를 그리고 너의 양떼의 새끼를,
그가 너를 멸망시킬 때까지.
52 그리고 그가 너에게 너의 모든 성문들을 묶을 것이다,
높고 가까이 갈 수 없는 너의 벽들이 무너지기까지,
네가 신뢰하는 너의 모든 땅 안에 있는 그것들을,
그리고 그가 너에게 너의 모든 땅 안에 있는 너의 모든 성문들을 묶을 것이다,
너의 하나님 아도나이께서 너에게 주신.
53 그리고 네가 너의 태의 열매를, 너의 아들들과 너의 딸들의 살을 먹을 것이다,
너의 하나님 아도나이께서 너에게 주신,
너의 적이 너를 압박하는 포위 중에 그리고 궁핍 중에.

54 너 가운데 상냥하고 아주 부드러운 그 남자,
그의 눈이 그의 형제에 대하여 그리고 그의 품의 아내에 대하여 악할 것이다,
그리고 그가 남겨 놓은 그의 아들들의 남은 자에 대하여.
55 그들 중에 한 사람에게 주기를, 그가 먹으려는 그의 아들들의 살에서,
그에게 아무것도 남은 것이 없기 때문이다,
너의 적이 너의 모든 성문들에서 너를 압박하는 포위 중에 그리고 궁핍 중에.
56 너 가운데 상냥하고 부드러운 자,
그녀는 발바닥으로 그 땅 위에 두기를 시도하지 않은,
부드러움 때문에 그리고 상냥함 때문에,
그녀의 눈은 그녀의 품의 남자에 대하여 악할 것이다,
그리고 그녀의 아들에 대하여 그리고 그녀의 딸에 대하여.
57 그리고 그녀의 다리 사이에서 나온 그녀의 태를,
그리고 그녀가 낳은 그녀의 아들들을,
모든 것이 부족하기 때문에, 그녀가 그것들을 은밀히 먹을 것이다,
너의 적이 너의 성문들에서 너를 압박하는 포위 중에 그리고 궁핍 중에.

## 주해

45 그리고 이 모든 저주들이 너에게 올 것이다,
그리고 그것들이 너를 추격할 것이고 그것들이 너에게 미칠 것이다, 네가 몰살될 때까지,[1)2)]
왜냐하면 네가 너의 하나님 아도나이의 음성을[3)] 듣지 않았기 때문이다,
그가 너에게 명령한 그의 법령들과 그의 계명들을 행하여.

## 본문 비교

1) 사마리아 오경과 시리아 역은 "그것들이 너를 몰살시킬 때까지"이다.
2) 칠십인 경은 "그가 너를 몰살시킬(뿌리 뽑을) 때까지"이다. 또한 여

기에 "그리고 그가 너를 멸망시킬 때까지" καὶ ἕως ἂν ἀπολέσῃ σε를 덧붙인다. 오리겐의 헥사플라는 이것이 덧붙여졌음을 지적한다.

3) 탈굼 옹켈로스, 탈굼 네오피티 그리고 탈굼 프쉬도 요나단은 "말씀" מימר이다.

이 구절은 앞에 나오는 모든 저주들(15-44)의 결론의 역할을 해주는 동시에 연이어 나오는 저주들(46-57)의 서론 역할도 한다. 왜냐하면 "이 모든 저주들"이 15절부터 68까지 나오는 모든 저주들을 가리키기 때문이다. 위에서 말했듯이 이 저주 본문은 하나이지만 편의상 네 부분으로 나눠 놓은 것이다. 이 구절(45)을 앞에 나오는 1-2절 그리고 15절과 비교해 보면 45절은 1-2절과 대조를 이루지만 15절과는 유사하다.

"이 모든 저주들"은 크게 병충해로 인한 농업의 흉작, 각종 질병들 그리고 전쟁의 패배로 인한 억압과 포로 등이다. 이 저주들이 "너에게" 즉 불순종하는 이스라엘에게 임한다. 세 개의 동사들 "올 것이다," "추격할 것이다" 그리고 "미칠 것이다"가 임박한 상황을 설명한다. 마치 사냥꾼이 사냥감을 추격하듯이 이 저주들이 이스라엘을 쫓아올 것이다. 이 저주들이 한 번의 추격으로 그친다면 좋겠지만 저주들의 목표는 이스라엘의 멸망이다. "네가 몰살될 때까지"가 이 저주들의 추격의 끝이 어디인지를 보여준다. "네가 몰살될 때까지"는 니팔(수동)형으로 '네가 파괴될 때까지,' '네가 전멸될 때까지'이다. 저주들은 불순종하는 이스라엘을 가나안 땅에서 완전히 뿌리 뽑아서 외국으로 던져버릴 것이다.

접속사 "왜냐하면"은 왜 이스라엘이 멸망하는지를 잘 설명한다. 하반절은 다시 "왜냐하면 네가 그가 너에게 명령한 그의 법령들과 그의 계명들을 행하여 너의 하나님 아도나이의 음성을 듣지 않았기 때문이다"로 읽을 수 있다. 아도나이는 이스라엘에게 토라를 행하라고 준 것이지 그냥 보관하라고 준 것이 아니다. 이스라엘은 아도나이의 음성 즉 명령을 순종하지 않았기 때문에 이런 재앙을 당한 것이다.

46 그리고 그것들은 너에게 징조와 기적이 그리고 너의 후손에게 될 것이다, 영원히.

**본문 비교**

1) 칠십인 경은 복수 "징조들"과 "기적들" σημεῖα καὶ τέρατα이다.

2) 칠십인 경은 단수 "그것이 될 것이다" ἔσται이다.

"그것들"은 위 구절의 "이 모든 저주들"을 의미한다. 이스라엘에게 임한 저주들이 그들에게 "징조"와 "기적"이 될 것을 말한다. 이 "징조"와 "기적"은 신명기에서 주로 하나님의 능력을 나타낼 때 사용되었다. 이스라엘을 이집트에서 구원해 낸 사건을 설명할 때 짝을 이루어 나타나거나(신 4:34; 6:22; 7:19; 26:8; 29:2[29:3]; 34:11) 또는 "징조"만 사용되었다(신 11:3). 물론 하나님의 말씀을 손 위에 기호로 묶을 때(신 6:8; 11:18) 또는 거짓 선지자가 말할 것들이 "징조"와 "기적"으로 나타날 때(신 13:2)에도 사용되었다. 그러나 이 구절에서는 저주가 성취될 것이 이스라엘에게 "징조"와 "기적"이 될 것이라고 한다. 이 점이 특이하다. "영원히"는 '영원까지'로 오랜 기간을 의미한다

47 네가 너의 하나님 아도나이를 섬기지 않음으로 인하여,
기쁨으로 그리고 마음의 좋음으로,
모든 것이 많음으로부터.

이 구절은 이스라엘에게 내린 모든 저주가 징조와 기적이(45-46) 되는 이유를 말한다. 아도나이를 섬기지 않았기 때문이다. "네가 섬기지 않음으로 인하여"는 '네가 예배하지 않았기 때문에'이다. "기쁨으로 그

리고 마음의 선함으로"는 '기쁨으로 그리고 마음의 즐거움으로'이다. "모든 것이 많음으로부터"는 문맥상 의역을 해야 한다. '모든 것이 많음에도 불구하고' 또는 '모든 것이 많음 위에' 그리고 '모든 것이 풍부하기 때문에'로 번역할 수 있다. 이 구절을 잘 정리해 보면 '모든 것이 많음에도 불구하고 네가 너의 하나님 아도나이를 기쁨으로 그리고 마음의 좋음으로 섬기지 않았기 때문에,' 그래서 이런 재앙들이 왔다는 것으로 이해할 수 있다.

48 네가 아도나이께서 너에게 그를 보내실 너의 적들을[1] 섬길 것이다,
굶주림 가운데 그리고 목마름 가운데 그리고 벌거벗은 가운데 그리고 모든 것의 부족 가운데,
그리고 그가 너의 목에 철 멍에를 주실 것이다,
그가 너를 멸망시킬 때까지.

**본문 비교**

1) 마소라 사본, 쿰란 사본(1QDeut[b]), 칠십인 경, 탈굼 옹켈로스, 탈굼 네오피티, 탈굼 프쉬도 요나단, 시리아 역은 복수 "너의 적들"인 데 반하여 히브리어 필사본(V[ken 14]), 아퀼라, 심마쿠스, 테오도치온, 벌게이트는 단수 "너의 적"이다. 단수는 관계 대명사로 인도되는 동사의 대명사 접미사 단수 "그를"과 잘 어울린다. 그러나 복수 "너의 적들"을 취하면 잘 어울리지 않는다. 이래서 칠십인 경은 대명사 접미사 "그를"의 번역을 생략한다. 오리겐의 헥사플라는 "그들을"을 넣어줄 것을 제안한다. 현대 역본들은 칠십인 경을 따라 대부분 대명사 접미사 "그를"의 번역을 생략한다. 개역 개정은 "그를"을 생략하고 대신 단수 "적군을"로 번역했다.

동사 "섬길 것이다"는 47절에도 나왔다. 47절에서 이스라엘은 아도나

이를 섬기지 않았다. 그래서 이들은 이제 노예로서 적들을 섬길 것이다. 동사 '섬기다' עבד는 '일하다,' '예배하다'의 뜻도 있다. 47절에서 이스라엘은 하나님을 그들의 하나님으로 예배하지 않았다. 그 결과 이제 이스라엘은 적들을 위해 노예로서 일하게 될 것이다. 이것은 이스라엘이 이집트에서 출애굽 할 때의 상황을 떠오르게 한다. 이스라엘은 그때 바로와 이집트를 위하여 일하고(עבד) 있었다(출 1:14; 5:18). 하나님은 모세와 아론을 보내셔서 이스라엘은 나를 섬겨야 한다(עבד)고 바로에게 말씀하셨다(출 3:12; 4:23; 7:16; 8:1). 하나님이 중노동에 시달리는 이스라엘을 해방시켜서 시내산으로 인도했다. 그곳에서 이스라엘은 아도나이를 섬기기 위해 토라를 받고 성막을 건축했다. 하나님은 이스라엘에게 가나안 땅을 선물로 주셨다. 그러나 아도나이를 섬기기 위해서 출애굽한 이스라엘이 아도나이를 섬기지 않아서 저주를 받는다. 그 결과로 그들은 이제 아도나이 대신에 적들을 섬길 것이다.

이스라엘이 어떤 상황에서 적들을 섬길 것인지를 "굶주림 가운데 그리고 목마름 가운데 그리고 벌거벗은 가운데 그리고 모든 것의 부족 가운데"서가 잘 보여주고 있다. 이스라엘이 포로지에서 당할 이 상황은 47절에서 모든 것이 풍족한 상황에서 아도나이를 섬기지 않았던 것과 대조를 이룬다. 그들이 이제 모든 것이 부족한 상황에 처할 것이다.

이스라엘이 노예로서 적들을 섬기게 될 것을 "철 멍에"가 잘 드러내준다. 아도나이께서 이스라엘의 목 위에 철 멍에를 메게 하실 것이다. 이스라엘이 속박과 억압 가운데 있을 것을 잘 보여준다. 유다의 마지막 선지자 예레미야는 아도나이의 말씀을 전하기 위하여 나무 멍에를 만들어 목에 걸었다. 유다가 바벨론으로 포로로 잡혀갈 것을 상징적으로 보여준 것이다(렘 27:1-7). 예레미야가 유다가 포로로 잡혀갈 것을 예언하자 하나냐 선지자가 예레미야의 말을 반박했다. 하나냐는 예레미야의 예언과 반대로 평안을 예언했다. 그리고 하나냐는 예레미야의 목에 있던 나무 멍에를 꺾어버렸다(렘 28:10). 후에 하나님의 말씀이 예레미야에게 다시 임한다. 하나님은 선지자 하나냐가 꺾어버린 나무 멍에 대신에 쇠 멍에를 만드셨다고 말씀하신다. 그리고 예레미야는 하나냐가 금년에 죽을 것이라고 예언했다. 예레미야의 말대로 하나냐는 그 해에 죽었다(렘 28:12-17). "철 멍에"는 이스라엘이 포로로 잡혀갈 것을 묘사한다.

"그가 너를 멸망시킬 때까지"는 '그가 너를 몰살시킬 때까지' 또는 '그가 너를 멸할 때까지'로 아도나이의 저주가 언제까지 임할 것인지를 설명한다.

49 아도나이께서 너 위에 먼 곳에서, 그 땅 끝에서 한 민족을 데려 오실 것이다,
그 독수리가 빨리 나는[1] 것과 같이,
네가 그의 언어를[2] 듣지 못하던 한 민족.

**본문 비교**

1) 사마리아 오경은 "그것이 볼 것이다" יראה로 되어 있는데, 이는 잘못 표기한 것이다.
2) 칠십인 경은 "그의 소리를" τῆς φωνῆς αὐτοῦ로 번역한다. 오리겐은 이 차이를 지적한다. 아퀼라는 γλωσσης로 번역했다.

48절에서 "아도나이께서 너에게 보내실 너의 적들"이 누구인지를 여기서 더 자세하게 설명한다. "너 위에"는 '너를 대적하여,' '너를 대항하여'이다. "데려오실 것이다"는 '들어올릴 것이다,' '일으킬 것이다,'로 아도나이께서 이스라엘을 대적하여 행하실 행동을 표현한다. "먼 곳에서"가 어디인지를 더 구체적으로 "그 땅 끝에서"로 설명하지만 정확한 지명은 나오지 않는다. 이스라엘과 지리적으로 멀리 떨어진 곳에 사는 민족을 하나님께서 이스라엘에게 보내시는 것이다.

"빨리 나는 것과 같이"는 '급속하는 것과 같이,' '내리 덮치는 것처럼'이다. 독수리가 사냥감을 공격하는 이미지를 사용하여 적들이 이스라

엘을 공격할 것을 말한다. 땅 끝에 있는 민족이 어떤 민족인지를 "네가 그의 언어를 듣지 못하던 한 민족"으로 부연 설명한다. "듣지 못하던"은 '이해하지 못하는'으로 번역할 수 있다(Joüon-M, § 158 *b*, Waltke-O, 333). 이스라엘이 잘 알지 못하는 민족으로부터, 그들의 언어를 듣지 못했고 들어도 이해할 수 없는 민족으로부터 공격을 당할 것을 예언한다.

50 얼굴이 사나운 민족,
노인에게 얼굴을 들지 않고 소년에게 호의를 주지 않는.

48-49절에 이어 이스라엘을 치는 적들이 누구인지를 계속 설명하고 있다. "얼굴이 사나운 민족"은 '얼굴이 험악한(또는 굳은) 민족,' '얼굴이 강한 민족'으로 무자비한 민족 또는 인정사정이 없는 민족을 뜻한다. 이들이 무자비하다는 것은 노인과 어린아이들을 대하는 태도에서 나타난다. 이들은 "노인에게 얼굴을 들지 않는" 민족이다. 즉 노인을 공경하지 않는(Joüon-M, § 130 *a*), 노인에게 관심을 두지 않는 민족이며 "소년에게 호의를 주지 않는" 즉 어린아이를 긍휼히(또는 불쌍히) 여기지 않는 민족이다. 적들은 이스라엘의 노인이나 어린아이에게 은혜를 베풀지 않을 것이다.

51 그리고 그가 너의 가축의 열매를 그리고 너의 땅의 열매를[1] 먹을 것이다, 네가 몰살될 때까지,[2]
그가 너에게 남겨 놓지 않을 것이다, 곡식을,[3] 새 포도주를 그리고[4] 새 기름을,
너의 소떼들의 새끼를 그리고 너의 양떼의 새끼를,
그가 너를 멸망시킬 때까지.

**본문 비교**

1) 칠십인 경은 "너의 가축의 새끼들을 그리고 너의 땅의 수확들을"

τὰ ἔκγονα τῶν κτηνῶν σου καὶ τὰ γενήματα τῆς γῆς σου로 복수이다.

2) 마소라 사본은 השמדך인 데(니팔) 반하여 사마리아 오경은 השמי־דך이다(히필, "그가 너를 몰살시킬 때까지." 시리아 역 역시). 칠십인 경은 "네가 몰살될 때까지"를 생략한다. 오리겐의 헥사플라는 ἕως ἐκτρίψῃ σε를 넣어줄 곳을 제안한다. 탈굼 프쉬도 요나단은 "그들이 파괴할 것이다" יגמרון이다.

3) 사마리아 오경과 시리아 역은 "그리고"가 있다.

4) 칠십인 경은 "그리고"를 생략한다.

이 구절은 11절과 정반대를 보이지는 않지만 11절은 "가축의 열매"와 "땅의 열매"의 복을 그러나 이 구절은 "가축의 열매"와 "땅의 열매"의 저주를 말하는 점에서 대조를 보인다. "가축의 열매"는 가축의 새끼들을 말한다. "그가 먹을 것이다"는 이스라엘의 적들이 먹을 것을 뜻한다. 가축이 새끼들을 낳지만 이스라엘은 그것을 먹지 못한다. 땅의 소산도 마찬가지이다. 이러한 저주는 언제까지 지속될 것인지를 "네가 몰살될 때까지"가 잘 보여주고 있다. 저주는 이스라엘이 멸망할 때까지 지속될 것이다. 저주는 계속 이 점을 강조하고 있다(28:20, 24, 45, 51).

적들은 이스라엘의 식량을 먹어 치우고 빼앗아 감으로 식량을 남겨놓지 않을 것이다. "땅의 열매"는 "곡식," "새 포도주" 그리고 "새 기름"을 말하고 "가축의 열매"는 "소떼들의 새끼"와 "양떼의 새끼"를 뜻한다. 여기 양떼에는 작은 짐승으로 염소도 포함된다.

52 그리고 그가 너에게 너의 모든 성문들을 묶을 것이다.[1)]
높고 가까이 갈 수 없는[2)] 너의 벽들이 무너지기까지,
네가 신뢰하는 너의 모든 땅 안에 있는 그것들을,
그리고 그가 너에게 너의 모든 땅 안에 있는[3)] 너의 모든 성문들을 묶을 것이다.[4)]

너의 하나님 아도나이께서 너에게 주신.

**본문 비교**

1) 칠십인 경은 "그가 너를 파멸할 것이다(또는 죽일 것이다" ἐκτρίψῃ σε로 번역한다. 오리겐의 헥사플라는 이 차이를 지적한다.
2) 칠십인 경은 "높고 견고한(또는 강한)" τὰ ὑψηλὰ καὶ τὰ ὀχυρά 이다.
3) 칠십인 경은 "너의 모든 땅 안에"를 생략한다. 오리겐의 헥사플라는 이것을 ἐν πάσῃ γῇ σου 넣어줄 것을 제안한다.
4) 칠십인 경은 "그가 너를 박해(또는 억압)할 것이다" θλίψει σε이다.

이 구절은 두 개의 같은 동사 "묶을 것이다"가 나와서 두 부분으로 나누어질 수 있다. 첫번째 부분에서 "그"는 이스라엘을 공격하는 적들이며 "너에게"는 '너에게 속한'의 뜻으로 '너에게 속한 너의 모든 성문들을'이다. "묶을 것이다"는 적들이 이스라엘의 성들을 포위할 것을 말한다(개역 개정은 "에워싸고"로 번역). "높고 가까이 갈 수 없는"은 높고 견고한 성으로 잘 요새화된 성을 의미한다. "너의 벽들"은 성벽들을 뜻한다. "무너지기까지"는 적들의 공격이 언제까지 계속될 것인지를 말한다. 이스라엘 성들이 다 함락될 때까지 적들의 공격은 멈추지 않을 것이다. "네가 신뢰하는"은 이스라엘이 잘 요새화된 성안에서 안전함을 느끼는 것이다. 높고 견고한 성벽들로 인하여 적들의 침략이 실패로 돌아갈 것이라고 생각하는 것이다. "그것들을"은 "높고 가까이 갈 수 없는 너의 벽들"을 의미한다. 하나님은 이스라엘이 "신뢰하는" "벽들이 무너"질 것을 예고한다. 이스라엘에게 상상할 수 없는 일이 벌어지는 것이다.

두번째 부분은 첫번째 부분에 "너의 모든 땅 안에 있는"을 덧붙인다. "너의 하나님 아도나이께서 너에게 주신"은 관계 대명사로 인도되는데 이것을 연결해서 읽어보면 다음과 같다. "그가 너에게 너의 하나님 아도나이께서 너에게 주신 너의 모든 땅 안에 있는 너의 모든 성문들을 묶을 것이다."

"주신"과 "묶을 것이다"가 흥미롭다. 하나님이 이스라엘에게 가나안 땅을 주셨지만 이스라엘이 불순종하자 하나님이 그 땅에 있는 모든 성들을 묶을 것이다. 절대 주권이 하나님께 있다. 하나님이 주시고 하나님이 무너뜨리신다.

53 그리고 네가 너의 태의 열매를, 너의 아들들과 너의 딸들의 살을 먹을 것이다,
너의 하나님 아도나이께서[1] 너에게 주신,
너의 적이 너를 압박하는[2] 포위 중에 그리고 궁핍 중에.[3]

**본문 비교**

1) 사마리아 오경은 "너의 하나님 아도나이께서"를 생략한다. 칠십인경은 "주님"이다(Wevers 편집). 랄프(Rahlfs) 편집은 마소라 사본과 같이 "너의 하나님 주님"이다.
2) 사마리아 오경은 "너의 적들이 압박하는" יציקו איביך이다.
3) 칠십인 경은 "너의 어려움 중에 그리고 너의 환난 중에" ἐν τῇ στενοχωρίᾳ σου καὶ ἐν τῇ θλίψει σου이다. 오리겐의 헥사플라는 "너의"가 덧붙여졌음을 지적한다.

적들이 이스라엘에게 먹을 것을 남겨 놓지 않음으로(51절 참고) 이스라엘에 생기는 결과를 말한다. 이스라엘이 먹을 식량이 없음으로 인하여 자녀들을 먹는 비극이 일어난다. 부모들이 자녀의 인육을 먹는 것이다. 이스라엘 역사에서 아람이 사마리아를 쳐들어왔을 때 이런 일이 발생했음을 볼 수 있다(왕하 6:24-30).

"너의 하나님 아도나이께서 너에게 주신"은 관계 대명사로 인도되어 "네가 너의 태의 열매를, 너의 하나님 아도나이께서 너에게 주신 너

의 아들들과 너의 딸들의 살을 먹을 것이다."이다. "포위 중에 그리고 궁핍 중에"는 이스라엘이 처한 상황을 잘 보여준다. 적들이 이스라엘을 압박하여 포위하는 기간 동안에(52절 참고) 먹을 것이 없는 곤경에 처한 것이다.

54 너 가운데[1] 상냥하고 아주 부드러운 그 남자,[2]
그의[3] 눈이 그의[3] 형제에 대하여 그리고 그의 품의 아내에[4] 대하여 악할 것이다,[5]
그리고 그가 남겨 놓은 그의[3] 아들들의 남은 자에 대하여.

**본문 비교**

1) 탈굼 네오피티, 탈굼 프쉬도 요나단은 복수 "너희 가운데"이다.
2) 칠십인 경은 "그 남자"를 생략하여 "너 가운데 그 상냥하고 부드러운 자" ὁ ἁπαλὸς ἐν σοὶ καὶ ὁ τρυφερὸς σφόδρα로 번역한다. 오리겐의 헥사플라는 "그 남자"를 넣어줄 것을 제안한다. 아퀼라는 "연약한 자," "섬세한 자" τρυφητής이며 심마쿠스는 "음탕한 자" σπαταλός이다.
3) 칠십인 경은 "그의"를 생략한다.
4) 탈굼 옹켈로스는 "그의 계약의 아내" באיתת קימיה 이다.
5) 칠십인 경은 "눈으로 홀릴 것이다" βασκανεῖ τῷ ὀφθαλμῷ이다.

이 구절은 53절과 54절과 관련하여 읽으면 그 뜻이 더 선명하다. "상냥하고"는 '약한,' '다정한'이며 "아주 부드러운"은 '매우 온순한,' '아주 연약한'의 뜻이 있다(Waltke-O, 270). "너 가운데 상냥하고 아주 부드러운 그 남자"는 문맥상 '그 남자도,' '그 남자까지도'로 해석하는 것이 좋다. 적군의 포위와 공격으로 인하여(53절) 먹을 것이 없어지자 아주 부드럽고 연약한 그 남자까지도 인육을 탐하게 될 것을 말한다.

"그의 눈이"는 "상냥하고 아주 부드러운 그 남자"의 눈을 말한다. "악할 것이다"는 악한 눈을 가지고 바라보는 것이다. 이것은 먹을 것이 없어서 남아 있는 자들에 대한 긍휼이 없는, 불쌍히 여기지 않는 눈이다. 배가 고파서 인육을 먹으려고 하는 악한 눈길이다. "그의 눈이 그의 형제에 대하여 그리고 그의 품의 아내에 대하여 악할 것이다"에서 왜 약한 남자가 그의 형제와 그의 아내에게 악한 눈으로 바라보는가 하는 질문이 생긴다. 이것은 다음 구절(55)에서 설명한다. 남은 자녀의 살을 같이 나눠 먹어야 하기 때문에 형제와 아내까지도 자비가 없는 눈으로 보는 것이다. 자기만 먹고 살겠다는 것이다. 여기서 아주 약한 남자가 먹으려고 보는 대상은 "그가 남겨 놓은 그의 아들들의 남은 자"이다. 아직 살아 있는 자녀들을 보는 것이다. 이 구절은 저주의 끔찍함과 잔혹함을 보여준다. 아도나이의 명령에 순종하지 않는 대가가 너무나 잔혹하다.

55 1)그들 중에 한 사람에게 주기를,2) 그가 먹으려는 그의 아들들의 살에서,
그에게 아무것도 남은 것이 없기 때문이다,
너의 적이 너의 모든 성문들에서 너를 압박하는3) 포위 중에 그리고 궁핍 중에.4)

**본문 비교**

1) 칠십인 경은 문장 처음에 ὥστε를 넣어주지만 히브리어에는 이에 맞는 단어가 없다.
2) 탈굼 프쉬도 요나단은 부정어 "~않다" לא를 넣어 그 의미를 "주지 않음으로" 명확하게 한다.
3) 사마리아 오경, 칠십인 경, 벌게이트는 "너의 적들이 너를 압박하는"이다.
4) 칠십인 경은 "너의"를 첨가하여 "너의 포위 중에 그리고 궁핍 중에" ἐν τῇ στενοχωρίᾳ καὶ ἐν τῇ θλίψει σου이다(Wevers 편집). 하지만 랄프(Rahlfs) 편집은 "너의 포위 중에 그리고 너의 궁핍 중에"

ἐν τῇ στενοχωρίᾳ σου καὶ ἐν τῇ θλίψει σου이다.

54절에서 아주 유약한 남자의 눈길이 악한 이유를 설명한다. "그들 중에 한 사람에게 주기를"은 54절의 유약한 남자가 그의 형제나 그의 아내에게 인육을 나눠주는 것을 악하게 바라보는 것을 말한다. "그가 먹으려는 그의 아들들의 살에서"는 유약한 남자가 먹으려는 남아 있는 아들들의 살에서 살점을 나눠주는 것을 싫어(거부)하는 것이다(Joüon-M, § 169 *b*). 이래서 약한 남자의 눈길이 악하다. 개역 개정은 부정어를 넣어서 "자기가 먹는 그 자녀의 살을 그 중 누구에게든지 주지 아니하리니"로 의역했다(위의 본문 비교 2)를 참고하라).

유약한 남자가 왜 이런 행동을 취하는 지를 "그에게 아무것도 남은 것이 없기 때문이다"가 잘 설명하고 있다(Ges-K, § 158 *b*). 먹을 것이 그에게 남아 있지 않기 때문에 자녀들을 먹으려고 하는 것이고 그것을 아내와 그의 형제와 함께 나눠 먹기를 거절하는 것이다. 이런 끔찍한 상황이 온 것은 "너의 적이 너의 모든 성문들에서 너를 압박하는 포위 중에 그리고 궁핍 중에"가 잘 보여준다. 이 구절은 53절의 확장이다.

56 너 가운데[1)] 상냥하고 부드러운 자,[2)]
그녀는 발바닥으로 그 땅 위에 두기를 시도하지 않은,
부드러움 때문에 그리고 상냥함 때문에,
그녀의 눈은 그녀의 품의 남자에 대하여 악할 것이다,
그리고[3)] 그녀의[4)] 아들에 대하여 그리고 그녀의 딸에 대하여.

**본문 비교**

1) 칠십인 경, 탈굼 네오피티, 탈굼 프쉬도 요나단은 복수 "너희 가운데"이다. 벌게이트는 이것을 생략한다.
2) 대부분의 칠십인 경 사본들은 54절과 같이 여기에 "아주" 또는 "매

우" σφόδρα를 덧붙인다(Rahlfs 편집). 하지만 베버(Wevers) 편집은 이것을 생략한다.

3) 사마리아 오경은 "그리고"를 생략한다.

4) 칠십인 경은 "그녀의"를 생략한다. 오리겐의 헥사플라는 "그녀의"를 넣어줄 것을 제안한다.

54절은 남자에 대하여 말하고 있는 데 반하여 여기서는 여자에 대하여 말하고 있다. "상냥하고 부드러운 자"는 여성 형용사에 정관사가 붙어 있어 '그 상냥한 여자 그리고 그 부드러운 여자'를 의미한다. 문맥상 '너 가운데 상냥하고 부드러운 자라도'의 뜻을 갖는다. "상냥하고"는 '약한,' '다정한'이며 "부드러운"은 '온순한,' '연약한'의 뜻이다. 아주 온순하고 약한 여자를 말한다. 개역 개정은 "온유하고 연약한 부녀"로 번역했다. 이 여자는 관계 대명사로 인도되고 있는데 "그녀는 발바닥으로 그 땅 위에 두기를 시도하지 않은 너 가운데 상냥하고 부드러운 자"이다. "그 땅 위에 두기를"은 '그 땅 위에 밟기를'로 너무 연약하여 땅에 발을 대기를 시도조차 하지 않은 여성을 말한다. 그녀가 왜 땅에 발을 대지 않았는지를 "부드러움 때문에 그리고 상냥함 때문에"가 잘 설명하고 있다.

"그녀의 눈은 그녀의 품의 남자에 대하여 악할 것이다." "그녀의 품의 남자"는 남편을 뜻한다. 이렇게 연약한 여자라도 먹을 것이 부족하여 인육을 나눠 먹는 것에 악한 눈을 가지고 남편과 아들과 딸을 바라본다는 것이다(57절을 보라).

57 그리고 그녀의 다리 사이에서 나온 그녀의 태를,
그리고 그녀가 낳은 그녀의 아들들을,[1]
모든 것이 부족하기 때문에, 그녀가 그것들을 은밀히 먹을 것이다,
너의 적이 너의 성문들에서 너를 압박하는[2] 포위 중에 그리고 궁핍 중에.[3]

**본문 비교**

1) 칠십인 경은 "그녀의"를 생략하며 단수 "아이," "어린이" τὸ τέκνον로 번역한다.
2) 사마리아 오경은 "너의 적들이 너를 압박하는" יציקו לך איביך이다.
3) 칠십인 경(Rahlfs 편집)은 "너의"를 덧붙여서 "너의 어려움 중에 그리고 너의 환난 중에" ἐν τῇ στενοχωρίᾳ σου καὶ ἐν τῇ θλίψει σου이다. 베버(Wevers) 편집은 "너의"가 없지만 53절에는 "너의"가 있다.

이 구절은 56절과 관련하여 유약한 여인이 하는 행동을 설명한다. "그녀가 그것들을 은밀히 먹을 것이다." 여기서 "그것들"은 앞에 나온 "그녀의 태"와 "그녀의 아들들"을 말한다. 먹을 것이 없어서 "상냥하고 부드러운" 여자가, 너무 연약해서 땅에 발을 디디기를 시도하지 않았던 여자가 자기가 낳은 아들을 먹을 것이다. "은밀히"는 '몰래'로 아무도 모르게 비밀스럽게 그녀가 취하는 행동을 설명한다.

"모든 것이 부족하기 때문에"는 그녀가 왜 자신이 낳은 아이를 몰래 먹는지를 설명한다. 식량 부족으로 인하여 유약한 여인이 가만히 이런 행동을 하는 이유를 "너의 적이 너의 성문들에서 너를 압박하는 포위 중에 그리고 궁핍 중에"가 잘 설명하고 있다(53절 참고).

## 2.4 저주(58-68)

저주가 확장된 네 번째 부분(58-68절)은 이스라엘이 가나안 땅에서 쫓겨나서 다른 나라에 포로로 잡혀갈 것을 예고한다. 먼저 재앙과 질병을 말하는데 질병을 강조한다. 하나님이 이스라엘에게 번성을 주셨던 것과 같이 멸망도 주신다. 이스라엘은 가나안 땅에서 뽑혀서 세계 각 곳으로 흩어진다. 이스라엘이 포로로 잡혀간 곳에서 우상을 섬기며 쉼을 얻지 못한다. 이스라엘이 당한 일로 인하여 정신이 이상해진다. 이스라엘은 이집트로 다시 들어가서 노예가 될 것이다. 저주의 결론이 이집트에서 노예가 된다는 것이 특이하다. 왜냐하면 이스라엘은 하나님의 능력으로 이집트의 노예 상태에서 해방되었기 때문이다. 저주는 역출애굽이다.

a. 율법의 불순종으로 인한 재앙(58-59절).
a′. 이집트의 질병과 율법책의 모든 질병이 임함(60-61절).
b. 가나안 땅에서 뽑힘(62-63절).
b′. 이스라엘이 다른 나라로 잡혀감(64-65a절).
b″. 포로지에서 정신적인 공항(65b-67절).
c. 이집트로 끌려가서 노예됨(68절).

(이 부분은 김영욱 "토라와 샬롬-신명기를 중심으로," 『신학지남』 320 (2014), 132-133에서 가져온 것이다).

**번역**

58 만일 네가 이 율법의 모든 말씀들을 행하는 데 주의하지 않으면,
이 책 안에 쓰여진 것들을,
이 영광스럽고 두려운 이름을 경외하는 데,
너의 하나님 아도나이를.
59 그리고 아도나이께서 너의 재앙들과 너의 후손의 재앙들을 놀랍게 하실 것이다,
큰 재앙들과 지속적인 그리고 악한 질병들과 지속적인.
60 그리고 그가 너에게 돌아오게 할 것이다,
네가 그들 앞에서 두려워했던 이집트의 모든 질병을,
그리고 그것들이 너에게 달라붙을 것이다.
61 또한 이 율법의 책 안에 기록되지 않은 모든 재앙과 모든 질병을,

아도나이께서 너에게 그것들을 가져오실 것이다, 네가 몰살될 때까지 네가 몰
살될 때까지.
62 그리고 너희는 적은 남자들로 남을 것이다,
너희가 하늘의 별들과 같이 많이 있었던 것 대신에,
왜냐하면 네가 너의 하나님 아도나이의 음성을 듣지 않았기 때문이다.
63 그리고 이것이 있을 것이다, 아도나이께서 너희를 기뻐하셨던 것 같이,
너희에게 선을 행하시기를 그리고 너희를 많아지게 하시기를,
그와 같이 아도나이께서 너희를 기뻐하실 것이다,
너희를 멸망시키기를 그리고 너희를 몰살시키기를,
그리고 네가 거기로 그것을 점령하기 위해 들어가는 그 땅에서 너희는 찢어
질 것이다.
64 그리고 아도나이께서 너를 모든 백성들 가운데로 흩으실 것이다,
그 땅 끝에서부터 그리고 그 땅 끝까지,
그리고 네가 거기서 다른 신들을 섬길 것이다,
네가 알지 못하는, 너와 네 아버지들이, 나무와 돌을.
65 그리고 그들 민족들 가운데서 너는 쉼을 얻지 못할 것이다,
그리고 너의 발바닥을 위한 쉴 곳이 있지 않을 것이다,
그리고 아도나이는 너에게 거기서 떨리는 마음을 주실 것이다,
그리고 약한 눈을 그리고 어지러운 영혼을.
66 그리고 너의 생명이 너에게 앞에 달릴 것이다,
그리고 너는 밤과 낮에 두려워할 것이다,
그리고 너는 너의 생명을 확신하지 못할 것이다.
67 그 아침에 너는 말할 것이다, 누가 저녁을 주겠는가?
그리고 그 저녁에 너는 말할 것이다, 누가 아침을 주겠는가?
네가 두려워하는 너의 마음의 두려움 때문에,
그리고 네가 보는 너의 눈의 광경 때문에.
68 그리고 아도나이께서 너를 이집트로 배들로 돌아가게 하실 것이다,

내가 너에게, 네가 다시 그것을 보지 않을 것이다, 말했던 그 길로,
그리고 너희는 거기서 너의 적들에게 자신을 팔려고 할 것이다,
종들로 그리고 여종들로 그러나 살 자가 없을 것이다.

**주해**

58 만일 네가 이 율법의 모든 말씀들을 행하는 데 주의하지 않으면,[1]
이 책 안에 쓰여진 것들을,
이 영광스럽고 두려운 이름을[2] 경외하는 데,
너의 하나님 아도나이를.[2]

**본문 비교**

1) 칠십인 경(Wevers 편집)은 "네가 듣지 않으면" *ἐὰν μὴ εἰσακούσῃς* 이다. 랄프(Rahlfs) 편집은 "너희가 듣지 않으면" *ἐὰν μὴ εἰσακούσητε*이다.
2) 탈굼 네오피티는 히브리어의 목적격 "~를"을 "앞에서" **מן קדם**로 읽는다.

이 절은 조건절로 다시 정리해 보면 "만일 네가 이 율법의 모든 말씀들을, 이 책 안에 쓰여진 것들을, 행하는 데, 이 영광스럽고 두려운 이름을, 너의 하나님 아도나이를 경외하는 데 주의하지 않으면"이다.

이 구절은 조건절 "만일 ~면"으로 시작하여 주동사 "주의하지 않으면"이 두 개의 부정사들 "행하는 데" 그리고 "경외하는 데"를 지배한다. "주의하지 않으면"은 '지키지 않으면'이다(12:1 주해 참고). "행하는 데"는 칼 부정사로 '준수하는 데'로 "이 율법의 모든 말씀들"을 따르는 것 즉 행하는 것을 말한다. "이 율법"은 '이 법'으로 모세의 설교 형식으로 된 신명기를 의미한다(신 1:5 주해 참고). "이 율법의 모든 말씀들" **כל דברי התורה הזאת**은(신 17:19; 27:3, 8; 28:58; 29:28; 31:12; 32:46.

“모든”이 없이 דברי התורה הזאת는 27:26; 31:24) 좁게는 신명기 12-26장을 의미하지만 더 넓게는 모세가 설교하는 신명기의 말씀을 뜻한다. 오늘 모세가 선포하는 이 율법의 모든 말씀들에 순종하지 않을 때, 발생할 수 있는 일들 즉 저주와 재앙을 경고하고 있다. “이 책 안에 쓰여진 것들”은 ‘이 두루마리 안에 기록되어진 것들’로 “이 율법의 모든 말씀들”을 뜻한다. 모세는 이스라엘에게 요단강을 건넌 후에 “이 율법의 모든 말씀들”을 돌 위에 기록하라고 명령했다(27:3, 8). 이 율법책에는 저주와 재앙이 기록되어 있다(29:20, 21, 27). 모세가 이 율법의 말씀을 기록했다고 말한다(31:9, 24).

“경외하는 데”는 ‘경외하기 위하여’ 또는 ‘두려워하기 위하여’로도 읽을 수 있다. “이 영광스럽고 두려운 이름”은 ‘이 영화롭고 놀라운 이름’(칠십인 경 번역)이다. 이 이름은 다시 “너의 하나님 아도나이”로 나타난다. 이 이름은 신명기에서 229회 나타난다. 이스라엘과 하나님 사이의 친밀함을 나타내는 이름이다(더 자세한 설명은 신명기 1권 75 페이지를 참고).

59 그리고 아도나이께서[1)] 너의 재앙들과 너의 후손의 재앙들을 놀랍게 하실 것이다,[2)]
큰 재앙들과 지속적인 그리고 악한 질병들과 지속적인.

**본문 비교**

1) 히브리어 필사본(V[ken 9])과 사마리아 오경은 “너의 하나님”을 덧붙인다.
2) 칠십인 경은 “크게 할 것이다,” “특별하게 만들 것이다” *παραδοξάσει*로 번역한다. 오리겐의 헥사플라는 이 차이를 지적한다. 아퀼라는 히브리어와 같이 *θαυμαστωσει*로 번역한다. 탈굼 옹켈로스와 탈굼 네오피티는 “구별할 것이다” פרשׁ로 번역한다.

이 구절에서 "재앙들"이 세 번 나오고 복수로 나와서 강조한다(개역 개정은 단수). 하나님이 내리시는 재앙이 그만큼 강하고 다양하다는 것이다. "재앙들"은 '가격들,' '침들'을 의미한다. 아도나이께서 불순종한 이스라엘을 치시는 것이다. 아도나이의 치심 또는 가격이 재앙들로 나타난다. 아도나이께서 치시는 재앙은 이스라엘의 후손에게도 이어진다. "놀랍게 하실 것이다"는 특별하게 하는 것 또는 기이하게 하는 것이다. 아도나이께서 치는 것은 다른 재앙들과 구별된다는 의미이다(본문 비교 2)를 참고). 개역 개정은 "극렬하게 하시리니"로 번역한다.

아도나이께서 치시는 재앙이 구별되는 것을 "큰 재앙들과 지속적인 그리고 악한 질병들과 지속적인"이 잘 보여준다. 재앙이 크고 지속적일 뿐만 아니라 질병이 악하고 만성적이다. 사람들의 힘으로는 재앙들을 철회하거나 질병들을 치료할 수 없다는 뜻이다. 개역 개정은 "그 재앙이 크고 오래고 그 질병이 중하고 오랠 것이다"로 번역한다.

60 그리고 그가 너에게 돌아오게 할 것이다,
네가 그들 앞에서 두려워했던 이집트의 모든 질병을,[1)]
그리고 그것들이[2)] 너에게 달라붙을 것이다.

**본문 비교**

1) 칠십인 경은 "이집트의 모든 악한 고통" πᾶσαν τὴν ὀδύνην Αἰγύπτου τὴν πονηράν으로 번역한다. 오리겐의 헥사플라는 이 차이를 지적하며 "악한"이 덧붙여졌음을 말한다. 그리고 히브리어 필사본(V[ken 14, 101, 107, 167]), 사마리아 오경, 탈굼 옹켈로스, 탈굼 네오피티, 탈굼 프쉬도 요나단, 시리아 역, 벌게이트는 복수 "질병들"이다.
2) 사마리아 오경은 단수 "그것이 달라붙을 것이다"이다.

이 구절은 59절에서 말한 악하고 만성적인 질병이 무엇인지를 자세하게 설명한다. "그가"는 아도나이를 그리고 "너에게"는 아도나이의 말씀에 불순종한 이스라엘을 의미한다. "돌아오게 할 것이다"는 아도나이께서 이스라엘에게 "이집트의 모든 질병을" 가져오시는 것이다(59절에서 말한 재앙으로). "네가 그들 앞에서 두려워했던"은 이스라엘이 이집트 사람들 앞에서 무서워했던 병이다. 개역 개정은 "그들 앞에서"를 생략한다.

"그것들"은 "이집트의 모든 질병"을 말한다. "달라붙은 것이다"는 '착 달라붙다,' '들러붙다'로 이집트의 모든 질병이 이스라엘에게 옮겨져서 떨어지지 않을 것을 뜻한다. 이스라엘이 이집트에 거할 때에 이집트 내에서 발병하는 병들을 보고 이스라엘이 두려워했는데, 그 병들이 이제 이스라엘에게 발병할 것이다.

61 또한[1] 이[2] 율법의 책 안에 기록되지 않은 모든 재앙과 모든 질병을,[3]
아도나이께서 너에게 그것들을 가져오실 것이다, 네가 몰살될 때까지.[4]

**본문 비교**

1) 칠십인 경은 "그리고" *καὶ*이다.
2) 마소라 사본은 여성 지시 대명사 **הזאת**를 사용하는 데 반하여 사마리아 오경은 남성 지시 대명사 **הזה**를 사용한다(칠십인 경과 시리아 역 역시).
3) 칠십인 경은 "모든 약함" *καὶ πᾶσαν μαλακίαν*으로 번역한다. 오리겐의 헥사플라는 이 차이를 지적한다.
4) 마소라 사본은 니팔 **השמדך**인 데 반하여 사마리아 오경은 히필 "그가 너를 몰살시킬 때까지" **השמידך**이다(히브리어 필사본 $V^{ken\ 69}$, 칠십인 경, 시리아 역, 벌게이트 역시. 신 28:20, 24, 45, 51, 61 참고).

59절의 질병과 재앙에 대한 설명이 이어진다. 이스라엘은 이집트에

거할 때에 중하고 만성적인 질병을 알고 있었다(60절). 하나님은 재앙으로 이집트의 질병을 이스라엘에게 내리실 뿐 아니라 이스라엘이 알지 못하는 질병들 역시 내리실 것이다. 이 질병과 재앙은 이 율법책에 언급되지 않은 것들이다.

"그것들"은 이 율법책에 기록되지 않은 모든 재앙과 모든 질병을 말한다. 하나님은 이스라엘에게 생소한 질병들을 재앙으로 내리신다. "가져오게 하실 것이다"는 병이 발병할 것을 말한다. "네가 몰살될 때까지"는 이스라엘이 망할 때까지이다. 하나님께서 이스라엘에게 이런 질병과 재앙을 내리시는 기한을 설명한다.

62 그리고 너희는 적은 남자들로[1] 남을 것이다,
너희가 하늘의 별들과 같이 많이[2] 있었던 것 대신에,
왜냐하면 네가[3] 너의[4] 하나님 아도나이의 음성을 듣지 않았기 때문이다.

**본문 비교**

1) 칠십인 경은 "적은 숫자로" ἐν ἀριθμῷ βραχεῖ로 번역한다.
2) 마소라 사본은 전치사 לרב가 있는 반면에 칠십인 경은 전치사를 생략하고 여격 τῷ πλήθει로 번역했다. 오리겐의 헥사플라는 이 차이를 지적한다.
3) 사마리아 오경, 칠십인 경, 탈굼 네오피티, 탈굼 프쉬도 요나단은 복수 "너희"이다.
4) 사마리아 오경, 칠십인 경, 탈굼 네오피티, 탈굼 프쉬도 요나단은 복수 "너희의"이다.

"그리고"는 '그러므로'의 의미로 61절에서 아도나이께서 질병과 재앙으로 치신 결과를 설명한다. "적은 남자들"은 '적은 사람들'로 아주 적은 사람들 만이 남아 있을 것을 말한다. 여기서 남은 자 사상을 발견할 수

있다(참고 사 1:9). 하나님이 이스라엘을 심판하시지만 그들이 아주 망하지는 않을 것이다. 올리브 나무를 떨 때에 높은 가지에 몇 개가 남는 것처럼 이스라엘에게 남은 자들이 있을 것이다(사 17:6).

"적은"과 "많이"가 대조를 이룬다. 하나님의 심판으로 이스라엘의 남은 숫자가 적어질 것이지만 이들에게 숫자가 "많이" 있었을 때도 있었다. "하늘의 별들과 같이" 많았던 때이다. 이 표현은 하나님이 아브라함에게 하신 약속을 상기시킨다. 아브라함이 이삭을 번제로 드리려고 한 후에 하나님은 아브라함에게 하늘의 별과 같이 많은 후손을 주실 것을 약속하셨다(창 22:17). 이 약속은 이스라엘이 이집트에 있을 때에 성취되었다. 이스라엘의 생육이 번성하여 숫자가 많아졌다(출 1:7, 20). 모세도 이스라엘이 하늘의 별과 같이 많아졌다고 고백했다(신 1:10). 하지만 가나안 땅에서 이스라엘이 하나님의 명령에 불순종함으로 심판을 받아 숫자가 적어질 것이다. 전치사 "대신에"가 인상적이다. 많은 수를 적은 수가 대신할 것이기 때문이다.

접속사 "왜냐하면"이 그 이유를 설명해준다. "아도나이의 음성"은 이 율법책에 기록된 말씀을 의미한다(58). 이스라엘이 율법을 지키지 않음으로, 불순종함으로 질병과 재앙이 찾아온다는 것이다. 언약의 저주가 성취되는 것이다.

63 그리고 이것이 있을 것이다, 아도나이께서 너희를 기뻐하셨던 것 같이,
너희에게 선을 행하시기를 그리고 너희를 많아지게 하시기를,
그와 같이 아도나이께서 너희를 기뻐하실 것이다,
너희를 멸망시키기를[1] 그리고 너희를 몰살시키기를,
그리고 네가[2] 거기로 그것을 점령하기 위해 들어가는 그 땅에서 너희는 찢어질 것이다.

**본문 비교**

1) 탈굼 프쉬도 요나단은 아도나이께서 이스라엘에게 외국 군대를 보내서 멸망시킬 것이라고 자세하게 설명한다.
2) 칠십인 경, 탈굼 옹켈로스, 탈굼 네오피티, 탈굼 프쉬도 요나단은 복수 "너희"이다.

"이것이 있을 것이다"는 '이것이 발생할 것이다'로 아도나이께서 이스라엘을 번성하게 하셨던 것처럼 이스라엘을 멸망시킬 것을 말한다. 이 구절은 다음과 같은 평행을 이루고 있다.

A 그리고 이것이 있을 것이다, 아도나이께서 너희를 기뻐하셨던 것 같이,
　　B 너희에게 선을 행하시기를 그리고 너희를 많아지게 하시기를,
A′ 그와 같이 아도나이께서 너희를 기뻐하실 것이다,
　　B′ 너희를 멸망시키기를 그리고 너희를 몰살시키기를,

A와 A′에서는 "아도나이께서 너희를 기뻐하실 것이다"와 B와 B′에서는 두 개의 히필(사역 능동) 부정사구들이 평행을 이뤄 나타난다.

"아도나이께서 너희를 기뻐하셨던 것 같이, 너희에게 선을 행하시기를 그리고 너희를 많아지게 하시기를"은 다시 "아도나이께서 너희에게 선을 행하시기를 그리고 너희를 많아지게 하시기를, 너희를 기뻐하셨던 것 같이"이다. 두 개의 히필(사역 능동) 부정사 구 "너희에게 선을 행하시기를 그리고 너희를 많아지게 하시기를" **להיטיב אתכם ולהרבות אתכם**가 인상적이다. "많아지게 하시기를"은 숫자가 많아진 것으로 이스라엘이 번성한 것을 말한다. "너희에게"와 "너희를"은 히브리어로 같은 목적격이다. 위의(A) "너희를" **עליכם**은 전치사가 있어 '너희에 대하여,' '너희에게'로 번역할 수 있다.

"그와 같이"는 '그렇게'로 위의 "~같이"와 평행을 이룬다. "그와 같

이 아도나이께서 너희를 기뻐하실 것이다, 너희를 멸망시키기를 그리고 너희를 몰살시키기를"은 다시 "그와 같이 아도나이께서 너희를 멸망시키기를 그리고 너희를 몰살시키기를, 너희를 기뻐하실 것이다,"이다. 두 개의 부정사 구들 "너희를 멸망시키기를 그리고 너희를 몰살시키기를" **להאביד אתכם ולהשמיד אתכם**이 여기서도 나온다. 두 개의 유사 동의어들이 나와서 이스라엘의 멸망을 강조하며 기정사실화 하고 있는 것이 특징이다.

마지막 절이 인상적이다. 이스라엘이 점령하기 위해 들어가려고 하는 그 땅에서 이스라엘이 쫓겨날 것이기 때문이다. 신명기는 출애굽 후세대가 요단강을 건너 가나안 땅을 정복하러 가려고 준비하는 중에 모세가 설교한 것이라는 사실을 생각하면 여기서 이스라엘의 멸망을 예언하는 것은 충격적이다. 이스라엘이 가나안 땅에 들어가기도 전에 그 땅에서 멸망해서 쫓겨날 것을 말하기 때문이다. "그리고 네가 거기로 그것을 점령하기 위해 들어가는 그 땅에서 너희는 찢어질 것이다." "찢어질 것이다"는 '해체될 것이다' 또는 '파괴될 것이다'로 그 땅에서 이스라엘이 뿌리 뽑혀질 것을 뜻한다. 즉 나라가 망하여 다른 나라로 포로로 잡혀갈 것을 예고한다(신 28:36-37). 신명기는 특이하게도 가나안 땅의 점령과 동시에 가나안 땅에서의 추방도 말하고 있다.

64 그리고 아도나이께서[1)] 너를 모든 백성들 가운데로 흩으실 것이다,
그 땅 끝에서부터 그리고 그 땅 끝까지,
그리고 네가 거기서 다른 신들을[2)] 섬길 것이다,
네가 알지 못하는, 너와 네 아버지들이, 나무와 돌을.[3)]

**본문 비교**

1) 칠십인 경은 여기에 "너의 하나님" ὁ θεός σου를 덧붙인다.

2) 탈굼 옹켈로스는 "다른 신들을 섬기는 민족들" **עממיא פלחי טעותא**

이다. 이스라엘은 다른 신들을 섬기는 민족들을 섬긴다는 의미이다. 옹켈로스는 마소라의 본문을 의역하여 이스라엘이 다른 신을 섬기지 않는 것으로 말한다.

3) 탈굼 네오피티는 "다른 신"을 "우상들" טעוון로 해석하여 "나무의 우상들과 돌의 우상들"이다.

이 구절은 63절에서 이어서 이스라엘이 망해서 다른 나라로 포로로 잡혀갈 것을 예고한다(신 28:36). "흩으실 것이다"는 히필(사역 능동) 형으로 아도나이의 사역을 말한다. 아도나이께서 하실 일이다. "너를"은 이스라엘이다. 아도나이께서 이스라엘을 이방 백성들 가운데로 흩어 버리실 것이다. "모든 백성들"이 어디에 있는 백성들인지를 "그 땅 끝에서부터 그리고 그 땅 끝까지"가 설명한다. 개역 개정은 "땅 이 끝에서 저 끝까지"로 의역하고 있다.

"네가 거기서 다른 신들을 섬길 것이다, 네가 알지 못하는, 너와 네 아버지들이, 나무와 돌을"은 다시 "네가 거기서 네가, 너와 네 아버지들이 알지 못하는 다른 신들을, 나무와 돌을 섬길 것이다."로 이해할 수 있다.

"거기서"는 이스라엘이 사로잡혀 간 지역을 말한다. "다른 신들을 섬길 것이다"는 우상을 예배할 것을 뜻한다. 특별히 "다른 신들"은 십계명의 제 일 계명과 관련이 있다. 아도나이께서는 이스라엘과 언약을 맺으시고 이스라엘에게 "다른 신이 너에게 있어서는 안 된다, 내 앞에서" 하고 말씀하셨다(신 5:7). 다른 신은 이스라엘의 주변 민족들이 섬기는 신들로 이방 신들 즉 우상을 말한다. 이스라엘은 다른 신들을 섬기지 말라는 아도나이의 말씀에 불순종함으로 다른 나라로 쫓겨 가서 다른 신들을 섬기게 될 것이다.

65 그리고[1] 그들 민족들 가운데서 너는 쉼을 얻지 못할 것이다,[2]

그리고 너의 발바닥을 위한 쉴 곳이[3] 있지 않을 것이다.

그리고 아도나이는 너에게 거기서 떨리는 마음을[4] 주실 것이다,

그리고 약한 눈을 그리고 어지러운 영혼을.[4]

**본문 비교**

1) 칠십인 경은 ἀλλὰ και로 시작한다.
2) 칠십인 경은 "그가 너에게 쉼을 주지 않을 것이다" οὐκ ἀναπαύσει σε이다.
3) 칠십인 경은 "설 곳" στάσις이다.
4) 칠십인 경은 "좌절된 마음(낙심한 마음) 그리고 실패한(파산한) 눈 그리고 "녹아 내린 영혼" καρδίαν ἀθυμοῦσαν καὶ ἐκλείποντας ὀφθαλμοὺς καὶ τηκομένην ψυχήν이다. 오리겐의 헥사플라는 이 차이를 지적한다.

"그들 민족들 가운데서"는 64절의 "모든 백성들 가운데"이다. 이스라엘은 이방 민족들 가운데로 쫓겨날 것이다. 거기서 "쉼을 얻지 못할 것이다."는 '평안을 얻지 못할 것이다,' '쉬지를 못할 것이다'이다. 즉 평안함이 없다. 이스라엘에게 평안이 없다는 것을 "너의 발바닥을 위한 쉴 곳이 있지 않을 것이다"가 잘 설명하고 있다. 다른 나라에 포로로 잡혀 갔기 때문에 이스라엘은 노동과 학대를 당할 것이다. 중한 노동으로 인하여 또한 심한 학대로 인하여 이스라엘이 잠시도 쉬지 못하는 상황을 설명한다.

낯선 나라에서 중한 노동과 학대로 시달리는 이스라엘의 남은 자들은 정신 상태가 온전하지 못하다. 아도나이께서 이스라엘에게 세 가지를 주신다. 첫째는 "떨리는 마음"이다. 이는 불안한 상황으로 인하여 근심하는 마음 상태를 말한다. 둘째는 "약한 눈"이다. 이는 쇠약한 눈으로 지치고 피곤한 눈이다. 셋째는 "어지러운 영혼"이다. 실신할 것 같이 미약한 영혼으로 근심하는 마음 상태를 설명한다. 개역 개정은 "네 마음

을 떨게 하고 눈을 쇠하게 하고 정신을 산란하게 하시리니"로 번역했다.

66 그리고 너의 생명이 너에게 앞에[1)] 달릴 것이다,
그리고 너는 밤과 낮에[2)] 두려워할 것이다,
그리고 너는 너의 생명을 확신하지 못할 것이다.

**본문 비교**

1) 칠십인 경은 "너의 눈 앞에" ἀπέναντι τῶν ὀφθαλμῶν σου로 번역한다. 오리겐의 헥사플라는 "너에게" σοι를 넣어줄 것을 제안한다.
2) 칠십인 경, 시리아 역, 탈굼 프쉬도 요나단은 "낮과 밤"으로 단어의 순서를 바꾸고 있다.

"너의 생명이 달릴 것이다"는 생명이 불안정한 즉 위태로운 상태를 뜻한다. 개역 개정은 "네 생명이 위험에 처하고"로 의역했다. 이스라엘의 남은 자들이 다른 나라로 포로로 잡혀간다(64절). 그 곳에서의 삶이 위태롭다. 이스라엘 사람들은 떨리는 마음과 쇠약한 눈과 어지러운 영혼을 가지고 있어서(65절) 그들의 생명이 위험하다. "너는 밤과 낮에 두려워할 것이다"가 포로로 잡혀간 이스라엘 사람들의 상황을 잘 나타낸다. 이들은 밤과 낮을 구분하지 않고 공포가운데 지내게 된다. "너는 너의 생명을 확신하지 못할 것이다"는 안전을 보장하지 못하는 것으로 생존을 확신할 수 없다는 의미이다. 살아 있으나 언제 죽을지 모르는 상태이다. 살아 있으나 거의 죽은 것이나 마찬가지인 상황이다.

67 그 아침에 너는 말할 것이다, 누가 저녁을 주겠는가?[1)]
그리고 그 저녁에 너는 말할 것이다, 누가 아침을 주겠는가?[2)]
네가 두려워하는 너의 마음의 두려움 때문에,
그리고 네가 보는 너의 눈의 광경 때문에.

**본문 비교**

1) 칠십인 경은 "어떻게 이것이 저녁이 될 것인가?" πῶς ἂν γένοιτο ἑσπέρα로 번역한다. 오리겐의 헥사플라는 이 차이를 지적한다. 아퀼라와 심마쿠스는 마소라와 같이 τις δωσει εσπεραν로 번역한다.
2) 칠십인 경은 "어떻게 이것이 아침이 될 것인가?" πῶς ἂν γένοιτο πρωί로 번역한다.

포로로 잡혀간 이스라엘의 남은 자들은 불안함을 느낀다. 그들은 밤과 낮에 두려워한다(66절). 그 두려움은 다음과 같이 평행으로 나타난다.

A 그 아침에 너는 말할 것이다, 누가 저녁을 주겠는가?
　B 그리고 그 저녁에 너는 말할 것이다, 누가 아침을 주겠는가?
A 네가 두려워하는 너의 마음의 두려움 때문에,
　B 그리고 네가 보는 너의 눈의 광경 때문에.

"누가 저녁을 주겠는가?"는 '누가 저녁을 줄 것인가?'로 미래의 불안함을 표현한다. 아침에 저녁이 될 것을 확신할 수 없는 것이다. 이것은 또한 저녁이 돼도 마찬가지이다. "누가 아침을 주겠는가?"는 '누가 아침을 줄 것인가?'로 다음 날 아침을 장담할 수 없는 상황을 나타낸다(참고 Ges-K, § 151 *b*). 즉 포로로 잡혀간 그들은 그들의 생명을 보장할 수 없다. 모든 것이 불안정하고 불안하다.

이들이 이렇게 불안한 이유는 "네가 두려워하는 너의 마음의 두려움 때문에"와 "네가 보는 너의 눈의 광경 때문에"가 서로 평행을 이루며 설명하고 있다. 타국에서 이방인에게 당하는 학대를 봄으로 인하여 마음에 두려움이 가득한 것이다.

68 그리고 아도나이께서 너를 이집트로[1)] 배들로 돌아가게 하실 것이다,[2)]

내가 너에게,[3] 네가[4] 다시 그것을 보지 않을 것이다, 말했던 그 길로,
그리고 너희는[5] 거기서 너의[6] 적들에게 자신을 팔려고 할 것이다,
종들로 그리고 여종들로 그러나 살 자가 없을 것이다.[7]

**본문 비교**

1) 마소라 사본은 "이집트" **מצרים**인 데 반하여 사마리아 오경은 방향 접미사 "이집트로" **מצרימה**가 있다.
2) 탈굼 프쉬도 요나단은 너희가 건넜던 홍해 길을 통해서 이집트로 다시 포로로 잡혀 갈 것이라고 주해한다.
3) 사마리아 오경, 탈굼 네오피티, 탈굼 프쉬도 요나단은 복수 "너희에게"이다. 칠십인 경은 "너에게"를 생략한다. 오리겐의 헥사플라는 이것을 지적하며 "너에게" *σοι*를 넣어줄 것을 제안한다.
4) 사마리아 오경, 칠십인 경, 탈굼 네오피티, 탈굼 프쉬도 요나단은 복수 "너희"이다.
5) 벌게이트는 단수 "너"이다.
6) 사마리아 오경, 칠십인 경, 시리아 역은 복수 "너희의"이다.
7) 마소라 사본은 "세투마"(ס)를 두어 단락을 나누고 있다.

저주의 마지막은 이스라엘이 다시 포로로 갈 것이다. 그런데 가는 장소가 이집트이다. 이스라엘은 하나님의 능력으로 이집트에서 빠져나왔다. 그들이 이집트에서 노예로 있었지만 하나님께서 그들을 구원해 주셔서 자유인이 되었다. 그러나 이스라엘은 이제 다시 자유를 상실한 포로로 이집트로 돌아갈 것이다. 역출애굽이다. 여기서 우리가 주목해야 할 사실은 이스라엘을 이집트로 다시 돌아가게 하시는 분이 "아도나이"라는 것이다. 아도나이께서 이스라엘을 심판하시는 것이다.

"그 길"은 이집트로 가는 길이다. 하나님께서 이스라엘에게 다시 그 길을 보지 않을 것이라고 말했던 그 길로 이스라엘이 포로로 잡혀갈 것

이다(참고 본문 비교 2). “내가 너에게 말했던 그 길”은 신명기 17장 16절에 “아도나이께서 너희에게 말했다. 너희는 이 길로 다시는 돌아가지 말라” 하고 명령하셨던 길이다.

“너희는 거기서 너의 적들에게 자신을 팔려고 할 것이다.” 이스라엘의 남은 자는 스스로를 노예로 팔리기를 바란다. 개역 개정은 “거기서 너희가 너희 몸을 적군에게 남녀 종으로 팔려 하나”로 번역한다. “거기서”는 이집트를 의미한다. 이집트에서 다시 노예가 되고자 한다. 이스라엘은 이집트에서 노예로 있다가 하나님의 능력으로 자유를 얻었다. 그런데 다시 이스라엘은 이집트에서 노예로 자신을 내놓고 있다. “종들로 그리고 여종들로 그러나 살 자가 없을 것이다.” “종들로”는 남종들을 말한다. 이스라엘의 남은 자들은 노예로 팔리기를 원하지만 그들을 사는 자가 없다. 가격이 맞지 않는 것이다.

### 참고 문헌


Blank, S. H. “The Curse, the Blasphemy, the Spell, and the Oath,” *HUCA* 23 (1950/51), 73-95.

Brueggemann, W. “Weariness, Exile and Chaos (A Motif in Royal Theology),” *CBQ* 34 (1972), 19-38.

Cholewinski, A. “Zur theologischen Deutung des Moabbundes,” *Bib* 66 (1985), 96-111.

Fensham, F. C. “Common Trends in Curse of the Near Eastern Treaties and Kudurru-Inscriptions Compared with Maledictions of Amos and Isaiah,” *ZAW* 75 (1963), 155-75.

-----------, “Maledictions and Benedictions in Ancient Near Eastern Vassal-Treaties and the Old Testament,” *ZAW* 74 (1962), 1-9.

Frankena, R. “The Vassal-Treaties of Esarhaddon and the Dating of Deuteronomy,” *OTS* 14 (1965), 122-54.

Gevirtz, S. "West-Semitic Curses and the Problem of the Origins of Hebrew Law," *VT* 11 (1961), 137-58.

Hillers, D. R. Treaty-Curse and the Old Testament Prophets, BibOr 16, Rome, 1964.

Horst, F. "Der Eid im Alten Testment," *EvT* 17 (1961), 292-314.

Hort, G. "The Plagues of Egypt," *ZAW* 69 (1957), 101-2.

Lincicum, D. "Greek Deuteronomy's 'Fever and Chills' and Their Magical Afterlife," *VT* 58 (2008), 544-49.

Lipinski, E. "Sale, Transfer and Delivery in Ancient Semitic Terminology," in *Gesellschaft und Kultur im alten Vorderasien*, Berlin, 1982, 173-85.

Lohfink, N. "The Covenant in the Land of Moab (DT 28,69-30,20)," in *Das Deuteronomium. Entstehung, Gestalt und Botschaft*, Leuven, 1985, 310-320.

-----------, "Moab oder Sichem - wo wurde Dtn 28 nach der Fabel des Deuteronomiums proklamiert?" in *Studies in Deuteronomy*, Leiden, 1994, 139-154.

-----------, "Dtn 28, 69 - Ueberschrift oder Kolophon?" in *Studien zum Deuteronomium und zur deuteronomistischen Literatur* III, Stuttgart, 1995, 279-291.

-----------, "Der Bundesschluss im Land Moab," in *Studien zum Deuteronomium und zur deuteronomistischen Literatur* I, Stuttgart, 1990, 53-82.

MacDonald, J. "The Status and Role of the *NA'AR* in Israel Society," *JNES* 35 (1976), 147-70.

MacIntosh, A. A. "A Consideration of Hebrew *g'r*," *VT* 19 (1969), 471-79.

McCarthy, D. J. *Treaty and Covenant*, AnBib 21, Rome, 1963.

Mendenhall, G. E. "Covenant Forms in Israelite Tradition," *BA* 17 (1954), 50-76.

Mendenhall, G. E. and Herion, G. A. "Covenant," *ABD* 1:1179-1202.

Moran, W. L. "The Ancient Near Eastern Background of the Love of God in Deuteronomy," *CBQ* 25 (1963), 77-87.

Mørstad, E. *Wenn du der Stimme des Herrn, deines Gottes, gehorchen wirst: Die primären Einführungen zu Dt 28, 3-6 und 16-19*, Olso, 1960.

Noth, M. "For All Who Rely on Works of the Law Are under a Curse," in *The Laws in the Pentateuch and Other Studies*, Philadelphia, 1967, 118-31.

Otto, E. "Born out of Ruins: The Catastrophe of Jerusalem as Accoucheur to the Pentateuch in the Book of Deuteronomy," *Fall of Jerusalem*, 155-168.

Palmoni, Y. "Locust," *IDB* 3:144-48.

Rofe, A. "The Covenant in the Land of Moab (DT 28,69-30,20)," in *Das Deuteronomium, Entstehung, Gestalt und Botschaft*, Leuven, 1985, 310-320.

Schächter, E. A. "Bundesformular und prophetischer Urteilsspruch: Bemerkungen zu D. R. Hillers, *Treaty Curse and the Old Testament Prophets*," *Bib* 48 (1967), 128-31.

Scharbert, J. "Fluchten und Segnen im Alten Testament," *Bib* 39 (1958), 1-26.

Schley, D. G. "YHWH Will Cause You to Return to Egypt in Ship's (Deuteronomy XXVIII 68)," *VT* 35 (1985), 369-72.

Steymans, H. U. "Eine assyrische Vorlage fuer Deuteronomium 28,20-44," *Budesdokument und Gesetz*, 119-142.

Thompson, J. A. *The Ancient Near Eastern Treaties and the Old Testament*, London, 1964.

Urbach, W. J. "Blessings and Curse," *ABD* I:755-61.

Vang, C. "Deuteronomy and the Notion of Exile," *Das heilige Herz*, 23-40.

Weinfeld, M. "Traces of Assyrian Treaty Formulae in Deuteronomy," *Bib* 46 (1965), 417-27.

Wilson, J. V. K. "Medicine in ther Land and Times of the Old Testament," in *Studies in the Period of David and Solomon and Other Essays*, winona Lake, 1982, 337-65.

Winckler, A. J. "Pests and Diseases," *EncBrit*, 1966 10:691.

Wiseman, D. J. "Is It Peace? – Covenant and Diplomacy," *VT* 32 (1982), 311-26.

Zehnder, M. "Fluch und Segen im Buch Deuteronomium. Beobachtungen und Fragen," *Deuteronomium – Tora für eine neue Generation*, Wiesbaden, 2011, 193-211.

# DEUTERONOMY 신명기 29장

A New Translation with
Introduction
and Commentary

**DEUTERONOMY**

# DEUTERONOMY

# 신명기 29장

D e u t e r o n o m y 29

**내용/구조**

이 장은 27-28장에서 언약의 복과 저주를 선언한 후에 모압 언약의 체결을 다루고 있다. 먼저 이스라엘이 모압 땅에 도착하기까지의 역사를 간략하게 서술한다(1-9). 그 후에 맹세로 모압 언약이 세워지고 이 언약을 지키지 않을 경우에 다가올 저주를 경고한다(10-21). 마지막으로 이스라엘은 언약을 지키지 않으면 가나안 땅에서 쫓겨날 것이다. 이스라엘의 다음 세대와 이방인들이 가나안 땅에 임한 저주를 보고 물을 것이다. 아도나이께서 왜 이 땅에 이렇게 행했느냐? 그때 이스라엘이 아도나이와 맺은 언약을 지키지 않고 다른 신을 섬겼기 때문이라고 대답할 것이다(22-29). 따라서 이 장은 다음과 같이 세 부분으로 나눌 수 있다.

1. 모압 언약의 서론(29:1-9)
2. 모압 언약 체결과 경고(29:10-21)
3. 모압 언약을 지키지 않은 결과(29:22-29)

### 시내산 언약과 모압 언약

1절은 명확하게 두 개의 언약, 호렙에서 세운 언약과 모압 땅에서 세운 언약이 있음을 말한다. 이 두 언약의 명칭은 언약을 맺은 장소에 의해서 붙여졌다. 호렙산에서 세운 언약은 다른 말로 시내산 언약이며 모세에 의해서 출애굽 세대가 하나님과 맺은 언약이다. 그리고 모압 땅에서 세운 언약은 모세에 의해서 출애굽 후세대가 하나님과 맺은 언약을 말한다. 이 두 언약 사이의 관계를 언약 갱신이라고 부르며(신명기 1권, 46-50) 이 두 언약 사이의 관계는 신명기 5장 2-3절에 잘 나타난다(신명기 1권 주석 참고). 이 두 언약은 언약의 갱신이라고 불리워지지만 그래도 차이가 있다. 여기서는 두 언약 사이의 차이점을 언급하려고 한다. 특별히 언약을 맺은 의식에 관하여 논하고자 한다.

먼저 시내산 언약의 특징은 다음과 같다. 시내산 언약은 출애굽기 24장에 자세하게 기록되어 있다. 1) 시내산 언약을 체결하기 전에 하나님이 이스라엘에게 언약을 먼저 제안했다(출 19:4-6). 그러자 이스라엘이 그 언약 제의를 동의함으로 받아들였다(출 19:8). 다시 모세가 하나님의 말씀을 전한 후에 백성의 동의가 나타난다(출 24:3). 이런 백성의 동의는 후에 한 번 더 나타나는 것이 특징이다(출 24:7). 2) 언약을 맺기 위해 모세가 제단을 쌓고 열 두 지파대로 열 두 기둥을 세우고 청년들이 번제와 화목제를 드린다(출 24:4-5). 다른 언약에서는 청년들이 번제와 화목제를 드리는 것이 나오지 않는다. 3) 모세가 짐승의 피를 반은 제단에 뿌리고 반은 백성에게 뿌린다. 모세는 이 피를 "언약의 피"라고 부른다(출 24:6, 8). 4) 모세가 모든 말씀을 책에 기록한 후에 "언약서"(언약의 책, 출 20-23장)를 가져다 낭독한다. 백성은 이때 한 번 더 동의한다(출 24:4, 7). 5) 시내산 언약은 장엄한 의식이 특징을 이루는데 이것은 다시 언약의 식사에서 드러난다. 시내산 언약을 체결한 후에 이스라엘의 지도자들, 모세, 아론, 나답, 아비후와 칠십인 장로들이 하나님을 보고 먹고 마셨다(출 24:11). 이스라엘의 지도자들은 현현하신 하나님을 보고(출

24:10) 언약의 식사를 한 것이다.

시내산 언약은 장엄한 의식이 있는 반면에 모압 언약은 이런 의식이 나타나지 않는다. 하지만 모압 언약만의 특징이 드러난다. 모압 언약은 신명기 29장에 기록되어 있다. 1) 모압 언약은 장엄한 의식이 없이 맹세로 세워졌다. 언약과 맹세가 유사 동의어로 나타난다(신 29:12, 14). 2) 모압 언약은 언약의 파트너인 이스라엘의 구성원을 자세하게 언급한다. 특별히 여자들과 아이들을 거론하는 것이 가장 큰 특징이다(신 29:10-11). 3) 모압 언약은 출애굽 후세대와 맺은 언약이지만 이것은 앞으로 오고 오는 모든 세대에게도 적용된다. 오늘 여기 서 있지 않은 사람들까지, 앞으로 올 미래 세대를 다 포함시키고 있다(신 29:15). 4) 모압 언약은 저주에 강조점이 있다. 복과 저주를 선언한 곳에서도 저주가 강조되었듯이(신 27-28장) 언약을 세우면서도 저주를 강조한다. 언약의 말씀을 지키지 않는 자들에게 저주가 내려질 것이다. 특별히 이스라엘이 가나안 땅에서 쫓겨나서 그 땅이 황폐해질 것을 예고한다(신 29:22-29).

## 1. 모압 언약의 서론(29:1-9)

모세는 이스라엘을 소집하고 언약을 맺기 전에 역사를 간략하게 언급한다. 이스라엘이 출애굽을 할 때, 하나님께서 행하신 일들을 목격했다. 하지만 이스라엘은 하나님이 행하신 일들의 의미를 알지 못했다. 하나님께서 그들에게 깨닫는 마음을 주시지 않았기 때문이다. 이스라엘이 출애굽을 한 후에 사십 년 동안 광야에서 유랑하였지만 옷과 신발이 낡아지지 않았다. 하나님의 보호하심이 있었기 때문이다. 그 후에 이스라엘이 헤스본 왕 시혼과 바산 왕 옥과 전쟁에서 승리하여 요단 동편을 점령하였다. 모세는 이 땅을 르우벤과 갓 지파 그리고 므낫세 반 지파에게 기업으로 주었다. 이스라엘은 이제 요단 강을 건너 가나안 땅을 정복하려고 한다. 하지만 모세는 그 땅에 들어가지 못한다. 이래서 모세가 출애굽 후세대에게 율법을 다시 설명해 주고 모압 땅에서 이 언약을 세운다.

**번역**

1 이것들은 아도나이께서 모세에게 명령하셨던 그 언약의 말씀들이다,
모압 땅에서 이스라엘의 아들들과 맺으라고,
그가 그들과 호렙에서 맺었던 그 언약 외에.
2 그리고 모세가 온 이스라엘을 불렀고 그가 그들에게 말했다,
너희, 너희는 아도나이께서 행하신 모든 것을 보았다, 이집트의 땅에서 너희 눈에,
바로에게 그리고 그의 모든 종들에게 그리고 그의 모든 땅에.
3 너의 눈들이 보았던 그 큰 시도들,
그것들, 그 큰 징조들과 기적들.
4 그러나 아도나이께서 너희에게 아는 마음을 주지 않았다,
그리고 보는 눈들 그리고 듣는 귀들을, 이 날까지.
5 그리고 내가 너희를 사십 년 동안 그 광야를 걷게 하였다,
너희 옷들이 너희 위에서 해어지지 않았다,
그리고 너의 신발이 너의 발 위에서 해어지지 않았다.
6 너희는 빵을 먹지 못했고 너희는 포도주와 독주를 마시지 못했다,
너희는 내가 아도나이 너희의 하나님인 것을 알기 위하여.
7 그리고 너희가 이 장소에 왔다,
그때 헤스본의 왕 시혼과 바산 왕 옥이 나왔다,
그 전투에서 우리를 만나기 위하여, 그리고 우리가 그들을 쳤다.
8 그리고 우리가 그들의 땅을 취했고 우리가 그것을 기업으로 주었다,
르우벤에게 그리고 갓에게 그리고 므낫세 반 지파에게.
9 그리고 너희는 이 언약의 말씀들을 지켜야 한다,
그리고 너희는 그것들을 행해야 한다,

너희가 행하는 모든 것을 너희는 번영하게 하기 위하여.

### 주해

1 [1)]이것들은 아도나이께서 모세에게 명령하셨던 그 언약의 말씀들이다,

모압 땅에서 이스라엘의 아들들과 맺으라고,[2)]

그가 그들과 호렙에서 맺었던[2)] 그 언약 외에.[3)]

### 본문 비교

1) 사마리아 오경은 "그리고"로 시작한다.
2) 히브리어는 같은 단어 כרת를 사용하는 데 반하여 칠십인 경은 각기 다른 단어들 στῆσαι와 διέθετο로 번역한다.
3) 마소라 사본은 여기에 페투카(פ)를 두어 단락을 나누고 있다.

이 구절은 마소라 사본에서 신명기 28장 69절이지만 개역 개정은 29장 1절로 구분되었다. 이 구절은 신명기에서 나타나는 6개의 표제들(1:1; 4:44; 6:1; 12:1; 29:1; 33:1) 가운데 하나이다(참고 신명기 1권, 27 페이지). 이 구절은, 크레이기와 베버는 이 구절을 복과 저주의 결론으로 생각하지만(Craigie 353, Wevers 461), 모세의 세 번째 설교로서(29:1-32:52) 언약에 근거하여 미래를 조망하고 있다(참고 Lohfink, N. "Der Bundesschluss im Land Moab: Redaktionsgeschichtliches zu Dtn. 28:69-32:47," in *Studien zum Deuteronomium 1*. 1990, 53-82.).

히브리어는 "이것들은 그 언약의 말씀들"로 시작한다("아도나이께서 모세에게 명령하셨던"은 관계 대명사에 의해 인도되고 있다). "언약"은 29:1(2x), 9, 12, 14, 21, 25에 일곱 번 나타나서 신명기 29장에서 이스라엘이 모압 언약을 체결하는 것을 설명한다.

이 구절을 다시 번역해 보면 다음과 같다. "이것들은 아도나이께서 모압 땅에서 이스라엘의 아들들과 맺으라고 모세에게 명령하셨던 그 언약

의 말씀들이다." 이스라엘은 지금 "모압 땅" 즉 요단 동편에 있다. 신명기 서론(1:1-5)에 따르면 모세가 모압 땅에서 이스라엘 즉 출애굽 후세대에게 율법을 설명하고 있는 것이다. 모세가 율법을 설명한 후에 모압 땅에서 출애굽 후세대와 언약을 맺는 것이다. 이 언약은 "그가 그들과 호렙에서 맺었던 그 언약 외에"라는 표현에서 알 수 있듯이 호렙산(시내산) 언약과 다르다. 모압 땅에서 맺은 언약이기 때문에 모압 언약으로 불린다. 모압 언약은 시내산 언약의 갱신이다(참고 신명기 1권, 46-50). 모세의 주도적인 역할로 이스라엘이 하나님과 맺은 언약은 두 개이다. 시내산 언약은 하나님이 출애굽 세대와 그리고 모압 언약은 하나님이 출애굽 후세대와 맺은 언약이다.

2 그리고 모세가 온 이스라엘을[1)] 불렀고 그가 그들에게 말했다,
너희, 너희는 아도나이께서 행하신 모든 것을[2)] 보았다, 이집트의 땅에서 너희 눈에,[3)]
바로에게 그리고 그의 모든[4)] 종들에게 그리고 그의 모든 땅에.

**본문 비교**

1) 칠십인 경은 여기에 "아들들" τοὺς υἱοὺς를 덧붙인다.
2) 탈굼 프쉬도 요나단은 "재앙들" מחוותא로 해석한다.
3) 칠십인 경은 "너희 앞에" ἐνώπιον ὑμῶν으로 번역한다. 오리겐의 헥사플라는 이 차이를 지적한다.
4) 칠십인 경은 "모든"을 생략한다.

"불렀고"는 '소집했다'의 뜻이다. 모세가 온 이스라엘을 소집해서 말한다. "말했다"는 모세는 이스라엘에게 하나님께서 행하신 일들을 설명하는 것이다. "너희"에서 인칭 대명사 2인칭 남성 복수를 사용하여 강조한다. "보았다"는 이스라엘이 직접 본 것 즉 과거에 경험한 것을 말한다

(Waltke-O, 532). 이스라엘이 본 것은 "아도나이께서 행하신 모든 것"이다. 아도나이께서 역사 속에 들어오셔서 행동한 것으로 열 재앙과 홍해 바다에서의 기적을 뜻한다. "이집트 땅에서"는 이스라엘이 출애굽 할 때에 아도나이께서 기적을 나타내신 장소를 말한다. "너희 눈에"는 '너희 앞에'로 이스라엘 사람들이 볼 수 있는 곳에서 아도나이께서 역사하셨다(개역 개정은 "너희의 목전에"). "이집트의 땅에서"는 다시 더 자세하게 "바로에게 그리고 그의 모든 종들에게 그리고 그의 모든 땅에"로 설명된다. "그의 모든 종들에게"는 '그의 모든 신하들에게'이다.

3 너의 눈들이[1)] 보았던 그 큰 시도들,
그것들, 그 큰 징조들과 기적들.

**본문 비교**

1) 탈굼 네오피티, 탈굼 프쉬도 요나단, 시리아 역은 "너희 눈들"이다.

2절의 "아도나이께서 행하신 모든 것"이 무엇인지를 여기서 말하고 있다. "너의 눈들이 보았던"으로 모세는 2절에 이어 이스라엘이 경험했던 사실을 강조한다. "큰 시도들"은 '큰 시험들'로 아도나이께서 이스라엘을 이집트에서 해방시키기 위해서 했던 행동들이다. 이 "시도들"은 다시 "큰 징조들과 기적들"즉 '표징과 이적'으로 설명되고 있다(개역 개정은 "이적과 기사"). 이 단어들 역시 하나님이 출애굽 때에 행하셨던 행동들을 말한다(출 7:3; 신 4:34; 6:22; 7:19; 29:3; 34:11). "그것들"은 "그 큰 징조들과 기적들"을 가리킨다.

4 그러나 아도나이께서[1)] 너희에게 아는 마음을 주지 않았다,
그리고 보는 눈들 그리고 듣는 귀들을, 이 날까지.[2)]

**본문 비교**

1) 칠십인 경은 "주 하나님" κύριος ὁ θεὸς이다. 오리겐의 헥사플라는 "하나님"이 덧붙여졌음을 지적한다.
2) 탈굼 프쉬도 요나단은 하나님이 이해하는 마음을 주셨지만 이스라엘이 마음에서 율법을 잊어버렸다고 주해한다.

2~3절에서 계속 이스라엘이 하나님의 일들을 보았다는 것을 강조했다. 4절은 "그러나"로 시작하여 이스라엘이 하나님이 하신 일을 보았지만 하나님의 일들을 깨닫지 못한 이유를 설명한다. 이스라엘이 하나님이 하신 일들을 알지 못한 이유는 "아도나이께서 너희에게 아는 마음을 주지 않았"기 때문이다. 여기서 "아는 마음"은 '이해하는 마음,' '깨닫는 마음'이다. 이것은 아도나이께서 이집트에서 행하신 일을 깨닫는 마음이다. 열 재앙과 홍해 바다의 기적을 보고 그 이적과 기적의 의미를 이해할 수 있는 영적인 마음이다.

이스라엘은 즉 출애굽 세대는 하나님을 아는 마음이 부족했다. 열 재앙과 홍해 바다에서 하나님의 기적을 보았음에도 불구하고 이들은 계속 광야에서 하나님의 말씀에 불순종하며 거역했다. 특별히 가데스 바네아에서 하나님께서 아브라함과 이삭과 야곱에게 주기로 약속한 가나안 땅을 점령하라고 말씀하셨음에도 불구하고 이스라엘은 가나안 땅에 사는 아낙 자손들을 보고 마음이 녹아내려 그 명령에 불순종했다(민 13-14장). 지금 모세는 이스라엘이 광야에서 불순종하며 거역한 이유를 설명한다. 하나님이 이스라엘에게 "아는 마음"과 "보는 눈들" 그리고 "듣는 귀들"을 주시지 않았기 때문이다. 이스라엘은 하나님이 행하시는 이적과 기사를 보았고 하나님의 명령을 들었지만 깨닫지를 못했다. 하나님의 일을 이해하는 마음이 부족했던 것이다. "이 날까지"는 모세가 모압 땅에서 설교하고 있는 시점을 의미한다.

이 말씀을 잘 묵상해 보면 하나님께서 우리에게 이해하는 마음과 보는 눈과 듣는 귀를 주셔야 하나님의 일들을 깨달을 수 있다. 이런 점에서 이사야의 예언이 특이하다. 이사야가 소명을 받을 때에 하나님은 이사야에게 가서 말하라고 하신다. "너희는 듣기는 들어도 깨닫지 못할 것이요 보기는 보아도 알지 못하리라"(사 6:9). 이사야가 전하는 예언을 듣기는 듣지만 깨닫지 못하는 것이다. 이스라엘이 잘 보지만 그 보는 것을 알지 못하는 것이다. 왜냐하면 그들의 마음이 둔하기 때문이다.

이런 일은 예수님 때에도 있었다. 예수님께서 씨 뿌리는 비유를 말씀하시자 제자들이 이해를 하지 못했다. 제자들이 사적으로 예수님께 나와서 왜 비유로 말씀하시는 지를 물었다. 그때 예수님은 이사야 선지자의 예언이 성취되었다고 말씀하신다(마 13:14-15). 유대인들이 예수님의 비유의 말씀을 듣고 깨닫지 못하는 이유를 이렇게 설명하신다. "천국의 비밀을 아는 것이 너희에게는 허락되었으나 그들에게는 아니되었나니"(마 13:11). 말씀을 듣고 깨닫는 사람이 있는가 하면 깨닫지 못하는 사람이 있는 이유이다. 하나님이 천국의 비밀을 아는 것을 허락하신 사람이 있는가 하면 허락하지 않는 사람이 있기 때문이다.

이래서 사도 바울은 에베소 성도들을 위하여 기도할 때에 "아버지께서 지혜와 계시의 영을 너희에게 주사 하나님을 알게 하시고 너희 마음의 눈을 밝히사 그의 부르심의 소망이 무엇"인지를 알게 해 달라고 말한다(엡 1:17-18). 하나님께서 "지혜와 계시의 영"을 주실 때 즉 "마음의 눈"을 밝혀 주실 때 하나님을 알 수 있는 것이다. 왜냐하면 하나님의 말씀과 하나님이 행하시는 일들은 감춰져 있기 때문이다(눅 9:45).

5 그리고 내가[1] 너희를 사십 년 동안 그 광야를 걷게 하였다,
너희 옷들이[2] 너희 위에서[3] 해어지지 않았다,[4]
그리고 너의 신발이[5] 너의 발[6] 위에서 해어지지 않았다.[7]

**본문 비교**

1) 칠십인 경은 3인칭 남성 단수 "그가 인도했다" ἤγαγεν로 아도나이를 의미한다(시리아 역과 벌게이트 역시).
2) 마소라 사본은 שלמתיכם인 데 반하여 히브리어 필사본들(Vken 69, 80)과 사마리아 오경은 שמלתיכם이다. 하지만 의미는 차이가 없다.
3) 칠십인 경은 "너희 위에서"를 생략한다. 오리겐의 핵사플라는 이것을 지적한다.
4) 히브리어는 동사의 주어가 복수 "그것들이(너희 옷들이)"인 데 반하여 칠십인 경은 단수 "그것이" ἐπαλαιώθη이다.
5) 칠십인 경, 사마리아 오경, 탈굼 네오피티와 탈굼 프쉬도 요나단은 복수 "너희의 신발들"이다.
6) 칠십인 경, 사마리아 오경, 탈굼 네오피티, 탈굼 프쉬도 요나단과 시리아 역은 복수 "너희의 발들"이다.
7) 히브리어는 "그것이(너의 신발) 해어지지 않았다"로 동사의 주어가 단수인 데 반하여 사마리아 오경, 탈굼 네오피티, 탈굼 프쉬도 요나단, 벌게이트, 시리아 역은 복수 "그것들이"이다. 하지만 칠십인 경은 단수 κατετρίβη이다(본문 비교 5)를 참고). 히브리어에서 "해어지다" בלה는 같은 단어인 데 반하여 칠십인 경은 다른 단어들로 번역한다(본문 비교 4)를 참고).

"내가 너희를 사십 년 동안 그 광야를 걷게 하였다"에서 주어 "내가"는 모세가 아니라 아도나이로, 말하는 분을 의미한다(본문 비교 1) 참고). 개역 개정은 "주께서"로 번역하고 각주에서 "내가"로 밝히고 있다. 2-4절에서 모세가 이스라엘에게 말했다. 그런데 이 구절에서 갑자기 "내가"(아도나이) 말하는 주체로 나와서 혼란스럽다. 이것은 모세가 아도나이를 위해서 말하는 것으로 이해할 수 있다.

"내가 걷게 하였다"는 히필(사역 능동)형으로 아도나이의 행위를 표현한다. 아도나이께서 이스라엘을 광야에서 인도하였다. 이스라엘이 가데스 바네아에서 가나안 땅을 점령하라는 아도나이의 명령에 불순종했다. 그때 아도나이께서 이스라엘이 가나안 땅을 정탐한 40일을 40년으로 계산하여 광야를 유랑하는 심판을 하셨다(민 14:34). 광야 40년의 유랑 생활은 출애굽 세대에게는 심판이었지만 출애굽 후세대에게는 훈련과 연단의 세월이었다(참고 신 8:2-5).

이스라엘이 40년 동안 광야를 유랑한 세월 가운데 하나님의 은혜가 나타난다. "너희 옷들이 너희 위에서 해어지지 않았다 그리고 너의 신발이 너의 발 위에서 해어지지 않았다." "너희 위에서"는 '너희 몸 위에서'를 의미한다(개역 개정은 "너희 몸의 옷"으로 번역). "해어지다" בלה는 '낡아서 떨어지다'이다(위의 본문 비교 7) 참고). 40년 동안 이스라엘이 광야에서 생활했으면 옷이 해어지고 신발이 닳아야 한다. 그러나 옷은 해어지지 않았고 신발은 닳지 않았다. 하나님의 돌보심이 실 생활에서 구체적으로 나타난 것을 말한다.

6 너희는 빵을 먹지 못했고 너희는 포도주와 독주를[1] 마시지 못했다,
너희는 내가[2] 아도나이 너희의 하나님인 것을 알기 위하여.

**본문 비교**

1) 탈굼 옹켈로스와 탈굼 네오피티는 "새로운 그리고 묵은 포도주" חמר חדת ועתיק로 번역한다.
2) 칠십인 경은 "그" οὗτος이다(5절의 본문 비교 1)을 참고하라). 오리겐의 헥사플라는 이 것을 지적한다.

이스라엘이 광야를 유랑하는 동안에 "빵을 먹지 못했고 포도주와 독주를 마시지 못했다." 광야에서는 농사를 지을 수가 없기 때문에 밀과 포도를 심고 추수할 수 없었다. 당연히 빵을 만들 밀가루와 포도주를 만

들 포도가 없었다. 이스라엘은 실생활에 필요한 음식과 음료를 공급받지 못했다. 하지만 그들은 하나님이 주신 만나와 메추라기를 먹었고(출 16:1-36) 반석에서 나오는 물을 마셨다(출 17:1-7).

"너희는 내가 아도나이 너희의 하나님인 것을 알기 위하여"는 아도나이께서 빵과 포도주를 주지 않은 목적을 말한다(참고 신 8:3). "알기 위하여"는 경험적인 지식을 말한다. "내가 아도나이 너희의 하나님인 것"에서 "~인"은 넣어준 것이다. 더 자세하게 번역하면 '내가 아도나이 너희의 하나님이다는 것"이다. '내가 너희의 하나님 아도나이'다. 이것은 출애굽에서 아주 중요한 선언이다. 하나님은 이스라엘과 이집트에게 "내가 아도나이이다"는 것을 알려주기 원했다.

모세와 아론이 이집트의 바로 왕에게 가서 이스라엘의 하나님 아도나이께서 내 백성을 보내라고 말한다. 그러자 바로는 '아도나이가 누구냐'고 하면서 자기는 아도나이를 알지 못하기 때문에 이스라엘을 보내지 않겠다고 대답한다(출 5:1-2). 그리고 바로는 이스라엘에게 더 심한 노동을 시킨다. 이에 모세가 하나님 앞에서 '왜 나를 보냈느냐'고 묻는다. 이 질문에 대한 대답을 하나님은 계속 "내가(나는) 아도나이이다"(**אני יהוה**) 하고 네 번이나 말씀하신다(출 6:2, 6, 7, 8). 하나님께서 자신의 이름을 "아도나이"로 소개하시면서 하나님은 이스라엘을 출애굽시켜서 즉 이집트의 노역에서 구원하여 가나안 땅으로 인도하시려는 자신의 구원계획을 말씀하신다. 여기서 이 이름은 이스라엘을 출애굽시키는 하나님, 구원자 하나님의 이름으로서 소개된다. 이 이름은 10재앙 가운데 계속 나온다. 하나님은 10재앙을 행하시면서 "내가 아도나이인 것을 알아야" 할 것을 주문하신다(출 7:5, 17; 8:22; 10:2). 하나님은 마지막 재앙에서 이집트에서 처음 난 모든 것을 치고 이집트의 모든 신을 심판하실 것을 말씀하시면서 자신의 이름을 "나는 아도나이이다" 하고 소개하신다(출 12:12). 출애굽의 정점은 홍해 바다 사건이다. 이스라엘이 이집트에서 빠져나가자 바로 왕은 곧 후회한다. 바로 왕은 이집트의 군대를 보내어 이스라엘을 추격하게 한다. 이스라엘이 홍해 바다 앞에서 추격하는 이집트 군대를 보고 충격에 휩싸인다. 이스라엘이 모세를 향하여 '왜 우리를 이집트에서 이끌어 내어 이 광야에서 죽게 하느냐'고 소리를 지른다. 그때 하나님께서 모세에게 바다를 갈라지게 하고 바다 가운데 마른 땅이 나타날 것이라고 하신다. 이스라엘을 마른 땅으로 건너가게 하라고 하신다. 이집트의 군대와 병거가 이스라엘을 따라 바다로 들어올 것이지만 하나님은 이집트의 군대를 수장시킬 것을 말씀하시면서 이 일을 행하시는 분은 바로 "내가(나는) 아도나이다" 하고 말씀하신다(출 14:18). 홍해 바다에서 구원을 받은 이스라엘이 시내산에 도착한다. 그곳에서 하나님은 이스라엘에게 십계명과 율법을 수여하신다. 하나님께서 십계명을 주시며 그 십계명을 주시는 분이 누구인지를 명확하게 말씀하신다. "나는 이집트의 땅에서, 노예의 집에서 너를 데리고 온 아도나이 너의 하나님이다"(신 5:6).

"내가 아도나이다"는 이스라엘의 하나님이신 아도나이께서 자신의 이름을 소개하시는 것이다. 뿐만 아니라 이 이름에 담겨 있는 의미도, 출애굽(구원)의 하나님, 밝혀 주신다는 점에서 이 이름은 하나님의 자기 계시이다.

7 그리고 너희가 이 장소에 왔다,
그때 헤스본의 왕 시혼과 바산 왕 옥이 나왔다,
그 전투에서 우리를 만나기 위하여, 그리고 우리가 그들을 쳤다.

"이 장소에"는 '이 장소로'로 모압 땅을 의미한다(29:1). 지금 이스라엘은 모압 땅에서 요단강을 건너 가나안 땅으로 들어가려고 준비 중이다(참고 신 1:5). 이스라엘이 광야를 지나 지금 요단 동편 모압 땅에 도착한 것이다. "그때" 즉 '그리고'는 이스라엘이 모압 땅에 도착했을 때 요단 동편의 두 왕 시혼과 옥이 나왔다. "그때 헤스본의 왕 시혼과 바산 왕 옥이 그 전투에서 우리를 만나기 위하여 나왔다." 이들은 군대를 이끌고 "그 전투에서 우리를 만나기 위하여" 즉 그 전쟁을 위해 이스라엘과 싸우기 위하여 나온 것이다(신 2:26-3:11). "우리가 그들을 쳤다"는 이스라엘이 시혼과 옥의 군대를 쳐부순 것을 말한다.

8 그리고 우리가 그들의 땅을 취했고 우리가[1] 그것을 기업으로[2] 주었다,
르우벤에게 그리고 갓에게 그리고 므낫세 반 지파에게.

**본문 비교**

1) 칠십인 경은 "내가 주었다" ἔδωκα이다.
2) 마소라 사본은 전치사 לנחלה가 있는 반면에 사마리아 오경은 전치사 נחלה가 없다.
3) 탈굼 옹켈로스와 탈굼 프쉬도 요나단은 "르우벤 지파에게 그리고 갓 지파에게"로 "지파" שיבט를 덧붙인다. 탈굼 네오피티는 "르우벤 집의 지파에게 그리고 갓 집의 지파에게"로 "집의 지파" שבטה דבית를 덧붙인다.

출애굽 후세대가 과거에 요단 동편에서 시혼과 옥의 군대를 쳐서 이겼다. 그들의 땅을 정복하여 "기업으로" 즉 '상속 재산,' '유산,' '소유'로 주었다. 요단 동편에서 기업의 땅을 받은 지파는 르우벤과 갓 지파이고 므낫세의 반 지파는 요단 동편에서 받고 나머지 반 지파는 가나안 땅에서 받았다(Waltke-O, 532). 이것에 대한 자세한 설명은 신명기 3장 12-20절에 나온다.

9 그리고 너희는 이 언약의 말씀들을[1] 지켜야 한다,[2]
그리고 너희는 그것들을 행해야 한다,[2]
너희가 행하는 모든 것을 너희는 번영하게 하기 위하여.[3][4]

**본문 비교**

1) 칠십인 경은 "모든" πάντας를 넣어 "이 언약의 모든 말씀들을" 하고 번역한다. 오리겐의 헥사플라는 이것이 덧붙여졌음을 지적한다.
2) 히브리어는 두 개의 동사 "너희는 지켜야 한다 그리고 너희는 그것들을 행해야 한다"로 나오는 데 반하여 칠십인 경은 부정사로 "너희는 행하기를 조심해야(지켜야) 한다" φυλάξεσθε ποιεῖν이며 "그것들을"을 생략한다. 오리겐의 헥사플라는 이것을 지적한다.
3) 칠십인 경은 "너희가 이해하기 위하여" ἵνα συνῆτε이다.
4) 마소라 사본은 여기에 "페투카"(פ)를 두어 단락을 나누고 있다.

"그리고"는 '그러므로'로 1-8절의 결론을 말한다. "너희는 지켜야 한다"는 명령형으로 '지켜라'로도 번역할 수 있다. 이것은 또한 "너희는 행해야 한다"도 '행하라'로 번역할 수 있다. 많은 현대 번역본들이 명령으로 번역한다(LEI, LUV, NBG, SVV, ASV, CJB, ESV, JPS, KJV, NAB, NAS, NAU, NIB, NIV, NJB, TNK). 개역 개정은 "지켜 행하라"로 번역한다. "이 언약의 말씀들"은 모압 땅에서 맺은 언약의 말씀들로 신명기를 의미한다(29:1). "그것들을"은 "이 언약의 말씀들"을 가리킨다. 하나님과 이스라엘 사이에 맺은 언약은 지켜야 의미가 있다. "지켜야 한다" 그리고 "행해야 한다"로 실천을 강조하고 있다. 하나님이 이스라엘에게 주신 율법은 어떤 법 철학이나 이념 또는 사상을 말하는 것이 아니라 실제 삶에서 행해야 할 말씀들이다. 이스라엘은 이 언약의 말씀을 삶에서 지켜 행함으로 하나님의 언약 백성이라는 신분을 유지하는 것이다.

"너희가 행하는 모든 것을 너희는 번영하게 하기 위하여"는 말씀을 행하는 목적을 말한다. 이스라엘이 이 언약의 말씀을 행할 때에 이스라엘이 행하는 모든 일들이 번영할 수 있다. 즉 그들이 취하는 모든 일들이 성공하는 것이다. 이스라엘이 가나안 땅에 들어가서 번영을 누릴 수 있는 방법은 언약의 말씀에 순종하는 데에 달려 있다. 개역 개정은 "너희가 하는 모든 일이 형통하리라" 하고 번역했다.

## 2. 모압 언약 체결과 경고(29:10-21)

출애굽 후세대는 언약을 맺기 위해 하나님 앞에 서 있다. 이스라엘의 모든 구성원들이 다 나와서 서서 맹세한다. 맹세를 통하여 하나님과 언약 관계에 들어가는 것이다. 언약을 통하여 이스라엘은 하나님의 백성이 되고 여호와는 이스라엘의 하나님이 되신다. 이 언약은 현재 있는 모든 사람들과 더불어 앞으로 오고 오는 모든 세대에게 적용된다.

그리고 이 언약을 맺은 후에 이스라엘 가운데 언약을 파기할 사람들이 나올 수 있다. 언약의 저주를 듣고도 그 마음 속으로 나에게는 그 저주가 해당되지 않을 것이라고 자신을 위로하면서 언약을 어기는 사람들이다. 모세는 이런 사람들에게 이 언약의 저주가 이 책에 기록된 대로 이루어질 것이라고 예고한다.

**번역**

10 너희는 오늘 서있다, 너희 모두, 너희의 하나님 아도나이 앞에,
너희의 지도자들, 너희의 지파들, 너희의 장로들과 너희의 관리들, 이스라엘의 모든 남자.
11 너희의 자녀, 너희의 여자들 그리고 너의 진영들 가운데 있는 너의 나그네,
너의 나무들을 자르는 자부터 너의 물을 긷는 자까지.
12 네가 너의 하나님 아도나이의 언약 안으로 지나가기 위하여,
그리고 아도나이 너의 하나님이 오늘 너와 함께 자른 그의 맹세 안으로.
13 오늘 너를 그에게 백성으로 세우기 위하여,
그리고 그는 너에게 하나님으로 될 것이다,
그가 너에게 말한 것과 같이,

그리고 그가 너의 조상들에게 맹세한 것과 같이,
아브라함에게, 이삭에게 그리고 야곱에게.
14 그리고 내가 너희와, 너희에게만 이 언약과 이 맹세를 자르는 것은 아니다.
15 그러나 우리와, 여기에 오늘 서있는 자와 함께, 우리의 하나님 아도나이 앞에서,
그리고 여기에 오늘 우리와 함께 있지 않는 자와.
16 왜냐하면 너희가 알기 때문이다, 우리가 이집트의 땅에서 살았던 것을,
그리고 너희가 지나왔던 그 민족들 가운데로 우리가 지나온 것을.
17 그리고 너희가 보았다, 그들의 혐오스러운 것들을 그리고 그들의 우상들을,
나무와 돌, 그들과 함께 있는 은과 금을.
18 너희 가운데 남자 또는 여자 또는 가족 또는 지파가 있지 않도록,
그의 마음이 오늘 우리 하나님 아도나이로부터 돌아서서,
그들의 민족들의 신들을 섬기러 가는,
너희 가운데 독을 맺는 뿌리와 쓴 쑥이 있지 않도록.
19 그리고 이것이 있을 것이다, 그가 이 맹세의 말씀들을 들었을 때,
그때 그가 자신을 축복할 것이다, 그의 마음에, 말하기를, 나에게 평화가 있을 것이다,
내가 나의 마음의 강퍅함으로 걸어가더라도,
젖은 것을 마른 것과 함께 쓸어 내버리기 위하여.
20 아도나이께서 그를 용서하지 않으실 것이다,
그러나 그때에 아도나이의 진노와 그의 질투가 그 사람에게 대하여 연기를 뿜을 것이다,
그리고 이 책 안에 기록된 모든 맹세가 그에게 놓일 것이다,
그리고 아도나이께서 하늘 아래에서 그의 이름을 지워버릴 것이다.
21 그리고 아도나이께서 그를 이스라엘의 모든 지파들로부터 악으로 구별하실 것이다,
이 율법의 책 안에 기록되어 있는 그 언약의 모든 맹세들을 따라.

## 주해

10 너희는 오늘 서 있다, 너희 모두, 너희의 하나님 아도나이 앞에,
너희의 지도자들,[1] 너희의 지파들,[2] 너희의 장로들과[3] 너희의 관리들, 이스라엘의 모든 남자.

## 본문 비교

1) 히브리어는 "너희의 머리들" 즉 "지도자들" ראשיכם인 데 반하여 칠십인 경은 "너희의 지파들의 장들" οἱ ἀρχίφυλοι ὑμῶν으로 더 구체적으로 해석한다. 오리겐의 헥사플라는 이 차이를 지적하고 있다. 아퀼라는 문자적으로 번역하는데 "너희의 머리" κεφαλή ὑμῶν으로 단수이다.
2) 칠십인 경은 "너희의 장로회" ἡ γερουσία ὑμῶν으로 번역한다.
3) 칠십인 경은 "너희의 재판관들" οἱ κριταὶ ὑμῶν으로 번역한다. 오리겐의 헥사플라는 히브리어와 어순을 맞추기 위하여 "너희의 재판관들과 너희의 장로회"로 바꿀 것을 제안한다.

이스라엘은 모압 땅에서 아도나이와 언약을 맺기 위해 모였다. "너희는 오늘 서있다"에서 "너희"가 강조되어서 "너희 모두"로 다시 나오고 있다. 이스라엘 즉 출애굽 후세대의 모든 구성원들을 말한다. 모든 이스라엘 사람들이 "오늘, 너희 아도나이 하나님 앞에" 서 있는 것이다. "너희"는 다시 "너희의 지도자들, 너희의 지파들, 너희의 장로들과 너희의 관리들, 이스라엘의 모든 남자"로 자세하게 설명되고 있다. "지도자들"은 '머리들'로 지파들의 장들, 최고 우두머리를 의미한다. "지파들"은 당연히 12지파들을 뜻한다. "장로들"은 칠십인 장로들을(민 11:4-30) 그리고 "관리들"은 사회, 군사, 사법적 관리들을 말한다(신 1:15; 20:5, 8, 9). "이스라엘의 모든 남자"는 만 이십 세 이상의 남자들이다.

11 너희의 자녀,[1] 너희의 여자들[2] 그리고 너의 진영들[3] 가운데 있는 너의 나그네,[4] 너의 나무들을 자르는 자부터[5] 너의 물을 긷는 자까지.[6]

**본문 비교**

1) 사마리아 오경, 쿰란 사본(1QDeut[b]), 칠십인 경, 탈굼 프쉬도 요나단과 벌게이트는 "그리고"를 덧붙인다.
2) 칠십인 경은 순서를 바꾸어 "너희의 여자들과 너희의 후손들" αἱ γυναῖκες ὑμῶν καὶ τὰ ἔκγονα ὑμῶν이다. 오리겐의 헥사플라는 이것을 지적하며 순서를 바꿀 것을 제안한다.
3) 히브리어 필사본(V[ken 1, 9, 69]), 사마리아 오경, 시리아 역은 "너의 진영"이며 칠십인 경은 "너희의 진영"이며 탈굼 네오피티와 탈굼 프쉬도 요나단은 "너희의 진영들"이다.
4) 칠십인 경은 "개종자" ὁ προσήλυτος이다(탈굼 옹켈로스 역시).
5) 사마리아 오경, 칠십인 경, 시리아 역, 탈굼 네오피티는 "그리고"를 덧붙인다. 탈굼 옹켈로스는 "모으는 자" מלקיט이다.
6) 칠십인 경은 "너희의 나무 자르는 자부터 그리고 너희의 물 긷는 자까지" ἀπὸ ξυλοκόπου ὑμῶν καὶ ἕως ὑδροφόρου ὑμῶν으로 번역한다. 탈굼 옹켈로스는 "채우는 자" מלי이다.

10절에 이어서 아도나이 앞에 서 있는 "너희 모두"(10절)가 누구인지를 계속 설명하고 있다. "자녀"는 만 이십 세 미만의 남자아이들과 여자아이들을 모두 포함한다. "여자들"은 '아내들'로도 번역할 수 있다. 아이들과 여자들도 언급하는 점이 아주 독특하다. 왜냐하면 일반적으로 이스라엘이 숫자를 셀 때 만 이십 세 이상의 남자들만을 계산했기 때문이다. 여기서는 아이들과 여자들도 모압 언약에 참여하고 있다. 시내산에서 이스라엘이 하나님과 언약을 맺을 때에는 단순히 "백성"으로 나오는 데 반하여(출 24:3, 7-8) 여기서는 언약의 파트너가 누구인지를 아주 자세하게 언급한다. “나그네”는 ‘체류객’으로 이방인을 의미한다. “너의 나무들을 자르는 자부터 너의 물을 긷는 자까지”는 종을 말한다. 이 본문에서는 이스라엘 사람인지 아니면 이방인을 의미하는지 명확하지 않다. 이스라엘 역사 가운데서 특별히 기브온 주민들이 여기에 해당될 것이다. 후에 이스라엘이 요단을 건너 가나안 땅을 정복할 때, 기브온 주민들은 여호수아와 이스라엘 지도자들을 속여서 조약을 맺었기 때문에 아도나이의 제단을 위하여 나무를 패고 물을 긷는 종이 되었다(삿 9:27).

12 네가[1)] 너의 하나님 아도나이의 언약 안으로 지나가기 위하여,
그리고 아도나이 너의 하나님이 오늘 너와 함께 자른 그의 맹세[2)] 안으로.

**본문 비교**

1) 탈굼 네오피티와 탈굼 프쉬도 요나단은 “너희가”이다.
2) 칠십인 경은 “저주” ταῖς ἀραῖς이다.

히브리어는 칼 부정사 “네가 지나가기 위하여” לְעָבְרְךָ로 시작하는데, 이것은 10절의 “너희는 서 있다”를 보충해준다. 이스라엘이 아도나이 앞에 서 있는 목적을 설명하는 것이다. “네가 지나가기 위하여”는 ‘네가 들어가기 위하여’로도 번역할 수 있다. 여기서 동사 ‘지나가다’는 고대 이스라엘에서 언약을 맺는 의식과 관련이 있다. 시드기야 왕 때에 왕이 백성과 언약을 맺는다. 이스라엘의 남녀 종들에게 자유를 주고 유대인들을 종으로 삼지 못하게 하는 언약이었다. 그러나 이 언약을 맺은 사람들이 변하여 자유를 주었던 종들을 다시 사로잡아 와서 종으로 삼았다. 이때 아도나이께서 언약을 지키지 않았던 사람들에게 저주를 선언하신다. 칼과 기근과 전염병으로 그들을 치실 것을 말씀하신다(렘 34:8-22). 이 언약을 맺을 때, 사람들은 송아지를 둘로 잘라 놓고 그 사이를 지나감으로(עבר) 그 언약을 실행할 것을 약속한 것이다(렘 34:18-19). 쪼갠

고기 사이를 지나감으로 언약을 세운 것이다. 언약을 맺은 자들이 만일 그 언약을 지키지 않을 경우, 그 송아지가 둘로 잘려져 죽은 것같이 죽을 것이라는 의미가 담겨 있는 것이다. 쪼갠 고기 사이를 지나감으로 그 언약을 지키겠다는 의무와 책임을 갖는 것이다. 이런 예가 아브라함의 경우에서도 나온다. 하나님이 아브라함에게 가나안 땅을 선물로 주실 것을 약속하셨다. 이 약속을 언약으로 확증하신다. 하나님이 아브라함과 언약을 세울 때에 삼 년 된 암소와 암염소와 숫양을 쪼개 놓았다. 그리고 불이 쪼갠 고기 사이로 지나갔다(עבר, 창 15:17). 불은 신적인 불로써 하나님을 의미한다. 불이 지나갔다는 것은 아브라함과 세운 언약이 일방적인 성격을 갖기 때문이다. 하나님께서 아브라함에게 아들과 땅을 주실 것을 약속하셨기 때문에 아브라함 편에서는 지킬 의무가 없고 하나님 편에서 지킬 의무와 책임이 있다. 이래서 불만 쪼갠 고기 사이로 지나간 것이다. 쪼갠 고기 사이로 지나감으로 "언약 안으로" 들어가는 것이다 (창 15장의 언약 체결에 대해서는 다음의 글들을 참고 하라. G. F. Hasel, "The Meaning of the Animal Rite in Genesis 15," *JSOT* 19 (1981), 61-78; D. J. McCarthy, "Three Covenants in Genesis," *CBQ* 26 (1964), 179-189; H. G. Rogensburg, "Glaube und Bund-Theologische Bemerkungen zu Genesis 15," in *Studien zum Pentateuch*, Wien, 1977, 25-35; G. J. Wenham, "The Symbolism of the Animal Rite in Genesis 15: A Response to G. F. Hasel, *JSOT* 19 (1981) 61-78," *JSOT* 22 (1982), 134-137).

부정사 "지나가기 위하여"는(개역 개정은 "참여하여"로 두 번 번역) 두 개의 전치사 구 "언약 안으로"와 "맹세 안으로"를 지배한다. "언약"과 "맹세"는 평행을 이루며 유사 동의어로 나오고 있다. 모압 언약은 시내산 언약과 달리 장엄한 의식이 없다(이 두 언약의 비교는 위의 서론을 참고 하라). 모압 언약은 맹세를 통하여 언약을 세운다(언약에 대해서는 신명기 1권, 38 페이지 이하를 참고). 언약의 당사자들은 "아도나이 너의 하나님"과 "너" 즉 이스라엘로 나온다. "자른"은 '맺은'으로도 번역할 수 있다.

개역 개정은 "자른"을 생략하고 대신 "참여하여"로 번역한다.

13 오늘 너를 그에게[1] 백성으로[2] 세우기 위하여,[3]
그리고 그는 너에게 하나님으로 될 것이다,
그가 너에게 말한 것과 같이,
그리고 그가 너의 조상들에게 맹세한 것과 같이,
아브라함에게, 이삭에게 그리고 야곱에게.[4]

**본문 비교**

1) 탈굼 옹켈로스는 "그 앞에서" קדמוהי이다.
2) 탈굼 네오피티는 "주님의 이름에 거룩한 백성으로" לשמה דייי לעם קדישין로 번역한다. 탈굼 프쉬도 요나단은 "정당한(유효한) 백성으로" לאומא ברירא로 해석한다.
3) 칠십인 경은 "그가 너를 자신에게 한 백성으로 세우기 위하여" ἵνα στήσῃ σε ἑαυτῷ εἰς λαόν로 번역하며 "오늘"을 생략한다. 오리겐의 헥사플라는 이것을 지적하며 "오늘" σήμερον을 넣어줄 것을 제안한다. 랄프(Rahlfs) 편집은 "그가 너를 그에게 한 백성으로 세우기 위하여" ἵνα στήσῃ σε αὐτῷ εἰς λαόν이다(B C's y+ 사본들을 따라서).
4) 칠십인 경은 전치사 "~에게"를 생략하여 "그의 조상들에게 아브라함과 이삭과 야곱" τοῖς πατράσιν σου Αβρααμ καὶ Ισαακ καὶ Ιακωβ으로 번역한다.

이 구절은 아도나이와 이스라엘 사이의 언약관계를 설명한다. "오늘"이 계속 나와서(10, 12) 언약을 맺는 날을 강조하고 있다. "너를"은 이스라엘 즉 출애굽 후세대를 의미한다. "그에게 백성으로"는 '그의 백성으로' 즉 아도나이의 백성이 되는 것이다. 언약을 맺음으로 이스라엘은 하나님의 백성이 된다(참고 신 4:20; 7:6; 14:2; 27:9; 28:9). 하나님의 백성이라는 말에서 알 수 있듯이 아도나이께서 이스라엘의 왕이 되신다. "세우기 위하여"는 '확인하기 위하여'로 이스라엘이 하나님의 백성이라는 사실을 확인하기 위함이다.

"너에게 하나님으로"는 '너의 하나님으로'이다. 아도나이는 이스라엘의 하나님이 되신다(창 17:7-8; 출 6:7; 레 11:45; 22:33; 25:38; 26:45; 민 15:41). "그가 너에게 말한 것과 같이"는 '그가 너에게 약속한 것 같이'의 의미이다. 여기서 알 수 있듯이 이 언약 관계는 하나님의 약속에 따라서 이루어진다. 이 약속은 다시 "그리고 그가 너의 조상들에게 맹세한 것과 같이"로 평행을 이루어 나타난다(신 28:9). "너의 조상들"은 "아브라함, 이삭, 야곱"을 의미한다. 하나님은 계속 족장들에게 나타나셔서 후손을 많게 하실 것을 약속하셨고 하나님과 이들의 후손과 언약을 맺을 것을 말씀하셨다(창 15:5; 17:7-8; 26:24; 28:14).

14 그리고 내가 너희와, 너희에게만 이 언약과 이 맹세를[1] 자르는 것은 아니다.

**본문 비교**

1) 칠십인 경은 "저주" τὴν ἀρὰν이다.

히브리어는 "너희와, 너희에게만" אתכם לבדכם으로 나온다. 이 표현은 10절의 "너희는 오늘 서 있다, 너희 모두"와 관련이 있다. 하나님과 언약을 맺는 사람들이 누구인지를 10-11절에서 자세하게 말했다. 하지만 이 언약은 이들에게만 해당되는 것이 아니다. 15절을 보면 이 언약이 누구에게 해당이 되는 지를 명확하게 밝힌다.

"이 언약과 이 맹세"는 유사 동의어로 사용되었다. 모압 언약이 맹세로 세워졌다는 사실을 여기서 알 수 있다(12절 참고). "자르는 것"은 '맺는 것'으로도 번역할 수 있다.

15 그러나 우리와, 여기에 오늘 서있는[1] 자와 함께,[2] 우리의 하나님 아도나이[3] 앞에서,
그리고 여기에 오늘 우리와 함께 있지 않는 자와.[4]

**본문 비교**

1) 마소라 사본은 עמד인 데 반하여 쿰란 사본(1QDeut^b)은 עמנים로 잘못 쓰고 있다.
2) 칠십인 경은 "그러나 오늘 우리와 함께 여기 있는 자들에게도" ἀλλὰ καὶ τοῖς ὧδε οὖσιν μεθ' ἡμῶν σήμερον로 히브리어의 "서있는"을 생략하고 "자들에게" 하고 복수로 번역한다. 히브리어 ישנו는 3인칭 남성 단수이다. YLT는 단수로 "but with him who is here with us"로 번역한다. 개역 개정도 단수 "서 있는 자와"이다. 이렇게 단수로 읽는 번역(ASV, CJB, ESV, JPS)이 있는가 하면 칠십인 경처럼 "but both with those who are standing here with us this day"(TNK) 하고 복수로 번역하기도 한다(NAB, NAS, NAU, NIB, NIV).
3) 칠십인 경의 베버(Wevers) 편집은 마소라 사본과 같이 "우리의 하나님 아도나이"인 데 반하여 일부 칠십인 경 사본들은 "너희의 하나님 아도나이" κυρίου τοῦ θεοῦ ὑμῶν이다(Rahlfs 편집). 벌게이트는 "우리의"를 생략한다.
4) 탈굼 네오피티와 탈굼 프쉬도 요나단은 앞으로 일어날 모든 세대들을 포함한다고 설명한다.

모압 언약을 누구와 맺는 것인지 즉 언약 파트너가 누구인지를 설명한다. "우리와 여기에 오늘 서 있는 자와 함께"는 10-11절에서 자세하게 언급했다. 더 나아가 모압 언약은 앞으로 오고 오는 모든 미래의 세대에게도 해당된다. "여기에 오늘 우리와 함께 있지 않는 자와"(Joüon-M,

§ 156 *m*)도 언약을 세우기 때문이다. 모압 언약의 특징이다. 시내산 언약에는 이런 조항이 없었다. 하지만 모압 언약은 이 조항을 넣음으로 인해서 앞으로 오는 모든 세대와 언약을 다시 체결할 필요가 없다. 앞으로 오는 모든 세대는 자동으로 모압 언약에 해당되는 것이다.

> 16 왜냐하면 너희가 알기 때문이다, 우리가 이집트의 땅에서 살았던 것을,
> 그리고 너희가 지나왔던 그 민족들 가운데로 우리가 지나온 것을.

접속사 "왜냐하면"이 나와서 왜 앞으로 오고 오는 모든 세대와 모압 언약을 맺는지를 설명한다. "너희가"는 지금 아도나이 앞에서 서서 언약을 맺는 사람들을 가리킨다. 동사 "너희가 알았다"는 두 개의 목적절 – "…살았던 것을 그리고 … 지나온 것을"을 지배한다. 이 구절을 다시 의역해보면 '왜냐하면 너희는 우리가 어떻게 이집트의 땅에서 살았는지를 그리고 너희가 지나왔던 그 민족들 가운데로 우리가 어떻게 지나온 것을 알기 때문이다' 하고 말하고 있다.

"알기 때문이다"는 경험적 지식을 갖고 있는 상태이다. 이들은 이집트에서 살았던 것과 광야 유랑을 다 알고 있다. "우리가 이집트의 땅에서 살았던 것을"은 '거주했던 것을'이다. "이집트의 땅"은 이스라엘에게 쓰디쓴 과거를 기억하게 하는 땅이다. 이스라엘은 이집트에서 무거운 노역을 하는 종으로 살았다(신 5:15). 이들에게 이집트는 "철 용광로"로 표현될 만큼 과중한 노동으로 고통스러웠던 곳, 자유가 없던 곳이었다(신 4:20). 하지만 하나님께서 이들은 이집트에서 구원하셨다(신 4:20; 5:6; 6:21).

"너희가 지나왔던 그 민족들 가운데로"는 이스라엘이 이집트를 탈출하여 모압 땅에 도착하기까지 지나온 여정을 말한다. 모세는 출애굽 후 세대에게 설교하면서 대표적으로 세일과 모압과 암몬을 지나온 것을 말한다(신 2:1-25).

17 그리고 너희가 보았다, 그들의 혐오스러운 것들을 그리고 그들의 우상들을,
나무와 돌, 그들과 함께 있는 은과 금을.

16절의 접속사 "왜냐하면 ~때문이다"가 이 구절의 동사 "너희가 보았다"를 지배하여 '너희가 보았기 때문이다'로 해석할 수 있다. "그들의"는 16절의 "그 민족들"을 의미한다. 이스라엘이 지나왔던 민족들을 뜻한다. "혐오스러운 것들"은 '몹시 싫어하는 것들,' '가증한 것들,' '증오하는 것들'로 "우상들"을 말한다. "그들의 우상들" גלליהם에서 '우상' גלול의 복수 גללי은 '똥' גלל의 복수 גללים과 유사하기 때문에 말장난을 하고 있는 것이다. 즉 "그들의 우상들"은 '그들의 똥의 우상'이란 조롱의 의미가 담겨 있다(Wevers, 469).

이방 민족들의 우상은 "나무와 돌" 그리고 "은과 금"으로 만들어진 것이다. 생명이 없는 재료들로 만들어진 사람의 수공예품에 불과하다. 그러나 이스라엘의 하나님 아도나이는 이스라엘이 이집트를 빠져나올 때에 이적과 기사를 행하신 분이며(신 29:2-3) 광야를 여행할 때에 옷과 신발이 해어지지 않게 해 주신 분이다(신 29:5). 이방의 신들은 역사 속에서 구원할 능력이 없지만 이스라엘의 신은 역사 속에서 이스라엘을 구원하신 분이시다. 이방의 신들은 금속으로 만든 죽은 신들이지만 이스라엘의 신은 "오늘"도 살아 계셔서 이스라엘과 언약을 맺은 분이시다.

18 너희 가운데 남자 또는 여자 또는 가족 또는 지파가 있지 않도록,
그의[1] 마음이 오늘[2] 우리 하나님 아도나이로부터[3] 돌아서서,[2]
그들의 민족들의 신들을 섬기러 가는,
너희 가운데 독을 맺는 뿌리와 쓴 쑥이 있지 않도록.[4]

**본문 비교**

1) 칠십인 경은 "그의"를 생략한다. 오리겐의 헥사플라는 이것을 지

적한다.

2) 칠십인 경은 "오늘" σήμερον을 생략한다. 칠십인 경은 히브리어 칼 분사 "돌아서서" פנה를 과거로 "그가 벗어났다," "그가 돌아섰다" ἐξέκλινεν으로 번역하기 때문이다. 오리겐의 헥사플라는 이 차이를 지적하고 있다.
3) 탈굼 옹켈로스는 "주님의 두려움으로부터" מדחלתא이고 탈굼 네오피티는 "주님의 말씀을 따르는 데로부터" מן־בתר מימרה이다.
4) 칠십인 경은 "너희 가운데 괴로움과 쓴 것을 내는 뿌리가 있는지" ἐν ὑμῖν ῥίζα ἄνω φύουσα ἐν χολῇ καὶ πικρίᾳ로 번역한다. 아람어 성경들은 이것을 자세하게 설명한다. 탈굼 옹켈로스는 "너희 가운데 부주의의 죄들 또는 추정의 죄를 생각하는 사람이 있는지"이며 탈굼 네오피티는 "너희 가운데 마음에 죄를 생각하고 있는 사람이 있는지, 그것은 땅에 박힌 뿌리와 같다, 이것의 시작은 꿀과 같이 달지만 이것의 마지막은 치명적인 쓴 쑥과 같이 쓸 것이다"이며 탈굼 프쉬도 요나단도 네오피티와 비슷한 해석을 한다.

앞을 "그러므로 조심하라 ~있지 않도록" 하고 의역해주면 뜻이 더 잘 통한다(Craigie의 번역을 참고, 355). 두 개의 접속사 '~않도록' פן 이 지배하는 문장이다. 첫째는 "너희 가운데 그의 마음이 오늘 우리 하나님 아도나이로부터 돌아서서, 그들의 민족들의 신들을 섬기러 가는 남자 또는 여자 또는 가족 또는 지파가 있지 않도록"이다. 둘째는 "너희 가운데 독을 맺는 뿌리와 쓴 쑥이 있지 않도록."이다.

모세는 이스라엘 가운데 우상 숭배자가 나오지는 않을까 하고 염려한다. "아도나이로부터"는 직역을 하면 '아도나이와 함께 하는 것으로부터' מעם יהוה이다. 아도나이와 언약을 맺은 이스라엘이 아도나이와 함께 하는 것에서 "돌아서서"는 떠나는 것으로 즉 배교하여 다른 신들을 섬기러 가는 것이다. "그들의 민족들의 신들"은 16절의 "너희가 지나왔던 그 민족들"이다. "섬기러"는 '예배하는'으로 우상을 숭배하는 것을 말한다.

"독을 맺는 뿌리와 쓴 쑥"은 "독을 맺는 뿌리"는 티가이는 소크라테스를 죽음으로 이끈 독미나리로 추정하고 있지만(Tigay, 279) 구체적으로 어떤 식물을 의미하는지 명확하지 않다(참고 신 32:32, 33; 호 10:4; 렘 8:14; 애 3:5; 시 69:22). "쓴 쑥"은 '쓴 것'을 상징적으로 나타낼 때 자주 사용되었다. 왜곡된 정의를 말할 때(암 5:7; 6:12), 아도나이의 심판으로 이스라엘에게 쓴 쑥을 먹일 때(렘 9:15; 23:15; 애 3:15, 19), 음녀와 성관계의 대가로(잠 5:4) 사용되었다. 이 두 단어가 쌍을 이루어 나는 곳에는 우상 숭배와 관련해서(렘 9:15; 23:15), 정의를 왜곡시켰을 때(암 5:7; 6:12), 삶의 고난과 괴로움으로(애 3:19) 사용되었다(Labuschagne, III, 125). 두 단어가 쌍으로 나오는 경우를 보면 쓴 식물을 의미하지만 상징적인 성격이 강하다. 이 구절에서는 두 개의 접속사 '~않도록' פֶּן 이 나와서 평행을 이루고 있어서 두 단어는 식물을 의미하지만 이스라엘 가운데 우상 숭배자들이 나오는 것을 독과 쓴 쑥에 비유하고 있다(참고 히 12:15).

19 그리고 이것이 있을 것이다, 그가 이 맹세의 말씀들을[1] 들었을 때,
그때 그가 자신을 축복할 것이다,[2] 그의 마음에, 말하기를, 나에게 평화가[3] 있을 것이다,
내가 나의 마음의 강퍅함으로 걸어가더라도,
젖은 것을 마른 것과 함께 쓸어 내버리기 위하여.[4]

**본문 비교**

1) 칠십인 경은 "저주의 말들" τὰ ῥήματα τῆς ἀρᾶς이다.
2) 아람어 성경들은 각기 다르게 번역한다. 탈굼 옹켈로스는 "숙고할 것이다", 탈굼 네오피티는 "달랠 것이다" 또는 "위로할 것이다" 그

리고 탈굼 프쉬도 요나단은 "단념할 것이다" 또는 "개의치 않을 것이다"이다.

3) 칠십인 경은 "의," "거룩" ὅσιά으로 번역한다. 오리겐의 헥사플라는 이 차이를 지적한다. 아퀼라는 히브리어를 따라 "평화"로 번역한다.

4) 칠십인 경은 "죄인이 무죄한 자를 파괴하지 않도록" 또는 "죄인이 무죄한 자를 파괴하지는 않을까 하여" ἵνα μὴ συναπολέσῃ ὁ ἁμαρτωλὸς τὸν ἀναμάρτητον으로 번역한다. 아람어 성경들(탈굼 옹켈로스, 탈굼 네오피티, 탈굼 프쉬도 요나단)은 히브리어의 "젖은 것과 마른 것"을 "부주의한 죄(잊어버린 죄)"와 "의도적인 죄"로 해석한다.

이 구절을 다시 읽기 좋게 번역해 보면 다음과 같다. "그리고 이것이 있을 것이다, 그가 이 맹세의 말씀들을 들었을 때, 그때 그가 자신을 축복할 것이다, 그의 마음에, 말하기를, 내가 젖은 것을 마른 것과 함께 쓸어 내버리기 위하여 나의 마음의 강퍅함으로 걸어가더라도, 나에게 평화가 있을 것이다."

이스라엘은 맹세로 언약을 세웠다. 그 맹세 가운데는 복과 저주가 있었다(27~28장). 하지만 저주의 말이 더 길었다(27:15-26; 28:15-68). 이 저주의 말을 듣는 이스라엘 사람들 가운데 보일 수 있는 반응을 설명한다. "이 맹세의 말씀들"(개역 개정은 "이 저주의 말"로 번역)은 신명기 27-28장에 나오는 복과 저주를 뜻한다.

이스라엘 사람들이 신명기 27-28장에서 선포된 복과 저주를 들었다. 하나님은 언약에 순종하는 사람에게는 복(신 28:1-14)을 그러나 불순종하는 사람들에게 저주(신 28:15-68)를 내리실 것을 말씀한다. 그러나 이스라엘 사람 가운데 이 언약의 저주를 듣고도 혼자 스스로를 축복하는 사람이 있을 수 있다. "그때 그가 자신을 축복할 것이다"는 히트파엘(재귀) 형으로 스스로를 축복하는 것이다. 언약의 저주를 들었지만 무시하는 사람이다. "내가 나의 마음의 강퍅함으로 걸어가더라도"는 이 사람이 자기 고집대로, 자기 생각대로 행동할 것을 보여준다. 이 사람은 자기 고집대로 행동해도, "젖은 것과 마른 것이 멸망할지라도" 즉 모든 것이 멸망해도 자기에게는 "샬롬"(평안)이 있을 것이라고 스스로에게 말할 수 있다. 스스로 위로를 하고 위안을 삼는 사람이다. 고의적으로 하나님과 맺은 언약에 순종하지 않으려고 하는 사람이다. 의도적으로 하나님의 법에 불순종하려는 사람이다.

여기서 "샬롬"(평안)은 언약의 저주로부터 "안전"을 의미한다. 하나님과 맺은 언약을 지키지 않아도 자신은 신적인 저주에서 평안(안전)할 수 있다고 스스로 생각하는(믿는) 것이다. 하지만 하나님은 그렇게 말씀하지 않는다. 언약에 순종하는 사람이 복을 받고 언약에 순종하지 않는 사람이 저주를 받는다. 사람은 하나님의 말씀을 무시하며 언약을 제쳐놓아도 하나님은 그 언약(약속)대로 행하신다.

이 문맥에서 "젖은 것을 마른 것(또는 목마름)과 함께 쓸어 내버리기 위하여"가 구체적으로 무엇을 말하는지 불분명하다. 고대 번역들은 히브리어와 다른 해석을 하기 때문에 이 구절을 이해하는데 도움이 되지 않는다(본문 비교 4) 참고). 히브리어의 뜻이 명확하지 않기 때문에 번역들과 학자들마다 해석이 다르다. 칼 델리취는 "젖은 것을 마른 것과 함께 쓸어 내버리기 위하여"로 번역하며 격언적인 표현으로 이해한다. 그는 이것을 크노벨을 인용하여 "독을 마신 사람들과 여전히 독을 갈망하는 사람들 모두를 멸망시키는 것"으로 해석한다(Keil-Delitzsch, 449). 드라이버는 모든 것을 의미하는 한 격언적 표현이라고 말한다(Driver, 325). 티가이 역시 이 구절의 해석이 어렵다는 것을 말하며 "한 잃어버린 격언"으로 해석한다(Tigay, 280). 라부샤흐네는 "그 젖은 땅을 마른 길과 쓸어버리기 위하여"로 직역한다. 하지만 그는 히브리어 למען "위하여"를 목적으로 보지 않고 결과로 해석한다. 그래서 그는 "그 결과는 젖은 땅을 마른 것으로 쓸어 내버림이 될 것이다"로 번역한다. 그래서 "그것은 완전 파괴의 문제에 관한 것이다"라고 말한다(Labuschagne, III, 126, 127). 크레이기 역시 이 구절의 해석의 어려움을 호소하면서 일반적으로 "아무도 심판을 피하지 못할 것이다"라는 의미라고 말한다(Craigie, 359 n. 14). 베버는 "모든 것이 사라질 것이다"로 이해한다(Wevers, 471-472). (이 구절의 해석은 김영욱 "토라와 샬롬–신명기를 중심으로," 『신학지남』 320 (2014), 126-128에서 가져와서 수정한 것이다.)

20 아도나이께서 그를 용서하지[1)] 않으실 것이다,
그러나 그때에 아도나이의 진노와 그의 질투가 그 사람에게 대하여 연기를 뿜을 것이다,[2)]
그리고 이 책 안에[3)] 기록된 모든 맹세가[4)] 그에게 놓일 것이다,[5)]
그리고 아도나이께서 하늘 아래에서 그의 이름을 지워버릴 것이다.

**본문 비교**

1) 칠십인 경은 "긍휼(자비)을 베풀지" εὐιλατεῦσαι로 번역한다.
2) 사마리아 오경은 다른 동사 "진노할 것이다" יחר로 번역한다. 칠십인 경 역시 사마리아 오경과 같은 의미로 "타오를 것이다" ἐκκαυθήσεται이다(탈굼 옹켈로스 역시).
3) 칠십인 경(ἐν τῷ βιβλίῳ τοῦ νόμου τούτου)과 탈굼 네오피티(בספר אורייתה הדין )는 "이 율법의 책 안에"이다.
4) 칠십인 경은 "이 언약의 모든 저주들" πᾶσαι αἱ ἀραὶ τῆς διαθήκης ταύτης이다. 탈굼 옹켈로스도 "저주들"로 복수이다.
5) 마소라 사본은 단수 רבצה인 데 반하여 사마리아 오경은 복수 רבצו이다(벌게이트 역시). 하지만 쿰란 사본(4QDeut[c])은 다른 단어 "달라붙게 할 것이다" דבקה이다. 칠십인 경 역시 쿰란 사본과 같이 "달라붙게 할 것이다" 또는 "연결할 것이다" κολληθήσονται이다

(탈굼 옹켈로스 역시).

여기서 "그를"은 19절에서 맹세의 모든 말씀을 들어 놓고도 자기 스스로를 축복하는 사람으로 아도나이의 맹세에 불순종하는 사람을 가리킨다. "아도나이께서 용서하지 않으실 것이다"는 '아도나이께서 용서하기 원하지 않으실 것이다'로 하나님의 의지가 나타난다. "그러나"는 '오히려'로도 번역할 수 있다. "그 사람에 대하여"는 앞에 나온 "그를"이다. "연기를 뿜을 것이다"는 비유적인 표현으로 "아도나이의 진노와 그의 질투가" 타오르는 것을 뜻한다(본문 비교 2) 참고). 개역 개정은 "여호와의 분노와 질투의 불을 부으시고"로 의역했다.

"이 책 안에"는 신명기를 뜻한다(참고 신 28:58). "기록된 모든 맹세"는 19절에 나오는 "이 맹세의 말씀들"로 신명기 27-28장에 나오는 복과 저주를 가리키는데 특별히 저주를 말한다. 개역 개정은 "모든 저주"로 번역했다. "놓일 것이다"는 '눕힐 것이다' 또는 '웅크리고 있을 것이다'의 뜻이다(본문 비교 5) 참고). 언약의 저주가 언약을 지키지 않는 사람에게 임할 것을 말하고 있다. 신명기에 기록된 저주는 불순종하는 사람에게 준비되어 있다.

하나님의 진노는 "하늘 아래에서 그의 이름을 지워버릴 것이다"로 구체적으로 표현되었다. 곧 그 사람에 대한 기억을 멸망시킨다는 것으로 그 사람의 존재 자체를 말살시켜 버리는 것이다.

21 그리고 아도나이께서 그를 이스라엘의 모든 지파들로부터[1] 악으로 구별하실 것이다,
이 율법의 책 안에[2] 기록되어 있는[3] 그 언약의 모든 맹세들을[4] 따라.

**본문 비교**

1) 칠십인 경은 "아들들" τῶν υἱῶν으로 번역한다.

2) 탈굼 프쉬도 요나단은 "이 책 안에" בסיפרא הדין이다.
3) 마소라 사본의 "기록되어 있는"은 단수인 데 반하여 사마리아 오경, 칠십인 경, 탈굼 옹켈로스, 탈굼 네오피티, 탈굼 프쉬도 요나단, 벌게이트와 시리아 역은 복수이다.
4) 칠십인 경, 탈굼 옹켈로스, 탈굼 네오피티, 탈굼 프쉬도 요나단은 "저주들"이다.

"그를"은 19절에서 아도나이의 맹세의 말씀을 듣고도 순종하지 않는 사람으로 20절의 "그를," "그 사람"이다. 하나님께서 그의 이름을 하늘 아래에서 지워 버리실 뿐만 아니라(20) "악으로" 즉 '재앙,' '재난'으로 정하신다. "구별하실 것이다"는 '구분하다,' '선발하다,' '뽑아내다'의 뜻이다. 하나님께서 불순종하는 사람은 "모든 지파들로부터" 구분해 내신다. 이 사람을 구분하는 기준은 "이 율법의 책 안에 기록되어 있는 그 언약의 모든 맹세들을 따라"서 행해진다. "이 율법의 책"은 당연히 신명기를 의미하며 "그 언약의 모든 맹세들"은 특별히 신명기 27-28장의 복과 저주의 맹세들을 뜻한다. 개역 개정은 "모든 언약의 저주"로 번역했다. 개역 개정은 계속 칠십인 경과 같이 19절, 20절, 21절에서 "저주"로 번역한다.

### 3. 모압 언약을 지키지 않은 결과(29:22-29)

이 단락은 이스라엘이 모압 언약을 지키지 않았을 때 나타날 수 있는 결과를 말한다. 이스라엘이 언약 안에 머물러 있지 않으면 하나님이 그들을 심판하신다. 언약의 저주가 그들에게 임해서 나라가 망한다. 이스라엘은 전쟁에 져서 가나안 땅에서 쫓겨나 다른 나라에 포로로 잡혀갈 것이다. 가나안 땅은 마치 소돔과 고모라처럼 황폐화될 것이다.

이런 상황이 벌어질 때, 이스라엘의 후세대와 이스라엘 주변의 나라 사람들이 질문할 수 있다. 왜 가나안 땅이 이렇게 황폐화되었는가? 왜 아도나이께서 이스라엘에게 이렇게 노하셨는가? 이런 질문들에 대해서 이 단락은 대답할 것을 주고 있다.

**번역**

22 그리고 후세대, 너희의 후에 일어나는 너희의 아들들이 말할 것이다,
그리고 먼 땅에서 오는 이방인이.
그리고 그들이 볼 것이다, 그 땅의 재앙들을,
그리고 아도나이께서 그것을 아프게 한 그곳의 질병들을.
23 유황과 소금, 모든 그곳의 땅이 타고 있었다,
뿌리지 못할 것이고 자라지 못할 것이고 그곳에 모든 풀이 올라오지 못할 것이다,
소돔과 고모라가 파멸한 것같이,
아도나이께서 그의 진노와 그의 분노로 뒤엎은 아드마와 스보임.
24 그리고 모든 민족들이 말할 것이다,
어찌하여 아도나이께서 이 땅에 이와 같이 행하셨는가?
왜 이 큰 진노의 타오름이 있느냐?
25 그때 그들이 말할 것이다, 그들이 떠났기 때문이다,
그들의 조상들의 하나님 아도나이의 언약을,
그가 그들과 함께 맺었던, 그가 그들을 이집트의 땅에서 데려 나왔을 때.
26 그리고 그들이 갔고 그들이 다른 신을 섬겼고 그들이 그들에게 절했다,
신, 그들이 그들을 알지 못했다 그리고 그가 그들에게 나누어 주지 않았다.
27 그리고 아도나이의 진노가 그 땅에 대하여 타올랐다,
이 책 안에 기록된 모든 저주를 그곳에 가져오기 위하여.
28 그리고 아도나이께서 그들을 그들의 땅위에서부터 뿌리뽑으셨다,
진노로 그리고 분노로 그리고 큰 화로,

그리고 그가 그들을 다른 땅에 보내셨다, 이 날과 같이.
29 그 숨겨진 것들은 우리 하나님 아도나이께,
그러나 그 드러난 것들은 우리에게 그리고 우리의 아들들에게, 영원히,
이 율법의 모든 말씀들을 행하기 위하여.

**주해**

22 그리고 후세대, 너희의 후에 일어나는 너희의 아들들이 말할 것이다,[1]
그리고 먼 땅에서 오는 이방인이.[2]
그리고 그들이 볼 것이다,[3] 그 땅의 재앙들을,
그리고 아도나이께서 그것을 아프게 한[4] 그곳의 질병들을.

**본문 비교**

1) 마소라 히브리어는 단수 "그가 말할 것이다"인 데 반하여 칠십인 경은 복수 "그들이 말할 것이다" ἐροῦσιν이다.
2) 탈굼 옹켈로스와 탈굼 프쉬도 요나단은 "이방인들의 아들" בר עממין로 번역한다.
3) 마소라 사본은 복수 "그들이 볼 것이다" וראו인 데 반하여 사마리아 오경은 단수 "그가 볼 것이다" וראה이다.
4) 칠십인 경은 "그가 보낸" ἀπέστειλεν이다.

상반절은 "그리고 후세대, 너희의 후에 일어나는 너희의 아들들이 그리고 먼 땅에서 오는 이방인이 말할 것이다."이다. 여기서 "후세대"는 '다음 세대'로 미래 세대를 뜻한다. "후세대는" 다시 "너희의 후에 일어나는 너희의 아들들"로 설명되고 있다. "말할 것이다"는 다음 구절들을 계속 읽어보면 '물을 것이다' 또는 '질문할 것이다'의 의미이다. 가나안 땅에 들어가서 이스라엘이 언약을 지키지 않을 것이다. 그 결과로 가나안 땅이 황폐화될 것이다. 그 후에 일어난 세대들이 가나안 땅의 황폐를

보고 왜 이런 일이 일어났는지 그 이유를 물을 것이다(23-24절). 이 질문은 이스라엘의 후세대들만 하는 것이 아니라 이방인들도 할 것이다.

"그들이 볼 것이다"에서 "그들이"는 이스라엘의 미래 세대와 먼 땅에서 온 이방인이다. 그들이 보는 것은 첫째 "그 땅의 재앙들"이다. 아도나이께서 언약의 맹세에 불순종한 가나안 땅의 사람들에게 부으신 진노와 질투의 결과이다(20). 하나님께서 이 율법 책에 기록된 저주들이 이루어지게 하신 것이다(21). 둘째, "아도나이께서 그것을 아프게 한 그곳의 질병들"이다. 가나안 땅의 이스라엘 사람들을 아프게 한 질병들은 이 율법 책에 기록된 저주들이다. 질병은 저주 목록에서 자주 나타났다(신 28:21-22, 27-29, 34-35, 59-61).

23 유황과 소금,[1)] 모든 그곳의 땅이 타고 있었다,[2)]
뿌리지 못할 것이고 자라지 못할 것이고 그곳에 모든 풀이 올라오지 못할 것이다,
소돔과 고모라가 파멸한 것같이,
아도나이께서 그의 진노와 그의 분노로[3)] 뒤엎은 아드마와 스보임.[4)]

**본문 비교**

1) 탈굼 프쉬도 요나단은 더 명확하게 "타는 불과 함께" **עם אישׁא מצלהבא**를 첨가한다.
2) 히브리어는 명사 "불탄"인 데 반하여 칠십인 경은 분사 "불타고 있는" *κατακεκαυμένον*으로 "불타고 있는 소금" *ἅλα κατακεκαυμένον*이다.
3) 칠십인 경은 "그의"를 생략하여 "진노와 분노로" *ἐν θυμῷ καὶ ὀργῇ*이다.
4) 마소라 사본의 케티브는 **צְבִיִּים**인 데 반하여 케레는 **צְבוֹיִם**이다. 사마리아 오경은 **צבאים**이다.

동사가 없는 명사 문장이다. 문자적인 번역은 "유황과 소금, 불탄 모든 그곳의 땅"이다. 여기서 "불탄" 역시 명사이지만(본문 비교 1) 참고) 동사를 넣어서 "타고 있었다"로 번역했다. 아마도 "유황과 소금으로 모든 그곳의 땅이 불타고 있었다"의 의미인 것 같다(ESV, NAB, TNK, YLT, LUO, SCH, SCL). 아도나이께서 저주하신 결과로 가나안 땅의 상태를 설명한다.

유항과 소금이 있는 땅으로 변해 버린 그곳은 식물이 자랄 수 없다. "뿌리지 못할 것이고 자라지 못할 것이고 그곳에 모든 풀이 올라오지 못할 것이다." 여기서 세 번의 부정어 לֹא가 나와서 인상적이다. 가나안 땅은 씨앗을 뿌리지도 못하고 자라지도 못하고 그 어떤 식물도 올라올 수 없는 황폐한 땅, 쓸모 없는 땅이 되었다.

가나안 땅의 파괴를 소돔과 고모라 성에 비유하고 있다. "소돔과 고모라가 파멸한 것같이"는 '소돔과 고모라가 전복된 것처럼'이다. 이어 나오는 "아도나이께서 그의 진노와 그의 분노로 뒤엎은 아드마와 스보임(같이)"에도 전치사 "같이"를 적용할 수 있다. 소돔과 고모라는 아브라함의 조카 롯이 살던 도시들이다. 그곳에 성범죄 동성애가 심하여 하나님이 유황과 불로 심판하셨다(창 19장). 창세기 19장은 두 곳 "소돔과 고모라"만 나온다. "소돔과 고모라"와 함께 "아드마와 스보임"의 도시들도 언급되고 있는 곳은 창세기 10:19절과 14:2, 8이다. 물론 창세기에서는 "아드마와 스보임"이 하나님의 심판을 당했다는 표현은 나오지 않는다(참고 호 11:8). 모세는 이 두 도시들 "아드마와 스보임"도 "소돔과 고모라"와 같이 멸망했다고 말한다. 이 성들은 아도나이의 "진노와 분노"로 멸망했다.

24 그리고 모든 민족들이 말할 것이다,
어찌하여 아도나이께서 이 땅에 이와 같이 행하셨는가?
[1]왜 이 큰 진노의 타오름이 있느냐?

**본문 비교**

1) 사마리아 오경과 시리아 역은 여기에 "그리고"가 있다.

이스라엘이 가나안 땅에서 쫓겨나고 망한 것을 전제로 하고 있다. "모든 민족들"은 '모든 백성들,' '모든 나라들'이다. 이방 민족들이 황폐화된 땅을 보고 "말할 것이다" 즉 '질문할 것이다.'이다. 개역 개정은 "여러 나라 사람들도 묻기를"하고 번역했다. 이스라엘 주위의 나라들이 이스라엘에게 임한 저주를 보고 한마디씩 하는 것이다. 두 개의 질문이 나란히 평행을 이루어 나온다.

"어찌하여" **על מה**는 '무엇 때문에,' '무슨 이유로'이다. "이 땅에"는 가나안 땅을 뜻한다. 이스라엘이 하나님의 언약을 지키지 않음으로 언약의 저주가 임한 것이다. 그 저주로 인하여 가나안 땅이 황폐화되었기 때문에 이방인들이 지금 이런 질문을 던지는 것이다.

다른 질문은 "왜" **מה**로 시작한다. 명사 문장으로 동사가 없다. 직역은 "왜 이 큰 진노의 타오름이?"인데 여기에 동사를 넣어서 "왜 이 큰 진노의 타오름이 있느냐?" 하고 번역했다. "이 큰 진노의 타오름"은 '이 큰 진노의 폭발'로 강렬하고 극심한 저주가 임한 것을 의미한다. 개역 개정은 "이같이 크고 맹렬하게 노하심은 무슨 뜻이냐" 하고 의역했다.

25 그때 그들이 말할 것이다, 그들이 떠났기 때문이다,
그들의 조상들의[1] 하나님 아도나이의 언약을,
그가 그들과[2] 함께 맺었던, 그가 그들을 이집트의 땅에서 데려 나왔을 때.

**본문 비교**

1) 벌게이트는 "그들의 조상들의"를 생략한다.

2) 칠십인 경은 "그들의 조상들에게" τοῖς πατράσιν αὐτῶν이다.

"그때"는 '그리고'이다. "그들이 말할 것이다"는 '그들이 대답할 것이다'로써 24절에서 "모든 민족들"이 질문한 것을 "그들이" 스스로 답변한 것이다. "그들이 떠났기 때문이다"는 이스라엘이 한 행동을 의미한다. "떠났기 때문이다"는 '버렸기 때문이다'로 이스라엘이 하나님의 언약을 버린 행위를 말한다. 이스라엘은 "그들의 조상들의 하나님 아도나이의 언약을" 버렸다. 하나님과 맺은 언약을 잊어버린 것이다. 이스라엘은 언약을 통하여 이스라엘의 하나님 앞에 다른 신을 두지 않고 하나님만을 섬기기로 약속했다. 그러나 이스라엘이 이 언약을 버린 것이다. 이스라엘이 배교하여 하나님을 버리고 다른 신을 섬긴 것이다.

이스라엘이 떠난 언약은 "그가 그들을 이집트의 땅에서 데려 나왔을 때, 그가 그들과 함께 맺었던 그들의 조상들의 하나님 아도나이의 언약을" 말한다. "그가 그들을 이집트의 땅에서 데려 나왔을 때"는 하나님이 이스라엘을 이집트의 땅에서 구원했을 때, 출애굽의 구원을 의미한다. "그가 그들과 함께 맺었던 그들의 조상들의 … 언약을"은 문맥상 하나님이 출애굽 세대와 시내산에서 맺은 시내산 언약을 의미한다.

여기서 흥미로운 점은 지금 이스라엘은 즉 출애굽 후세대는 아도나이와 모압 언약을 맺었다(신 29:10-13). 그런데도 여기서는 시내산 언약을 언급한다는 점이다. 여기서 시내산 언약과 모압 언약에 대한 모세의 생각이 나타난다. 엄밀하게 말하면 두 언약 시내산 언약과 모압 언약은 서로 구분할 수 있지만(신 29:1) 모세는 이 두 언약을 구분하지 않고 하나로 보고 있는 것이다. 즉 모압 언약은 시내산 언약의 연장 선상에 있다. 이래서 두 언약에 모두 십계명이 나타나는 것이다. 두 언약 사이의 관계를 갱신이라고 말하는 이유이다.

26 그리고 그들이 갔고[1)] 그들이 다른 신을[2)] 섬겼고 그들이 그들에게 절했다, 신,[3)] 그들이 그들을[4)] 알지 못했다 그리고 그가 그들에게 나누어 주지 않았다.[5)]

**본문 비교**

1) 히브리어는 동사인 데 반하여 칠십인 경은 분사 πορευθέντες로 번역한다.
2) 탈굼 옹켈로스와 탈굼 프쉬도 요나단은 "민족들의 신들(우상들)" טעות עממיא로 설명한다. 탈굼 네오피티는 "다른 우상들" טעוון אחרניין이다.
3) 칠십인 경과 벌게이트는 "신(들)"을 생략한다. 오리겐의 헥사플라는 θεοῖς를 넣어줄 것을 제안한다. 탈굼 옹켈로스와 탈굼 프쉬도 요나단은 "두려운 것들" דחלן이며 탈굼 네오피티는 "우상들" טעוון이다.
4) 칠십인 경은 "그들을"을 생략한다.
5) 탈굼 옹켈로스는 "그들에게 어떤 선을 행하지도 못하며" לא אוטי־בא להון이다.

이스라엘이 아도나이를 떠나서 한 행동을 설명한다. 즉 그들이 어떻게 언약을 깨뜨렸는지를 상세하게 말한다. "그들이 갔고 그들이 다른 신을 섬겼고"는 '그들이 가서 다른 신을 섬겼다'로 동시 동작을 말한다. 이스라엘이 이방 신에게 가서 다른 신 즉 '다른 신들을' 섬긴 것이다. "그들이 그들에게 절했다"는 이스라엘이 다른 신들을 어떻게 섬겼는지를 더 구체적으로 설명한다. 이스라엘이 하나님과 언약을 맺을 때, 십계명의 제 1-2계명은 분명히 다른 신을 금했다. "다른 신이 너에게 있어서는 안 된다, 내 앞에서… 너는 그것들에게 절해서는 안 되며 그것들을 섬겨서도 안 된다"(신 5:7, 9). 이스라엘은 이 언약을 어긴 것이다.

"신"은 복수 '신들'로 위의 "다른 신" 즉 '다른 신들'을 가리킨다. 이스라엘 주변 국가들이 섬기는 외국 신들로 이방의 우상들이다(본문 비교 2) 참고). "그들이 그들을 알지 못했다."는 이스라엘이 그 다른 신들을 알지 못했다는 의미이다. 이스라엘이 경험해 보지 못했던 신들이다.

"그가 그들에게 나누어 주지 않았다."는 해석하기가 어렵다. 아마도 신명기 4장 19절과 관련이 있는 것 같다. 모세는 해와 달과 별들을 섬기지 말라고 말한다. 해와 달과 별들은 아도나이께서 하늘 아래의 모든 민족들에게 주신 것이다. "아도나이 너의 하나님이 그것들을 온 하늘 아래의 모든 민족들에게 주셨다"(신 4:19). 여기서 동사 "주셨다" חלק는 이 구절(26)에서 "나누어 주지"와 같은 단어이다. "그가 그들에게 나누어 주지 않았다."는 하나님께서 "그들에게" 즉 이스라엘에게 해와 달과 별들을 신들로 나눠주지 않았다는 의미인 것 같다. 개역 개정은 "여호와께서 그들에게 주시지도 아니한 다른 신들을"로 의역한다.

27 그리고 아도나이의 진노가[1] 그 땅에 대하여 타올랐다,
이 책 안에[2] 기록된 모든 저주를[3] 그곳에 가져오기 위하여

**본문 비교**

1) 히브리어는 "아도나이의 진노"가 주어인 데 반하여 칠십인 경은 "주께서 진노로 분노하셨다" *ὠργίσθη θυμῷ κύριος*로 "주께서"가 주어이다.
2) 칠십인 경의 베버(Wevers) 편집은 히브리어와 같이 "이 책 안에" *ἐν τῷ βιβλίῳ τούτῳ*인 데 반하여 랄프(Rahlfs) 편집은 "이 율법의 책 안에" *ἐν τῷ βιβλίῳ τοῦ νόμου τούτου*이다.
3) 히브리어는 목적격 "~를" את인 데 반하여 칠십인 경은 전치사 "~따라서" *κατὰ*이다. 개역 개정도 칠십인 경처럼 "저주대로"로 번역한다.

"그리고"는 '그러므로'로 이스라엘의 배교 행위(26절)에 대한 결론을 말한다. "타올랐다"는 '타기 시작했다,' '붙었다'로 "아도나이의 진노"를 마치 불이 타는 것처럼 묘사했다. "아도나이의 진노"는 신명기에서 5회

나타난다(6:15; 7:4; 11:17; 29:20, 26). 주로 다른 신을 섬길 때 즉 우상 숭배를 할 때 아도나이의 진노가 나타난다. 우상숭배는 언약을 파기하는 행위이며 아도나이의 말씀에 불순종하는 것이다.

"가져오기 위하여"는 히필 부정사로 동사 "타올랐다"를 수식한다. 아도나이의 진노가 타오르는 목적을 설명한다. "이 책 안에 기록된 모든 저주를" 가져오기 위해서이다. 신명기 안에 기록된 모든 저주가 성취되게 하기 위해서이다. 특별히 저주는 신명기 27-28장에서 두드러지게 나타난다. "그곳에"는 '그 땅에,' '그 땅 위에'를 뜻한다.

28 그리고 아도나이께서 그들을 그들의 땅 위에서부터 뿌리뽑으셨다.[1)]
진노로 그리고 분노로 그리고 큰 화로,[2)]
그리고 그가 그들을 다른 땅에 보내셨다, 이 날과 같이.[3)]

**본문 비교**

1) 칠십인 경은 히브리어와 약간 의미가 다르다. "주께서 그들을 쫓아내셨다(추방하셨다)" *ἐξῆρεν αὐτοὺς κύριος*이다.
2) 히브리어는 전치사가 세 단어에 다 있는 반면에 칠십인 경은 맨 앞의 단어에만 전치사를 사용하고 마지막에 "매우"를 첨가하여 "진노와 분노와 매우 큰 화로" *ἐν θυμῷ καὶ ὀργῇ καὶ παροξυσμῷ μεγάλῳ σφόδρα*로 번역했다.
3) 칠십인 경은 "지금과 같이" *ὡσεὶ νῦν*이다. 하지만 아퀼라와 테오도치온은 히브리어 같이 번역한다.

"그리고"는 '그러므로'로 아도나이의 진노의 결과를 설명한다. "그들을 그들의 땅위에서부터"는 '이스라엘을 그들의 땅(가나안)에서부터'이다. "뿌리뽑으셨다"는 칠십인 경과 같이 가나안 땅에서 추방한 것을 의미한다. "진노로 그리고 분노로 그리고 큰 화로"는 "아도나이의 진노"(27절)가 얼마나 강렬했는지를 세 개의 유사 동의어로 잘 보여준다.

아도나이의 진노와 분노의 결과는 이스라엘의 추방과 포로이다. "그가 그들을 다른 땅에 보내셨다"는 이스라엘이 다른 나라 즉 이방인의 땅으로 쫓겨났음을 보여준다. 구약은 이스라엘의 역사가 암울하게 끝났음을 증거한다. 솔로몬왕 이후에 나라가 분열되었다. 이스라엘은 앗수르에 그리고 유다는 바벨론에 망하여 포로로 잡혀갔다. 신명기의 예고대로 이스라엘은 가나안 땅에서 쫓겨나 다른 나라로 쫓겨났다.

"이 날과 같이"가 언제를 말하는지 명확하지 않다. 하지만 이스라엘이 포로로 잡혀 있는 상태를 설명한다. 모세는 이스라엘의 추방과 포로를 기정사실로 하고 있다. 신명기 27-28장에서 저주를 그렇게 강조하더니 여기서는 이스라엘이 포로로 잡혀갈 것을 확실하게 하고 있다. 모세의 이러한 확신은 신명기 32장에서 더 확고하다(신명기 4장 26-28절도 참고하라). 모세가 이렇게 이스라엘이 포로로 잡혀갈 것을 예언하고 있는 것은 하나님의 예언의 말씀과(신 31:20) 더불어 그의 경험적 사실에서 근거하고 있다. 모세가 살아 있을 때에도 이스라엘은 하나님께 반역했다. 그런데 모세가 죽고 난 후에는 더 반역할 것이라고 말한다. 모세는 이스라엘 미래를 부정적으로 예고한다(신 31:27).

29 그 숨겨진 것들은 우리 하나님 아도나이께,[1)]
그러나 그 드러난 것들은 우리에게 그리고 우리의 아들들에게, 영원히,[2)]
이 율법의 모든 말씀들을 행하기 위하여.[3)]

**본문 비교**

1) 히브리어는 전치사 '~에게,' '~위하여' ל인 데 반하여 아람어 성경들(옹켈로스, 네오피티, 프쉬도 요나단)은 '~앞에' קדם이다. 탈굼 네오피티는 "숨겨진 것들은, 그것들은 우리 하나님 주님 앞에 드러났다" טמירתה גליין אינון קדם ייי אלהן이다. 탈굼 프쉬도 요나단

은 여기서 한 걸음 나아가 더 자세하게 "숨겨진 것들은 우리 하나님 주님 앞에 드러났고 그가 그것들 때문에 복수하신다" **טמירתא גליין קדם ה' אלהנא והוא יפרע מנהון**로 설명한다.

2) 탈굼 프쉬도 요나단은 "드러난 것들은 우리에게 그리고 우리의 아들들에게 전달되었다, 영원히, 그것들로 심판(정의)을 행하기 위하여"로 설명한다.

**גלייתא יתמסרן לנא ולבננא עד עלמא למעבד להון דינא מטול**.

3) 마소라 사본은 여기에 세투마 **ס** 를 두어 단락을 나누고 있다.

동사가 없는 문장이다. 여기에 동사를 넣어 주면 "그 숨겨진 것들은 우리 하나님 아도나이께 있다(혹은 속했다, Waltke-O, 135). 그러나 그 드러난 것들은 우리에게 그리고 우리의 아들들에게 있다(혹은 속했다) 영원히"이다. "그 숨겨진 것들"과 "그 드러난 것들"이 서로 대조를 이루며 구체적으로 무엇을 의미하는지 명확하지 않다. 하지만 이 둘의 목적은 분명하다. "이 율법의 모든 말씀들을 행하기 위하여"로 '우리가 이 율법의 모든 말씀들을 행하게 하기 위하여'이다.

"그 숨겨진 것들"은 '그 감추어진 것들'이다. 이것이 무엇을 의미하는지 명확하지 않다. 탈굼 프쉬도 요나단은 죄로 설명한다(본문 비교 1)과 2)를 참고). 나크마니데스는 숨겨진 것들을 무의식적인 행위들로, 아직 처벌받지 않은 알지 못하고 지은 죄들로 설명한다. 하지만 라시는 숨겨진 것 즉 은밀하게 지은 우상 숭배의 죄는 하나님 앞에 드러난다고 해석한다(Israel Drazin, *Targum Onkelos To Deuteronomy*, 257). 티가이는 탈굼 프쉬도 요나단의 해석을 받아들여서 "숨겨진 죄들"로 이해한다(Tigay, 283). 이와 유사한 해석은 유대인 성경이다. "숨겨진 행위들은 우리의 하나님 주님과 관련이 있다. 그러나 공공연한 행위들로, 이것은 우리와 우리의 자녀들에게 있다, 영원히, 이 교훈의 모든 규정들을 적용하기 위하여." Concealed acts concern the LORD our God; but with overt acts, it is for us and our children ever to apply all the provisions of this Teaching." (TNK).

"그 숨겨진 것들"은 문맥상 우상 숭배를 의미하는 것 같다. 그 근거로 첫째, 29장은 모압 언약을 체결하고나서 혹시 있을 수 있는 언약을 깨뜨리는 사람에 대해서 말하기 때문이다. 언약의 저주를 다 듣고도 자신에게는 이런 저주가 일어나지 않을 것이라고 확신하는 사람이 있을 수 있다. 자신은 언약을 어겨도 안전할 것이라고, 스스로에게 평안을 말하며 은밀하게 우상숭배의 죄를 짓는 사람이다. 이런 사람에게 하나님은 언약의 저주가 이루어지게 하신다(29:19-21). 둘째, "그 숨겨진 것들" **הנסתרות**은 동사 **סתר**의 니팔 분사인데, 이 단어는 신명기 13장 6절의 "은밀히"와 관련이 있다. 가족 식구나 친한 친구가 다른 신을 섬기자고 "은밀히" 유혹한다. 여기서 "은밀히" **בסתר**는 명사이다. 하나님은 이런 자를 심판하라고 명령하신다(신 13:7-10). 이 단어는 또한 다른 본문 신명기 27장 15절과 관련이 있다. 에발산에서 선포한 저주 가운데 "은밀히" 우상을 만들어 세우는 자는 저주를 받는다. 여기서 "은밀히" **בסתר**는 명사이다. 이 두 본문은 다 숨겨진 죄를 말하며 하나님께서 이들에게 저주를 내리실 것을 명확하게 한다(참고 Labuschagne, III, 134). 그러므로 "그 숨겨진 것들"은 은밀하게 짓는 우상 숭배 죄를 의미한다.

그렇지만 이것은 또한 이스라엘의 미래와 관련이 있다. 왜냐하면 이렇게 은밀하게 죄를 짓는 사람들을 심판하실 뿐만 아니라 다른 신을 섬기는 이스라엘도 심판하실 것을 말씀하시기 때문이다. 하나님께서 다른 신을 섬기며 언약을 파기한 이스라엘에게 저주를 임하게 하실 것이다. 그리하여 미래에 일어나는 후 세대와 이스라엘의 주변 국가들이 질문할 것이다. 왜 이 땅이 이렇게 황폐화되었는가? 왜 하나님께서 이스라엘에게 이렇게 진노하셨는가? 이런 질문에 사람들은 이스라엘이 출애굽의 하나님과 맺은 언약을 버리고 다른 신을 섬겼기 때문이라고 답변할 것이다. 그래서 하나님께서 언약의 저주가 임하게 하신 것이라고 말할 것이다(신 29:22-28). 그러므로 "그 숨겨진 것들"은 이스라엘의 미래와 관련이 있다. 가나안 땅 안에서의 이스라엘의 미래가 아직 펼쳐지지 않았지만, 문맥상 지금 모세가 요단강을 건너 가나안 땅을 점령하려고 하는 출애굽 후세대에게 신명기를 말하고 있다. 이래서 "그 숨겨진 것들은 우리 하나님 아도나이께" 있다고 말하는 것이다. 이런 점에서 "그 숨겨진 것들"에는 이스라엘의 미래를 적용시킬 수 있다(참고 Craigie, 361; Keil-Delitzsch, 451; Thompson, 284). 즉 "그 숨겨진 것들"은 아직 드러나지 않은 비밀로 하나님께 속해 있고 "드러난 것들"은 이미 계시되어진 것들로 우리와 우리 자녀들에게 속해 있다는 의미이다.

"그 드러난 것들"은 다음에 나오는 "이 율법의 모든 말씀들"에 의해서 해석할 수 있다. 하나님은 하나님의 뜻과 의지를 율법의 말씀들을 통하여 주셨기 때문이다. 하나님은 이스라엘이 가나안 땅에서 율법에 순종하며 언약 안에 머물러 있으면 복을 주실 것이다. 자손들이 번성하며 모든 나라들보다 뛰어날 것이다. 그러나 이스라엘이 가나안 땅에서 언약 안에 머물러 있지 않고 율법에 불순종하여 다른 신을 섬기면 저주를 받을 것이다. 이스라엘은 전쟁에 져서 가나안 땅에서 쫓겨날 것이며 다른 나라에 포로로 잡혀갈 것이다. 하나님은 이러한 사실을, 자신의 의지와 뜻을 언약의 복과 저주(신 27-28장)를 통하여 명확하게 계시하셨다. 이래서 "그 드러난 것들은 우리에게 그리고 우리의 아들들에게, 영원히" 있을 것이다.

"이 율법의 모든 말씀들을 행하기 위하여"는 하나님께서 율법의 말씀들을 주신 목적을 설명한다. 말씀을 행하도록 주신 것이다. 이스라엘의 미래는 아직 열려 있다. 그들은 지금 요단을 건너 가나안 땅에 들어가려고 한다. 가나안 땅에서 율법에 "드러난" 즉 계시된 하나님의 뜻과 의지를 잘 행할 때, 그들은 가나안 땅에서 번성하며 복을 받을 것이다. 말씀은 어떤 이상이나 철학 또는 윤리를 논하는 것이 아니라 실천할 때 의미가 있다.

## 참고 문헌


Balentine, S. E. "A Description of the Semantic Field of Hebrew Words for Hide," *VT* 30 (1980), 137-53.

Baltzer, K. *The Covenant Formulary*, Philadelpia, 1971, 34-38.

Becker, J. P. "Wurzel und Wurzelspross," *BZ* 20 (1976), 22-44.

Begg, C. T. "Bread, Wine and Strong Drink in Deut 29:5a," *Bijdragen* 41 (1980), 266-75.

-----------, "The Reading sbty(km) in Deut 29,9 and 2 Sam 7,7," *ETL* 58 (1982), 87-105.

Berg, W. "Die Eifersucht Gottes – Ein problematischwer Zug des alttestamentlichen Gottesbildes?" *BZ* 23 (1979), 197-211.

Blenkinsopp, J. "Are There Traces of the Gibeonite Covenant in Deuteronomy?" *CBQ* 28 (1966), 207-19.

Braulik, G. P. "The Destruction of the Nations and the Promise of return: Hermeneutical observations on the Book of Deuteronomy," *VeE* 25 (2004), 46-67.

Cholewinski, A. "Zur theologischen Deutung des Moabbundes," *Bib* 66 (1985), 96-111.

Corcoran, J. "The Alien in Deuteronomy 29 and Today," *Interpreting Deuteronomy*, Downers Grove, 2012, 229-239.

Daube, D. "The Culture of Deuteronomy," *Orita* 3 (1969), 51.

Davies, G. I. "The Wilderness Itineraries and the Composition of the Pentateuch," *VT* 33 (1983), 1-13.

Deatrick, E. P. "Salt, Soil, Savior," *BA* 25 (1962), 45.

Fensham, F. C. "Salt as Curse in the Old Testamen and the Ancient Near East," *BA* 25 (1962), 48-50.

Greenberg, M. "Mankind, Israel and the Nations in the Hebraic Heritage," in *No Man Is Alien: Essays on the Unity of Mankind*, Leiden, 1971, 15-40.

Greenfield, J. C. "A Hapax Legomenon: mimsak harul," in *Studies in*

*Judaica, Karaitica and Islamica Presented to Leon Nemoy*, Ramat Gan, 1982, 79-82.

Haag, H. "Offenbaren in der hebräischen Bibel," in *Das Buch des Bundes: Aufsätze zur Bibel und ihrer Welt*, Düsseldorf, 1980, 73-78.

Halbe, J. "Gibeon und Israel," *VT* 25 (1975), 613-41.

Halpern, B. "Gibeon: Israelite Diplomacy in the Conquest Era," *CBQ* 37 (1975), 303-16.

Haraguchi, T. "A Rhetorical Analysis of Deuteronomy 29-30," *AJT* 15 (2001), 24-37.

Hasel, G. F. "The Meaning of the Animal Rite in Genesis 15," *JSOT* 19 (1981), 61-78

Henninger, J. "Was bedeutet die rituelle Teilung eines Tieres in zwei Hälften?" in *Arabica Sacra: Aufsätze zur Religionsgeschichte Arabiens und seiner Randgebiete, OBO 40 Freiburg*, Göttingen, 1981, 275-85.

Heskett, R. "Deuteronomy 29-34 and the Formation of the Torah," in *The Bible as a Human Witness*, London, 2010, 32-50.

Jervell, J. "Die offenbarte und die verborgene Tora: Zur Vorstellung über die neue Tora im Rabbinismus," *ST* 25 (1971), 90-108.

Kearney, P. J. "The Role of the Gibeonites in the Deuteronomic History," *CBQ* 35 (1973), 1-19.

Kutsch, E. *Verheissung und Gesetz: Untersuchungen zum sogenannten "Bund" im Alten Testment*, Berlin, 1973, 140-41.

Laubscher, F. D. T. "Notes on the Literary Structure of IQS 2:11-18 and Its Biblical Parallel in Deut. 29," *JNSL* 8 (1980), 49-55.

Levenson, J. D. "Who Inserted the Book of the Torah?" *HTR* 68 (1975), 208.

Lohfink, N. "Der Bundesschluss im Land Moab: Redaktionsgeschichtliches zu Dtn. 28:69-32:47," in *Studien zum Deuteronomium und zur deuteronomistischen Literatur* I, Stuttgart, 1990, 53-82.

Long, B. O. "Two Question and Answer Schemata in the Prophets,"

*JBL* 90 (1971), 129-39.
Mayes, A. D. H. "Deuteronomy 29, Joshua 9, and the Place of the Gibeonites in Israel," in *Das Deuteronomium*, Leuven, 1985, 321-325.
McCarthy, D. J. "Three Covenants in Genesis," CBQ 26 (1964), 179-189.
--------------, "*Berit* in Old Testament History and Theology," *Bib* 53 (1972), 110-21.
McKane, W. "Poison, Trial by Ordeal and the Cup of Wrath," *VT* 30 (1980), 474-92.
Paul, S. "Euphemism and Dysphemism," *EncJud* 6:959-61.
Pope, M. "Bible, Euphemism and Dyspemism," *ABD* 1:720-25.
Reviv, H. "The Pattern of the Pan-Tribal Assembly in the Old Testament," *JNSL* 8 (1980), 85-94.
Ridley, R. T. "To Be Taken with a Pinch of Salt: The Destruction of Cathage," *CP* 81 (1986), 140-46.
Rogensburg, H. G. "Glaube und Bund-Theologische Bemerkungen zu Genesis 15," in *Studien zum Pentateuch*, Wien, 1977, 25-35
Rösel, H. "Die Richter Israels: Rückblick und neuer Ansatz," *BZ* 25 (1981), 180-203.
Thiel, W. "Altorientalische und israelitisch-jüdische Religion," *JLH* 28 (1984), 166-91.
Trever, J. C. "Gall," *IDB* 2:350.
-----------, "Wormwood," *IDB* 4:878-79.
Tzoref, S. "The Hidden and the Revealed: Esotericism, Election and Culpability in Qumran and Related Literature," in *The Dead Sea Scrolls at 60*, Paris, 2011, 299-324.
Wenham, G. J. "The Symbolism of the Animal Rite in Genesis 15: A Response to G. F. Hasel, *JSOT* 19 (1981) 61-78," JSOT 22 (1982), 134-137.
Zenger, E. "Funktion und Sinn der ältesten Herausführungsformel," *ZDMG* Sup 1 (1969), 334-42.

Zeitlin, S. "Some Reflections on the Text of the Pentateuch," *JQR* 51 (1960-61), 321-31.

# DEUTERO NOMY 신명기 30장

A New Translation with
Introduction
and Commentary

**DEUTERONOMY**

# D E U T E R O N O M Y

# 신명기 30장

Deuteronomy 30

**내용/구조**

이 장은 29장의 연속이다. 라부샤흐네가 29장 29절이 29장과 30장을 연결하는 다리 역할을 해준다고 말했듯이(Labuschagne, III, 132) 30장 1-10절은 29장 18-28절과 자연스럽게 연결된다. 이스라엘은 포로로 잡혀간 곳에서 아도나이의 말씀을 기억하고 아도나이께 돌아온다. 그때 아도나이께서 이스라엘을 다시 회복시키셔서 돌아오게 하신다. 이스라엘이 다시 하나님께 돌아와서 하나님의 말씀에 순종하기 때문에 하나님께서 그들에게 복을 내리실 것이다(1-10).

회개하고 돌아온 이스라엘은 하나님의 말씀에 순종해야 한다. 그들이 지켜야 할 말씀은 멀리 있는 것이 아니다. 하늘에 있지도 않고 바다 건너편에 있는 것도 아니다. 말씀이 아주 가까이 이스라엘의 마음과 입에 있다(11-14).

모세는 이스라엘의 미래를 조망한 후에 다시 한 번 출애굽 후세대에게 도전한다. 모세는 그들 앞에 복과 저주 그리고 생명과 사망을 두었다. 모세는 이스라엘에게 살기 위해서 생명을 선택하라고 당부하고 있다. 그들이 아도나이를 잘 섬길 때 복을 받을 것이다. 하지만 다른 신을 따라가면 저주를 받을 것이다(15-20).

이 장은 다음과 같이 구조를 나눌 수 있다.

1. 회개와 회복(1-10)
2. 가까이 있는 말씀(11-14)
3. 생명을 선택하라(15-20)

### 신명기 29-30장과 신명기 4장

신명기 29장과 30장은 신명기 4장과 같이 이스라엘의 역사를 개괄적으로 예고한다. 29장에서 모압 언약을 맹세로 맺었다. 그러나 모압 언약을 지키지 않는 사람들이 있을 수 있다. 모세는 사람들이 모압 언약을 지키지 않을 경우, 그들에게 닥칠 재앙을 설명했다. 이 율법에 기록된 언약의 저주가 임할 것이다(29:18-21). 그 결과 나라는 망하여 황폐화되고 이스라엘은 그 땅에서 쫓겨날 것이다(29:22-29). 하지만 그들은 그 쫓겨간 곳에서 회개하고 고토로 돌아올 것이다. 하나님은 그들에게 언약의 복을 임하게 하시며 그들을 번성하게 하실 것이다(30:1-10). 이러한 내용은 신명기 4장에 나타난 것과 유사하다. 신명기 4장에서도 이스라엘이 가나안 땅에 들어가서 우상을 섬길 때, 나라가 망하고 가나안 땅에서 쫓겨나 포로로 잡혀갈 것이 예고되어 있다(4:25-28). 이스라엘은 포로지에서 회개할 것이며 하나님께 돌아올 것이다(4:29-31). 신명기 4장에서는 이스라엘이 포로지에서 회개할 것과 하나님께 돌아올 것을 말하고 있는 반면에 신명기 30장에서는 이스라엘이 가나안 땅으로 다시 돌아올 것을 더 명확하게 말하며 하나님이 가나안 땅에서 이스라엘을 다시 번성하게 하시며 복을 주실 것을 자세하게 언급한다. 신명기 30장은 신명기 4장의 내용보다 더 구체적이다. 라부샤흐네가 신명기 4장과 30장을 대조하여 "B 여는 예언적 설교(4장)"와 "B 닫는 예언적 설교(30장)"로 말한 이유가 여기에 있다(신명기 1권, 26 페이지를 보라).

## 1. 회개와 회복(1–10)

이스라엘이 다른 나라로 포로로 잡혀 가서 그곳에서 언약의 저주가 임한 것을 생각할 것이다. 그때 그들이 회개하고 아도나이께 돌아올 것이다. 이 단락에서 주요 단어는 동사 '돌아오다'이다(6 회. 2, 3(2x), 8, 9, 10). 이스라엘이 회개할 때, 아도나이께서 그들을 가나안 땅으로 돌아오게 하시며 언약의 복이 임하게 하실 것이다. 그들의 숫자는 많아지며 하는 일들이 다 잘 될 것이다.

**번역**

1 그리고 이것이 일어날 것이다, 이 모든 말씀들이 너에게 임할 때,
내가 너 앞에 둔 복과 저주,
그리고 네가 너의 마음에 돌아올 것이다,
너의 하나님 아도나이께서 거기로 너를 쫓아낸 그 모든 민족들 가운데서.
2 그리고 네가 너의 하나님 아도나이께로 돌아올 것이다,
그리고 네가 그의 목소리를 들을 것이다, 내가 오늘 너에게 명령한 모든 것을 따라,
너와 너의 아들들이, 너의 온 마음으로 그리고 너의 온 영혼으로.
3 그리고 너의 하나님 아도나이께서 너의 포로를 돌아오게 하실 것이고 너를 불쌍히 여길 것이다,
그리고 그가 돌아올 것이며 그가 너를 그 모든 민족들로부터 모을 것이다,
너의 하나님 아도나이께서 너를 흩으신 그곳에서.
4 만일 너의 쫓겨간 자가 하늘 끝에 있다면
그 곳으로부터 너의 하나님 아도나이께서 너를 모으실 것이다,
그리고 그 곳으로부터 그가 너를 취할 것이다.
5 그리고 너의 하나님 아도나이께서 너를 데려올 것이다,
너의 조상들이 점령했던 그 땅에, 그리고 너는 그것을 점령할 것이다,

그리고 그가 너에게 좋게 할 것이고 그가 너를 너의 조상들보다 많게 할 것이다.
6 그리고 너의 하나님 아도나이께서 너의 마음과 너의 후손의 마음에 할례를 행할 것이다,
너의 하나님 아도나이를 사랑하기 위하여,
너의 온 마음으로 그리고 너의 온 영혼으로, 너의 생명을 위하여.
7 그리고 너의 하나님 아도나이께서 이 모든 맹세들을 주실 것이다,
너의 적들 위에 그리고 그들이 너를 추격하여 너를 미워하던 자들 위에.
8 그리고 너, 너는 돌아올 것이고 너는 아도나이의 음성을 들을 것이다,
그리고 너는 내가 오늘 너에게 명령하는 그의 모든 명령들을 행할 것이다.
9 그리고 너의 하나님 아도나이께서 좋은 것으로 너에게 많게 할 것이다,
너의 손의 일의 모든 것을, 너의 태의 열매와 너의 짐승의 열매와 너의 땅의 열매를,
왜냐하면 아도나이께서 너에게 기쁨으로 좋게 돌아오실 것이기 때문이다,
그가 너의 조상들을 기뻐하셨던 것과 같이.
10 왜냐하면 네가 너의 하나님 아도나이의 음성을 들을 것이기 때문이다,
이 율법 책 안에 기록된 그의 법규들과 그의 명령들을 지키기 위하여,
네가 너의 하나님 아도나이께 돌아왔을 때,
온 너의 마음으로 그리고 온 너의 영혼으로.

## 주해

1 그리고 이것이 일어날 것이다, 이 모든 말씀들이 너에게 임할 때,
내가 너 앞에 둔 복과 저주,
그리고 네가 너의 마음에 돌아올 것이다,
너의 하나님[1] 아도나이께서 거기로 너를 쫓아낸[2] 그 모든 민족들 가운데서.

## 본문 비교

1) 칠십인 경과 탈굼 프쉬도 요나단은 "너의 하나님"을 생략한다.

2) 마소라 사본은 히필 완료 הדיחך인 데 반하여 사마리아 오경은 히필 미완료 ידיחך이다.

이 구절은 29장 22-29절의 연속이다. "이것이 일어날 것이다"는 '이것이 발생할 것이다'로 "그리고 네가 너의 마음에 돌아올 것이다"을 말한다. "이 모든 말씀이 임할 때"는 '이 토라의 모든 말씀들'(신 29:29)이 '올 때,' '생길 때,' '닥칠 때'로 말씀들이 성취될 때를 의미한다. 여기서 접속사 "~때"(כי)는 1~2절의 동사들 "돌아올 것이다"(1), "돌아올 것이다"와 "들을 것이다"(2)를 지배하여 '돌아와서 들을 때'하고 조건절을 형성한다.

"이 모든 말씀들"은 특별히 신명기 27-28장에 있는 "복과 저주"를 뜻한다. 여기서 말씀이 임하는 것은 저주가 들이닥친 것을 말하는 것이다. 그런데 이 "복과 저주"는 "내가 너 앞에 둔," 즉 '하나님이 이스라엘 앞에 주신' 것이다. 하나님이 이스라엘에게 저주가 임하게 하신 것이다.

"네가 너의 마음에 돌아올 것이다." "돌아올 것이다"는 히필(사역 능동) 형으로 '돌아오게 할 것이다'로 앞에 나오는 접속사 "~때"에 걸려서 '돌아올 때'이다. 그런데 여기서 무엇을 돌아오게 하는지가 명확하지 않다. 아마도 '네가 복과 저주를 너의 마음에 돌아오게 할 때'인 것 같다. 복과 저주를 기억나게 하는 것이다. 이렇게 해석하는 이유는 다음 구절, "너의 하나님 아도나이께서 거기로 너를 쫓아낸 그 모든 민족들 가운데서," 때문이다. 아도나이께서 이스라엘을 다른 나라로 추방해 버리신 것은 저주의 성취이기 때문이다(신 28:36-37, 63-68). 여기서 이스라엘을 쫓아내신 분이 아도나이라는 사실에 주목해야 한다. 이스라엘에게 가나안 땅을 주신 분도 이스라엘을 가나안 땅에서 쫓아내시는 분도 아도나이이다. 아도나이께서 주권을 가지고 계시며 이스라엘의 역사를 주관하신다. 이스라엘은 이런 아도나이께 불순종함으로, 언약을 지키지 아니함으로 가나안 땅에서 쫓겨난 것이다.

언약의 저주가 성취되어 이스라엘은 가나안 땅에서 쫓겨난다. 이스라엘은 다른 나라에서 말씀이 생각나는 것이다. 즉 언약의 저주가 성취되었다는 것을 기억한다. 이래서 개역 개정은 이 구절을 "내가 네게 진술한 모든 복과 저주가 네게 임하므로 네가 네 하나님 여호와로부터 쫓겨간 모든 나라 가운데서 이 일이 마음에서 기억이 나거든" 하고 의역했다.

2 그리고 네가 너의 하나님 아도나이께로[1] 돌아올 것이다,
그리고 네가 그의 목소리를[2] 들을 것이다,[3] 내가 오늘 너에게 명령한 모든 것을 따라,
너와 너의 아들들이,[4] 너의 온 마음으로 그리고 너의 온 영혼으로.

**본문 비교**

1) 탈굼 옹켈로스는 "너의 하나님 주님의 두려움에" **לדחלתא דיי אלהך**이고 탈굼 네오피티는 "너희의 하나님 주님의 율법의 가르침에" **[ל]אולפן אורייתה דייי אלהכון**이다.
2) 탈굼 옹켈로스는 "그의 말씀을" **למימריה**이고 탈굼 네오피티는 "그의 말씀의 목소리를" **בקל מימריה**이다.
3) 탈굼 옹켈로스는 "네가 받아들일 것이다" **תקביל**로 번역한다.
4) 칠십인 경은 "너와 너의 아들들"을 생략한다. 오리겐의 헥사플라는 별표로 이것을 넣어줄 것을 제안한다.

이 구절은 1절과 같이 조건절을 구성한다. 두 개의 동사 "돌아올 것이다"와 "들을 것이다"가 1절의 접속사 "~때"에 걸려서 '돌아와서 들을 때'의 의미이다. 1-2절을 다시 정리해 보면 "그리고 이것이 일어날 것이다, 이 모든 말씀들이, 내가 너 앞에 둔 복과 저주, 너에게 임하고 너의 하나님 아도나이께서 거기로 너를 쫓아낸 그 모든 민족들 가운데서 네가 너의 마음에 돌아오고 네가 너의 하나님 아도나이께로 돌아오고 너와 너의

아들들이 너의 온 마음으로 그리고 너의 온 영혼으로 내가 오늘 너에게 명령한 모든 것을 따라 네가 그의 목소리를 들을 때"이다.

동사 "돌아오다"가 계속 나오는 것에 주목해야 한다. 이 동사는 구약에서 회개를 설명하는 단어이기 때문이다. 1절의 '돌아오다'는 말씀들 즉 복과 저주가 돌아오는 것으로 생각나는 것, 기억나는 것을 의미한다. 하나님의 저주의 말씀이 성취되었다는 현실을 인식하는 것으로 자신의 상황을 깨닫는 것이다. 마음으로 회개가 시작되는 때로 하나님의 말씀이 살아 있다는 것을 느끼는 것이다.

2절의 동사 '돌아오다'는 이제 마음으로 깨달은 그 사람이 구체적으로 행동하는 것을 가리킨다. "너의 하나님 아도나이께로" 돌아오는 것이다. 우상으로 향하던 사람들이 이제 그들의 구원자인 아도나이께 돌아오는 것이다. 180도 방향 전환이 있다. 이스라엘은 시내산에서 맺은 언약을 버리고 다른 신을 섬겼다. 그 결과로 언약의 저주가 임한 것이다(신 29:25-28). 이제 그 사실을 깨닫고 아도나이께 돌아와서 아도나이의 음성을 듣기 원한다. "네가 그의 목소리를 들을 것이다"는 아도나이의 음성에 순종하는 것을 의미한다. 아도나이의 목소리에 대한 순종은 "내가 오늘 너에게 명령한 모든 것을 따라" 이루어진다. 모세가 이스라엘에게 명령한 것이다. 특별히 "오늘"이라는 단어에 주목하라. 모세는 이스라엘 출애굽 후세대에게 오늘 선포하는 율법에 이스라엘의 미래가 숨겨 있다는 것을 말한다. 오늘 선포되는 율법에 순종하면 복이 임하지만 오늘 선포되는 율법에 불순종하면 저주가 임할 것이기 때문이다(신명기 1권, 63-67을 참고하라).

이스라엘이 아도나이께 돌아와서 그의 음성을 들을 때, "온 마음으로 그리고 온 영혼으로" 순종해야 한다. "온"은 '모든'으로 이스라엘이 전심으로 율법에 복종해야 할 것을 뜻한다. 하나님은 100%의 순종을 원하신다.

3 그리고 너의 하나님 아도나이는 너의 포로를 돌아오게 하실 것이고[1] 너를 불쌍히 여길 것이다,
그리고 그가 돌아올 것이며 그가 너를 그 모든 민족들로부터 모을 것이다,
너의 하나님[2] 아도나이께서 너를 흩으신 그곳에서.

**본문 비교**

1) 칠십인 경은 "주께서 너의 죄들을 고치실 것이다" *ἰάσεται κύριος τὰς ἁμαρτίας σου*이다. 오리겐의 헥사플라는 이 차이점을 지적한다. 아퀼라는 "너의 하나님 주님이 너의 회개를 돌아오게 할 것이다" *ἐπιστρέψει κύριος ὁ θεός σου τὴν ἐπιστροφήν σου*이며 심마쿠스는 "너의 하나님 주님이 너에게 너의 포로를 돌아오게 할 것이다" *ἐπιστρέψει σοι κύριος ὁ θεός σου τὴν αἰχμαλωσίαν σου*이며 테오도치온은 심마쿠스와 비슷하게 "너의 하나님 주님이 너의 포로를 돌아오게 하실 것이다" *ἐπιστρέψει κύριος ὁ θεός σου τὴν αἰχμαλωσίαν σου*이다. 벌게이트와 시리아 역도 포로에서 돌아올 것으로 해석한다. 탈굼 네오피티는 "너희의 하나님 주님의 말씀은 너희의 회개를 받을 것이다" **יקבל מימרה דייי אלהכון ית תותבתכון**이다. 탈굼 프쉬도 요나단도 이와 비슷하게 "그의 말씀이 기쁨으로 너희의 회개를 받을 것이다" **יקבל מימריה ברעוא ית תיובתכון**로 번역한다.
2) 칠십인 경과 탈굼 프쉬도 요나단은 "너의 하나님"을 생략한다.

"그리고"는 '그러면'으로 결과절을 인도한다. 이스라엘이 회개하고 아도나이께 돌아올 때(2) 하나님이 취하실 행동, 포로에서의 회복을 말한다. "너의 하나님 아도나이는 너의 포로를 돌아오게 하실 것이고." 여기서도 동사 "돌아오다"가 사용되었다. 1절에서는 복과 저주가 돌아오는 것 즉 언약의 저주가 성취되었다는 것을 기억하는 것을 말했다. 2절

에서는 이 저주를 깨닫고 하나님께로 돌아오는 것을 말한다. 우상을 섬기던 것을 회개하고 하나님께 돌아와서 그의 음성을 듣기 원한다. 이런 이스라엘의 행동에 대하여 하나님께서 응답하신다. 이스라엘이 포로로 잡혀간 그곳에서 돌아오게 하신다(3). 해방과 회복의 은혜를 주신다.

아도나이의 행동은 계속 이어진다. "너를 불쌍히 여길 것이다"는 '너를 긍휼히 여길 것이다'로 아도나이께서 이스라엘에게 자비를 베푸시는 것이다. 아도나이의 자비는 더 구체적으로 "그가 돌아올 것이며"로 나타난다. 아도나이께서 이스라엘에게 돌아오시는 것이다. 그 결과 아도나이께서 역사 속에서 행동하셔서 흩어진 이스라엘을 모으신다. "그가 너를 그 모든 민족들로부터 모을 것이다." 각 나라로 쫓겨간 이스라엘을 다시 고토로 모으시는 것이다. "그 모든 민족들로부터"는 다시 "너의 하나님 아도나이께서 너를 흩으신 그곳에서"로 설명하고 있다.

포로로 잡혀간 이스라엘의 남은 자들이 다시 돌아올 것을 예고한다(참고 신 4:30). 신명기의 특이한 점이 여기에 있다. 모세는 이스라엘이 가나안 땅에 들어가서 어떻게 행동할 것인지를 말한다. 그들은 우상을 숭배할 것이며 그 땅에서 쫓겨나갈 것이다. 그 후에 그들은 포로지에서 회개하고 돌아올 것이다. 다시 가나안 땅으로 귀환할 것을 예언한다. 모세의 이런 예언은 이스라엘의 실제 역사에서 이루어진다. 이스라엘과 유다는 앗수르와 바벨론에 의해 망한 후에 다 흩어졌고 유대인이 바벨론의 포로로 잡혀갔다. 그 후에 페르시아의 고레스 왕이 유다 예루살렘에 성전을 건축하라는 명령을 내렸다(스 1:1-3). 이 명령에 따라 유대인들은 스룹바벨의 인도 하에 다시 가나안 땅으로 올라왔다.

4 만일 너의 쫓겨간 자가 하늘 끝에[1] 있다면
그 곳으로부터 너의 하나님 아도나이께서 너를[2] 모으실 것이다,
그리고 그 곳으로부터 그가[3] 너를[4] 취할 것이다.

**본문 비교**

1) 칠십인 경은 "하늘 끝에서 하늘 끝까지" ἀπ' ἄκρου τοῦ οὐρανοῦ ἕως ἄκρου τοῦ οὐρανοῦ로 번역한다.
2) 탈굼 프쉬도 요나단은 "대제사장 엘리야의 중재를 통하여"를 덧붙이며 본문과 상관이 없는 해석을 한다.
3) 랄프(Rahlfs) 편집의 칠십인 경은 "너의 하나님 주님" κύριος ὁ θεός σου이다.
4) 탈굼 프쉬도 요나단은 "왕 메시아의 중재를 통하여"를 덧붙이며 주해하지만 본문은 그것을 말하지 않는다.

하나님의 구체적인 행동을 묘사한다. 이스라엘이 저주를 받아 모든 민족들 가운데 흩어져 있어도 하나님이 그들을 모으실 것이다. 만일 그들이 하늘 끝에 있다해도 하나님께서 "너를 모으실 것이다." 여기서 "너"는 흩어진 이스라엘을 의미한다. '모으다'라는 동사가 3절과 4절에 연이어 나온다. 하나님께서 이스라엘을 다시 회복시키실 것을 뜻한다(참고 겔 34:11-16). "그 곳으로부터"는 문자적으로 "하늘 끝에"를 의미하지만 이것은 3절의 "그 모든 민족들로부터"를 말한다. 하나님께서 포로로 잡혀간 곳으로부터 이스라엘을 다시 돌아오게 하실 것이다. 이것은 다시 "그 곳으로부터 그가 너를 취할 것이다"로 표현되었다. 하나님께서 이스라엘을 회복시킬 것을 예고한다. 바벨론 포로지에서 고토 가나안 땅으로 돌아올 것이다.

5 그리고 너의 하나님 아도나이께서 너를 데려올 것이다,
너의 조상들이 점령했던 그 땅에, 그리고 너는 그것을 점령할 것이다,
그리고 그가 너에게 좋게 할 것이고[1] 그가 너를 너의 조상들보다 많게 할 것이다.

**본문 비교**

1) 사마리아 오경은 "그가 너에게 좋게 할 것이다"를 생략한다.

포로에서의 귀환을 더 명확하게 한다. 아도나이께서 흩어진 이스라엘을 모으는 목적은 "너의 하나님 아도나이께서 너의 조상들이 점령했던 그 땅에 너를 데려올 것이다."로 드러난다. "너의 조상들이 점령했던 그 땅에"는 가나안 땅을 의미한다. "너를 데려올 것이다"는 '너를 인도할 것이다'로 가나안 땅으로 돌아올 것을 말한다. 돌아오는 목적은 "너는 그것을 점령할 것이다."가 잘 보여준다. 이스라엘은 포로지에서 돌아와서 그들의 조상들이 했던 행동을 반복한다. "너의 조상들이 점령했던 그 땅에"와 "너는 그것을 점령할 것이다"는 서로 대조를 이루면서 포로 귀환 공동체가 해야 할 일을 말한다.

아도나이께서 행할 일들이 계속 사역 능동형(히필)의 세 개의 동사들로 나타난다. "데려올 것이다," "좋게 할 것이다" 그리고 "많게 할 것이다"이다. "그가 너에게 좋게 할 것이다"는 하나님이 포로 귀환 공동체에게 베푸실 선을 의미한다. 하나님이 그들에게 복을 주셔서 번영하게 하실 것이다. "많게 할 것이다"는 숫자적으로 많아지는 것으로 번성할 것을 말한다. 적은 숫자가 포로에서 돌아오지만 하나님께 그들의 숫자를 많게 하시는 데, 그들의 조상들보다 더 번성하게 하실 것이다.

위에서 말한 세 개의 히필 동사의 주어에 주목해야 한다. "너의 하나님 아도나이"와 "그"(2회)는 하나님께서 역사 속에 들어오셔서 활동하시는 분임을 보여준다. 포로 귀환과 가나안 땅 정복 그리고 번영과 번성은 다 하나님에게서 온다. 이 모든 것들은 이스라엘이 하나님의 목소리에 순종할 때, 역사 속에서 이뤄질 것이다.

6 그리고 너의 하나님[1] 아도나이께서 너의 마음과 너의 후손의 마음에 할례를 행할 것이다.[2]

너의 하나님 아도나이를[3] 사랑하기 위하여,

너의 온 마음으로 그리고 너의 온 영혼으로, 너의 생명을 위하여.

**본문 비교**

1) 칠십인 경은 "너의 하나님"을 생략한다. 오리겐의 헥사플라는 이것을 덧붙여야 한다고 제안한다.
2) 칠십인 경은 "그가 깨끗(정결)하게 할 것이다" περικαθαριεῖ로 번역한다. 오리겐의 헥사플라는 히브리어와 헬라어 번역의 차이를 지적한다. 탈굼 옹켈로스와 탈굼 프쉬도 요나단은 "어리석음 טפשות을 제거할 것이다"로 번역한다.
3) 탈굼 네오피티는 "너희의 하나님 주님의 율법의 교훈" אולפן אוריתה דייי אלהכון으로 번역한다.

아도나이께서 행하실 행동을 "할례를 행할 것이다"로 말한다. 할례는 남성 생식기 포피를 자르는 것이다. 하나님은 아브라함에게 아들을 주실 것을 약속하시며 언약을 맺으신다. 하나님은 아브라함과 후손에게 언약의 표징으로 할례를 행하라고 하셨다. 할례는 아브라함의 후손이라는 것과 하나님의 백성이라는 것을 보여준다. 아브라함 편에서 지켜야 할 의무와 책임이다(창 17장). 그런데 여기서는 마음에 할례를 말한다. 생식기의 포피를 자르듯이 마음의 살을 자르라는 것이다. 즉 마음의 어리석음과 완고함을 제거할 것을 비유적으로 말하고 있다(참고 신 10:16). "너의 마음"은 포로에서 귀환한 사람들의 마음을 말한다. 하나님께서 포로에서 돌아온 사람들의 마음을 깨끗하게 하실 것이다(참고 겔 36:24-27).

아도나이께서 포로 귀환자들의 마음을 정결하시는 목적은 "너의 하나님 아도나이를 사랑하기 위하여"에서 잘 나타난다. 아도나이를 사랑하는 것에 대해서는 신명기 6장 5절의 주석을 참고하라. 아도나이를 사랑하는 것은 구체적으로 하나님의 음성에 순종하는 것이며 하나님께 충성하는 것이다. 아도나이를 사랑하는 방법은 "너의 온 마음으로 그리고 너의 온 영혼으로" 해야 한다. 이렇게 행하는 목적은 "너의 생명을 위하여" 즉 '네가 살기 위하여'이다. 포로 귀환자들이 살기 위함이다. 포로 귀환자들의 생명이 아도나이께 달려 있다.

역사적으로 보면 바벨론 지역에서 가나안 땅으로 돌아온 유대인의 숫자는 약 오만 명 정도밖에 되지 않았다(스 2:64-65). 이 적은 숫자의 공동체는 페르시아 고레스 왕의 명령에 따라 성전을 건축하기 위해서 돌아왔다. 하지만 그들은 여전히 페르시아의 지배 하에 있었었고 주위의 적들은 계속 포로 귀환 공동체를 위협했다. 이들이 사는 길은 철저하게 하나님을 사랑하고 말씀에 순종하는 것 외에는 다른 방법이 없었다. 하나님을 의지하는 것이 이들의 살 길이었다. 이들은 너무나 적은 숫자여서 생존의 위협에 노출되어 있었기 때문이다.

7 그리고 너의[1)] 하나님 아도나이께서 이 모든 맹세들을[2)] 주실 것이다,
너의[1)] 적들[3)] 위에 그리고 그들이 너를[1)] 추격하여 너를[1)] 미워하던 자들 위에.

**본문 비교**

1) 탈굼 네오피티는 복수 "너희"이다.
2) 칠십인 경은 "모든"을 생략하여(탈굼 프쉬도 요나단 역시) "이 저주들을" τὰς ἀρὰς ταύτας이다. 오리겐의 헥사플라는 "모든" πάσας를 넣어줄 것을 제안한다.
3) 히브리어 필사본(V[ken 9])은 단수 "너의 적"이다.

아도나이께서 행할 행동을 설명한다. 하나님께서 저주의 대상을 언약을 깨뜨린 이스라엘에서 이스라엘을 박해하는 자들로 바꾸실 것이다. "이 모든 맹세들"은 '이 모든 저주들'을 말한다(참고 신 29:12, 14, 19, 20, 21. 개역 개정은 "이 모든 저주"로 번역). 신명기 27-28장에 있는 저주이

다. 이전에 이스라엘이 아도나이와 맺은 언약을 지키지 않고 다른 신을 섬길 때에 언약의 저주들이 이스라엘 위에 임했던 것처럼(신 29:20-21; 30:1) 이스라엘이 회개하고 아도나이께 돌아오자 이제 그 저주들이 이스라엘을 박해했던 자들 위에 임할 것을 말한다. "너의 적들"은 이스라엘을 괴롭혔던 민족들이다. "너의 적들"이 누구인지 "너를 추격하여 너를 미워하던 자들"에서 더 구체적으로 말한다.

8 그리고 너, 너는 돌아올 것이고 너는 아도나이의[1] 음성을[2] 들을 것이다,
그리고 너는 내가 오늘 너에게 명령하는 그의 모든[3] 명령들을 행할 것이다.

**본문 비교**

1) 히브리어 필사본(V[ken 109, 129]), 사마리아 오경, 칠십인 경, 시리아 역, 벌게이트는 "너의 하나님"을 덧붙인다.
2) 탈굼 옹켈로스와 탈굼 프쉬도 요나단은 "주의 말씀"이며 탈굼 네오피티는 "주의 말씀의 목소리"이다.
3) 칠십인 경은 "모든"을 생략한다. 오리겐의 헥사플라는 "모든" πάσας를 넣어줄 것을 제안한다.

다시 포로지에 있던 자들이 회개할 것을 말한다. 그들의 회개는 세 단계로 이루어진다. 첫째는 "너는 돌아올 것이다"이다. 이것은 우상으로 향하여 가던 사람이 하나님께로 돌아서는 것을 말한다. 다른 신 즉 바알과 아세라로 향했던 그들이 이제 180도 돌아서는 것이다. 그의 생각이 우상을 버리고 하나님께로, 하나님의 말씀으로 돌아오는 것이다. 악을 행하던 자들이 악을 버리고 하나님께로 돌아오는 것이다. 둘째는 "너는 아도나이의 음성을 들을 것이다"이다. 우상으로부터 하나님께로 돌아선 자들은 "아도나이의 음성"을 듣는다. 이것은 아도나이의 목소리에 순종하는 것을 뜻한다. 특별히 하나님은 시내산에 임하셔서 그의 뜻을

십계명과 율법에 기록해 주셨다. 회개하는 자들은 기록된 하나님의 법을 듣고 따를 것이다. 셋째는 "너는 내가 오늘 너에게 명령하는 그의 모든 명령들을 행할 것이다"이다. "그의 모든 명령들"은 '그의 모든 계명들'로 모세가 이스라엘에게 선포하는 율법을 의미한다. "오늘"은 모세가 이스라엘에게 율법을 선포하는 시점을 보여준다. 진정한 회개는 말씀을 실천하는 데까지 나아가야 한다. 행동으로 그가 진정으로 회개했는지를 보여주어야 한다. 삶 속에서 죄악을 버리고 말씀을 따라 살아야 한다. 세례 요한도 "회개에 합당한 열매"가 있어야 한다고 선포했다(마 3:8).

9 그리고 너의 하나님 아도나이께서 좋은 것으로 너에게 많게 할 것이다,[1]
너의 손의[2] 일의 모든 것을, 너의 태의 열매와 너의 짐승의 열매와 너의 땅의 열매를,[3]
왜냐하면 아도나이께서[4] 너에게 기쁨으로 좋게 돌아오실 것이기 때문이다,
그가 너의 조상들을 기뻐하셨던 것과 같이.

**본문 비교**

1) 칠십인 경은 "주의 깊게 다룰 것이다" πολυωρήσει로 번역한다. 하지만 아퀼라, 테오도치온, 심마쿠스는 마소라와 유사하게 번역한다.
2) 사마리아 오경, 칠십인 경, 벌게이트와 시리아 역은 "너의 손들"이다. 탈굼 네오피티와 탈굼 프쉬도 요나단은 "너희의 손들"이다.
3) 사마리아 오경, 쿰란 사본(4QDeut[b])과 칠십인 경은 어순이 바뀌어 "너의 땅의 열매를 그리고 너의 짐승의 열매"로 나온다.
4) 칠십인 경은 "너의 하나님 주님" κύριος ὁ θεός σου이다.

포로 귀환자들이 하나님의 말씀에 잘 순종할 때, 하나님이 주실 복을 설명한다. "너에게 많게 할 것이다"는 '너에게 넘치게 할 것이다'이다.

"좋은 것으로"는 '좋은 것을 위하여' 또는 '안녕을 위하여'로 하나님이 주실 복을 표현한다. 이 "좋은 것"이 무엇인지를 더 구체적으로 나온다. "너의 손의 일의 모든 것을"은 '너의 손의 일에서부터 나온 모든 것'이라는 의미이다. 포로에서 돌아온 사람이 손으로 하는 모든 일들이 잘 될 것을 말한다. "너의 태의 열매"는 후손을 뜻한다. 포로에서 돌아온 사람들에게 절실한 현실적인 문제이다. 왜냐하면 포로 공동체에서 돌아온 사람들의 숫자는 적을 것이기 때문이다. 후손의 번성은 포로에서 돌아온 공동체가 살아남을 수 있는 실존의 문제이다. 숫자가 많아야 주위의 다른 민족의 위협으로부터 자신을 지킬 수 있다. "너의 짐승의 열매"는 가축의 수가 많아질 것을 말한다. 목축이 잘 될 것이다. "너의 땅의 열매"는 농사가 잘 될 것을 보여준다. 하나님이 주시는 "좋은 것"은 포로 귀환 공동체의 다방면에 후손의 번성과 경제적 풍요로 나타난다(참고 신 28:1-14). 삶이 풍성해질 것을 말한다.

이스라엘이 이렇게 복을 받을 수 있는 이유는 "아도나이께서 너에게 돌아오실 것이기 때문이다." 계속 '돌아오다"라는 동사가 사용된 것에 주목해야 한다(2, 3(2x), 8, 9, 10). 포로 공동체가 돌아올 때, 아도나이께서도 돌아오신다. "좋게"는 위에 나온 "좋은 것"과 같은 단어이다. 두 번이나 이 단어가 사용된 것이 중요하다. 개역 개정은 이 단어를 두 번 모두 "복"으로 번역했다.

하나님께서 포로 귀환자에게 복을 주실 것을 예견하고 있는데, 이것은 "그가 너의 조상들을 기뻐하셨던 것과 같이" 하실 것이다. 하나님께서 과거에 이스라엘에게 복을 주셨던 것같이 포로 귀환자들에게 복을 주실 것이다. 포로지에서 돌아온 공동체가 그들의 정통성을 인정받을 것을 예고하고 있다. 비록 포로 귀환 공동체는 하나님의 심판을 받아 포로지에 있었고 돌아온 수도 적은 수에 불과해지만 그들은 옛 이스라엘의 후예로서 그들의 조상들의 하나님과의 관계를 계속 이어 나갈 것이다.

10 왜냐하면[1] 네가 너의 하나님 아도나이의 음성을 들을 것이기 때문이다,
이 율법 책 안에 기록된[2] 그의 법규들과 그의 명령들을[3] 지키기 위하여,[4]
네가 너의 하나님 아도나이께 돌아왔을 때,[1]
온 너의 마음으로 그리고 온 너의 영혼으로.[5]

**본문 비교**

1) 접속사 '키'(כי)가 두 번 나오는데, 칠십인 경은 모두 "만일 ~면" ἐὰν으로 번역한다. 이 번역은 위 구절(9)의 신적 기쁨은 두 개의 조건이 충족될 때 주어진다는 의미이다.
2) 마소라와 사마리아 오경은 단수인 데 반하여 쿰란 사본, 칠십인 경, 벌게이트, 탈굼 옹켈로스 탈굼 프쉬도 요나단은 복수이다.
3) 칠십인 경은 여기에 "그의 심판들" τὰς κρίσεις αὐτοῦ를 덧붙이고 랄프(Ralfs) 편집은 여기에 "온," "모든" πάσας를 덧붙인다. 오리겐의 헥사플라는 이것을 별표로 지적하고 있다.
4) 칠십인 경의 베버(Wevers) 편집은 마소라와 같이 φυλάσσεσθαι인 데 반하여 랄프(Ralfs) 편집은 여기에 φυλάσσεσθαι καὶ ποιεῖν을 덧붙인다.
5) 마소라 사본은 여기에 페투카(פ)를 두어 단락을 나눈다.

접속사 '키'(כי)가 두 번 나오고 있다. 첫 번째 '키'는 '왜냐하면'으로 번역하여 "왜냐하면 네가 이 율법 책 안에 기록된 그의 법규들과 그의 명령들을 지키기 위하여 너의 하나님 아도나이의 음성을 들을 것이기 때문이다"로 읽었다(70인경은 "만일 ~면"으로 읽는다. 위 본문 비교1)을 참고). "왜냐하면"으로 번역하는 것은 위 구절(9)의 하나님의 복과 하나님의 기쁨에 대한 이유를 설명해 준다(LEI, LUV, NAB, TNK, YLT, ZUR). 접속사 '키'를 '만일 ~면'(ASV, JPS, NAS, NAU, NIB, NIV, NJB)으로 그리고 '~때'(NBG, SVV, ESV, EIN, ELB, ELO, SCH, SCL)로 번역하기도 한다.

개역 개정은 "여호와 네 하나님께 돌아오면"으로 칠십인 경과 같이 조건으로 해석했다. "아도나이의 음성"은 '아도나이의 목소리'이다. 포로 귀환자들이 "아도나이의 음성"을 듣는 목적은 "이 율법 책 안에 기록된 그의 법규들과 그의 명령들을 지키기 위하여"이다. "이 율법 책"은 당연히 신명기를 의미한다. 특별히 신명기 27-28장의 복과 저주를 말한다. "그의 법규들과 그의 명령들"은 율법 안에 있는 세세한 규정들을 뜻한다.

두 번째 접속사 '키'는 "네가 너의 하나님 아도나이께 온 너의 마음으로 그리고 온 너의 영혼으로 돌아왔을 때"로 번역했다. 포로 귀환자들이 온 마음으로 아도나이께 돌아왔을 때 아도나이의 음성을 들을 것이다. 이것은 진정한 회개를 말한다. 신명기 30장에서 동사 '돌아오다'가 계속 사용되어서(2, 3, 8, 9, 10) 이스라엘의 회개와 귀환을 보여주고 있다. 이스라엘의 회개는 100%이어야 한다. "온 너의 마음으로 그리고 온 너의 영혼으로"가 이것을 잘 말해주고 있다. 개역 개정은 "네 마음을 다하며 뜻을 다하여"로 의역한다.

## 2. 가까이 있는 말씀(11-14)

포로지에서 귀환한 이스라엘은 하나님의 말씀을 지킬 때, 복을 받을 수 있다. 포로 귀환자들이 준행해야 할 말씀은 멀리 있지 않다. 하늘에 있는 것도 아니고 바다 건너편에 있는 것도 아니다. 아주 가까이 그들의 입과 마음에 있다.

이 말씀은 사도 바울에 의해 인용되었다. 사도 바울은 그리스도를 믿음으로 의로워지는 사람들에게 말씀이 아주 가까이 있다고 주장한다. 말씀을 믿는 사람은 그리스도를 모셔 내려오려고 하늘로 올라가지 않고 그리스도를 모셔 올리려고 무저갱으로 내려가지도 않는다. 사도 바울 일행이 전파하는 믿음의 말씀은 아주 가까이 있기 때문이다(롬 10:6-8). 사도 바울은 신명기의 말씀을 인용하면서 바다를 건너가는 것을 무저갱으로 내려가는 것으로 변화시켰다.

### 번역

11 왜냐하면 내가 너에게 오늘 명령하는 이 명령은,
그것이 너에게 놀라운 것도 아니고 그것이 멀리 있는 것도 아니기 때문이다.
12 그것은 그 하늘에 있는 것이 아니다, 말하기를,
누가 우리를 위하여 그 하늘로 올라갈 것인가 그리고 우리를 위하여 그것을 가져올 것인가,
우리에게 그것을 듣게 할 것인가 그리고 우리가 그것을 행하도록.
13 그리고 그것은 바다 건너편에 있는 것이 아니다, 말하기를,
누가 우리를 위하여 그 바다 건너편에 건너갈 것인가 그리고 우리를 위하여 그것을 가져올 것인가,
그리고 우리에게 그것을 듣게 할 것인가 그리고 우리가 그것을 행하도록.
14 그러나 그 말씀이 너에게 아주 가까이 있다,
너의 입에 그리고 너의 마음에, 그것을 행하기 위하여.

### 주해

11 왜냐하면 내가 너에게 오늘 명령하는 이 명령은,
그것이 너에게 놀라운[1] 것도 아니고 그것이[2] 멀리 있는 것도 아니기 때문이다.

### 본문 비교

1) 칠십인 경은 "지나친," "과도한" ὑπέρογκός로 그리고 탈굼 네오피티와 탈굼 프쉬도 요나단은 "숨겨진," "감춰진" כסי로 번역한다.
2) 쿰란 사본(4QDeut[b])은 여기에 "너에게," "너로부터" ממך가 있다.

접속사 "왜냐하면"은 앞 절과의 관계를 보여준다. 포로지에서 돌아온

자들이 지킬 "명령들"(10)이 어떤 것인지를 설명한다. "내가 너에게 오늘 명령하는 이 명령"은 모세가 이스라엘의 출애굽 후세대에게 지금 모압 땅에서 설명하고 있는 율법이다. "그것이"는 "명령"을 가리킨다. "놀라운 것"은 '어려운 것'으로 이스라엘이 이해하기에 또는 행하기에 '놀라운' 또는 '어려운' 것이 아니다. 이것은 또한 "너에게 멀리 있는 것" 즉 이스라엘이 도달하기에 먼 것 또는 소유하기에 멀리 있는 것도 아니다.

12 그것은 그 하늘에 있는 것이 아니다, 말하기를,
누가 우리를 위하여 그 하늘로[1] 올라갈 것인가 그리고 우리를 위하여 그것을 가져올 것인가,
우리에게 그것을 듣게 할 것인가 그리고 우리가 그것을[2] 행하도록.

**본문 비교**

1) 마소라 사본은 **השמימה**인 데 반하여 사마리아 오경은 방향 접미사 '헤' **ה**를 **השמים**생략한다. 탈굼 네오피티는 선지자 모세와 같이 올라가겠느냐고 주해하고 있다.
2) 칠십인 경은 "그것을" αὐτὴν을 생략한다. 오리겐의 헥사플라는 이것을 별표로 지적한다.

"그것은"은 모세가 오늘 명령하는 "명령"을 의미한다. "그것(명령)은 하늘에 있는 것이 아니다." 모세는 지금 요단 동편 모압 땅에서 율법을 설명하고 있다. 모세는 하늘이 아니라 땅에서 선언하고 있다. 모세가 선언하고 있는 율법을 가지러 하늘로 올라갈 필요가 없다. 그것은 하나님께서 친히 시내산에 임하셔서 출애굽 세대에게 말씀하신 것을(출 20장) 모세가 오늘 다시 출애굽 후세대에게 말하고 있다. 그러므로 그것을 가지러 하늘로 올라갈 필요가 없다.

세 개의 동사가 나와서 세 개의 질문을 형성하고 있다. "누가" **מי**는

한 번 나오지만 세 개의 동사와 관련이 있다(세 동사의 주어는 3인칭 남성 단수이다). "누가 우리를 위하여 그 하늘로 올라갈 것인가?" "누가 우리를 위하여 그것을 가져올 것인가?" "누가 우리에게 그것을 듣게 할 것인가?"이다. 이 질문은 그럴 필요가 없다. 그리고 하늘로 올라갈 사람도 없다(사실 하늘로 올라갈 능력이 있는 사람도 없다)는 답변을 전제로 하고 있다. "그것을 듣게 할 것인가"에 대한 목적은 "우리가 그것을 행하도록" 즉 '행하기 위하여'이다.

13 그리고 그것은 바다 건너편에 있는 것이 아니다, 말하기를,
누가 우리를 위하여 그 바다 건너편에 건너갈 것인가 그리고 우리를 위하여 그것을 가져올 것인가,[1)]
그리고 우리에게 그것을 듣게 할 것인가 그리고 우리가 그것을 행하도록.

**본문 비교**

1) 탈굼 네오피티는 12절에서 모세를 언급하더니 이 구절에서는 요나 선지자를 언급하여 설명한다. 누가 요나와 같이 바다 깊은 곳으로 내려 가겠느냐 하는 것이다.

이 구절은 12절과 평행을 이루고 있다. 12절의 "그 하늘"이 여기서 "바다 건너편" 그리고 "그 하늘로"는 "그 바다 건너편에"로 변했다. 동사는 12절의 "올라갈 것인가"는 여기서 "건너갈 것인가"로 바꿨다. 그 외의 단어들은 똑같이 일치하고 있다.

여기서도 세 개의 질문이 나온다. "누가 우리를 위하여 그 바다 건너편에 건너갈 것인가?" "누가 우리를 위하여 그것을 가져올 것인가?" "누가 우리에게 그것을 듣게 할 것인가?"이다. 이 질문에 대한 대답 역시 그럴 필요가 없다. 그리고 바다 건너편까지 건너갈 사람도 없다는 것이다. 왜냐하면 그 말씀은 오늘 모세가 선포하고 있기 때문이다. 세 번째 질문

"그것을 듣게 할 것인가"에 대한 목적은 "우리가 그것을 행하도록"이다.

14 그러나[1] 그 말씀이 너에게 아주 가까이 있다,
너의 입에[2] 그리고 너의 마음에,[3] 그것을 행하기 위하여.[4]

**본문 비교**

1) 칠십인 경은 히브리어 접속사 "그러나" כי를 생략한다.
2) 탈굼 네오피티는 "너희의 입의 말씀에"이다.
3) 칠십인 경은 여기에 "너의 손들(능력) 안에" ἐν ταῖς χερσίν σου를 덧붙인다. 오리겐의 헥사플라는 이것이 덧붙여졌음을 별표로 지적한다.
4) 마소라 사본은 여기에 "세투마" ס를 두어 단락을 나눈다.

히브리어는 접속사 '키' כי로 시작하는데, 이것은 '왜냐하면'으로 번역하는 것보다는 '그러나'로 번역하는 것이 문맥상 더 좋다. "그 말씀"은 하늘에 있는 것도 아니고(12) 바다 건너편에 있는 것도 아니고(13) "너에게 아주 가까이" 있기 때문이다. 모세가 오늘 출애굽 후세대에게 율법을 설명하고 있다(11).

말씀이 이스라엘에게 아주 가까이 있는 목적은 "그것을 행하기 위하여"이다. 신명기는 명령을 지키는 것, 실행하는 것에 대해 계속 강조하고 있다. 말씀은 이스라엘 사람들에게 아주 가까이 있는데, "너의 입에 그리고 너의 마음에" 있다.

### 3. 생명을 선택하라(15-20)

모세는 다시 이스라엘의 출애굽 후세대에게 도전하고 있다. 이스라엘

앞에 가나안 땅이 놓여 있는 것과 같이, 이스라엘은 지금 요단강을 건너 가나안 땅을 정복하려고 하기 때문에, 그들 앞에 복과 저주 그리고 생명과 사망이 놓여 있다. 모세는 이스라엘이 율법을 잘 지킬 때에 받을 복(신 28:1-14)과 잘 지키지 않을 때에 당할 저주(신 28:15-68)을 선언하였다. 그 후에 다시 한번 확인하려고 말한다. 이스라엘이 살기 위하여 생명을 선택하라고 명령한다. 이스라엘이 가나안 땅에서 다른 신을 섬기면 멸망은 확실하다. 그러나 이스라엘이 아도나이만을 섬긴다면 그들은 가나안 땅에서 번성하며 번영할 것이다.

### 번역

15 보라 내가 너 앞에 오늘 두었다,
생명과 선을 그리고 죽음과 악을.
16 내가 오늘 너에게 명령하는 것은
너의 하나님 아도나이를 사랑하는 것, 그의 길들 안에 걷는 것,
그리고 그의 계명들과 그의 법규들과 그의 법령들을 지키는 것이다,
그리고 너는 살 것이고 너는 많아질 것이고 너의 하나님 아도나이께서 너에게 복 주실 것이다,
너가 그것을 점령하려고 거기로 들어가는 그 땅 안에서.
17 그러나 너의 마음이 돌아서고 네가 듣지 않고
네가 유혹되고 네가 다른 신들에게 엎드리고 네가 그것들을 섬긴다면,
18 내가 오늘 너희에게 선언한다, 너희가 확실히 망할 것이다,
너희는 날들을 길게 하지 못할 것이라고, 그 땅 위에서,
네가 그것을 점령하기 위해, 거기로 들어가기 위해 요단을 건너는.
19 내가 오늘 너희에게 하늘과 땅을 증인으로 부른다,
내가 생명과 사망을 너 앞에 두었다, 복과 저주를,
그리고 너는 생명을 선택해야 한다, 너와 너의 후손이 살기 위하여.
20 너의 하나님 아도나이를 사랑함으로,

그의 목소리를 들음으로 그리고 그에게 붙어 있음으로,

왜냐하면 그는 너의 생명과 너의 날들의 길이이기 때문이다.

아도나이께서 너의 조상들에게 맹세하신 그 땅위에서 살기 위하여,

아브라함에게, 이삭에게 그리고 야곱에게, 그들에게 주기로.

**주해**

15 보라 내가 너 앞에 오늘[1] 두었다,

생명과 선을 그리고 죽음과 악을.[2]

**본문 비교**

1) 사마리아 오경은 "오늘"을 생략한다.

2) 칠십인 경은 단어의 순서가 히브리어와 다르다. "생명과 죽음, 선과 악" *τὴν ζωὴν καὶ τὸν θάνατον τὸ ἀγαθὸν καὶ τὸ κακόν*이다. 오리겐의 헥사플라는 단어 순서가 바뀌었음을 지적한다.

이 구절을 더 정확하게 번역해 보면 "너는 보라, 내가 너 앞에 오늘 그 생명을 그리고 그 선을 그리고 그 죽음을 그리고 그 악을 두었다"이다. 이 구절은 또한 신명기 11장 26절과 유사하다. "보라 내가 너희 앞에 오늘 복과 저주를 둔다."

"보라 내가 너 앞에 오늘 두었다"에서 "보라"는 명령형으로 주의를 요구하고 있다. 모세가 출애굽 후세대에게 "오늘" 하나님의 법을 선언한다. 그 법에는 복과 저주가 담겨 있다. 하나님의 법에 잘 순종할 때 생명과 선이 오지만 불순종할 때 죽음과 악이 찾아올 것이다. "오늘" 선포되는 하나님의 명령에 이스라엘의 미래가 포함되어 있다. 이스라엘의 미래의 번영은 전적으로 율법의 순종 여하에 달려 있다. 이스라엘 입장에서는 지금 선택적인 상황에 놓여 있다. 출애굽 후세대는 생명과 선을 택할 것인가 아니면 죽음과 악을 선택할 것인가 하는 것이다.

신명기 11장 26절은 "복과 저주"만을 언급하는 데 반하여 여기서는 "생명과 선" 그리고 "죽음과 악"을 말한다. "선"은 '좋은 것,' '선한 것' 그리고 "악"은 '악한 것,' '나쁜 것'이다. 여기서 "생명"은 이 땅의 생명을 뜻한다. 사람은 음식을 먹음으로 생명을 유지할 수 있다. 하나님의 명령을 잘 지킬 때, 하나님이 농업과 목축이 잘 되게 해 주신다. 밀과 보리 그리고 무화과와 포도를 수확할 뿐만 아니라 고기와 젖 그리고 치즈와 양털을 얻을 수 있다(참고 28:1-14; 30:9). 이러한 복으로 인하여 이스라엘이 살 수 있다. 하지만 이러한 것들은 이스라엘이 하나님의 명령에 순종할 때 얻을 수 있다. 이스라엘이 순종이라는 조건을 충족할 때 결과를 얻을 수 있다. 하지만 반대로 그들이 하나님의 계명에 불순종할 때는 하나님은 이런 복을 내리지 않는다. 오히려 이 책에 기록된 저주와 재앙을 임하게 하신다. 외적의 침입을 당하고 전쟁에 져서 가나안 땅에서 쫓겨난다. 그 결과 그들은 죽음을 당할 것이다(참고 28:15-68; 29:20-21).

16 [1]내가 오늘 너에게 명령하는 것은
너의 하나님 아도나이를 사랑하는 것,[2] [3]그의 길들 안에[4] 걷는 것,
그리고[5] 그의 계명들과 그의 법규들과[6] 그의 법령들을 지키는 것이다,
그리고 너는 살 것이고 너는 많아질 것이고[7] 너의 하나님 아도나이께서 너에게 복 주실 것이다,
너가 그것을 점령하려고 거기로 들어가는 그 땅 안에서.[8]

**본문 비교**

1) 칠십인 경은 이 앞에 "그러나 만일 네가 너의 하나님 주님의 모든 명령들을 듣는다면" ἐὰν δὲ εἰσακούσῃς τὰς ἐντολὰς κυρίου τοῦ θεοῦ σου를 첨가한다. 오리겐의 헥사플라는 이것이 첨가되었음을 지적한다. 랄프(Rahlfs) 편집은 여기서 δὲ를 생략한다.
2) 탈굼 네오피티는 "너희의 하나님 주님의 율법의 가르침" אולפן

אורייתה דייי אלהכו이다.

3) 탈굼 네오피티와 탈굼 프쉬도 요나단은 "그리고"가 있다.

4) 칠십인 경은 "모든" πάσαις를 첨가하여 "그의 모든 길들 안에"이다. 오리겐의 헥사플라는 이것을 지적한다. 탈굼 옹켈로스, 탈굼 네오피티와 탈굼 프쉬도 요나단은 "그 앞에 옳은 길들 안에" באורחן דתקנן קדמוי이다.

5) 칠십인 경은 "그리고"를 생략한다.

6) 사마리아 오경과 칠십인 경은 "그의 법규들을"을 생략한다. 오리겐의 헥사플라는 이것을 지적한다.

7) 칠십인 경, 탈굼 네오피티와 탈굼 프쉬도 요나단은 복수 "너희"이다.

8) 칠십인 경은 "그 모든 땅 안에서" ἐν πάσῃ τῇ γῇ이다. 오리겐의 헥사플라는 "모든"이 덧붙여졌음을 지적한다.

히브리어는 선행사가 없이 관계 대명사 אשר로 시작하기 때문에 이 관계 대명사를 어떻게 번역할 것인가에 따라 다양한 번역이 나온다. 먼저는 이 관계 대명사를 번역하지 않거나(ZUR) 필자처럼 '~것'으로(SCH, SCL), '만일 ~면'으로(LEI, ESV, NAB, NJB), '~하면서'로(ELB), '~이므로'(ASV, CJB, JPS, KJV, NAS, NAU, YLT), '~때문에'로(LUV, SVV, NIB, NIV, TNK, ELO), '~로 인하여,' '~을 통해'(NBG) 그리고 '~때'로(EIN) 번역한다. 개역 개정은 "곧"으로 번역했다.

"내가 오늘 너에게 명령하는 것"은 모세가 출애굽 후세대에게 모압 땅에서 율법을 설명하고 있는 것이다. 모세는 가나안 땅에 들어가지 못한다. 그래서 모세는 출애굽 후세대에게 약속의 땅에서 하나님의 법을 지킬 것을 당부하고 있다. 모세가 출애굽 후세대에게 명령하는 것은 세 개의 부정사구로 나온다. 첫째는 "너의 하나님 아도나이를 사랑하는 것"이다. 하나님을 사랑하라는 것(신 6:5; 7:9; 10:12; 11:1, 13, 22; 13:3; 19:9; 30:6, 16, 20)은 신명기의 주제 가운데 하나이다(참고 신명기 1권, 410 페이지). 둘째는 "그의 길들 안에 걷는 것"이다. 아도나이의 길을 걷는 것 역시 신명기에서 자주 나타나는 주제이다(신 5:33; 8:6; 10:12; 11:22; 26:17; 28:9; 30:16). 하나님이 명령하신 법을 따라 사는 것을 길을 따라 걷는 것으로 비유했다. 셋째는 "그의 계명들과 그의 법규들과 그의 법령들을 지키는 것"이다. "지키는 것"역시 신명기에서 계속 강조한다(신 4:2; 5:29; 6:2; 10:13; 13:19; 15:5; 17:19; 26:17, 18). "계명들"은 '명령들'이며 "법규들과 법령들"에 대해서는 신명기 1권 261-261 페이지를 참고하라.

"그리고"는 '그러면'의 의미로 결과절을 인도한다. 결과절은 세 개의 동사로 표현되었는데, 이것은 위의 세 개의 부정사구들과 평행을 이룬다. 첫째, "너는 살 것이다"는 가나안 땅에서 살아갈 것을 말한다. 죽지 않고 망하지 않고 살아가는 것이다. 둘째, "너는 많아질 것이다"는 수적으로 번성할 것을 의미한다. 이스라엘은 약속의 땅에서 망하지 않고 자손을 낳고 계속 번성할 것이다. 셋째, "너의 하나님 아도나이께서 너에게 복 주실 것이다." 이러한 복은 가나안 땅안에서 이루어질 것이다. "너가 그것을 점령하려고 거기로 들어가는 그 땅 안에서"는 지금 모세에게 하나님의 법을 듣고 있는 이스라엘의 상황을 보여준다. 이스라엘은 요단강을 건너 가나안 땅을 점령하기 위하여 준비 중에 있다.

17 그러나 너의 마음이 돌아서고 네가 듣지 않고
네가 유혹되고[1] 네가 다른 신들에게[2] 엎드리고 네가 그것들을 섬긴다면,

**본문 비교**

1) 히브리어는 동사인 데 반하여 칠십인 경은 분사 πλανηθεὶς로 번역하며 "그리고"를 생략한다.
2) 탈굼 옹켈로스와 탈굼 프쉬도 요나단은 "민족들의 우상들" טעות עממיא이며 탈굼 네오피티는 "다른 우상들" טעוון אחרניין이다.

17절은 조건절이고 18절은 귀결절이다. 히브리어는 "그러나 만일 ~면" ואם으로 시작하여 5개의 동사들을 지배한다. "너의 마음이 돌아서고"는 하나님으로부터 우상으로 돌아서는 것을 뜻한다. 마음이 변심하는 것이다. "네가 듣지 않고"는 하나님의 음성을 듣지 않는 것 즉 하나님의 목소리에 순종하지 않는 것을 말한다. "네가 유혹되고"는 '네가 옆으로 밀쳐지고'로 하나님으로부터 다른 신들에게 밀쳐지는 것을 의미한다. 다른 신들에게 당겨지는 것 즉 유혹되는 것이다. "네가 다른 신들에게 엎드리고"는 '다른 신들에게 절하고'로 우상숭배를 하는 것이다(참고 신 4:19). "네가 그것들을 섬긴다면"는 '네가 그것들을 예배한다면'으로 "그것들"은 '다른 신들'이다. "다른 신들"은 이스라엘 주변 국가들이 섬기는 신들로 외국 신들이다. 이스라엘은 시내산에서 아도나이와 언약을 맺었다. 그 언약의 내용은 십계명인데 다른 신을 섬기지 않는 것이다(신 5:7-9). 다른 신에게 절하고 섬기는 것은 언약을 어기는 행위이며 율법에 순종하지 않는 것이다. 위의 다섯 개의 동사들은 이스라엘이 배교한 것을 보여준다(솔로몬왕이 좋은 예가 될 것이다).

18 [1)]내가 오늘 너희에게[2)] 선언한다, 너희가 확실히 망할 것이다,
[3)]너희는 날들을 길게 하지 못할 것이라고, 그 땅 위에서,[4)]
네가[5)] 그것을 점령하기 위해, 거기로 들어가기 위해[6)] 요단을 건너는.[5)]

**본문 비교**

1) 탈굼 네오피티는 문장 처음에 감탄사 "보라" הא를 넣어준다.
2) 칠십인 경과 벌게이트는 단수 "너에게"이다.
3) 히브리어 필사본($V^{ken\ 9}$), 칠십인 경, 시리아 역, 탈굼 네오피티, 탈굼 프쉬도 요나단과 벌게이트는 "그리고"를 갖고 있다.
4) 칠십인 경의 랄프(Rahlfs) 편집은 "그 땅" 뒤에 관계 대명사 절 "너의 하나님 주님께서 너에게 주신" τῆς γῆς ἧς κύριος ὁ θεός σου

δίδωσίν σοι을 갖고 있다. 오리겐의 헥사플라는 이것이 덧붙여졌음을 지적한다. 베버(Wevers) 편집은 이것을 생략한다.

5) 마소라는 "네가 건너는"으로 단수인 데 반하여 사마리아 오경, 칠십인 경, 탈굼 네오피티, 탈굼 프쉬도 요나단, 시리아 역은 복수 "너희가 건너는"이다.

6) 칠십인 경은 히브리어 부정사 "들어가기 위해" לבא를 생략한다. 오리겐의 헥사플라는 εἰσελθεῖν을 넣어줄 것을 제안한다.

이 구절은 17절의 귀결절이며 "내가 오늘 너희에게, 너희가 확실히 망할 것이다, 너희는 날들을 길게 하지 못할 것이라고 선언한다"로 읽을 수 있다. 동사 "선언(선포)한다"의 목적절은 "너희가 확실히 망할 것이다, 너희는 날들을 길게 하지 못할 것이라고"이다. "확실히(반드시) 망할 것이다"는 부정사 절대형 용법으로 이스라엘이 가나안 땅에서 멸망할 것을 강조하며 확실하게 하고 있다. 우상숭배를 할 경우 그들의 운명은 멸망을 향해 나아갈 것이다. 이것은 언약 저주의 내용으로 하나님은 계약대로 이루실 것이다. 아도나이는 언약(계약)의 하나님이다.

"너희는 날들을 길게 하지 못할 것이다"는 이스라엘이 가나안 땅에서 오래 살 수 없다는 의미이다. 이것은 개인적으로는 장수할 수 없다는 뜻이며 국가적으로는 번영할 수 없다는 것이다. 이스라엘이 그 땅을 길게 소유(점유)할 수 없다. 이스라엘의 국가적인 존폐는 아도나이 하나님을 잘 섬기느냐 섬기지 않느냐 하는 것에 달려있다. "그 땅 위에서"는 이 말씀이 이루어지는 장소를 말해준다. "네가 그것을 점령하기 위해, 거기로 들어가기 위해 요단을 건너는 그 땅 위에서"이다. 이스라엘은 지금 가나안 땅을 정복하기 위해 요단 강을 건너가려고 준비하고 있다.

19 [1]내가 오늘 너희에게 하늘과 땅을 증인으로 부른다,

내가 생명과 사망을[2] 너 앞에[3] 두었다, 복과 저주를,

그리고 너는 생명을[4] 선택해야 한다,[5] 너와 너의 후손이 살기 위하여.

**본문 비교**

1) 탈굼 네오피티는 문장 처음에 감탄사 "보라" הא를 넣어준다.
2) 탈굼 네오피티는 "생명의 길" אורחה דחיי과 "사망의 길" אורחה דמתותה로 해석한다.
3) 칠십인 경, 벌게이트, 탈굼 네오피티, 탈굼 프쉬도 요나단은 복수 "너희 앞에"이다.
4) 탈굼 네오피티는 여기도 "생명의 길"이다. 탈굼 프쉬도 요나단은 이 "생명의 길"은 "토라" אורייתא라고 설명한다.
5) 칠십인 경은 명령형 ἔκλεξαι로 번역한다.

모세는 "하늘과 땅"을 의인화해서 증인으로 부르고 있다. "내가 너희에게"는 '내가 너희를 대항하여,' '내가 너희를 대하여'이다. "하늘과 땅"은 정관사가 있어서 문자적인 번역은 '그 하늘을 그리고 그 땅을'이며 "생명과 사망을" 역시 정관사가 있어서 '그 생명과 그 죽음'이다. 흥미롭게도 "하늘"과 "생명"은 복수이고 "땅"과 "사망"은 단수이다. "복과 저주" 역시 정관사가 있어서 '그 복과 그 저주'이다.

"내가 생명과 사망을 너 앞에 두었다, 복과 저주를"은 15절의 "보라 내가 너 앞에 오늘 두었다, 생명과 선을 그리고 죽음과 악을"과 유사하다. 모세는 지금 이스라엘 앞에 생명과 사망 그리고 복과 저주를 앞에 두고서 선택하기를 요구한다.

"그리고"는 '그러므로'이며 "너는 생명을 선택해야 한다"는 칠십인 경처럼(본문 비교 5)를 참고) 명령형으로 '너는 생명을 선택하라'로도 번역할 수 있다(Waltke-O, 533, LEI, NBG, SVV, ASV, CJB, ESV, JPS, KJV, NAB, NAS, NIV, NJB, TNK, EIN, ELB, ELO, SCH, SCL, ZUR). 이스라엘이 생명을 선택하는 구체적인 방법은 다음 구절(20)에서 자세하게 나오는데, 아도나이를 사랑하고 그의 목소리에 순종하는 것이다. 이들이 생명을 선택해야 하는 목적은 "너와 너의 후손이 살기 위하여"이다. 아도나이의 음성에 순종하는 것이 이스라엘과 이스라엘의 후손이 가나안 땅에서 오래 살 수 있는 방법이다(참고 17-18절).

20 너의 하나님 아도나이를 사랑함으로,[1)]
그의 목소리를[2)] 들음으로 그리고 그에게[3)] 붙어 있음으로,[4)]
왜냐하면 그는 너의 생명과 너의 날들의 길이이기 때문이다.
아도나이께서 너의 조상들에게 맹세하신 그 땅위에서 살기 위하여,[5)]
아브라함에게, 이삭에게 그리고 야곱에게, 그들에게[6)] 주기로.[7)]

**본문 비교**

1) 탈굼 네오피티는 "너희의 하나님 주님의 율법의 교훈을" ית אולפן אוריתה דייי אלהכון이다.
2) 탈굼 옹켈로스와 탈굼 프쉬도 요나단은 "그의 말씀" מימריה이고 탈굼 네오피티는 "그의 말씀의 목소리" קל מימרה이다.
3) 탈굼 옹켈로스와 탈굼 프쉬도 요나단은 "그의 두려움에" לדחלתיה이다.
4) 칠십인 경은 "소유함으로" 또는 "가지고 있음으로" ἔχεσθαι로 번역한다. 오리겐의 헥사플라는 이 차이를 지적한다.
5) 칠십인 경은 "너를 살게 하기 위하여" κατοικεῖν σε로 "너를"을 덧붙인다.
6) 마소라 사본은 "그들에게" להם인 데 반하여 사마리아 오경은 "너희에게" לכם이다(시리아 역은 2인칭 단수 "너에게"이다).
7) 마소라 사본은 페투카(פ)로 단락을 나눈다.

19절과 연결되어서 이스라엘이 어떻게 생명을 선택해야 하는지를 세 개의 부정사구들이 보여주고 있다. 첫째는 "너의 하나님 아도나이를 사랑함으로"이다. 하나님을 사랑하라는 주제는 신명기에서 계속 나온다(신 6:5; 7:9; 10:12; 11:1, 13, 22; 13:3; 19:9; 30:6, 16, 20). 둘째는 "그의 목소리를 들음으로"이다. 아도나이의 목소리에 순종하는 것을 말한다. 이스라엘은 시내산에 임하신 아도나이의 음성을 직접 들었다(신 5:25-26). 그 아도나이의 음성은 십계명으로 기록되었다. 따라서 아도나이의 음성을 듣는다는 것은 아도나이께서 시내산에 임재 하셔서 계속 말씀하시는 것이 아니라 율법으로 기록된 아도나이의 음성에 순종하는 것 즉 그 말씀을 따라 살아가는 것이다. 셋째는 "그에게 붙어 있음으로"이다. 아도나이께 '달라붙어 또는 결합하여 있는 것'이다(신 4:4; 11:22). 이것은 문자적으로 이스라엘이 아도나이께 붙어 있는 상태를 의미하는 것이 아니라 상징적으로 하나님을 의지하며 하나님께 연합되어 있는 것이다. 하나님의 음성을 듣고 살아감으로 하나님과 연합할 수 있다.

접속사 "왜냐하면"은 이스라엘이 왜 아도나이를 사랑하며 그의 음성을 들으며 그에게 붙어 있어야 하는지를 설명한다. "왜냐하면 그는 너의 생명과 너의 날들의 길이이기 때문이다." 아도나이는 이스라엘의 생명이기 때문이다. 아도나이는 이스라엘이 가나안 땅에서 잘 살 수 있도록 복을 주시는 분이다. 바알브올 사건에서 보았듯이 바알을 따라갔던 사람들은 다 죽어 멸망했다. 그러나 아도나이께 붙어있던 사람들은 다 살아 있다(신 4:3-4). 우상에게는 생명이 없지만 아도나이께는 생명이 있다. 사람의 생사 여부를 결정할 수 있는 분이다. "너의 날들의 길이"는 이스라엘의 날들을 길게 하실 수 있는 분이 아도나이이다. 이스라엘이 가나안 땅에서 번성할 수 있고 장수할 수 있는 것은 전적으로 아도나이께 달려 있다. 이스라엘이 아도나이의 언약 안에 머물러 있을 때 즉 율법에 순종할 때, 그들의 날들은 길어질 수 있다.

이스라엘이 아도나이를 사랑하고 그의 목소리에 순종하며 그에게 붙어 있어야 하는 목적이 나온다. "아도나이께서 너의 조상들에게 맹세하신 그 땅 위에서 살기 위하여"이다. "그 땅"은 가나안 땅을 가리킨다. 이스라엘의 삶의 터전이다. 이스라엘은 아직 땅이 없는 민족이다. 그들은 지금 요단 동편을 정복하여 두 지파와 반 지파에게 기업으로 나누어 주었다. 이제 요단강을 건너 가나안 땅을 정복하려고 한다. 이스라엘이 가나안 땅을 정복하고 그 땅에서 살기 위해서 아도나이를 사랑해야 한다. 가나안 땅은 다시 "아도나이께서 너의 조상들에게, 아브라함에게, 이삭에게 그리고 야곱에게, 그들에게 주기로 맹세하신 그 땅"이다. "맹세하신"은 약속하신 것을 말한다. 하나님은 계속 아브라함에게(창 12:1, 7; 13:14-17; 15:7, 18-21; 17:8), 이삭에게(창 26:3) 그리고 야곱에게(창 28:13; 35:12) 땅을 주실 것을 약속하셨다. 신명기도 여러 차례 이것을 확인하고 있다(신 1:8; 6:10; 9:5; 30:20; 34:4).

### 참고 문헌

Aurelius, E. "Heilsgegenwart im Wort. Dtn 30,11-14," in *Liebe und Gebot: Studien zum Deuteronomium*, Göttingen, 2000, 13-29.

Baker, D. W. "The Uniqueness of the Mosaic Covenant," *South African Judaica* 1 (1984), 1-11.

Barth, C. "Notes on Return in the Old Testament," *Ecumenical Review* 19 (1967), 310-12.

Braulik, G. P. "The Destruction of the Nations and the Promise of return: Hermeneutical observations on the Book of Deuteronomy," *VeE* 25 (2004), 46-67.

-----------, "Gesetz als Evangelium: Rechtfertigung und Begnadigung nach der deuteronomischen Tora," *ZTK* 79 (1982), 127-60.

Brettler, M. Z. "Predestination in Deuteronomy 30.1-10," in L. S. Schearing and S. L. McKenzie, *Those Elusive Deuteronomists*, JSOTS 268, Sheffield, 1999, 171-188.

Brueggemann, W. "The Kerygma of the Deuteronomistic Historian: Gospel for Exiles," *Int* 22 (1968), 387-402.

Cholewinski, A. "Zur theologischen Deutung des Moabbundes," *Bib* 66 (1985), 96-111.

Coxhead, S. R. "Dueteonomy 30:11-14 as a Prophecy of the New Covenant in Christ," *WTJ* 68 (2006), 305-20.

Dus, J. "Der ferne Gott und das nahe Gebot(Eine Studie zum Deuteronomium)," *CV* 7 (1964), 193-200.

Ehrenreich, E. "Tora zwischen Scheitern und Neubeginn. Narrative Rechtshermeneutik im Licht von Dtn 30," *Deuteronomium*, 213-223.

Friedman, R. "The Biblical Expression *mastir pantim*," *HAR* 1 (1977), 139-47.

Gamper, A. "Die heilsgeschichtliche Bedeutung des salominischen Tempelweihgebetes," *ZKT* 85 (1963), 55-61.

Glasson, T. F. "Gospel of Thomas, Saying 3. And Deuteronomy xxx 11-14," *ExpTim* 78 (1966-67), 151-52.

Goldberg, A. M. "Tora aus der Unterwelt? Eine Bemerkung zu Röm 10,6-7," *BZ* 14 (1970), 127-31.

Greenfield, J. C. "Stylistic Aspects of the Sefire Treaty Inscription," *AcOr* 29 (1965), 4.

Haraguchi, T. "A Rhetorical Analysis of Deuteronomy 29-30," *AJT* 15 (2001), 24-37.

Holladay, W. L. "A Proposal for Reflections in the Book of Jeremiah of the Seven-Year Recitation of the Law in Deuteronomy (Deut 31,10-13)," in *Das Deuteronomium*, Leuven, 1985, 326-28.

Jervell, J. "Die offenbarte und die verborgene Tora: Zur Vorstellung über die neue Tora im Rabbinismus," *ST* 25 (1971), 90-108.

Köckert, M. "Das nahe Wort: Zum Gesetzesversändnis im Alten Testament," *TP* 60 (1985), 496-519.

Kutsch, E. "Menschliche Weisung – Gesetz Gottes: Beobachtungen zu einem aktuellen Thema," in *Gott ohne Eigenschaften?* Vienna, 1983, 77-106.

Lemke, W. "The Near and Distant God: A Study of Jer 23:23-24 in Its Biblica Theological Context," *JBL* 100 (1981), 541-55.

Levenson, J. D. "The Paronomasia of Solomon's Seventh Petition," *HAR* 6 (1982), 135-38.

Lohfink, N. "Der Bundesschluss im Land Moab: Redaktionsgeschichtliches zu Dtn. 28:69-32:47," in *Studien zum Deuteronomium und zur deuteronomistischen Literatur* I, Stuttgart, 1990, 53-82.

Mendecki, N. "Dtn 30,3-4 – Nachexilisch?" *BZ* 29 (1985), 267-71.

Schenker, A. "Unwiderrufliche Umkehr und neuer Bund: Vergleich zwischen der Wiederherstellung Israels in Dt 4, 25-31: 30,1-14 und dem neuen Bund in Jer 31, 31-34," *FZPhTh* 27 (1980), 93-106.

Seebass, H. "Landverheißungen am die Väter," *EvT* 37 (1977), 210-29.

Sklba, R. J. "The Call to New Beginnings: A Biblical Theology of Conversion," *BTB* 11 (1981), 67-73.

Suggs, M. J. "The Word Is Near You: Romans 10:6-10 within the Purpose of the Letter," in *Christian History and Interpretation*, Cambridge, 1967, 289-312.

Thompson, J. A. "Israel's Haters," *VT* 29 (1979), 200-205.

Vanoni, G. "Der Geist und der Buchstabe: Überlegungen zum Verhältnis der Testamente und Beobachtungen zu Dtn 30,1-10," *BN* 14 (1981), 65-98.

Veerkammp, T. "Predigt zum Barmen-Jubiläum in Dresden über 5. Mose 30,11-14," *Junge Kirche* 45 (1984), 386-88.

Wells, B. "Deuteronomy 30:6-14," *Int* 61 (2007), 198-200.

Widengren, G. "The Gathering of the Dispersed," *SEÅ* 41-42 (1976-77), 224-34.

# DEUTERONOMY 신명기 31장

A New Translation with Introduction and Commentary

DEUTERONOMY

# D E U T E R O N O M Y

# 신명기 31장

Deuteronomy 31

**내용/구조**

라부샤흐네의 분석에 따르면 31장부터 34장은 신명기의 마지막 부분으로 이스라엘의 미래를 조망하고 있다(신명기 1권, 26페이지). 이 장에서는 먼저 이스라엘의 지도력이 변할 것을 말한다. 모세는 가나안 땅에 들어가지 못한다. 이제 이스라엘을 인도할 새로운 지도자가 필요하다. 여호수아가 모세의 지도력을 이양 받아 이스라엘을 가나안 땅으로 인도할 것이다(1-8).

이스라엘이 가나안 땅에 들어가면 해야 할 일이 있다. 매 칠 년마다 초막절에 이스라엘 백성은 모여야 한다. 그들이 모였을 때에 그들이 들을 수 있도록 공개적으로 율법을 읽어야 한다. 이렇게 함으로써 가나안 땅에서 태어난 미래 세대는 아도나이를 두려워하는 것을 배우게 된다. 다음 세대에게 아도나이 신앙을 전수하는 것이다(9-13).

이스라엘의 지도자는 이제 모세에서 여호수아로 변할 것이다. 이 중요한 시점에 아도나이는 모세와 여호수아를 회막으로 부르신다. 아도나이는 회막에서 구름 기둥으로 나타나셔서 그들에게 말씀하신다. 모세에게 죽을 날이 가까이 왔다고 알려주시며 마지막으로 백성에게 증거의 노래를 가르치라고 명령하신다. 이스라엘이 가나안 땅에 들어가서 살 때, 그들이 아도나이와 맺은 언약을 깨뜨리고 다른 신들을 따라 섬길 때, 아도나이께서 얼굴을 감추실 것이다. 이스라엘은 저주와 재앙을 당하는데, 그때 이 노래는 증거가 될 것이다(14-23).

모세는 아도나이의 명령을 실행한다. 증거의 노래를 다 쓰고 난 후에 레위인들에게 율법을 언약궤 옆에 두어 보관하라고 명령한다. 모세는 자신의 죽음 후에 이스라엘이 어떻게 행동할 것인지를 예언하고 이스라엘 백성에게 이 증거의 노래를 끝까지 들려준다(24-30).

이 장은 다음과 같이 단락을 나눌 수 있다.

1. 모세에서 여호수아로(1-8)
2. 칠 년마다 율법을 낭독하라(9-13)
3 증거의 노래를 가르치라(14-23)
4. 율법 보관과 노래를 가르침(24-30)

## 1. 모세에서 여호수아로(1-8)

마소라 사본은 1-6절까지 단락을 나누고 있지만 내용상 1-8절로 끊는 것이 더 나을 것 같다.

이 단락은 두 부분으로 나눌 수 있다. 첫째, 가나안 땅에 들어가지 못하는 모세는 이스라엘에게 용기를 가질 것을 요구한다. 가나인 민족을 두려워하지 말라고 당부하는데 하나님께서 그들과 동행하시기 때문이다(1-6). 둘째, 모세는 온 이스라엘 회중 앞에서 여호수아에게 강하고 담대하라고 명령하고 이스라엘을 가나안 땅으로 인도할 것을 부탁한다(7-8).

## 번역

1 그리고 모세가 갔다,
그리고 그가 온 이스라엘에게 이 말씀들을 말했다.
2 그리고 그가 그들에게 말했다,
나는 오늘 일백 그리고 이십 년의 아들이다,
내가 더 이상 나가고 들어올 수 없다,
그리고 아도나이는 나에게 너는 이 요단을 건너지 못할 것이라고 말했다.
3 너의 하나님 아도나이 그가 너 앞에서 건너갈 것이다,
그가 이 민족들을 너 앞에서부터 멸하실 것이고 네가 그들을 점령할 것이다,
여호수아 그가 너 앞에서 건너갈 것이다, 아도나이께서 말씀하신 것과 같이.
4 그리고 아도나이께서 그들에게 행하실 것이다,
그가 아모리 왕들 시혼에게 그리고 옥에게 행하신 것 같이,
그리고 그가 그들을 멸망시키신 그들의 땅에게.
5 그리고 아도나이께서 그들을 너희 앞에 두실 것이다,
그리고 너희는 그들에게 행할 것이다,
내가 너희에게 명령한 그 모든 명령을 따라.
6 너희는 강하라 그리고 너희는 담대하라,
너희는 두려워하지 말라 그리고 너희는 떨지 말라 그들 앞에서,
왜냐하면 너의 하나님 아도나이 그가 너와 함께 걸어가는 자이기 때문이다,
그가 너를 떠나지 않을 것이고 그가 너를 버리지 않을 것이다.
7 그리고 모세가 여호수아를 불렀고 그에게 말했다,
온 이스라엘의 목전에서, 강하라 그리고 담대하라,
왜냐하면 너는, 너는 이 백성과 함께 그 땅에 들어갈 것이기 때문이다,
아도나이께서 그들의 조상들에게 그들에게 주기로 맹세한,
그리고 너는, 너는 그것을 그들에게 물려받게 할 것이다.
8 그리고 아도나이 그는 너 앞에서 걸어가는 자이다,
그는 너와 함께 있을 것이다,

그가 너를 떠나지 않을 것이고 그가 너를 버리지 않을 것이다.

너는 두려워하지 말라 그리고 너는 당황하지 말라.

## 주해

1 그리고 모세가 갔다,[1)]

그리고 그가 온 이스라엘에게[2)] 이 말씀들을[3)] 말했다.

## 본문 비교

1) 마소라 사본은 "그리고 모세가 갔고 말했다" וילך משה וידבר인데 반하여 쿰란 사본(1QDeut[b])은 "그리고 모세가 말하기를 마쳤다" ויכל משה לדבר이다. 칠십인 경도 쿰란 사본을 따라 καὶ συνετέλεσεν Μωυσῆς λαλῶν이다. 쿰란과 칠십인 경에 따르면 모세가 앞장(30장)의 말을 끝마친 것이다. 하지만 아퀼라와 테오도치온은 마소라 사본과 같이 καὶ ἐπορεύθη Μωυσῆς, καὶ ἐλάλησε이며 심마쿠스는 καὶ πορευθεὶς Μωυσῆς ἐλάλησε이다. 오리겐의 헥사플라는 이 차이를 지적하고 있다.

2) 칠십인 경은 "온 이스라엘의 아들들" πάντας υἱοὺς이다.

3) 히브리어 필사본들(V[ken1, 69]), 쿰란 사본(1QDeut[b]), 칠십인 경, 벌게이트, 시리아 역본은 "이 모든 말씀들"이다.

마소라 사본은 이 구절로 새로운 단락, "모세의 미래 조망"(31-34장)을 시작한다(신명기 1권 26페이지의 구조분석을 보라). 하지만 쿰란 사본과 칠십인 경에 따르면 이 구절은 앞장의 모든 설교를 마친 것이고 2절부터 새롭게 시작한다(본문 비교 1)을 참고하라).

모세는 출애굽 후세대에게 마지막으로 말한다. 왜냐하면 그는 이스라엘과 함께 요단을 건너지 못할 것이기 때문이다(2절). "온 이스라엘에게"는 출애굽 후세대로 요단을 건너 가나안 땅을 정복하려고 하는 세대이다. "이 말씀들"은 1절에 이어서 나오는 말씀들을 의미한다.

2 그리고 그가 그들에게 말했다,
나는 오늘 일백 그리고 이십 년의 아들이다,[1]
내가 더 이상 나가고 들어올 수 없다,[2]
그리고[3] 아도나이는 나에게 너는 이 요단을 건너지 못할 것이라고 말했다.

**본문 비교**

1) 칠십인 경은 "아들"을 생략한다. 오리겐의 헥사플라는 υἱός를 넣어 줄 것을 제안한다.
2) 칠십인 경은 반대로 "들어오고 나갈 수 없다" εἰσπορεύεσθαι καὶ ἐκπορεύεσθαι로 번역했다.
3) 칠십인 경은 '그리고' καὶ가 아니라 '그러나' δὲ이다.

1절에 이어서 계속 모세의 말이 나온다. "그가 그들에게 말했다"는 모세가 온 이스라엘에게 말했다는 것이다. "나는 오늘 일백 그리고 이십 년의 아들이다"는 모세의 나이 백 이십 세를 말한다. 모세는 사십 년을 이집트의 궁에서 자랐고(행 7:23) 사십 년을 미디안 광야에 있었으며(행 7:30) 이스라엘을 출애굽 시킨 후로 사십 년간 광야에서 이스라엘과 함께 여행했다(행 7:36). 모세의 말 "그가 말했다"와 아도나이의 말 "아도나이는 말했다"가 대조를 이룬다.

모세는 자신의 상태를 설명한다. "내가 더 이상 나가고 들어올 수 없다"는 모세의 육체가 약해져서 출입할 수 없다는 것이 아니다. 모세는 백 이십 살이었음에도 불구하고 그의 눈이 약하지 않고 기력이 쇠하지 않았다(신 34:7). 모세는 신체적으로는 이상이 없었다. 그가 이스라엘 앞에서 더 이상 출입할 수 없는 이유는 아도나이의 말씀 때문이다. "아도나이는 나에게 너는 이 요단을 건너지 못할 것이라고 말했다." 모세가 요단을 건널 수 없는 이유는 이미 말했다(신 1:37). 하지만 모세는 요단을 건너가기를 원했다. 그래서 다시 한 번 아도나이께 간구했으나 거절당했다(3:25-27). 아도나이께서 이제 더 이상 모세가 이스라엘을 인도할 수 없다고 선언하셨다. 모세는 이제 지도권을 여호수아에게 이양해야 하기 때문이다(신 3:28; 31:3, 7-8).

3 너의 하나님 아도나이[1] 그가 너 앞에서[2] 건너갈 것이다,[3]
그가 이 민족들을 너 앞에서부터 멸하실 것이고 네가 그들을 점령할 것이다,
[4]여호수아 그가 너 앞에서[2] 건너갈 것이다,[3] 아도나이께서 말씀하신 것과 같이.

**본문 비교**

1) 탈굼 네오피티는 "너희의 하나님 아도나이" 뒤에 "그의 세키나의 영광" **דאיקר שכינתיה**를 그리고 탈굼 프쉬도 요나단은 "그의 세키나" **שכינתיה**를 덧붙인다.
2) 탈굼 네오피티와 탈굼 프쉬도 요나단은 복수 "너희 앞에서"이다.
3) 사마리아 오경은 마소라 사본의 분사 앞에 정관사를 갖고 있어 "건너는 자" **העבר**이다. 사마리아 오경은 "아도나이 너의 하나님, 그가 너 앞에서 건너는 자이다"로 번역할 수 있다. 칠십인 경도 정관사를 가지고 있어 "앞서 가는 자" *ὁ προπορευόμενος*이지만 3인칭 대명사 "그" **הוא**를 생략한다. 칠십인 경은 "너의 하나님 주님 너의 앞에서부터 그 앞서 가는 자"로 번역할 수 있다.
4) 사마리아 오경, 칠십인 경, 벌게이트는 "그리고"를 갖고 있다.

이 구절은 다음과 같이 대조를 이루고 있다. 아도나이(A)와 여호수아(A')는 서로 대조를 이루어 이스라엘의 인도자가 누구인지를 보여주고 있다. 그리고 가운데 X는 하나님의 행동과 이스라엘의 행동을 말한다. 하나님이 먼저 행동하심으로 이스라엘이 그 결과를 얻을 것을 설명하고

있다. 마지막으로 다음 전치사구에 주목해야 한다. "너 앞에서"(A), "너 앞에서부터"(X), "너 앞에서"(A′). 이스라엘 앞에서 인도하는 자가 누구인지를 보여주고 있다.

A 너의 하나님 아도나이 그가 너 앞에서 건너갈 것이다.

X 그가 이 민족들을 너 앞에서부터 멸하실 것이고 네가 그들을 점령할 것이다.

A′ 여호수아 그가 너 앞에서 건너갈 것이다, 아도나이께서 말씀하신 것과 같이.

먼저 모세는 "너의 하나님 아도나이 그가 너 앞에서 건너갈 것이다" 하고 선언한다. 모세는 이스라엘 앞에서 요단을 건너가지 못하지만(2절) 아도나이께서 "너 앞에서" 즉 이스라엘 앞에 서서 건너가신다. 이스라엘의 지도자는 모세에서 여호수아로 바뀌지만 하나님의 구속 계획은 변함이 없다. 이스라엘의 참된 지도자는 "너의 하나님 아도나이"이다. 사람들은 계속 이 세상에 왔다가 간다. 사람들은 바뀌지만 하나님은 여전히 계시며 자신의 구원 계획들을 역사 속에서 이루어 가신다.

아도나이께서 이스라엘 앞에서 가시며 "그가 이 민족들을 너 앞에서부터 멸하실 것"이다. 하나님께서 행하실 일을 설명한다. 가나안 땅에 이방 민족들이 강하고 성들은 높고 튼튼하지만, 아낙 자손들이 거기에 거주하고 있지만(신 1:28) 하나님이 앞서 가셔서(신 1:30) 그들을 멸하실 것이다. 하나님이 이스라엘을 위하여 싸워 주신 결과는 "네가 그들을 점령할 것이다"로 나타난다. "점령할 것이다"는 '차지할 것이다,' '소유할 것이다'이다. 이스라엘이 가나안 민족들을 정복할 것을 말한다. 비록 그들이 강하고 크지만 아도나이께서 앞서 가시기 때문에 이스라엘은 그들을 정복할 수 있다.

모세는 요단을 건너가지 못한다. 이제 이스라엘의 지도자는 여호수아이다. "여호수아 그가 너 앞에서 건너갈 것이다." 여호수아가 이스라엘을 이끌고 요단을 건너 가나안 땅으로 들어가서 정복 전쟁을 수행할 것이다. 이것은 "아도나이께서 말씀하신 것과 같이" 이루어질 것이다. "말씀하신 것과 같이"는 '약속한 것과 같이'라는 의미이다.

4 그리고 아도나이께서 그들에게 행하실 것이다,
그가 아모리[1] 왕들[2] 시혼에게 그리고 옥에게 행하신 것 같이,
그리고 그가 그들을 멸망시키신[3] 그들의 땅에게.

**본문 비교**

1) 칠십인 경은 "아모리" 뒤에 관계 대명사 절 "요단 건너편에 있었던" οἳ ἦσαν πέραν τοῦ Ἰορδάνου을 가지고 있다.
2) 칠십인 경은 "두 왕들에게"로 "둘" τοῖς δυσι을 덧붙인다.
3) 칠십인 경은 히브리어 관계 대명사 אשר를 καθότι로 번역하여 "그가 그들을 멸망시켰던 대로" καθότι ἐξωλέθρευσεν αὐτούς로 해석한다.

이 구절은 과거에 아도나이께서 요단 동편의 아모리 왕들에게 행하신 일들을 근거로 가나안 땅의 민족들에게 행하실 일들을 미리 설명하고 있다. 여기서 "그들에게"는 3절의 "이 민족들"로 가나안 땅에 살고 있는 이방 민족들을 말한다. 아도나이께서 이스라엘 앞서 건너가셔서 행하실 일들을 설명한다. 즉 가나안 민족들을 멸망시킬 것이다(3). 아도나이께서 이렇게 행하실 일은 이미 요단 동편에 있던 두 왕들에게 행하신 일들과 같다. 다음 구절에서 관계 대명사 절을 잠시 떼어 놓으면 "그가 아모리 왕들 시혼에게 그리고 옥에게 그리고 그들의 땅에게 행하신 것 같이"이다. 아도나이께서 요단 동편의 두 왕들 시혼과 옥에게 행한 것같이 가나안 땅에 있는 민족들에게 행하실 것이다.

5 그리고 아도나이께서 그들을 너희 앞에[1] 두실 것이다.[2]
그리고 너희는 그들에게 행할 것이다,
내가 너희에게 명령한 그 모든 명령을 따라.[2]

**본문 비교**

1) 쿰란 사본(1QDeut$^{b}$)은 단수 "너 앞에"이다. 칠십인 경 랄프(Rahlfs) 편집은 "앞에"를 생략하여 "너희에게" ὑμῖν이다. 베버(Wevers) 편집은 "너희 앞에"이다.
2) 칠십인 경은 "넘겨줄 것이다" παρέδωκεν으로 번역한다.
3) 칠십인 경은 히브리어보다 짧게 "내가 너희에게 명령한 것 같이" καθότι ἐνετειλάμην ὑμῖν으로 번역한다.

아도나이께서 가나안 민족들을 이스라엘의 세력 아래에 주실 것을 말한다. "두실 것이다"는 '주실 것이다'로 칠십인 경과 같이 '넘겨주실 것이다'라는 의미이다. 그 후에 이스라엘은 그들을 정복할 수 있다. "그리고 너희는 그들에게 행할 것이다."는 아도나이께서 행동하신 후에 그 결과로 이스라엘이 가나안 민족들과 땅을 차지할 수 있다는 것을 말한다. "내가 너희에게 명령한 그 모든 명령을 따라"는 '내가 너희에게 명령한 그 모든 명령과 같이'로 모세가 출애굽 후세대에게 명령한 대로 행동하라는 것이다. 이스라엘이 모세를 통하여 주어진 하나님의 명령에 순종할 때 가나안 정복이 순조로울 것을 말한다.

6 너희는 강하라 그리고 너희는 담대하라[1]
너희는 두려워하지 말라 그리고 너희는 떨지 말라[2] 그들 앞에서,
왜냐하면 너의 하나님 아도나이 그가[3] 너와 함께[4] 걸어가는 자이기 때문이다,
그가 너를 떠나지 않을 것이고 그가 너를 버리지 않을 것이다.[5]

**본문 비교**

1) 마소라 사본은 복수 "너희는 강하라 그리고 너희는 담대하라"인 데 반하여 칠십인 경은 단수 "너는 강하라 그리고 너는 담대하라"이다. 칠십인 경은 "너는 강하라"를 "너는 남자답게 행동하라" ἀνδρίζου로 번역한다.
2) 계속해서 마소라 사본은 복수 "너희"인 데 반하여 칠십인 경은 단수 "너"이다. 마소라 사본은 "너희는 두려워하지 말라 그리고 너희는 떨지 말라"인 데 반하여 칠십인 경은 "너는 두려워 말라, 너는 겁내지 말라, 너는 놀라지 말라" μὴ φοβοῦ μηδὲ δειλία μηδὲ πτοηθῇς이다. 오리겐의 헥사플라는 "너는 놀라지 말라"가 덧붙여졌음을 지적한다.
3) 탈굼 옹켈로스는 "그의 말씀" מימריה이며 탈굼 네오피티는 "세키나의 영광" איקר שכינתיה 이며 탈굼 프쉬도 요나단은 "세키나" שכינתיה이다.
4) 마소라 사본은 단수 "너와 함께"인 데 반하여 칠십인 경은 복수 "너희와 함께"이며 여기에 "너희 가운데에" μεθ' ὑμῶν ἐν ὑμῖν을 덧붙인다. 오리겐의 헥사플라는 이것을 지적한다.
5) 마소라 사본은 여기에 페투카(פ)를 두어 단락을 나누고 있다.

두 개의 긍정적인 명령형이 나오고 있다. "너희는 강하라"는 '너희는 강해져라'이다. "너희는 담대하라" 역시 '너희는 담대해져라' 또는 '용기를 내라'이다. 모세는 요단을 건너려고 하는 이스라엘에게 용기를 낼 것을 명령한다. 왜냐하면 그들은 가나안 민족들과 전쟁을 해야 하기 때문이다. 가나안 사람들을 몰아내고 그 땅을 차지해야 하는 임무가 그들 앞에 놓여 있다. 여기서는 모세가 이스라엘에게 강하고 담대하라고 명령한다. 또한 하나님은 모세에게 여호수아를 강하게 할 것을 명령하셨다(신 1:38; 3:28). 나중에 하나님은 직접 가나안 땅을 정복하기 위하여 이스라엘을 인도할 여호수아에게 강하고 담대할 것을 명령하고 계신다(수 1:6, 7, 9). 이스라엘이 강해질 수 있는 방법은 아도나이의 명령에 순종하는 것이다(신 11:8).

위에서 긍정적인 명령형이 나온 반면 여기서는 부정적인 명령이 나온다. 물론 형태는 미완료형으로 주어졌지만 명령으로 번역할 수 있다. "너희는 두려워하지 말라 그리고 너희는 떨지 말라 그들 앞에서(그들 때문에)." 모세는 가나안 땅을 정복하려고 준비하는 출애굽 세대에게 당부하고 있다. 이들은 전쟁을 치러야 하기 때문이다. 전쟁을 앞 둔 군인에게 두려움은 큰 적이다. 전쟁 중에 자신이, 형제나 동료가 죽거나 부상당할지 모르기 때문에 군인들은 두려워한다. 모세는 이런 이스라엘에게 두려워하지 말라, 무서워하지 말라고 명령한다. "두려워하지 말라"는 명령은 출애굽 세대가 가데스 바네아에서 가나안 땅을 정복하려고 할 때에도 주어졌다(신 1:21). 하지만 그들은 거인 족인 아낙 자손과 튼튼한 성을 보고 두려움에 빠졌다. 이때 모세는 이스라엘에게 다시 "무서워 말라, 두려워 말라"고 권면했지만 그들은 듣지 않았고(신 1:29) 결국 이스라엘은 일 차 가나안 정복 전쟁에서 실패했다. 세월이 흘러 다시 이스라엘이 요단 동편을 점령할 때, 바산 왕 옥과 전쟁할 때, 하나님은 모세에게 두려워하지 말라고 말씀하셨다(신 3:2). 이스라엘은 하나님의 명령에 순종했고 그 땅을 정복했다. "두려워 말라"는 명령은 전쟁을 앞두고 자주 주어진다. 실제 전투를 앞둔 군인들 마음에는 당연히 두려움이 든다. 하지만 전능하신 하나님이 이스라엘과 함께 출전하기 때문에 두려워할 이유가 없다(신 20:1).

이 구절에서도 이스라엘이 용기를 내어 정복 전쟁에 임하고 가나안 민족들을 두려워하지 말아야 할 것은 접속사 "왜냐하면"이 잘 설명해주고 있다. "왜냐하면 너의 하나님 아도나이는 그가 너와 함께 걸어가는 자이기 때문이다." 이스라엘이 두려워하지 말아야 할 이유는 아도나이께서 "너와 함께" 걸어가시기 때문이다.

하나님이 이스라엘과 동행하실 것을 두 개의 동사로 더 자세하게 설명한다. "그가 너를 떠나지 않을 것이고 그가 너를 버리지 않을 것이다." 하나님이 이스라엘의 왕으로서 전쟁에 함께 하신다. 하나님이 왕으로서 전쟁 임무를 수행하는 것이다(신 20:1-4). "떠나지 않을 것이다"는 '버리지 않을 것이다,' '유기하지 않을 것이다'이다. "버리지 않을 것이다"는 '포기하지 않을 것이다' 또는 '저버리지(떠나지) 않을 것이다'이다. 하나님이 이스라엘을 포기하지 않고 함께 하심으로 이스라엘이 가나안 정복에 실패하지 않을 것을 말한다.

7 그리고 모세가 여호수아를 불렀고 그에게 말했다,
온 이스라엘의 목전에서, 강하라 그리고 담대하라,
왜냐하면 너는, 너는 이 백성과 함께[1] 그 땅에 들어갈 것이기[2] 때문이다,
아도나이께서 그들의 조상들에게[3] 그들에게 주기로 맹세한,
그리고 너는, 너는 그것을 그들에게 물려받게 할 것이다.

**본문 비교**

1) 칠십인 경은 "앞에서" *πρὸ προσώπου*이다.
2) 마소라 사본은 칼 형 **תבוא**인 데 반하여 사마리아 오경은 히필형 **תביא**이다(벌게이트와 시리아 역 역시 히필형).
3) 칠십인 경은 "우리의 조상들에게" *τοῖς πατράσιν ἡμῶν*이다.

모세가 온 이스라엘에게 말한 후에(1) 이제 여호수아에게 말한다(7). "온 이스라엘의 목전에서"는 '온 이스라엘의 눈 앞에서'이다. "강하라 그리고 담대하라"는 '너는 강하라 그리고 너는 담대하라'로 6절의 "너희는 강하라 그리고 너희는 담대하라"와 인칭만 다를 뿐 같은 단어이다. 모세는 이스라엘 백성과 그들의 지도자인 여호수아에게 같은 말을 하고 있다. 이들은 지금 같은 상황에, 요단을 건너 가나안 땅을 점령해

야 할 상황에 처해 있기 때문에 모세가 이런 권면을 주고 있는 것이다.

접속사 "왜냐하면"은 여호수아가 왜 담대해야 하는지를 설명한다. 인칭 대명사 "너는"이 나와서 강조하고 있다. 이스라엘을 인도할 백성이 "너, 너는"으로 여호수아를 말한다. 모세는 이스라엘과 함께 그 땅에 들어가지 못하지만 "너, 너는" 즉 여호수아는 그 땅에 들어간다. "그 땅에"는 관계 대명사 절을 갖고 있다. 이것을 연결해서 번역해 보면, "왜냐하면 너는, 너는 이 백성과 함께 아도나이께서 그들의 조상들에게 그들에게 주기로 맹세한 그 땅에 들어갈 것이기 때문이다"이다. 여호수아가 수행해야 할 임무를 말한다.

하나님은 아브라함과 이삭과 야곱에게 계속 가나안 땅을 주실 것을 약속하셨다(창 12:1, 7; 13:15; 15:18; 17:8; 26:3; 28:13). 그 약속이 이제 여호수아에 의해서 성취될 것이다. 다시 인칭 대명사 "너는"이 강조되고 있다. 이스라엘을 약속의 땅으로 인도할 사람은 "너" 즉 여호수아이다. "너는 그것을 그들에게 물려받게 할 것이다." 여호수아가 이스라엘에게 가나안 땅을 유업 또는 기업으로 차지하게 할 것이다. 이스라엘의 조상들 아브라함과 이삭과 야곱은 가나안 땅에 대한 약속을 받았지만 그 약속이 실현되는 것을 보지 못했다. 이제 여호수아가 그 약속이 실현시킬 것, 가나안 땅을 정복할 것이다. 이것을 보면 하나님의 약속은 실현될 때가 있다. 하나님께서 정확하게 언제 가나안 땅을 주실 것인지를 말씀하지 않았지만 하나님이 아브라함에게 약속하실 때에 "사백 년" 그리고 "사대" 후에 이루어질 것을 말씀하셨다(창 15:13, 16). 하나님의 말씀은 역사 속에서 성취될 때가 있다(참고 시 105:19). 이래서 하나님의 말씀을 믿고 인내하며 기다리는 사람은 하나님의 약속이 현실 속에서 이루어지는 것을 경험할 수 있다.

8 그리고 아도나이 그는[1] 너 앞에서 걸어가는 자이다,

그는[2] 너와 함께 있을 것이다,[2)3)]

그가 너를 떠나지 않을 것이고 그가 너를 버리지 않을 것이다.

너는 두려워하지 말라 그리고 너는 당황하지 말라.

**본문 비교**

1) 칠십인 경은 인칭 대명사 "그"를 생략한다. 오리겐의 헥사플라는 "그" αὐτὸς를 넣어줄 것을 제안한다. 탈굼 네오피티는 "주의 말씀, 그의 세키나의 영광"이며 탈굼 프쉬도 요나단은 "주의 말씀, 그의 세키나"이다.
2) 칠십인 경은 인칭 대명사 "그"와 동사 "있을 것이다"를 생략한다. 오리겐의 헥사플라는 "그" αὐτὸς와 동사 "있을 것이다" ἔσται를 넣어줄 것을 제안한다.
3) 탈굼 옹켈로스는 "그의 말씀이 너의 도움일 것이다" **מימריה יהא בסעדך**로 해석한다(탈굼 프쉬도 요나단 역시). 탈굼 네오피티는"그가 너의 도움일 것이다"이다.

첫 문장은 동사가 없는 명사 문장이다. 직역을 해보면 "그리고 아도나이 그는 너 앞에서 걸어가는 자"에 동사 '~이다'를 넣어준 것이다. 여기서 "너 앞에서"는 '여호수아 앞에서'이다. 하나님께서 앞서 가신다는 것은 하나님이 여호수아를 인도하시며 보호하신다는 것이다(참고 신 1:30, 33). 더 나아가 모세는 "그는 너와 함께 있을 것이다"하고 말한다. 아도나이께서 가나안 땅 정복 전쟁을 지휘하는 여호수아와 동행하실 것을 확신시키고 있다. 모세의 이 말은 후에 하나님께서 여호수아에게 직접 말씀하셔서 다시 한 번 확인해 주셨다(수 1:5). 모세의 강력한 지도력은 하나님의 동행에서 나왔다. 이제 하나님이 여호수아와 동행하심으로 여호수아는 모세에게 있었던 강력한 지도력과 카리스마를 소유할 것이다.

모세는 아도나이께서 여호수아를 보호하시며 지키실 것을 다시 말한다. "그가 너를 떠나지 않을 것이고 그가 너를 버리지 않을 것이다." 이 약속은 이스라엘에게도 주어진 것이었다(6). 하나님이 함께 하심으로 여호수아는 혼자 있지 않을 것이며 가나안 정복 전쟁에서 실패하지 않을 것이다. 모세는 다시 여호수아에게 "너는 두려워하지 말라 그리고 너는 당황하지 말라." 하고 권면한다(참고 신 1:21). 하나님이 동행하시기 때문에 여호수아는 가나안 민족을 무서워할 필요가 없다. 당황하거나 실망할 필요가 없다. 가나안 정복 전쟁은 하나님의 약속이 성취되는 전쟁이기 때문에 하나님께 속한 전쟁이다.

## 2. 칠 년마다 율법을 낭독하라(9–13)

모세는 율법을 다 기록한 후에 출애굽 세대에게 가나안 땅에 들어가서 정착한 후에 해야 할 일을 명령한다. 매 칠 년마다 초막절에 이스라엘 백성을 중앙 성소에 소집한 후에 그들에게 율법을 공개적으로 낭독하라고 한다. 여기에 여자들과 아이들도 포함된다. 이렇게 할 때 이스라엘이 아도나이를 경외하는 것을 배우게 될 것이다.

### 번역

9 네가 그것을[1] 행하여 내가 오늘 너에게[2] 명령한 이 모든 계명을[3] 지킬 때,
너의 하나님 아도나이를 사랑하기 위해, 그리고 그의 길들 안에 걷기 위해, 모든 날에,
그리고 너는 너를 위해 다시 세 성읍을 더할 것이다, 이 셋 위에.

### 주해

9 그리고 모세는 이 율법을[1)2)] 기록했다,
그리고 그는 그것을[3] 주었다 그 제사장들에게, 레위의[4] 아들들,
아도나이의 언약궤를 메는 자들,

그리고 이스라엘의 모든[5] 장로들에게

**본문 비교**

1) 칠십인 경은 "이 율법의 말씀들" τὰ ῥήματα τοῦ νόμου τούτου 이다.
2) 쿰란 사본(4QDeut[h])은 여기에 "책 위에" על ספר을 그리고 칠십인 경은 "책 안에" εἰς βιβλίον를 덧붙인다. 오리겐의 헥사플라는 이것이 덧붙여졌음을 별표로 지적한다.
3) 칠십인 경은 "그것을" 생략한다. 오리겐의 헥사플라는 이것을 넣어줄 것을 제안한다.
4) 탈굼 네오피티는 "지파" שבטה을 덧붙인다.
5) 칠십인 경과 탈굼 네오피티는 "모든"을 생략한다. 칠십인 경은 대신 "이스라엘의 아들들의" τῶν υἱῶν Ισραηλ이다.

이 구절에 따르면 모세가 신명기를 썼다. 모세의 저작권을 말한다. "그리고 모세는 이 율법을 기록했다." "이 율법"은 신명기를 의미한다. 신명기에 계속 나오고 있다(1:5; 4:8; 17:18, 19; 27:3, 8, 26; 28:58, 61; 29:20, 28; 30:10; 31:9, 11, 12, 24; 32:46. 자세한 설명은 신 1:5을 참고하라). 모세는 요단 건너편 모압 땅에서 "이 법"을 설명하고(1:5) 이스라엘 앞에 "이 법"을 두며(4:8) 모세는 이스라엘에게 요단을 건너 가나안 땅에 들어가서 석회를 바른 큰 돌 위에 "이 법"을 기록하라고 하며(27:3, 8) "이 법"을 지키지 않는 사람들에게 저주가 임할 것을 선언하라고 명령한다(27:26). 모세는 이스라엘에게 "이 법"을 지키지 않으면 저주가 올 것을 말하고(28:58, 61) "이 법"을 지키라고 명령한다(32:46). 모세는 이스라엘에게 매 칠 년 초막절에 "이 법"을 낭독할 것을 명령한다(31:11-12). 그리고 모세는 "이 법"을 기록한다(31:9, 24). 이 구절은 모세가 "이 법" 즉 신명기를 기록했다고 확인하고 있다.

"그는 그것을 주었다"는 모세가 이 율법을 주었다는 것이다. "그 제사장들에게"는 뒤이어서 나오는 표현들이 누구인지를 설명한다. "레위의 아들들, 아도나이의 언약궤를 메는 자들"이다("궤"에 대한 설명은 신명기 10장 3절의 주해를 참고하라). 더 흥미로운 사실은 제사장들과 더불어 "이스라엘의 모든 장로들"이 "이 율법"을 보관할 책임을 맡은 것이다.

10 그리고 모세가 그들에게 명령했다,[1)] 말하기를,
칠 년 끝에, 그 면제 년의 정한 때에, 그 초막절에.

**본문 비교**

1) 칠십인 경은 여기에 "그 날에" *ἐν τῇ ἡμέρᾳ ἐκείνῃ*를 덧붙인다. 오리겐의 헥사플라는 이것이 첨가되었음을 별표로 지적한다.

모세가 "이 율법"을 다 기록하고(9) "그들에게" 즉 제사장들과 장로들에게 명령한다. 모세의 말은 10b부터 13절까지 나온다. 세 개의 전치사구가 나온다. 모두 "~에"로 번역했지만 사실 전치사가 다르다. "칠 년 끝에"는 전치사 מ가, "그 면제 년의 정한 때에"는 전치사 ב가 그리고 "그 초막절에"는 전치사 ב가 사용되었다. "칠 년 끝에"는 "끝에서부터"로 칠 년이 끝날 언저리를 말한다. 이것은 매 칠 년을 의미한다. "그 면제 년의 정한 때에"는 "면제 년"은 칠 년 끝에 있다(신 15:1. 더 자세한 설명은 15:1-11의 주해를 참고하라). "정한 때에"는 '정한 시간'을 뜻한다. 이 때는 다시 "그 초막절에"로 설명한다. 초막절은 장막절로도 불리며 모든 추수를 마치고 지키는 절기로 일곱째 달 열닷샛날이다(출 23:16; 34:22; 레 23:33-43; 민 29:12-39; 신 16:13-17. 초막절에 대한 자세한 설명은 신명기 16:13-17의 주해를 참고하라).

11 온 이스라엘이 너의 하나님 아도나이 앞에 보이려고[1)] 올 때,

그가 선택하실[2] 그 장소에,

너는[3] 이 율법을 읽을 것이다, 온 이스라엘 앞에서, 그들의 귀들에.

**본문 비교**

1) 마소라 사본은 니팔 부정사 לראות인 데 반하여 사마리아 오경은 히필 부정사 להראות이다. McCarthy는 니팔형 보다는 칼형(자음은 같은데 모음이 다름)이 원래 형태일 것이라고 제안한다(BHQ p. 89). 이것을 לראות את פני יהוה אלהיך 칼형으로 번역을 하면 "너의 하나님 아도나이의 얼굴을 보려고"이다. 영의 번역이 이와 같다: "in the coming in of all Israel to see the face of Jehovah in the place which He chooseth"(YLT)
2) 마소라 사본은 미완료형 יבחר 인 데 반하여 사마리아 오경은 완료형 בחר이다. 칠십인 경 역시 완료형이며 주어 "주님"이 ἐκλέξηται κύριος있다. 오리겐의 헥사플라는 "주님"이 덧붙여졌음을 지적한다.
3) 마소라 사본은 2인칭 단수인 데 반하여 쿰란 사본(4QDeut[b])과 칠십인 경은 2인칭 복수이며(오리겐의 헥사플라는 이 차이를 지적한다) 사마리아 오경은 3인칭 단수이다.

초막절에 온 이스라엘이 모인다. 모이는 목적은 "온 이스라엘이 너의 하나님 아도나이 앞에 보이려고"이다. "보이려고"는 니팔형으로 '자신을 보이려고' 오는 것이다(본문 비교 1)을 참고). 만 20세 이상의 모든 이스라엘의 남자들은 삼대 절기 때(유월절, 칠칠절, 초막절)에 아도나이께 얼굴을 보이려고 와야 한다(신 16:16).

온 이스라엘의 남자들이 모이는 장소는 "그가 선택하실 그 장소"이다. 이곳은 가나안 땅에서 아도나이께서 모든 지파들 가운데서 특별히 선택하실(뽑으실) 하나의 장소이다. 이곳은 아도나이께서 자신의 이름을 두는 곳이며 아도나이께서 거하시는 곳이다. 이곳으로 모든 이스라엘은 번제물을 가지고 와서 제사를 드려야 한다(신 12:5-6, 13-14). 모든 예배가 집중되는 곳이다. 이래서 이곳을 중앙 성소라고 부른다(신명기 2권, 194-200 참고).

여기서 초막절은 매년 있는 절기가 아니라 칠 년째 즉 면제 년의 초막절이다. 칠 년마다 돌아오는 초막절에 온 이스라엘이 중앙 성소에 모였을 때, 모세는 이스라엘이 행해야 할 일을 명령한다. "너는 이 율법을 읽을 것이다, 온 이스라엘 앞에서, 그들의 귀들에." 이것은 '너는 이 율법을 읽어야 한다'는 명령이다. 온 이스라엘이 성소에 모였을 때, 그들이 들을 수 있도록 토라를 공개적으로 낭독할 것을 말한다.

12 그 백성을 모으라,[1] 남자들과 여자들 그리고 자녀,
그리고 너의[2] 문들 안에[3] 있는 너의 체류객을,[4]
그들이 듣기 위하여 그리고 그들이 배우고
그들이 너희의 하나님 아도나이를 두려워하고[5]
이 율법의 모든 말씀들을 행하기를 준수하기[6] 위하여.

**본문 비교**

1) 히브리어는 히필 명령형인 데 반하여 칠십인 경의 헬라어는 과거 능동 분사 ἐκκλησιάσας로 번역한다. 일부 사본들은 명령형 ἐκκλησιάσεντες로 번역한다(A F M V).
2) 칠십인 경은 복수 ὑμῶν이다.
3) 탈굼 네오피티는 "너희의 땅 안에" בארעכון이다.
4) 칠십인 경은 "개종자" τὸν προσήλυτον이다(탈굼 옹켈로스 역시).
5) 히브리어는 완료 동사(바브 연속) ויראו인 데 반하여 사마리아 오경은 미완료형 וייראו이다. 칠십인 경 헬라어는 부정사 φοβεῖσθαι이다.
6) 칠십인 경은 히브리어 동사와 달리 "그들이 들을 것이다"

ἀκούσονται이다.

모세는 이스라엘이 가나안 땅에 들어가서 칠 년 초막절에 해야 할 일을 말하고 있다. "그 백성을 모으라"는 '너는 그 백성을 부르라' 또는 '소집하라'이다. 백성을 소집하는 이유는 토라를 들려주기 위해서이다(11). "그 백성"이 누구를 의미하는지 자세한 설명이 나온다. "남자들과 여자들 그리고 자녀 그리고 너의 문들 안에 있는 너의 체류객"이다. 여자들과 아이들도 율법을 들어야 한다. 이들이 포함되어 있다는 사실에 주목해야 한다. 왜냐하면 모압 언약의 파트너에는 여자들과 어린아이들도 포함되어 있었기 때문이다(신 29:11). "체류객"은 '나그네'로서 이스라엘 내에 머물고 있는 이방인을 뜻한다.

이스라엘 백성이 소집되는 목적은 두 개의 불변화 접속사 "~위하여" **למען**가 보여준다. 첫째는 "그들이 듣기 위하여"이다. 모인 백성이 토라를 들어야 한다는 것을 말한다. 두번째 접속사는 세 개의 동사 "배우고… 두려워하고… 준수하기"를 지배한다. 이스라엘 백성은 들은 토라 내용을 통하여 교육을 받아야 한다. "배우고 두려워하고"는 '그들이 배울 것이고 두려워할 것이다 너희의 하나님 아도나이를'이다. 이것은 '그들이 너희의 하나님 아도나이를 두려워하기를 배울 것이다.'라는 의미이다. 이것은 칠십인 경의 번역을 따라 해석한 것이다(위 본문 비교 5)를 참고). '배울 것이다'는 '배우기 위하여'의 뜻이다. 토라를 통하여 아도나이 경외를 배워야 한다는 의미이다.

이스라엘은 토라를 '듣고 배우고 아도나이를 두려워'해야 한다. 이것은 모두 행동으로 나타나야 한다. "이 율법의 모든 말씀들을 행하기를 준수하기 위하여." 교육의 목적은 삶 속에서 실천하게 하기 위해서이다. 토라는 어떤 이상적인 가르침이나 고상한 철학을 논하지 않는다. 토라는 듣는 데서 그치는 것이 아니라 삶 속에서 "준수하기" 위한 것 즉 지켜야 할 것이다. 토라를 배우는 것은 실천이 동반되어야 한다. 신명기는 계속 토라를 지켜야 할 것을 강조하고 있다는 사실에 주목해야 한다.

13 그리고 그들이 알지 못하는 그들의 아들들이
들을 것이고 너희의[1] 하나님 아도나이를[2] 두려워하기를 배울 것이다
너희가[3] 살아 있는 모든 날들에 그 땅 위에서,
너희가 그것을 점령하기 위하여 거기로 요단을 건너가는.[4]

**본문 비교**

1) 사마리아 오경, 벌게이트, 시리아 역은 3인칭 복수 "그들의 하나님"이다.
2) 탈굼 옹켈로스, 탈굼 네오피티, 탈굼 프쉬도 요나단은 "주님 앞에서"이다.
3) 사마리아 오경, 칠십인 경, 벌게이트는 3인칭 복수 "그들이"이다.
4) 마소라 사본은 페투카(פ)를 두어 단락을 나누고 있다.

매 칠 년마다 율법을 낭독함으로 인하여 발생하는 결과를 말한다. "그들이 알지 못하는 그들의 아들들이"는 미래의 세대를 뜻한다. 요단을 건너가는 세대가 가나안 땅에서 매 칠 년마다 율법을 낭독할 때, 가나안 땅에서 태어난 아들들이 그 율법을 들을 것이다. "들을 것이고 너희의 하나님 아도나이를 두려워하기를 배울 것이다"는 '그들의 아들들이 들을 것이고 그들이 너희의 하나님 아도나이를 경외하기를 배울 것이다'이다. 아도나이를 경외하는 신앙이 토라 낭독을 통해서 다음 세대로 전수되는 것이다. 이것은 교육의 힘이다. 매 칠 년마다 백성을 모아서 율법을 낭독할 때 생기는 결과이다.

다음 구절은 이러한 일들이 발생하는 장소를 말한다. "그 땅 위에서"는 관계 대명사 절을 갖고 있다. 그것을 이어서 번역해 보면 "너희가 살아 있는 모든 날들에, 너희가 그것을 점령하기 위하여 거기로 요단을 건

너가는 그 땅 위에서"이다. 그리고 토라 낭독과 아도나이를 경외하는 신앙 전수는 "너희가 살아 있는 모든 날들에" 이루어져야 한다.

## 3. 증거의 노래를 가르치라(14-23)

이 단락은 아도나이의 말씀으로 구성되어 있다. 하나님은 모세가 죽기 전에 마지막으로 해야 할 일을 명령하신다. 먼저 하나님은 모세와 여호수아에게 회막에서 나타나신다. 아도나이께서 모세에게 말씀하신 것이 두 번 나오는데, 첫째는 모세에게 여호수아를 불러오라는 것이다(14-15). 둘째는 아도나이께서 나타나셔서 이스라엘의 배교를 말씀하신다(16-21). 이스라엘은 아도나이와 맺은 언약을 깨뜨리고 가나안 땅에 들어가서 다른 신들을 따라갈 것이다. 그때 하나님은 그의 얼굴을 숨길 것이다. 하나님은 이스라엘의 배교를 대비하여 모세에게 증거의 노래를 가르치라고 명령하신다. 모세는 아도나이의 명령대로 이 노래를 다 기록하고 가르친다(22). 마지막으로 아도나이는 여호수아에게 이스라엘 백성을 가나안 땅으로 인도하라고 명령한다(23).

### 번역

14 그리고 아도나이께서 모세에게 말했다,
보라 너의 날들이 죽음에 가까이 왔다, 여호수아를 부르라,
그리고 너희는 회막에 서라 그리고 내가 그에게 명령할 것이다,
그리고 모세와 여호수아가 갔고 그들이 회막에 섰다.
15 그리고 아도나이께서 그 장막에 구름 기둥으로 나타나셨다,
그리고 그 구름 기둥이 그 장막 문 위에 서 있었다.
16 그리고 아도나이께서 모세에게 말했다,
보라 너는 너의 조상들과 함께 눕는다,

그리고 이 백성은 일어날 것이고 그 땅의 외국 신들을 따라 음행할 것이다,
그가 거기로 그 가운데로 들어가는,
그리고 그가 나를 버릴 것이고 내가 그와 맺은 나의 언약을 깨뜨릴 것이다.
17 그리고 나의 진노가 그 날에 그에 대하여 타오를 것이다,
그리고 내가 그들을 버릴 것이고 내가 나의 얼굴을 그들로부터 숨길 것이다,
그리고 그가 파괴될 것이고 많은 악들과 고통들이 그를 발견할 것이다,
그리고 그 날에 그가 말할 것이다,
나의 하나님이 내 가운데 없기 때문에 이 악들이 나를 발견한 것 아닌가?
18 그리고 내가, 내가 그 날에 확실히 나의 얼굴을 숨길 것이다,
그가 행한 모든 악 때문에,
왜냐하면 그가 다른 신들에게 돌이켰기 때문이다.
19 그리고 이제 너희를 위하여 이 노래를 기록하라,
그리고 그것을 이스라엘 아들들에게 가르쳐라,
그것을 그들의 입에 두라,
이 노래가 나에게 이스라엘 아들들 가운데 증거가 되기 위하여.
20 내가 그를 그 땅으로 데려올 때,
내가 그의 조상들에게 맹세한, 젖과 꿀이 흐르는,
그리고 그가 먹고 만족하고 살찔 것이다,
그리고 그가 다른 신들에게 돌이킬 것이고 그들이 그것들을 섬길 것이다,
그리고 그들이 나를 멸시할 것이고 그가 나의 언약을 깨뜨릴 것이다.
21 그리고 이것이 발생할 것이다, 많은 악들과 고통들이 그를 발견할 때,
그리고 이 노래가 그 앞에서 증거로 대답할 것이다,
왜냐하면 그것이 그의 후손의 입으로부터 잊히지 않을 것이기 때문이다,
왜냐하면 나는 그가 오늘 행하는 그의 생각을 알기 때문이다,
내가 그를 내가 맹세한 그 땅에 데려가기 전에.
22 그리고 모세가 이 노래를 그 날에 기록했다,
그리고 그가 이스라엘 아들들에게 이것을 가르쳤다.

23 그리고 그가 눈의 아들 여호수아에게 명령하셨다,
그리고 그가 말했다, 강하라 그리고 담대하라,
왜냐하면 너, 너는 이스라엘의 아들들을 내가 그들에게 맹세한 그 땅으로 데려갈 것이고
나, 나는 너와 함께 있을 것이기 때문이다.

## 주해

14 그리고 아도나이께서 모세에게 말했다,
보라 너의 날들이 죽음에 가까이 왔다,[1] 여호수아를 부르라,
그리고 너희는 회막에[2] 서라 그리고 내가 그에게 명령할 것이다,
그리고 모세와 여호수아가 갔고[3] 그들이 회막에[2] 섰다.

## 본문 비교

1) 칠십인 경은 "너의 죽음의 날들이 가까이 왔다" ἠγγίκασιν αἱ ἡμέραι τοῦ θανάτου σου로 약간 다르다.
2) 칠십인 경은 "증거의 장막의 문 옆에" παρὰ τὰς θύρας τῆς σκηνῆς τοῦ μαρτυρίου로 번역한다. 오리겐의 헥사플라는 이 차이를 지적한다. 아퀼라는 "회막"(만남의 장막)을 "약속의 보호처" σκέπῃ ἐπαγγελίας로 번역했다.
3) 칠십인 경은 "증거의 장막 안으로" εἰς τὴν σκηνὴν τοῦ μαρτυρίου가 덧붙여 있다. 오리겐의 헥사플라는 이것을 지적한다.

아도나이의 직접적인 말이 나온다. "아도나이께서 모세에게 말했다."는 모세가 아도나이의 말씀의 전달자라는 사실을 보여준다. 모세는 아도나이의 계시의 통로로써 계시를 수납하고 전하는 자이다. 하지만 안타깝게도 계시의 전달자도 죽을 날이 있다. "보라 너의 날들이 죽음에 가까이 왔다."는 모세의 죽을 때가 다가왔다는 것이다.

이제 아도나이는 모세가 죽기 전에 해야 할 일을 말씀하신다. 먼저 모세의 후계자인 "여호수아를 부르라"고 명령하신다. 이는 '너는 여호수아를 부르라'이다. 다시 명령형이 나온다. "너희는 회막에 서라"에서 "서라"는 히트파엘형으로 '너희는 자신들을 회막에 세우라'이다. "회막"은 문자적으로 '만남의 천막'으로 아도나이와 모세가 만나는 장소이다. "너희는 회막에 서라 그리고 내가 그에게 명령할 것이다"는 '너희는 회막에 자신들을 세우라 거기서 내가 그에게 명령하기 위하여'로 이해할 수 있다. 아도나이의 명령을 들은 모세는 순종한다. "그리고 모세와 여호수아가 갔고 그들이 회막에 섰다."

"회막" **אהל מועד**은 '만남의 천막'으로 아론과 그 아들들이 들어가서 섬기는 "거룩한 곳"이며(출 28:43; 29:30) 법궤가 있는 곳이며 아도나이 앞에서 등불을 켜고 향을 두는 곳이다(출 27:20-21; 30:36). 아론과 그 아들들이 제사장 위임식을 위하여 "회막" 앞에서 수송아지를 잡는 곳이며(출 29:10-11) 아론과 그 아들이 "회막 문에서" 위임식 고기와 빵을 먹는 곳이다(출 29:32). "회막 문에서" 아침과 저녁으로 "늘 드릴 번제"를 드려야 하며(출 29:42) 하나님께서 "회막"과 "제단"을 거룩하게 하신다(출 29:44). 이스라엘의 이십 세 이상의 남자는 생명의 속전으로 반 세겔을 드려야 하는데, 이 속전은 "회막 봉사(일)"을 위하여 사용했다(출 30:16). 놋 물두멍은 회막과 제단 사이에 두었는데(출 30:18), 이것은 아론과 아들들이 회막에 들어갈 때, 손과 발을 씻기 위함이다(출 30:20). 그리고 브살렐과 오홀리압이 회막을 만들었다(출 31:6-7). 자원하는 사람들이 "회막"을 만들기 위하여 예물을 가지고 왔다(출 35:21). 이것이 완공된 후에 "성막 곧 회막"(회막의 성막, **משכן אהל מועד**)으로(출 39:32) 그리고 "성막"(그 성막, **המשכן**)으로 불렸다(출 39:33, 40; 40:2).

그런데 문제는 출애굽기 33장 7-11절의 본문이다. 이 본문에 따르면 모세가 "장막"(정관사가 있어서 "그 장막, 그 천막" **האהל**)을 취하여 진으로부터 멀리 떨어진 곳에 쳐서 "회막" **אהל מועד**이라고 불렀다는 사실이다(33:7). 이것이 왜 문제냐 하면 성막은 늘 진 중앙에 위치해 있었기 때문이다. 그리고 출애굽기 정경 순서 상 이 회막이 성막을 만들기 전부터 나온다는 사실이다. 그래서 모세가 친 "회막"과 "성막"이 다르냐 즉 두 개이냐 같으냐(하나이냐) 하는 문제가 나온 것이다. 여기에 대한 자세한 토론은 박철현, 『출애굽기 산책』 서울: 솔로몬, 2014, 366-394를 보라.

15 그리고 아도나이께서[1)] 그 장막에 구름 기둥으로 나타나셨다,[2)]
그리고 그 구름 기둥이 그 장막 문 위에 서 있었다.[3)4)5)]

**본문 비교**

1) 탈굼 네오피티는 "주의 말씀"이며 탈굼 프쉬도 요나단은 "주님의 세키나의 영광"이다.
2) 칠십인 경은 "내려오셨다" κατέβη로 그리고 탈굼 옹켈로스, 탈굼 네오피티, 탈굼 프쉬도 요나단은 "계시하셨다" איתגלי로 이해했다.
3) 탈굼 프쉬도 요나단은 "그리고 모세와 여호수아는 밖에 서 있었다"는 설명을 덧붙인다.
4) 이 구절의 칠십인 경은 히브리어와 다르다. 번역해 보면 "그리고 주님이 구름으로(또는 안에) 내려왔다, 그리고 그가 증거의 장막의 문들 위에(Rahlfs 편집은 "옆에") 서셨다, 그리고 구름의 기둥이 장막의 문들 위에(Rahlfs 편집은 "옆에") 서 있었다"이다. καὶ κατέβη κύριος ἐν νεφέλῃ καὶ ἔστη ἐπὶ (Rahlfs 편집은 παρὰ) τὰς θύρας τῆς σκηνῆς τοῦ μαρτυρίου καὶ ἔστη ὁ στῦλος τῆς νεφέλης ἐπὶ (Rahlfs 편집은 παρὰ) τὰς θύρας τῆς σκηνῆς. 오리겐의 헥사플라는 "그 장막에"를 넣어줄 것을 제안하고 "증거의 장막의 문들 위에"가 덧붙여졌다고 지적한다.
5) 마소라 사본은 세투마(ס)를 두어 단락을 나눈다.

아도나이께서 여호수아에게 명령하시기 위하여(14) 임하신다. 신현 사건이다. "나타나셨다"는 '라아' ראה 동사의 니팔형으로 '보이셨다'이다. 칠십인 경은 "내려오셨다"로 그리고 탈굼 옹켈로스, 탈굼 네오피티, 탈굼 프쉬도 요나단은 "계시하셨다"로 이해했다. 하나님께서 자신을 드러내신 것, 폭로하신 것, 나타내신 것이다. 하나님께서 자신을 현현하시는데 "구름 기둥으로" 또는 '구름 기둥 가운데(안에)' 하셨다. 여기서 전치사 '베' ב는 '~으로' 또는 '~안에'를 뜻한다. 아도나이께서 나타나시는 데 구름 기둥으로 현현하셨다. "그리고 그 구름 기둥이 그 장막 문 위에 서 있었다."는 그 구름이 정확히 어디에 임해 있었는지를 설명한다. 하나님이 "그 장막 문 위에" 임하셨다. 14절의 "회막"은 여기서 "그 장막"(그 천막" האהל)으로 불리고 있다.

이와 비슷한 구절이 민수기 12장 5절이다. 이 구절은 모세가 구스 여인을 취했을 때에 미리암과 아론이 비난한 사건 가운데 나온다. 히브리어를 번역해 보면 다음과 같다. "그리고 아도나이께서 구름 기둥으로 내려오셨다. 그리고 그가 그 장막의 문에 서셨다."

**וירד יהוה בעמוד ענן ויעמד פתח האהל**. 여기서는 아도나이께서 "내려오셨다"로 나오고 아도나이께서 "그 장막 문에 서" 계신 것으로 나온다. 신명기 31장 15절의 '나타나셨다' 또는 '보이셨다'와 민수기 12장 5절의 '내려오셨다'는 거의 같은 의미로 사용되고 있다(칠십인 경은 두 본문 모두 "내려오셨다" κατέβη이다).

16 그리고 아도나이께서 모세에게 말했다,

보라 너는 너의 조상들과 함께 눕는다,

그리고 이 백성은 일어날 것이고 그 땅의 외국 신들을[1] 따라 음행 할 것이다,

그가 거기로 그 가운데로 들어가는,

그리고 그가[2] 나를[3] 버릴 것이고 내가 그와[2] 맺은 나의 언약을 깨뜨릴 것이다.[4]

**본문 비교**

1) 탈굼 옹켈로스, 탈굼 네오피티, 탈굼 프쉬도 요나단은 "우상들"이다.
2) 사마리아 오경, 칠십인 경, 탈굼 옹켈로스, 탈굼 네오피티, 탈굼 프쉬도 요나단은 3인칭 복수 "그들"이다.
3) 탈굼 옹켈로스와 탈굼 프쉬도 요나단은 "나의 두려움을" דחלתי 즉 '나를 경외함을'으로 이해한다.
4) 탈굼 옹켈로스와 탈굼 프쉬도 요나단은 "그들이 변화시킬 것이다" ישנון로 번역한다.

14절과 같이 여기서도 똑같이 "그리고 아도나이께서 모세에게 말했다."가 나온다. 아도나이께서 말하고자 하는 내용은 모세의 죽음이다(14, 16절). "보라 너는 너의 조상들과 함께 눕는다."에서 "보라"는 모세의 죽음에 대한 강조이다. 모세가 조상들과 함께 눕는다는 것은 조상들이 죽은 것처럼 죽을 것이라는 말이다. "눕는다"는 죽기 때문에 눕는 것이다. 칠십인 경은 자기 위해 눕는 것으로 즉 죽음을 잠으로(κοιμᾷ) 해석한다.

모세는 '눕지만' 백성은 '일어난다.' 모세는 자는 것에 반하여 백성은 일어날 것이 대조를 이룬다. "그리고 이 백성은 일어날 것이고 그 땅의 외국 신들을 따라 음행할 것이다." "그리고"를 "그러나"로 해석하면 이 대조가 더 생생하다. 백성이 일어나서 하는 행동은 음행이다. "그 땅의 외국 신들을 따라 음행할 것이다." 가나안 땅에 입성하는 이스라엘 백성의 행동을 말하고 있다. "음행할 것이다"는 '매음(매춘)할 것이다,' '간음할 것이다'로 우상 숭배할 것을 표현한다. 이 말은 아도나이께서 모세에게 하는 말이다. 모세는 아도나이의 말씀을 통하여 이스라엘이 배교할 것을 알게 된다. "그 땅"은 관계 대명사 절을 갖고 있어서 연결해서 번역해 보면 "그가 거기로 그 가운데로 들어가는 그 땅의 외국 신들을 따라 음행할 것이다"이다. "그가"는 "이 백성"을 그리고 "거기로"는 '그 땅으로'를 가리킨다. "외국 신들"은 이방 신들로 이스라엘 주변 국가들이 섬기는 신들이다. 한 마디로 외국 신들이다.

이스라엘이 외국 신들을 따라감으로 인하여 생기는 결과는 두 가지이다. 첫째는 "그리고 그가 나를 버릴 것이다." 다른 신을 따라 감으로 아도나이를 저버리는 것이다. 신부가 신랑을 버리고 다른 남자에게 가는 것처럼 이스라엘이 아도나이를 버리고 외국 신들에게 즉 다른 신들에게 가는 것이다(호세아서를 읽어보라). 둘째는 "내가 그와 맺은 나의 언약을 깨뜨릴 것이다." 이스라엘이 외국 신들을 섬기는 것은 모압 언약을 어기는 것이며 십계명의 제 일, 이 계명에 불순종하는 것이다. 아도나이는 이스라엘이 가나안 땅에서 배교할 것을 예고하신다.

신명기의 이러한 예언은 이스라엘의 역사 속에서 그대로 나타난다. 이스라엘의 배교는 솔로몬의 노년부터 나온다. 솔로몬은 성전을 지었지만 후에 이방 신들을 섬기고 이방인 아내들을 위하여 산당을 건축했다(왕상 11:5-8). 나라가 분열된 후에 북 왕국 이스라엘의 왕 여로보암은 금송아지를 만들어 벧엘과 단에 두어서 이스라엘을 범죄하게 만들었다(왕상 12:25-33). 여로보암의 죄는 그 이후에 나오는 이스라엘 왕들에게 큰 영향을 미쳤다. 19명 가운데 15명의 왕들이 여로보암의 길을 따라 갔기 때문이다. 이후 유다 왕이나 이스라엘 왕이 아도나이를 떠나 배교의 길을 걸었는데 이스라엘의 아합 왕은 바알 숭배를 크게 부흥시켰다(왕상 16:29-33). 바알 선지자는 450명 그리고 아세라 선지자는 400명이나 있을 정도였다(왕상 18:19). 열왕기 기자는 이스라엘의 멸망 원인을 다른 신을 섬긴 것이라고 밝힌다(왕하 17:7, 10-12, 15-17). 유다의 마지막 선지자인 예레미야는 유다의 멸망은 음행 즉 우상 숭배라고 명확하게 선포했다(렘 2:20, 23, 27-28; 3:2, 6-10).

17 그리고 나의 진노가[1] 그 날에 그에[2] 대하여 타오를 것이다,

그리고 내가 그들을[3] 버릴 것이고[4] 내가 나의 얼굴을[5] 그들로부터 숨길 것이다,[6]

그리고 그가[7] 파괴될 것이고[8] 많은 악들과 고통들이 그를 발견할 것이다,
그리고 그 날에 그가 말할 것이다,
나의 하나님이[9] 내 가운데 없기 때문에 이 악들이 나를 발견한 것 아닌가?

**본문 비교**

1) 칠십인 경은 히브리어와 주어가 다르게 "내가 진노로 화낼 것이다" ὀργισθήσομαι θυμῷ이다.
2) 칠십인 경, 탈굼 옹켈로스, 탈굼 네오피티, 탈굼 프쉬도 요나단은 3인칭 복수 "그들"이다.
3) 쿰란 사본(4QDeut[c])은 2인칭 단수 "너를"이며 벌게이트는 3인칭 단수 "그를"이다.
4) 탈굼 옹켈로스는 "내가 그들을 멀리 쫓아버릴 것이다"이며 탈굼 프쉬도 요나단은 "내가 그들을 멀리 할 것이다"이다.
5) 탈굼 옹켈로스와 탈굼 프쉬도 요나단은 "나의 세키나"이며 탈굼 네오피티는 "주님의 세키나의 영광"이다.
6) 칠십인 경은 "돌릴 것이다" ἀποστρέψω이다(시리아 역 역시).
7) 사마리아 오경, 탈굼 옹켈로스, 탈굼 네오피티, 탈굼 프쉬도 요나단은 3인칭 복수 "그들"이다.
8) 칠십인 경은 "그가 먹이가 될 것이다" ἔσται κατάβρωμα로 번역한다.
9) 쿰란 사본(4QDeut[c])과 칠십인 경은 "나의 하나님 아도나이," 탈굼 네오피티는 "주님의 세키나의 영광" 그리고 탈굼 옹켈로스와 탈굼 프쉬도 요나단은 "나의 하나님의 세키나"이다.

16절에 이어 아도나이의 말씀이 이어지고 있다. 이 구절은 이스라엘의 배교(16)에 대한 아도나이의 반응을 말한다. "그리고 나의 진노가 그 날에 그에 대하여 타오를 것이다."에서 "그리고"는 '그때'이다. "나의 진

노"는 아도나이의 화 또는 분노를 말한다. "그 날에"는 이스라엘이 하나님과 맺은 언약을 깨뜨리는 때를 의미한다(16). "타오를 것이다"는 아도나이의 진노를 불이 타오르는 것으로 표현하고 있다. 분노가 치솟아 오르는 것이다. 화가 머리 꼭대기까지 치민다는 우리나라의 말이 여기에 잘 어울릴 것이다.

아도나이의 분노는 더 구체적으로 나타난다. "내가 그들을 버릴 것이고"는 16절의 "그가 나를 버릴 것이고"와 평행을 이룬다. 이스라엘이 아도나이를 버리자 아도나이께서도 이스라엘을 버리신다(참고 삼상 15:26). 하나님께서 이스라엘의 행동에 대하여 그대로 반응하신다. 하나님의 반응은 더 나아간다. "내가 나의 얼굴을 그들로부터 숨길 것이다." 이것은 아도나이께서 화가 나서 얼굴을 돌리시는 것이다. "그들로부터"는 '그들에게서'로 하나님이 이스라엘에게 더 이상 은혜와 평강을 베풀지 않겠다는 것이다(참고 민 6:24-26).

아도나이께서 이스라엘을 축복하지 않기 때문에 그들에게 이제 저주가 찾아온다. "그가 파괴될 것이고"는 '그가 먹힐(삼켜질) 것이고'로 먹이가 된다는 의미이다(칠십인 경의 번역, 본문 비교 8) 참고). 파괴될 것이라는 번역은 뒤이어 나오는 구절들과 잘 어울린다. "많은 악들과 고통들이 그를 발견할 것이다." "많은 악들과 고통들"은 저주와 재앙이다. "그를" 즉 이스라엘에게 그리고 "발견할 것이다"는 '닥칠 것이다,' '찾아올 것이다,' '임할 것이다'는 의미이다.

가나안 땅에서 이스라엘이 저주와 재앙을 만날 때에 스스로 또는 서로에게 질문을 던진다. "그 날에 그가 말할 것이다"는 "많은 악들과 고통들"을 당한 이스라엘이 하는 말이다. "나의 하나님이 내 가운데 없기 때문에 이 악들이 나를 발견한 것 아닌가?" "없기 때문에"는 '존재하지 않기 때문에,' '거주하지 않기 때문에'이다. 이스라엘은 고통의 원인을 하나님의 부재에서 찾고 있다(참고 삼상 4:3). 하나님이 얼굴을 숨기셨기 때문에, 하나님이 그들 가운데 계시지 않기 때문에 이 고통이 온 것이다.

하지만 하나님이 그의 얼굴을 숨기신 더 깊은 원인은 이스라엘의 배교 즉 우상숭배라는 사실이다.

18 그리고 내가, 내가 그 날에 확실히 나의 얼굴을[1)2)] 숨길 것이다,[3)]
그가[4)] 행한 모든 악 때문에,
왜냐하면 그가[4)] 다른 신들에게[5)] 돌이켰기 때문이다.

**본문 비교**

1) 탈굼 옹켈로스와 탈굼 프쉬도 요나단은 "나의 세키나" שכינתי이며 탈굼 네오피티는 "나의 기쁨의 얼굴" אפי רעותי이다.
2) 사마리아 오경, 칠십인 경, 탈굼 옹켈로스, 탈굼 프쉬도 요나단, 시리아 역은 여기에 "그들로부터"를 덧붙이고 쿰란 사본(4QDeutc)은 "그로부터"이다.
3) 칠십인 경은 "돌이킬 것이다" ἀποστρέψω이다. 오리겐의 헥사플라는 이 차이를 지적한다. 하지만 아퀼라와 심마쿠스는 히브리어와 같이 "내가 숨길 것이다" ἀποκρύψω이다.
4) 사마리아 오경, 칠십인 경, 탈굼 옹켈로스, 탈굼 네오피티, 탈굼 프쉬도 요나단, 시리아 역은 3인칭 복수 "그들"이다.
5) 탈굼 옹켈로스, 탈굼 네오피티와 탈굼 프쉬도 요나단은 "민족들의 우상들"이다.

이스라엘의 배교에 대한 하나님의 반응이 나온다. 하나님은 일인칭 대명사 "내가"와 부정사 절대형 용법 "확실히(반드시, 정녕, 꼭) 숨길 것이다"로 자신의 의지를 강조하고 있다. 17절에 이어 여기서도 하나님은 얼굴을 감추실 것을 말한다. 하나님이 이스라엘에게 축복하지 않겠다는 것이다. 평강과 은혜를 베풀지 않으실 것이다(참고 민 6:24-26). 하나님이 왜 이런 반응을 보이는지를 "그가 행한 모든 악 때문에"로 설명하고 있다. 여기서 "그가"는 이스라엘을 의미한다. "모든 악"이 무엇인지를 접속사 "왜냐하면"이 잘 보여주고 있다. "왜냐하면 그가 다른 신들에게 돌이켰기 때문이다." 이스라엘이 "다른 신들" 즉 이방 신들을 따라갔기 때문이다. 십계명의 제 일 계명을 어긴 것이다.

19 그리고 이제 너희를 위하여[1] 이 노래를[2] 기록하라,
그리고 그것을 이스라엘 아들들에게 가르쳐라,[3]
그것을 그들의 입에 두라.[4]
이 노래가 나에게[5] 이스라엘 아들들 가운데 증거가 되기 위하여.

**본문 비교**

1) 칠십인 경은 "너희를 위하여"를 생략한다. 오리겐의 헥사플라는 이것을 넣어줄 것을 제안한다. 시리아 역은 "그들을 위하여"이다.
2) 칠십인 경은 "이 노래의 말씀들을" τὰ ῥήματα τῆς ᾠδῆς ταύτης 이다(쿰란 사본(4QDeut$^{c}$) 역시).
3) 마소라의 히브리어는 단수인 데 반하여 칠십인 경은 복수 διδάξετε 이다.
4) 마소라의 히브리어는 단수인 데 반하여 칠십인 경은 복수 "너희는 던지라" ἐμβαλεῖτε이다.
5) 탈굼 옹켈로스와 탈굼 프쉬도 요나단은 "내 앞에서"이다.

세 개의 명령형이 나온다. "기록하라," "가르쳐라," "두라." 그런데 첫 명령은 "너희는 기록하라"로 복수이고 두 개의 명령형은 "너는 가르쳐라" 그리고 "너는 두라"로 단수이다. "너희는 기록하라"는 14절의 모세와 여호수아 둘을 염두에 두었기 때문에 복수로 나오고 있다(참고 신 32:44).

"그리고 이제"는 '그러므로 이제'의 뜻이다. "이 노래"는 32장에 나온다. "기록하라"는 '너희는 쓰라'이다. "가르쳐라"는 '너는 가르쳐라'로

모세에게 하신 명령이다. 모세는 죽기 전에 마지막으로 이 노래를 기록하고(24) 가르쳐야 했다(30). "그것을"은 "이 노래"를 의미한다. "그들의 입에 두라"는 '이스라엘 백성의 입으로 부르게 하라'이다. 노래를 부르게 하라는 의미이다. 개역 개정은 "부르게 하여"로 번역했다.

세 개의 명령형은 목적이 있다. "이 노래가 나에게 이스라엘 아들들 가운데 증거가 되기 위하여." 이 노래는 증거의 역할을 한다. "나에게"는 '나를 위하여'로 아도나이를 위한 증거의 노래가 되게 하라는 것이다. 이스라엘이 가나안 땅에서 다른 신을 따라 섬기다가 하나님의 저주를 받을 때, 이 노래가 아도나이의 심판의 정당성을 증거할 것이기 때문이다. 아도나이는 이스라엘과 맺은 언약대로 이행한다는 것이다. 언약의 재앙과 저주를 내리시는 아도나이에게 잘못이 없다는 것을 증거할 것이다. "이스라엘 아들들 가운데"는 '이스라엘 아들들을 대항(대적)하여'로도 번역할 수 있다.

20 내가 그를[1] 그 땅으로[2] 데려올 때,
내가 그의 조상들에게[3][4] 맹세한, 젖과 꿀이 흐르는,
그리고 그가 먹고 만족하고 살찔 것이다.[5]
그리고 그가[6] 다른 신들에게[7] 돌이킬 것이고 그들이 그것들을 섬길 것이다,
그리고 그들이 나를 멸시할 것이고 그가[8] 나의 언약을 깨뜨릴 것이다.[9]

**본문 비교**

1) 칠십인 경, 탈굼 옹켈로스, 탈굼 네오피티, 탈굼 프쉬도 요나단, 시리아 역은 3인칭 복수 "그들"이다.
2) 칠십인 경은 "좋은 땅" τὴν γῆν τὴν ἀγαθήν이다.
3) 칠십인 경은 "그들의 조상들에게" τοῖς πατράσιν αὐτῶν이다(탈굼 옹켈로스, 탈굼 네오피티, 탈굼 프쉬도 요나단 역시).
4) 사마리아 오경은 "그들에게 주기로" לתת להם를 덧붙인다. 칠십인

경의 일부 사본들(B Byz) 역시 δοῦναι αὐτοῖς를 갖고 있다(Rahlfs 편집을 보라).

5) 히브리어는 세 동사가 연달아 나오고 주어도 단수이다. 하지만 칠십인 경은 주어가 복수이며 두번째 동사를 분사로 "그들이 먹을 것이고 그들이 배불러 만족할 것이다" φάγονται καὶ ἐμπλησθέντες κορήσουσιν으로 번역한다. 탈굼 옹켈로스, 탈굼 네오피티, 탈굼 프쉬도 요나단, 벌게이트, 시리아 역은 세 동사의 주어를 모두 복수 "그들"로 번역한다.

6) 칠십인 경, 탈굼 옹켈로스, 탈굼 네오피티, 탈굼 프쉬도 요나단은 복수 "그들"이다.

7) 탈굼 옹켈로스와 탈굼 프쉬도 요나단은 "민족들의 우상들"이며 탈굼 네오피티는 "다른 우상들"이다.

8) 사마리아 오경, 칠십인 경, 심마쿠스, 테오도치온, 탈굼 옹켈로스, 탈굼 네오피티, 탈굼 프쉬도요나단, 벌게이트, 시리아 역은 3인칭 복수 "그들"이다.

9) 탈굼 옹켈로스와 탈굼 프쉬도 요나단은 "바꿀 것이다," "변경할 것이다"로 번역한다.

아도나이의 말이 계속 이어지고 있다. 히브리어는 접속사 '키'로 시작하는데 이것은 '왜냐하면~때문이다'로 보다 '~때'로 번역하는 것이 더 나은 것 같다. "내가 그를 그 땅으로 데려올 때"는 아도나이께서 이스라엘을 가나안 땅으로 인도할 때를 말한다. "그 땅"은 관계 대명사 절을 인도하는 데, "내가 그의 조상들에게 맹세한, 젖과 꿀이 흐르는, 그 땅"이다. "젖과 꿀이 흐르는 땅"(신 6:3; 11:9; 26:9, 15; 27:3)에 대해서는 신명기 1권 405-406을 참고하라. 여기서 하나님은 아브라함과 이삭과 야곱에게 맹세한 것을 지키셨다는 것을 말한다. 하나님은 역사 속에서 그의 약속을 지키실 것이다. 이제 이스라엘이 그 땅에서 어떻게 살아갈 것인가 하는 문제가 남아 있다. 이스라엘은 하나님 앞에서 신실하게 율법에 순종하면서 살아갈 것인가 아니면 불순종할 것인가 하는 것이다. 하나님은 이 질문에 대하여 부정적인 답변을 내놓으신다. 가나안 땅에서의 이스라엘의 미래는 암울하며 어둡다.

먼저 이스라엘이 가나안 땅에서 누릴 경제적 상태를 세 개의 동사로 설명한다. "그리고 그가 먹고 만족하고 살찔 것이다." 여기서 "그리고"는 문맥상 '그때'로 보는 것이 자연스럽다. 이스라엘이 약속의 땅에 들어갔을 때이다. 이스라엘은 그 땅의 풍성한 소산을 먹을 것이고 만족할 것이고 살이 찔 것이다. 이 세 동사는 위에 "젖과 꿀이 흐르는 땅"이라는 표현과 잘 어울린다. 이스라엘의 경제적 상태는 아주 좋지만 반대로 신앙적인 상태는 그렇지 못하다. 경제적인 부는 이스라엘에게 삶의 윤택함과 편안함을 가져다 준다. 하지만 영적으로는 분별력을 상실하게 만든다. 이스라엘이 반역할 것이기 때문이다. "그리고 그가 다른 신들에게 돌이킬 것이고 그들이 그것들을 섬길 것이다." 여기서 "그리고"는 '그러나'로 읽는 것이 자연스럽다. 이스라엘이 다른 신들을 따라 갈 것이다. "그들이 그것들을 섬길 것이다"는 이스라엘 백성들이 다른 신들을 예배할 것을 설명한다. 단수와 복수가 나오고 있는데, 이것은 이스라엘을 단수로 보기도 하고 복수로 이해하기도 하는 것이다. "그들이 나를 멸시할 것이고"는 이스라엘 백성들이 아도나이를 '경멸(모욕)할 것'이다. 다른 신들에게는 존경을 표하면서 아도나이를 무시하는 것이다. 이것은 언약을 파괴하는 행위이다. 아도나이는 이스라엘의 이런 행동에 대해서 "그가 나의 언약을 깨뜨릴 것이다" 하고 명확하게 규정한다. 모압 언약을 깨뜨리는 것이다.

21 그리고 이것이 발생할 것이다, 많은 악들과 고통들이 그를[1] 발견할 때,[2]
그리고 이 노래가 그[1] 앞에서[3] 증거로[4] 대답할 것이다,[5]
왜냐하면 그것이 그의 후손의 입으로부터[6] 잊히지 않을 것이기 때문이다,

왜냐하면 나는 그가 오늘 행하는 그의 생각을[7] 알기 때문이다,

내가 그를 내가[8] 맹세한 그 땅에[9] 데려가기 전에.

**본문 비교**

1) 탈굼 옹켈로스, 탈굼 네오피티, 탈굼 프쉬도 요나단은 복수 "그들"이다.
2) 칠십인 경은 "그리고 이것이 발생할 것이다, 많은 악들과 고통들이 그를 발견할 때"를 생략한다. 오리겐의 헥사플라는 이것을 지적한다.
3) 칠십인 경은 "얼굴을 따라" κατὰ πρόσωπον으로 번역하는데, 이는 '반대하여'의 뜻이다.
4) 칠십인 경은 히브리어의 명사를 분사 μαρτυροῦσα로 번역한다. 오리겐의 헥사플라는 이 차이를 지적한다. 아퀼라는 히브리어와 같이 명사 εἰς μαρτύριον으로 번역한다.
5) 칠십인 경은 "반대할 것이다" ἀντικαταστήσεται로 번역한다. 오리겐의 헥사플라는 이 차이를 지적한다.
6) 칠십인 경은 "그들의 후손의 입으로부터" ἀπὸ στόματος τοῦ σπέρματος αὐτῶν이다(탈굼 옹켈로스와 탈굼 프쉬도 요나단 역시). 다른 칠십인 경의 사본들(A F M V)은 이 앞에 "그들의 입으로부터 그리고" ἀπὸ στόματος αὐτῶν καὶ를 갖고 있다(Rahlfs 편집).
7) 칠십인 경은 히브리어의 "그가 행하는 그의 생각을"을 "그들이 여기서 행하는 그들의 악을" τὴν πονηρίαν αὐτῶν ὅσα ποιοῦσιν ὧδε로 번역한다.
8) 사마리아 오경은 여기에 "그의 조상들에게"를 그리고 칠십인 경과 시리아 역은 "그들의 조상들에게"를 덧붙인다.
9) 마소라 사본은 הארץ인 데 반하여 사마리아 오경은 האדמה이다. 하지만 뜻은 차이가 없다.

"이것이 발생할 것이다"는 '이것이 일어날 것이다,' '이것이 있을 것이다'로 많은 악들이 이스라엘을 발견할 때 일어날 일이다. "많은 악들"은 재앙과 저주를 의미한다(17절 참고). 이스라엘이 우상숭배를 함으로 인하여 당하게 될 재난들이다. "그를 발견할 때"는 이런 고통들이 이스라엘에게 임할 때를 말한다. 발생할 일은 "이 노래가 그 앞에서 증거로 대답할 것이다"이다. 마치 목격자가 법정에서 진술하는 것과 같이 이 노래가 이스라엘에게 증인의 역할을 할 것이다.

이 노래가 증거가 되는 이유를 두 개의 접속사절 "왜냐하면"이 설명하고 있다. 첫째, "왜냐하면 그것이 그의 후손의 입으로부터 잊히지 않을 것이기 때문이다." 모세가 이 노래를 가르치고 부르게 했기 때문에(19) 이스라엘의 후손들이 잊어버리지 않고 있다. 이 노래가 대를 이어서 사람들에게 회자되는 노래로 남아 있을 것이다. 둘째, "왜냐하면 나는 그가 오늘 행하는 그의 생각을 알기 때문이다." 하나님은 이스라엘의 생각을 알고 계신다. "생각"은 그들이 고안하는 '의도,' '상상'을 의미한다. 다윗이 고백했듯이 아도나이는 우리의 앉고 일어섬을 아시며 멀리서도 우리의 생각을 알고 계신다. 우리의 모든 행위를 보고 계신다(시 139:2-3). 하나님은 이스라엘의 미래의 생각을 그리고 가나안 땅에서의 행동을 미리 보고 계신다. 그래서 "내가 그를 내가 맹세한 그 땅에 데려가기 전에" 하고 말씀하신다.

두 증인이 이스라엘의 배교를 증언하고 있다(참고 신 17:6). 하나는 모세가 이스라엘 백성에게 가르쳐 준 노래이며 다른 하나는 하나님 자신이시다. 하나님은 이스라엘이 가나안 땅에 입성하기 전부터 이스라엘이 가나안 땅에서 아도나이를 배반하고 떠날 것을 증언하고 있다.

하나님은 미래를 준비하고 계신다. 이스라엘이 시내산에서 맺은 언약을 어길 경우를 대비하신다. 하나님은 이스라엘이 핑계를 댈 수 없도록, 빠져나갈 구멍이 없도록 미리 모세에게 노래를 가르치라고 하신다. 이스라엘이 배교할 때에 이 노래는 증인처럼 그 역할을 수행할 것이다.

22 그리고 모세가 이 노래를 그 날에 기록했다,
그리고 그가 이스라엘 아들들에게 이것을 가르쳤다.

아도나이의 말씀에 대한 모세의 순종을 말한다. 아도나이는 이스라엘의 미래 즉 그들이 가나안 땅에 들어가서 배교할 것을 예고하셨다. 그에 대한 대비책으로 증거의 노래를 기록하고 가르치라고 하셨다. 모세는 이 말씀을 그대로 행한다. "그 날에"는 모세가 아도나이의 명령을 들은 날을 의미한다. "기록했다"는 '썼다'이다. 9절의 "그리고 모세는 이 율법을 기록했다"와 평행을 이룬다.

모세는 이스라엘에게 "법규들과 법령들을"(4:1, 5, 14), "명령들을"(6:1), "아도나이 두려워하는 것을"(4:10), "하나님의 말씀을"(11:19) 가르쳤다. 그리고 이제 마지막으로 "이 노래를" 가르쳤다(31:22).

23 그리고 그가[1)] 눈의 아들[2)] 여호수아에게 명령하셨다,
그리고 그가[3)] 말했다, 강하라 그리고 담대하라,
왜냐하면 너, 너는 이스라엘의 아들들을 내가 그들에게 맹세한[4)] 그 땅으로 데려갈 것이고
나, 나는[5)] 너와 함께 있을 것이기 때문이다.[6)]

**본문 비교**

1) 칠십인 경의 랄프(Rahlfs) 편집은 주어가 "모세" Μωυσῆς이다. 하지만 베버(Wevers) 편집은 히브리어와 같이 "그"이다.
2) 칠십인 경은 "눈의 아들"을 생략한다. 오리겐의 헥사플라는 이것을 넣어줄 것을 제안한다.
3) 칠십인 경의 랄프(Rahlfs) 편집은 "그가 그에게 말했다" εἶπεν αὐτῷ이다. 오리겐의 헥사플라는 "그에게"가 덧붙여졌다고 지적한다. 하지만 베버(Wevers) 편집은 "그에게"를 생략한다.

4) 칠십인 경은 "주님이 그들에게 맹세한" ὤμοσεν κύριος αὐτοῖς이다.
5) 칠십인 경은 "그, 그가" αὐτὸς ἔσται이다.
6) 탈굼 옹켈로스와 탈굼 프쉬도 요나단은 "나의 말씀이 너의 도움일 것이다"이며 탈굼 네오피티는 "나는 나의 말씀 안에서 너의 도움일 것이다"로 해석한다.

이 구절은 14-15절과 관련이 있다. 아도나이께서 모세와 여호수아를 부르셨다. 먼저 모세에게 말씀하신 후에(16-21) 이제 여호수아에 말씀하신다(23). "그가 눈의 아들 여호수아에게 명령하셨다"(23)는 "그리고 아도나이께서 모세에게 말했다"(16)과 평행을 이룬다.

아도나이께서 여호수아에게 당부하신 말씀은 "강하라 그리고 담대하라"이다. 이는 "너는 강하라 그리고 너는 담대하라"로 7절의 말씀과 같다. 여호수아는 이제 이스라엘을 이끌고 가나안 땅에 들어가야 한다. 그는 전투를 앞두고 있기 때문에 남자답게 행동해야 하며 강한 사람이 되어야 한다.

접속사 "왜냐하면"이 여호수아가 강해져야 하는 이유를 잘 설명한다. "왜냐하면 너, 너는 이스라엘의 아들들을 내가 그들에게 맹세한 그 땅으로 데려갈 것이고"는 여호수아에게 맡겨진 임무를 말한다. 모세는 이제 죽을 것이다. 여호수아가 모세의 일을 대신 맡아 이스라엘을 가나안 땅으로 인도해야 한다. 여기에 대하여 하나님은 "나, 나는 너와 함께 있을 것이기 때문이다" 하고 확신을 주신다. 일인칭 대명사 "나"가 사용되어 강조하고 있다. 인칭 대명사 "너"와 "나"가 대조를 이루며 평행을 이루고 있다. 여호수아는 지금 요단을 건너 전쟁을 하러 가야 한다. 그리고 하나님은 그와 동행하실 것을 약속하고 있다. 여기서 우리는 두 가지 사실을 알 수 있다. 하나는 사람은 바뀌어도 하나님의 계획은 변하지 않는다는 것이다. 하나님은 자신의 약속대로 이스라엘을 가나안 땅으로 인도하신다. 다른 하나는 이스라엘의 진정한 지도력은 하나님이 동행하실 때, 나오는 것이다. 능력의 하나님이 함께 하심으로 여호수아는 가나안 정복 전쟁에서 놀라운 지도력을 발휘할 것이다.

### 4. 율법 보관과 노래를 가르침(24-30)

모세는 아도나이의 명령을 따라 증거의 노래를 다 쓴 후에 레위인들에게 보관을 명령한다. 이제 죽을 날이 가까워진 모세는 온 이스라엘 백성을 모아서 증거의 노래를 가르친다. 모세가 죽은 후에 이스라엘 백성은 아도나이를 떠나 배교할 것이다. 그때 이 노래가 이스라엘에게 증인의 역할을 할 것이다.

**번역**

24 그리고 이것이 발생했다,
모세가 이 율법의 말씀들을 책 위에 기록하기를 마쳤을 때,
그것들의 완성 때까지.
25 그리고 모세가 레위인들에게 명령했다,
아도나이의 언약의 궤를 메는, 말하기를.
26 이 율법의 책을 취하라,
너희는 그것을 너희의 하나님 아도나이의 언약궤 옆에 두어야 한다,
그리고 이것이 너에게 거기서 증거가 될 것이다.
27 왜냐하면 나, 나는 너의 반역과 너의 단단한 목을 알기 때문이다,
보라, 내가 오늘 아직 너희와 함께 살아 있을 때에,
너희가 아도나이께 반역했다,
나의 죽음 후에는 얼마나 더 하겠는가?
28 너희는 나에게 너희의 지파들의 모든 장로들과 너희의 관리들을 모으라,
그리고 내가 그들의 귀들에 이 말씀들을 말할 것이다,

그리고 내가 그들에 대하여 하늘과 땅으로 증거하게 할 것이다.

29 왜냐하면 내가 알기 때문이다,

나의 죽음 후에 너희는 확실히 부패할 것이고

너희는 내가 너희에게 명령한 그 길에서 돌이킬 것을,

그리고 그 악이 그 날들의 끝에 너희를 부를 것이다,

왜냐하면 너희는 그 악을 아도나이의 눈에 행할 것이기 때문이다,

너희의 손의 행위로 그를 노하게 하여.

30 그리고 모세가 온 이스라엘의 회중의 귀에 말했다,

이 노래의 말씀들을, 그것들의 끝까지.

**주해**

24 그리고 이것이 발생했다,

모세가 이 율법의[1] 말씀들을[2] 책 위에 기록하기를 마쳤을 때,

그것들의 완성 때까지.[3]

**본문 비교**

1) 히브리어 일부 필사본은 "율법" 대신에 "노래"를 갖고 있다.
2) 히브리어 일부 필사본과 칠십인 경은 여기에 "모든"을 덧붙인다. 오리겐의 헥사플라는 이것을 지적한다.
3) 칠십인 경은 "그것들의"를 생략하며 "끝까지," "완성까지" ἕως εἰς τέλος로 번역한다. 오리겐의 헥사플라는 이 차이를 지적한다. 아퀼라는 "그것들의" ἕως τελειώσεως αὐτῶν을 갖고 있다.

이 구절은 9절의 "모세는 이 율법을 기록했다"를 더 자세하게 설명한다. "마쳤을 때"는 '끝냈을 때,' '완성했을 때'를 의미한다(Joüon-M, § 166*m*). 이것은 다시 "그것들의 완성 때까지" 즉 '그것들의 끝까지'로 표현되었다. 모세가 "이 율법"을 끝까지 썼다는 의미이다. "책 위에"는 '두

루마리 위에'이다.

25 그리고 모세가[1] 레위인들에게 명령했다,
아도나이의 언약의 궤를 메는, 말하기를.

**본문 비교**

1) 칠십인 경은 "모세"를 생략한다. 오리겐의 헥사플라는 이것을 지적한다.

아도나이께서 모세와 여호수아에게 말씀하신 것이 끝나고(14-21, 23) 모세는 레위인들에게 명령한다(25). "레위인들에게"는 분사의 수식을 받아 "아도나이의 언약의 궤를 메는 레위인들에게"이다. 여기서 "레위인들"은 제사장들이다(신 31:9; 수 3:13, 14, 15, 17; 4:9, 10).

26 이[1] 율법의[2] 책을 취하라,[3]
너희는 그것을 너희의 하나님 아도나이의 언약궤 옆에 두어야 한다,
그리고 이것이 너에게 거기서 증거가 될 것이다.

**본문 비교**

1) 마소라 사본은 지시대명사 남성 단수 "이" הזה인 데 반하여 쿰란 사본(4QDeut[b])은 여성 단수 הזאת이다.
2) 벌게이트는 "율법"을 생략한다.
3) 마소라 사본은 부정사 לקח인 데 반하여 사마리아 오경은 명령형 복수 לקחו이다. 칠십인 경은 분사 복수 λαβόντες이다.

모세가 레위인들에게 지시한 명령이 나온다. "취하라"는 칼 부정사이지만 문맥상 명령으로 번역할 수 있다. 많은 현대 번역들이 명령으로

이해한다(LEI, LUV, NBG, SVV, ASV, CJB, ESV, JPS, KJV, NAB, NAS, NAU, NIB, NIV, NJB). "이 율법의 책"은 모세가 기록하고 제사장들에게 준 것이다(9, 24). 앞에서는 모세가 제사장들과 장로들에게도 이 율법을 주었는데(9) 여기서는 제사장들만 나오고 있다(25절 참고). 모세가 제사장들에게 이 율법의 책을 준 이유는 제사장만이 언약궤가 있는 지성소에 들어갈 수 있기 때문이다. 장로들은 지성소에 들어갈 수 없다. 그래서 "너희는 그것을 너희의 하나님 아도나이의 언약궤 옆에 두어야 한다"고 명령한다. "두어야 한다"는 바브 연속 완료로 나오기 때문에 명령으로 '두라'로 이해할 수 있다(LEI, LUV, NBG, SVV, ASV, CJB, ESV, JPS, KJV, NAB, NAS, NAU, NIB, NIV, NJB).

아도나이의 언약궤 옆에 둔 이 율법은 이스라엘에게 증거가 될 것이다. "이것이 너에게 거기서 증거가 될 것이다.' 위의 부정사와 동사를 명령형 "취하라 … 두라"로 이해하면 이 구절은 '이것이 너에게 거기서 증거가 되게 하기 위하여' 하는 의미이다. 위에서 언급한 대부분의 번역본들은 이렇게 이해한다. "너에게"는 '너를 대항하여'의 뜻이다.

27 왜냐하면 나, 나는 너의 반역과 너의 단단한 목을 알기 때문이다,
보라, 내가 오늘 아직 너희와 함께 살아 있을 때에,
너희가 아도나이께[1] 반역했다,[2]
나의 죽음 후에는 얼마나 더 하겠는가?[3]

**본문 비교**

1) 칠십인 경은 "하나님" τὸν θεόν이다.
2) 칠십인 경은 "화나게 했다," "격분시켰다" παραπικραίνοντες로 번역한다.
3) 칠십인 경은 부정어를 사용하여 "나의 죽음 후에도 어찌하지 않겠는가?" πῶς οὐχὶ καὶ ἔσχατον τοῦ θανάτου μου로 번역했다.

접속사 "왜냐하면"은 26절에서 이 율법의 책이 이스라엘에 대하여 증거가 되는 이유를 설명한다. "왜냐하면 나, 나는 너의 반역과 너의 단단한 목을 알기 때문이다." 여기서 인칭 대명사 "나"는 모세로 모세가 알고 있다는 것을 강조하고 있다. "너의 반역"은 모세가 이스라엘과 함께 광야에서 겪은 경험을 토대로 말하고 있는 것이다. 이스라엘은 가나안 땅을 향하여 오는 과정에서, 광야에서 수없이 하나님께 반역했다(민수기에 나오는 이스라엘의 반역과 불순종을 생각해 보라). 모세는 이스라엘을 "너의 단단한 목"을 가진 백성으로 말한다. 이것은 '뻣뻣한 목,' '강한(딱딱한) 목'으로 이스라엘의 고집과 불순종을 표현한다.

모세는 이스라엘의 반역을 잘 안다고 증언한다. 모세의 이런 지식은 경험적인 것이다. 그래서 모세는 "보라, 내가 오늘 아직 너희와 함께 살아 있을 때에, 너희가 아도나이께 반역했다, 나의 죽음 후에는 얼마나 더 하겠는가?" 하고 말한다. "내가 오늘 아직 너희와 함께 살아 있을 때에"는 모세가 살아 있는 동안에도 이스라엘이 반역을 했다는 것이다. 모세가 함께 했을 때에도 이스라엘은 불순종했는데 모세가 죽은 후에는 더 할 것이라고 예고한다.

모세는 이스라엘이 가나안 땅에 들어가서 아도나이를 반역할 것을 예언한다. 이런 예언은 첫째, 하나님께서 그에게 알려주셨기 때문에 알고 있다(16). 둘째, 모세는 과거 경험을 통하여 이스라엘의 반역을 예언하는 것이다(27).

28 너희는 나에게 너희의 지파들의 모든 장로들과 너희의 관리들을[1] 모으라,
그리고 내가 그들의 귀들에[2] 이 말씀들을[3] 말할 것이다,[4]
그리고 내가 그들에 대하여 하늘과 땅으로 증거하게 할 것이다.

**본문 비교**

1) 탈굼 네오피티는 "너희의 재판관들" **דייניכון**을 덧붙인다. 칠십인

경은 "너희의 지파들의 장들을 그리고 너희의 장로들을 그리고 너희의 재판관들을 그리고 너희의 관리들을" τοὺς φυλάρχους ὑμῶν καὶ τοὺς πρεσβυτέρους ὑμῶν καὶ τοὺς κριτὰς ὑμῶν καὶ τοὺς γραμματοεισαγωγεῖς ὑμῶν으로 번역한다. 오리겐의 헥사플라는 이 차이를 지적한다.

2) 탈굼 옹켈로스는 "그들 앞에" קדמיהון이다.

3) 칠십인 경은 "이 모든 말씀들" πάντας τοὺς λόγους τούτους이다.

4) 칠십인 경은 이 절을 "~위하여" ἵνα로 즉 "내가 말하기 위하여" ἵνα λαλήσω로 해석한다.

모세는 레위인들에게 명령한다(25). "너희는 모으라"는 '너희는 소집하라'이다. 모세는 이스라엘의 지파들의 지도자들을 소집하고 있다. 모세가 이스라엘 지파들의 지도자들을 소집하는 목적은 다음 절에 나온다. "그리고 내가 그들의 귀들에 이 말씀들을 말할 것이다"는 칠십인 경의 번역처럼(본문 비교 4)참고) '내가 말하고 증거하기 위하여' 이스라엘의 지도자들을 소집하라는 것이다(LEI, LUV, NBG, ASV, ESV, JPS, KJV, NAB, NAS, NAU, TNK). 여기서 "내가"는 모세를 그리고 "이 말씀들"은 모세가 이스라엘에게 가르친 노래를 의미한다(19, 22, 30). "그들에 대하여"는 '그들에게 대항(대적)하여'이다. "하늘과 땅으로 증거하게 할 것이다."는 '하늘과 땅을 증인으로 부를 것이다' 또는 '세울 것이다'이다.

29 왜냐하면 내가 알기 때문이다,
나의 죽음 후에[1)] 너희는 확실히 부패할 것이고[2)]
너희는 내가 너희에게 명령한 그 길에서 돌이킬 것을,
그리고 그 악이 그 날들의 끝에 너희를 부를 것이다,
왜냐하면 너희는 그 악을 아도나이의 눈에 행할 것이기 때문이다,
너희의 손의 행위로 그를 노하게 하여

**본문 비교**

1) 칠십인 경은 "나의 죽음의 마지막을" *ἔσχατον τῆς τελευτῆς μου* 이다. 오리겐의 헥사플라는 이 차이를 지적한다. 아퀼라는 히브리어와 같이 "나의 죽음 후에"로 번역한다.
2) 칠십인 경은 "너희는 확실히 법없이 행동할 것이다" *ἀνομίᾳ ἀνομήσετε*로 번역한다. 오리겐의 헥사플라는 이 차이를 지적한다.

이 구절은 두 부분으로 나눌 수 있다. 전반부는 "왜냐하면 내가 알기 때문이다, 나의 죽음 후에 너희는 확실히 부패할 것이고 너희는 내가 너희에게 명령한 그 길에서 돌이킬 것을"이다. 동사 "내가 알다"는 목적절을 가지고 나온다. 이것을 다시 정리해 보면 다음과 같다. "왜냐하면 내가 나의 죽음 후에 너희는 확실히 부패할 것이고 너희는 내가 너희에게 명령한 그 길에서 돌이킬 것을 알기 때문이다."

접속사 "왜냐하면"은 27절과 같이 이유를 설명한다. 모세는 자신의 죽음 후를 안다고 말한다. 이스라엘의 지도자 모세가 없을 때의 이스라엘의 행동을 예고하고 있다. 이스라엘이 가나안 땅에서 타락할 것을 예언한다. "너희는 확실히 부패할 것이다"는 '너희는 정녕(반드시) 타락할 것이다'이다. 이스라엘의 부패는 하나님의 명령을 저버리는 것에서 시작한다. "너희는 내가 너희에게 명령한 그 길에서 돌이킬 것"이다. 이스라엘은 모세가 명령한 그 길에서 벗어날 것인데, 이것은 그들의 의지로 행동하는 것이다. 모세가 명령한 것은 율법이다. 율법에는 하나님의 뜻과 의지가 나타나 있다. 하나님의 뜻을 버리면 기준이 사라지는 것이다. 기준이 사라지면 자기 마음대로 행동할 수 있다. 이래서 이스라엘이 타락한다. 이스라엘은 하나님의 뜻과 의지를 저버리고 자신의 의지대로 행동하는 것이다.

두번째 부분은 "그리고 그 악이 그 날들의 끝에 너희를 부를 것이다, 왜냐하면 너희는 그 악을 아도나이의 눈에 행할 것이기 때문이다, 너희의 손의 행위로 그를 노하게 하여"이다. 이 구절도 다시 정리를 해보면 다음과 같다. "그리고 그 악이 그 날들의 끝에 너희를 부를 것이다, 왜냐하면 너희는 너희의 손의 행위로 그를 노하게 하여 그 악을 아도나이의 눈에 행할 것이기 때문이다."

"그 악"이 두 번 나오는데, 이것은 문맥상 그 의미가 다르다. 첫번째 악은 재앙을 의미한다(21). "그 악" 즉 재앙이 "너희를 부를 것이다"는 '너희를 만날 것이다,' '너희에게 임할(닥칠) 것'을 말한다. 이스라엘이 하나님의 명령을 떠났을 때, 그들이 맞닥뜨릴 재앙을 말한다. 두번째 "그 악"은 이스라엘이 모세가 명령한 그 길을 떠난 것을 의미한다. 이것은 이스라엘이 다른 신을 섬기며 하나님과 맺은 언약을 깨뜨리는 것을 뜻한다(20). 이 "악"은 이스라엘의 손의 행위이며 아도나이를 격노하게 하는 행위이다. 이스라엘의 행동이 다 "아도나이의 눈에" 있다. 아도나이께서 이스라엘의 악한 행동을 다 보고 계신다. 개역 개정은 "여호와의 목전에 악을 행하여 너희의 손으로 하는 일로 그를 격노하게 하므로 너희가 후일에 재앙을 당하리라 하니라"로 번역했다. "후일에 재앙을"은 '후일에 악을'이다.

30 그리고 모세가 온 이스라엘의 회중의 귀에[1] 말했다,
이 노래의 말씀들을, 그것들의[2] 끝까지.[3]

**본문 비교**

1) 탈굼 옹켈로스는 히브리어의 "귀에"를 "앞에서" קדם로 이해한다.
2) 칠십인 경은 "그것들의"를 생략하여 "끝까지" ἕως εἰς τέλος로 번역한다.
3) 마소라 사본은 여기에 페투카(פ)를 두어 단락을 나누고 있다.

모세는 아도나이께서 이스라엘에게 가르치라고 하신 노래를 말한다

(19, 22). 이 노래가 이스라엘이 부패할 때 증거가 되게 하기 위해서이다(26, 28). "회중"은 '공동체,' '총회'로 번역할 수 있다. "온 이스라엘"에서 알 수 있듯이 모든 이스라엘 사람들을 의미한다. 온 이스라엘 백성이 다 들을 수 있도록 모세가 이 노래를 선포한다. "그것들의"는 "말씀들"을 의미한다. 개역 개정은 칠십인 경처럼 "그것들의"를 생략한다.

이 구절은 또한 32장에서 나오는 노래의 표제 역할을 한다.

### 참고 문헌


Aharoni, Y. "Three Hebrew Ostraca from Arad," *BASOR* 197 (1970), 16-18.

Begg, C. T. "The Tables and the Law Book," *VT* 33 (1983), 96-97.

Britt, B. "Deuteronomy 31-32 as a Textual Memorial," *BibInt* 8 (2000), 358-74.

Buchanan, G. W. "Eschatology and the End of Days," *JNES* 20 (1961), 188-93.

Casetti, P. "Funktion der Musik in der Bibel," *FZPhTh* 24 (1977), 366-89.

Carroll, R. P. "Rebellion and Dissent in Ancient Israelite Society," *ZAW* 89 (1977), 176-204.

Cazelles, H. "The bible and the Liturgical Times: Eschatology and Anamnesis," *Studia Liturgica* 14 (1982), 23-33.

Christensen, D. L. "The Aural Tradition Behind the Bible," in *Bible 101: God's Story in Human History*, TX, 1966, 109-13.

Cohen, M. A. "Did Moses Enter the Promised Land?" *Brev* 15 (6, 1999), 2, 46.

Cross, F. M. "The Divine Warrior," in *Canaanite Myth and Hebrew Epic*, Cambridge, 1973, 91-111.

Cullen, J. "Das Deuteronomium: Eine Erwiderung," *ZWT* 48 (1905), 181-93.

Dohmen, C and Oeming, M. *Biblischer Kanon warum und wozu?* Freiburg, 1992, 54-68.

Evans, G. "Coming and Going at the City Gate: A Discussion of Prof. Speiser's Paper," *BASOR* 150 (1958), 28-35.

Finsterbusch, K. "Intergrating the Song of Moses into Deuteronomy and Reshaping the Narrative: Different Solutions in MT Deut 31:1-32:47 and(the Hebrew Vorlage of) LXX Deut 31:1-32:47," in *Formation of the Pentateuch*, Tübingen, 2016, 631-650.

Fischer, G. and Lohfink, N. "Diese Worte sollst du summen, Dtn 6,7 wedibbarta bam – Ein verlorener Schlüssel zur meditativen Kultur in Israel," in *Studien zum Deuteronomium und zur deuteronomistischen Literatur* III, Stuttgart, 1995, 181-203.

Friedman, R. E. "Tabernacle," *ABD* 6:292-300.

-----------, "The Tabernacle in the Temple," *BA* 43 (1980), 241-48.

Grossfeld, B. "Neofit to Dt 31:7 – The Problem Re-analyzed," *ABR* 24 (1976), 30-34.

-----------, "Targum Neofit 1 to Deut 31:7," *JBL* 9 (1972), 533-34."

Gunneweg, A. H. J. "Das Gesetz und die Propheten. Eine Auslegung von Ex 33,7-11; Num 11,4-12,8; Dtn 31,14f.; 34,10," *ZAW* 102 (1990), 169-180.

Haran, M. "The Ark in Deuteronomy," *IEJ* 9 (1959), 30-38, 89-94.

-----------, "The Nature of the *'Ohel Moe'dh* in Pentateuchal Sources," *JSS* 5 (1960), 50-65.

Harrington, D. J. "Interpreting Israel's History: The Testament of Moses as a Rewriting of Deuteronomy 31-34," in *Studies on the Testament of Moses*, SBLSCS 4, Cambridge, 1973, 59-68.

Hecki, R. "Die Präsentation tradierter Texte in Dtn 31 zur Revision der dtr Geschichtstheologie," in *Deuteronomium*, Wiesbaden, 2011, 227-246.

Holladay, W. L. "A Proposal for Reflections in the Book of Jeremiah of the Seven-Year Recitation of the Law in Deuteronomy (DEUT 31,10-

13)," in *Das Deuteronomium*, Leuven, 1985, 326-328.
Kritzinger, J. D. W. Qehal Jahwe, *Wat dit is en wiedaaraan mag behoort*, Kampen, 1957.
Kumaki, F. K. "The Deuteronomistic Theology of the Temple – As Crystallized in 2 Sam 7,1 Kgs 8," *AJBI* 7 (1981), 16-52.
Kutsch, E. "Bund und Fest: Zu Gegestand und Terminologie einer Forschungsrichtung," *TQ* 150 (1970), 299-320.
Labuschagne, C. J. "The Song of Moses: Its Framework and Structure," in *De fructu oris sui*, FS A. van Selms, Leiden, 1971, 85-98.
-----------, "The Setting of the Song of Moses in Deuteronomy," in *Deuteronomy and Deuteronomic Literature*, FS C. H. W. Brekelmans, Leuven, 1997, 111-29.
Lang, B. "Der tanzende Leser: Die frühjüdische Buchreligion," *BK* 36 (1981), 279-85.
Lohfink, N. "Zur Fabel in Dtn 31-32," in *Konsequente Traditionsgeschichte*, FS. K. Baltzer, Goettingen, 1993, 255-279.
-----------, "The Deuteronomistic Picture of the Transfer of Authority from Moses to Joshua," in *Theology of the Pentateuch*, Minneapolis, 1994, 234-47.
Longman, T. and Reid, D. G. *God Is a Warrior*, Grand Rapids, 1995, 31-88.
McCarthy, C. *Tiqqune Sopherim and Other Theological Corrections in the Masoretic Text of the Old Testament*, OBO 36, Göttingen, 1981, 197-204.
Milgrom, J. "Excursus 28: The Tent of Meeting: Two Traditions," in *Numbers*, Philadelphia, 1990, 386-87.
Möller, H. *Das "Erscheinen" Gottes im Pentateuch: Ein Literaturwissenschaftlicher Beitrag zur alttestamentlichen Exegese*, Bern, 1973, 131-41.
Nwachukwu, F. "The Textual Differences Between the MT and the LXX of Deuteronomy 31," *Bundesdokument und Gesetz*, Freiburg,

1996, 79-92.

Rabe, V. "The Identity of the Priestly Tabernacle," *JNES* 25 (1966), 132-34.

Rad, G. von. "The Tent and the Ark," in *Problem of the Hexateuch*, New York, 1966, 103-24.

Rendsburg, G. "ספון Deuteronomy 33:21," *HUCA* 81 (2010), 17-42.

Reuter, E. "Konzepte von Autorität. Gestalten und Funktionen der Mosefiktion," in *Deuteronomium*, Wiesbaden, 2011, 69-81.

Schutenhaus, F. "Das Kommen und Ercheninen Gottes im Alten Testament," *ZAW* 76 (1964), 1-22.

Speiser, E. A. "Coming and Going at the City Gate," *BASOR* 144 (1956), 20-23.

Talstra, E. "Deuteronomy 31: Confusion or Conclusion? The Story of Moses' Threefold Succession," in *Deuteronomy and Deuteronomic Literature*, FS C. H. W. Brekelmans, Leuven, 1997, 87-110.

Tigay, J. H. "Excursus 3: The Concept of War in Deuteronomy," in *Deuteronomy*, Philadelphia, 1996, 430.

Vaux, R. de. "Ark of the Covenant and Tent of Reunion," in *The Bible and the Ancient Near East*, New York, 1971, 136-51.

Venema, E. J. *Schriftuurlijke verhalen in het Oude Testament*, Delft, 2000.

Waterhouse, S. D. "A Land Flowing with Milk and Honey," *AUSS* 1 (1963), 152-66.

Watts, J. W. "This Song: Conspicuous Poetry in Hebrew Prose," in *Verse in Ancient Near Eastern Prose*, AOAT 42, Neukirchen-Vluyn, 1993, 345-58.

Weinfeld, M. "Divine Intervention in War," in History, *Historiography and Interpretation*, Jerusalem, 1983, 121-47.

# DEUTERO
# NOMY 신명기 32장

A New Translation with
Introduction
and Commentary

**DEUTERONOMY**

# DEUTERONOMY

# 신명기 32장

Deuteronomy 32

**내용/구조**

이 장은 세 부분으로 나눌 수 있다. 먼저 증거의 노래가 길게 나온다. 증거의 노래가 이 장의 대부분을 차지하고 있다(1-43). 그 후에 모세는 여호수아와 함께 이스라엘에게 율법에 순종하라고 마지막 부탁을 한다(44-47). 끝으로 하나님은 모세에게 느보산에 올라가서 하나님이 이스라엘에게 주시는 가나안 땅을 바라보고 죽으라고 하신다. 모세는 가나안 땅으로 들어가지 못하기 때문이다(48-52).

먼저 증거의 노래는 길기 때문에 다음과 같이 더 자세하게 나눠볼 수 있다. 모세는 하늘과 땅을 증인으로 내세우며 모세의 교훈을 비와 이슬에 비유한다. 비와 이슬은 풀이 자라는 데에 크게 유익한 것 같이 모세의 가르침이 이스라엘에게 큰 유익을 줄 것이다. 그는 먼저 이스라엘의 하나님 아도나이는 의롭고 바르다고 찬양한다. 이스라엘은 신실하신 하나님을 아버지로 두고 있다. 하지만 아들은 아버지의 신실함을 닮지 않았다. 이스라엘은 부패한 길로 나아간다. 이스라엘은 어리석은 백성이다(1-6).

모세는 이스라엘에게 과거를 기억하라고 촉구한다. 하나님이 이스라엘에게 과거에 베푸신 복을 생각하라는 것이다. 하나님이 모든 민족들에게 기업을 주셨듯이 이스라엘에게도 기업을 주셨다. 특별히 이스라엘은 하나님의 기업이다. 하나님께서 그들을 광야에서 보호하시고 인도하셨다. 독수리가 새끼를 보호하는 것같이 아도나이께서 이스라엘을 광야에서 보호하셔서 가나안 땅으로 인도하셨다. 하나님이 가나안 땅의 풍성한 소출, 꿀, 기름, 젖, 밀과 포도주를 먹게 하셨다(7-14).

이스라엘은 가나안 땅에서 먹고 마시며 만족한다. 하지만 가나안 땅의 풍성한 소출을 누림으로 마음이 변질된다. 하나님의 구원의 은혜를 가볍게 생각하며 새로운 신들을 따른다. 이스라엘은 귀신들에게 제사를 지내며 하나님을 배반함으로 하나님을 자극한다. 하나님을 소중히 여기지 않음으로 화를 자초한다. 하나님이 그들을 거절하신다(15-19).

아도나이는 이스라엘의 반역에 대하여 구체적으로 반응하신다. 이스라엘이 신이 아닌 것으로 아도나이를 질투하게 하며 허무한 것으로 하나님을 화나게 했다. 이스라엘에 대적하여 아도나이도 하나님의 백성이 아닌 자로 그들을 질투하게 하며 어리석은 민족으로 그들을 화나게 하신다. 이스라엘에게 하나님의 심판과 재앙들을 보내신다. 더위와 굶주림을 보내시며 들짐승과 질병을 보내신다. 더 나아가 적군이 이스라엘에 침입하여 그들을 무참히 학살할 것을 말씀하신다(20-25).

아도나이는 이스라엘을 망하게 하신다. 비록 적들이 이스라엘보다 더 강했다고 오판할 수 있지만 아도나이는 이러한 착각을 두려워하지 않는다. 아도나이께서 이스라엘을 적들에게 넘겨주심으로 이스라엘은 전쟁에서 진다. 결국 적들이 이스라엘을 통치한다. 적들이 이스라엘 보다 강해서 이긴 것이 아니라 하나님이 이스라엘을 파셨기 때문이다. 하나님이 이스라엘을 이렇게 적들에게 넘겨주신 이유는 이스라엘의 악 때문이다(26-33).

하나님께서 배교한 이스라엘에게 보복하신다. 하나님이 준비한 저주와 재앙이 창고에 가득 쌓여 있다. 환난 날이 다가오고 있다. 하나님께서 이스라엘을 심판하실 때에 이스라엘에게는 능력이 사라진다. 이스라엘이 섬겼던 이방 신들도 그들을 구원할 능력이 없다. 이때 하나님은 이스라엘에게 그들이 섬겼던 신들이 어디 있느냐고 질문하신다. 하나님께서 이스라엘의 어리석음을 조롱하신다. 이스라엘이 재앙을 당하는 날에 그들에게 보호자가 없다(34-38).

모세가 이스라엘에게 가르친 노래는 회복으로 끝이 난다. 하나님은 이스라엘을 망하게 한 적들에게 심판하신다. 그리고 이스라엘을 회복시켜 가나안 땅으로 돌아오게 할 것이다. 이러한 일을 행하시는 분이 하나님이심을 선언한다. 하나님이 역사 속에서 이스라엘을 위하여 이렇게 행동하실 때 말리거나 제재할 자가 없다. 하나님이 이스라엘을 심판하셨지만 하나님이 다시 이스라엘을 회복시킬 것이다(39-43).

이 장은 다음과 같이 세 부분으로 구조를 나눌 수 있다. 증거의 노래(1-43), 모세의 당부(44-47), 느보산에 올라가라는 하나님의 명령(48-52). 증거의 노래가 크기 때문에 더 자세하게 나누면 다음과 같다.

1. 증거의 노래(1-43)
    - 1.1 이스라엘의 반역을 예고(1-6)
    - 1.2 과거에 하나님이 베푸신 복(7-14)
    - 1.3 이스라엘의 반역(15-19)
    - 1.4 아도나이의 구체적인 반응(20-25)
    - 1.5 아도나이께서 이스라엘을 파심(26-33)
    - 1.6 하나님의 복수와 조롱(34-38)
    - 1.7 하나님의 용서와 이스라엘의 회복(39-43)
2. 모세의 당부(44-47)
3. 느보산에 올라가라는 하나님의 명령(48-52)

## 1.1 이스라엘의 반역을 예고(1-6)

이 단락은 세 부분으로 나눌 수 있다. 먼저 모세의 말과 가르침을 말한다. 모세의 교훈은 풀 위에 내리는 비와 같이 유익하다(1-2). 둘째로 모세의 교훈은 아도나이께로부터 기원한다. 그리고 그 하나님이 누구인지를 자세하게 설명한다(3-4). 셋째로 아도나이는 공의롭고 의롭다. 하지만 그의 자녀 이스라엘은 부패했다. 그들은 아버지를 본받는 데에 실패한다. 모세는 이스라엘을 어리석은 백성이라고 부른다(5-6).

### 번역

1 하늘아 귀를 기울이라 그리고 내가 말할 것이다,
그리고 땅아 들으라 나의 입의 말들을.
2 나의 가르침은 비처럼 떨어질 것이다,
나의 말은 이슬처럼 흐를 것이다,
풀 위의 소나기처럼 그리고 목초 위의 많은 비처럼.
3 왜냐하면 내가 아도나이의 이름을 부를 것이기 때문이다,
너희는 우리의 하나님에게 위대함을 돌리라.
4 그 반석, 그의 행위는 완전하다,
왜냐하면 그의 모든 길들은 공의롭기 때문이다,
신실하신 하나님 그리고 불의가 없다,
그는 의롭고 바르다.
5 그가 그에게 부패했다, 그의 아들들이 아니다, 그들의 흠,
일그러지고 구불구불한 세대.
6 너희는 아도나이께 이렇게 보답하느냐?
어리석고 지혜 없는 백성아,
그가 너를 얻으신 너의 아버지가 아니시냐?
그가 너를 만드시고 그가 너를 세우지 아니하시느냐?

**주해**

[1] 하늘아 귀를 기울이라 그리고 내가 말할 것이다,
그리고 땅아 들으라 나의 입의 말들을.

유사 평행법이 나온다. "하늘아 귀를 기울이라"와 "땅아 들으라" 그리고 "내가 말할 것이다"와 "나의 입의 말들"이 평행을 이루고 있다. 모세는 하늘과 땅을 증인으로 세운다(신 31:28). 하늘과 땅이 의인화되어 모세의 말을 듣고 있다. "하늘아 귀를 기울이라 그리고 내가 말할 것이다"는 '하늘이여 귀를 기울이라 그러면 내가 말하리라'하는 뜻이다. "귀를 기울이라"는 명령은 '들으라'하는 의미이다.

"땅아 들으라"에서 "들으라"는 미완료형이지만 명령으로 번역할 수 있다. 칠십인 경은 명령형 ἀκουέτω로 번역한다. "나의 입의 말들"은 모세가 선포하는 말들로 "이 노래의 말씀들"이며(신 31:30) 다음 절에서(2)는 "나의 가르침"으로 나온다.

[2] 나의 가르침은 비처럼 떨어질 것이다,[1)]
[2)]나의 말은 이슬처럼 흐를 것이다,[3)]
풀 위의 소나기처럼 그리고 목초 위의 많은 비처럼.

**본문 비교**

1) 히브리어는 미완료형인 데 반하여 칠십인 경은 명령형 "기다려라," "기대하라" προσδοκάσθω로 번역한다. 오리겐의 헥사플라는 이 차이를 지적한다.
2) 사마리아 오경, 칠십인 경, 탈굼 네오피티, 탈굼 프쉬도 요나단은 "그리고"가 있다.
3) 히브리어는 미완료형인 데 반하여 칠십인 경은 명령형 "내려오게 하라" καταβήτω로 번역한다.

유사 평행법이, "나의 가르침"과 "나의 말" 그리고 "비처럼 떨어질 것이다"와 "이슬처럼 흐를 것이다,"로 나오고 있다. 전치사 '케'(כ) '~처럼,' '~같이'가 네 번이나 사용되었다. "나의 가르침"은 '나의 교훈'으로 이것은 직유법으로 비와 비교되고 있다. 하늘에서 비가 내리는 것처럼 모세의 가르침이 주어진다는 것이다.

"나의 말"은 '나의 발언,' '나의 연설'로써 모세가 가르쳐주고 있는 말이다. 모세는 지금 증거의 노래를 가르치고 있는 중이다. "이슬"은 아침에 내린다. 비와 이슬이 내려야 풀과 목초 그리고 곡식과 과일이 자랄 수 있다. 비와 이슬이 내려서 목축이 잘 되고 곡식과 과일이 풍성하게 맺힐 수 있다. 모세가 지금 이스라엘에게 가르치고 있는 교훈은 풍성한 곡식과 열매를 맺게하는 비에 비유되고 있다.

"풀 위의 소나기처럼 그리고 목초 위의 많은 비처럼"은 풍성한 비를 표현한다. 이렇게 많은 비가 와야 땅이 비옥하다. 풀이 자라야 가축들이 먹고 잘 자란다. 사람은 소와 양 그리고 염소를 통해서 고기와 젖 그리고 털을 얻을 수 있다. 많은 비는 풍족한 삶을 제공한다.

3 왜냐하면 내가 아도나이의 이름을[1] 부를 것이기[2] 때문이다,
[3]너희는 우리의 하나님에게 위대함을 돌리라.

**본문 비교**

1) 마소라 사본은 전치사가 없이 שם인 데 반하여 사마리아 오경은 전치사 בשם을 가지고 있다.
2) 마소라 사본은 미완료형인 데 반하여 칠십인 경은 과거 ἐκάλεσα로 번역한다.
3) 사마리아 오경은 "그리고"를 가지고 있다.

접속사 "왜냐하면"은 이 구절과 앞 절과의 관계를 설명한다. 목초 위

에 비처럼 떨어지는 "나의 가르침"과 "나의 말"은 모세의 교훈으로서 아도나이의 이름과 관련이 있다. 모세의 가르침은 아도나이로부터 기원한 것이다. 모세는 시내산에 올라가서 아도나이께 십계명과 율법을 받아서 이스라엘에게 전했다. "내가 부를 것이다"는 '내가 선포할 것이다'로 모세가 아도나이의 이름을 선포 또는 선언할 것을 말한다.

모세는 이스라엘에게 하나님의 위엄을 찬양할 것을 권한다. "너희는 우리의 하나님에게 위대함을 돌리라"에서 "위대함"은 '큰,' '위엄,' '장엄함'을 뜻한다. "너희는 돌리라"는 명령형으로 '너희는 주라'로 하나님의 위대함을 찬양하라는 것이다(NIB, NIV).

4 그 반석,[1)] 그의 행위는[2)] 완전하다,
왜냐하면[3)] 그의 모든 길들은 공의롭기 때문이다,
신실하신 하나님 그리고 불의가 없다,
그는[4)] 의롭고 바르다.[5)]

**본문 비교**

1) 칠십인 경은 "하나님" θεός이다(벌게이트 역시). 오리겐의 헥사플라는 이 차이를 지적한다. 아퀼라는 "굳은," "견고한" στερεός으로 번역한다. 탈굼 옹켈로스는 "강한 자" תקיפא로 해석한다.
2) 히브리어는 단수인 데 반하여 칠십인 경은 복수 τὰ ἔργα이다.
3) 히브리어는 접속사 '키' כי인 데 반하여 칠십인 경은 "그리고" καὶ 이다.
4) 칠십인 경은 "주님" κύριος이다.
5) 칠십인 경은 "거룩한," "경건한" ὅσιος이다.

이 구절을 다음 두 구절로 나눌 수 있는데, A는 겉으로 드러나는 행위와 하나님의 길들의 속성을 말하고 B는 내재하는 하나님의 성품을 설명한다. 속에 있는 성품이 신실하고 불의가 없고 의롭고 바르기 때문에 겉으로 드러나는 행위가 완전하고 공의로운 것이다.

A 그 반석, 그의 행위는 완전하다, 왜냐하면 그의 모든 길들은 공의롭기 때문이다,

B 신실하신 하나님 그리고 불의가 없다, 그는 의롭고 바르다.

"그 반석, 그의 행위는 완전하다"는 동사가 없는 명사 문장으로 '그 반석, 그의 행위는 완전한'이다. 여기에 동사 '~하다'를 넣어서 번역한 것이다(Ges-K, § 126*c*). "그 반석"은 칠십인 경의 번역처럼 하나님을 의미하는데, 이는 '견고한,' '움직일 수 없는,' '굳은'의 이미지이다. 견고하고 변하지 않는 반석처럼 하나님은 변하지 않으신다. 그래서 믿을 수 있다. "그의 행위는 완전하다"는 다음 구절에서 설명한다. "왜냐하면 그의 모든 길들은 공의롭기 때문이다." 특별히 "공의롭기"는 명사 **משפט**이다. 이 단어는 기본적으로 '재판,' '공의,' '법령'을 의미하지만 문맥에 따라 다양하게 번역할 수 있다. 여기서는 '공의,' '공평'으로 번역하는 것이 좋다. 하나님이 제시하는 길들, 이스라엘이 나아가야 할 길들이 정의롭다는 의미이다.

"신실하신 하나님"은 '신실의 하나님'이다. 여기서 '신실'로 번역된 단어 **אמונה**는 다양한 뜻을 갖고 있는데, '견고,' '견실,' '확고한,' '변함없는,' '충실,' '성실'으로 번역할 수 있다. 여기서는 '믿을 만한 하나님'으로 '신실한 하나님'을 의미한다. "불의가 없다"는 '부정이 없는,' '부당함이 없는,' '거짓이 없는'의 뜻이다. 한 마디로 정의하면 하나님께는 악이 없다.

"그는 의롭고 바르다."는 "의롭고"는 '정의로운'이며 "바르다"는 '똑바른,' '꼿꼿한,' '강직한'의 뜻으로 하나님의 성품을 설명하고 있다.

5 그가 그에게 부패했다,[1] 그의 아들들이 아니다, 그들의 흠,[2]
일그러지고 구불구불한 세대.

**본문 비교**

1) 마소라 사본은 동사의 주어가 단수인 데 반하여 사마리아 오경은 복수이다. 칠십인 경도 복수이며 동사를 "그들이 죄를 지었다" *ἥμάρτοσαν*으로 번역한다. 오리겐의 헥사플라는 이것을 지적한다. 많은 현대 번역본들이 주어를 복수 "그들"로 번역한다(개역 개정, ASV, ESV, KJV, NAS, NAU, NIB, NIV, NJB).
2) 히브리어의 첫 행은 번역하기가 어렵다. 칠십인 경의 번역은 "그들이 죄를 지었다, 그에게 아니다, 흠의 자녀들" *ἥμάρτοσαν οὐκ αὐτῷ τέκνα μωμητά*이다. 사마리아 오경도 이렇게 번역할 수 있다. **שחתו לו לא בני מום**. 탈굼 옹켈로스의 번역은 "그들은 그들에게 죄를 지었다, 그에게 아들들이 아니다, 그들이 우상들을 섬긴다" **חבילו להון לא ליה בניא דפלחו לטעותא**로 해석한다.

첫 행의 히브리어는 번역하기 어렵다(본문 비교 2) 참고). "그가 그에게 부패했다, 그의 아들들이 아니다, 그들의 흠"은 다양하게 번역되었다. "이것은 그에게 부패했다, 그들의 흠은 그의 아들들이 아니다"(YLT) 또는 "그들은 그에게 부패하게 행동했다, 그들은 그의 자녀들이 아니다, 그들의 흠 때문에"(NAS, NAU) 또는 "그들은 그에게 부패하게 대했다, 그들은 그들의 자녀들이 아니다, 이것은 그들의 흠이다"(ASV) 또는 "그들이 그에게 부패하게 대했다, 그들은 더 이상 그의 자녀들이 아니다, 그들의 흠 때문에"(ESV) 또는 "그들은 스스로 부패했다, 그들은 그의 자녀들이 아니다, 그들의 흠 때문에"(NKJ). 어느 번역을 취하든지 간에 히브리어의 문자적인 번역이 아니라 의역이다. 개역 개정은 "그들이 여호와를 향하여 악을 행하니 하나님의 자녀가 아니요 흠이 있고"로 번역했다.

먼저 “그가 그에게 부패했다”는 이스라엘이 하나님께 타락했다는 의미이다. “그의 아들들이 아니다”는 하나님의 아들들이 아니라는 것으로 이스라엘의 타락이 하나님의 아들의 신분을 부인하는 것이다. “그들의 흠”은 아마도 ‘그들의 흠 때문에’인 것으로 해석하는 것이 문맥에 잘 어울린다.

“일그러지고 구불구불한 세대”는 동사 ‘~이다’를 넣어서 ‘일그러지고 구불구불한 세대이다’로 이해할 수 있다. ‘뒤틀리고(비뚤어진, 왜곡된) 비꼬인(뒤틀린) 세대’이다. 이스라엘이 부패(타락) 함으로 인하여 그들의 생각과 행동이 왜곡된 것을 말한다. 모세의 시대나 예수님의 시대나 타락한 것은 마찬가지이다. 예수님은 그 시대를 “믿음이 없고 패역한 세대”로 규정하셨다(마 17:17; 눅 9:41). 우리가 살고 있는 현 시대에도 이 말들을 적용할 수 있을 것이다.

6 [1]너희는 아도나이께 이렇게 보답하느냐?
어리석고[2] 지혜 없는 백성아,
그가 너를 얻으신 너의 아버지가 아니시냐?
그가[3] 너를 만드시고 그가 너를 세우지[4] 아니하시느냐?

**본문 비교**

1) 탈굼 옹켈로스는 “보라” **הא**로 시작한다.
2) 탈굼 옹켈로스는 히브리어의 “어리석은 백성”을 “율법을 받은 백성” **עמא דקבילו אוריתא**으로 해석한다. 옹켈로스에 따르면 ‘율법을 받았지만 지혜가 없는 백성’이라는 뜻이다.
3) 칠십인 경은 “그가”를 생략한다.
4) 칠십인 경은 “그가 너를 만드셨다” *ἔκτισέν σε*로 번역한다.

“보답하느냐”는 ‘갚느냐,’ ‘보상하느냐’로 이스라엘의 반응을 묻고 있다. 하나님의 은혜와 구원에 대한 이스라엘의 반응이 부패하고 패역했기 때문에 묻고 있는 것이다(5). "어리석고 지혜 없는 백성아"는 '둔하고 현명하지 않은 백성아'이다(Joüon-M는 "천하고 분별력이 없는 백성"으로 번역한다, Joüon-M, § 160[d]). 이스라엘이 아도나이와 맺은 언약을 어기며 다른 신을 따라 섬긴 행동을 정죄한다. 아도나이께서 이스라엘을 이집트에서 구원하여 가나안 땅까지 인도해 주셨다. 그런데 이스라엘은 이런 하나님을 버리고 가나안의 신들을 따라 간 것이다. 아둔하고 미련한 행동이다.

다음 행은 이스라엘과 하나님 사이의 관계를 묻는 수사학적 질문이다. "그가 너를 얻으신 너의 아버지가 아니시냐?" 이 질문에는 "하나님이 이스라엘을 소유하신 아버지이다"라는 답변이 전제되어 있다. 하나님과 이스라엘 사이는 부자관계이다. 그런데 이스라엘이 이 관계를 버리고 다른 신들에게 간 것이다.

다음 행 역시 이스라엘과 하나님 사이의 관계를 묻는 수사학적 질문이다. "그가 너를 만드시고 그가 너를 세우지 아니하시느냐?" 히브리어에는 "아니하시느냐?"가 한 번만 나오고 생략되어 있지만 번역을 해주는 것이 자연스럽다. "그가 너를 만드시고"는 하나님께서 이스라엘을 지으신 창조주이다. "그가 너를 세우지 아니하시느냐?"는 위에 나오는 "백성아"를 고려해 보면 하나님이 이스라엘을 많은 나라들 가운데 한 국가로 세우신 것을 의미한다.

셋째 행과 넷째 행을 필자처럼 다 의문문으로 번역하는 경우가 있는가(LEI, LUV, NBG, SVV, ESV, JPS, KJV, NAB, NIB, NIV, NJB, EIN, LUO, SCH, SCL, ZUR) 하면 셋째 행만 의문문으로 번역하기도 한다. "그가 너를 얻으신 너의 아버지가 아니시냐? 그가 너를 만드시고 그가 너를 세우셨다."(ASV, CJB, NAS, NAU, YLT, ELB, ELO).

## 1.2 과거에 하나님이 베푸신 복(7-14)

모세는 이스라엘에게 과거를 기억하라고 명령한다. 하나님은 신실하게 이스라엘을 지키시고 보호하셨는 데 반하여 이스라엘은 하나님을 떠나 악을 행하기 때문이다. 이스라엘은 어리석고 지혜가 없다. 그래서 과거에 하나님께서 이스라엘에게 베풀어 주신 복을 생각하라고 하는 것이다. 지나간 세대들을 아버지에게 물어보라고 한다. 하나님께서 모든 민족들의 경계를 정하셨듯이 이스라엘의 경계도 정해 주셨다. 그리고 이스라엘은 특별히 하나님이 선택하신 그의 기업이었다. 하나님은 이스라엘을 마치 독수리가 새끼를 보호하듯이 광야에서 지키셨다. 이스라엘을 가나안 땅에 들어오게 하셔서 가나안 땅의 풍성한 소출을 먹게 하셨다.

**번역**

7 옛날들을 기억하라,
세대와 세대의 년들을 분별하라,
너의 아버지에게 물으라 그러면 그가 너에게 알려줄 것이다,
너의 장로들에게, 그러면 그들이 너에게 말할 것이다.
8 지극히 높은 자가 민족들에게 유업을 주실 때,
그가 아담의 아들들을 나누실 때,
그가 백성들의 경계를 세우셨다,
이스라엘의 아들들의 수를 따라.
9 왜냐하면 아도나이의 몫은 그의 백성,
야곱은 그의 기업의 할당이기 때문이다.
10 그가 그를 광야 땅에서 발견하셨다,
그리고 황야에서, 울부짖는 버려진 곳,
그가 그를 에워쌌다, 그가 그를 숙고했다,
그가 그를 지키셨다, 그의 눈의 눈동자같이.

11 독수리가 그의 둥지에서 깨어나는 것같이,
그것이 그의 새끼들 위에서 맴돌 것이다,
그것이 그의 날개를 펼칠 것이다, 그것이 그것을 취할 것이다,
그것이 그것을 그의 날개 위로 업을 것이다.
12 아도나이 홀로 그를 인도하셨다,
그리고 그와 함께 한 외국 신이 없었다.
13 그가 그를 땅의 높은 곳을 다니게 하셨다,
그리고 그가 들의 소산물들을 먹이셨다,
그리고 그가 그를 절벽에서 꿀을 빨게 하셨다,
그리고 부싯돌 바위에서 기름을.
14 소의 응유와 양의 우유를,
어린 양들의 기름과 함께,
그리고 숫양들, 바산의 아들들 그리고 숫염소들을,
가장 풍성한 밀과 함께,
그리고 포도의 피를, 네가 포도주를 마실 것이다.

## 주해

7 옛날들을 기억하라,[1)]
세대와 세대의 년들을 분별하라,[2)]
너의 아버지에게 물으라 그러면 그가 너에게 알려줄 것이다,
너의 장로들에게, 그러면 그들이 너에게 말할 것이다.

## 본문 비교

1) 마소라 사본은 동사의 주어가 단수인 데 반하여 사마리아 오경, 칠십인 경, 탈굼 네오피티와 탈굼 프쉬도 요나단은 복수이다.
2) 마소라 사본은 동사의 주어가 복수인 데 반하여 벌게이트와 탈굼 옹켈로스는 단수이다.

세 개의 명령형이 나온다. "기억하라," "분별하라," "물으라." 이 세 단어들 가운데 "너는 기억하라"와 "너는 물으라"는 단수이고 "너희는 분별하라"는 복수이다. 먼저 "옛날들을 기억하라"고 권한다. 이스라엘이 가나안 땅에 들어가서 오래 살 때를 전제하고 이 노래를 읽어야 하기 때문에 여기서 옛날은 다음에 나오는 절들을 계속 읽어보면 출애굽, 광야 여행 그리고 가나안 땅 입성의 때를 의미한다.

"옛날들"은 "세대와 세대의 년들"과 평행을 이루며 지나간 옛 세대들을 말한다. "세대와 세대"는 '모든 세대'를 뜻한다(Joüon-M, § 135*d*). "분별하라"는 "기억하라"와 평행을 이루며 '숙고하라,' '생각하라,' '관심을 기울이라'의 뜻이다.

과거에 대한 것들을 "너의 아버지에게 물으라" 하고 말한다. 아버지는 옛 세대이기 때문이다. "그러면 그가 너에게 알려줄 것이다"는 '그러면(그리고) 그가 너에게 설명할(말할) 것이다'의 뜻이다. 아버지는 지나간 세대의 일들을 알고 있다. 그것들을 자녀들에게 설명해 줄 것을 말한다.

넷째 행은 셋째 행과 평행을 이루기 때문에 동사가 생략되었다. "너의 장로들에게 (물으라), 그러면 그들이 너에게 말할 것이다." 여기서 "너의 장로들에게"는 "너의 아버지에게"와 평행을 이룬다. 장로들은 나이가 많은 노인들로 아버지와 같은 세대이거나 연장자들이다. 이들 역시 과거를 잘 알고 있다. "그러면 그들이 너에게 말할 것이다."는 위에 "그러면 그가 너에게 알려줄 것이다"와 평행을 이룬다.

8 지극히 높은 자가 민족들에게 유업을 주실 때,
그가 아담의 아들들을[1] 나누실 때,
그가 백성들의 경계를 세우셨다,
이스라엘의 아들들의[2] 수를[3] 따라.

**본문 비교**

1) 탈굼 네오피티는 "사람의 아들들의 언어들을" לישני בני־אנשא로 해석한다(탈굼 프쉬도 요나단 역시).

2) 쿰란 사본(4QDeut[j])은 "하나님의 아들들"이다. 칠십인 경의 베버(Wevers) 편집 역시 "하나님의 아들들"인 데 반하여 랄프(Rahlfs) 편집은 "하나님의 천사들"이다. 오리겐의 헥사플라는 "이스라엘의 아들들"과 "하나님의 천사들" 사이의 차이점을 지적하고 있다. 아퀼라, 심마쿠스, 테오도치온은 다 마소라 사본을 따라 "이스라엘의 아들들"로 번역한다.

3) 탈굼 네오피티는 "이스라엘 아들들의 지파들의 수를 따라"이다.

이 구절은 7절에서 말했던 옛날들에 일어났던 일을 설명한다. "지극히 높은 자"는 하나님의 이름이다. "민족들에게 유업을 주실 때"는 하나님이 여러 민족들에게 '기업을 주실 때' 즉 상속 재산을 주실 때를 말한다. 땅을 주신 것이다. "그가 아담의 아들들을 나누실 때"는 인류를 흩으신 때로 바벨탑의 사건을 의미하는 것 같다(창 11:1-9). 탈굼 네오피티와 탈굼 프쉬도 요나단은 이렇게 해석한다(본문 비교 1) 참고).

더 나아가 하나님은 세상 나라들의 경계를 정하심으로 하나님의 주권을 보여주신다(시 74:17; 사 10:13). "그가 백성들의 경계를 세우셨다"는 '그가 민족들의 국경을 정하셨다'로 하나님이 이 세상의 백성들에게 하신 일을 보여준다. 그런데 흥미로운 것은 이 일을 "이스라엘의 아들들의 수를 따라" 하셨다는 것이다. 이것이 무엇을 의미하는지 정확하지 않다. 탈굼 네오피티는 이스라엘 지파들의 수를 따라 민족의 경계를 정했다고 설명한다. 탈굼 프쉬도 요나단은 이집트로 내려간 이스라엘의 70명의 영혼을 따라서 민족들의 경계를 세웠다고 말한다. 하지만 본문은 여기에 대하여 명확한 설명을 하지 않는다.

9 왜냐하면[1] 아도나이의 몫은 그의 백성,
야곱은 그의 기업의 할당이기 때문이다.[2)3)]

**본문 비교**

1) 칠십인 경은 "그리고 그가 되었다" *καὶ ἐγενήθη*로 히브리어와 다르다.
2) 사마리아 오경과 칠십인 경은 끝에 "이스라엘"을 덧붙인다.
3) 칠십인 경은 마소라와 다르다. "그리고 그의 백성 야곱은 그의 몫이 되었다, 이스라엘은 그의 기업의 할당이 (되었다)" *καὶ ἐγενήθη μερὶς κυρίου λαὸς αὐτοῦ Ιακωβ σχοίνισμα κληρονομίας αὐτοῦ Ισραηλ*이다.

접속사 '키'(כִּי)는 "왜냐하면"으로 번역할 수 있지만 이것을 "확실히(참으로) 아도나이의 몫은 그의 백성이다"로 번역할 수도 있다. 이렇게 번역하면 선언적이다. 아도나이는 세상의 모든 민족들에게 기업을 주셨다. 이 구절은 아도나이의 몫 또는 기업이 무엇인지를 말한다. "아도나이의 몫"은 다시 "그의 기업의 할당"으로 나온다. "그의 백성"은 다시 "야곱"으로 평행을 이룬다. 아도나이께 기업으로 할당된 몫은 야곱이다. 야곱이 하나님의 백성이다. 칠십인 경은 이스라엘로 명확하게 하고 있다(본문 비교 3) 참고).

야곱은 열 두 아들들의 아버지이다. 하나님이 아브라함에게 많은 후손을 주겠다고 약속했지만 그는 약속의 아들로 한 명만 낳았다. 실제 하나님의 약속이 이루어지기 시작한 때는 야곱이다. 야곱에게서 12명의 아들들이 나왔기 때문이다. 그래서 야곱에게는 생육하고 번성하라는 창조 명령이 주어졌다(창 35:11).

10 그가 그를 광야 땅에서 발견하셨다.[1]

그리고 황야에서,[2)] 울부짖는 버려진 곳,[3)]

그가 그를 에워쌌다, 그가 그를 숙고했다,[4)]

그가 그를 지키셨다, 그의[5)] 눈의 눈동자같이.

**본문 비교**

1) 사마리아 오경은 "그가 그를 강하게 하셨다" יאמצהו로 읽는다. 칠십인 경은 "그가 그에게 공급하셨다" αὐτάρκησεν αὐτὸν으로 번역한다. 오리겐의 헥사플라는 이 차이를 지적한다. 탈굼 옹켈로스는 더 명확하게 "그가 그들의 필요들을 제공했다"로 번역한다.
2) 칠십인 경은 "타는 목마름에서" ἐν δίψει καύματος로 읽는다. 탈굼 프쉬도 요나단은 "울부짖는 재칼들과 귀신들의 장소"로 해석한다.
3) 칠십인 경은 "물이 없는 곳에서," "건조한 곳에서" ἐν ἀνύδρῳ로 이해한다(탈굼 옹켈로스 역시).
4) 칠십인 경은 "그가 그를 가르쳤다, 훈육했다" ἐπαίδευσεν αὐτὸν으로 번역한다. 탈굼 옹켈로스와 탈굼 프쉬도 요나단은 율법을 가르쳤다고 해석하고 탈굼 네오피티는 십계명을 가르쳤다고 말한다.
5) 칠십인 경은 "그의"를 생략한다. 오리겐의 헥사플라는 "그의"를 덧붙여 줄 것을 제안한다.

아도나이께서 이스라엘을 광야에서 보호하신 일을 말한다. 모두 네 개의 동사로 표현되었다. 첫째, "그가 그를 광야 땅에서 발견하셨다"는 아도나이께서 이스라엘을 광야에서 유지하게 하신 것 또는 살아가게 하신 것이다(본문 비교 1)을 참고). "광야 땅에서"는 다시 "황야에서, 울부짖는 버려진 곳"으로 나온다. 짐승들이 울부짖는 버려진 땅을 의미한다. 사람이 살 수 없는 곳이다(본문 비교 2)와 3)을 참고). 둘째, "그가 그를 에워쌌다"는 아도나이께서 이스라엘을 보호하기 위해서 둘러싼 것 즉 호위하신 것이다. 셋째, "그를 숙고했다"는 아도나이께서 이스라엘을 주의 깊게 보신 것, 곰곰이 생각한 것 즉 돌보신 것을 뜻한다. 넷째, "그가 그를 지키셨다"는 아도나이께서 이스라엘을 보호하신 것을 의미한다(Waltke-O, 518). "눈의 눈동자같이"에서 알 수 있는 것은 아도나이께서 이스라엘을 아주 섬세하게 보호하셨다는 것이다. 눈동자는 예민한 기관이다. 눈에 작은 이물질이 들어가면 사람은 이물감을 느낀다. 또한 눈동자는 외부의 충격에 아주 예민하게 반응하는 곳이다.

위에서 언급한 네 개의 동사에서 우리는 하나님께서 이스라엘을 얼마나 귀하게 다루셨는가를 볼 수 있다. 하나님은 이스라엘을 아주 소중하게 여기시며 보호하셨다. 사람이 살기 어려운 광야에서 식량과 물이 부족한 땅에서 하나님은 이스라엘에게 물과 만나와 메추라기를 공급하셨다. 의복이 해어지지 않게 하셨다. 뿐만 아니라 광야는 춥고 더운 곳이다. 그곳에서 이스라엘이 춥지 않도록 그리고 덥지 않도록 불기둥과 구름 기둥을 보내주셨다.

11 독수리가 그의 둥지에서 깨어나는 것 같이,[1)]
[2)]그것이 그의 새끼들 위에서 맴돌 것이다,[3)]
그것이 그의 날개를[4)] 펼칠 것이다,[5)] [6)]그것이 그것을[7)] 취할 것이다,
[8)]그것이 그것을[7)] 그의 날개 위로 업을 것이다.

**본문 비교**

1) 칠십인 경의 번역은 약간 다르다. "독수리가 그의 새끼들을 지켜보는 것 같이" ὡς ἀετὸς σκεπάσαι νοσσιὰν αὐτοῦ이다.
2) 히브리어 필사본(V[ken 69]), 사마리아 오경, 칠십인 경, 시리아 역, 벌게이트는 "그리고"가 있다.
3) 칠십인 경은 "갈망할 것이다," "동경할 것이다" ἐπεπόθησεν으로 번역한다.

4) 칠십인 경은 "그의 날개들"로 복수이다.
5) 칠십인 경은 분사 διεὶς로 번역한다.
6) 사마리아 오경, 벌게이트는 "그리고"가 있다.
7) 칠십인 경은 복수 "그것들"이다.
8) 칠십인 경, 시리아 역, 탈굼 네오피티, 탈굼 프쉬도 요나단은 "그리고"가 있다.

히브리어는 전치사 '케'(כ)로 시작한다. 전치사 '~같이,' '~처럼'이 뒤에 나오는 다섯 개의 동사들을 지배하고 있다. "깨어나는 것 같이… 맴돌 것 (같이)… 펼칠 것 (같이)… 취할 것 (같이)… 업을 것 (같이)." 개역개정은 "마치 독수리가 자기의 보금자리를 어지럽게 하며 자기의 새끼 위에 너풀거리며 그의 날개를 펴서 새끼를 받으며 그의 날개 위에 그것을 업는 것 같이"로 번역했다. 어떤 번역은 앞의 두 동사들과 관련 있는 것으로 해석한다(TNK). 하지만 다섯 개의 동사들은 모두 미완료형으로 나오고 접속사 "그리고"가 없는 것이 특징이다. 이래서 이 전치사가 다섯 개의 동사들과 다 관련이 있다.

첫째, "깨어나는"는 '깨어나다,' '일어나다'이다. 둘째, "맴돌 것이다"는 독수리가 그의 새끼들 위에 붕 떠서 이리 저리 날아다니는 것이다. "그의 새끼들"은 같은 날에 태어난 새끼들을 의미한다. 셋째, "펼칠 것이다"는 넓게 펼치는 것 또는 뻗는 것을 말한다. 넷째, "취할 것이다"는 독수리가 날개를 넓게 펴서 새끼들을 받는 것이다. 다섯째, "업을 것이다"는 독수리가 새끼들을 실어 나르는 것을 뜻한다. 위에서 말했듯이 이 다섯 동사들은 앞에 나오는 전치사 "~같이"와 관련이 있다. 독수리가 새끼들을 보호하기 위해 이와 같은 행동들을 하는 것같이 아도나이께서 이스라엘을 위하여 행동하셨다는 것이다. 아도나이의 행동들은 이어서 12-14절에 나온다.

12 아도나이 홀로 그를[1] 인도하셨다,

그리고 그와[2] 함께 한 외국 신이[3] 없었다.

**본문 비교**

1) 칠십인 경은 복수 "그들을"이다.
2) 칠십인 경은 "그들과 함께" μετ' αὐτῶν이다.
3) 탈굼 옹켈로스, 탈굼 네오피티, 탈굼 프쉬도 요나단은 "이방 예배"로 해설한다.

아도나이께서 이스라엘을 광야에서(9) 인도하신 행위를 설명한다. "홀로"는 아도나이께서 이스라엘을 인도하실 때에 혼자이셨다는 것을 보여준다. 이스라엘은 장정만 60만 명이었다. 여성들과 아이들을 포함하면 약 200만 명이 넘는 숫자이다. 하나님은 이들에게 먹을 것을 주고 마실 물을 제공하며 옷과 신발이 해어지지 않게 하셨다. 하나님은 이들이 낮에는 더위에 쓰러지지 않게 하셨고 밤에는 추위에 떨지 않게 하셨다. 광야에서 길을 잃지 않도록 인도하셨다. 이 모든 행동을 아도나이 "홀로" 하신 것이다(참고 신 33:26).

아도나이의 이런 단독 행동은 "그와 함께 한 외국 신이 없었다"에서 잘 드러난다. "한"은 히브리어에 없지만 문맥상 넣어준 표현이다. "그와 함께"는 '하나님과 함께'를 의미한다. "없었다"가 "홀로"를 돋보이게 한다. 이스라엘을 광야에서 인도한 것은 "아도나이"이지 "외국 신"이 아니다. "외국 신"은 '그 땅의 외국 신' 또는 '이상한 신' 즉 다른 신, 이방 신을 의미한다.

13 그가 그를[1] 땅의 높은 곳을[2] 다니게 하셨다,[3]

그리고 그가[4] 들의 소산물들을 먹이셨다,[5]

그리고[6] 그가 그를 절벽에서 꿀을 빨게 하셨다,[7]

그리고 부싯돌 바위에서[8] 기름을.[9]

**본문 비교**

1) 칠십인 경, 탈굼 옹켈로스는 복수 "그들을"이다.
2) 마소라 사본의 케티브는 בָּמוֹתֵי인 데 반하여 케레는 בָּמֳתֵי이다. 칠십인 경은 "그 땅의 강한 곳" τὴν ἰσχὺν τῆς γῆς이다. 오리겐의 헥사플라는 이 차이를 지적한다.
3) 탈굼 옹켈로스는 "그가 그 땅의 강한 곳 위에 그들을 거하게 하셨다" אשרינון על תוקפי ארעא로 해석한다. 탈굼 프쉬도 요나단도 이와 비슷하게 "그가 그들을 이스라엘의 땅의 요새화된 곳에 거하게 하셨다"로 해석한다. 탈굼은 모세의 지도 하에 요단 동편의 땅, 헤스본의 왕 시혼과 바산왕 옥의 땅을 정복하여 살게 한 것을 말하는 것 같다(민 21:21-35; 신 2:26-3:22).
4) 칠십인 경은 "그들을" αὐτοὺς가 있다.
5) 마소라 사본은 "그리고 그가 먹이셨다" ויאכל인 데 반하여 사마리아 오경은 "그가 그를 먹이셨다" יאכלהו이다. 탈굼 옹켈로스는 "그가 그들에게 그 적들의 탈취물을 먹이셨다"로 해석한다.
6) 사마리아 오경은 "그리고"를 생략한다.
7) 마소라 사본은 주어가 단수 "그"인 데 반하여 칠십인 경은 복수 "그들" ἐθήλασαν이며 목적어 "그를"을 생략한다.
8) 히브리어의 "절벽"과 "바위"는 다른 단어인 데 칠십인 경은 두 단어 모두 "바위" πέτρας로 번역했다. 두번째 "부싯돌 바위"는 "단단한(견고한) 바위" στερεᾶς πέτρας로 번역했다.
9) 탈굼 옹켈로스는 마지막 문장을 "그가 그들에게 도시들의 통치자들의 탈취물을 주었다 그리고 강한 도시들의 거주자들의 소유들을"로 해석한다. 하지만 탈굼 네오피티와 탈굼 프쉬도 요나단은 마소라 사본을 따라 비슷하게 번역한다.

주어 "그"는 아도나이를 그리고 목적어 "그를"은 이스라엘을 말한다. 계속 아도나이께서 이스라엘을 인도하신 행위를 설명한다. 이 구절은 이스라엘을 약속의 땅 안에서 인도하신 것을 말한다. "땅의 높은 곳"은 적들의 침입을 방어하기 좋은 군사적인 장소이다. 산들을 의미하거나 요새화된 높은 지역을 가리킬 수 있다(위의 본문 비교 2)와 3)을 참고). 베버는 그 땅의 가장 좋은 장소 즉 비옥한 땅으로 해석하지만(Wevers, 516) 이것은 헬라어의 문자적인 의미 "그 땅의 강한 곳" τὴν ἰσχὺν τῆς γῆς를 벗어난다.

아도나이께서 이스라엘에게 하신 행동을 계속 설명한다. 아도나이께서 곡식과 열매 그리고 꿀과 기름을 이스라엘에게 제공하셨다. "들의 소산물들"은 밭의 농작물들과 열매들로 약속의 땅에서 난 것들을 의미한다. "먹이셨다"는 하나님이 이스라엘에게 밭의 소산물을 양식으로 주신 것이다. "꿀"은 자연에서 얻을 수 있는 야생 꿀로 "절벽에서" 나는 것이다. "기름"은 올리브 기름을 뜻한다. "부싯돌 바위"는 험준한 바위투성이의 땅을 의미한다.

14 소의 응유와[1] 양의 우유를,
어린 양들의 기름과[2] 함께,
그리고 숫양들, 바산의 아들들[3] 그리고 숫염소들을,
가장 풍성한 밀과 함께,
그리고 포도의 피를, 네가 포도주를 마실 것이다.[4]

**본문 비교**

1) 마소라 사본은 חמאת인 데 반하여 사마리아 오경은 חמת이다. 뜻은 차이가 없다.
2) 마소라 사본은 '기름,' '살찐' חלב인 데 반하여 사마리아 오경은 "응유" חמת이다.

3) 칠십인 경은 "황소들의 아들들" υἱῶν ταύρων으로 즉 '황소들의 새끼들'로 번역한다. 오리겐의 헥사플라는 이것을 지적한다. 하지만 아퀼라는 히브리어를 따라 "바산의 아들들" υἱῶν Βασαν이다.
4) 칠십인 경은 "그들이 마셨다" ἔπιον이다.

이 구절은 13절의 연속으로 칠십인 경을 따라 목적격으로 해석했다. "응유"는 응고된 우유로 버터를 말한다. "양"은 작은 짐승으로 양이나 염소를 가리킨다. "바산의 아들들"은 해석하기가 어렵다. 아마도 "바산의 아들들의 숫양들"을 의미하는 것 같다(13절의 본문 비교 3)을 참고). 하나님께서 이스라엘에게 버터, 우유, 기름과 고기를 먹이신 것이다.

"가장 풍성한 밀"은 문자적으로 '살찐 밀의 알갱이(콩팥)'을 말하는데, 이는 비유적인 표현으로 '가장 풍성한 밀' 또는 '최고로 선택한 밀'을 뜻한다. 즉 가장 좋은 밀이다. 개역 개정은 "지극히 아름다운 밀"로 번역했다. "포도의 피"는 "포도주"를 말하는데, 이것은 포도주의 색이 피와 같기 때문에 이런 표현을 사용한 것 같다. 아마도 피 같은 포도주를 뜻하는 것 같다. 개역 개정은 "포도즙의 붉은 술"로 의역했다.

## 1.3 이스라엘의 반역(15-19)

이스라엘이 가나안 땅에서 풍요와 번영을 누린다. 그들은 먹어서 배부르고 만족한다. 살이 찌고 비대해졌다. 그 결과 아이러니하게 그들은 하나님을 배반한다. 번영을 누림으로 하나님의 구원과 은총을 우습게 생각한다. 그래서 이스라엘은 하나님이 싫어하시는 것들에게 제사하며 섬김으로 하나님을 자극한다. 이스라엘은 새로운 신들을 따라 하나님을 무시한다. 그러자 하나님도 이스라엘을 무시하며 거절하신다.

## 번역

15 그리고 여수룬이 살이 찌자 발로 찼다,
네가 살쪘다, 네가 두꺼워졌다, 네가 배불렀다,
그리고 그가 하나님을 떠났다, 그가 그를 만들었다,
그리고 그가 그의 구원의 반석을 가볍게 생각했다.
16 그들이 그를 질투하게 했다 이상한 것들로,
혐오스러운 것들로 그들이 그를 화나게 했다.
17 그들은 신이 아닌 그 귀신들에게 제사했다,
그들이 알지 못했던 신들,
새로운 것들, 그들이 가까이서 왔다,
너희의 아버지들이 그들을 두려워하지 않았다.
18 반석이 너를 낳았다, 네가 무시했다,
그리고 네가 너를 출산한 하나님을 잊었다.
19 아도나이께서 보시고 경멸하셨다,
그의 아들들과 그의 딸들의 도발 때문에.

## 주해

15 [1]그리고 여수룬이[2] 살이 찌자 발로 찼다,
네가[3] 살쪘다, 네가[3] 두꺼워졌다, 네가[3] 배불렀다,[4]
그리고 그가 하나님을 떠났다,[5] 그가 그를 만들었다,
그리고 그가[6] 그의 구원의 반석을[7] 가볍게 생각했다.[8]

## 본문 비교

1) 사마리아 오경은 "야곱이 먹고 만족했다" ויאכל יעקב וישבע를 덧붙인다(칠십인 경과 쿰란 사본(4QPhyl[n]) 역시).

2) 칠십인 경은 "사랑하는 자" ὁ ἠγαπημένος이다. 탈굼 옹켈로스는 "이스라엘"이며 탈굼 네오피티와 탈굼 프쉬도 요나단은 "이스라

엘의 집"이다.

3) 칠십인 경은 3인칭 단수 "그"이다.

4) 탈굼 네오피티와 탈굼 프쉬도 요나단은 이스라엘이 부자가 되고 많은 소유물을 가지고 교만해져서 발로 찼다고 설명한다.

5) 탈굼 옹켈로스와 탈굼 프쉬도 요나단은 "하나님의 예배를 잊었다(버렸다)" 그리고 탈굼 네오피티는 "주의 말씀을 잊었다"로 설명한다.

6) 사마리아 오경은 복수 "그들"이다.

7) 탈굼 옹켈로스, 탈굼 네오피티, 탈굼 프쉬도 요나단은 "전능하신 자"로 설명한다.

8) 칠십인 경은 "그가 그의 구원자 하나님으로부터 떠났다" ἀπέστη ἀπὸ θεοῦ σωτῆρος αὐτοῦ로 번역한다.

이스라엘이 하나님을 어떻게 대했는지를 설명하는 구절이다. 이스라엘이 가나안 땅에서 부해지자 하나님께 얼굴을 바꾼다. "여수룬"은 '올바른 자,' '곧은 자'라는 뜻으로 시에서 사용하는 이스라엘의 이름이다. "살이 찌자 발로 찼다"는 '그(여수룬)가 살이 쪘고 그가 발로 찼다'이다. 하나님이 이스라엘을 가나안 땅으로 인도하셔서 그 땅의 소출을 먹게 하셨고 꿀, 기름, 젖, 버터, 고기, 밀과 포도주를 먹게 하셨다(13-14). 그 결과 이스라엘은 부해졌고 기름져졌다. 그러자 이스라엘이 하나님을 발로 차버렸다. 하나님을 배반한 것이다.

이스라엘이 부해진 것을 다음 세 동사가 잘 표현한다. "네가 살쪘다," "네가 두꺼워졌다," "네가 배불렀다." 가나안 땅에서의 풍성한 삶을 잘 보여준다. 또한 부해진 이스라엘이 하나님께 행한 태도를 다음 세 동사가 잘 드러내 준다. "찼다," "떠났다," "가볍게 생각했다."

모세는 일찍이 가나안 땅의 부를 조심하라고 말했다. 가나안 땅에서는 먹을 것, 밀, 보리, 포도, 무화과, 석류, 올리브, 꿀이 부족함이 없다. 먹을 것이 부족함이 없는 땅이다. 이스라엘은 이곳에서 먹고 만족할 것이다(신 8:7-10). 하지만 이스라엘은 이 곳에서 아도나이를 잊어버리지 않도록 조심해야 한다. 먹고 만족하고 좋은 집에서 살고 가축이 많아지고 은과 금이 풍부해질 때, 마음이 높아져서 출애굽의 하나님을 잊어버릴 수 있기 때문이다(신 8:11-14).

"떠났다"는 '저버리다,' '거절하다'를 의미한다. 이스라엘이 하나님을 버린 상태를 보여준다. "그가 하나님을 떠났다, 그가 그를 만들었다." 이 두 동사 사이에 어떤 접속사나 관계 대명사가 없어서 번역이 매끄럽지 못하다. 여기에 관계 대명사를 넣어서 해석하면 '그가 그를 만들었던 하나님을 떠났다'로 말할 수 있다. "그가 그를 만들었다"는 '하나님이 이스라엘을 만들었다'로 하나님이 이스라엘을 한 나라로 만들기까지의 상태를 표현한다. 하나님이 아브라함 한 사람을 부르셔서 그에게 많은 후손을 주겠다고 약속했다. 하나님은 그 약속을 지키기 위해 이집트에서 중노동을 하고 있던 이스라엘을 출애굽시켜서 광야를 지나 가나안 땅으로 인도하셨다. 하나님이 이스라엘을 한 나라로 세상에 드러나게 하셨다. 그러나 이스라엘이 살이 찌고 부해지자 하나님을 버린 것이다. 이스라엘은 하나님을 배반했다.

"그가 그의 구원의 반석을"은 이스라엘이 하나님을 대한 것을 말한다. "그의 구원의 반석"은 이스라엘을 이집트에서 구원하여 광야에서 이스라엘을 보호하시며 가나안 땅으로 입성시킨 하나님이다. "가볍게 생각했다"는 '모욕적으로 대했다,' '경멸했다'이다.

16 그들이 그를 질투하게 했다[1)] 이상한 것들로,[2)]
[3)]혐오스러운 것들로[4)] 그들이 그를 화나게 했다.[5)]

**본문 비교**

1) 칠십인 경은 "그들이 나를 화나게(흥분하게) 했다" *παρώξυνάν με*

로 번역한다. 오리겐의 헥사플라는 이것을 지적한다. 아퀼라는 마소라의 히브리어를 따라 번역한다.

2) 탈굼 옹켈로스는 "우상 숭배로" בפולחן טעון, 탈굼 네오피티는 "그들의 혐오스러운 것들로" במרחקתהון 그리고 탈굼 프쉬도 요나단은 "(우상) 숭배로" בפולחנא해석한다.
3) 사마리아 오경, 시리아 역, 벌게이트 그리고 탈굼 네오피티는 "그리고"가 있다.
4) 칠십인 경은 "그들의 혐오스러운 것들" 그리고 탈굼 네오피티는 "그들의 우상들"이다.
5) 칠십인 경은 "그들이 나를 상하게(쓰라리게) 했다" ἐξεπίκρανάν με이다.

이 구절에서 15절의 "여수룬이 발로 찼다," "그가 하나님을 떠났다" 그리고 "그가 그의 구원의 반석을 가볍게 생각했다"가 무엇을 의미하는지 구체적으로 설명한다. "그들이 그를 질투하게 했다"와 "그들이 그를 화나게 했다" 그리고 "이상한 것들로"와 "혐오스러운 것들로"는 서로 평행을 이룬다.

"그들이 그를 질투하게 했다"는 동사 '카나' קנא의 히필형으로 이스라엘이 아도나이를 질투하게 만든 것이다. 하나님은 자신을 소개하실 때에 "질투"를 그의 이름으로 말씀하셨다. "그는 질투하는 하나님"이라고 하셨다(신 4:24). 하나님은 십계명에서 우상 숭배에 대해서도 "나, 아도나이 너의 하나님은 질투하는 하나님"이라고 자신의 이름을 밝히셨다(신 5:9). 하나님은 우상을 제조하여 섬기는 자들에게 질투하셔서 그들을 심판하신다. 우상을 숭배하는 자들은 하나님을 미워하는 자들이기 때문이다. "이상한 것들로"는 이상한 신들 즉 외국 신들로 우상을 의미한다(위의 본문 비교 2)의 탈굼 성경들의 해석을 보라).

"혐오스러운 것들"은 몹시 싫은 것, 지긋지긋하게 싫은 것, 가증한 것을 의미한다. 이 단어는 자주 우상과 우상 숭배와 관련된 풍습에 사용되었다(신 7:25; 12:31; 13:14; 18:9, 12; 20:18; 27:15; 29:17). 여기서도 "이상한 것들"과 평행을 이루며 우상 숭배를 의미한다. 이스라엘은 구원의 반석을 버리고 이상한 신을 섬김으로 아도나이를 자극(분노하게)한 것이다.

17 그들은 [1]신이 아닌 그 귀신들에게[2] 제사했다,
그들이 알지 못했던[3] 신들,
새로운 것들, 그들이 가까이서 왔다,[4]
너희의 아버지들이 그들을 두려워하지 않았다.[5]

**본문 비교**

1) 칠십인 경은 "그리고"가 있다.
2) 탈굼 옹켈로스는 "그들에게 필요가 없는 귀신들에게"로, 탈굼 네오피티는 "본질이 없는 귀신들의 우상들 앞에서"로 그리고 탈굼 프쉬도 요나단은 "유익(가치)이 없는, 귀신들을 닮은 우상들에게"로 해석한다.
3) 마소라 사본은 관계 대명사가 없는 데 반하여(Joüon-M, § 158*a*) 칠십인 경은 관계 대명사 οἷς를 덧붙인다.
4) 마소라 사본은 관계 대명사가 없는 데 반하여 칠십인 경은 관계 대명사 οὓς를 덧붙인다. 탈굼 역들(옹켈로스, 네오피티, 프쉬도 요나단)은 최근에 만들어진 것들(우상들)로 해석한다.
5) 칠십인 경은 "그들의 아버지들이 알지 못했다" *οὐκ ᾔδεισαν οἱ πατέρες αὐτῶν*이다. 오리겐의 헥사플라는 이 차이를 지적한다. 탈굼 역들(옹켈로스, 네오피티, 프쉬도 요나단)은 "관계하지 않았다," "신경 쓰지 않았다"로 해석한다.

이 구절은 16절의 "이상한 것들"과 "혐오스러운 것들"이 무엇인지 더 자세하게 설명한다. 이스라엘이 누구를 섬기며 숭배했는지를 말한다. 그들은 "신이 아닌 그 귀신들에게" 제사를 드렸다. "귀신들" שדים은 복수 형태로 여기와 시편 106편 37절에만 나타난다. 두 곳에서 모두 제사를 받는 신적 존재로 나타난다. 하지만 여기서 "귀신들"은 "신이 아닌"이라고 설명한다.

이들은 "그들이 알지 못했던 신들"이다. 여기서 동사 '알다' ידע는 경험적으로 알지 못한 신들이다. 즉 이스라엘이 과거에 경험하지 않았던, 알지 못했던 신들을 뜻한다. 그래서 다음에 "새로운 것들, 그들이 가까이서 왔다" 하고 설명한다. "새로운 것들"은 '새로운 신들'이라는 의미이다. "그들이 가까이서 왔다"는 장소적으로 '가까운 곳으로부터' מקרב를 의미할 수 있다(SVV, YLT, SCH). 이런 의미를 취하면 이스라엘의 주변 국가들로부터 온 외국 신들을 말한다. 칠십인 경은 "최근," "새로운" πρόσφατοι으로 번역하는데, 이 해석을 취하면 최근에 만들어진 신들, 이전에 존재하지 않다가 최근에 나타난 신들이라는 뜻이다(LEI, LUV, NBG, ASV, CJB, ESV, JPS, NAS, NAU, NIB, NIV, NJB, TNK, EIN, ELB, ELO, LUO, SCL). 개역 개정은 "그들이 알지 못하던 신들, 근래에 들어온 새로운 신들"로 번역한다.

"너희의 아버지들"은 조상들을 그리고 "그들을"은 '그것들을'로 새로운 신들을 말한다. "두려워하지 않았다" שער는 '공포로 털이 곤두서다' 즉 '두려워하다'는 뜻이다.

18 반석이 너를 낳았다,[1)] 네가 무시했다,[2)3)]
그리고 네가 너를 출산한[4)] 하나님을[5)] 잊었다.

**본문 비교**

1) 탈굼 옹켈로스와 탈굼 프쉬도 요나단은 "전능자의 두려움을" דחלת

תקיפא이며 탈굼 네오피티는 "전능자를" תקיף이다. 아람어 성경들은 "너희를 창조한 전능자(전능자의 두려움)"이다.

2) 칠십인 경은 "너는 너를 낳은 하나님을 잊었다(떠났다, 버렸다)" θεὸν τὸν γεννήσαντά σε ἐγκατέλιπες로 번역한다. 오리겐의 헥사플라는 마소라와 칠십인 경의 번역 차이를 지적한다.

3) 마소라 사본은 תשי인 데 반하여 쿰란 사본(4QPhyl$^{n}$)과 사마리아 오경은 תשא이다. תשא의 어근은 נשה로 뜻은 같다.

4) 칠십인 경은 "기른," "먹인" τρέφοντός로 번역한다. 오리겐의 헥사플라는 이 차이를 지적한다.

5) 탈굼 옹켈로스는 "하나님의 두려움을"이며 탈굼 네오피티와 탈굼 프쉬도 요나단은 "하나님의 말씀을"이다.

이 구절은 하나님에 대하여 이스라엘이 취한 행동을 말한다. 다시 다음과 같이 번역할 수 있다. 이렇게 번역하면 평행법이 눈에 확 드러난다.

너를 낳은 반석을 네가 무시했다,

그리고 네가 잊었다 너를 출산한 하나님을.

"너를 낳은 반석을"과 "너를 출산한 하나님을" 그리고 "네가 무시했다"와 "네가 잊었다"가 평행을 이룬다. 히브리어의 첫 문장은 두 동사 사이에 관계 대명사가 없다. 하지만 "반석이 너를 낳았다, 네가 무시했다"는 '네가 너를 낳은 반석을 무시했다'로 번역할 수 있다. 칠십인 경은 동사 "낳았다"를 분사로 그리고 "반석"을 목적격 "하나님을"로 번역한다(본문 비교 2)를 참고). 반석은 15절의 "구원의 반석" 즉 하나님을 의미한다. "네가 무시했다"는 '네가 잊었다'이다.

"네가 잊었다"는 이스라엘이 모세의 말 "옛날을 기억하라"(7)를 무시한 것이다. 이스라엘은 더 이상 구원의 반석이신 하나님을 기억하지 않고 있었다. "출산한"은 극심한 고통으로 온 몸을 몸부림 치는 것을 말한다. 아이를 낳기 위해 몸부림치며 괴로워하는 것이다. 하나님을 산모로 비유하고 있다. 이스라엘을 낳기 위해 즉 이스라엘을 만들기(구원하기) 위해 하나님이 산모처럼 큰 수고를 했다. 하지만 이스라엘은 이런 하나님을 기억하지 않고 잊어버렸다. 하나님을 무시하며 버린 것이다.

19 아도나이께서 보시고 경멸하셨다,[1)]
그의 아들들과 그의 딸들의 도발 때문에.[2)]

**본문 비교**

1) 쿰란 사본(4QPhyl$^{n}$)은 "질투하셨다" ויקנא이다.
2) 칠십인 경은 히브리어와 약간 다르다. "그리고 주님이 보셨고 질투하셨다 그리고 그의 아들들과 딸들의 분노 때문에 진노하셨다" *καὶ εἶδεν κύριος καὶ ἐζήλωσεν καὶ παρωξύνθη δι' ὀργὴν υἱῶν αὐτοῦ καὶ θυγατέρων*이다.

이 구절은 이스라엘의 태도 "네가 무시했다"와 "네가 하나님을 잊었다"에(18) 대한 하나님의 반응이 나온다. "아도나이께서 보시고"에서 하나님은 이스라엘의 모든 행동을 다 지켜보고 계신다는 것을 알 수 있다. "여호와의 눈은 온 땅을 두루 감찰하사"라는 말씀이 여기에 적용할 수 있다(대하 16:9). 하나님은 이스라엘이 하나님을 버린 것을 보시고 그들을 "경멸하셨다." 하나님도 이스라엘을 거절하시며 퇴짜를 놓으신 것이다. 여기에 대한 좋은 예는 사울왕이다. 사울왕이 아도나이의 말씀을 거부하자 하나님도 사울왕을 거절하셨다(삼상 15:23). 하나님은 사람의 태도를 보신다. 사람이 하나님을 존중하면 하나님도 그 사람을 존귀하게 대하신다. 하지만 사람이 하나님을 무시하면 하나님도 그 사람을 멸시하신다(삼상 2:30).

하나님이 왜 이스라엘을 버리셨는지를 "그의 아들들과 그의 딸들의 도발 때문에"가 설명한다. "도발"은 '자극,' '화나게 하는 것'을 의미한다. 이스라엘의 자손들이 아도나이를 화나게 한 것을 설명한다.

## 1.4 아도나이의 구체적인 반응(20-25)

이스라엘의 배교에 대한 아도나이의 구체적인 반응이 나온다. 아도나이는 그의 얼굴을 이스라엘에게 감추시며 그들의 종말이 어떻게 될 것인지를 지켜볼 것이다. 이스라엘이 신이 아닌 것으로 하나님을 질투하게 했기 때문에 하나님도 똑같이 하나님의 백성이 아닌 자들로 이스라엘을 질투하게 할 것이다. 더 나아가 하나님은 진노의 불을 이스라엘에게 보내셔서 땅의 소출을 적게 하실 것이다. 이스라엘에게 더위와 질병과 전쟁과 들짐승을 보낼 것이다.

**번역**

20 그리고 그가 말했다, 내가 나의 얼굴을 그들로부터 숨길 것이다,
내가 그들의 끝이 어떠한 지를 볼 것이다,
왜냐하면 그들은 사악의 세대,
그들 안에 신실함이 없는 아들들이기 때문이다.
21 그들이 나를 신이 아닌 것으로 질투하게 했다,
그들이 나를 그들의 수증기로 화나게 했다,
그리고 나, 내가 그들을 백성 아닌 자로 질투하게 할 것이다,
내가 그들을 어리석은 민족으로 화나게 할 것이다.
22 왜냐하면 불이 나의 진노로 타올랐기 때문이다,
그리고 그것이 스올 가장 깊은 곳까지 불탈 것이다,
그리고 그것이 땅과 그것의 산물을 삼킬 것이다,
그리고 그것이 산들의 기초들을 태울 것이다.
23 내가 그들 위에 악들을 모을 것이다,

내가 나의 화살들을 그들에게 쏠 것이다.

24 기근의 쇠약과 불길의 삼킴과 쓴 멸망과
짐승들의 이빨을 내가 그들에게 대항하여 보낼 것이다,
흙의 기어다니는 것들의 열과 함께.

25 밖에서는 칼이 앗아갈 것이다,
그리고 방들에서는 공포가,
청년도 처녀도, 백발 노인과 함께 젖먹이.

## 주해

20 그리고 그가 말했다, 내가 나의 얼굴을[1] 그들로부터 숨길 것이다,[2)3)]
[4]내가 그들의 끝이 어떠한 지를 볼 것이다.[5]
왜냐하면 그들은 사악의 세대,[6]
그들 안에 신실함이[7] 없는 아들들이기[8] 때문이다.

## 본문 비교

1) 탈굼 옹켈로스는 "나의 세키나"이며 탈굼 네오피티와 탈굼 프쉬도 요나단은 "나의 선한 기쁨의 얼굴"이다.
2) 마소라 사본은 히필 권유형 אסתירה인 데 반하여 사마리아 오경은 히필 미완료 אסתיר이다.
3) 칠십인 경은 "내가 돌이킬 것이다" ἀποστρέψω로 번역한다(탈굼 네오피티와 시리아 역 역시). 탈굼 옹켈로스는 "옮길 것이다"로 해석한다.
4) 쿰란 사본(4QPhyl[n]), 칠십인 경, 사마리아 오경, 시리아 역, 벌게이트는 "그리고"를 갖고 있다.
5) 칠십인 경은 "내가 보일 것이다" δείξω로 번역하여 마소라의 히브리어와 약간 의미가 다르다. "내가 마지막 날들에 그들에게 무엇이 일어날 것인지를 보일 것이다" δείξω τί ἔσται αὐτοῖς ἐπ'

ἐσχάτων이다. 탈굼 옹켈로스는 "내 앞에서 드러났다" גלי קדמי 로 해석한다.

6) 탈굼 옹켈로스는 "변질된 세대" דרא דאשני로 해석한다.

7) 마소라 사본은 정관사가 אמן없는 데 반하여 사마리아 오경은 정관사 האמן가 있다.

8) 마소라 사본의 히브리어는 "아들들" 다음에 관계 대명사가 없는데 칠십인 경은 관계 대명사 οἷς가 있다.

이 구절은 이스라엘의 반역(15-18)에 대한 아도나이의 구체적인 행동을 설명한다. 아도나이께서 이스라엘을 보시고 거절하신다(19). "내가 나의 얼굴을 그들로부터 숨길 것이다"는 권유형으로 화자의 바람이나 소원을 나타낸다. 하나님께서 이스라엘에게서 자신의 얼굴을 감추길 원하는 것이다. 즉 하나님이 이스라엘에게 은혜와 복과 평안을 내리지 않겠다는 의지를 드러내신다(참고 민 6:24-27). 더 나아가 하나님은 이스라엘의 종말을 보시기 원한다. "내가 그들의 끝이 어떠한 지를 볼 것이다." "그들의 끝"은 '그들의 종말,' '그들의 마지막'이다. 종말은 모세가 죽은 후에 일어날 일로써 이스라엘이 아도나이를 떠나 배교함으로 그들이 후일에 당할 저주와 재앙을 뜻한다(신 31:29). 언약의 저주가 이루어지는 것이다(신 29:20-21, 27-28).

접속사 "왜냐하면"은 앞 구절에 대한 설명이다. "그들은 사악의 세대"는 이스라엘은 '비뚤어진 세대,' '외고집(고집이 센) 세대'이다. 개역 개정은 "심히 패역한 세대"로 해석했다(참고 5절). "신실함이 없는"은 '믿음이 없는,' '확고함이 없는,' '충성이 없는'으로 번역할 수 있다.

21 그들이 나를 신이 아닌 것으로[1)] 질투하게 했다,

그들이 나를 그들의 수증기로[2)] 화나게 했다,

그리고 나, 내가 그들을 백성 아닌 자로[3)] 질투하게 할 것이다,

내가 그들을 어리석은 민족으로 화나게 할 것이다.

**본문 비교**

1) 아퀼라와 테오도치온은 "능력이 아닌 것" ἐν οὐκ ἰσχυρῷ로 읽는다. 탈굼 옹켈로스는 "두려움이 아닌 것으로" בלא דחלא 이다.
2) 칠십인 경은 "그들의 우상들로" ἐν τοῖς εἰδώλοις αὐτῶν이다(탈굼 옹켈로스 역시). 탈굼 네오피티는 "그들의 혐오들로"이다.
3) 탈굼 프쉬도 요나단은 바벨론 사람들이라고 설명한다.

이 구절은 먼저 이스라엘이 하나님께 대하여 취한 태도를 말한다(AB). 후에 이스라엘에 대한 하나님의 반응을 설명한다(A′B′). 다음과 같은 A와 A′ 그리고 B와 B′의 평행이 나타난다.

A 그들이 나를 신이 아닌 것으로 질투하게 했다,

B 그들이 나를 그들의 수증기로 화나게 했다,

A′ 그리고 나, 내가 그들을 백성 아닌 자로 질투하게 할 것이다,

B′ 내가 그들을 어리석은 민족으로 화나게 할 것이다.

이스라엘은 "신이 아닌 것"을 따라 섬김으로 아도나이를 질투하게 만들었다. 이스라엘은 모압 땅에서 다시 하나님과 언약을 갱신했다. 아도나이 하나님만을 섬길 것을 약속한 것이다. 하지만 이스라엘은 가나안 땅에 들어가서 다른 신을 섬김으로 아도나이를 자극할 것이다. "신이 아닌 것"은 '거짓 신'(Joüon-M, § 160*d*)으로 다시 "그들의 수증기"로 나온다. 이것은 '그들의 증기,' '그들의 입김'으로 쉽게 사라질 것이다. 허무한 것으로 가치가 없는 것 또는 헛된 것이다.

하나님의 반응이 나온다. 하나님도 이스라엘이 행한 행동 그대로 반응하신다. 같은 동사 "질투하게 했다"(A)와 "질투하게 할 것이다"(A′) 그

리고 "화나게 했다"(B)와 "화나게 할 것이다"(B′)가 반복 사용되었다. "백성 아닌 자로"는 하나님의 백성이 아닌 자 즉 하나님과 언약을 맺지 않은 백성, 이방인을 의미한다. 이스라엘은 하나님과 언약을 맺음으로 하나님의 백성이 되었다(참고 출 19:5-6; 신 4:20; 7:6; 26:18). 하지만 이스라엘이 "신이 아닌 것"을 따라가 섬기자 하나님도 "백성 아닌 자"를 부르셔서 이스라엘을 질투하게 하신다. "백성 아닌 자"는 다시 "어리석은 민족"으로 나온다. 이들은 하나님을 알지 못하는 민족이었지만 하나님의 부르심을 받을 것이다.

22 왜냐하면 불이[1)] 나의 진노로[2)] 타올랐기 때문이다,
그리고[3)] 그것이 스올 가장 깊은 곳까지 불탈 것이다,[4)]
그리고[5)] 그것이 땅과 그것의 산물을 삼킬 것이다,
그리고[6)] 그것이 산들의 기초들을 태울 것이다.[4)]

**본문 비교**

1) 탈굼 옹켈로스와 탈굼 프쉬도 요나단은 "불과 같이 강한 동풍"으로 설명한다.
2) 탈굼 역들(옹켈로스, 네오피티, 프쉬도 요나단)은 "나로부터 나온"으로 설명한다.
3) 칠십인 경과 탈굼 옹켈로스는 "그리고"를 생략한다.
4) 탈굼 옹켈로스는 "멸망시킬 것이다"로 해석한다.
5) 칠십인 경, 사마리아 오경, 탈굼 옹켈로스, 시리아 역은 "그리고"를 생략한다.
6) 칠십인 경, 사마리아 오경, 탈굼 옹켈로스는 "그리고"를 생략한다.

이스라엘이 헛된 것, 우상 숭배로 아도나이를 화나게 했다(21). 이 구절은 아도나이께서 분노하신 결과가 어떻게 나타날 것인지를 설명한다.

"나의 진노"는 "불"로 나타난다. 이 "불"은 신적인 불로 심판을 의미한다. 하나님을 설명할 때에도 불이라는 단어를 사용했다(신 4:24; 겔 1:26-28). 불이 타오르듯이 하나님의 분노가 치솟은 것이다.

불 즉 하나님의 진노는 세 곳으로 나타난다. 첫째는 하나님의 진노는 "스올 가장 깊은 곳까지" 미친다. "스올"은 지하세계로 죽은 자들이 가는 곳이다. 하나님의 능력은 보이는 세계만이 아니라 보이지 않는 곳까지 미친다. 둘째는 "땅과 그것(땅)의 산물"에 나타난다. "삼킬 것이다"는 '먹을 것이다'로 하나님의 진노가 땅의 소산물에 영향을 미치는 것이다. 가뭄으로 인한 흉년이나 메뚜기 재앙을 예로 들 수 있을 것이다. 셋째는 "산들의 기초(토대)들"에게도 나타난다.

23 내가 그들 위에 악들을 모을 것이다,
[1]내가 나의 화살들을[2] 그들에게 쏠 것이다.[3]

**본문 비교**

1) 사마리아 오경, 칠십인 경, 벌게이트, 시리아 역은 "그리고"가 있다.
2) 탈굼 네오피티와 탈굼 프쉬도 요나단은 "나의 복수의 전염병들의 화살들"로 설명한다.
3) 탈굼 옹켈로스는 "내가 그들을 나의 전염병들로 멸망시킬 것이다"로 해석한다.

하나님께서 배교한 이스라엘에게 행할 구체적인 행동을 말한다. 아람어 성경들은 이것을 하나님의 복수로 해석한다(본문 비교 2) 참고). 주어 "내가"는 하나님을 의미한다. 행동의 주체는 하나님이시다. "악들"은 '재앙들,' '재난들,' '엄청난 불행들'을 뜻한다. "모을 것이다"는 '쌓을 것이다'이다. 마치 쓰레기를 모으듯이 하나님께서 재앙을 이스라엘 위에 모을 것이다.

"나의 화살들"은 "악들"에 대한 구체적인 표현이다. 화살은 고대에서 사용하던 공격용 무기이다. 화살로 적들을 쏘아 죽이듯이 하나님께서 재앙들을 배교한 이스라엘에게 보낼 것이다. "나의 화살들"이 무엇인지는 다음 구절에서 자세하게 나온다.

24 기근의 쇠약과[1)3)] 불길의[2)] 삼킴과[3)] 쓴 멸망과[4)5)]
짐승들의 이빨을[6)] 내가 그들에게 대항하여 보낼 것이다,
흙의 기어다니는 것들의[7)] 열과 함께.

**본문 비교**

1) 마소라 사본은 복수 연계형 מזי인 데 반하여 사마리아 오경은 단수 מזה이다. 칠십인 경은 "녹음" τηκόμενοι 즉 "굶주림(기근)으로 녹음(용해)"으로 번역한다.
2) 칠십인 경은 "새들의 삼킴(먹음)" βρώσει ὀρνέων으로, 탈굼 옹켈로스와 탈굼 프쉬도 요나단도 "새"로 번역하지만 탈굼 네오피티는 "메뚜기"로 번역한다.
3) 사마리아 오경은 "그리고"를 생략한다.
4) 칠십인 경은 "치료할 수 없는 질병" ὀπισθότονος ἀνίατος으로 번역한다.
5) 칠십인 경과 벌게이트는 "그리고"를 생략한다.
6) 탈굼 네오피티는 야생 동물과 같은 네 왕국의 이빨로 해석한다. 탈굼 프쉬도 요나단 역시 헬라 제국이 물어뜯을 것이라고 말한다. 아람어 성경들은 이러한 표현들을 포로 시대로 이해하는 것이다.
7) 탈굼 옹켈로스, 탈굼 네오피티, 탈굼 프쉬도 요나단은 뱀들의 독으로 해석한다.

이 구절은 하나님이 쏘시는 "악들" 즉 "화살들"이(23) 무엇인지를 설

명한다. "기근의 쇠약"은 굶주림으로 인하여 빨린 상태, 텅 빈 상태를 뜻한다. 주려서 쇠약해진 것이다. "불길의 삼킴"은 뜨거운 불이 다 태우는(먹어 치우는) 것과 같이 열기(불더위)에 다 소모된 것을 의미한다. "쓴 멸망"은 '혹독한(매서운) 파괴' 그리고 "짐승들의 이빨"은 야생 짐승들의 공격을 말한다. 특히 "내가 그들에게 대항하여"가 의미가 있다. 하나님께서 배교한 이스라엘을 대적하신다. 시내산과 모압 땅에서 하나님과 이스라엘은 언약의 파트너였다. 언약을 통해서 하나님은 그들의 하나님 아도나이가 되시고 이스라엘은 하나님의 백성이 되었다. 그런데 여기서는 하나님이 이스라엘의 대적자로 등장한다. 언약을 깨뜨린 백성에게, 배교한 이스라엘에게 자비가 없고 단지 언약의 저주와 재앙이 임할 뿐이다. 마지막으로 하나 더 언급한다. "흙의 기어다니는 것들의 열"은 비유적인 표현으로 흙에 기어다니는 뱀이나 전갈의 독을 의미한다(위의 본문 비교 7)을 참고). 개역 개정은 "티끌에 기는 것의 독"으로 번역했다.

25 밖에서는 칼이[1)] 앗아갈 것이다,
그리고 방들에서는 공포가,[2)]
청년도 처녀도, 백발 노인과 함께 젖먹이.

**본문 비교**

1) 칠십인 경은 "그들을" αὐτοὺς를 덧붙인다.
2) 탈굼 역들(옹켈로스, 네오피티, 프쉬도 요나단)은 "죽음의 공포(두려움)"이다.

"밖에서는"과 "방들에서는" 그리고 "칼"과 "공포"가 서로 평행을 이룬다. "밖에서는"은 거리를 말한다. "앗아갈 것이다"는 칼이 생명을 빼앗아가는 것을 의미한다. 여기서는 피엘형으로 자녀가 없게 만드는 것이다. 외적의 침입으로 인하여 거리에서 사람들이 학살당할 것이다. 적군의 칼에 젊은이와 노인 그리고 젖먹이까지 다 죽임을 당할 것이다. 외적의 침입으로 인하여 국가적으로 재난을 당한다. 방안에 있어도 "공포"가 밀려온다. 거리에 있든지 방에 있든지 좌불안석이 된다. 방도 안전한 곳이 아니다.

## 1.5 아도나이께서 이스라엘을 파심(26-33)

아도나이는 적들이 이스라엘을 이겼다고 자랑할 수 있다는 사실을 두려워하지 않고 이스라엘을 심판하신다. 이스라엘이 이렇게 망하는 것은 영적 지혜가 없기 때문이다. 그들에게 분별력이 있었더라면 그들은 망하지 않았을 것이다. 하나님이 이스라엘을 적들에게 팔아 버리셨기 때문에 그들은 전투에서 져서 적들의 관할과 통치 아래에 들어갔다. 이스라엘이 이렇게 망한 이유를 포도나무 비유로 설명한다. 그들의 포도는 독이었다.

**번역**

26 내가 말했다, 내가 그들을 끊을 것이다,
내가 사람으로부터 그들의 기억을 멸망시킬 것이다.
27 내가 적의 분노를 두려워하지 않는 한,
그들의 적들이 인식하지 않도록,
그들이 말하지 않도록, 우리의 손이 높았다,
그리고 아도나이가 이 모든 것을 행하지 않았다.
28 왜냐하면 그들은 조언들이 사라져가는 민족이며
그들에게 명철이 없기 때문이다.
29 만일 그들이 지혜로웠다면,
그들이 이것을 숙고했을 것이다,

그들이 그들의 끝을 분별했을 것이다.
30 어떻게 한 명이 천 명을 추격하고
두 명이 만 명을 도망하게 하겠느냐?
참으로 그들의 반석이 그들을 팔지 않았고
아도나이께서 그들을 넘겨주지 않았다면.
31 참으로 그들의 반석이 우리의 반석 같지 않다,
그리고 우리의 적들이 재판관들.
32 참으로 그들의 포도나무는 소돔의 포도나무로부터,
그리고 고모라의 밭들로부터,
그들의 포도들은 독 포도들,
그들의 송이들은 쓴.
33 그들의 포도주는 뱀들의 독,
그리고 치명적인 독사의 독.

## 주해

26 내가 말했다, 내가 그들을 끊을 것이다,[1)]
내가 사람으로부터[2)] 그들의 기억을 멸망시킬 것이다.

## 본문 비교

1) 칠십인 경은 "흩었다" διασπερῶ로 번역한다. 오리겐의 헥사플라는 이 차이를 지적한다. 탈굼 옹켈로스는 "나의 분노가 그들에게 영향을 미칠 것이다" יחול רוגזי עליהון로 번역한다.
2) 히브리어는 단수 "사람"인 데 반하여 칠십인 경은 복수 "사람들"이다.

20절은 "그리고 그가 말했다, 내가 나의 얼굴을 그들로부터 숨길 것이다" 하고 말했는데 이 구절은 "내가 말했다, 내가 그들을 끊을 것이다"

하고 말한다. 여기서 하나님의 의지가 나온다. “내가 끊을 것이다”는 한 번 나오는 단어로(hapax legomenon) 그 의미를 찾기 어렵다(위 본문 비교 1) 참고). ‘내가 그들을 조각으로 자를 것이다,’ ‘내가 그들을 흩을 것이다’의 의미인 것 같다. 개역 개정은 칠십인 경과 같이 “흩어서”로 번역했다(ASV, KJV, NIB, NIV).

“사람으로부터”는 문법상 단수이지만 의미는 ‘사람들 가운데’로 복수 개념을 갖고 있다(위 본문 비교 2) 참고). “그들의 기억을”은 이스라엘에 대한 기억을 말한다. “멸망시킬 것이다”는 ‘지울 것이다,’ ‘없앨 것이다’의 뜻이다. 하나님께서 이스라엘을 멸망시켜서 사람들로부터 이스라엘에 대한 기억을 없애 버리는 것이다.

27 [1]내가 적의[2] 분노를 두려워하지 않는 한,[3]
그들의 적들이[4] 인식하지 않도록,[5]
그들이 말하지 않도록, 우리의 손이 높았다,[6]
그리고 아도나이가 이 모든 것을 행하지 않았다.[7]

**본문 비교**

1) 마소라 사본은 לולי ‘ ~하지 않는 한,’ ‘만일 ~아니면’으로 시작하는 데(Joüon-M는 이 단어의 사용이 이상하고 독특하다고 지적한다. Joüon-M, § 167*k*) 반하여 사마리아 오경은 의미가 불분명한 לו לא ‘그에게 아니다’이다. 칠십인 경은 “만일 ~때문이 아니라면” εἰ μὴ δι’로 번역한다.
2) 사마리아 오경은 “나의 적” איבי 이고 칠십인 경은 복수 “적들” ἐχθρῶν이다.
3) 칠십인 경은 “그들이 장수하지 않게 하기 위하여” ἵνα μὴ μακροχρονίσωσιν이다(시리아 역 역시). 탈굼 옹켈로스는 “적의 분노가 늘어나지(축적되지, כניש) 않는다면” 그리고 탈굼 네오피티는

"적의 분노들이 강해지지(תקף) 않는다면"으로 해석한다.

4) 사마리아 오경은 "우리의 적들" צרינו이다.

5) 칠십인 경은 "적들이 연합하지 않게 하기 위하여" ἵνα μὴ συνεπιθῶνται οἱ ὑπεναντίοι이며 탈굼 역들은 "적들이 우세하지 않도록"이다.

6) 탈굼 네오피티와 탈굼 프쉬도 요나단은 "우리의 손이 복수했다"로 이해한다.

7) 탈굼 역들은 "주님 앞에서부터" לא מן־קדם ייי 오지 않았다는 의미로 해석한다.

"내가 적의 분노를 두려워하지 않는 한"은 '내가 두려워하지 않는다면'으로 하나님이 이스라엘을 치는 적들의 분노를 두려워하지 않는다는 것을 말한다. "그들의 적들이 인식하지 않도록"은 이스라엘을 치는 적들이 잘못 생각하지 않도록, 잘못 이해하지 않도록 또는 잘못 판단하지 않도록 하는 의미이다.

"그들이 말하지 않도록"은 이스라엘을 치는 적들이 자랑하여 말하지 않도록 하는 것이다. 세 번째와 네 번째 행을 다시 번역하면 "그들이 우리의 손이 높았고 아도나이가 이 모든 것을 행하지 않았다고 말하지 않도록" 하는 것이다. 적들이 잘못 판단하여 말하는 것은 "우리의 손이 높았다. 그리고 아도나이가 이 모든 것을 행하지 않았다" 하는 것이다. 적들이 착각하지 않도록 하는 것이다. '아도나이가 아니라 우리가 행했다.' '우리의 손이 강해서 이스라엘을 이겼다.' 하고 오판하지 않게 하는 것이다.

28 왜냐하면 그들은[1)] 조언들이[2)] 사라져가는 민족이며[3)]
그들에게 명철이 없기 때문이다.

**본문 비교**

1) 마소라 사본은 주어가 "그들"로 복수인 데 반하여 칠십인 경은 단수 동사 ἐστιν를 사용한다.
2) 사마리아 오경은 "그들의 조언들" עצותם이다.
3) 탈굼 네오피티는 "악한 조언들로 망해가는 민족"으로 해석한다.

접속사 "왜냐하면" כי은 '참으로'로도 번역할 수 있다. "참으로 그들은 조언들이 사라져가는 민족이며 그들에게 명철이 없다." 이렇게 번역하면 강조의 의미가 있다. "왜냐하면"은 이스라엘이 왜 하나님의 심판을 받는 지를 설명해준다. "조언"은 '인식,' '이성'을 그리고 "사라져가는"은 '잃어가는,' '없어지는'의 뜻이다. '그들은 이성이 없는 민족 즉 그들에게 분별이 없다'는 뜻이다(Waltke-O, 653). "명철"은 '이해,' '식별,' '분별'이다. 여기서 "조언"과 "명철"은 이스라엘의 참 하나님을 알아볼 수 있는 인식을 말한다. 하지만 이스라엘에게 이런 인식 또는 분별력이 없었다. 근시안적인 생각을 갖고 있는 민족이다. 그래서 이들은 이집트에서 이스라엘을 구원해 낸 하나님을 버리고 신이 아닌 헛된 것을 따라간 것이다. 한 마디로 영적 분별력이 없다. 호세아 선지자가 말한 대로 하나님을 아는 지식이 없어서 망하는 것이다(호 4:6; 5:4).

29 만일[1)] 그들이 지혜로웠다면,
[2)]그들이 이것을 숙고했을 것이다,
[3)]그들이 그들의 끝을 분별했을 것이다.

**본문 비교**

1) 마소라 사본은 לו '원컨대,' '만일 ~면'인 데 반하여 사마리아 오경은 ולא '그리고 아니다'이며 칠십인 경은 '아니다' οὐκ이다. 오리겐의 헥사플라는 이 차이를 지적한다. 하지만 아퀼라는 마소라 사

본과 같다.

2) 사마리아 오경, 벌게이트, 시리아 역은 "그리고"가 있다.

3) 사마리아 오경, 벌게이트, 시리아 역은 "그리고"가 있다.

4) 칠십인 경은 마소라 사본과 다르다. 두번째 행은 명령형 καταδεξάσθωσαν이다. "그들은 이것들을 이해하는 것을 생각하지 않았다. 그들로 오는 시간을 숙고하게 하라" οὐκ ἐφρόνησαν συνιέναι ταῦτα καταδεξάσθωσαν εἰς τὸν ἐπιόντα χρόνον.

"만일 그들이 지혜로웠다면"은 이스라엘이 지혜롭지 못했다는 사실을 말해준다. 그들은 명철이 없었다(28). 만일 이스라엘이 현명했다면 "그들이 이것을 숙고(주의)했을 것이다." 하지만 그들은 숙고하지 않았다. 이스라엘은 우상 숭배가 가져올 결과를 깊이 생각하지 않았던 것이다. 이해할 능력이 없었다. 만일 이스라엘이 지혜로웠다면, "그들이 그들의 끝을 분별했을 것이다." 하지만 그들은 그들의 종말(마지막)을 깨닫지 못했다. "그들의 끝"은 이스라엘의 종말을 뜻한다. 하나님과 맺은 언약을 깨뜨린 이스라엘에게 언약의 저주가 임하는 것이다. 나라가 망하고 가나안 땅에서 쫓겨나 포로로 잡혀가는 하나님의 심판을 받는 것이다. 이스라엘에게 재앙이 임한다. 이스라엘에게 영적 분별력이 없었던 결과이다.

30 어떻게[1] 한 명이 천 명을 추격하고
두 명이 만 명을 도망하게 하겠느냐?
참으로[2] 그들의 반석이[3] 그들을 팔지 않았고
아도나이께서 그들을 넘겨주지 않았다면.

**본문 비교**

1) 마소라 사본은 איכה인 데 반하여 사마리아 오경은 איך이다. 의미

상의 차이는 없다.

2) 마소라 사본은 '참으로,' '실로' כי를 가지고 있는 데 반하여 사마리아 오경, 칠십인 경과 시리아 역은 생략한다.
3) 칠십인 경은 "하나님" ὁ θεὸς으로 번역한다. 탈굼 옹켈로스와 탈굼 프쉬도 요나단은 "그들의 전능자" תקיפיהון이다. 탈굼 네오피티는 "전능자" תקיפה이다.

하나님이 이스라엘을 군사적으로 심판하신다. 하나님이 이스라엘과 함께 하지 않음으로 적군들이 이스라엘에 대하여 군사적 승리를 얻는다. 먼저 적군의 군사적 성공을 말한다(A와 A′). "한 명"과 "두 명" 그리고 "천 명"과 "만 명" 그리고 "추격하고"와 "도망하게 하겠느냐"는 평행을 이룬다. 전투에서 "한 명"이 "천 명" 그리고 "두 명"이 "만 명"을 상대하는 것을 불가능한 일이다. 그런데 이런 불가능한 일이 이스라엘 역사 속에서 있었다는 사실을 전제로 질문을 하고 있다. "추격하다"는 '쫓다,' '추적하다'이다.

A 어떻게 한 명이 천 명을 추격하고
A′ 두 명이 만 명을 도망하게 하겠느냐?

다음 절에서는 하나님이 이스라엘의 적군들의 군사적 행동을 도와준 사실을 말한다(B와 B′). 이 구절은 조건절 '만일 ~하지 않았다면' אם לא로 시작한다. "그들의 반석"과 "아도나이" 그리고 "그들을 팔지 않았고"와 "그들을 넘겨주지 않았다면"이 평행을 이룬다. "그들의 반석"은 이스라엘의 하나님을 의미한다. 하나님이 이스라엘을 적군에게 팔아 버렸고 넘겨주었다. 그 결과로 이스라엘은 적군들에게 쫓기고 박해당하는 신세가 된 것이다.

B 참으로 그들의 반석이 그들을 팔지 않았고

B′ 아도나이께서 그들을 넘겨주지 않았다면.

31 참으로 그들의 반석이 우리의 반석[1] 같지 않다.[2]

그리고 우리의 적들이 재판관들.[3][4][5]

**본문 비교**

1) 탈굼 옹켈로스는 "그들의 전능자는 우리의 전능자" תוקפנא תוקפהון로 번역한다.
2) 칠십인 경은 "우리의 하나님은 그들의 신들과 같지 않다" *οὐκ ἔστιν ὡς ὁ θεὸς ἡμῶν οἱ θεοὶ αὐτῶν*이다. "그들의 신들"이 복수인 점에 주목해야 한다.
3) 칠십인 경은 "그러나 우리의 적들은 어리석다" *οἱ δὲ ἐχθροὶ ἡμῶν ἀνόητοι*로 번역한다.
4) 탈굼 역들은 "우리의 재판관들"로 번역한다.
5) 탈굼 네오피티와 프쉬도 요나단는 이 구절을 이스라엘이 죄를 짓고 하나님의 화를 자극해서 하나님의 심판을 당하는 것으로 설명한다.

"참으로" כי는 '실로,' '정말로'의 의미로 강조하고 있다. "그들의 반석"은 이방 신들을 의미한다(위 본문 비교 2) 참고). "우리의 반석"은 이스라엘의 하나님을 말한다. 이방 신들과 이스라엘의 하나님을 비교한다. 이스라엘의 하나님은 "구원의 반석"(15)이기도 하지만 심판하시는 분이시기도 하다. 이스라엘의 하나님은 언약의 하나님이다. 시내산과 모압에서 맺은 계약대로 행하신다. 이스라엘이 하나님을 떠나 이방 신을 섬기며 배교하자 하나님은 언약대로 저주와 재앙을 내리신다. 복만 주시는 분이 아니라 저주도 내리신다. 이런 점에서 이스라엘의 하나님 아도나이는 이방 신들과 다르다는 것이다.

"우리의 적들이 재판관들"은 '우리의 적들이 재판관들이 되었다' 또는 '우리의 적들이 재판(판단)한다'는 뜻이다. 적들이 이스라엘을 다스리고 심판한다. 하나님이 배교한 이스라엘을 적들에게 넘겨주심으로 (30) 이런 현상이 일어났다.

> 32 참으로 그들의 포도나무는 소돔의 포도나무로부터,
> 그리고 고모라의 밭들로부터,[1]
> 그들의 포도들은[2] 독[3] 포도들,
> 그들의 송이들은 쓴.[4]

**본문 비교**

1) 칠십인 경은 "그들의 포도 가지들은 고모라로부터" ἡ κληματὶς αὐτῶν ἐκ Γομορρας이다.
2) 마소라 사본은 ענבמו인 데 반하여 사마리아 오경은 ענביהם이다. 의미는 차이가 없다.
3) 마소라 사본은 רוש인 데 반하여 사마리아 오경은 "쓴 풀" ראש이다.
4) 아람어 성경(옹켈로스, 네오피티, 프쉬도 요나단)들은 이 구절을 비유적으로 해석하여 이스라엘의 행동과 생각이 소돔과 고모라 사람들의 악한 행동과 생각과 같다고 주해한다.

이 구절은 비유적이다. 동사가 나오지 않는 명사 문장으로 문맥에 맞게 동사를 넣어주면 된다. 접속사 "참으로" כי는 강조의 의미가 있다. "그들의 포도나무"는 이스라엘의 포도나무를 말하는데 "소돔의 포도나무로부터" 왔다는 것이다. 다음 행 "고모라의 밭들로부터"도 같은 의미로 '고모라의 포도원으로부터' 왔다는 뜻이다. 소돔과 고모라는 악한 생각과 행동으로 하나님의 심판을 받은 도시들이다(창 19장). 이스라엘의

행위가 소돔과 고모라와 같이 악하다는 것이다(위 본문 비교 4) 참고).

"그들의 포도들은 독 포도들"도 동사가 없는데, 동사 '~이다'를 넣어서 '그들의 포도들은 독 포도들이며 그들의 송이들은 쓰다'로 번역할 수 있다. "포도들"과 "송이들" 그리고 "독"과 쓴"이 평행을 이룬다. "독"과 "쓴"은 위에 나오는 "소돔"과 "고모라"와 잘 어울린다. 이스라엘 사람들의 행위의 열매가 쓰고 독하다는 것을 보여준다. 이스라엘의 생각과 행동이 하나님 앞에서 바르지 못하다(참고 사 1:9-10).

33 그들의 포도주는 뱀들의 독,[1)]
그리고 치명적인[2)] 독사의 독.[3)4)]

**본문 비교**

1) 칠십인 경은 "용들의 분노" θυμὸς δρακόντων으로 번역한다.
2) 마소라 사본은 '치명적,' '잔인한' אכזר인 데 반하여 사마리아 오경은 뜻을 알기 어려운 두 단어 אך זרי로 번역한다.
3) 칠십인 경은 "치료할 수 없는 독사들의 분노" θυμὸς ἀσπίδων ἀνίατος로 번역한다.
4) 아람어 성경들(네오피티와 프쉬도 요나단)은 이 구절을 하나님의 심판으로 이해한다. 탈굼 옹켈로스를 번역해 보면 다음과 같다. "보라 그들의 처벌(형벌)의 잔은 뱀들의 독과 같고 잔인한 독사들의 독과 같다." הא כמרת תניניא כס פורענותהון וכריש פיתגין חיוין אכזראין.

32절에 이어서 계속 비유적이다. 문법적으로 동사가 없는 명사 문장이 계속 나온다. "그들의 포도주는 뱀들의 독"은 '그들의 포도주는 뱀들의 독이다'로 여기서 "뱀들"은 용(본문 비교 1)을 참고)과 같이 큰 뱀을 의미한다. "뱀들의 독"과 "독사의 독"이 평행을 이룬다. "치명적인 독사의 독" 역시 동사 '~이다'를 넣어서 '치명적인 독사의 독이다'로 읽으면 된다. 여기서 "독사"는 작지만 맹독을 가지고 있는 뱀이다. "치명적"은 치료할 수 없는 '맹렬한,' '잔인한,' '고통스러운'의 뜻이다. 이스라엘 사람들이 재배한 포도주에 독이 있다는 것은 이스라엘 사람들의 행동이 악하다는 의미이다(참고 사 5:7). 포도원을 재배하기 위해 다른 사람의 것을 빼앗고 피를 흘린 것을 비유적으로 말한다. 아합왕이 나봇의 포도원을 강탈한 사건이 여기에 좋은 예일 것이다(왕상 21장).

### 1.6 하나님의 복수와 조롱(34-38)

하나님께서 보복하실 날이 가까이 있다. 하나님께서 준비한 재앙과 저주가 쌓여 있다. 하나님께서 이스라엘을 심판하실 때에 그들에게 능력이 없을 것이다. 갇힌 자나 놓인 자가 없을 것이다. 이스라엘은 환난을 당할 것이고 환난에서 이스라엘을 구원할 신들이 없을 것이다. 이때 하나님은 이스라엘을 조롱하신다. 그들이 섬기던 신들이 어디 있느냐고 질문하신다.

**번역**

34 그것이 나에게 쌓여 있고
나의 곳간들 안에 봉해져 있지 않는가?
35 나에게 복수와 보상이,
그들의 발이 비틀거릴 때에,
왜냐하면 그들의 재앙의 날이 가깝고
그들에게 준비된 일이 속히 올 것이기 때문이다.
36 왜냐하면 아도나이께서 그의 백성을 판단할 것이고
그의 종들을 불쌍히 여길 것이기 때문이다.

그가 보실 때, 손이 떠난 것과
갇힌 자나 놓인 자가 없는 것을.
37 그리고 그가 말했다, 그들의 신들은 어디 있느냐?
그들이 그 안에서 피난하던 반석은.
38 누가 그들의 희생들의 기름을 먹었느냐?
그들의 전제의 포도주를 마셨느냐?
그들이 일어나고 그들이 너희를 돕게 하라,
그가 너희를 위하여 피난처가 되게 하라.

### 주해

34 [1]그것이[2] 나에게 쌓여 있고[3]
나의 곳간들 안에 봉해져 있지 않는가?[4]

### 본문 비교

1) 칠십인 경은 "보라" ἰδοὺ를 덧붙인다.
2) 칠십인 경은 복수 "그것들" ταῦτα이다.
3) 사마리아 오경은 "모여 있고" **כנוס**이다. 칠십인 경도 사마리아 오경과 같다(συνῆκται).
4) 아람어 성경들(네오피티와 프쉬도 요나단)은 이것을 심판의 날에 대한 것으로 주해한다. 주해가 좀 덜 심한 탈굼 옹켈로스를 번역해 보면 다음과 같다. "그들의 모든 행위들이 내 앞에 드러나지 않았는가, 나의 곳간들 안에 심판의 날을 위하여 감춰져 있지 않는가?" **הלא כל עובדיהון גלן קדמי גניזין ליום דינא באוצרי**.

이 구절은 두 개의 질문으로 구성되어 있다. 의문사와 부정어 '~하지 않는가?' **הלא**가 앞에 한 번 나오지만 두 개의 동사를 지배하여 "그것이 나에게 쌓여 있지 않는가 그리고 나의 곳간들 안에 봉해져 있지 않는가?"이다. "나에게"와 "나의 곳간들 안에" 그리고 "쌓여 있지 않는가"와 "봉해져 있지 않는가"가 평행을 이룬다.

"그것이"는 연이어 나오는 구절들을 읽어보면 하나님의 복수를 말한다. "쌓여 있지"는 수동 분사로 '비축되어 있는,' '적치되어 있는'이다. "나에게 쌓여 있지"라는 표현에서 복수와 보복이 하나님께 있다는 것을 알 수 있다. "나의 곳간들"은 '나의 창고들'로 하나님의 보복이 창고들 안에 잘 보관되어 있다는 것이다. "봉해져 있지"는 수동 분사로 '밀폐(밀봉)되어 있는'으로 하나님의 심판이 하나님 외에는 열어볼 수 없다는 것을 말한다.

35 나에게 복수와[1] 보상이,[2]
그들의 발이 비틀거릴 때에,[3]
왜냐하면 그들의 재앙의 날이 가깝고
그들에게[4] 준비된 일이[5] 속히 올 것이기 때문이다.

**본문 비교**

1) 히브리어의 "나에게 복수는"을 칠십인 경은 "복수의 날에" ἐν ἡμέρᾳ ἐκδικήσεως로 번역한다.
2) 히브리어의 명사 "보상"을 칠십인 경은 동사 "내가 보상할 것이다" ἀνταποδώσω로 번역한다.
3) 탈굼 옹켈로스와 탈굼 프쉬도 요나단은 포로로 잡혀갈 때로 해석한다.
4) 칠십인 경은 "너희에게" ὑμῖν이다.
5) 탈굼 네오피티는 게헨나의 불이 준비되어 있다고 주해한다.

하나님께서 보복하실 것을 말한다. 명사 문장 "나에게 복수와 보상이"는 동사를 넣어주어 '나에게 복수와 보상이 있다(속했다)' 또는 복수와 보상은 나의 것이다'의 뜻이다. "복수"는 '앙갚음,' '원수 갚기'를 그리고 "보상"은 '보수,' '배상'을 말한다. 개역 개정은 "내가 보복하리라"로 의역했다. "그들의 발이 비틀거릴 때에"는 '그들의 발이 미끄러질 때에,' '흔들릴 때에'로 발이 불안정한 때를 말한다. 개역 개정은 "그들이 실족할 그 때에"로 번역했다. 여기서 "때에"는 정해져 있는 시간으로 하나님의 심판의 시간을 의미한다.

접속사 "왜냐하면"은 왜 이스라엘의 발이 불안정하고 흔들리는 지를 설명한다. "그들의 재앙의 날이 가깝고"는 "그들의 발이 비틀거릴 때"를 가리킨다. "날"과 "때"가 평행을 이룬다. "재앙의 날"은 '환난의 날,' '재난의 날'을 말한다. 저주와 재앙이 오는 날이다. 이것은 다시 "그들에게 준비된 일"로 나타난다. 재난이 준비되어 있다는 것은 위 구절(34)의 "그것이 나에게 쌓여 있고 나의 곳간들 안에 봉해져 있지 않는가?"와 잘 어울린다. "재앙의 날"은 천천히 늦게 오지 않는다. 아주 "가깝고" "속히 올 것"이다.

36 왜냐하면 아도나이께서 그의 백성을 판단할 것이고
그의 종들을 불쌍히 여길 것이기 때문이다,
그가 보실 때, 손이 떠난 것과
갇힌 자나 놓인 자가 없는 것을.

이 구절에 접속사 '키' כִּי가 세 번 나오는 데, 각기 기능이 다르다. "왜냐하면(כִּי) 아도나이께서 그의 백성을 판단할 것이고 그의 종들을 불쌍히 여길 것이기 때문이다, 그가 보실 때(כִּי) 손이 떠난 것과 갇힌 자나 놓인 자가 없는 것을(כִּי)." 첫 번째 '키'는 35절과 관련하여 왜 이스라엘에게 재앙의 날이 가까이 왔는지를 설명한다. 두 번째 '키'는 아도나이께서 보실 '때' 즉 시간을 말한다. 세번째 '키'는 동사 '보다'의 목적절을 인도한다. "그가 손이 떠난 것과 갇힌 자나 놓인 자가 없는 것을(כִּי) 보실 때(כִּי)"이다.

"판단할 것이다" יָדִין는 두 가지로 '재판할 것이다'(LUV, ASV, CJB, JPS, KJV, YLT, ELO, LUO, SCH, SCL) 또는 '변호할 것이다'(ESV, NAS, NAU, NIB, NIV, TNK)로 번역할 수 있다. 흥미로운 사실은 유대인의 번역도 두 가지로 JPS와 TNK로 나뉘고 있다. '재판할 것이다'로 번역을 하면 하나님이 이스라엘을 '대적하는 것'이다. '변호할 것이다'로 번역을 하면 이스라엘을 '위하는 것'이다. 이래서 하나님이 이스라엘을 위하여 정의를 행할 것으로 번역하기도 한다(LEI, NBG, SVV, NAB, EIN, ZUR). 문맥상 둘로 다 이해할 수 있다. '재판할 것이다'는 35절의 하나님의 심판과 관련해서 해석할 수 있다. '변호할 것이다'는 뒤이어 나오는 행 "그의 종들을 불쌍히 여길 것"과 관련하여 해석할 수 있다.

"그의 종들을 불쌍히 여길 것"은 '측은히 여기는 것,' '동정심을 갖는 것'(CJB, ESV, NAB, NAS, NAU, NI)으로 하나님께서 재앙을 당하는 이스라엘을 불쌍히 여기는 것이다(탈굼 네오피티와 탈굼 프쉬도 요나단). 또는 '후회하는 것'(ASV, JPS, KJV, YLT)으로 하나님께서 이스라엘에게 재앙을 내리신 것을 후회하신다는 것이다. 다른 해석으로는 "그의 종들을 불쌍히 여길 것"은 하나님께서 이스라엘에 대하여 수그러들 것을 말한다(NIB, NIV). 이것은 하나님의 심판과 보복이 수그러들 것, 잦아질 것을 뜻한다. 유대인 번역은 그의 종들을 위하여 복수할 것으로 해석한다(TNK). 하지만 이것은 맞지 않는 것 같다. 칠십인 경은 "위로할 것이다" παρακληθήσεται로 이해했다.

"그가 보실 때"는 아도나이께서 이스라엘을 보고 계시는 시간을 말한다. "손이 떠난 것"은 '능력이 사라진 것'으로 이스라엘이 심판 앞에서 힘이 없는 무기력한 상황을 의미한다. "갇힌 자"는 '매인 자' 그리고 "놓인 자"는 '풀린 자,' '자유인'을 뜻한다. 하나님의 심판으로 인하여 남아 있는 자 즉 종이나 자유인이 아무도 없다는 것이다.

37 그리고 그가[1] 말했다,[2] 그들의 신들은 어디 있느냐?
그들이 그 안에서 피난하던[3] 반석은.[4]

**본문 비교**

1) 사마리아 오경은 "그들이 말했다" אמרו이다.
2) 쿰란 사본(4QDeut^q)은 "아도나이께서 말했다" אמר יהוה이며 칠십인 경은 "주님이 말했다" εἶπεν κύριος이다. 여기에 반하여 탈굼 네오피티는 민족들이 이스라엘의 하나님은 어디 있느냐 그리고 탈굼 프쉬도 요나단은 적이 이스라엘의 경외는 어디 있느냐 하고 말한 것으로 해석한다.
3) 쿰란 사본(4QDeut^q)은 동사 "그들이 피난했다"와 명사 "반석" 사이에 관계 대명사 '아쉐르' אשר가 있다(마소라 사본은 관계 대명사가 없다). 그리고 "반석"에 정관사가 있어서 "그 반석"이다.
4) 칠십인 경은 "반석"을 생략한다. 오리겐의 헥사플라는 이것을 지적한다. 아퀼라는 히브리어의 "반석"을 στερεός로 그리고 테오도치온은 φύλαξ로 번역한다. 아람어 성경들(옹켈로스, 네오피티, 프쉬도 요나단)은 "전능자" תקיפא로 해석한다.

"그가 말했다"는 36절과 연결하여 읽으면 아도나이께서 말했다는 것을 의미한다(본문 비교 2)를 참고). "그들의 신들은 어디 있느냐"는 '이스라엘의 신들은 어디 있느냐'로 이스라엘이 섬기던 우상들이 어디 있느냐고 묻는 것이다. 이 질문 속에는 이스라엘이 섬겼던 신들, 우상들 또는 다른 신들은 환난의 날에 아무런 도움이 되지 않는다는 것을 전제로 하고 있다. 아도나이께서 이스라엘을 조롱하는 것이다. "그들이 그 안에서 피난하던 반석은"은 '그들이 그 안에서 피난하던 반석은 어디 있느냐'이다. "반석"은 "그들의 신들"과 평행을 이룬다. 이스라엘이 찾던 피난처가 어디 있느냐고 묻고 있다. 이스라엘이 당하는 재난의 날에 이스라엘이 섬겼던 신들은 이스라엘에게 피난처를 제공하지 못한다. 하나님께서 심판하실 때, 이스라엘이 섬겼던 우상들은 이스라엘에게 실제적인 도움을 주지 못한다.

38 누가 그들의 희생들의 기름을[1] 먹었느냐?[2]
[3]그들의 전제의 포도주를 마셨느냐?[4]
그들이 일어나고 그들이 너희를 돕게 하라,
[5]그가[6] 너희를 위하여 피난처가 되게 하라.

**본문 비교**

1) 쿰란 사본(4QDeut[q]), 벌게이트, 탈굼 네오피티는 복수이다.
2) 마소라 사본은 3인칭 복수 "그들이 먹을 것이다"인 데 반하여 칠십인 경은 2인칭 복수 "너희가 먹을 것이다" ἠσθίετε이다.
3) 사마리아 오경, 칠십인 경, 시리아 역, 벌게이트는 "그리고"가 있다.
4) 마소라 사본은 3인칭 복수 "그들이 마실 것이다"인 데 반하여 칠십인 경은 2인칭 복수 "너희가 마실 것이다" ἐπίνετε이다.
5) 칠십인 경은 "그리고"가 있다.
6) 사마리아 오경, 칠십인 경과 탈굼 옹켈로스는 3인칭 복수 "그들"이다.

히브리어는 문장 처음에 관계 대명사 '아쉐르' אשר가 나와서 37절과 관련이 있다. "먹었느냐"는 '그들이 먹을 것이다'로 3인칭 복수이다. 이것을 앞의 관계 대명사와 연결시켜서 번역했다. 여기서 주어 "그들"은 37절에 나오는 "그들의 신들"이다. 이스라엘이 섬겼던 우상들이 이스라엘이 받쳤던 "그들의 희생들의 기름을" 먹은 것으로 질문하고 있다. 이들은 또한 "그들의 전제의 포도주"를 마셨다.

이스라엘이 섬겼던 우상들이 이스라엘 사람들에게 고기를 받아먹고 포도주를 받아 마셨으니 이제 "그들이" 이스라엘의 환난의 날에 이스라엘을 구원하게 하라는 것이다. "그들이 일어나고 그들이 너희를 돕게 하라"는 간접 명령으로 '이방 우상들이 일어나서 이스라엘을 돕게 하라'는 것이다. 이방 신들에게 구원하게 하라고 조롱하는 것이다.

"그가 너희를 위하여 피난처가 되게 하라"는 간접 명령으로 이방 신에게 '피신처,' '숨는 곳,' '보호자'가 되게 하라고 한다. 이방 신에게 이스라엘의 구원자가 되어보라는 것이다. 조롱과 조소의 의미가 담겨 있다.

### 1.7 하나님의 용서와 이스라엘의 회복(39-43)

하나님께서 역사 속에서 망한 이스라엘을 고치실 것이다. 하나님이 행동하시면 하나님의 행동을 제지할 자가 없다. 하나님이 이스라엘을 친적들에게 복수하시며 갚아 주신다. 하나님은 이스라엘을 망하게 한 적들을 심판하신다. 그리고 이스라엘의 죄를 용서해 주시며 이스라엘을 다시 고토 가나안 땅으로 돌아오게 하실 것이다.

**번역**

39 보라 이제 참으로 나, 내가 그이다,
그리고 나와 함께 한 신들이 없다,
나, 내가 죽일 것이고 내가 살릴 것이다,
내가 치고 나, 내가 고칠 것이다,
나의 손으로부터 건질 자가 없다.
40 참으로 내가 하늘을 향하여 나의 손을 들고
내가 말한다, 내가 영원히 살아있다.
41 만일 내가 나의 번쩍이는 칼을 갈고
나의 손이 심판을 잡고 있다면,

내가 나의 적들에게 복수를 돌려줄 것이고
나를 미워하는 자들에게 내가 갚을 것이다.
42 내가 나의 화살들을 피로 취하게 할 것이다,
그리고 나의 칼은 살을 먹을 것이다,
시체와 포로의 피로부터,
적의 풀린 머리털의 머리로부터.
43 민족들아 그의 백성을 기뻐하라,
왜냐하면 그가 그의 종들의 피를 갚아 주실 것이기 때문이다,
그리고 그는 그의 적들에게 복수를 돌려주실 것이다,
그리고 그는 그의 땅을, 그의 백성을 속죄할 것이다.

## 주해

39 보라 이제[1)] 참으로 나, 내가[2)] 그이다,
그리고 나와 함께 한 신들이 없다,
나, 내가 죽일 것이고 내가 살릴 것이다,
내가 치고 나, 내가 고칠 것이다,
나의 손으로부터[3)] 건질 자가 없다.

## 본문 비교

1) 마소라 사본은 "너희는 보라 이제"인 데 반하여 칠십인 경은 "너희는 보라, 너희는 보라" ἴδετε ἴδετε로 시작한다.
2) 마소라 사본은 "나, 나"가 두 번 나오는 데 반하여 칠십인 경과 벌게이트는 "나"가 한 번 나온다.
3) 마소라 사본은 "손"인 데 반하여 칠십인 경은 "손들"이다.

"보라 이제 참으로 나, 내가 그이다"는 '이제 보라 나, 내가 그인 것을'로도 번역할 수 있다. 이는"참으로"(כי)를 목적절로 해석한 것이다. "보

라"는 '너희는 보라'이다. "이제"라는 시점이 중요하다. 이스라엘이 섬겼던 이방 신들은 이스라엘을 구원할 수 없지만 "이제" 이스라엘의 하나님은 그들을 구원하실 수 있다. "나, 내가" אני אני는 1인칭 대명사가 두 번 사용되어 강조하고 있다. 하나님은 "내가 그이다" 하고 선언하신다. "그"가 누구인지는 다음 행들이 하나님이 행하시는 일들을 드러내고 있다.

"나와 함께 한 신이 없다"는 하나님께서 하나님의 백성을 구원하실 때 함께 한 신들이 없다는 것이다. 즉 하나님이 이스라엘을 구원하실 때, 하나님을 도와준 신들이 없다는 의미이다. 하나님은 홀로 구원역사를 행하신다.

하나님이 행하실 때 도와준 신들이 없는데, 하나님이 행하신 일들은 사람의 생명을 주관하는 것이다. "나, 내가 죽일 것이고 내가 살릴 것이다"에서 "나, 내가"는 하나님이 사람을 죽이고 살릴 수 있는 분이라는 것을 강조한다(삼상 2:6). 하나님이 사람의 생사를 주장한다는 것은 선지자들의 사역에서 자주 드러났다(왕상 17:17-24; 왕하 1:6, 16-17; 4:16-37).

하나님은 또한 사람의 병을 고칠 수 있는 분이다. "내가 치고 나, 내가 고칠 것이다"는 하나님이 인간의 질병을 주관하실 수 있는 능력을 말한다(참고 호 6:1). 하나님은 자신을 "나는 너희를 치료하는 여호와임이라" 하고 소개하셨다(출 15:26). 하나님의 치료 능력은 특별히 엘리사 선지자를 통하여 나아만을 고친 사건에서 볼 수 있다. 이방인 나아만은 엘리사 선지자의 말에 순종하여 나병에서 구원을 받았다. 하지만 엘리사의 종이었던 게하시는 물질을 탐하다가 나병에 걸렸다(왕하 5장).

"나의 손으로부터 건질 자가 없다"에서 "나의 손"은 하나님의 능력을 그리고 "건질 자"는 '빼앗을 자,' '구할 자'이다. 하나님이 역사 속에서 행동하실 때, 하나님의 행동을 말리거나 방해할 자가 없다는 의미이다. 하나님의 능력을 제재할 자가 없다. 능력으로 하나님을 이길 자가 없는 것이다. 하나님 외에는 아무도 없다는 것이다. 하나님 홀로 하나님이시다. 위에서 "나와 함께 한 신이 없다"는 말의 더 자세한 설명으로 간주할 수 있다.

40 참으로 내가 하늘을[1] 향하여 나의 손을 들고[2]
내가 말한다, 내가 영원히 살아있다.

**본문 비교**

1) 사마리아 오경, 칠십인 경, 시리아 역은 정관사를 붙여서 "그 하늘"이다.
2) 칠십인 경은 "그리고 내가 나의 오른손으로 맹세할 것이다" καὶ ὀμοῦμαι τὴν δεξιάν μου를 덧붙인다. 베버(Wevers) 편집은 "오른손"이 목적격인 데 반하여 랄프(Rahlfs) 편집은 여격 καὶ ὀμοῦμαι τῇ δεξιᾷ μου이다. 오리겐의 헥사플라는 이것이 덧붙여졌다고 지적한다. 탈굼 네오피티와 탈굼 프쉬도 요나단도 "맹세로" בשׁבועה를 덧붙인다.

이 문장은 접속사 '키'(כי)로 시작한다. 이것은 '왜냐하면 ~때문이다'로 번역할 수 있다(LEI, LUV, SVV, ASV, CJB, ESV, JPS, KJV, NAB, YLT, ELB, ELO, LUO, SCH, SCH, SCL, ZUR). 이렇게 번역하면 앞 절과의 인과관계를 말한다. 필자처럼 번역하거나(NBG, NAS, NAU, NJB, TNK) 아예 번역을 하지 않기도 한다(NIB, NIV, EIN).

"참으로 내가 하늘을 향하여 나의 손을 들고"에서 "내가"는 하나님이다. 하나님이 하늘을 향하여 손을 든다. 이것은 장엄한 선언을 위하여 손을 드는 것이다. 칠십인 경과 아람어 성경들은 맹세를 위한 것으로 해석한다(본문 비교 2) 참고). 선언으로 해석하는 이유는 다음 구절에서 알 수 있다. "내가 말한다, 내가 영원히 살아있다."는 어떤 맹세로 보기보다는 선언으로 보는 것이 더 낫다. 하나님은 자신의 속성을 영원하신 분으로 소개하고 있다. 사람은 한 시대를 살아가는 존재인 데 반하여 하나님은 영원히 살아계신다. 시간과 관련하여 사람은 유한하지만 하나님은 무한하시다. 하나님의 이러한 자기소개는 앞 절의 "내가 죽일 것이고 내가 살릴 것이다"(39)와 밀접한 관련이 있다.

41 만일[1] 내가 나의 번쩍이는 칼을 갈고
나의 손이 심판을 잡고 있다면,
내가 나의[2] 적들에게 복수를[3] 돌려줄 것이고
나를 미워하는 자들에게 내가 갚을 것이다.

**본문 비교**

1) 칠십인 경은 히브리어의 '만일 ~면,' '~때' אם을 '왜냐하면~때문이다' ὅτι로 번역한다.
2) 칠십인 경은 "나의"를 생략한다.
3) 칠십인 경은 히브리어의 같은 단어를 여기서는 "처벌," "형벌" δίκην로 그리고 35절에서 "복수" ἐκδικήσεως로 번역했다.

이 구절은 조건절과 귀결절로 나뉜다. 조건절은 '만일~면'으로 시작한다. '임' אם은 대부분이 "만일 ~면"으로 번역하지만 '~때'로도 번역하면(NAB, NIB, NIV, NJB) '내가 나의 번쩍이는 칼을 갈고 나의 손이 심판을 잡고 있을 때'로 읽을 수 있다(Ges-K, § 159*n*). "나의 번쩍이는 칼을"은 직역하면 '나의 칼의 빛남을'이다. "갈고"는 '날카롭게 하다'이다. "심판" משפט은 앞에서 율법의 조항들을 가리키는 단어로 사용될 때에는 '법령'으로 많이 번역했지만(신명기 1권, 261 페이지 참고) 여기서는 '재판' 또는 '공의'의 뜻이다.

귀결절은 하나님의 행동을 묘사한다. "내가 나의 적들에게 복수를 돌려줄 것이고"에서 "나의 적들"이라는 표현에 주목해야 한다. 비록 하나님은 이방 민족을 사용하여 이스라엘을 심판하셨지만, 하나님은 이스라엘을 해한 이방 민족들을 "나의 적들"로 간주하신다. 그래서 하나님이 직접 "복수" 즉 '보복'하실 것을 선언하신다. 하나님이 이스라엘 대신에 원수를 갚아 주신다. "나의 적들"은 다시 "나를 미워하는 자들"로 평행을 이루어 나온다. "복수를 돌려줄 것이다"와 "갚을 것이다"도 평행을 이루고 있다.

42 내가 나의 화살들을 피로[1] 취하게 할 것이다,
그리고 나의 칼은 살을[1] 먹을 것이다,[2]
시체와 포로의 피로부터,[3]
[4]적의 풀린 머리털의 머리로부터.[5]

**본문 비교**

1) 탈굼 네오피티는 "그들의"를 덧붙인다.
2) 탈굼 옹켈로스는 "나의 칼이 백성들을 살해할 것이다"로 읽는다.
3) 탈굼 네오피티는 "나의 백성의 살해당한 자와 그들의 포로들의 피와 함께"이다.
4) 히브리어는 "머리로부터"로 시작하는데 여기에 쿰란 사본(4QDeut[q])과 시리아 역은 "그리고"가 있다.
5) 칠십인 경은 "적들의 통치자들의 머리로부터" ἀπὸ κεφαλῆς ἀρχόντων ἐχθρῶν이다. 오리겐의 헥사플라는 이 차이를 지적한다. 탈굼 옹켈로스는 여기에 "내가 왕관들을 옮길 것이다"를 덧붙인다

이 구절은 하나님의 복수를 말하는데, 평행법이 잘 나타난다.

A 내가 나의 화살들을 피로 취하게 할 것이다,
　B 그리고 나의 칼은 살을 먹을 것이다,
A′ 시체와 포로의 피로부터,
　B′ 적의 풀린 머리털의 머리로부터.

첫째 행과 둘째 행에서 "나의 화살"과 "나의 칼" 그리고 "피"와 "살" 그리고 "취하게 할 것이다"와 "먹을 것이다"는 평행을 이루고 있다. "나의 화살"과 "나의 칼"이 하나님의 복수를 설명하고 있다. 보복하시는 분이 하나님이시다. "피"(A)는 "나의 적들"의 피(41)와 "시체와 포로의 피"(A′)를 말한다. "살"은 '고기'로 "나의 적들"(41)의 육체를 의미한다. "먹을 것이다"는 '삼킬 것이다'로 적들을 살해할 것을 뜻한다.

세 번째 행과 네 번째 행의 전치사구 "머리로부터"는 "피로부터"와 평행을 이룬다. "시체"는 '구멍 뚫린 자,' '살해당한 자'이다. "포로"는 전쟁에 져서 사로잡힌 자를 의미한다. "피로부터"(A)는 "피로 취하게 할 것이다"(A′)와 짝을 이루어 "피"가 어디서 나오는지를 설명한다. "풀린 머리털의"는 '지도자들의'로도 번역할 수 있다(본문 비교 5)의 칠십인 경 번역 참고). 개역개정은 칠십인 경처럼 "대적의 우두머리"로 번역했다. "살을 먹을 것이다"(B)는 "머리로부터"(B′)와 짝을 이룬다.

43 [1]민족들아 그의 백성을 기뻐하라,
왜냐하면 그가 그의 종들의[2] 피를 갚아 주실 것이기 때문이다,
그리고 그는 그의 적들에게 복수를 돌려주실 것이다,
그리고 그는 그의 땅을, 그의 백성을[3] 속죄할 것이다.

**본문 비교**

1) 이 절의 마소라 사본은 4행인 데 반하여 쿰란 사본(4QDeut[q])은 6행 그리고 칠십인 경은 8행을 갖고 있다(오리겐의 헥사플라는 이 차이를 지적하고 있다). 각 사본들을 번역해 보면 다음과 같다. 이것을 마소라 사본의 번역과 비교해 보라.

• 마소라 사본

A 민족들아 그의 백성을 기뻐하라,

B 왜냐하면 그가 그의 종들의 피를 갚아 주실 것이기 때문이다,

C 그리고 그는 그의 적들에게 복수를 돌려주실 것이다,

D 그리고 그는 그의 땅을, 그의 백성을 속죄할 것이다.

• 쿰란 사본(4QDeut[q]).

A 너희 하늘들아 그와 함께 기뻐하라,

B 그리고 너희 모든 신들아 그에게 경배하라,

C 왜냐하면 그는 그의 아들들의 피를 갚으실 것이기 때문이다,

D 그리고 그는 그의 적들에게 복수를 돌려주실 것이다,

E 그리고 그를 미워하는 자들에게 그는 보수할 것이다,

F 그리고 그는 그의 백성의 땅을 속죄할 것이다.

• 칠십인 경

A 너희 하늘들아 그와 함께 기뻐하라,

B 하나님의 모든 아들들은 그에게 경배하라,

C 너희 민족들아 그의 백성과 함께 기뻐하라,

D 그리고 하나님의 모든 천사들은 그에게(그를 위해) 강해져라,

E 왜냐하면 그는 그의 아들들의 피를 갚을 것이기 때문이다,

F 그리고 그는 갚을 것이고 그는 적들에게 형벌을 돌려줄 것이다,

G 그리고 그는 미워하는 자들에게 돌려줄 것이다,

H 그리고 주님은 그의 백성의 땅을 깨끗하게 할 것이다.

마소라의 A는 쿰란의 A와 칠십인 경의 C와, 마소라의 B는 쿰란의 C와 칠십인 경의 E와, 마소라의 C는 쿰란의 D와 칠십인 경의 F와 그리고 마소라의 D는 쿰란의 F와 칠십인 경의 H와 같지 않지만 유사하다. 마소라와 비교해 볼 때 쿰란은 B와 E를 더 갖고 있고 칠십인 경은 A, B, D, G를 더 갖고 있다.

2) 탈굼 옹켈로스와 네오피티는 "그의 의로운 종들"이다. 탈굼 프쉬도 요나단은 피를 흘린 종들이라고 설명한다.

3) 탈굼 옹켈로스와 탈굼 네오피티는 "그의 땅과 그의 백성을 위하여"이고 탈굼 프쉬도 요나단은 "그의 땅과 그의 백성의 죄를 위하

여"이다.

증인의 노래의 마지막 절은 이방 민족들에게 권면한다. "민족들아"는 이방 민족들을, "그의 백성"은 이스라엘을 그리고 "기뻐하라"는 '너희는 기뻐하라'로 이방 민족들에게 기뻐 소리치라는 명령이다. 접속사 "왜냐하면"은 이방 민족들이 기뻐해야 할 이유를 설명한다. "왜냐하면 그가 그의 종들의 피를 갚아 주실 것이기 때문이다." 하나님께서 이스라엘을 위하여 복수해 주실 것을 말한다. "그의 종들의 피"는 이스라엘이 역사적으로 이방 민족들에게 망한 것을 뜻한다. 위의 "민족들아"는 이스라엘을 멸망시키지 않은 이방 민족들이다.

하나님께서 이스라엘을 위하여 복수하실 것을 계속 말한다. "그리고 그는 그의 적들에게 복수를 돌려주실 것이다." 41절에서 하나님은 "나의 적들"에게 복수할 것을 말했는데 여기서는 "그의 적들"로 표현되었다. 그리고 마지막으로 하나님은 이스라엘을 회복시킬 것을 선언한다. "그리고 그는 그의 땅을, 그의 백성을 속죄할 것이다." "그의 땅"은 하나님이 아브라함과 이삭과 야곱에게 그리고 그의 후손에게 주시기로 맹세한 땅 가나안을 말한다. "그의 백성"은 하나님이 선택한 백성 이스라엘이다. "속죄할 것이다"는 '덮다'로 죄를 덮어주는 것, 사면하는 것이다. 죄를 깨끗이 씻어주는 것을 뜻한다. 하나님께서 다른 신을 섬기며 따라갔던 이스라엘의 죄를 용서해 주시며 회복시키실 것을 말한다.

## 2. 모세의 당부(44-47)

모세와 여호수아는 이스라엘에게 증거의 노래를 다 가르쳤다. 그리고 마지막으로 모세가 출애굽 후세대에게 당부하고 있다. 이 율법의 말씀을 마음에 두고 잘 지키라고 한다. 이 말씀을 지키는 것은 공허한 일이 아니라 생명의 일이다. 이 말씀을 잘 지켜 행할 때, 이스라엘은 요단을 건너 들어가려고 하는 가나안 땅에서 번영을 누릴 것이다(44-47).

### 번역

44 그리고 모세가 왔다,
그리고 그가 이 노래의 모든 말씀들을 말했다 그 백성의 귀에,
그와 눈의 아들 호세아.
45 그리고 모세가 마쳤다,
이 모든 말씀들을 모든 이스라엘에게 말하기를.
46 그리고 그가 그들에게 말했다, 너희의 마음에 두어라,
내가 오늘 너희에게 증언한 모든 말씀들을,
너희는 너희 아들들에게 명령할 것이다,
이 법의 모든 말씀들을 지켜 행하도록.
47 왜냐하면 그것이 너희에게 헛된 말씀이 아니라
그것이 너희의 생명이기 때문이다,
그리고 너희는 이 말씀으로 그 땅 위에서 날들을 길게 할 것이다,
너희는 거기로 그곳을 점령하기 위하여 요단을 건너가는.

### 주해

44 [1]그리고 모세가 왔다,
그리고 그가 이 노래의[2] 모든 말씀들을 말했다 그 백성의 귀에,[3]
그와 눈의 아들 호세아.[4]

### 본문 비교

1) 칠십인 경은 마소라 사본에 없는 "그리고 모세가 그 날에 이 노래를 썼다 그리고 그가 이스라엘의 아들들에게 이것을 가르쳤다." *καὶ ἔγραψεν Μωυσῆς τὴν ᾠδὴν ταύτην ἐν ἐκείνῃ τῇ ἡμέρᾳ καὶ*

ἐδίδαξεν αὐτὴν τοὺς υἱοὺς Ισραηλ을 덧붙이고 있다. 오리겐의 헥사플라는 이것이 덧붙여졌음을 지적한다. 이것은 신명기 31장 22절의 내용이다.

2) 칠십인 경은 "이 율법의" τοῦ νόμου τούτου이다.
3) 탈굼 옹켈로스는 "그 백성 앞에서"이다.
4) 사마리아 오경, 칠십인 경, 탈굼 네오피티, 벌게이트와 시리아 역은 "여호수아"이다.

모세가 증인의 노래를 다 가르친 후의 상황을 말한다. "그가 이 노래의 모든 말씀들을 말했다 그 백성의 귀에"는 이스라엘 백성에게 이 노래를 가르친 사람이 모세라고 명확하게 말하고 있다. 그리고 모세와 함께 한 사람은 호세아이다. "호세아" הושע는 '구원'이라는 뜻으로 여호수아의 원래 이름이다. 호세아는 에브라임 지파의 눈의 아들이며(민 13:8) 모세가 호세아를 여호수아 יהושע로 불렀다(민 13:16).

45 그리고 모세가 마쳤다,
이 모든[1] 말씀들을[2] 모든 이스라엘에게 말하기를.[3]

**본문 비교**

1) 사마리아 오경은 "모든"을 생략한다.
2) 칠십인 역은 "이 모든 말씀들"을 생략한다. 일부 사본들(A F M V)은 "이 모든 말씀들"을 갖고 있다.
3) 마소라 사본은 לדבר인 데 반하여 사마리아 오경은 מדבר으로 전치사가 다르다.

"이 모든 말씀들"은 증거의 노래를 포함한 율법의 모든 말씀들을 의미한다. 이제 모세는 증거의 노래만이 아니라 토라의 모든 말씀도 다 말하기를 마쳤다. “말하기를”에는 가르쳤다는 의미도 내포되어 있다.

46 그리고 그가 그들에게 말했다, 너희의[1] 마음에 두어라,[2]
내가 오늘 너희에게 증언한 모든[3] 말씀들을,[4]
너희는 너희 아들들에게 명령할 것이다,
이 법의 모든 말씀들을 지켜[5] 행하도록.

**본문 비교**

1) 칠십인 경은 “너희의”를 생략한다.
2) 칠십인 경은 “주의하라” προσέχετε로 번역한다.
3) 마소라 사본은 לכל인 데 반하여 사마리아 오경은 על כל으로 전치사가 다르다.
4) 칠십인 경은 “이 모든 말씀들”으로 “이” τούτους를 첨가한다.
5) 사마리아 오경, 칠십인 경, 탈굼 네오피티, 탈굼 프쉬도 요나단, 벌게이트, 시리아 역은 “그리고”를 첨가한다.

“그가 그들에게 말했다”는 모세가 이스라엘에게 말한 것이다. “너희의 마음에 두어라 내가 오늘 너희에게 증언한 모든 말씀들을”은 다시 ‘너희는 너희의 마음을 내가 오늘 너희에게 증언한 모든 말씀들에 두어라’로도 번역할 수 있다.

“두어라”는 ‘너희는 두어라,’ ‘놓아라,’ ‘취하라’로 명령형이다. 모세는 출애굽 후세대에게 즉 가나안 땅에 들어가려고 하는 세대에게 “내가 오늘 너희에게 증언한 모든 말씀들을” 마음에 두라고 명령한다. “증언한”은 ‘경고한’의 뜻이다. “모든 말씀들”은 이어서 나오는 “이 법의 모든 말씀들”을 의미한다.

출애굽 후세대는 모세에게서 이 모든 말씀들을 들었다. 이 말씀들을 마음에 둔 후에 그들이 해야 할 일은 후세대를 교육하는 것이다. “너희는 너희 아들들에게 명령할 것이다, 이 법의 모든 말씀들을 지켜 행하도록." 명령하라는 것은 가르치라는 의미를 포함한다. 즉 율법을 지켜야 할 책임과 의무를 부과하라는 것이다. 이스라엘은 가나안 땅에서 대대로 이 율법을 지켜 행해야 한다(신 29:14-15).

47 왜냐하면 그것이 너희에게 헛된 말씀이 아니라
그것이 너희의 생명이기 때문이다,
그리고 너희는 이 말씀으로[1] 그 땅 위에서 날들을 길게 할 것이다,[2]
너희는 거기로 그곳을[3] 점령하기 위하여 요단을 건너가는.[4]

**본문 비교**

1) 칠십인 경은 "이 말씀 때문에" ἕνεκεν로 번역한다.
2) 칠십인 경은 "너희는 오래 살 것이다" μακροημερεύσετε로 번역한다.
3) 칠십인 경은 "그곳을" 생략한다(Wevers 편집). 그러나 랄프(Rahlfs) 편집은 αὐτήν을 갖고 있다.
4) 마소라 사본은 여기에 페투카(פ)를 두어 단락을 나눈다.

접속사 "왜냐하면"은 앞절과의 관계를 설명해 준다. 율법을 지켜야 하는 이유를 말해 준다. "헛된 말씀"은 '공허한 말씀,' '사소한 말씀'이다. 율법의 말씀을 지키는 것은 '헛된 일'이 아니라는 것이다. 이것은 또한 '헛된 일,' '공허한 일,' '사소한 일'로도 번역할 수 있다. "그것이 너희의 생명이기 때문이다"는 말씀을 지킬 때 얻는 유익을 설명한다. "너희의 생명"은 다시 뒤에서 "날들을 길게 할 것이다"로 나온다. 개인적으로는 오래 살 것을 말하고 국가적으로는 가나안 땅에서 번성(번영)할 것을 말한다.

"이 말씀으로"는 '이 말씀을 통하여' 또는 '이 말씀 때문에'로 이해할 수 있다. 율법의 말씀을 지킴으로 이스라엘은 가나안 땅에서 "날들을 길게 할" 수 있다. "그 땅 위에서"는 관계 대명사로 연결되어 "너희는 거기로 그곳을 점령하기 위하여 요단을 건너가는 그 땅 위에서"이다. 출애굽 후세대는 지금 요단강을 건너 가나안 땅을 정복하려고 하고 있다.

### 3. 느보산에 올라가라는 하나님의 명령(48-52)

하나님은 모세에게 느보산에 올라가라고 명령하신다. 그 곳에서 하나님이 이스라엘에게 주시는 가나안 땅을 바라보고 죽으라고 하신다. 모세가 가나안 땅에 들어가지 못하는 이유는 가데스 므리바 물가 사건 때문이다. 그때 모세가 하나님을 믿지 않았고 하나님의 거룩함을 나타내지 않았기 때문이다(48-52).

**번역**

48 그리고 아도나이께서 모세에게 말씀하셨다,
바로 이 날에 말하기를.
49 너는 이 아바림산에 올라가라,
여리고 앞 모압 땅에 있는 느보산.
그리고 너는 가나안 땅을 보라,
내가 이스라엘 아들들에게 소유로 주는.
50 그리고 너는 그곳으로 올라가는 그 산에서 죽어라,
그리고 너는 너의 백성들에게로 모아져라,
너의 형 아론이 호르산에서 죽고
그가 그의 백성들에게로 모아진 것 같이.
51 너희가 나에게 불신실하게 행동한 것 때문에,
이스라엘 아들들 가운데서 신 광야 가데스 므리바 물가에서,

너희가 나를 거룩하게 하지 않은 것 때문에,
이스라엘 아들들 가운데에서.
52 그러므로 앞에서 너는 그 땅을 볼 것이다,
그리고 거기로 너는 그 땅에 들어가지 못할 것이다,
내가 이스라엘의 아들들에게 주는.

**주해**

48 그리고 아도나이께서 모세에게 말씀하셨다,
바로 이 날에 말하기를.

모세가 이스라엘에게 증거의 노래를 다 가르친 후이다. 아도나이께서 모세에게 개인적으로 말씀하신다. "바로 이 날에"는 같은 날, 당일로 모세가 노래를 가르친 날을 의미한다.

49 너는 이 아바림산에 올라가라,
여리고 앞 모압 땅에 있는 느보산.
그리고 너는 가나안 땅을 보라,
내가 이스라엘 아들들에게 소유로 주는.

"너는 올라가라"는 아도나이께서 모세에게 주신 명령이다. "아바림산"에서 "아바림"은 복수로 나온다. 산들이 많이 있는 지역을 의미한다. "느보산"은 아바림 지역에 있는 산들 가운데 한 산이다. 구체적인 장소는 알 수 없다. 이 "느보산"은 "여리고 앞(맞은 편) 모압 땅에 있는" 곳이다(참고 신 34:1). 느보산은 가나안 땅에 속한 산이 아니다.

"너는 보라"는 모세가 느보산에 올라가서 해야 할 일을 말한다(참고 신 34:1-4). 하나님은 모세에게 "가나안 땅을 보라"고 하신다. "가나안 땅"은 관계 대명사로 인도되어 "내가 이스라엘 아들들에게 소유로 주는 가나안 땅을"이다.

50 그리고 너는 그곳으로 올라가는 그 산에서 죽어라,
그리고 너는 너의 백성들에게로[1] 모아져라,[2]
너의 형 아론이 호르산에서 죽고
그가 그의 백성들에게로[3] 모아진 것[4] 같이.

**본문 비교**

1) 마소라 사본은 복수 "너의 백성들"인 데 반하여 사마리아 오경, 칠십인 경, 벌게이트, 시리아 역, 탈굼 역들은 "너의 백성"으로 단수이다.
2) 칠십인 경은 "너는 더해져라" προστέθητι로 번역한다. 오리겐의 헥사플라는 이 차이를 지적한다. 하지만 아퀼라는 마소라 사본과 같이 συλλέγητι로 번역한다.
3) 사마리아 오경, 칠십인 경, 벌게이트, 시리아 역, 탈굼 역들은 "그의 백성"이다.
4) 칠십인 경은 "더해진 것" προσετέθη로 이해한다.

"너는 죽어라"는 명령형으로 모세가 느보산에 올라가는 이유를 설명한다(참고 신 34:5-7). "그곳으로 올라가는 그 산"은 느보산을 말한다. "너는 너의 백성들에게로 모아져라"는 개역 개정이 의역한 것 같이 "네 조상에게로 돌아가"라는 것이다. 조상들이 죽은 것 같이 죽으라는 의미이다. 이 해석은 다음 구절 "너의 형 아론이 호르산에서 죽고 그가 그의 백성들에게로 모아진 것 같이"에서 잘 밝혀진다. 대제사장 아론은 이스라엘이 출애굽한지 사십 년 다섯째 달 초하루 날에 호르산에 올라가서 죽었다. 그의 나이는 백 이십 삼 세였다(민 33:38-39).

51 너희가 나에게[1)] 불신실하게 행동한 것[2)] 때문에,

이스라엘 아들들 가운데서 신 광야 가데스 므리바 물가에서,

너희가 나를 거룩하게 하지 않은 것 때문에,

이스라엘 아들들 가운데에서.

**본문 비교**

1) 칠십인 경은 "나의 말" τῷ ῥήματί μου로 번역한다(탈굼 옹켈로스, 네오피티, 프쉬도 요나단 역시).

2) 칠십인 경은 "불순종한 것" ἠπειθήσατε로 번역한다.

이 구절은 다음과 같은 A와 A′ 그리고 B와 B′의 평행이 나타난다.

A 너희가 나에게 불신실하게 행동한 것 때문에,

  B 이스라엘 아들들 가운데서 신 광야 가데스 므리바 물가에서,

A′ 너희가 나를 거룩하게 하지 않은 것 때문에,

  B′ 이스라엘 아들들 가운데에서.

히브리어는 "~때문에" על אשר가 먼저 나와서 모세가 왜 느보산에 올라가서 죽어야 하는지를 설명한다. "나에게" בי는 '나를 대항(대적)하여'이다. "불신실하게 행동한 것"은 '신실하지 않은 행동,' '믿음이 없는 행동'으로 믿음을 깨뜨리는 행동을 말한다. 즉 모세와 아론이 하나님을 대적하여 반역한 것이다.

모세가 가나안 땅에 들어가지 못한 이유를 설명하는데, 두 가지 이유이다. 첫째는 "너희가 나에게 불신실하게 행동한 것"이고 둘째는 "너희가 나를 거룩하게 하지 않은 것"이다. 이 사건은 "신 광야 가데스 므리바 물가에서" 일어났다. 모세가 가나안 땅에 들어가지 못하는 이유는 민수기 20장에 잘 나오고 있다.

이스라엘 백성이 신 광야 가데스에 이르렀을 때에 마실 물이 없어서 모세와 아론과 다퉜다. 이 일로 모세와 아론이 회막에서 엎드리자 하나님께서 지팡이를 가지고 회중을 모으고 눈 앞에 있는 바위에게 말하면 바위가 물을 줄 것이라고 하셨다(민 20:8). 그런데 모세와 아론은 "우리가 너희를 위하여 이 반석에서 물을 내랴" 하고 말하고 다음과 같이 "그의 손을 들어 그의 지팡이로 반석을 두 번 치니" 하고 행동하였다(민 20:10-11). 하나님은 이 사건에서 모세와 아론이 "나를 믿지 아니"했다고 말씀하시며 이스라엘 백성 앞에서 "내 거룩함을 나타내지 아니"한 것으로 평가하셨다(민 20:12). 이 일로 인하여 모세와 아론은 가나안 땅에 들어가지 못하게 되었다.

가데스 물가 사건은 모세와 아론의 개인적인 잘못을 말한다. 이 사건으로 모세와 아론이 가나안 땅에 들어가지 못하는 것으로 판결을 받았다. 이 사건 외에 모세는 자신이 가나안 땅에 들어가지 못하는 이유가 또 있다고 신명기에서 말하고 있다. 가데스 바네아에서 하나님이 가나안 땅을 점령하라고 하셨을 때 이스라엘은 하나님의 명령에 불순종했다. 이때의 반역 사건으로 모세도 가나안 땅에 들어가지 못하게 되었다. 모세는 "너희 때문에" 즉 이스라엘 때문이라고 계속 말한다(신 1:37; 3:26; 4:21). 모세는 옛 세대의 지도자로서 옛 세대의 범죄 때문에 들어가지 못한 것이다(신명기 1권, 146-148 주해 참고).

52 그러므로 앞에서 너는 그 땅을 볼 것이다,
그리고 거기로 너는 그 땅에 들어가지 못할 것이다,
내가 이스라엘의 아들들에게 주는.[1]

**본문 비교**

1) 칠십인 경은 "내가 이스라엘의 아들들에게 주는 그 땅에"를 생략한다. 오리겐의 헥사플라는 이것을 지적하며 이 관계 대명사 절을

보충해 줄 것을 제안한다.

접속사 '키' כִּי는 문맥에 맞게 '그러므로' 또는 '확실히'로 번역할 수 있다. "앞에서"는 '맞은 편에서,' '멀리서'의 뜻이다. 모세는 앞에 있는 그 땅을 볼 수 있지만 들어갈 수는 없다. 안타까운 상황이다. 모세는 이스라엘을 인도하여 먼 광야 길을 왔는데, 가나안 땅을 목전에 두고 들어갈 수 없다. "그리고"를 '그러나'로 해석하면 뜻이 더 명확하다. "그 땅에"는 관계 대명사로 인도되어 "내가 이스라엘 아들들에게 주는 그 땅에"이다. 모세는 가데스의 불순종으로 인하여 가나안 땅에 들어가지 못할 것이라고 선언되고 있다.

### 참고 문헌

Albright, W. F. "Some Remarks on the Song of Moses in Deuteronomy 32," *VT* 9 (1959), 339-46.

Basser, H. *Midrash Interpretation of the Song of Moses*, American University Studies, Series VII, Theology and Religion, 2, New York, 1984.

Baumann, E. "Das Lied des Moses(Dt 32, 1-43) auf seine Gedankliche Geschlossenheit Untersucht," *VT* 6 (1956), 414-24.

Bergey, R. "The Song of Moses (Deuteronomy 32:1-43) and Isaianic Prophecies: A Case of Early Intertextuality?" *JSOT* 28 (2003), 33-54.

Berry, D. "How Did Moses Die?" *JBQ* 46 (2018), 104-108.

Boer, P. A. H. de, "The Son of God in the Old Testament," *OTS* 18 (1973), 188-207.

Boston, A. J. R. "The Wisdom Influence upon the Song of Moses," *JBL* 87 (1968), 198-202.

Britt, B. "Deuteronomy 31-32 as a Textual Memorial," *BibInt* 8 (2000),

358-74.

Cassuto, U. "The Song of Moses(Deuteronomy Chapter xxxii 1-43)," in *Biblical and Oriental Studies*, 2 vols. Jerusalem, 1973-75. 1: 41-46.

Christensen, D. L. "Jeremiah and the Cup of YHWH's Wrath," in *Prophecy and War in Ancient Israel*, Berkeley, 1989, 193-207.

Claassens, L. J. M. "I Kill and I Give Life: Contrasting Depictions for God in Deuteronomy 32," *OTE* 18 (2005), 35-46.

Cooke, G. "The Sons of (the) God(s)," *ZAW* 76 (1964), 22-47.

Crowe, B. D. "The Song of Moses and Divine Begetting in Matt 1,20," *Bib* 90 (2009), 47-58.

DeRouchie, J. S. "Deuteronomy as Didactic Poetry? A Critique of D. L. Christensen's View," *JAAS* 10 (2007), 1-13.

Driver, G. R. "Deuteonomy 32 8," *VT* 2 (1952), 356.

-----------, "Once Again: Birds in the Bible," *PEQ* 90 (1958), 56-57.

Fensham, F. C. "An Ancient Tradition of the Fertility of Palestine," PEQ 98 (1966), 166-67.

Fisch, H. "The Song of Moses: Pastoral in Reverse," in *Poetry with a Purpose: Biblical Poetics and Interpretation*, Indianapolis, 1988, 55-79.

-----------, "The Analogy of Nature, a Note on the Structure of Old Testament Imagery," *JTS* 1955/56), 161-73.

Fullerton, K. "On Deuteronomy 32:26-34," *ZAW* 46 (1928), 138-55.

Galling, K. "Die Ausrufung des Names als Rechtsakt in Israel," *TLZ* 81 (1956), 65-70.

Geller, S. "The Dynamics of Parallel Verse: A Poetic Analysis of Deut 32:6-12," *HTR* 75 (1982), 35-56.

Grintz, J. M. "Some Observations on the 'High-Place' in the History of Israel," *VT* 27 (1977), 111-13.

Habel, N. C. "Appeal to Ancient Tradition as a Literary Form," *ZAW* 88 (1976), 253-72.

Hanhart, R. "Die Sönne Israels, die Sönne Gottes udn die Engel in der Masora, in Qumran und der Septuaginta," *Vergegenwärtigung, Göttingen*, 2002, 170-78.

Harris, J. R. "Irenaeus and the Song of Moses," *ExpTim* 37 (1925), 333-34.

Heiser, M. S. "Deuteronomy 32:8 and the Song of God," *BS* 158 (2001), 52-74.

Henschke, E. "Konjekturen zu Dt 32," *ZAW* 52 (1934), 279-82.

Hidal, S. "Some Reflection on Deuteronomy 32," *ASTI* 11 (1977/78), 15-21.

Joosten, J. "A Note on the Text of Deuteronomy xxxii 8," *VT* 57 (2007), 548-55.

Kato, S. F. "Entdämonisierung von Dtn 32:44," *VT* 62 (2012), 636-641.

Keiser, T. A. "The Song of Moses as a basis for Isaiah's prophecy," *VT* 55 (2005), 486-500.

Knowles, M. P. ""The Rock, His Work is Perfect": Unusual Imagery for God in Deuteronomy XXXII," *VT* 39 (1989), 307-322.

Kölichen, J. C. von. "Die Zitate aus dem Moselied Deut. 32 im Römerbrief des Paulus," *ThVers* 5 (1975), 53-70.

Kooij, A. van der, "The Ending of the Song of Moses: On the Pre-Masoretic Version of Deut 32:43," in *Studies in Deuteronomy*, Leiden, 1994, 93-100.

Labuschagne, C. J. "The Setting of the Song of Moses in Deuteronomy," in *Deuteronomy and Deuteronomic Literature*, Leuven, 1997, 111-132.

-----------, "The Song of Moses: Its Framework and Structure," in I. H. Eybers et. al. (ed.), *De Fructu Oris Sui*, Leiden, 1971, 85-98.

Lehmann, M. R. "Biblical Oaths," *ZAW* 81 (1969), 74-92.

Leuchter, M. "Why Is the Song of Moses in the Book of Deuteronomy," *VT* 57 (2007), 295-317.

Loretz, O. "Die Vorgeschichte von Deuteronomium 32, 8f.43," *UF* 9 (1977), 355-57.

Lust, J. "For I Lift up my Hand to Heaven and Swear: Deut 32;40," in *Studies in Deuteronomy*, Leiden, 1994, 155-164.

Lux, R. "Der Tod des Mose als besprochene und erzählte Welt: Überlegungen zu einer literaturwissenschaftlichen und theologischen Interpretation von Deuteronomium 32, 48-55 und 34, 1," *ZTK* 84 (1987), 395-425.

Luyten, J. "Primeval and Eschatological Overtones in the Song of Moses (DT 32,1-43)," in *Das Deuteronomium*, Leuven, 1985, 341-347.

McKane, W. "Poison, Trial by Ordeal and the Cup of Wrath," *VT* 30 (1980), 474-92.

McCarthy, C. "Masoretic Undertones in the Song of Moses," *PIBA* 25 (2002), 29-44.

-----------, "A Diplomatic Dilemma in Deuteronomy 32," *PIBA* 27 (2004), 22-32.

Mendenhall, G. E. "Samuel's 'Broken Rib': Deuteronomy 32," in *A Song of Power and the Power of Song, Indiana*, 1993, 169-180.

-----------, "The Vengeance of Yahweh," in *The Tenth Generation: The Origins of the Biblical Tradition*, Baltimore, 1973, 69-104.

Milgrom, J. "Magic, Monotheism and the Sin of Moses," in *The Quest for the Kingdom of God*, FS, G. E. Mendenhall, Indiana, 1983, 251-265.

Moran, W. L. "Some Remarks on the Song of Moses," *Bib* 43 (1962), 317-27.

Nielsen, E. *Yahweh as Prosecutor and Judge: An Investigation of the Prophetic Lawsuit (Rib) Pattern*, JSOTSup 9, Sheffield, 1978.

Nigosian, S. A. "Linguistic Patterns of Deuteronomy 32," *Bib* 78 (1997), 206-224.

Otto, E. "Singing Moses: His Farewell Song in Deuteronomy 32," *Psalmody and Poetry*, New York, 2012, 169-180.

-----------, "Moses Abschiedslied in Deuteronomium 32. Ein Zeugnis der Kanonsbildung in der hebräischen Bibel," *Die Tora*, Wiesbaden, 2009, 641-78.

Ramsey, G. W. "Speech-Forms in Hebrew Law and Prophetic Oracles," *JBL* 96 (1977), 45-58.

Reichert, A. "The Song of Moses and the Quest for Early Deuteronomic Psalmody," in *Proceeding of the Ninth World Congress of Jewish Studies*, Jerusalem, 1986, 53-60.

Riessler, P. "Das Moseslied und der Mosessegen," *BZ* 11 (1913), 119-28.

Robertson, E. "The Apple of the Eye in the Masoretic Text," *JTS* 38 (1937), 56-59.

Rofe, A. "The End of the Song of Moses (Deuteronomy 32:43)," *Liebe und Gebot: Studien zum Deuteronomium*, Göttingen, 2000, 164-72.

Ruiten, J. T. A. G. M. van, "The Use of Deuteronomy 32:39 in Monotheistic Controversies in Rabbinic Literature," in *Studies in Deuteronomy*, Leiden, 1994, 223-242.

Schweitezer, S. "Deuteronomy 32 and 33 as Proto-Deuteronomic Texts," *PEGLMBS* 22 (2002), 79-98.

Segert, S. "Rendering of Parallelistic Structures in the Targum Neofit: The Song of Moses (Deuteronomy 32:1-43)," in *Salvacion en la Palabra. Targum – Derash – Berith*, Madrid, 1986, 515-32.

Shields, B. J. "A Song to Remember: The Setting, Structure and Genre of Dt 32 in Recent Research," *Bulletin of the Catholic Research Institute of the China Academy, T'aipei, T'aiwan* 3 (1971), 1-26.

Skehan, P. W. "The Structure of the Song of Moses in Deuteronomy (32:1-43)," in *A Song of Power and the Power of Song*, Indiana, 1993, 156-168.

Smith, M. S. "What Is Scriptural Text in the Second Temple Period? Texts Between Their Biblical Past, Their Reception in Second Temple Literature and Their Textual Witnesses," in *The Dead Sea Scrolls at 60*, Paris, 2011, 271-98.

Thiessen, M. "The Form and Function of the Song of Moses (Deuteronomy 32:1-43)," *JBL* 123 (2004), 401-24.

Tov, E. "Special Layouts of Poetical Units in the Texts from the Judean Desert," in *Give Ear to My Words: Psalms and Other Poetry in and around the Hebrew Bible*, Amsterdam, 1996, 115-28.

Vogel, D. "Moses as Poet: Ha'azinu as Poem," *JBQ* 31 (2003), 211-18.

Weitzman, S. "Lessons from the Dying: The Role of Deuteronomy 32 in its Narrative Setting," *HTR* 87 (1994), 377-393.

Westhuizen, P. van der, "Literary Device in Exodus 15:1-18 and Deut 32:1-43 as a Criterion for Determining Their Literary Standards," *OTWSA* 17/18 (1974/75), 57-73.

Wright, G. E. "The Lawsuit of God: A Form-Critical Study of Deuteronomy 32," in *Isral's Prophetic Heritage*, London, 1962, 26-67.

# DEUTERONOMY 신명기 33장

A New Translation with
Introduction
and Commentary

**DEUTERONOMY**

# D E U T E R O N O M Y

# 신명기 33장

Deuteronomy 33

**내용/구조**

이 장은 모세가 죽기 전에 이스라엘의 12지파들을 축복한 시이다. 야곱이 죽기 전에 12아들들을 축복하고 저주한 것과 같이 모세도 12지파들을 축복했다. 그런데 모세가 12지파들을 축복한 이름의 순서를 보면 출생 순서와 다르며 야곱의 유언 순서와 역시 다르다. 다음을 비교해 보라.

| 출생 순서(창 29-30장) | 야곱의 유언(창 49장) | 모세의 축복(신 33장) |
|---|---|---|
| 1) 르우벤(레아) | 르우벤 | 르우벤 |
| 2) 시므온(레아) | 시므온 | 유다 |
| 3) 레위(레아) | 레위 | 레위 |
| 4) 유다(레아) | 유다 | 베냐민 |
| 5) 단(라헬: 빌하) | 스불론 | 요셉(에브라임) |
| 6) 납달리(라헬: 빌하) | 잇사갈 | (므낫세) |
| 7) 갓(레아: 실바) | 단 | 스불론 |
| 8) 아셀(레아: 실바) | 갓 | 잇사갈 |

| | | |
|---|---|---|
| 9) 잇사갈(레아) | 아셀 | 갓 |
| 10) 스불론(레아) | 납달리 | 단 |
| 11) 요셉(라헬) | 요셉 | 납달리 |
| 12) 베냐민(라헬) | 베냐민 | 아셀 |

모세가 왜 이런 순서를 따라 12지파들을 축복했는지 그 이유는 나오지 않는다. 한 가지 추측해 볼 수 있는 사실은, 정확하게 일치하지는 않지만, 아마도 지파들이 차지한 기업의 지역과 관련이 있는 것 같다. 르우벤부터 갓까지는 요단 동쪽에서 시작하여 요단 서쪽으로 한바퀴 원을 그리는 것 같다. 르우벤은 요단 동편이며 유다는 요단 서편이다. 레위는 기업의 땅이 없었고 베냐민은 유다 위에 기업을 얻었고 에브라임 역시 베냐민 위에 위치해 있다. 므낫세의 반 지파는 요단 동편에 있고 므낫세의 다른 반 지파는 요단 서편에 위치해 있다. 스불론은 잇사갈 보다 더 위쪽에 위치해 있지만 두 지파들은 므낫세 반 지파 위에 있다. 갓은 다시 요단 동편으로 와서 르우벤 위에 위치한다. 동쪽에서 시작하여 서쪽으로 한 바퀴 원을 그렸다. 여기서 벗어나는 지파들이 단과 납달리와 아셀이다.

단은 베냐민과 에브라임 옆에 바닷가에 있었지만 북쪽으로 이주해서 가나안 땅의 맨 위쪽에 위치하고 있다. 납달리와 아셀은 잇사갈과 스불론과 단 사이, 갈릴리 호수 옆에 위치하고 있다.

모세의 축복의 특징은 다음과 같다.

1. 모세의 축복은 서론(2-5)과 결론(26-29)이 있다. 이 서론과 결론 중에 여수룬이 나오고 있다(5, 26). 이스라엘은 여수룬(곧은 자, 올바른 자, 정직한 자)으로 불리며 아도나이는 여수룬의 왕이다. 아도나이께서 이스라엘의 왕이라는 것은 신정정치를 의미한다. 아도나이께서 이스라엘을 통치하시며 다스리신다. 이것은 모압 언약에 근거한 것이다. 이

스라엘은 아도나이와 언약을 맺음으로 하나님의 백성이 되었기 때문이다(신 26:18-19). 아도나이는 이스라엘의 왕으로서 법을 제정하고 선포하신다. 이래서 서론은(2-5) 아도나이께서 시내 산에 나타나신 것과 시내 산에서 율법을 수여하신 사건과 밀접한 관련이 있다. 결론에서(26-29) 아도나이는 다른 신들과 비교할 수 없는 분이시며 이스라엘의 구원자이며 보호자이다. 아도나이는 이스라엘의 왕으로서 이스라엘을 적으로부터 보호하시며 구원하신다. 더 나아가 아도나이는 복의 근원이다. 아도나이께서 이스라엘에게 곡식과 포도주를 주신다.

2. 모세의 말은 모두 축복의 내용들이다. 야곱의 유언(창 49장)은 축복만이 아니라 저주(시므온과 레위)의 내용을 담고 있었다.
3. 특이하게도 모세의 축복은 시므온에 대한 언급이 없다. 야곱에게 저주를 받은 시므온은 모세의 관심에서 벗어났다. 시므온이 빠진 자리에 요셉의 아들이 들어가 있다.
4. 야곱의 유언에서 레위는 저주를 받았었다. 그러나 모세의 축복에서는 가장 긴 축복을 받았다. 레위에 대한 언급이 가장 길고 그 다음이 요셉 그리고 갓 순서이다. 야곱의 유언에서는 유다와 요셉에 대한 언급이 가장 길었다(각기 5절씩). 모세의 축복에서 레위는 제사장의 직분을 행해야 한다. 제사를 드리고 백성에게 율법을 가르쳐야 한다. 레위에 반하여 요셉은 길게 복을 받았지만 요셉의 축복은 단지 자연적인 복만을 말하고 있다. 야곱의 유언에서는 요셉의 두 아들 므낫세와 에브라임에 대한 언급이 없었던 반면에 모세의 축복에는 므낫세와 에브라임의 이름이 나오고 있다.
5. 요셉, 갓, 단이 동물 이미지와 관련되었다. 요셉은 수소와 들소, 갓은 암사자, 단은 사자(야곱의 유언에서 단은 뱀)에 비유되었다.
6. 축복의 내용들이 대체로 어렵고 모호한 면이 있지만 르우벤과 레위에 대한 내용이 가장 명확하다.

이 장은 12지파들에 대한 모세의 축복이기 때문에 한 장으로 읽을 수 있다. 그럼에도 불구하고 서론(1-5)과 본론(26-29)을 갖고 있고 나머지는 12지파들에 대한 내용들이다.

## 1. 서론(1-5)

모세는 아도나이께서 이스라엘의 역사 속에 나타나셨다는 사실 즉 신현을 말한다. 아도나이께서 여러 장소에서 현현하셨다. 그는 백성을 사랑하셔서 말씀을 주셨다. 이 말씀은 모세가 이스라엘에게 명령한 토라이다. 더 나아가 아도나이는 이스라엘의 왕이 되셨다. 이스라엘은 그의 백성이 된 것이다.

### 번역

1 그리고 이것은 그 축복이다,
하나님의 사람 모세가 이스라엘 아들들에게 축복한,
그의 죽음 전에.
2 그리고 그가 말했다,
아도나이께서 시나이에서 오시고 세일에서 그들을 위하여 일어나신다,
그는 바란산에서 비취시고 그는 수많은 거룩한 자와 오신다,
그의 오른손에 그들을 위한 불의 법이 있다.
3 또한 그는 백성들을 사랑하신다,
그의 모든 거룩한 자들이 당신의 손안에,
그리고 그들이 당신의 발에 인도받는다,
그가 당신의 말씀들을 들어올린다.
4 모세가 우리를 위하여 율법을 명령하였다,
야곱의 총회의 소유이다.

5 그리고 그는 여수룬에 왕이 되었다,
백성의 지도자들이 모였을 때,
이스라엘의 지파들과 함께.

**주해**

1 그리고 이것은 그 축복이다,
하나님의 사람 모세가 이스라엘 아들들에게 축복한,
그의 죽음 전에.

**본문 비교**

1) 탈굼 옹켈로스, 탈굼 네오피티, 탈굼 프쉬도 요나단은 "주의 선지자" **נביא דייי**로 해석한다.

이 절은 2절부터 나오는 모세의 축복에 대한 표제이자 서론 역할을 한다. 신명기는 6개의 표제를 갖고 있는데(신 1:1; 4:44; 6:1; 12:1; 29:1; 33:1) 이것이 그 마지막이다(신명기 1권, 27-28을 참고).

"이것은 그 축복이다"는 동사가 없어서 '~이다'를 넣어주었다. "그 축복"은 관계 대명사로 연결되어 있어 "이것은 하나님의 사람 모세가 이스라엘 아들들에게 축복한 그 축복이다"로 번역할 수 있다.

모세는 "하나님의 사람"으로 불린다. 이 명칭은 일반적으로 선지자들에게 사용되었다. 후에 사무엘(삼상 9:7), 스마야(왕상 12:22), 무명의 선지자(왕상 13:4), 엘리야(왕상 17:18), 엘리사(왕하 4:16), 다윗(대하 8:14)에게도 사용되었다. 또한 모세에게는 "아도나이의 종"이라는 명칭도 주어졌다(신 34:5).

"그의 죽음 전에"는 이 축복이 언제 주어졌는지 그 시간을 설명한다. 야곱이 죽기 전에 12아들들을 축복했던 것(창 49장)과 같이 모세도 죽기 전에 12지파들을 축복하고 있다.

2 그리고 그가 말했다,

아도나이께서 시나이에서 오시고[1] 세일에서 그들을[2] 위하여 일어나신다,[3]

그는 바란산에서 비취시고[4] 그는 수많은 거룩한 자와 오신다,[5]

그의 오른손에 그들을 위한[6] 불의 법이[7] 있다.[8]

**본문 비교**

1) 탈굼 옹켈로스는 "계시하셨다" אתגלי로 해석한다. 탈굼 네오피티와 탈굼 프쉬도 요나단은 "그의 백성에게 율법을 주시기 위하여 계시하셨다"로 주해한다.

2) 칠십인 경, 벌게이트, 시리아 역, 탈굼 옹켈로스는 "우리를"이다.

3) 칠십인 경은 "그가 나타나셨다" ἐπέφανεν으로 번역한다. 탈굼 옹켈로스는 "그의 영광의 광채가 우리에게 나타났다"이다.

4) 칠십인 경은 "서두르셨다," "재촉하셨다" κατέσπευσεν으로 번역한다. 오리겐의 헥사플라는 이 차이를 지적한다. 탈굼 옹켈로스는 "그의 능력으로 계시하셨다"로 해석한다.

5) 칠십인 경은 히브리어의 "그리고 그는 오신다 수많은 거룩한 자와"를 "가데스의 수많은 자와 함께" σὺν μυριάσιν Καδης로 번역한다. 오리겐의 헥사플라는 이 차이를 지적한다. 하지만 아퀼라와 심마쿠스는 장소의 이름 "가데스"가 아닌 "거룩한 자(들)"로 번역한다(벌게이트와 시리아 역 역시). 탈굼 옹켈로스는 "거룩한 자들" 그리고 탈굼 네오피티와 탈굼 프쉬도 요나단은 천사들로 이해한다.

6) 칠십인 경은 "그와 함께" μετ᾽ αὐτοῦ이다.

7) 마소라 사본의 케티브는 "토대" אשדת인 데 반하여 케레는 "불의 법" אש דת이다. 칠십인 경은 "천사들" ἄγγελοι로 즉 "그와 함께 천사들이"로 번역한다. 오리겐의 헥사플라는 이 차이를 지적한다. 아퀼라는 "불 교리" 그리고 심마쿠스는 "불 율법"으로 이해한다.

8) 탈굼 옹켈로스는 "그가 그의 오른손으로 쓴 율법을 불 가운데에

서 우리에게 주었다"로 이해한다. 탈굼 프쉬도 요나단도 유사하다.

이 구절은 신현을 말하고 있다. 네 개의 동사들 "오시고," "일어나신다," "비취시고," "오신다"는 아도나이께서 나타나시는 즉 임재하시는 것을 표현한다.

"그리고 그가 말했다"는 모세가 말했다는 의미이다. "시나이"는 홍해의 두 만 사이의 반도의 끝을 의미한다. 개역 개정은 "시내산"으로 번역하며 호렙산으로도 불린다. 전통적으로 예벨 무사(Jebel Musa) 산으로 불리는 장소이다(신명기 1권, 96-97을 참고). "아도나이께서 시나이에서 오시고"는 출애굽기에 따르면 시나이에서 하나님께서 모세에게 불타는 가시나무에서 임재하셨고(출 3장) 이스라엘이 출애굽해서 도착한 곳이었다. 이곳에서 하나님은 이스라엘 회중에게 나타나셨다. 하나님은 시나이에서 십계명을 직접 선포하셨다. 모세는 하나님께로부터 십계명의 두 돌 판과 율법을 받았고 시나이에서 성막에 관한 규례를 받아서 건축했다(출 19-40장). 시나이는 신현의 장소일 뿐만 아니라 이스라엘의 아도나이 신앙과 예배의 모든 것이 형성된 중요한 장소이다.

"세일"은 에돔을 말한다. 사해 밑에 위치해 있는 아라바 지역이다. "일어나신다"는 '오신다,' '나타나신다'로 여기서 '밝아지다,' '분명해지다'는 번역이 나온다. "바란"은 시나이 반도의 남부 지역으로 "바란 광야"로도 불린다(창 21:21; 민 10:12, 12:16, 13:3, 26). 시나이와 세일과 바란은 시나이 반도에 위치한 지역들이다.

"거룩한 자"에 대해서는 논란이 있다. '코데쉬' **קדש**로 읽으면 '거룩한 자'이고 '카데쉬' **קדש**로 읽으면 지명인 가데스 바네아 **קדש ברנע**를 의미한다. 자음은 같고 모음이 다르다. 가데스 바네아를 줄여서 가데스로도 말한다(신 1:46, 32:51). 세일-에돔의 서쪽 경계에 있으며 가나안 정복을 위해서 처음으로 정탐꾼을 보냈던 장소이다(민 32:8; 신 1:19). 칠십인 경은 지명 가데스로 읽고 있다(위 본문 비교 5)를 참고).

"그의 오른손에"는 아도나이의 오른손을 의미한다. "불의 법"은 '불 같은 법'을 의미한다(본문 비교 7)을 참고). 이런 표현을 사용한 것은 하나님이 불가운데서 말씀하셨기 때문이다(신 4:12, 15, 33, 36; 5:4, 22, 23, 24). "법" דת은 '법령,' '법'을 의미한다. 개역 개정은 "번쩍이는 불"로 번역한다.

3 또한[1] 그는 백성들을[2] 사랑하신다,[3]
[4]그의 모든 거룩한 자들이[5] 당신의 손 안에,[6]
그리고 그들이 당신의 발에 인도받는다,[7]
그가[8] 당신의 말씀들을 들어올린다.[9]

**본문 비교**

1) 칠십인 경은 "그리고"로 번역한다.
2) 칠십인 경은 "그의 백성"이다. 탈굼 옹켈로스는 "지파들"로, 탈굼 네오피티는 "이스라엘의 자녀들"로 그리고 탈굼 프쉬도 요나단은 "그의 백성, 이스라엘의 집"으로 해석한다.
3) 칠십인 경은 "그가 남겨 놓으셨다" ἐφείσατο이다. 오리겐의 헥사플라는 이 차이를 지적한다.
4) 사마리아 오경, 칠십인 경, 시리아 역은 "그리고"가 있다.
5) 칠십인 경은 "그의"를 생략한다. 탈굼 옹켈로스는 "이스라엘 집"을 첨가하여 설명한다.
6) 칠십인 경은 "당신의 손 아래에" ὑπὸ τὰς χεῖράς σου로 전치사가 다르다.
7) 칠십인 경은 "그들이 당신 아래에 있다" οὗτοι ὑπὸ σέ εἰσιν으로 읽는다. 탈굼 옹켈로스는 "능력으로 그가 그들을 이집트에서 인도했다"로 해석한다.
8) 사마리아 오경은 "그리고 그들이 들어올린다" ושאו이다(벌게이트

와 시리아 역 역시).

9) 칠십인 경은 "그리고 그가 그의 말씀들을 받았다" καὶ ἐδέξατο ἀπὸ τῶν λόγων αὐτοῦ이다. 탈굼 옹켈로스는 "그리고 그들이 당신의 구름 아래로 인도받았다, 당신의 말씀들로 여행했다"로 해석한다. 탈굼 네오피티와 탈굼 프쉬도 요나단도 유사하게 해석한다.

"또한"은 '확실히,' '참으로'로 번역할 수 있다. 하나님의 사랑을 강조한다. "백성들"이 복수이지만 이스라엘을 의미한다(위 본문 비교 2)를 참고). 모세가 열 두 지파들을 축복하기 때문에 복수 "백성들"을 사용한 것 같다. 개역 개정은 단수 "여호와는 백성을"로 번역했다.

"그의 모든 거룩한 자들이 당신의 손 안에"는 '그의 모든 거룩한 자들이 당신의 손안에 있다'이다. "모든 거룩한 자들"은 위의 "백성들"과 평행을 이룬다. "당신의 손 안에"는 아도나이의 능력 안에 있다는 것이다.

"인도받는다"는 강조 수동으로 '모인다, 소집된다'이다. 여기서 다양한 의미로 "당신의 발에 앉는다"(ASV, CJB, JPS, KJV, YLT), "경배한다"(NIB, NIV, NJB), "따라간다"(ESV, NAB, NAS, NAU, TNK)로 번역된다. 개역 개정은 "주의 발 아래에 앉아서"로 번역했다. 이스라엘이 아도나이의 발 아래로 인도되어서 말씀을 듣는 것이다.

여기서 "그"가 누구를 말하는지 해석하기가 어렵다. 앞 문장은 복수 "그들"인 데 반하여 여기서는 단수 "그"로 나오기 때문이다(위 본문 비교 8), 9)를 참고). "그"가 말씀을 듣는 각 사람을 의미하는지 아니면 듣는 그들을 뜻하는지 해석하기가 어렵다. 개역 개정은 "모든 성도"로 해석하여 "모든 성도가 그의 수중에 있으며 주의 발 아래에 앉아서 주의 말씀을 받는도다"로 번역한다. 동사 "들어올린다"는 '들고 있다,' '나르다'의 뜻도 있지만 칠십인 경을 따라서 대부분이 '받는다'로 해석한다.

4 모세가 우리를 위하여 율법을[1] 명령하였다.[2]

야곱의 총회의[3] 소유이다.[4]

**본문 비교**

1) 칠십인 경은 "율법" νόμον ὃν 다음에 관계 대명사를 갖고 있다.
2) 탈굼 옹켈로스는 "주었다"로 해석한다.
3) 마소라 사본은 단수인 데 반하여 칠십인 경은 복수 συναγωγαῖς 이다.
4) 마소라 사본은 동사가 없어서 '~이다'를 넣어준 것이다. 탈굼 옹켈로스는 "그가 전달하다(넘겨주다)"로 번역한다.

"모세가 율법을 명령하였다"는 '모세가 율법을 부과했다'는 의미이다. "율법"은 앞 절(3)에서 나온 "당신의 말씀들"과 평행을 이룬다. 이 율법은 "우리를 위하여" 즉 여수룬, 이스라엘을 위하여 주어졌다. 모세는 이스라엘에게 율법을 지키도록 명령한 것이다. 그렇지만 유대인들은 율법을 소유한 것만을 자랑했고 율법을 지키지 않았다(렘 8:7-8). 이것이 문제였다.

"야곱의 총회의 소유이다"는 동사가 없는 문장으로 동사 '~이다'를 넣어준 것이다. 하지만 이것은 또한 '야곱의 총회의 소유로'도 읽을 수 있다. "총회"는 '집회,' '공동체'이다. "야곱의 총회"는 이스라엘의 모임 또는 공동체를 뜻한다. "총회의 소유"는 '총회에 속한 소유'로도 읽을 수 있다(Ges-K, § 131*s*). "소유"는 '보유'로 율법은 이스라엘의 소유물이라는 의미이다. 개역 개정은 "야곱의 총회의 기업"으로 의역했다.

5 그리고 그는 여수룬에[1] 왕이[2] 되었다,[3]
백성의 지도자들이[4] 모였을 때,
이스라엘의 지파들과 함께.

**본문 비교**

1) 탈굼 옹켈로스와 탈굼 프쉬도 요나단은 "이스라엘"이고 탈굼 네오피티는 "야곱의 집"이다.
2) 칠십인 경은 "통치자" ἄρχων으로 번역한다.
3) 탈굼 네오피티는 예언처럼 번역한다. "그리고 한 왕이 야곱의 집으로부터 일어날 것이다." ויקום מלך מן דבית יעקב.
4) 칠십인 경은 "백성들의 통치자들" ἀρχόντων λαῶν으로 번역한다.

"그"는 4절과 관련하여 생각하면 모세를 의미할 수도 있으나(Saadys, Ibn Ezra) "그"는 아도나이를 의미하는 것 같다(Sifre, Rashi, ESV). "여수룬"은 '옳은 자'로 이스라엘의 시적 이름이다(참고 신 32:15). "지도자들"은 '머리들,' '두령들'을 뜻한다.

아도나이께서 이스라엘 지파들과 백성의 지도자들이 모였을 때 왕이 되셨다는 것은 시내산 언약과 모압 언약을 근거로 한다. 아도나이는 이스라엘과 언약을 맺으심으로 이스라엘의 하나님 아도나이가 되셨고 이스라엘은 그의 백성이 되었기 때문이다(출 19:5-6; 신 26:16-19). 이스라엘이 하나님의 백성이 되었다는 것은 하나님이 이스라엘의 왕이라는 뜻이다. 아도나이는 이스라엘과 언약을 맺음으로 이스라엘의 왕이 되신 것이다.

## 2. 르우벤(6)

야곱은 외삼촌 라반의 두 딸, 언니 레아와 동생 라헬을 아내로 맞았다. 야곱은 라헬을 사랑했지만 레아는 미워했다. 그러자 하나님이 레아에게 아들들을 먼저 주셨다. 르우벤은 레아의 첫째 아들이며 "보라 아들이다"는 뜻이다. 레아는 르우벤을 낳고 "여호와께서 나의 괴로움을 돌

보셨으니 이제는 내 남편이 나를 사랑하리로다" 하고 말했다(창 29:32). 이 말에서 레아가 처한 상황이 나타나는데, 레아는 남편 야곱에게 사랑을 받지 못해서 괴로워했다. 레아는 아들 르우벤을 낳고 남편의 사랑을 갈구했다.

르우벤은 야곱의 장자였지만 그는 아버지의 침상에 올라갔다. 야곱이 사랑하는 아내 라헬이 막내 베냐민을 낳다가 죽자 르우벤이 라헬의 여종이자 아버지의 셋째 아내인 빌하와 동침했다(창 35:22). 이 일로 인하여 르우벤은 복을 받지 못한다. 야곱은 이 소식을 들었을 때에 아무런 반응을 보이지 않았으나 그가 죽을 때에 르우벤에 대해서 이 일을 언급했다. 르우벤은 장자이며 능력이 탁월하지만 물처럼 불안정하고 탁월함이 끊어졌다고 말했다. 르우벤이 아버지의 침상에 올라가 더럽혔기 때문이었다(창 49:3-4).

### 번역

6 르우벤은 살기 바란다 그리고 그가 죽지 않기 바란다,
그리고 그의 남자들이 셀 수 있기 바란다.

### 주해

6 르우벤은 살기 바란다 그리고 그가 죽지 않기 바란다,[1]
그리고 그의 남자들이 셀 수 있기 바란다.[2][3]

### 본문 비교

1) 탈굼 옹켈로스는 "르우벤은 이 세상에서 살아라 그리고 두 번째 죽음을 죽지 말아라"로 해석한다. 탈굼 네오피티와 탈굼 프쉬도 요나단은 "두 번째 죽음"이 무엇인지를 더 자세하게 오는 세상에서 악인이 죽는 죽음이라고 주해하고 있다.
2) 칠십인 경은 마소라 사본과 다르게 "그리고 그는 숫자상으로 많아

져라" καὶ ἔστω πολὺς ἐν ἀριθμῷ로 번역한다. 하지만 아퀼라는 히브리어를 문자적으로 번역했다.

3) 마소라 사본은 세투마(ס)를 두어 단락을 나누고 있다.

모세도 르우벤에 대해서는 한 절만 언급한다. 이 구절은 간접 명령(지시형)으로 주어지는데(Waltke-O, 569), 화자의 마음을 표현한다. "르우벤은 살기 바란다 그리고 그가 죽지 않기 바란다." 모세는 르우벤이 살고 죽지 않기를 원한다고 말한다. 모세는 르우벤에 대해서 아주 소극적으로 작은 바람을 말한다. "그리고 그의 남자들이 셀 수 있기 바란다." 여기서 "셀 수 있기 바란다"는 '적지 않기를 원하다'는 의미이다. 르우벤이 멸망하지 않고 지파를 유지하기를 바라는 것이다. 모세는 르우벤을 적극적으로 축복하지 않는다.

### 3. 유다(7)

모세는 두 번째로 유다를 언급한다. 이는 출생 순서와 맞지 않다. 출생 순서에 따르면 시므온이 둘째이기 때문이다. 유다는 '감사,' '찬송'의 뜻으로 레아의 넷째 아들이다. 야곱에게 미움을 받던 레아는 유다를 낳고 크게 기뻐했다. 네 명의 아들을 연달아 낳았기 때문이다. 그녀는 유다를 낳고 "내가 이제는 여호와를 찬송하리로다" 하고 말했다(창 29:35).

#### 번역

7 그리고 이것은 유다를 위한 것이다, 그리고 그가 말했다,
아도나이여, 유다의 소리를 들어 주소서,
그리고 당신이 그를 그의 백성에게 데려올 것입니다,
그의 손(들)이 그를 위하여 싸웁니다,

그리고 당신이 그의 대적들에 대항하여 도움이 될 것입니다.

## 주해

7 그리고 이것은 유다를 위한 것이다. 그리고 그가 말했다,[1]
아도나이여, 유다의 소리를[2] 들어 주소서,[3]
그리고 당신이 그를 그의 백성에게 데려올 것입니다,[4]
그의 손(들)이[5] 그를 위하여 싸웁니다,[6]
그리고 당신이 그의 대적들에 대항하여 도움이 될 것입니다.[7][8]

## 본문 비교

1) 칠십인 경은 "그리고 그가 말했다"를 생략한다. 오리겐의 헥사플라는 이것을 지적하며 넣어줄 것을 제안한다.
2) 마소라 사본은 '소리' קוֹל인 데 반하여 쿰란 사본(4QpaleoDeut[r])은 전치사 '레'를 넣어 לקוֹל이다. 탈굼 옹켈로스와 탈굼프쉬도 요나단은 "기도"로 그리고 탈굼 네오피티는 "기도의 소리"로 해석한다.
3) 탈굼 옹켈로스와 탈굼 프쉬도 요나단은 "받아 주소서"로 이해한다.
4) 칠십인 경은 히브리어와 달리 "그가 그의 백성 안으로 들어오게 하소서" εἰς τὸν λαὸν αὐτοῦ εἰσέλθοις αν으로 번역한다. 그의 백성 안으로 들어오시는 분은 "그" 즉 아도나이이다. 탈굼 역들(옹켈로스, 네오피티, 프쉬도 요나단)은 이 절을 유다가 전쟁에 나가 싸울 때에 안전하게 그의 백성에게 돌아오게 해달라고 해석한다.
5) 마소라 사본은 쌍수 ידיו인 데 반하여 사마리아 오경은 단수 ידו이다.
6) 칠십인 경은 "그의 손(들)이 그에게 판단(결정)할 것입니다" αἱ χεῖρες αὐτοῦ διακρινοῦσιν αὐτῷ로 번역한다. 히브리어의 동사는 단수인 데 반하여 헬라어 동사는 복수이다. 탈굼 역들(옹켈로스, 네오피티, 프쉬도 요나단)은 복수할 것으로 해석한다.

7) 쿰란 사본(4QpaleoDeut[r])은 끝에 "그를 위하여" לוֹ를 덧붙인다(시리아 역 역시).

8) 마소라 사본은 세투마(ס)를 두어 단락을 나누고 있다.

"이것은 유다를 위한 것이다"는 동사가 없이 "이것은 유다를 위한"인데, 여기에 동사를 넣어준 것이다. "그가 말했다"는 모세가 유다에 관해서 말했다는 것을 뜻한다. "아도나이여, 유다의 소리를 들어 주소서"는 유다의 기도 소리를 들어 달라는 의미이다(본문 비교 2) 참고). 이것은 아마 전쟁에 나가기 전에 아도나이께 하는 기도를 의미할 것이다(참고 왕상 8:44). 이렇게 해석하는 이유는 이어서 나오는 구절을 보면 유다가 전쟁에 나갈 것을 말하고 있기 때문이다.

"그리고 당신이 그를 그의 백성에게 데려올 것입니다"에서 동사는 히필형(사역 능동)으로 아도나이께서 유다를 다시 백성에게 돌아오게 할 것을 말한다. 즉 아도나이께서 전쟁에 나갔던 유다를 안전하게 돌아오게 하는 것이다(본문 비교 4) 참고). "그의 손(들)이 그를 위하여 싸웁니다"는 유다가 자신을 위하여 전쟁하는 것을 뜻한다. 유다가 이렇게 전쟁에 나갔을 때에 아도나이께서 유다의 돕는 자가 될 것이다. "당신이 그의 대적들에 대항하여 도움이 될 것입니다." 여기서 "당신"은 아도나이를 뜻한다.

야곱의 축복에서 유다는 다섯 절이나 나왔던(창 49:8-12) 것에 비하여 모세의 축복은 상당히 짧다. 야곱은 유다를 사자에 비유하며 형제들의 으뜸이 될 것을 말했다. 유다 지파에서 왕의 홀이 나오며 통치자의 막대기가 나올 것을 예언하였다.

## 4. 레위(8-11)

모세는 세 번째로 레위에 대해서 말한다. 출생 순서에 따르면 레위는 셋째이다. 레위는 '연합함'이란 뜻이다. 레아는 레위를 낳고 "내가 그에게 세 아들을 낳았으니 내 남편이 지금부터 나와 연합하리로다" 하고 말했다(창 29:34). 남편과 함께 하고 싶은 레아의 소망이 잘 드러나는 이름이다. 야곱이 라헬을 사랑하여 라헬과 주로 지냈기 때문에 이런 말을 한 것이다. 이것은 르우벤이 합환채를 가져왔을 때 잘 드러난다(창 30:14-16).

디나 사건 때, 레위와 시므온이 주도적이었다. 야곱의 가족이 가나안 땅에 돌아와서 살 때, 디나가 그 땅의 딸들을 보러 나갔다가 변을 당했다. 히위 족속 하몰의 아들 세겜이 디나를 강제로 성폭행한 것이다. 세겜이 디나를 사랑하여 야곱에게 디나를 아내로 달라고 요청했다. 하몰과 세겜은 야곱의 아들들에게 이 땅에서 같이 살며 서로 통혼하자고 제안했다. 이때 야곱의 아들들이 세겜을 속여 세겜 사람들이 할례를 받으면 그렇게 하겠다고 대답했다. 이에 세겜이 자기 부족 사람들을 설득하여 할례를 받게 했다. 제 삼 일에 그 성 사람들이 고통이 심할 때에 시므온과 레위가 칼을 차고 올라가서 다 죽여버렸다. 이 일로 인하여 시므온과 레위는 아버지 야곱과 심하게 싸웠다(창 34장).

후에 야곱은 죽을 때에 이 일을 근거로 시므온과 레위를 저주했다. 시므온과 레위는 과도한 복수를 한 것이기 때문이다. 야곱은 시므온과 레위가 분노를 참지 못하고 사람들을 죽였다고 말하며 시므온과 레위가 이스라엘 안에서 흩어질 것을 말했다(창 49:5-7).

레위는 디나 사건으로 인하여 저주를 받았다. 하지만 레위는 후에 금송아지 사건 때에 모세 편에 서서 금송아지 숭배자들을 쳐서 죽였다(출 32:1-29). 이 일로 인하여 레위는 모세에게 복을 받았다. 야곱의 저주대로 레위가 이스라엘에서 흩어지는 데, 모세가 축복한 대로 이스라엘에게 율법을 가르치기 위해 흩어졌다.

## 번역

8 그리고 레위를 위하여 그가 말했다,
당신의 둠밈과 당신의 우림이 당신의 경건한 사람에게,
당신이 그를 맛사에서 시험하셨던,
당신이 그와 므리바 물가에서 싸우셨던.
9 그의 아버지에게 그리고 그의 어머니에게 그 말하는 자는,
내가 그를 보지 못했다,
그리고 그는 그의 형제들을 인정하지 않았다,
그리고 그는 그의 아들들을 알지 않았다,
왜냐하면 그들이 당신의 말을 지켰고
그들이 당신의 언약을 준수할 것이기 때문이다.
10 그들이 당신의 법령들을 야곱에게 가르칠 것이다,
그리고 당신의 율법을 이스라엘에게,
그들이 당신의 코에 향을 둘 것이다,
그리고 당신의 제단 위에 온전한 번제를.
11 아도나이여 그의 재산에 복을 주십시오,
그리고 그의 손의 일을 당신은 기뻐하시기 바랍니다,
그에게 일어나는 자들의 허리를 쳐주십시오,
그리고 그를 미워하는 자들이 그들이 일어나는 것으로부터.

## 주해

8 그리고 레위를 위하여 그가 말했다,
[1]당신의 둠밈과 당신의 우림이[2] 당신의[3] 경건한 사람에게,
당신이[4] 그를 맛사에서 시험하셨던,
당신이[5] 그와 므리바 물가에서 싸우셨던.

**본문 비교**

1) 쿰란 사본(4QDeut[h], 4QTest)과 칠십인 경은 "너희는 레위에게 주어라" δότε Λευι를 갖고 있다. 오리겐의 헥사플라는 이것을 지적한다.
2) 칠십인 경은 "그의 징후와 그의 진리" δήλους αὐτοῦ καὶ ἀλήθειαν αὐτοῦ이다. 여기서 "그의"는 레위를 의미한다. 오리겐의 헥사플라는 이 차이를 지적한다. 탈굼 역(옹켈로스, 네오피티, 프쉬도 요나단)들은 "당신의"를 생략하여 "둠밈과 우림"이다.
3) 칠십인 경은 "당신의"를 생략한다. 탈굼 옹켈로스와 탈굼 프쉬도 요나단은 "당신 앞에서" קדמך이다.
4) 칠십인 경은 "그들이 그를 시험했다" ἐπείρασαν αὐτὸν이다.
5) 칠십인 경은 "그들이 그를 욕(비방)했다" ἐλοιδόρησαν αὐτὸν으로 번역한다.

"레위를 위하여"는 '레위에 관하여,' '레위에게'로 모세가 레위에게 말했다는 의미이다. 모세는 먼저 "당신의 둠밈과 당신의 우림"을 언급한다. 아도나이의 둠밈과 우림이다. 둠밈은 '완전' 그리고 '우림'은 '빛'이란 의미이다. "당신의 둠밈과 당신의 우림이 당신의 경건한 사람에게"는 동사가 없기 때문에 '~속했다,' '~있다'를 넣어주면 된다.

둠밈과 우림은 대제사장 아론의 에봇 위에 있는 판결 흉패 안에 있었다. 이는 에봇 위의 가슴 받이에 넣어둔 것이다(출 28:30; 레 8:8). 둠밈과 우림은 하나님의 뜻을 물을 때 사용했다. 둠밈과 우림을 어떻게 사용했는지에 대한 설명은 히브리어 구약 성경에는 나오지 않지만 칠십인 경 사무엘상 14장 41절에 나온다. 이 본문은 요나단이 블레셋을 격파했을 때에 사울이 했던 맹세 때문에 나온 것이다. 사울이 전쟁 중에 어떤 음식을 먹는 자는 저주를 받을 것이라고 맹세했다. 그러나 요나단은 전쟁 중에 있었으므로 이것을 알지 못하고 꿀을 찍어 먹었다. 후에 사울이

블레셋을 추격해야 하는 지를 하나님께 물었지만 하나님께서 답변하지 않았다. 그래서 왜 하나님께서 답변하지 않는 지를 묻는 과정에서 나온 본문이다. 사울은 하나님의 뜻을 물을 때에 제사장 에봇에 있는 둠밈과 우림을 사용했다. 이때에 미리 정해 놓고 하나님의 뜻을 묻는다. 이 죄가 사울이나 요나단에게 있으면 우림을 주시고 이 죄가 백성에게 있으면 둠밈을 달라고 기도했다. 요나단과 사울이 뽑히고 백성은 면제되었다(LXX, 삼상 14:41). 둠밈과 우림으로 하나님의 뜻을 물을 때에 미리 정해 놓고 제사장이 뽑은 것이다.

"당신의 경건한 사람에게"는 아도나이를 섬기는 대제사장을 의미한다. 탈굼 네오피티와 탈굼 프쉬도 요나단은 아론이라고 설명하고 있다.

"경건한 사람에게"는 관계 대명사 절을 인도하여 "당신이 그를 맛사에서 시험하셨던, 당신이 그와 므리바 물가에서 싸우셨던 경건한 사람에게"이다. 여기서 두 가지 사건이 언급되고 있다. 모두 물 때문에 일어난 사건이다. 첫째, 맛사 사건은 르비딤에서 일어났다. 맛사는 '시험'이라는 뜻이다. 여기에 대한 자세한 설명은 신명기 6장 16절의 주해를 참고하라(신명기 1권, 423-424). 이스라엘은 마실 물이 없어서 아도나이를 시험했다(출 17:7). 그러나 흥미롭게도 이 구절에서는 "당신이 그를 맛사에서 시험하셨다"로 나온다. 여기서 "당신"은 아도나이를 그리고 "그를"은 레위 지파 또는 레위 지파의 대표자들 즉 모세와 아론을 의미한다. 둘째, 므리바 사건은 가데스에서 일어났다. 므리바는 '다툼'이라는 뜻이다. 이스라엘이 가데스에 도착했을 때, 마실 물이 없어서 모세와 아론과 다퉜다. 하나님은 모세와 아론에게 지팡이를 가지고 반석을 명령하여 물을 내라고 하셨다. 하지만 모세와 아론은 지팡이를 가지고 반석을 쳤다. 이 일로 모세와 아론이 가나안 땅에 들어가지 못하는 벌을 받았다(민 20:1-13). 그러나 여기서는 흥미롭게도 다시 "당신이 그와 므리바 물가에서 싸웠다"고 말한다. "당신"은 아도나이를 그리고 "그와"는 레위 지파의 대표자들인 모세와 아론을 의미하는데, 여기서는 아론을 의미한다. 왜냐하면 둠밈과 우림이 "당신의 경건한 자에게" 속해 있다고 말하기 때문이다.

9 그의 아버지에게 그리고 그의 어머니에게[1] 그 말하는 자는,[2]
내가 그를[3] 보지 못했다,
그리고 그는 그의 형제들을 인정하지 않았다,[4]
그리고 그는 그의 아들들을[5] 알지 않았다,[6]
왜냐하면[7] 그들이[8] 당신의 말을[9] 지켰고[10]
그들이[11] 당신의 언약을 준수할 것이기[12] 때문이다.

**본문 비교**

1) 칠십인 경은 "그의"를 두 번 모두 생략하여 "아버지에게 그리고 어머니에게"이다.
2) 탈굼 옹켈로스는 "긍휼을 베풀지 않는 자" לא רחים이다.
3) 쿰란 사본(4QDeut^h^)과 칠십인 경은 "내가 너를 보지 못했다"이고 사마리아 오경은 "그를"을 생략한다.
4) 탈굼 네오피티는 금송아지 사건 때라고 설명한다.
5) 마소라 사본의 케티브, 사마리아 오경, 쿰란 사본(4QDeut^h^, 4QTest)은 단수 "그의 아들" בנו인 데 반하여 마소라 사본의 케레, 칠십인 경, 벌게이트, 시리아 역과 탈굼 옹켈로스와 네오피티는 복수 "그의 아들들" בניו이다.
6) 탈굼 네오피티는 이것을 시므리 사건이라고 설명한다.
7) 칠십인 경은 "왜냐하면"을 생략한다. 오리겐의 헥사플라는 ὅτι를 넣어줄 것을 제안한다.
8) 쿰란 사본(4QDeut^h^, 4QTest)과 칠십인 경은 3인칭 단수 "그"이다.
9) 칠십인 경은 "당신의 말들" τὰ λόγιά σου이다.
10) 쿰란 사본(4QDeut^h^)은 "그리고"를 생략한다.

11) 쿰란 사본(4QTest)과 칠십인 경은 3인칭 단수 "그"이다.

12) 탈굼 옹켈로스는 "변경하지 않을 것"으로 해석한다.

이 구절은 황금 송아지 사건을 말한다(출 32장). "그 말하는 자"는 레위 사람들을 의미한다. 모세가 시내산에 올라가서 늦게 내려오자 이스라엘 사람들이 아론에게 "우리를 인도할 신을 만들라"고 요청했다(출 32:1). 아론이 금송아지를 만들자 이스라엘이 그 앞에서 제단을 쌓고 번제와 화목제를 드렸다. 이것은 십계명의 제 일과 이 계명을 어긴 것이다. 시내산에서 내려온 모세가 백성을 보니 제멋대로 행동하였다. 모세가 아도나이께 속한 자는 내게로 오라고 말하자 레위 자손들이 왔다. 모세는 레위 자손에게 칼을 차고 방자하게 뛰노는 사람들 즉 그들의 아들과 형제와 친구와 이웃을 죽이라고 명령했다. 레위 자손이 이 명령을 수행했다. 모세는 이 일로 레위 자손이 아도나이께 복을 받을 것이라고 선언했다(출 32:29).

모세는 금송아지 사건을 회고하면서 레위 사람들이 "내가 그를 보지 못했다"고 말했다고 한다. "인정하지 않았다"는 '분간(분별)하지 않았다'이며 "알지 않았다"는 '무시했다,' '못 본 척했다'는 의미이다. 레위 자손은 금송아지 숭배자들 즉 아도나이와 맺은 언약을 깨뜨린 자들을 살해할 때, 아들, 형제, 친구와 동료라는 사실을 고려하지 않고 아도나이의 명령을 준행한 것이다. 레위는 인간적인 관계를 인정하지 않고 하나님과의 관계만을 생각하고 행동한 것이다.

접속사 "왜냐하면"이 레위 사람들이 왜 그렇게 행동했는지 그 이유를 잘 설명한다. "그들이 당신의 말을 지켰고 그들이 당신의 언약을 준수할 것이기 때문이다." "당신의 말"과 "당신의 언약"이 평행을 이룬다(참고 출 19:5). 레위 사람들은 "당신의 말" 즉 아도나이의 열 개의 말씀들(십계명)과 언약의 말씀을 준행한 것이다. 두 개의 동사 가운데 "지켰다"는 완료형이고 "준수할 것이다"는 미완료형인 것이 특이하다. 모세는 레위 사람들이 과거에 아도나이의 언약을 지켰고 미래에도 지킬 것을 바라고 있다.

10 그들이[1] 당신의 법령들을 야곱에게 가르칠 것이다,[2]
그리고 당신의 율법을 이스라엘에게,
그들이[3] 당신의 코에[4] 향을 둘 것이다,[5]
그리고 당신의 제단 위에 온전한 번제를.[6]

**본문 비교**

1) 쿰란 사본(4QDeut$^h$)은 단수 "그"이다. 탈굼 역들은 레위인들이 율법을 가르치는 것이 어울린다고 설명한다.
2) 칠십인 경은 "설명할 것이다," "명확하게 할 것이다" δηλώσουσιν이다. 벌게이트는 이것을 생략한다.
3) 쿰란 사본(4QDeut$^h$)은 단수 "그"이다.
4) 칠십인 경은 "당신의 진노에" ἐν ὀργῇ σου로 번역한다. 탈굼 옹켈로스는 "당신 앞에"이다.
5) 탈굼 네오피티와 탈굼 프쉬도 요나단은 향이 재앙의 날에 아도나이의 진노를 억제할 것이라고 해설한다.
6) 칠십인 경은 "계속해서," "끊임없이" διὰ παντὸς로 번역한다. 셋째와 넷째 행의 칠십인 경의 번역은 히브리어와 다르다. 다음 칠십인 경 번역을 히브리어와 비교해 보라. "그들이 향을 둘 것이다, 당신의 진노(의 때)에, 당신의 제단 위에 끊임없이." ἐπιθήσουσιν θυμίαμα ἐν ὀργῇ σου διὰ παντὸς ἐπὶ τὸ θυσιαστήριόν σου.

유사 평행법이 잘 나타나고 있다. 레위 지파의 이중 책임을 말한다. A는 토라 교육을 B는 제사 드리는 일을 말한다. A의 동사 "가르칠 것이다"는 A′에 그리고 B의 동사 "둘 것이다"는 B′에 적용할 수 있다. 시의 특징인 생략법이 사용된 것이다.

A 그들이 당신의 법령들을 야곱에게 가르칠 것이다,

A′ 그리고 당신의 율법을 이스라엘에게 (가르칠 것이다),

B 그들이 당신의 코에 향을 둘 것이다,

B′ 그리고 당신의 제단 위에 온전한 번제를 (둘 것이다).

A와 A′에서 "당신의 법령들"과 "당신의 율법" 그리고 "야곱에게"와 "이스라엘에게"가 평행을 이루고 B와 B′에서 "당신의 코에"와 "당신의 제단 위에" 그리고 "향"과 "온전한 번제"가 평행을 이룬다.

"법령들" משפט은 '심판들'로도 번역할 수 있다. 이것은 신명기에서 주로 율법의 세부적인 조항들을 지칭할 때, 사용되었다(신명기 1권, 261-261 참고). "율법"은 '교훈,' '가르침'으로도 번역할 수 있다. 일반적으로 하나님이 시내산에서 주신 법을 가리킬 때 그리고 더 나아가 모세오경을 지칭할 때 사용한다. 레위 지파는 이스라엘에게 율법을 가르쳐야 할 의무가 있다.

야곱은 이삭의 둘째 아들이다. 야곱은 외삼촌 라반을 떠나 가나안 땅으로 돌아가는 길에 에서를 만나기 위해 얍복강에서 기다릴 때, 어떤 사람과 밤새도록 씨름을 했다. 야곱이 그 사람을 이기고 나자 그 사람이 야곱에게 이름을 물었다. 야곱이라고 대답하자 그 사람이 이스라엘이라는 이름을 주었다. 이스라엘은 "하나님과 겨루어 이김"이라는 뜻이다(창 32:28). 그 이후 하나님은 야곱을 이스라엘로 불렀다(창 35:10).

"코"는 일반적으로 '진노'를 뜻하기도 한다. 칠십인 경이 "진노"로 번역하는 이유가 여기에 있다(본문 비교 4) 참고). "온전한 번제"는 '완전한 번제, 올림제물'을 말한다. 레위 지파의 다른 임무인 제사를 말한다. 레위 인들은 하나님 앞에서 온전한 번제를 드려야 할 책임이 있다.

11 아도나이여 그의 재산에 복을 주십시오,
그리고 그의 손의[1] 일을[2] 당신은 기뻐하시기 바랍니다.[3]
그에게 일어나는 자들의[4] 허리를[5] 쳐주십시오,
그리고 그를 미워하는 자들이[6] 그들이 일어나는 것으로부터.[7,8,9]

**본문 비교**

1) 마소라 사본은 쌍수 "그의 손(들)" ידיו인 데 반하여 쿰란 사본(4QTest)과 사마리아 오경은 단수 "그의 손" ידו이다.
2) 마소라 사본은 ופעל인 데 반하여 쿰란 사본(4QDeut$^{h}$) ופעלת이다. 의미상의 차이는 없다. 칠십인 경은 복수 "일들" καὶ τὰ ἔργα이다. 탈굼 역(옹켈로스, 네오피티, 프쉬도 요나단)들은 "예물," "제사"로 해석한다.
3) 칠십인 경은 "받아주십시오" δέξαι로 번역한다(탈굼 옹켈로스와 탈굼 네오피티 역시). 오리겐의 헥사플라는 이 차이를 지적한다. 아퀼라는 히브리어와 같이 번역한다.
4) 마소라 사본은 분사 복수 קמיו인 데 반하여 쿰란 사본(4QTest)은 단수 קמו이다. 칠십인 경은 "적들" ἐχθρῶν을 넣어준다.
5) 마소라 사본은 מתנים인 데 반하여 사마리아 오경과 쿰란 사본(4QDeut$^{h}$)은 מתני이다. 의미상의 차이는 없다. 칠십인 경은 단수 ὀσφὺν이다. 오리겐의 헥사플라는 이 차이를 지적한다.
6) 마소라 사본은 분사 복수 ומשנאיו인 데 반하여 쿰란 사본(4QTest)은 단수 ומשנאו이다.
7) 마소라 사본은 칼 미완료 3인칭 남성 복수 יקומון인 데 반하여 사마리아 오경은 히필 미완료 3인칭 단수 그리고 접미사 3인칭 남성 단수 יקימנו이다.
8) 마소라 사본은 전치사 '~으로부터' מן인 데 반하여 쿰란 사본(4QDeut$^{h}$, 4QTest)은 부사 '~아니다' בל이다. 탈굼 역들도 '~아니

다' אל이다. 칠십인 경도 "그를 미워하는 자들이 일어나지 않게 하소서" οἱ μισοῦντες αὐτὸν μὴ ἀναστήτωσαν하고 번역한다.

9) 마소라 사본은 세투마(ס)를 두어 단락을 나누고 있다.

모세는 하나님께서 레위 지파에게 복을 내려주시기를 바란다. "그의 재산"은 '그의 부,' '그의 힘'이다. "복을 주십시오"는 명령형으로 '많게 해달라,' '풍부하게 해달라'는 것이다. "그의 손의 일"은 레위 사람들이 하는 일을 의미한다. 두 가지 일 즉 율법을 이스라엘 백성에게 가르치는 일과 제사를 드리는 일을 말한다. "당신은 기뻐하시기 바랍니다"는 미완료형으로 '받아주십시오'의 뜻도 있다(본문 비교 3) 참고). 레위 자손들이 손으로 하는 일들이 다 잘되게 해달라는 것이다.

"그에게 일어나는 자들"은 '그를 대적하여 일어나는 자들'로 레위 자손을 대항하는 사람들을 말한다. "쳐주십시오"는 명령형으로 '꺾어주십시오'의 뜻이다. "그에게 일어나는 자들"이 누구인지는 다음 행의 "그를 미워하는 자들"로 설명한다. 레위 사람들을 미워하여 대적하는 사람들이다. "그들이 일어나는 것으로부터"는 동사가 생략되어 있는데, 앞 행의 "쳐주십시오"와 관련해서 읽으면 그 의미가 잘 통한다. "그를 미워하는 자들이 그들이 일어나는 것으로부터" "쳐주십시오" 또는 "꺾어주십시오" 하는 뜻이다. 여기서 "그를 미워하는 자들이 다시 일어나지 않게 해주십시오." 하는 번역이 나온다(본문 비교 8) 참고). 개역 개정은 "다시 일어나지 못하게 하옵소서" 하고 번역했다. 대부분의 현대 번역들이 표현상의 차이는 있지만 의미상 이런 번역을 취하고 있다(LEI, LUV, NBG, SVV, ASV, CJB, ESV, JPS, KJV, NAB, NAS, NAU, NIB, NIV, NJB, TNK, YLT, EIN, ELB, ELO, LUO, SCH, SCL, ZUR).

## 5. 베냐민(12)

베냐민은 오른손의 아들이라는 뜻이다. 라헬의 둘째 아들이며 야곱의 12번째 막내 아들이다. 레아가 4명의 아들을 낳았을 때까지 라헬은 아들을 낳지 못했다. 그래서 라헬은 야곱에게 "내게 자식을 낳게 하라 그렇지 아니하면 내가 죽겠노라" 하고 야곱과 싸웠다(창 30:1). 후에 라헬은 요셉을 낳을 때에 "여호와는 다시 다른 아들을 내게 더하시기를 원하노라" 하고 소원을 말했다(창 30:24). 라헬의 소원대로 한 명을 더 낳았는데, 이 아들이 베냐민이다. 라헬은 극심한 난산에 시달렸는데, 이 아들의 이름을 "베노니"(내 고통의 아들, 슬픔의 아들)로 불렀지만 야곱이 그 이름을 베냐민으로 고쳤다. 라헬은 베냐민을 낳고 죽었다(창 35:18-19).

야곱은 베냐민을 늑대에 비유하며 축복했는데, 단 한 절이 나온다. "베냐민은 물어뜯는 이리라 아침에는 빼앗은 것을 먹고 저녁에는 움킨 것을 나누리로다" 하고 축복했다(창 49:27).

### 번역

12 베냐민을 위해서 그가 말했다,
아도나이의 사랑을 받은 자는
그 옆에 안전하게 거주할 것이다,
그 위를 온 날을 덮으신다,
그리고 그의 어깨들 사이에 그가 거주한다.

### 주해

12 [1)]베냐민을 위해서 그가 말했다,
아도나이의 사랑을 받은 자는[2)]
그 옆에[3)] 안전하게 거주할 것이다,
[4)]그 위를 온 날을 덮으신다,[5)]

그리고 그의 어깨들 사이에 그가 거주한다.[6)]

**본문 비교**

1) 사마리아 오경, 쿰란 사본(4QDeut[h]), 칠십인 경, 벌게이트, 시리아 역, 탈굼 네오피티는 "그리고"로 시작한다.
2) 마소라 사본은 ידיד인 데 반하여 사마리아 오경은 יד ידי이다.
3) 사마리아 오경, 칠십인 경과 시리아 역은 "그 옆에"를 생략한다.
4) 칠십인 경은 "그리고 하나님이" καὶ ὁ θεὸς로 시작한다.
5) 마소라 사본은 polel 분사 חפף인 데 반하여 쿰란 사본(4QDeut[h])은 מחופף이다.
6) 마소라 사본은 세투마(ס)를 두어 단락을 나누고 있다.

"베냐민을 위해서"는 '베냐민에 관해서,' '베냐민에게' 모세가 말했다는 뜻이다. 베냐민은 "아도나이의 사랑을 받은 자"로 불린다. "그 옆에"는 '아도나이의 옆에'이며 "거주할 것이다"는 '정착할 것이다,' '살 것이다'이다. "안전하게"가 인상적이다. 아도나이의 옆에 있을 때 베냐민은 안전을 보장받을 수 있다. 아도나이를 떠나서는 안전을 보장받을 수 없다.

"그 위를"은 베냐민을 그리고 "온 날"은 '하루 종일'을 그리고 "덮으신다"는 '가린다,' '보호한다'는 뜻이다. 아도나이께서 베냐민을 하루 종일 보호해 주실 것이다. 이래서 베냐민은 안전하게 산다. "그의 어깨들 사이에"는 두 어깨 사이 즉 품을 그리고 "그가 거주한다."는 '베냐민이 산다'는 의미이다. 베냐민은 아도나이의 품 안에서 살 것이다.

## 6. 요셉(13-17)

요셉은 '그가 더하다'는 뜻으로 야곱이 사랑하는 아내 라헬의 첫째 아들이며 야곱의 전체 아들 가운데서는 11번째이다. 라헬은 요셉을 낳고 기뻐하며 "여호와는 다시 다른 아들을 내게 더하시기를 원하노라" 하고 말했다(창 30:24). 야곱은 요셉을 노년에 얻었으며 사랑하는 아내 라헬의 아들이라 요셉을 사랑했다. 하지만 야곱의 이런 편애는 야곱의 다른 아들들이 요셉을 미워하여 종으로 팔아버리게 하였다. 요셉은 이집트의 보디발의 집에서 종생활을 하다가 보디발의 아내의 모함을 받아 성폭행 미수범으로 옥에 갇혔다. 억울한 옥살이를 했지만 거기서 이집트의 술 맡은 관원장과 떡 맡은 관원장의 꿈을 해석해주었다. 요셉의 꿈 해석대로 술 맡은 관원장은 복귀가 되고 떡 맡은 관원장은 죽임을 당했다. 후에 바로왕이 꿈을 꾸었지만 해석해 줄 사람이 없었다. 이때 술 맡은 관원장의 추천으로 요셉이 바로왕 앞에 서게 되었고 바로왕의 꿈을 해석해 주었다. 장차 올 7년 풍년과 7년 흉년을 예고해 주며 그 대비책도 함께 제안해 주었다. 이 일로 요셉이 이집트의 국무총리가 되었고 가나안 땅에 기근이 심했을 때에 야곱의 가족 70명을 이집트로 이주시켜서 구원하였다. 이 일로 요셉은 크게 복을 받았다.

야곱의 축복에서 유다와 요셉이 크게 복을 받았다. 유다는 5절이 나오고(창 49:8-12) 요셉도 5절이 나온다(창 49:22-26). 하지만 모세의 축복에서는 유다는 1절 나오는 데(신 33:7) 반하여 요셉은 5절이 나온다(신 33:13-17). 요셉의 두 아들 므낫세와 에브라임의 이름도 나온다. 모세의 축복에서 레위(신 33:8-11)와 요셉이 크게 복을 받았다.

### 번역

13 그리고 요셉을 위해서 그가 말했다,

그의 땅이 아도나이께 복을 받는다,

하늘의 뛰어난 것으로부터, 이슬로부터,
그리고 아래 누워있는 깊음으로부터.
14 그리고 태양의 산물의 뛰어난 것으로부터,
그리고 달들의 생산의 뛰어난 것으로부터.
15 그리고 옛 산들의 가장 좋은 것으로부터,
그리고 영원한 언덕들의 뛰어난 것으로부터.
16 그리고 땅과 그것의 충만한 것의 뛰어난 것으로부터,
그리고 가시나무의 거주하는 자의 호의,
그것이 요셉의 머리로 올 것이다,
그리고 그의 형제들의 성별된 자의 이마로.
17 그의 첫 황소, 그의 위엄이,
그리고 그의 뿔은 들소의 뿔,
그가 그것들로 백성들을 들이받을 것이다,
땅의 끝을 함께,
그리고 그들은 에브라임의 만들,
그리고 그들은 므낫세의 천들.

## 주해

13 그리고 요셉을 위해서 그가 말했다,
[1]그의 땅이 아도나이께[2] 복을 받는다,[3]
하늘의 뛰어난 것으로부터,[4] 이슬로부터,[5]
그리고 아래 누워있는 깊음으로부터.[6]

## 본문 비교

1) 쿰란 사본(4QDeut$^{h}$)은 "그리고"가 있다.
2) 탈굼 역(옹켈로스, 네오피티, 프쉬도 요나단)들은 "아도나이 앞에서"이다.

3) 칠십인 경은 "주의 복으로부터 그의 땅은" ἀπ' εὐλογίας κυρίου ἡ γῆ αὐτοῦ이다.

4) 칠십인 경은 "하늘의 때(시간)로부터" ἀπὸ ὡρῶν οὐρανου이다. 오리겐의 헥사플라는 이 차이를 지적한다.

5) 칠십인 경은 "그리고 이슬" καὶ δρόσου이다.

6) 칠십인 경은 "매우 깊은(끝이 보이지 않는) 샘으로부터" ἀπὸ ἀβύσσων πηγῶν이다.

모세는 요셉 지파에 대해서 말한다. 요셉의 땅은 하늘의 비와 땅의 깊은 곳에 있는 물로 복을 받는다.

"그의 땅이 아도나이께 복을 받는다"는 '그의 땅이 아도나이의 복을 받는다,' 또는 '그의 땅이 아도나이에 의해 복을 받는다'는 의미이다. "복을 받는다"는 푸알 분사로 수동의 의미를 갖는다. 요셉 지파의 땅, 기업으로 받은 지역이 아도나이의 복을 받는 것이다. 복은 땅 스스로 내는 것이 아니라 아도나이로부터 온다는 사실을 확인할 수 있다.

야곱의 땅이 복을 받는데, 어떻게 받는 지를 다음 세 개의 전치사(מ) 구들이 잘 보여준다. 이 전치사 구들은 16절까지 이어진다. "뛰어난 것으로부터," "이슬로부터," "깊음으로부터," 특징을 이룬다. "뛰어난 것"은 '선택한 것,' '고르고 고른 소중한 것'이다. "하늘의 뛰어난 것으로부터"은 '하늘의 귀(소)중한 것으로부터' 즉 하늘의 풍부한 자연적인 선물을 뜻한다. "하늘의 뛰어난 것"은 다시 다음 구 "이슬로부터"와 짝을 이룬다. 하늘에서 비와 이슬을 내림으로 풍성한 열매와 곡식을 맺는 것이다. 이슬과 비는 농업에 있어서 하늘의 보고이며 가장 귀중한 것이다. "아래 누워있는 깊음으로부터"는 '아래 웅크리고 있는 깊음,' '아래 누워있는 바다'이다. 즉 아래 있는 물 또는 바다를 의미한다.

14 그리고 태양의 산물의 뛰어난 것으로부터,[1)]

그리고 달들의 생산의 뛰어난 것으로부터.

**본문 비교**

1) 칠십인 경은 "태양의 변화의 열매의 때를 따라" *καθ' ὥραν γενημάτων ἡλίου τροπῶν*이다. 오리겐의 헥사플라는 이 차이를 지적한다.

13절에 이서 전치사(מ) 구들이 계속 나온다. 13절에서 땅, 하늘 그리고 깊은 곳이 물을 언급했는데, 여기서는 태양과 달(월)을 말한다. "태양의 산물의 뛰어난 것"은 '태양의 산물의 소중한 것' 즉 태양이 결실하게 하는 풍부한 열매와 곡식을 뜻한다. 식물이 자라려면 땅에 비와 물이 필요하듯이 태양 빛은 절대적으로 필요하다.

"달들"은 '월들'을 말하지만 '달'을 의미하기도 한다. 태양과 달이 평행을 이루고 있다. "달들의 생산"은 매달 자라는 또는 맺히는 풍성한 열매를 뜻한다. 풍부한 소산과 생산물을 말한다. "뛰어난 것"은 '선택한 것,' '소중한 것'이다.

15 그리고 옛[1] 산들의[2] 가장 좋은 것으로부터,[3]

그리고 영원한 언덕들의 뛰어난 것으로부터.

**본문 비교**

1) 칠십인 경은 "시작" *ἀρχῆς*으로 번역한다. 오리겐의 헥사플라는 이 차이를 지적한다.
2) 마소라 사본은 **הררי**인 데 반하여 사마리아 오경은 **הרי**로 표기한다.
3) 마소라 사본은 "그리고 가장 좋은 것으로부터" **ומראש**로 시작하는 데 반하여 쿰란 사본(1QDeut[b])은 이것을 생략하고 다른 쿰란 사본(4QDeut[h])은 접속사 '그리고' 없이 "뛰어난 것으로부터" **ממגד**

이다.

4) 마소라 사본은 복수 גבעות인 데 반하여 몇몇 히브리어 필사본과 사마리아 오경은 단수 גבעת이다.

14절에 이어 계속 전치사(מ)구들이 나오며 평행법이 나타난다. "옛 산들"은 "영원한 언덕들"과 "가장 좋은 것으로부터"는 "뛰어난 것으로부터"와 평행을 이룬다. "가장 좋은 것"은 '머리'로 수확되는 것의 가장 좋은 것, 중요한 것을 말한다. "뛰어난 것"은 '선택한 것,' '소중한 것'으로 풍성한 수확을 말한다. 앞에서부터 계속 나오고 있다.

16 그리고 땅과 그것의 충만한 것의 뛰어난 것으로부터,[1)]
그리고 가시나무의[2)] 거주하는 자의[3)] 호의,
그것이[4)] 요셉의 머리로 올 것이다,
그리고 그의[5)] 형제들의 성별된 자의[6)] 이마로.

**본문 비교**

1) 칠십인 경은 "그리고 땅의 충만함의 때를 따라" καὶ καθ' ὥραν γῆς πληρώσεως로 번역한다.
2) 칠십인 경은 전치사 "~안에" ἐν을 넣어준다.
3) 마소라 사본은 שכני인 데 사마리아 오경은 שכן이다. 칠십인 경은 "보이는 자," "나타난 자" τῷ ὀφθέντι이다. 탈굼 옹켈로스와 탈굼 프쉬도 요나단은 가시나무 안에서 모세에게 나타난 세키나의 영광이라고 설명한다.
4) 마소라 사본은 칼 미완료 단수인 데 반하여 칠십인 경은 기원법 과거 복수 ἔλθοισαν이다.
5) 칠십인 경은 "그의"를 생략한다. 오리겐의 헥사플라는 이것을 넣어 줄 것을 제안한다.

6) 칠십인 경은 “영화롭게 된 자” δοξασθεὶς로 번역한다.

시의 특징인 평행법과 생략법을 감안하면 다음과 같이 해석할 수 있다.

A 그리고 땅과 그것의 충만한 것의 뛰어난 것으로부터,

A′ 그리고 가시나무의 거주하는 자의 호의(로부터),

B 그것이 요셉의 머리로 올 것이다,

B′ 그리고 그의 형제들의 성별된 자의 이마로 (올 것이다).

요셉의 땅이 복을 받는 데(13), 어떻게 받는지를 계속 전치사(מ) 구가 보여주고 있다. “그것의 충만한 것”에서 “그것의”는 ‘땅’을 의미한다. “뛰어난 것으로부터”는 앞에서 계속 나왔다. ‘선택한 것,’ ‘소중한 것’으로 땅의 소산 가운데 고르고 고른 가장 뛰어난 열매나 곡식을 의미한다. “가시나무의 거주하는 자”는 모세가 호렙산에서 양들을 칠 때, 모세에게 나타난 하나님을 의미한다. 가시나무에 불이 붙었지만 가시나무는 불에 타지 않았다. 모세가 이 신비로운 광경을 보려고 가까이 갔을 때, 아도나이께서 불 가운데서 모세를 부르셨다(출 3장). “호의”는 ‘선의,’ ‘친절,’ ‘은혜’를 뜻한다.

모세는 이러한 복이 요셉의 머리 위로 오기를 축복하고 있다. 요셉을 다시 “그의 형제들의 성별된 자” 즉 ‘구별된 자’로 묘사한다. 요셉이 야곱의 가족 70명을 기근으로부터 구원했기 때문이다. 르우벤이 아버지의 침상에 올라갔기 때문에 르우벤은 장자권을 상실하고 요셉이 이스라엘의 장자권을 가졌다(대상 5:1). 장자는 두 몫을 가지기 때문에(신 21:17) 요셉의 두 아들, 므낫세와 에브라임은 야곱에 의해 양자로 입양되어(창 48:5-6) 아버지의 항렬에 올라서 기업의 땅을 차지했다. “성별된 자의 이마”는 ‘왕자의 이마(머리, 정수리)’로 번역하기도 하며(CJB, ESV, JPS, NAB, NIB, NIV) 다시 “이마”는 ‘왕관’으로도 번역할 수 있다(ASV, JPS,

NAS, NAU, TNK, YLT). 요셉이 이집트의 국무총리로서 통치자였기 때문이다. 탈굼 네오피티와 탈굼 프쉬도 요나단은 요셉이 이집트 땅의 통치자이며 관리였다고 부연 설명하고 있다.

17 그의[1] 첫 황소, 그의 위엄이,[2]
그리고 그의 뿔은 들소의 뿔,
그가 그것들로 백성들을 들이받을 것이다,
땅의[3] 끝을 함께,[4]
그리고[5] 그들은 에브라임의 만들,
그리고 그들은 므낫세의 천들.[6]

**본문 비교**

1) 사마리아 오경, 칠십인 경, 벌게이트는 "그의"를 생략한다.
2) 칠십인 경은 히브리어의 "그의 위엄"를 "그의 아름다움" τὸ κάλλος αὐτοῦ로 번역한다.
3) 사마리아 오경은 정관사가 있어서 "그 땅" הארץ이다.
4) 칠십인 경은 "동시에 땅의 끝까지" ἅμα ἕως ἐπ' ἄκρου γῆς로 번역한다.
5) 사마리아 오경, 칠십인 경, 벌게이트, 시리아 역은 "그리고"를 생략한다.
6) 마소라 사본은 세투마(ס)를 두어 단락을 나누고 있다.

"그의 첫 황소, 그의 위엄이"는 동사가 없기 때문에 '그의 위엄이 그의 첫 황소와 같다'로 번역할 수 있다. "첫"은 '첫번째 새끼'를 그리고 "위엄"은 '영광,' '위풍당당함'이다. 요셉의 영광을 황소의 첫 새끼와 비교하고 있다. "그의 뿔은 들소의 뿔" 역시 동사가 없기 때문에 '그의 뿔은 들소의 뿔과 같다'로 해석할 수 있다. 요셉의 영광을 야생 소의 뿔에

다 비유한다. "그의 뿔"은 요셉의 영광, 권세, 자랑을 상징한다. "그가 그 것들로 백성들을 들이받을 것이다"는 요셉이 권세와 영광을 가지고 백성들을 통치하고 다스릴 것을 말한다. "땅의 끝을 함께"는 '땅의 끝까지 함께'라는 의미이다. 요셉의 권세가 미치는 범위를 비유적으로 말한다.

에브라임과 므낫세는 요셉의 두 아들들이다. 요셉이 장자이기 때문에 두 몫을 갖는다. 이래서 요셉의 두 아들이 언급된다. 야곱이 이들을 양자로 입양했기 때문에 12지파에 요셉 대신 에브라임과 므낫세가 들어왔다. 특이하게 모세는 므낫세가 형임에도 불구하고 에브라임을 먼저 내세운다. "만들"은 만의 복수로 '수만,' '만만,' '수많은'이며 '천들'은 천의 복수로 '천천,' '수천'이다. 에브라임을 므낫세보다 더 크게 말하고 있다. 이것은 야곱이 요셉의 두 아들을 축복한 내용과 관련이 있다. 야곱이 병들었을 때에 요셉이 두 아들 므낫세와 에브라임을 데리고 병문안을 왔다. 요셉은 아버지 야곱에게 두 아들을 축복해 주기를 바랐다. 그때 야곱은 오른손을 에브라임 위에 그리고 왼손을 므낫세 위에 얹고 축복했다. 요셉이 아버지 야곱에게 므낫세가 장자임을 알리고 오른손을 므낫세 위에 얹기를 바랐지만 야곱은 므낫세가 장자임을 안다고 말하며 동생 에브라임이 형 므낫세보다 더 크게 될 것이라고 예언했다(창 48:12-20). 솔로몬왕 이후에 나라가 분열된 후에 에브라임 지파가 북왕국 이스라엘을 인도하였다.

## 7. 스불론과 잇사갈(18-19)

스불론과 잇사갈은 레아의 아들들이다. 스불론이 6째 그리고 잇사갈이 5째임에도 불구하고 스불론을 먼저 언급했다. 레아는 4명의 아들들을 낳고 잠시 불임기에 있었다. 이때 라헬의 종 빌하에게서 단과 납달리가 나왔고 레아의 종 실바에게서 갓과 아셀이 나왔다. 그 후에 레아는 잇사갈과 스불론을 낳았다. 레아는 잇사갈을 낳고 "내가 내 시녀를 내 남편에게 주었으므로 하나님이 내게 그 값을 주셨다" 하고 말했다(창 30:18). 다시 레아는 스불론을 낳고 "하나님이 내게 후한 선물을 주시도다 내가 남편에게 여섯 아들을 낳았으니 이제는 그가 나와 함께 살리라" 하고 말했다(창 30:20).

야곱은 "스불론은 해변에 거주하리니 그곳은 배 매는 해변이라 그의 경계가 시돈까지리로다" 하고 예언했다(창 49:13). 야곱은 잇사갈을 나귀에 비유하면서 "어깨를 내려 짐을 메고 압제 아래에서 섬기리로다" 하고 노동할 것을 예고했다(창 49:14-15).

### 번역

18 그리고 스불론을 위해서 그가 말했다,
기뻐하라 스불론아, 네가 나갈 때,
그리고 잇사갈아, 너의 천막들 안에서.
19 그들이 백성들을 산으로 부를 것이다,
거기서 그들이 의의 제사들을 드릴 것이다,
왜냐하면 그들이 바다의 풍부를 흡수할 것이기 때문이다,
그리고 모래의 숨겨진 보물들을.

### 주해

18 그리고 스불론을 위해서 그가 말했다,
기뻐하라 스불론아, 네가 나갈 때,[1)]
그리고 잇사갈아, 너의[2)] 천막들 안에서.[3)]

### 본문 비교

1) 탈굼 옹켈로스는 전쟁하러 나갈 때라고 설명한다.

2) 칠십인 경은 "그의 천막들"이다.

3) 탈굼 옹켈로스는 예루살렘에서 절기를 지키러 나갈 때라고 설명 한다.

스불론에 관해서 모세가 말한다. "기뻐하라"는 명령형으로 '너는 기뻐하라,' '너는 즐거워하라'는 뜻이다. 스불론은 '거함'이라는 뜻이며 레아의 6번째 아들이며 야곱의 10번째 아들이다. "네가 나갈 때"가 언제인지 명확하지 않다. 다음 절(19절)에 따르면 바다로 나가는 것 같다.

잇사갈은 '값,' '삯'이라는 뜻이며 레아의 5번째 아들이며 야곱의 9번째 아들이다. 모세의 축복이 출생 순서를 따르지 않는다는 것을 여기서 알 수 있다. 잇사갈이 형임에도 불구하고 여기서는 나중에 언급되고 있다. 생략법을 염두에 두고 읽으면 "너의 천막들 안에서 (기뻐하라)'는 의미이다.

19 그들이 백성들을 산으로[1] 부를 것이다,[2]
[3]거기서 그들이[4] 의의 제사들을[5] 드릴 것이다,
왜냐하면 그들이[6] 바다의 풍부를 흡수할 것이기 때문이다,
그리고 모래의 숨겨진 보물들을.[7][8]

**본문 비교**

1) 마소라 사본은 הר인 데 반하여 사마리아 오경은 הרי이다. 쿰란 사본(4QDeut$^h$)은 הדו이다. 탈굼 역(옹켈로스, 네오피티, 프쉬도 요나단)들은 성전이 있는 산으로 해석한다.
2) 칠십인 경은 "그들이 민족들을 멸망시킬 것이고 그들이 거기서 부를 것이다," ἔθνη ἐξολεθρεύσουσιν καὶ ἐπικαλέσεσθε ἐκεῖ이다.
3) 사마리아 오경과 시리아 역은 "그리고"가 있다.
4) 칠십인 경은 2인칭 복수 θύσετε이다.
5) 칠십인 경은 단수 "제사"이다.

6) 마소라 사본은 3인칭 복수인 데 반하여 사마리아 오경은 3인칭 단수이다. 70인경도 3인칭 단수인데 "너를"을 갖고 있어 히브리어와 다르다. "왜냐하면 바다의 풍부가 너를 흡수할 것이기 때문이다" ὅτι πλοῦτος θαλάσσης θηλάσει σε이다.

7) 칠십인 경은 "해변에 거주하는 자들의 무역" ἐμπόρια παράλιον κατοικούντων으로 번역한다.

8) 마소라 사본은 세투마(ס)를 두어 단락을 나누고 있다.

"그들이"는 스불론과 잇사갈을 의미한다. "산으로"에서 '~으로'는 히브리어에 없지만 문맥상 넣어주었다. 탈굼 역들은 이 산에 성전이 있는 것으로 해석하고 있지만 이 산이 어느 산인지 명확하게 나오지는 않는다. 장소는 명확하지 않지만 백성이 모인 목적은 "의의 제사"를 드리기 위함이다. "의의 제사"는 하나님이 받으시기에 합당한 올바른, 옳은 또는 적절한 제사를 말하는 것 같다.

접속사 "왜냐하면"은 그들이 올바른 제사를 드리는 이유를 설명한다. "그들이 바다의 풍부를 그리고 모래의 숨겨진 보물들을 흡수할 것이기 때문이다." "흡수할 것이다"는 '섭취할 것이다,' '빨아먹을 것이다'이다.

## 8. 갓(20-21)

갓은 레아의 종 실바가 낳은 첫째 아들이며 야곱의 7번째 아들이다. 레아는 여종 실바가 아들을 낳은 것을 보고 "복되도다" 하고 이름을 갓이라고 하였다. 이래서 갓은 "복됨"이라는 뜻을 갖고 있다(창 30:11). 야곱은 갓에 대하여 "갓은 군대의 추격을 받으나 도리어 그 뒤를 추격하리로다" 하고 축복했다(창 49:19). 갓이 군사적 승리를 취할 것을 말한 것이다.

**번역**

20 그리고 갓을 위해서 그가 말했다,
갓을 넓히는 자는 복되도다,
사자같이 그는 거한다,
그리고 그는 팔 또는 머리를 찢는다.
21 그리고 그는 그를 위하여 처음으로 보았다,
왜냐하면 거기에 규정하는 자의 몫이 숨겨져 있었기 때문이다,
그리고 그는 백성의 머리들과 함께 왔다,
그는 아도나이의 의를 행했다,
그리고 이스라엘과 함께 그의 법령들을.

**주해**

20 그리고 갓을 위해서 그가 말했다,
갓을 넓히는 자는 복되도다,
사자같이 그는 거한다,[1)]
그리고[2)] 그는 팔 또는[3)] 머리를[4)] 찢는다.

**본문 비교**

1) 칠십인 경은 "그가 쉬다," "휴식하다" ἀνεπαύσατο로 번역한다.
2) 사마리아 오경과 칠십인 경은 "그리고"를 생략한다.
3) 마소라 사본은 אף인 데 반하여 사마리아 오경은 גם이며 "그리고" ו가 있다.
4) 칠십인 경은 "통치자" ἄρχοντα로 번역한다. 탈굼 옹켈로스는 "통치자들과 함께 왕들을" שלטונין עם מלכין이다.

갓에 관해서 모세가 말한다. "넓히는 자"는 '확대하는 자,' '확장하는 자'로서 경계 즉 영토를 넓히는 분인 하나님을 말한다. "복되도다"는 '찬

양을 받는다'이다. 갓을 용맹한 사자와 같이 비유한다. 사자와 같이 적들의 팔과 머리를 찢을 것을 말한다.

21 그리고 그는 그를 위하여 처음으로 보았다.
왜냐하면 거기에 규정하는 자의 몫이 숨겨져 있었기 때문이다.[1]
그리고 그는 백성의[2] 머리들과 함께 왔다.[3]
그는 아도나이의 의를 행했다.
그리고 이스라엘과 함께 그의 법령들을.[4]

**본문 비교**

1) 칠십인 경은 "왜냐하면 거기서 통치자들의 땅이 나눠졌기 때문이다" ὅτι ἐκεῖ ἐμερίσθη γῆ ἀρχόντων으로 번역한다.
2) 칠십인 경은 복수 "백성들" λαῶν이다.
3) 칠십인 경은 "그 때에 함께 모였다" συνηγμένων ἅμα이다.
4) 마소라 사본은 세투마(ס)를 두어 단락을 나누고 있다.

"그"는 갓을 말한다. "그를 위하여 처음으로 보았다"는 '그에게 속한 첫 것을(그의 첫 것을) 보았다'로도 번역할 수 있다. 현대 번역들은 다양하게 "그는 그를 위하여 가장 좋은 것을 선택했다"(TNK), "그는 그를 위하여 첫 부분을 준비했다"(YLT), "그는 그를 위하여 가장 좋은 땅을 선택했다"(ESV, NIV), "그는 그를 위하여 첫 몫을 취했다"(NJB)로 번역했다. 개역 개정은 "그가 자기를 위하여 먼저 기업을 택하였으니"로 해석했다. 이 구절은 갓이 요단 동편의 땅을 처음으로 상속받은 것을 의미할 것이다. 모세의 지도 아래서 이스라엘은 요단 동편의 땅을 정복했다. 르우벤과 갓 지파는 가축 떼가 많았다. 이들이 볼 때 요단 동편의 땅은 목축하기에 좋은 땅이었다. 그래서 갓 지파와 르우벤 지파가 모세에게 이 땅을 기업으로 요구했다(민 32:1-4). 여기서 르우벤과 갓이 그 땅을 보왔고 갓이 먼저 말했다(민 32:1-2). 르우벤과 갓의 이름이 나오는 순서에 주목해야 한다.

접속사 "왜냐하면"은 앞 행을 설명한다. "왜냐하면 거기에 규정하는 자의 몫이 숨겨져 있었기 때문이다." 여기서 "규정하는 자" מחקק는 '쓰다,' '새기다' חקק의 포엘 분사로 '입법자,' '통치자'로도 번역할 수 있다. "규정하는 자"는 '지시하는 자'로서 모세와 함께 갓 지파와 르우벤 지파의 지도자들이 요단 동편의 땅을 그들의 기업으로 정하는 것을 규정한 자를 의미한다(참고 민 32장). 그래서 다음 행은 "그는 백성의 머리들과 함께 왔다,"고 말한다. 갓은 백성의 지도자들과 함께 이 일을 결정했다.

다음 행들 "그는 아도나이의 의를 그리고 이스라엘과 함께 그의 법령들을 행했다"은 구체적으로 무엇을 의미하는 지 알기 어렵지만 민수기 32장을 근거로 추측해 볼 수 있다. 갓과 르우벤은 요단 동편의 땅을 기업으로 받고 요단강을 건너가기 원하지 않았다. 그때 모세는 이들의 이기적인 태도를 강하게 비판했다. 이스라엘의 다른 지파들은 가나안 땅을 정복하기 위해 싸우러 가는데, 이들은 요단 동편에 눌러 앉기를 원했다. 모세는 이들의 요구와 태도를 가데스 바네아에서 하나님의 명령을 거역한 10명의 정탐꾼들의 죄에 비교해서 신랄하게 책망했다. 이 책망을 들은 갓과 르우벤은 먼저 가축과 자녀들을 위하여 성읍을 짓고 난 후에 무장을 하고 요단강을 건너가서 싸우겠다고 말했다. 이스라엘의 다른 지파들이 가나안 땅에서 기업을 받은 후에 자신들의 기업의 땅이 있는 요단 동편으로 돌아오겠다고 제안했다. 모세가 이것을 승인하고 요단 동편을 갓과 르우벤의 기업으로 인정했다(민 32장). 갓 지파가 이렇게 행한 것을 "그는 아도나이의 의를 그리고 이스라엘과 함께 그의 법령들을 행했다"로 말하고 있는 것 같다.

## 9. 단(22)

단은 라헬의 종 빌하의 첫째 아들이며 야곱의 5째 아들이다. 레아가 4명의 아들을 낳았는 데 반하여 라헬은 아들을 낳지 못했다. 이에 라헬은 자기의 여종 빌하를 야곱의 아내로 주었다. 마치 사라가 아들을 낳지 못하여 하갈을 아브라함에게 주어 이스마엘을 낳은 것과 같다(창 16장). 빌하가 아들을 낳자 라헬은 "하나님이 내 억울함을 푸시려고 내 호소를 들으사 내게 아들을 주셨다"고 말하고 이름을 단, "억울함을 푸심"이라고 불렀다(창 30:6).

야곱은 단을 뱀에 비유하여 말의 말굽을 물어서 말 탄 자를 떨어뜨린다고 했는 데 반하여 모세는 사자 새끼에다 비유했다. 그리고 야곱은 단에 대하여 주의 구원이 필요한 자로 "여호와여 나는 주의 구원을 기다리나이다" 하고 말했다(창 49:18).

**번역**

22 그리고 단을 위하여 그는 말했다,
단은 사자의 새끼이다,
그는 바산에서 뛰어오를 것이다.

**주해**

22 그리고 단을 위하여 그는 말했다,
단은 사자의 새끼이다,[1)]
[2)]그는 바산에서 뛰어오를 것이다.[3)]

**본문 비교**

1) 탈굼 옹켈로스는 "단은 사자 새끼같이 강하다"로 설명한다.
2) 사마리아 오경과 칠십인 경은 "그리고"가 있다.

3) 마소라 사본은 세투마(ס)를 두어 단락을 나누고 있다.

야곱은 유다를 사자 새끼에 비유했었다(창 49:9). 모세는 단을 사자 새끼에 비유한다. 단 지파의 용맹과 강함을 말한다. 단 지파는 처음에 베냐민과 에브라임의 옆 지역부터 지중해까지의 지역을 기업으로 받았지만 후에 북쪽으로 이주했다. "그는 바산에서 뛰어오를 것이다"는 단 지파가 후에 북쪽 라이스 성을 점령하고 단이라고 칭한 것을 예고한다(삿 18:29).

## 10. 납달리(23)

납달리는 라헬의 종 빌하의 둘째 아들이며 야곱의 6째 아들이다. 빌하가 둘째 아들을 낳았을 때에 라헬이 "내가 언니와 크게 경쟁하여 이겼다" 하고 말하며 "납달리" 즉 '경쟁함'으로 이름을 지었다(창 30:8).

야곱은 납달리에 대해서 아주 짧게 "납달리는 놓인 암사슴이라 아름다운 소리를 발하는도다" 하고 말했다(창 49:21).

### 번역

23 그리고 납달리를 위해서 그가 말했다,
납달리는 호의로 만족한다,
그리고 아도나이의 복이 가득하다,
바다와 남쪽을 점령하라.

### 주해

23 그리고 납달리를 위해서 그가 말했다,
납달리는 호의로[1] 만족한다,
그리고 아도나이의 복이 가득하다,

바다와[2] 남쪽을 점령하라.[3)4)]

**본문 비교**

1) 사마리아 오경은 "그리고 호의" ורצון이고 마소라 사본은 "호의"가 단수인 데 반하여 칠십인 경은 복수 δεκτῶν이다.
2) 마소라 사본은 "바다" ים인 데 반하여 사마리아 오경은 "바다로" ימה이다.
3) 마소라 사본은 명령형인 데 반하여 칠십인 경은 "그가 상속받을 것이다" κληρονομήσει이다.
4) 마소라 사본은 세투마(ס)를 두어 단락을 나누고 있다.

"납달리는 호의로 만족한다"는 동사가 없는 명사 문장으로 동사 '~한다'를 넣어주었다. "호의"는 '선의,' '은혜'이다. "만족한다"는 형용사로 '채워진,' '충족된' 상태로 과다한 상태, 물린 상태를 의미한다. 납달리는 너무 많은 하나님의 호의와 선의로 물린 상태이다. 이것은 다시 "아도나이의 복이 가득하다"로 표현되었다. 이 문장 역시 동사가 없는 명사 문장으로 동사 '~하다'를 넣어주었다. "가득하다"는 형용사로 '그득한,' '충만한'이다. 아도나이의 복이 너무 많아서 넘치고 있는 것이다. '납달리는 호의로 풍부하다 즉 아도나이의 복이 가득하다'는 뜻이다(Waltke-O, 653).

"점령하라"는 명령형으로 '너는 점령하라,' '너는 차지하라'이다. "바다"는 갈릴리 바다 즉 호수를 의미한다. 납달리는 가나안 땅에서 갈릴리 바다 옆에, 아셀 옆을 기업으로 받았다. 요단 동쪽으로는 므낫세 반 지파가 자리하고 있었고 북쪽으로는 단 지파가 이주해 왔다.

## 11. 아셀(24–25)

아셀은 레아의 종 실바의 둘째 아들이며 야곱의 8째 아들이다. 아셀이 태어났을 때, 레아는 "기쁘도다 모든 딸들이 나를 기쁜 자라 하리로다" 하고 말하고 "아셀" 즉 '기쁨'이라고 칭했다(창 30:13).

야곱은 "아셀에게서 나는 먹을 것은 기름진 것이라 그가 왕의 수라상을 차리리로다" 하고 축복했다(창 49:20).

**번역**

24 그리고 아셀을 위하여 그는 말했다,
아들들 가운데서 복이 있는 자는 아셀이다,
그의 형제들의 기뻐하는 자가 되기를 바란다,
그리고 그의 발을 기름에 담글 것이다.
25 너의 빗장들은 철과 놋이,
그리고 너의 나머지는 너의 날들과 같이.

**주해**

24 그리고 아셀을 위하여 그는 말했다,
아들들 가운데서 복이 있는 자는 아셀이다,
[1)]그의 형제들의 기뻐하는 자가 되기를 바란다,
그리고[2)] 그의 발을[3)] 기름에 담글 것이다.

**본문 비교**

1) 사마리아 오경과 칠십인 경은 "그리고"가 있다.
2) 칠십인 경과 벌게이트는 "그리고"를 생략한다.
3) 사마리아 오경은 복수 "그의 발들"이다.

아셀에 관해서 모세가 말한다. "아들들 가운데서 복이 있는 자는 아셀이다"는 야곱의 다른 아들들과 아셀을 비교하고 있다. "아들들 가운데서"는 비교급으로 해석할 수 있어서 '아들들보다'로 아셀이 다른 아들들보다 '더 복이 있다'(NAS, NAU, EIN, ELB) 또는 '가장 복이 있다'(CJB, ESV, NAB, NIB, NIV, NJB, TNK)는 의미이다.

"그의 형제들"은 야곱의 다른 아들들 즉 아셀의 이복 형제들을 말한다. "기뻐하는 자"는 '호의적으로 받아들이는 자,' '마음에 드는 자,' '총애하는 자'이다. 이복 형제들에게 총애를 받는 자가 되기를 바라는 것이다. "기름에 담글 것이다"는 올리브 기름에 아셀의 발을 적시기를 바라는 것이다. 올리브 기름을 생산하는 것을 말한다.

25 너의 빗장들은[1] 철과 놋이,
그리고 너의 나머지는[2] 너의 날들과[3] 같이.

**본문 비교**

1) 칠십인 경은 "그의 신발" *τὸ ὑπόδημα αὐτοῦ*로 되어 있다. 탈굼 옹켈로스는 형용사 "강함" **תקיף**이다.
2) 마소라 사본은 **דבאך**인 데 반하여 사마리아 오경은 **רביך**이다. 칠십인 경은 "너의 힘" *ἡ ἰσχύς σου*이다(탈굼 옹켈로스 역시). 오리겐의 헥사플라는 이 차이를 지적한다. 탈굼 네오피티와 탈굼 프쉬도 요나단은 그들의 옛날들은 그들의 젊음의 날들과 같을(같이 강할 것) 것이라고 해석한다.
3) 탈굼 옹켈로스는 "너의 젊음의 날들"로 "너의 힘은 너의 젊음의 날들과 같이 (될 것이다)"로 번역한다.

이 구절은 해석하기가 어렵다. 우선 첫 행은 동사가 없어서 "너의 빗장들은 철과 놋이 될 것이다"로 해석해 주는 것이 나을 것 같다. 아셀이

사는 성의 문들이 철과 놋과 같이 강할 것을 의미한다.

두번째 행은 더 어렵다. 동사가 없기 때문에 "그리고 너의 나머지는 너의 날들과 같이 될 것이다."로 번역할 수 있지만 그 의미가 무엇인지 알기 어렵다. 특히 "너의 나머지"가 무슨 뜻인지 명확하지 않다. "나머지" **דבא**는 한 번 사용된 단어(hapax legomenon)이다. 칠십인 경은 "너의 힘은 너의 날들과 같이 (될 것이다)" *ὡς αἱ ἡμέραι σου ἡ ἰσχύς σου* 이다(위의 본문 비교 3)의 탈굼 옹켈로스의 번역과 비교하라). 개역 개정은 칠십인 경과 유사하게 "네가 사는 날을 따라서 능력이 있으리로다" 하고 번역했다. 표현상의 차이는 있지만 대부분의 현대 번역들이 이런 의미로 번역했다(NBG, SVV, ASV, ESV, JPS, KJV, NJB, YLT). 아셀이 사는 날 동안에 안전하기를 또는 젊은 날과 같이 강함이 지속되기를, 너의 날들이 한가롭기를 바라는 것이다.

## 12. 결론(26-29)

모세는 여수룬에게 "하나님과 같은 분은 없다"고 선언한다(26). 하나님의 독특성을 말한다. "여수룬"이 서론(5절)에도 나와서 이 시를 감싸고 있다. 하나님은 하늘과 구름을 타고 다니시는 분이며 이스라엘을 돕는 분이시다. 하나님은 이스라엘의 피난처이시며 이스라엘의 적들을 쫓아내셔서 이스라엘이 안전하게 거하게 하신다. 그 결과 이스라엘은 풍성한 소출을 누리며 행복을 누린다.

모세는 이스라엘에게 "누가 너와 같은가?" 하고 묻는다(29). 이 세상에서 창조주 하나님과 구원자 하나님을 섬기는 이스라엘과 같은 백성이 없다는 사실을 상기시킨다. 이스라엘이 누리는 은혜의 독특성을 말한다. 이스라엘은 하나님의 도움으로 승리를 얻을 것이다.

## 번역

26 하나님과 같은 분은 없다, 여수룬아,
너의 돕는 자로서 하늘을 타신다,
그리고 그의 위엄으로 구름을.
27 이전의 하나님은 거처,
그리고 아래로부터 영원한 팔들,
그리고 그는 너 앞에서 적을 몰아내신다,
그리고 그는 말한다, 너는 멸망시켜라.
28 그리고 이스라엘은 안전하게 거한다,
그리고 야곱의 우물은 홀로,
곡식과 포도주의 땅에,
또한 그의 하늘은 이슬을 내릴 것이다.
29 오 너의 행복, 이스라엘아, 누가 너와 같은가?
아도나이에 의해 구원받은 백성,
너의 도움의 방패 그리고 너의 위엄의 칼,
그리고 너의 적들이 너에게 굽실거릴 것이다,
그리고 너는 그들의 높은 곳을 밟을 것이다.

## 주해

26 하나님과 같은 분은 없다, 여수룬아,[1]
너의 돕는 자로서 하늘을[2] 타신다,
그리고 그의 위엄으로[3] 구름을.[4]

## 본문 비교

1) 탈굼 옹켈로스, 네오피티, 프쉬도 요나단은 "이스라엘"로 표기한다.
2) 칠십인 경은 "너의 돕는 자는 하늘 위로" ἐπὶ τὸν οὐρανὸν βοηθός σου이다. 히브리어는 "돕는 자로서"에 전치사가 있는데 반하여 헬

라어는 전치사가 없고 히브리어는 "하늘"에 전치사가 없는데 반하여 헬라어는 전치사가 있다.

3) 칠십인 경은 단순히 "위엄" ὁ μεγαλοπρεπὴς로 히브리어의 "그의"와 "~으로"를 생략한다.

4) 칠십인 경은 "창공의," "하늘의" τοῦ στερεώματος로 번역한다.

서론에 "여수룬"이 나오더니(5절) 결론에 다시 "여수룬"이 나온다. 앞에서도 언급했듯이 이스라엘의 시적인 이름이다. "하나님과 같은 분은 없다" אין כאל는 비교할 대상이 없다는 의미이다. 하늘과 땅에 하나님과 같은 신이나 사람이 없다는 선언이다. 모세가 이런 선언을 하는 이유는 다음 행들에 잘 나타난다. 시의 생략법이 있다. 개역 개정은 "나타내시는도다"를 넣어주었다.

"너의 돕는 자로서 하늘을 타신다,
그리고 그의 위엄으로 구름을 (타신다)."

전치사구 "너의 돕는 자로서"와 "그의 위엄으로" 그리고 "하늘을"과 "구름을"이 평행을 이룬다. "너의 돕는 자"는 '너의 도움'이며 "타신다"는 분사로써 '타는(모는) 자,' '오르는 자'로도 번역할 수 있다. "그의 위엄"은 '그의 장엄함,' '그의 왕권,' '그의 뛰어남'이다. "구름"은 '하늘'로도 번역할 수 있다. 하나님은 하늘과 구름을 타시는 자로서 비교할 대상이 없다. 하나님의 위엄과 왕권 그리고 능력이 하늘과 구름을 타는 데에서 나타난다.

27 [1]이전의[2] 하나님은 거처,[3]
그리고 아래로부터 영원한 팔들,[4]
그리고 그는 너 앞에서 적을 몰아내신다,
그리고[5] 그는 말한다,[6] 너는 멸망시켜라.[7]

**본문 비교**

1) 칠십인 경은 "그리고"로 시작한다.
2) 탈굼 옹켈로스, 탈굼 네오피티와 탈굼 프쉬도 요나단은 "시작부터" מלקדמין이다.
3) 칠십인 경은 첫 행을 "시작의 하나님의 피난처(주거지)" σκέπασις θεοῦ ἀρχῆς로 번역한다.
4) 칠십인 경은 "영원한 팔들의 힘(지원, 지지) 아래로" ὑπὸ ἰσχὺν βραχιόνων ἀενάων로 번역한다. 이 구절의 해석이 어려워서 아람어 성경들은 각자 해석한다. 탈굼 옹켈로스는 그의 말씀으로 세상이 만들어졌다고 해석하고 탈굼 네오피티는 능력의 팔아래로 이스라엘의 지파들이 인도를 받았다고 말하며 탈굼 프쉬도 요나단은 그의 능력의 팔로 세상은 유지된다고 해석한다.
5) 칠십인 경은 "그리고"를 생략한다.
6) 칠십인 경은 분사 "말하기를" λέγων으로 번역한다.
7) 히브리어는 히필 명령형인 데 반하여 헬라어는 기원법 과거 ἀπόλοιο로 번역한다.

"이전의 하나님은 거처"는 동사가 없는 문장으로 동사를 넣어서 '이전의 하나님은 거처이다'로 번역할 수 있다. 개역 개정은 "영원하신 하나님이 네 처소가 되시니" 하고 의역했다. "이전의 하나님"은 '옛(고대의) 하나님'이다. 여기서 '영원한 하나님'이란 해석이 나와(Waltke-O, 132) 이런 번역을 취하는 현대역들이 많다(NBG, SVV, ASV, ESV, JPS, KJV, NAS, NAU, NIB, NIV). "거처"는 '주거,' '거주지'이다. 칠십인 경의 번역을 해석해보면 '시작부터 하나님이 피난처 또는 주거지'가 되신다(본문 비교 3) 참고). 하나님이 태고부터(시작부터) 너의 피난처 또는 너의 보호가 된다는 의미이다.

두 번째 행 역시 동사가 없어서 어렵다. "아래로부터 영원한 팔들"은

'아래로 영원한 팔이 있다,' '영원한 팔이 지원(후원)이다,' '너에게 영원한 팔이 있다'로 다양하게 해석될 수 있다. 개역 개정은 "그의 영원하신 팔이 네 아래에 있도다" 하고 번역했다. 해석하기가 어려운 행이다. 아마도 '아래에 즉 이 땅에 영원한 팔(능력)이 나타났다'는 것을 말하는 것 같다. 이렇게 해석하는 이유는 출애굽 때에 하나님의 팔이 나타났기 때문이다. "너의 눈들이 보았던 큰 시도들 그리고 징조들과 기적들과 강한 손과 뻗은 팔, 그것들로 아도나이 너의 하나님이 너를 데리고 나왔다, 아도나이 너의 하나님이 네가 두려워하는 모든 백성들에게 그들 앞에서 그렇게 행하실 것이다"(신 7:19). "뻗은 팔"은 이스라엘을 이집트에서 탈출시킨 하나님의 능력을 표현한다. 이러한 해석은 다음 행들과 잘 어울린다.

"그는 너 앞에서 적을 몰아내신다"는 하나님께서 이스라엘 앞에서 행하실 일을 말한다. "몰아내신다"는 '쫓아내신다'이다. 신명기의 문맥상 모세의 축복은 이스라엘이 요단을 건너가서 가나안 정복을 앞에 두고 있는 상황이다. 따라서 이 행은 하나님이 가나안 정복 때에 행하실 일로 이해할 수 있다. 히브리어는 와우 연속법 미완료 형태로 나오지만 칠십인 경은 "몰아내신다" ἐκβαλεῖ를 미래형으로 읽고 있다.

"그는 말한다, 너는 멸망시켜라"는 아도나이께서 이스라엘에게 명령하시는 것이다. "멸망시켜라"는 '몰살시켜라,' '파괴하라'로 이스라엘에게 가나안 정복 때에 적을 멸할 것을 말한다. 헤렘 전쟁을 명하시는 것이다(신 7:1-5).

28 그리고 이스라엘은 안전하게 거한다,
그리고 야곱의 우물은[1] 홀로,[2]
곡식과 포도주의 땅에,[3]
[4]또한 그의 하늘은[5] 이슬을 내릴 것이다.[6]

**본문 비교**

1) 칠십인 경은 "땅 위에" ἐπὶ γῆς이다(사마리아 오경 역시).
2) 탈굼 역들(옹켈로스, 네오피티, 프쉬도 요나단)은 두번째 행을 "그들의 아버지 야곱이 그들을 축복한 복을 따라"로 해석한다.
3) 칠십인 경(Wevers 편집)은 "곡식과 포도주 위에" ἐπὶ σίτου καὶ οἴνου이다(Rahlfs 편집은 ἐπὶ σίτῳ καὶ οἴνῳ). 오리겐의 헥사플라는 이 차이를 지적하며 "땅" γῆς를 넣어줄 것을 제안한다.
4) 사마리아 오경과 칠십인 경은 "그리고"가 있다.
5) 사마리아 오경은 "너의 하늘" שמיך이다.
6) 칠십인 경은 마지막 행을 히브리어와 다르게 "그리고 하늘은 그에게 이슬과 함께 구름이 (있다)" ὁ οὐρανὸς αὐτῷ συννεφὴς δρόσῳ로 번역한다.

"그리고"는 '그래서'의 의미로 하나님의 도우심으로(26) 이스라엘은 안전하게 거한다. "거한다"는 '정착한다,' '산다'이다. "이스라엘"은 두 번째 행에서 다시 "야곱"으로 나온다. 두 번째 행과 셋째 행은 동사가 없다. "야곱의 우물은 홀로 곡식과 포도주의 땅에"는 '야곱의 우물은 홀로 곡식과 포도주의 땅에 있다(있을 것이다)'이다. 여기서 "우물" עין은 '눈'이라는 뜻도 있어서 "야곱의 눈은 곡식과 포도주의 땅에 있다"로 번역할 수 있지만(YLT) 다음 행들을 보면 '우물,' '샘'으로 번역하는 것이 문맥에 잘 어울린다.

"그의 하늘"은 하나님이 거처하시는 하늘을 뜻한다. 하늘과 구름을 타시는 하나님은(26) 이스라엘 땅에 이슬을 내려 주신다. 하늘에서 이슬과 비가 내려야 이스라엘은 농사를 지을 수 있다. 모세는 가나안 땅을 "곡식과 포도주의 땅"이라고 부른다. 확실히 가나안 땅은 광야와 다른 지역이다(참고 신 8:7-8; 11:14).

29 오 너의 행복, 이스라엘아, 누가 너와 같은가?[1]
아도나이에 의해[2] 구원받은 백성,[3]
너의 도움의 방패[4] 그리고[5] 너의 위엄의 칼,[6]
그리고 너의 적들이 너에게 굽실거릴 것이다,[7]
그리고 너는 그들의 높은 곳을[8] 밟을 것이다.[9]

**본문 비교**

1) 탈굼 옹켈로스는 "너와 같은 자가 없다" לית דכותך이다.
2) 히브리어는 전치사가 '베' ב인 데 반하여 탈굼 옹켈로스와 탈굼 프쉬도 요나단은 '민 케담' '~앞에서부터' מן־קדם이며 탈굼 네오피티는 '~앞에서부터 가까이'קריב מן־קדם이다.
3) 마소라 사본은 정관사가 없이 עם נושע인 데 반하여 사마리아 오경은 정관사가 있어서 "그 구원받은 그 백성" העם הנושע 이다.
4) 칠십인 경은 "너의 돕는 자가 방패를 갖고 계신다(보호하신다)" ὑπερασπιεῖ ὁ βοηθός σου로 번역한다. 탈굼 옹켈로스는 "너의 도움의 힘"이다.
5) 히브리어는 "그리고" 다음에 관계 대명사 ואשר가 있다. BHS는 '전능자' ושדי로 제안하고 아퀼라는 '~처럼(같이)' ως로 번역하지만 분명하지 않다. 여기에 대하여 다양한 해석들이 있지만 만족스럽지 못하다(더 자세한 토론은 Tigay, 411, n 208을 참고하라). 여기서는 관계 대명사를 생략하고 번역했다. 대다수의 현대 번역들이 관계 대명사를 생략한다(LUV, NBG, ASV, CJB, ESV, NAS, NAU, NIB, NIV, TNK).
6) 칠십인 경은 "칼은 너의 자랑" ἡ μάχαιρα καύχημά σου로 번역한다. 오리겐의 헥사플라는 이 차이를 지적한다. 탈굼 옹켈로스는 "너의 승리의 힘"이다.
7) 칠십인 경은 "속일 것이다" ψεύσονταί로 번역한다(탈굼 옹켈로스

역시). 오리겐의 헥사플라는 이 차이를 지적한다.

8) 칠십인 경은 "목" τὸν τράχηλον으로 번역한다(벌게이트와 시리아 역 역시). 탈굼 옹켈로스와 탈굼 프쉬도 요나단은 "그들의 왕들의 목"이며 탈굼 네오피티는 "왕들의 목"이다.

9) 마소라 사본은 세투마(ס)를 두어 단락을 나누고 있다.

모세는 이스라엘의 복을 노래한다. "오 너의 행복"은 '너는 행복하다,' '너는 복이 있다'(LUV, NBG, SVV, ASV, CJB, ESV, JPS, KJV, NAB, NAS, NAU, NIB, NIV, NJB, ELB, ELO)로 부러움을 사는, 선망의 대상이 된다(Waltke-O, 681)는 뜻이다. 이스라엘이 받은 복에 대하여 묻는다. "누가 아도나이에 의해 구원받은 백성, 너와 같은가?" 수사학적인 질문 "누가 너와 같은가?"에는 이 세상에 이스라엘과 같이 아도나이의 구원을 누린 백성이 없다는 답변이 전제되어 있다. 이스라엘이 누리는 복은 다음 행 "아도나이에 의해(통하여) 구원받은 백성"에 잘 나타난다(Joüon-M, § 132*e*). 아도나이는 이집트에서 노예로 생활하고 있던 이스라엘을 구원하여 지금 가나안 땅 앞까지 인도해왔다. 아도나이께서 이스라엘의 조상 아브라함과 이삭과 야곱에게 주기로 맹세한 땅을 주시려고 하는 것이다. 이 세상에서 이스라엘과 같이 이런 복을 받은 백성이 없다는 뜻이다.

"너의 도움의 방패 그리고 너의 위엄의 칼"에는 동사가 없다. 아마도 '그는(아도나이) 너의 도움의 방패 그리고 너의 위엄의 칼이다'는 의미이다. 방패는 군인이 자신의 몸을 지키기 위한 수비용 무기이다. 아도나이의 도움이 이스라엘을 보호한다는 것이다. 칼은 적을 무찌를 수 있는 공격용 무기이다. "위엄의 칼"은 '자랑의 칼,' '왕권의 칼,' '위풍당당한 칼'이란 뜻이다. 아도나이께서 이스라엘의 자랑이 되신다. 그가 이스라엘을 구원하시기 때문이다. 아도나이는 이스라엘의 왕으로서 이스라엘을 위하여 싸우시는 것이다.

"너의 적들이 너에게 굽실거릴 것이다,"는 '움츠릴 것이다,' '아첨할 것이다'이다. 아도나이의 도움으로 인하여 이스라엘이 승리를 얻고 적들이 복종할 것을 말한다. 이스라엘이 승리한 결과로 "너는 그들의 높은 곳을 밟을 것이다." 여기서 "높은 곳"은 적들의 진지를 의미할 것이다. "밟을 것이다"는 '행진할 것이다'의 의미도 있다. 이스라엘이 적의 산성이나 방어하기 좋은 높은 곳을 점령하여 다니는 것이다.

## 참고 문헌


Ahlström, G. W. "Where Did the Israelites Live?" *JNES* 41 (1982), 133-38.

Armerding, C. "The Last Words of Moses: Deuteronomy 33," *BSac* 114 (1957), 225-34.

Bartlett, J. R. "The Land of Seir and the Brotherhood of Edom," *JTS* 20 (1969), 1-20.

Beek, M. A. "Der Dornbusch als Wohnsitz Gottes (Deut. xxxiii 16)," *OTS* 14 (1965), 155-161.

Beeston, A. F. I. "Angels in Deut. 33:2," *JTS* 2 (1951), 30-31.

Berlin, A. "On the Meaning of rb," *JBL* 100 (1981), 90-93.

Beyerle, S. "Evidence of a Polymorphic Text: Towards the Text-History of Deuteronomy 33," *DSD* 5 (1998), 215-32.

Burkitt, F. C. "On the Blession of Moses," *JTS* 35 (1934), 68.

Cassuto, U. "Deuteronomy Chapter xxxiii and the New York in Ancient Israel," in *Biblical and Oriental Studies* 2 vols, Jerusalem, 1973-75, 1:47-70.

Christensen, D. L. "Dtn 33,11 - A Curse in the Blessing of Moses?" *ZAW* 101 (1989), 278-282.

-----------, "Twom Stanzas of a Hymn in Deuteronomy 33," *Bib* 65 (1984), 382-89.

Craigie, P. C. "The Conquest and Early Hebrew Poetry," *Tynbul* 20 (1969), 76-94.

Cross, F. M. and Freedman, D. N. "The Blessing of Moses," *JBL* 67 (1948), 191-210.

-----------, "Reuben, First-Born of Jacob," *ZAW* 100 (1988), 46-65.

Curtis, J. B. "Some Suggestions concerning the History of the Tribe of Reuben," *JBR* 33 (1965), 24-49.

DeRouchie, J. S. "Deuteronomy as Didactic Poetry? A Critique of D. L. Christensen's View," *JAAS* 10 (2007), 1-13.

Freedman, D. N. "Who is Like Thee Among the Gods? The Religion of Early Israel," in *Ancient Israelite Religion*, Philadelphia, 1987, 315-335.

-----------, Pottery, Poetry and Prophecy: Studies in *Early Hebrew Poetry*, Winona Lake, 1980.

-----------, "A Note on Deuteronomy 33:26," *BASOR* 108 (1947), 6-7.

Fuller, R. "The Blessing of Levi in Dtn 33, Mal 2, and Qumran," in R. Bartelmus et. al. (ed.), *Konsequente Traditionsgeschichte*, FS. K. Baltzer, OBO 126, Goettingen, 1993, 31-44.

Gaster, T. H. "An Ancient Eulogy on Israel: Dueteronomy 33:3-5, 26-29," *JBL* 66 (1947), 53-62.

-----------, "Deuteronomy 33:12," *ExpTim* 46 (1934/35), 334.

-----------, "A Qumran Reading of Deut. 33:10," *VT* 8 (1958), 217-19.

Gevirtz, S. "The Reprimand of Reuben," *JNES* 30 (1971), 87-98.

------------, "Adumbrations of Dan in Jacob's Blessing on Judah," *ZAW* 93 (1981), 21-37.

Goldfarb, S. D. "Was Simeon Not Included in Moses' Blessing?" *DD* 4 (1975), 51-55.

Gordis, R. "Critical Notes on the Blessing of Moses," in *The Word and the Book*, New York, 1976, 337-39.

-----------, "The Text and Meaning of Deuteronomy 33:27," *JBL* 67 (1948), 69-72.

Greenberg, M. "Urim and Thummim," *EncJud.* 16:9-10.

Gunneweg, A. H. J. "Über den Sitz im Leben der sogenannten Stammessprüche," *ZAW* 76 (1964), 245-55.

Heck, J. D. "The Missing Sanctuary of Deut 33:12," *JBL* 103 (1984), 523-29.

Jepsen, A. "Mose und die Leviten: Ein Beitrag zur Frühgeschichte Israels und zur Sammlung des alttestamentlichen Schrifttums," *VT* 31 (1981), 318-23.

Labuschagne, C. J. "The Tribes in the Blessing of Moses," *OTS* 19 (1974), 97-112.

Lewis, J. T. "Divine Fire in Deuteronomy 33:2," *JBL* 132 (2013), 791-803.

Lindblom, J. "Lot-Casting in the Old Testament," *VT* 14 (1964), 67-74.

Lipinski, A. "Urim and Thummim," *VT* 20 (1970), 495-96.

Margykus, B. "Gen. XLIX, 10 / DEUT XXXIII, 2-3," *VT* 19 (1969), 202-10.

Mazar, B. "Yahweh Came out from Sinai," in *Temples and High Places in Biblical Times*, Jerusalem, 1981, 111-14.

Mendelsohn, I. "Urim and Thummim," *IDB*. 4:739-40.

Milgrom, J. "Excursus 64: The Urim and Thummim," in *Numbers*, Philadelphia, 1990, 484-86.

Miller, P. D. "Animal Names as Designations in Ugaritic and Hebrew," *UF* 2 (1970), 177-86.

-----------, "A Critical Note on Deut. 33:2b-3a," *HTR* 57 (1964), 241-43.

Nielsen, E. "The Levites in ancient Israel," in Law, *History and Tradition*, KØbenhavn, 1983, 71-81.

Nyberg, H. S. "Deuteronomium 33:2-3," *ZDMG* 92 (1938), 320-44.

Oded, B. "The Settlement of the Tribe of Reuben in Transjordania," in *Studies in the History of the Jewish People and the Land of Israel im Memory of Zvi Avneri*, Haifa, 1970, 11-36.

Phythian-Adams, W. J. "On the date of the Blessing of Moses (Deut XXXIII)," *JPOS* 3 (1923), 158-66.

Porter, J. R. "The Interpretation of Deuteronomy XXXIII 24-5," *VT* 44 (1994), 267-269.

Rendsburg, G. A. "Israelian Hebrew Features in Deuteronomy 33," in *Mishneh Todah*, Winona Lake, 2009, 167-83.

Ringgren, H. "Behold Your King Comes," *VT* 24 (1974), 207-11.

Sanmartin, J. "Erwägungen zum altisraelitischen System der zwölf Stämme," *ZAW* 90 (1978), 196-220.

Schaller, B. "Targum Jeruschalmi I zu Deuteronomium 33. 11: Ein Relikt aus Hasmonäischer Zeit?" *JSJ* 3 (1972), 52-60.

Schultz, J. P. "Angelic Opposition to the Ascension of Moses and the Revelation of the Law," *JQR* 61 (1970/71), 282-307.

Schweitezer, S. "Deuteronomy 32 and 33 as Proto-Deuteronomic Texts," *PEGLMBS* 22 (2002), 79-98.

Seebass, H. "Die Stämmeliste von Dtn xxxiii," *VT* 27 (1977), 158-69.

Seeligmann, I. L. "A Psalm from Pre-Regal Times," *VT* 14 (1964), 75-93.

Sellin, E. "Zu dem Judaspruch im Jaqobsegen Gen 49, 8-12 und im Mosesegen Deut 33, 7," *ZAW* 60 (1959), 47-57.

Soller, M. "A Latch and Clasp Connecting Deuteronomy 33:27-29 with Genesis 3:22-24: A Proposed Interpretation," *JBQ* 34 (2006), 12-15.

Steiner, R. C. "דת and עין : Two Verbs Masquerading as Nouns in Moses's Blessing (Deuteronomy 33:2, 28)," *JBL* 115 (1996), 693-698.

Steiner, R. C. And Leiman, S. Z. "The Lost Meaning of Deuteronomy 33:2 as Preserved in the Palestinian Targum to the Decalogue," in *Mishneh Toda*h, Winona Lake, 2009, 157-66.

Tigay, J. H. "Excursus 33: The Blessing of Moses (Deuteronomy 33)," in *Deuteronom*y, Philadelphia, 1996, 519-25.

van der Woude, A. S. "Erwaegungen zum Rahmenpsalm von Deuteronomium 33," in *Studies in Deuteronomy*, Leiden, 1994, 281-288.

Waldman, N. M. "The Wealth of Mountain and Sea: The Background of a Biblical Image," *JQR* 71 (1980), 176-80.

Weinfeld, M. "Rider of the Clouds and Gatherer of the Clouds," *JANES-CU* 5 (1973), 421-26.

Weippert, H. "Das geographische System der Stämme Israels," *VT* 23 (1973), 76-89.

Wiseman, Z. "A Connecting Link in an Old Hymn: Deut xxxiii 19a: 21b," *VT* 28 (1978), 365-68.

Zwickel, W. "Opfer der Gerechtigkeit (DTN. XXXIII 19; Ps. IV 6, LI 21)," *VT* 45 (1995), 386-391.

# DEUTERONOMY 신명기 34장

A New Translation with
Introduction
and Commentary

**DEUTERONOMY**

# D E U T E R O N O M Y

# 신명기 34장

Deuteronomy 34

### 내용/구조

신명기의 마지막 34장은 모세의 죽음과 장사 그리고 모세에 대한 평가를 담고 있다. 이 장은 12절로 짧게 구성되어 있기 때문에 굳이 구조를 나눌 필요는 없지만 내용에 따라 나눈다면 다음과 같다.

모세는 하나님의 명령에 따라 느보산에 올라가서 가나안 땅을 바라본다. 하나님은 그에게 길르앗, 단, 납달리, 에브라임, 므낫세, 유다, 네게브와 여리고 평지 지역의 땅을 보게 하신다. 하나님께서 아브라함과 이삭과 야곱에게 그리고 그의 후손에게 주기로 맹세한 땅이다. 하지만 모세는 그 땅에 들어가지 못한다(1-4).

모세는 모압 땅에서 죽어 장사되었다. 하지만 그의 무덤을 아는 사람이 없었다. 모세가 죽을 때 나이는 백 이십 세였지만 그의 기력은 쇠하지 않았고 눈은 흐리지 않았다. 이스라엘은 모세를 위하여 삼십 일을 애도했다. 모세의 후임자로 여호수아가 임명되었다. 모세가 여호수아에게 안수하자 지혜의 영이 그에게 충만했다(5-9).

마지막으로 모세에 대한 평가와 칭송이 나오고 있다. 이스라엘 역사 속에서 모세와 비교할 만한 선지자가 없다. 모세는 하나님과 대면하여 말했던 자이며 이스라엘을 이집트에서 구원하기 위하여 이적과 징조를 행했던 자이기 때문이다(10-12).

### 누가 모세의 죽음을 썼는가?

신명기 34장은 모세의 죽음을 기록하고 있다. 그런데 이 기사는 많은 사람에게 궁금증을 갖게 한다. 일반적으로 신명기는 모세가 기록했다고 한다(신명기의 모세 저작권에 대해서는 31장 9절을 보라). 그런데 이 장에서 모세가 죽는데 어떻게 자신의 죽음을 기록했는가 하는 질문을 던지게 한다. 여기에 대하여 의견이 분분하다. 하지만 본문은 정작 침묵하고 있다.

유대인 역사학자 요세푸스는 모세는 죽지 않고 구름가운데 사라졌다고 말한다. 하지만 모세는 성경에 자신에 관해서는 죽었다고 기록했다고 설명한다. 모세가 자신의 죽음을 직접 쓴 것이다(Josephus, *Ant*. 4.326).

보수적인 학자 글라이슨 아처는 여호수아가 모세의 죽음을 써서 덧붙였을 것이라고 생각한다. 아처는 신명기 1-33장과 34장을 분리하여 생각한다. 신명기 1-33장은 모세가 썼고 신명기 34장은 모세의 사망 기사 형식을 담고 있는데, 이것은 후임자인 여호수아가 그의 선임자 모세의 죽음을 써서 첨부했다는 것이다(글라이슨 아처, 『구약총론』, 기독교 문서 선교회, 1985, 290).

하지만 이런 보수적인 견해는 많은 학자들의 지지를 받지 못했다. 모세가 자신의 죽음을 기록했을 리가 없다는 전제 하에 많은 사람들은 모세가 신명기를 썼다는 견해를 부인했다. 이러한 견해는 모세 오경도 모세가 기록했다는 전통적인 견해를 반대하는 주장으로 나아갔다(여기서는 신명기 34장만 다루기 때문에 모세오경의 저작권에 대해서는 간략하게 설명하고 있는 트럼퍼 롱맨, 레이몬드 딜러드의 『최신 구약 개론』, 크리스챤 다이제스트, 2009, 48-66, 135-143을 보라. 모세 오경에 대한 역사적 비평 연구에 대하여 더 깊은 연구를 하고 싶은 독자는 C. Houtman, *Der Pentatuech*.

*Die Geschichte seiner Erforschung neben einer Auswertung*, Kampen, 1994을 참고하라). 모세가 신명기를 썼다는 견해를 부인하자 그렇다면 누가 신명기를 썼겠는가 하는 것에 대한 주장들이 우후죽순처럼 쏟아져 나왔다. 가장 많은 주목을 받은 견해는 유다의 요시야왕 때에, 요시야가 성전을 수리했다. 이때 성전에서 율법을 발견했다(왕상 22:3-13). 많은 학자들이 여기에 주목하여 이때 발견된 율법이 신명기라는 주장을 하기 시작했다. 이후 이 견해는 거의 정설처럼 받아들여져서 신명기는 D 자료(모세 오경은 네 문서 JEDP로 구성되었다고 주장하는 네 자료이론에 따라)로 불리워졌다. 신명기는 레위인들에게서 기원했다는 견해(von Rad), 선지자에게서 기원했다는 주장(Wellhausen, Nicholson), 신명기는 지혜문헌과 관련이 있으며 지혜 전통을 배경으로 한다는 생각(Weinfeld)들이 쏟아져 나왔다(이러한 견해들에 대해서는 트럼퍼 롱맨, 레이몬드 딜러드, 『최신 구약 개론』, 135-143을 보라).

외경 에스라 Ⅳ, 14:19-48에 따르면, 유대인들이 바벨론 포로 기간에 회당에 불이 나서 모세 오경이 다 탔다는 기록이 나온다. 그래서 에스라가 하나님께서 불러 주시는 것을 다시 받아썼다는 설명이 나온다. 기본적으로 모세가 오경을 썼으나 에스라가 다시 기록했다는 것이다(여기서 옛 자료 후 편집 설이 나온다). 초대 교부들인 터툴리안, 이레니우스, 아우구스틴, 히에로니무스, 테오도렛 폰 키로스는 이 전통을 받아들였다(C. Houtman, *Der Pentatuech. Die Geschichte seiner Erforschung neben einer Auswertung*, 11-12).

보수주의 학자인 영은 모세 오경은 모세가 기록했다고 주장하면서도 모세의 죽음과 장사에 관해서는 후대에 신적 영감 아래에 누군가가 써서 신명기에 덧붙였다고 설명하고 있다(E. Young, *An Introduction to the Old Testament*, Eermans, 1975, 105).

위의 다양한 주장들은 가능성이 있음에도 불구하고 본문은 모세의 죽음과 장사를 누가 기록했는지에 대한 설명을 하고 있지 않다는 사실이다. 본문이 침묵하고 있기 때문에, 명확하게 설명하고 있지 않기 때문에, 위의 주장들은 가능성이 있지만 미스터리로 남을 수밖에 없다. 종교 개혁자 칼빈이 말한 대로 우리는 성경이 가는 곳까지 가고 멈추는 곳에 멈춰야 한다. 성경이 말하는 것을 말하고 성경이 침묵하는 것을 침묵할 수밖에 없다.

## 1. 모세가 가나안 땅을 바라봄(1–4)

모세는 모압 평지에 있는 느보산에 올라가서 가나안 땅을 바라본다. 하나님께서 약속의 땅의 구석구석을 그에게 보여주신다. 왜냐하면 모세는 가나안 땅에 들어가지 못하기 때문이다.

### 번역

1 그리고 모세는 모압 평지에서 느보산으로 올라갔다,
여리고 맞은 편에 있는 비스가 정상에,
그리고 아도나이께서 그에게 보여주었다,
온 땅을, 길르앗을 단까지.
2 그리고 온 납달리를 그리고 에브라임과 므낫세 땅을,
그리고 온 유다 땅을, 서해까지.
3 그리고 네게브를 그리고 여리고 평지 지역을,
야자나무들의 성, 소알까지.
4 그리고 아도나이께서 그에게 말했다,
이것은 내가 아브라함에게, 이삭에게 그리고 야곱에게 맹세한 그 땅이다.
말하기를, 내가 너의 후손에게 그것을 줄 것이다,
내가 너에게 네 눈에 보여주었다,
그러나 거기로 너는 건너가지 못할 것이다.

### 주해

1 그리고 모세는 모압 평지에서[1)] 느보산으로[2)] 올라갔다,
여리고 맞은 편에 있는 비스가[3)] 정상에,
그리고 아도나이께서 그에게 보여주었다,
온 땅을, 길르앗을 단까지.[4)]

### 본문 비교

1) 칠십인 경은 "평지"를 한 장소 이름 Αραβωθ로 제시한다.
2) 칠십인 경은 히브리어 전치사 אל을 '~위에' ἐπὶ로 번역한다.
3) 탈굼 옹켈로스와 탈굼 프쉬도 요나단은 "높은 곳"으로 번역한다.
4) 마소라 사본의 "길르앗을 단까지"를 사마리아 오경은 "이집트의 강에서 그 큰 강, 유브라테스강까지 그리고 서쪽 바다까지" מנהר מצרים עד הנהר הגדול נהר פרת ועד הים האחרון으로 번역한다.

"모압 평지"는 '모압 평원(스텝)'으로 요단 동편에 있는 지역이다. "느보산"이 정확하게 어디에 위치하는지 알 수 없지만 "여리고 맞은 편"이라는 말에서 위치를 추측해 볼 수 있다. 아바림산지들 가운데 높은 한 산이다(신 32:49. Jebel Neba 산이나 Ras Siagha 산으로 추측. *Tigay*, 421). "비스가 정상"은 비스가산 꼭대기를 뜻한다. 비스가는 모압왕 발락이 발람 선지자를 초청하여 이스라엘을 저주하기 위하여 단을 쌓았던 장소 가운데 하나이다(민 23:14). 모세의 지도 하에 이스라엘이 이곳을 점령하여 르우벤의 기업으로 주었던 땅이다(수 13:20). 하나님이 이곳에서 모세에게 가나안 땅을 보여주셨다. "길르앗"은 요단 동편에 있는 지역이다(신 2:36, 3:10, 12, 13, 15, 16. 참고 신명기 1권, 227). "단"은 가나안 땅 북쪽 끝에 위치해 있다.

2 [1)]그리고 온[2)] 납달리를 그리고 에브라임과 므낫세 [3)]땅을,

그리고 온 유다 땅을, 서해까지.

**본문 비교**

1) 사마리아 오경은 "그리고 온 납달리를 그리고 에브라임과 므낫세 땅을 그리고 온 유다 땅을"을 생략한다. "서해까지"는 1절에 있다.
2) 칠십인 경은 "땅을" τὴν γῆν 덧붙인다(탈굼 네오피티 역시).
3) 칠십인 경은 "온, 모든" πᾶσαν을 덧붙인다.

1절에 이어 하나님께서 모세에게 보이신 땅을 말하고 있다. "온 납달리"는 가나안 지역에서 갈릴리 호수 위쪽에 있는 땅이다. 에브라임과 므낫세는 요셉의 두 아들들이 기업으로 받은 땅을 말한다. 에브라임은 가나안 지역에서 중간에 위치한다. 유다와 베냐민보다는 위에 있고 므낫세 반 지파보다는 아래에 위치해 있다. 므낫세는 반 지파는 가나안 땅에서 그리고 반 지파는 요단 동편에서 기업을 받았다. 유다 지파와 더불어 가장 많은 땅을 차지한 지파이다. 유다는 가나안 땅에서 베냐민 지파 밑에 있으며 이집트 강까지의 넓은 네게브 지역을 차지했다. 너무 많은 땅을 가져서 시므온이 유다 기업의 일부분을 받았다. "서해까지"는 '뒤에 있는 바다,' '후방에 있는 바다'로 지중해를 의미한다.

3 그리고 네게브를[1] 그리고 여리고 평지 지역을,[2]
야자나무들의 성, 소알까지.[3]

**본문 비교**

1) 칠십인 경은 "사막," "광야" τὴν ἔρημον으로 번역한다.
2) 칠십인 경은 "여리고 주변 지역을" τὰ περίχωρα Ιεριχω로 번역한다.
3) 사마리아 오경은 이 구절을 생략한다.

"네게브"는 '남쪽'으로 유다가 기업으로 받은 지역이다. "여리고 평지 지역"은 '여리고 골짜기 지역'으로 여리고 성 주변 지역을 의미한다. "여리고 평지 지역"은 "야자나무들의 성"으로 이곳을 야자나무 즉 대추 야자 나무들이(개역 개정은 "종려나무") 많은 지역으로 설명한다. 대추 야자는 약 30미터까지 자라며 야자 잎은 3-4미터 정도이며 열매는 너무 달아서 꿀로도 불린다. 젖과 꿀이 흐르는 땅이라고 할 때, 꿀은 자연산 꿀을 말하기도 하지만 대추야자의 말린 것 또는 시럽 같은 것을 꿀로도 부른다(김정숙, 『성서식물』, 크리스챤 뮤지엄, 2007, 308-310). 야자 나무의 잎은 커서 유대인들이 예수님의 예루살렘 입성을 축하할 때, 이 나무 잎을 가지고 예수님을 환영했다(요 12:13). "소알"은 사해의 남동쪽 끝에 있는 도시로 소돔과 고모라 성 옆에 있던 곳이다(창 13:10; 14:2, 8). 하나님이 소돔과 고모라 성을 심판할 때, 롯이 도망가기를 요청했던 작은 성이다(창 19:22).

4 그리고 아도나이께서 그에게[1)] 말했다,
이것은 내가[2)] 아브라함에게, 이삭에게 그리고 야곱에게[3)] 맹세한 그 땅이다.
말하기를, 내가 너의[4)] 후손에게 그것을 줄 것이다,
내가 너에게[5)] 네 눈에 보여주었다,
그러나 거기로 너는 건너가지 못할 것이다.

**본문 비교**

1) 칠십인 경은 "모세에게" πρὸς Μωυσῆν이다. 탈굼 네오피티는 "주의 말씀이 나에게, 모세에게 말했다"이다.
2) 사마리아 오경은 "너의 조상들에게" לאבתיך를 덧붙인다.
3) 칠십인 경은 히브리어에 있는 세 개의 전치사 '레' ל가 없고 "그리고"를 한 번 더 사용하여 여격 "아브라함과 이삭과 야곱에게" Αβρααμ καὶ Ισαακ καὶ Ιακωβ로 번역한다.

4) 칠십인 경과 시리아 역은 복수 "너희의"이다. 탈굼 네오피티는 "너의 아들들의 후손들에게"이다.
5) 칠십인 경은 "너에게"를 생략한다.

"아도나이께서 그에게 말했다"는 '아도나이께서 모세에게 말했다'는 의미이다. 하나님께서 모세에게 가나안 땅을 보여주신 후에 하신 말씀이다. "이것은 내가 아브라함에게, 이삭에게 그리고 야곱에게 맹세한 그 땅이다." 모세가 지금 보고 있는 것은 하나님께서 아브라함과 이삭과 야곱에게 주기로 맹세한 "그 땅"이다. 하나님은 계속 아브라함과 이삭과 야곱에게 나타나셔서 자신을 소개하시고 땅을 주실 것을 약속하셨다(창 15:7; 17:8; 26:3-4; 28:13). 하나님께서 조상들에게 약속한 것을 지금 성취하신 것이다. 하나님은 모세에게 약속이 이루어진 것을 강조하신다.

"말하기를"은 '맹세하기를,' '약속하기를'이란 뜻이다. "내가 너의 후손에게 그것을 줄 것이다." 하나님은 계속 아브라함과 이삭과 야곱에게 후손들에게 가나안 땅을 줄 것을 약속했다. 그 약속이 이제 성취된 것이다. 땅에 대한 약속이 성취된 것은 구약을 이해하는 데 중요한 주제 가운데 하나이다.

"내가 너에게 네 눈에 보여주었다,"는 '내가 너에게 너의 눈으로 보게 하였다'는 뜻이다. 하나님이 지금 비스가산 정상에서 약속의 땅을 모세에게 보여주신다. 모세는 약속의 땅을 보았다. "그러나 거기로 너는 건너가지 못할 것이다." 모세는 요단강을 건너가지 못한다. 즉 그는 가나안 땅에 들어가지 못한다. 모세가 가나안 땅에 들어가지 못하는 이유는 앞에서 계속 말했다(신 1:37; 32:51-52).

## 2. 모세의 죽음과 장사(5-9)

모세는 가나안 땅을 바라본 후에 모압 땅에서 죽어서 그 곳에 묻힌다. 모세의 무덤이 어디 있는지는 아무도 알지 못한다. 모세는 백 이십 세에 죽는데, 그가 죽을 때에 시력이 약하지 않고 기력이 쇠하지 않았다. 이것은 모세의 죽음은 자연적인 것 즉 육신의 노쇠에 따라 된 것이 아니라 하나님의 말씀에 따라 이뤄졌다는 사실을 보여준다. 이스라엘 백성은 모세를 위하여 삼십 일을 울었다. 모세의 장례식이 끝난 후에 여호수아가 이제 이스라엘의 지도자가 되어 이스라엘을 인도한다. 그는 모세의 안수로 인하여 지혜의 영으로 충만했다.

**번역**

5 그리고 아도나이의 종 모세가 거기서 죽었다,
모압 땅에서, 아도나이의 입을 따라.
6 그리고 그가 그를 묻었다, 모압 땅 안에 그 골짜기에,
벧 브올 맞은 편,
그리고 아무도 그의 무덤을 알지 못한다,
이 날까지.
7 그리고 모세는 백과 이십 년의 아들, 그가 죽을 때,
그의 눈은 흐리지 않았고 그의 생생함은 도망가지 않았다.
8 그리고 이스라엘의 아들들이 모세를 몹시 슬퍼했다,
모압 평지에서, 삼십 일을,
그리고 모세를 슬퍼하는 우는 날들이 끝났다.
9 그리고 눈의 아들 여호수아는 지혜의 영으로 충만했다,
왜냐하면 모세가 그의 손을 그의 위에 두었기 때문이다,
그리고 이스라엘의 아들들이 그에게 들었고 행했다,
아도나이께서 모세에게 명령한 대로.

**주해**

5 그리고 아도나이의 종 모세가 거기서[1] 죽었다,

모압 땅에서, 아도나이의 입을[2] 따라.

**본문 비교**

1) 칠십인 경의 일부 사본들(A B b n+)은 "거기서"를 생략한다(Rahlfs 편집을 보라).

2) 칠십인 경은 "주의 말씀을 통하여" διὰ ῥήματος κυρίου로 번역한다. 탈굼 옹켈로스는 "주의 말씀을 따라" על מימרא דיי이다. 탈굼 네오피티는 "주의 말씀의 법령(결정)을 따라"이다.

모세는 "하나님의 사람"으로 불리기도 하며(신 33:1) "아도나이의 종"으로 불린다. 이 표현은 여호수아에서 자주 사용되었다(수 1:1, 13, 15; 8:31, 33; 11:12; 12:6). "거기서"는 모압 땅을 의미한다. "죽었다"는 모세의 죽음을 명확하게 한다. 요세푸스에 따르면 대제사장 엘르아살과 여호수아와 이야기하는 중에 갑자기 구름이 모세에게 내려왔고 그가 그 골짜기에서 사라졌지만 모세는 성경에 자신에 관해서는 죽었다고 기록했다고 설명한다(Josephus, *Ant.* 4.326). 요세푸스의 설명에 따르면 모세의 죽음에 관해서는 여호수아가 아니라 모세가 직접 썼다는 것이다(더 자세한 설명은 위의 서론을 보라).

"모압 땅에서"는 모세가 죽은 장소를 밝혀주고 있다. "아도나이의 입을 따라"는 '아도나이의 명령대로,' '아도나이의 말씀을 따라'이다. 모세가 어떻게 죽었는지를 설명한다. 하나님께서 그에게 말씀하신 대로 이뤄졌다는 사실을 보여준다(신 32:50).

6 그리고 그가 그를 묻었다,[1] 모압 땅 안에[2] 그 골짜기에,[3]

벧 브올 맞은 편,

그리고 아무도 그의 무덤을 알지 못한다,
이 날까지.

**본문 비교**

1) 마소라 사본은 단수 "그가 묻었다"인 데 반하여 쿰란 사본(4QDeut[l]), 칠십인 경, 사마리아 오경 일부 사본들, 탈굼 네오피티는 복수 "그들이 묻었다"이다.
2) 일부 칠십인 경 사본들은 "모압 땅 안에"를 생략한다.
3) 마소라 사본은 **בגי**인 데 반하여 사마리아 오경은 **בגיא**이다. 의미상의 차이는 없다.

"그가 그를 묻었다"는 모세를 장사지냈다는 의미이다. 그런데 여기서 "그"는 누구인지 설명이 없다. 문맥상으로는 아도나이를 의미한다(이 견해에 반대하는 번역들을 보라. 본문 비교 1) 참고). 모압 땅 안에 있는 그 골짜기는 정확하게 어디인지 알 수 없다. "벧 브올"은 모압 안에 있는 느보산 부근 지역이다. 더 자세한 설명은 신명기 3장 29절의 주석을 참고하라(신명기 1권, 245).

모세가 묻힌 장소에 대해서는 "그리고 아무도 그의 무덤을 알지 못한다"고 설명한다. 어디에 그의 무덤이 있는지 아는 사람이 없다. "이 날까지"는 모세의 죽음을 기록한 사람의 시대를 의미할 것이다.

7 그리고[1)] 모세는 백과 이십 년의 아들, 그가 죽을 때,
그의 눈은 흐리지 않았고 그의 생생함은 도망가지 않았다.[2)]

**본문 비교**

1) 칠십인 경은 "그러나" δὲ로 번역한다.
2) 칠십인 경은 "그의 턱들은 망가지지(썩지) 않았다" οὐδὲ ἐφθάρησαν

τὰ χελύνια αὐτοῦ로 번역한다. 오리겐의 헥사플라는 이 차이를 지적한다. 탈굼 옹켈로스는 "그의 얼굴의 영광의 빛은 변하지 않았다"이며 탈굼 네오피티는 "그의 얼굴의 광채는 변하지 않았다"이며 탈굼 프쉬도 요나단은 "그의 어금니들은 썩지 않았다"로 해석한다.

모세가 죽을 때의 신체 상태를 설명한다. "모세는 백과 이십 년의 아들"은 동사가 없어서 '모세는 백 이십 년의 아들이었다'로 즉 백 이십 세였다는 것이다. 모세의 인생은 세 부분으로 나뉜다. 모세는 사십 년은 이집트의 왕자로 그리고 사십 년은 미디안 광야에서 도망자의 신분으로 그리고 사십 년은 이스라엘을 가나안 땅으로 인도하는 지도자로서 생활했다. "그가 죽을 때"는 모세가 죽을 때로 그의 나이와 신체 상태를 말한다.

"그의 눈은 흐리지 않았고"는 '그의 눈(들)은 침침하지 않았다'이다. 시력이 약하지 않았다는 것이다. "그의 생생함은 도망가지 않았다"는 '그의 신선함(수분, 습기)은 달아나지 않았다'이다. 여기서 '그의 힘(기력)은 약해지지 않았다'는 해석이 나온다. 그의 힘이 약해지지 않고 꾸준했던 것을 설명한다.

8 그리고 이스라엘의 아들들이 모세를 몹시 슬퍼했다,
모압 평지에서,[1)2)] 삼십 일을,
그리고 모세를 슬퍼하는 우는 날들이 끝났다.

**본문 비교**

1) 칠십인 경은 "평지"를 한 장소 이름 Αραβωθ로 제시한다.
2) 칠십인 경은 "여리고 맞은편 요단 위에" ἐπὶ τοῦ Ιορδάνου κατὰ Ιεριχω를 덧붙인다. 오리겐의 헥사플라는 이것이 덧붙여졌음을 지적한다.

"모세를 몹시 슬퍼했다,"는 '모세를 위해 울었다(비통해 했다)'이다. 모세의 죽음을 애도하며 애곡한 것이다. "모압 평지에서"는 이스라엘이 모세를 위하여 애곡 한 장소를 그리고 "삼십 일"은 이스라엘이 애곡 한 기간을 설명한다.

"모세를 슬퍼하는 우는 날들"은 '모세를 위하여 애곡하여 우는 날들' 이다. "끝났다"는 '마쳤다,' '완성했다'이다. 애도의 기간이 끝났다는 것을 말한다.

9 그리고 눈의 아들 여호수아는 지혜의 영으로 충만했다,
왜냐하면 모세가 그의 손을[1)] 그의 위에 두었기 때문이다,
그리고 이스라엘의 아들들이 그에게 들었고[2)] 행했다,
아도나이께서 모세에게 명령한 대로.

**본문 비교**

1) 마소라 사본은 복수 ידיו인 데 반하여 사마리아 오경은 단수 ידו이다.
2) 탈굼 옹켈로스는 "받았다"이며 탈굼 프쉬도 요나단은 "교훈을 받았다"이다.

여호수아는 모세의 후계자로 이미 세움을 받았다(신 31:1-8). 이제 여호수아에게 "지혜의 영"이 충만하게 임한다. "지혜의 영"은 아도나이께서 제사장 아론의 옷을 만들기 위하여 주셨다(출 28:3). "하나님의 영"으로도 나오며 오홀리압과 브살렐에게 주어졌다(출 31:2-6; 참고 36:1-2). 또한 "지혜의 영"은 장차 올 메시아 위에 임한다. 이사야 선지자는 "지혜의 영"이 이새의 줄기와 뿌리에서 나올 한 싹과 한 가지 위에 즉 장차 올 이상적인 왕 위에 임할 것을 예언하였다. 이사야 선지자는 "지혜의 영"을 "아도나이의 영"의 속성 가운데 하나로 설명한다(사 11:1-2).

"충만했다"는 '가득 찼다,' '채웠다'로 차고 넘치는 상태를 말한다 (Waltke-O, 366). 여호수아가 "지혜의 영"으로 충만했다는 것은 이스라엘의 지도자로서 지혜가 필요하다는 것을 알 수 있다. 지도자의 필수조건은 지혜이다. 지혜로운 지도자가 백성을 재판하며 선악을 분별할 수 있기 때문이다. 그 지혜를 주시는 분이 아도나이이다.

그렇다면 여호수아가 이 "지혜의 영"을 어떻게 받았느냐 하는 것이다. 그것은 접속사 "왜냐하면"이 잘 설명하고 있다. "왜냐하면 모세가 그의 손을 그의 위에 두었기 때문이다." 여기서 "그의 손을 그의 위에"는 모세의 손을 여호수아 위에 올려놓은 것을 의미한다. 모세가 여호수아에게 안수함으로 "지혜의 영"이 임했다.

"그리고"는 모세가 여호수아에게 안수함으로 생긴 결과를 설명한다. "그리고 이스라엘의 아들들이 그에게 들었고 행했다." 이스라엘 백성이 "그에게 들었고"는 여호수아에게 순종한 것을 의미한다. 그들은 듣는 것으로 끝나는 것이 아니라 "행했다" 즉 여호수아의 명령을 수행했다. 이스라엘은 여호수아의 지시(지도)를 받아들이는 것이다. 여호수아의 명령에 복종한 것을 뜻한다. "아도나이께서 모세에게 명령한 대로"는 '아도나이께서 모세에게 명령한 것과 같이'이다. 세번째와 네번째 행을 풀어서 써보면 "그리고 이스라엘의 아들들이 그에게 들었다(순종했다) 그리고 아도나이께서 모세에게 명령한 대로 그들이 행했다"이다.

## 3. 모세에 대한 평가(10-12)

모세의 장례식이 끝나고 여호수아가 이스라엘의 지도자가 되었다. 신명기 마지막에 짧게 모세에 대한 평가와 칭송이 덧붙여졌다. 무엇보다도 모세는 이스라엘 역사 속에 나타난 다른 선지자들과 비교할 수 없는 독특성과 탁월함이 있었다. 왜냐하면 그는 이스라엘이 이집트에서 빠져

나올 때에 이적과 기적을 행했던 인물이기 때문이다.

**번역**

10 그리고 이스라엘에 모세와 같은 선지자가 다시 일어나지 못했다,
아도나이께서 그를 얼굴과 얼굴로 아셨던,
11 모든 징조들과 기적들을 위하여 아도나이께서 그를 보내셨다,
이집트의 땅 안에서 행하기 위하여,
바로에게 그리고 그의 온 신하들에게 그리고 그의 온 땅에게.
12 그리고 온 강한 손을 그리고 온 큰 두려움을,
온 이스라엘의 눈에 모세가 행했다.

**주해**

10 그리고 이스라엘에 모세와 같은 선지자가 다시[1)] 일어나지 못했다,
아도나이께서 그를 얼굴과 얼굴로[2)] 아셨던,[3)]

**본문 비교**

1) 칠십인 경과 사마리아 오경은 마소라 사본과 단어 순서가 다르다. 마소라 사본은 “선지자가 다시”로 나오는 반면에 칠십인 경과 사마리아 오경은 “다시 선지자가”로 나온다.
2) 탈굼 네오피티와 탈굼 프쉬도 요나단은 “말과 말로 대하여” ממלל כל־וקבל ממלל로 번역한다.
3) 탈굼 옹켈로스는 “주님께서 자신을 계시하셨던” דאיתגלי ליה יי로 번역한다.

이 구절은 모세에 대한 평가이자 찬미이다. 특이하게 이 구절은 이스라엘 역사에 일어났던 다른선지자들과 모세를 비교하고 있다. 이스라엘 역사에 모세와 같은 선지자가 일어나지 못했다고 선언한다. “다시” עוד

는 '더 이상,' '여전히,' '아직'의 뜻이 있어서 "이스라엘에 모세와 같은 선지자가 더 이상(아직, 여전히) 일어나지 못했다"는 의미이다. "일어나지 못했다"는 '서지 못했다'로 이스라엘에 모세와 같은 선지자가 다시 나타나지 않았다는 말이다. 그렇다면 이 구절을 쓴 저자는 이스라엘의 전 역사를 알고 있다는 것이다. 왜냐하면 이스라엘 역사에 엘리야, 엘리사, 이사야와 예레미야 같은 선지자들이 일어났음에도 불구하고 모세와 같은 선지자가 없다고 말하기 때문이다. 이래서 신명기 34장이 문제가 된다. 모세가 자신의 죽음을 예언적으로 썼겠는가 아니면 후대에 다른 사람이 모세의 죽음과 더불어 이런 평가와 찬미를 썼겠는가 하는 질문이 일어나기 때문이다. 자세한 설명은 이 장의 서론을 보라.

"모세"는 관계 대명사 절을 갖고 있어서 이어서 번역을 해 보면 "그리고 이스라엘에 아도나이께서 그를 얼굴과 얼굴로 아셨던 모세와 같은 선지자가 다시 일어나지 못했다."이다. 그렇다면 모세를 이스라엘의 역사에서 이렇게 독특한 위치를 점하는 선지자로 평가하는 이유는 무엇인가? 이 질문에 대한 답은 "아도나이께서 그를 얼굴과 얼굴로 아셨던"에 있다. "얼굴과 얼굴로"는 얼굴을 '마주보고' 또는 '대면하여' 하는 의미이다. 이 표현은 모세가 회막에서 아도나이와 말씀하실 때에 사용되었다. 모세가 회막에 들어갈 때에 구름이 임하였고 이때 모세는 아도나이와 친구처럼 대면하여 말했다(출 33:11). 모세가 선지자로서 탁월한 위치를 점하고 있는 것은 미리암 사건 때에 잘 드러난다. 모세가 구스 여자를 취했을 때에 미리암과 아론이 비난하고 나섰다. 미리암과 아론은 하나님이 모세와만 말한 것이 아니라 우리와도 말했다고 말하며 자신들의 권위를 주장했다. 그때 하나님이 개입하셔서 모세를 변호하시며 모세와 일반 선지자와의 차이점을 말씀해 주셨다. 하나님은 일반 선지자와는 꿈과 환상 가운데 말씀을 주신다. 하지만 모세에게는 입과 입으로 말씀해 주었으며 모세는 특별히 하나님의 형상을 본 선지자라고 말씀하신다(민 12:6-8). 하나님은 미리암 여선지자와 아론 대제사장과 모세와의 차이점을 말씀해 주신 것이다.

모세가 선지자로서 특별한 위치를 차지하는 이유이다. 여기에 한 가지를 덧붙이면 모세는 하나님과 이스라엘 사이의 중보자의 위치에 서 있었다. 하나님께서 시내산에 임하셔서 십계명을 직접 선포하실 때의 일이다. 하나님이 불 가운데 임하셔서 직접 말씀하셨다. 이스라엘은 하나님을 두려워해서 그 산에 올라가려 하지 않았다. 그때 모세는 이스라엘과 하나님 사이에 서 있었고 하나님의 말씀을 이스라엘에게 선언해 주었다(신 5:5). 모세는 하나님과 이스라엘의 중보자로서 서 있었으며 하나님과 이스라엘 사이를 중개해 주었다. 이런 점에서 모세는 다른 선지자들과 비교할 수 없는 독특함을 가지고 있다. 모세를 특별하고 탁월하게 만드는 점이다.

11 모든 징조들과 기적들을 위하여[1] 아도나이께서 그를 보내셨다,
이집트의 땅 안에서 행하기 위하여,[2]
바로에게 그리고 그의 온[3] 신하들에게 그리고 그의 온 땅에게.[4]

**본문 비교**

1) 히브리어의 전치사 '레' ל를 헬라어는 '엔' ἐν으로 번역한다.
2) 칠십인 경은 "그것들을" αὐτὰ를 첨가한다.
3) 칠십인 경은 "온" כל을 생략한다.
4) 칠십인 경은 히브리어의 세 개의 전치사 '레' ל를 모두 생략하고 여격으로 번역한다.

10절에 이어 모세의 독특성을 계속 설명한다. 모세는 이집트에서 이스라엘을 해방시킬 때에 "모든 징조들과 기적들"을 행했던 자이다. "징조들과 기적들"은 앞에서 계속 출애굽을 설명할 때 사용했던 단어들이다(신 4:34; 6:22; 7:19; 26:8). "모든 징조들과 기적들을 위하여"는 '모

든 징조들과 기적들과 관련하여'이다. 하나님께서 모세를 통하여 행하신 열 재앙들을 말한다. 모세는 하나님의 대리인으로서 이집트의 왕 바로 앞에서 이런 기적들을 행했다. "그를 보내셨다"는 모세를 보냈다는 것이다. 아도나이께서 모세를 이집트로 보낸 목적이 다음 부정사구에서 잘 드러난다. "이집트의 땅 안에서 행하기 위하여"는 '이집트의 땅에서 행하도록'으로 모세가 이집트에서 이스라엘을 구원하기 위하여 행한 징조들과 기적들(열 재앙들)을 의미한다.

"바로에게 그리고 그의 온 신하들에게 그리고 그의 온 땅에게"는 모세가 열 재앙을 누구를 대상으로 행했는지를 설명한다.

12 그리고 온 강한 손을 그리고 온 큰 두려움[1]을,[2]
온 이스라엘의 눈에[3] 모세가 행했다.

**본문 비교**

1) 탈굼 옹켈로스는 "온 큰 두려움"을 "온 큰 비전"으로 번역한다.
2) 칠십인 경은 "그 놀라운 큰 일을 그리고 그 강한 손을" τὰ θαυμάσια τὰ μεγάλα καὶ τὴν χεῖρα τὴν κραταιάν로 번역한다. 오리겐의 헥사플라는 이 차이를 지적한다.
3) 칠십인 경은 "앞에서" ἔναντι이다.

"온 강한 손"은 하나님의 능력을 나타낸다. 하나님께서 모세를 바로에게 보냈을 때, 바로는 모세의 말을 듣지 않고 이스라엘에게 더 심한 노동을 부과했다. 중한 노동으로 이스라엘이 모세에게 불평하자 모세도 하나님 앞에서 불평하며 기도했다. 그러자 하나님께서 강한 손으로 이집트를 칠 것을 말씀하셨다. 하나님이 강한 손(능력)으로 이스라엘을 이집트에서 구원할 것을 예고하신 것이다(출 6:1). 하나님의 강한 손은 열 재앙과 홍해 바다에서의 구원에서 온 이스라엘 사람들의 목전에서 나타났다.

"온 큰 두려움"은 '온 큰 공포'로 하나님께서 이집트 사람들에게 행하신 기적으로 인하여 사람들이 느낀 감정이다(신 4:34; 26:8). 하나님께서 홍해 바다를 갈랐을 때 그리고 하나님이 시내산에서 임재하셨을 때 이스라엘 사람들은 큰 두려움을 느꼈을 것이다(*Sifre Deut*. 383).

"온 이스라엘의 눈에"는 이스라엘 백성이 보는 데서, 이스라엘 앞에서 이적을 행했다는 것이다. "모세가 행했다"는 모세가 왜 이스라엘 역사에서 독특한 선지자인지, 다른 선지자들과 비교할 수 없는 탁월한 위치를 점하는지를 설명한다.

## 참고 문헌


글라이슨 아처, 『구약총론』, 기독교 문서 선교회, 1985.

트럼퍼 롱맨, 레이몬드 딜러드의 『최신 구약 개론』, 크리스챤 다이제스트, 2009.

Braulik, G. "Die Tora als Bahnlesung: Zur Hermeneutik einer zukünftigen Auswahl der Sonntagsperikoen," in *Bewahren und Erneuern*, Innsbruck, 1995, 50-76.

Brueggemann, W. "Unresolved Openness of the Pentateuch," in *Theology of the Old Testament*, Minneapolis, 1997, 209-12.

Christensen, D. L. "Biblical Genealogies and Eschatological Speculation," *PRS* 14 (1987), 59-65.

Coats, G. W. "Legendary Motifs in the Moses Death Reports," in *A Song of Power and the Power of Song*, Indiana, 1993, 181-191.

Frevel, C. "Ein vielsagender Abschied. Exegetische Blicke auf den Tod des Mose in Dtn 34,1-12," *BZ* 45 (2001), 209-34.

Hautman, C. "De dood van Mozes, de knecht des Heren: Notities over an naar aanleiding van Deuteronomium 34:1-8," in *De Knecht*, Kampen, 1978, 72-82.

-----------, *Der Pentatuech. Die Geschichte seiner Erforschung neben einer Auswertung*, Kampen, 1994.

Klein, C. A. "Moses and Josiah: A Rabbi's Experience with His Congregation," *DD* 15 (1986/87), 199-201.

Klein, J. "The Bane of Humanity: A Lifespan of One Hundred and Twenty Years," *Acta Sumerologica* 12 (1990), 57-70, 271-318.

Knoppers, G. N. "There Was None Like Him: Incomparability in the Book of Kings," *CBQ* 54 (1992), 411-31.

Liptzin, S. "The Death of Moses," *DD* 6 (1978), 180-90.

Lohfink, N. "Moses Tod, die Torah und die alttestamentliche Sonntagslesung," *TP* 71 (1996), 481-94.

Lopez, F. G. "Deut 34, Dtn History and the Pentateuch," in *Studies in Deuteronomy*, Leiden, 1994, 47-62.

Lux, R. "Der Tod des Mose als besprochene und erzälte Welt: Überlegungen zu einer literaturwissenschaftlichen und theologischen Interpretation von Deuteronomium 32, 48-55," *ZTK* 84 (1987), 395-425.

Mattingly, K. "Joshua's Reception of the Laying on of Hands, Part 2: Deuteronomy 34:7 and Conclusion," *AUSS* 40 (2002), 89-103.

Perlitt, L. "Mose als Prophet," *EvT* 31 (1971), 588-608.

Römer, T. C. "Deuteronomium 34 zwischen Pentateuch, Hexateuch und deuteronomistischen Geschichtswert," *ZABR* 5 (1999), 167-78.

Römer, T. C and Brettler, M. Z. "Deuteronomy 34 and the Case for a Persian Hexateuch," *JBL* 119 (2000), 401-19.

Sansom, M. C. "Laying on of Hands in the Old Testament," *ExpTim* 94 (1983), 323-26.

Schipper, J. "The Meaning of עין in Deuteronomy 34,7," *ZAW* 126 (2014), 418-420.

Schwertner, S. "Erwägungen zu Moses Tod und Grab in Dtn 34, 5.6," *ZAW* 84 (1972), 25-46.

Sonnet, S. J. J. "Redefining the Plot of Deuteronomy – From End to Beginning. The Import of Deut 34:9," *Deuteronomium, Wiesbaden*, 2011, 37-49.

-----------, "The Fifth Book of the Pentateuch: Deuteronomy in Its Narrative Dynamic," *JAJ* 3 (2012), 197-234.

Speier, S. "The Jerusalem Targum to Num. 18:12 and Deut. 34:3," *JBL* 65 (1946), 315-18.

Stoellger, P. "Deuteronomium 34 ohne Priesterschrift," *ZAW* 105 (1993), 26-51.

Tabor, J. D. "Returning to the Divinity: Josephus's Portrayal of the Disappearances of Enoch, Elijah and Moses," *JBL* 108 (1989), 225-38.

Tigay, J. H. " לא נס לחה He had not become Wrinkled (Deuteronomy 34:7)," in Z. Zevit et. al. *Solving Riddles and Untying Knots*, FS. J. C. Greenfield, Indiana, 1995, 345-350.

-----------, "The Significance of the End of Deuteronomy (Deuteronomy 34:10-12)," in *Texts, Temples and Traditions*, FS. M. Haran, Indiana, 1996, 137-143.

Vogels, W. "The Spirit in Joshua and the Laying on of Hands by Moses," *Lavan theologique et philosophique* 38 (1982), 3-7.

Weisman, Z. "The Personal Spirit as Imparting Authority," *ZAW* 93 (1981), 225-34.

Wright, D. P. "The Gesture of Hand Placement in the Hebrew Bible and in Hittite Literature," *JAOS* 106 (1986), 433-46.

Yoo, P. Y. "The Four Moses Death Accounts," *JBL* 131 (2012), 423-441.

Young, E. *An Introduction to the Old Testament*, Eermans, 1975.

Zenger, E. "Das alttestamentliche Israel und seine Toten," in *Der Umgang mit den Toten: Tod und Bestattung in der christlichen Geneinde*, Freiburg, 1990, 132-52.